MARKETING

3ᵉ ÉDITION

Denis Pettigrew, Ph. D. (Science de la gestion)
Professeur de marketing à l'Université du Québec à Trois-Rivières

Normand Turgeon, Ph. D. (Marketing)
Professeur de marketing à l'École des Hautes Études Commerciales de Montréal

Chenelière/McGraw-Hill
MONTRÉAL • TORONTO

Marketing

Denis Pettigrew et Normand Turgeon

© 1996 Les Éditions de la Chenelière inc.

Coordination: Patrick St-Hilaire
Révision linguistique: Nicole Blanchette
Correction d'épreuves: Guy Bonin
Infographie: Rive-Sud Typo Service inc.
Couverture: Michel Bérard

Données de catalogage avant publication (Canada)

Pettigrew, Denis

Marketing

3e éd. -

Publ. antérieurement sous le titre: Les fondements du marketing moderne.
Comprend des réf. bibliogr. et des index.
Pour les étudiants du niveau collégial.

ISBN 2-89461-026-2

1. Marketing.   2. Consommateurs – Comportement.
3. Études de marché.   4. Marketing – Planification.
5. Communication en marketing.   6. Marketing – Problèmes
et exercices.   I. Turgeon, Normand.   II. Titre.   III. Titre:
Fondements du marketing moderne.

HF5415.P48 1996   658.8   C95-940449-2

Chenelière/McGraw-Hill
215, rue Jean-Talon Est
Montréal (Québec)
Canada H2R 1S9
Téléphone: (514) 273-1066
Télécopieur: (514) 276-0324
e-mail: chene@dlcmcgrawhill.ca

ISBN 2-89461-026-2

Dépôt légal: 2e trimestre 1996
Bibliothèque nationale du Québec
Bibliothèque nationale du Canada

Imprimé et relié au Canada

1 2 3 4 5   00 99 98 97 96

Table des matières

CHAPITRE 7

LA GESTION DYNAMIQUE DU PRODUIT

Avant-propos

Tout en véhiculant une philosophie des affaires, le marketing représente un domaine d'activités où des milliers de Québécois et de Québécoises font ou s'apprêtent à faire carrière. C'est pour rendre compte de l'état de ce domaine que bon nombre de volumes ont été offerts au cours des dernières années.

Marketing se veut un ouvrage adapté aux besoins des étudiants cherchant une approche pratique de ce sujet d'étude. Il a été conçu en fonction de deux objectifs spécifiques. D'une part, les auteurs ont cherché à faciliter l'accès aux théories, aux modèles et aux concepts fondamentaux du marketing. D'autre part, ils présentent, tout au long du volume, de nombreux exemples dans le but de permettre une assimilation plus concrète de la matière.

Ce volume est divisé en cinq sections. La première section, **Vue d'ensemble**, présente de façon générale le domaine du marketing. **La connaissance du marché** traite des différentes caractéristiques des marchés et des stratégies qui peuvent être adoptées. Elle traite aussi du comportement du consommateur et présente les outils de recherche disponibles en ce domaine. La troisième section, **L'élaboration du programme de marketing**, examine plus en profondeur les quatre variables du marketing mix: le produit, la distribution, le prix et la communication marketing. La quatrième section, **Planification en marketing**, donne des indications quant à l'élaboration d'un plan marketing, alors que la dernière section, **Domaines d'application distincts du marketing** traite du marketing international et du marketing des services, industriel et des organismes à but non lucratif.

À la fin du chapitre cinq (**Le comportement du consommateur**) et du chapitre douze (**La planification en marketing**), des annexes fort utiles vous sont présentées. Les étudiants ont la possibilité de vérifier leur compréhension du thème abordé à chaque chapitre en répondant aux questions présentées. En nouveauté pour cette troisième édition, les étudiants pourront appliquer immédiatement les concepts et théories abordés dans ce livre et vus en classe à l'aide de deux exercices pratiques présentés à la fin de chaque chapitre. De plus, des cas, nouveaux pour la plupart, sont également offerts à la fin de chacune des sections du livre. Finalement, afin de mieux cerner la matière, un guide de l'étudiant est également disponible.

Pour faire de cette troisième édition de *Marketing* un livre plus complet, nous avons bénéficié des commentaires et des suggestions de nombreuses personnes. Nous tenons à remercier particulièrement: Gilles Boudreau (Cégep de Matane), Réjean Provencher (Cégep de la région de l'Amiante), Maher Loutfi et Michel Chabot (Cégep Joliette-De Lanaudière), Gilbert Brisset (Cégep de Maisonneuve), Marc-André Hubert et Johanne Pigeon (Cégep de Saint-Félicien), Serge Dumont (Cégep de Rivière-du-Loup), Jean-Guy Théoret (Cégep André-Laurendeau), Monique Plourde (Cégep de la Gaspésie et des Îles), Alain Vallée (Cégep de Shawinigan), Daniel Trudel (Cégep de Limoilou), Alain Rock (Cégep de Trois-Rivières), Claude Chevalier (Cégep du Vieux Montréal), Hélène Tousignant (Collège André-Grasset), Toan-My Phan (Cégep de Drummondville), Gilles Savard (Cégep de Jonquière), Hélène-Marie Giroux (Cégep de Bois-de-Boulogne), Lucie Lahaie et R. Chaussé (Cégep Saint-Jean-sur-Richelieu), Roger Morneau (Cégep de Lévis-Lauzon), Louis W. Matteau (Cégep de Sainte-Foy), Mariette Noël (Cégep de la Gaspésie et des Îles, Campus Îles-de-la-Madeleine), Daniel Crête (Cégep de Sherbrooke), Gilles Laberge

(Cégep de l'Outaouais), Réal Vézina et Charlaine Lafleur (Campus Notre-Dame-de-Foy), Sonia Bergeron (Collège de Lévis.)

La publication d'un volume est le résultat d'un travail d'équipe. A cet effet, nous remercions la direction du service de la recherche de l'École des Hautes Études Commerciales de Montréal et le département d'administration et d'économique de l'Université du Québec à Trois-Rivières, madame Roseline Dugas de Boîte aux lettres enr. et madame Nicole Saint-Martin ainsi que toutes les autres personnes qui, de près ou de loin, ont contribué à la concrétisation de ce projet. Nous sommes aussi très reconnaissants de l'excellent travail de production réalisé par toute l'équipe des Éditions de la Chenelière, en particulier Patrick St-Hilaire responsable de projet et Louis Moffatt.

DENIS PETTIGREW, Doctorat en sciences de la gestion
Professeur de marketing à l'Université du Québec à Trois-Rivières

NORMAND TURGEON, Ph.D. (Marketing, The University of Tennessee)
Professeur de marketing à l'École des Hautes Études Commerciales de Montréal

Première partie

Vue d'ensemble

Dans le monde des affaires, les entreprises doivent se conformer aux impératifs du concept moderne de marketing qui exigent que les besoins et désirs du consommateur leur servent de guide. Elle est bien révolue l'époque où l'on produisait des biens sans tenir compte des goûts des consommateurs qui devaient, bon gré mal gré, s'adapter à ce qui leur était offert. Cette façon de faire était tout à fait appropriée lorsque les moyens de production étaient restreints et que la demande excédait la capacité de production. Toutefois, cette capacité de production est maintenant souvent supérieure à la demande. Nos entreprises ne peuvent donc se permettre de prendre des décisions qui n'ont pas pour origine les besoins et désirs des acheteurs et des consommateurs.

Dans le premier chapitre de cet ouvrage, le rôle et la fonction du marketing sont définis. De plus, afin de mieux comprendre ce qu'implique le concept de marketing moderne, nous retraçons les différentes étapes de l'évolution de cette discipline. Quant au chapitre 2, il a pour objectif de cerner les divers domaines de décision qui se présentent au gestionnaire du marketing, ainsi que de faire prendre conscience de l'importance de l'environnement en ce qui concerne le processus de prise de décision.

1

LE RÔLE DU MARKETING MODERNE

OBJECTIFS D'APPRENTISSAGE

Après la lecture du chapitre, vous devriez être en mesure de:
- définir la nature du marketing;
- comprendre l'importance du marketing dans l'économie;
- connaître les étapes de l'évolution du marketing;
- dresser la liste des fonctions du marketing.

Tout le monde se considère plutôt bien informé au sujet du marketing. Cependant, qui peut dire qu'il a saisi la nature tridimensionnelle du concept marketing, comme le soulève Lambin[1]? On compte la dimension «action», qui constitue la conquête du marché, la dimension «analyse», qui a pour objectif la compréhension du marché et, finalement, la dimension «système» de pensée, qui est un état d'esprit que doit acquérir le gestionnaire du marketing. Malheureusement, pour beaucoup d'entreprises, le marketing se résume encore uniquement à l'«action», c'est-à-dire à la vente. Les entreprises qui mettent l'accent sur l'action le font généralement au détriment de la dimension «analyse», ce qui a pour conséquence de favoriser le court terme au détriment du long terme. Selon Chicha[2], le marketing c'est le nerf, c'est le moteur de toute entreprise, c'est la base de toute stratégie; sans le marketing, l'entreprise n'est rien. Cet auteur qualifie même le marketing de variables motrices de l'entreprise.

Pour comprendre l'utilité du marketing, le gestionnaire doit garder en mémoire que les entreprises dépendent en général d'un public extérieur. Quelle que soit la mission de l'entreprise, sa réussite dépend bien souvent du comportement de certains publics sur lesquels elle n'a pas de contrôle. En raison de cette situation de dépendance, la rentabilité et parfois même la survie d'une entreprise sont étroitement associées au comportement de ses clients potentiels, que ceux-ci achètent ou non ses produits.

En d'autres termes, avoir l'esprit marketing ne signifie pas être un bon vendeur. Pour un gestionnaire, il s'agit plutôt de posséder un automatisme dans la gestion qui consiste à analyser l'environnement de son entreprise, y compris bien sûr le marché.

Le système marketing permet à l'homme de la rue de se procurer une multitude d'objets qu'il consomme chaque jour, quelle que soit leur provenance. Le marketing touche tout le monde, et ce tous les jours. Il est cette activité qui permet d'atteindre un certain niveau de vie qu'on appelle communément le «confort».

QU'EST-CE QUE LE MARKETING?

Qui n'a jamais entendu parler de «marketing»? Ce terme est très populaire, surtout en période de récession économique! Chacun s'en fait sa propre définition. Toutefois, lorsqu'au début d'un cours nous demandons à nos étudiants de définir le marketing, nous obtenons une multitude de réponses très diverses. Pour l'un, le marketing s'apparente à la force de vente: faire du marketing, c'est être bon vendeur. Pour l'autre, c'est l'aspect promotionnel et publicitaire qui est l'essence du marketing: faire du marketing, c'est présenter des annonces publicitaires. Certains diront peut-être que faire du marketing, c'est échanger des produits entre fabricants et consommateurs ou, encore, lancer un produit.

Nous devons reconnaître que les gens attribuent différentes significations au marketing. Une telle situation n'est pas étonnante si on songe que le marketing englobe tous les aspects qu'on vient d'énumérer et bien plus encore. C'est un concept qu'on pourrait qualifier de «multidimensionnel».

De nombreuses définitions du marketing ont été proposées, chacune mettant plus ou moins l'accent sur l'une ou l'autre de ces dimensions. L'American Marketing Association présente la définition officielle suivante:

«Le marketing est le processus de planification de mise en application du concept du produit, de la fixation du prix, de la communication et de la distribution, des idées, des biens et des services pour créer un échange qui satisfasse les objectifs individuels et organisationnels[3].»

Cette définition, qui fait ressortir ce qu'est le marketing, s'applique non seulement aux biens mais également aux services. Toutefois, elle laisse place à l'interprétation: qu'entend-on par processus de planification? Quelles sont les activités incluses dans le processus de planification? Que comprend la mise en application? Voyons si nous pouvons préciser davantage ce qu'est le marketing.

Selon Philip Kotler, «le marketing consiste à procurer le bon produit ou service à la bonne personne, au bon moment, à un prix qui lui convient et à l'endroit approprié et à le lui faire savoir grâce à des activités promotionnelles qui la toucheront[4]».

Bien qu'elle soit plus précise que la précédente, cette définition n'est cependant pas complète. Nous tenterons donc d'énoncer une définition du marketing qui soit la plus complète et la plus précise possible: le marketing est l'ensemble des activités qui consistent en la reconnaissance des besoins non satisfaits ou mal satisfaits des consommateurs, la recherche des produits ou des services aptes à satisfaire aux besoins reconnus, la présentation appropriée de ces produits ou services, leur distribution aux bons endroits, au prix et au moment qui conviennent aux consommateurs susceptibles de les acheter, et qui permettent à l'entreprise de croître.

Examinons les grandes lignes de cette définition. Elle sous-tend tout d'abord que le marketing dans une entreprise ne peut s'appliquer uniquement aux activités de vente. Au contraire, on le retrouve à tous les niveaux d'activités de l'entreprise. Ainsi, avant d'amorcer toute activité de production, il est essentiel de bien définir les besoins des consommateurs qu'on cherche à satisfaire (*voir encadré 1.1*). En effet, à quoi bon fabriquer un produit même s'il est techniquement au point si personne n'en veut? C'est ce qui s'est produit lorsque Dupont a lancé sur le marché son produit Corfam, un cuir synthétique.

■ **Encadré 1.1** Étude des besoins des consommateurs

La STCUM
est sur la bonne voie.

(Et c'est un peu grâce à nous.)

Quand la STCUM s'est engagée dans son plan de relance, c'est
Saine Marketing qu'elle a approché pour sa mise au point. Nos experts
ont alors travaillé à la stratégie d'intervention et au choix des améliorations de service, dont les voies réservées.
Après 18 mois, la satisfaction de la
clientèle est en hausse; l'image de l'entreprise et l'achalandage sont redressés.

Saine Marketing réinvente l'entreprise.

saine
MARKETING

1600, boul. René-Lévesque Ouest, 16ᵉ étage, Montréal H3H 1P9   *téléphone: (514) 931-8236*

Source: Saine Marketing.

Au départ, le produit Corfam a surtout été utilisé dans la fabrication de chaussures pour femmes. Il avait comme principal avantage une durée de vie supérieure à celle du cuir et comme inconvénient un prix légèrement plus élevé. En quoi des chaussures qui peuvent durer 20 ans peuvent-elles répondre aux besoins des femmes élégantes qui désirent suivre la mode? Résultat: le produit Corfam a connu un échec sur le marché. Peter Drucker disait: «Fabriquez ce que vous pouvez vendre, plutôt que d'essayer de vendre ce que vous pouvez fabriquer[5].»

Une fois les besoins des consommateurs définis, c'est au service de la recherche et du développement qu'incombe la responsabilité de concevoir et de mettre au point un produit en mesure de satisfaire le marché. Il transmet ensuite les spécifications propres à ce produit au service de production qui en assurera la fabrication à un coût et à un niveau de qualité déterminés.

N'oublions pas une chose en premier lieu. Lorsqu'on conçoit un produit dans le but de satisfaire aux besoins précis du consommateur, il est plus facile de le vendre puisque le consommateur l'attend. À l'inverse, l'entrepreneur qui croit avoir trouvé une bonne idée et qui fabrique le produit sans étudier l'impact qu'aura sa trouvaille sur le consommateur aura beaucoup plus de difficultés à écouler son produit. Tant mieux s'il tombe juste et que son produit plaît. Toutefois, en affaires, on ne saurait se fier à sa seule chance et au hasard. Donc, la probabilité qu'un produit soit une réussite est d'autant plus grande s'il répond de façon appropriée à un besoin précis des consommateurs.

En deuxième lieu, il ne s'agit pas seulement de définir un besoin non satisfait ou mal satisfait. Encore faut-il trouver le produit qui sera le plus apte à satisfaire à ce besoin. Grâce à la recherche en marketing, on peut aujourd'hui déterminer la forme, la couleur, la texture, la dimension, le poids, le rendement du produit en question et bien d'autres caractéristiques encore. À partir de ces renseignements, il sera peut-être possible de fabriquer un prototype et d'en vérifier l'impact sur le consommateur grâce à un test de marché. Si le produit franchit cette étape, il voit accroître considérablement ses chances de bien s'adapter au marché.

Troisièmement, il ne sert à rien de posséder le meilleur produit si personne ne sait qu'il existe. Ici encore, le marketing joue un rôle de première importance en mettant au point la présentation du produit qui permettra d'attirer l'attention des consommateurs. Quel genre d'emballage utilisera-t-on? Quels en seront la couleur et le format? Le produit aura-t-il un nom, une marque de commerce bien à lui? De plus, il faudra déterminer le genre de promotion le plus approprié au produit et à la clientèle visée. De quelle façon rejoindra-t-on le consommateur? Quels seront les thèmes de communication à utiliser?

Par la suite, il faut penser à rendre le produit accessible, c'est-à-dire à le placer aux bons endroits, là où le consommateur s'attend à le trouver. La recherche en marketing permet de déterminer les habitudes d'achat des consommateurs et leurs préférences quant au type de points de vente pour un produit donné. C'est ainsi qu'on peut savoir si on doit distribuer le produit par l'intermédiaire de grandes chaînes de magasins telles que Wal-Mart, Zellers ou Sears, des magasins-entrepôts tels que Club Price ou Réno-Dépôt ou par le biais de magasins spécialisés. Où ira le professionnel du vélo qui désire s'acheter un nouveau vélo de compétition: chez Canadian Tire, chez Sears ou dans un magasin spécialisé?

Prenons un autre exemple. Vous êtes un fervent amateur des sports de plein air. Vous organisez une randonnée pédestre en montagne qui durera plusieurs jours. Vous avez donc besoin d'un réchaud sûr et de qualité. Vous rendrez-vous chez Canadian Tire ou irez-vous dans une boutique spécialisée dans ce genre de sport? Par contre, si vous désirez une tablette de chocolat pour calmer votre fringale ou si vous voulez un paquet de cigarettes, le dépanneur du coin est déjà bien assez éloigné.

«Au bon endroit» signifie non seulement le commerce, mais également la place que le produit occupera à l'intérieur de ce commerce. Placez vos cravates dans le coin le plus éloigné et le plus sombre de votre boutique et ne soyez pas surpris si vous les gardez longtemps en magasin!

Le bon prix pour un produit correspond au prix que le consommateur est prêt à payer pour ce genre de marchandise. En règle générale, ce prix n'est pas celui qui permettra à l'entreprise de vendre le plus de produits, mais celui qui lui permettra de réaliser des profits.

Enfin, «[...] tout en permettant à l'entreprise de croître» signifie que l'entreprise a des objectifs à atteindre. Il est beau et louable de répondre aux besoins non satisfaits des consommateurs, mais il ne faut pas perdre de vue qu'ils n'y trouveront pas leur compte, à plus ou moins long terme, si l'entreprise ne peut survivre. L'entreprise doit donc, avant d'entreprendre de satisfaire aux besoins du marché, évaluer ses ressources et les contraintes particulières à son domaine d'action afin d'être en mesure de connaître sa capacité de mener à bien son projet.

L'IMPORTANCE DU MARKETING DANS L'ÉCONOMIE

De par sa nature même, le marketing joue un rôle vital dans le système socio-économique d'aujourd'hui. Examinons quelques indications de son importance économique.

Le coût du marketing

Les experts estiment qu'en moyenne 50 %[6] du dollar dépensé par le consommateur sert à couvrir les frais de marketing. Le marketing occupe donc une bonne partie du budget du consommateur. La relation entre coûts de marketing et coûts totaux des produits varie cependant d'un secteur à l'autre. Ainsi, dans le cas des produits agricoles et des produits de mode, les coûts de marketing peuvent représenter plus de 70 % du prix de détail alors que, pour ce qui est de l'automobile, cette proportion peut descendre à 35 %.

Il ne faut toutefois pas confondre coûts de marketing et contribution du marketing à l'économie. En effet, dire que la moitié du dollar dépensé est attribuée au marketing ne signifie pas que les produits et les services coûteraient moins cher si le marketing était absent de notre système. Au contraire, les dépenses de marketing contribuent à réduire le coût total de la production en favorisant une consommation de masse et une expansion des ventes. De cette façon, on peut réaliser certaines économies d'échelle, par exemple par la répartition des coûts fixes de fabrication sur un plus grand nombre d'unités produites. Pensons également au coût des médias publicitaires que défraient les commanditaires. Enfin, que de temps, d'effort et d'argent cela coûterait-il au consommateur s'il devait se rendre chez le fabricant même pour faire l'achat de tous les produits dont il a besoin!

Le nombre d'emplois

On estime qu'une proportion située entre le tiers et la moitié de toute la population active est engagée dans des activités liées au marketing.

Environ 23 % de la main-d'œuvre canadienne contribuerait directement à la distribution[7]. La proportion des emplois en marketing par rapport à l'ensemble des emplois est donc élevée. Au cours de sa vie, une personne sera constamment exposée au marketing. En effet, elle devra communiquer régulièrement ses idées, reconnaître les besoins des autres, à l'occasion se vendre elle-même auprès d'employeurs éventuels, etc. Chose certaine, même sans qu'elle ne travaille en marketing et quel que soit son choix de carrière, le marketing lui sera utile chaque jour de sa vie.

Le marketing demeure un domaine où le nombre d'emplois est très élevé. On assiste présentement à un déplacement de la main-d'œuvre du secteur de la production à celui du marketing, où les tâches plus complexes et plus subtiles sont difficiles à automatiser.

Il semble également que la demande de spécialistes en marketing ne subisse pas de contrecoups du cycle de fluctuations économiques qui caractérisent actuellement notre système. Ce n'est guère surprenant si on tient compte du rôle primordial que le marketing est appelé à jouer sur les marchés nationaux et internationaux.

L'importance du marketing pour la firme individuelle

Dans notre système économique caractérisé par une concurrence très vive, des importations nombreuses, une plus grande complexité et une diversification accrue de la production, une augmentation du commerce international, une expansion des marchés et un accroissement du revenu des particuliers, force est de constater que la survie et la prospérité de nos entreprises sont largement tributaires de leur marketing. Les entreprises qui s'acquitteront le mieux de leurs tâches de marketing réussiront à conserver leur marché et leurs profits.

Dans une économie industrielle comme la nôtre, il est plus difficile de mettre un produit sur le marché que de le fabriquer. Un pays comme les États-Unis peut facilement produire des millions de voitures par année. Toutefois, lui est-il possible de les vendre avec profit? En effet, c'est plus difficile et cela demande plus de subtilité de vendre quelque chose à un consommateur qui possède déjà le nécessaire qu'à celui qui n'en est qu'à ses besoins de base.

Le marketing est au cœur de toutes les activités de l'entreprise. En effet, il faut prendre en premier lieu les décisions qui concernent les marchés. Les décisions liées à l'établissement des budgets, à la conception du produit et aux achats doivent en découler. Il faut d'abord déterminer ce dont le consommateur a besoin, les caractéristiques ou les attributs de ce produit et son prix. Il faut ensuite établir la façon de rejoindre le consommateur de plus en plus exigeant.

De plus, les marchés évoluent rapidement. Les styles de vie tendent à changer, ce qui entraîne le besoin de nouveaux produits et services. Il importe que les entreprises s'adaptent aux nouvelles conditions, opportunités et contraintes rencontrées afin d'être rentables sur le plan financier. L'application d'une stratégie de marketing efficace constitue pour elles, à cet effet, une arme vitale et puissante.

L'impact du marketing sur le niveau de vie

Le produit national brut canadien ne cesse d'augmenter. De 18 milliards de dollars en 1950, il est passé à 548 milliards de dollars en 1995 (dollars de 1986)[8]. Depuis 45 ans, le volume des biens et des services produits au Canada a connu un accroissement formidable. C'est à la fonction du marketing que revient la tâche de faire circuler cette avalanche de produits et de services.

Notre économie est une économie d'abondance, c'est-à-dire que nous produisons au-delà de nos besoins. Le revenu national disponible est adéquat et notre pouvoir d'achat discrétionnaire, assez considérable. Parce qu'il encourage la recherche et l'innovation ainsi que la prolifération de produits et parce qu'il stimule la demande et donc la consommation, le marketing a un effet considérable sur le niveau des emplois, le revenu et le niveau de vie national et individuel. L'économie a besoin d'entreprises profitables pour croître. Par conséquent, la fonction du marketing constitue un élément clé de la croissance et du développement économiques.

Enfin, le marketing a un impact sur la qualité de vie. Il influe sur l'affectation des ressources et permet une utilisation plus rationnelle de tous les actifs et de la capacité productive de l'économie. Le marketing a la responsabilité de guider l'économie vers des voies socialement désirables.

L'ÉVOLUTION DU MARKETING

Le marketing, à l'instar des autres sciences, a également son histoire. Comme nous l'avons vu au début de ce chapitre, le marketing est une discipline plutôt jeune. Il est vraisemblablement né avec la révolution industrielle. Toutefois, dès que les hommes ont commencé à échanger des biens, ils ont pratiqué une certaine forme de marketing.

On peut diviser l'évolution du marketing en cinq phases:

— la phase I: l'économie de subsistance;
— la phase II: la révolution industrielle;
— la phase III: la croissance économique;
— la phase IV: l'économie d'abondance;
— la phase V: la société postindustrielle.

Chacune de ces phases représente un certain stade de développement de notre économie. Parallèlement à ces différentes phases, on constate que l'essence même du marketing, de même que l'ensemble de ses responsabilités, évolue également. On assiste au passage progressif d'un marketing passif à un marketing dynamique apte à servir de guide aux activités de l'entreprise d'aujourd'hui.

Phase I: l'économie de subsistance (avant 1850)

Au tout début du développement des sociétés, chaque unité familiale assumait elle-même toutes les tâches indispensables à la satisfaction de ses besoins: l'indépendance régnait et il n'y avait aucun échange. Puis certaines de ces unités se sont regroupées afin de remplir quelques tâches. On s'aperçut alors que certains membres de la communauté excellaient dans une tâche particulière. On assista alors aux débuts de la spécialisation économique et de la distribution des biens. On se mit à échanger et à troquer tout excédent de production de son travail contre certaines parties du fruit du travail des autres. C'est ainsi que notre communauté s'est engagée dans le commerce. Parallèlement à cette activité d'échange est apparu ce qu'on appellera plus tard le «marketing». Ce premier concept de marketing couvrait les activités entreprises par les gens qui cherchaient à négocier des conditions d'échange mutuellement acceptables.

La spécialisation économique et les activités d'échange justifièrent d'apporter différentes quantités de marchandises en un lieu commun, ce qui donna naissance aux marchés locaux. C'est aussi à ce moment qu'on vit apparaître les premiers vendeurs. Puis l'utilisation d'un moyen commun d'échange (la monnaie) permit d'accélérer le rythme du commerce. Le marketing se résumait alors à l'ensemble des activités visant l'échange de biens économiques et l'ensemble des institutions spécialisées qui facilitaient cet échange.

Phase II: la révolution industrielle (de 1850 à 1945)

Avec l'augmentation du commerce, les gens se mirent à échanger pour le gain. L'accumulation des richesses donna naissance à une classe de propriétaires qui en fit travailler une autre (les travailleurs) et à une classe de marchands et de colporteurs spécialisés dans la fonction de distribution des marchandises. D'énormes ressources furent concentrées dans des industries de plus en plus importantes. La révolution industrielle avait lieu. Cette époque se caractérisait par la rareté des moyens de production. On tentait par tous les moyens de réduire les coûts de production et d'augmenter le nombre d'unités fabriquées; on y est arrivé par la spécialisation du travail et le travail à la chaîne.

À cette époque, les besoins à combler étaient les besoins de base. Il fallait organiser une production de masse afin de répondre à l'énorme demande du marché, et ce au prix de revient le plus bas possible. Le rôle du marketing se limitait à rechercher des marchés sur lesquels écouler les produits préalablement fabriqués. C'était un marketing passif. Point n'était besoin de sonder les besoins du consommateur, car c'était une économie de pénurie; il fallait combler les besoins de survie d'abord et produire avec efficacité.

Les entreprises se préoccupaient uniquement de production, et il n'existait aucun centre de décision pour le marketing. Les décisions qui relevaient en réalité du marketing se prenaient parmi les différents services. Ainsi, l'équipe de production réglait les questions concernant le produit, la distribution physique et le service après-vente. Le service d'administration et des finances prenait les décisions relatives aux prix et aux budgets commerciaux.

Phase III: la croissance économique (de 1945 à 1960)

Cette phase de croissance économique se caractérisait par une production de masse imposante et, en conséquence, par un certain goulot d'étranglement dans les circuits de distribution traditionnels. Le problème était alors de mettre sur pied une organisation commerciale capable d'absorber et de distribuer cette production de masse. Les circuits de distribution s'allongeaient, car les marchés étaient géographiquement de plus en plus éloignés des producteurs et de plus en plus vastes. Comme les circuits traditionnels ne convenaient pas à la distribution de masse, de nouvelles formes de distribution ont vu le jour: grands magasins, libre-service, magasins à rabais. De plus, on a développé de nouvelles formes de communication entre producteurs et consommateurs: la publicité de masse est née.

Le rôle du marketing consistait alors à rechercher et à organiser des débouchés afin d'améliorer et de stimuler l'écoulement des biens fabriqués: il s'agissait de distribuer avec efficacité. C'est ce qu'on appelle une «entreprise orientée vers la vente», dans laquelle le marketing s'occupe surtout d'organisation et de promotion. Les entreprises sont constituées, entre autres, d'une direction des ventes et d'un regroupement de certaines zones de responsabilités du marketing: élaboration du réseau des ventes, organisation de la distribution physique, publicité et promotion. Chaque entreprise tente de conquérir une position privilégiée sur le marché: on recourt à la guerre de prix, à la promotion des ventes, à la différenciation des produits, à la publicité, à la marque de commerce et à l'emballage comme moyens de stimuler la demande des produits.

On constate donc que, depuis les débuts du marketing jusqu'à présent, la communication avec le consommateur a lieu après la production. Ce ne sont pas les besoins des consommateurs qui orientent la production, mais plutôt l'inverse: on tente de faire consommer ce qu'on produit.

Phase IV: l'économie d'abondance (de 1960 à 1980)

Une fois les objectifs de la croissance économique atteints, on a assisté progressivement à une certaine rareté de la demande et à une modification des marchés. À ce point, l'offre de biens et de services excédait la capacité d'absorption des marchés quant aux besoins de base. Les besoins les plus primaires étaient maintenant satisfaits. Le marché global n'étant plus suffisant, on s'est intéressé à des segments plus petits de ce marché. Cette politique de segmentation visait à découvrir des demandes distinctes et exigeait une recherche active de débouchés.

Puisque leurs besoins essentiels étaient satisfaits, les consommateurs pouvaient se tourner vers des besoins plus psychologiques tels que les besoins de sécurité, d'amour, d'estime et d'épanouissement de la personnalité. Les motifs de la consommation sont alors devenus plus complexes, plus variés et plus difficiles à cerner. L'entreprise a donc tenté d'adapter sa capacité de production et ses lignes de produits aux désirs des consommateurs.

Le progrès technologique s'est accéléré et généralisé. Le cycle de vie des produits a raccourci, et il y a eu de plus en plus de substitution de produits dans tous les secteurs. Le secteur de la recherche et du développement est devenu de plus en plus important.

Le rôle du marketing est passé de passif à très actif. La recherche en marketing est devenue une condition préalable à toutes les décisions concernant les produits, car il fallait concevoir des produits aptes à satisfaire aux besoins des différents segments de marché. Les entreprises ont donc mis sur pied une organisation intégrée de marketing qui regroupait sous une même direction toutes les décisions concernant le consommateur: produit, distribution, prix et communication. Le rôle du marketing s'est transformé en un rôle d'orientation stratégique des activités. On dit de ces entreprises qu'elles étaient orientées vers le marketing, c'est-à-dire que toutes les zones de décisions du marketing étaient groupées, permettant ainsi l'élaboration de programmes intégrés.

L'objectif du marketing a alors été d'ajuster les produits et les services offerts aux besoins pressentis par le marché. Le service de marketing a donc servi de guide à la recherche et au développement, de même qu'à la production. Tous les services devaient travailler en coordination afin d'élaborer la stratégie la plus efficace qui soit. Cette stratégie devait tenir compte des exigences et du pouvoir des distributeurs, de même que de toutes les contraintes présentes dans l'environnement de l'entreprise.

On a assisté également à un renversement du cycle de communication traditionnel: la communication a précédé la production. L'étude de la demande potentielle (études de marché) est devenue préalable à l'établissement de la politique d'un produit et à son lancement en production.

Phase V: la société postindustrielle (de 1980 à aujourd'hui)

La société postindustrielle a mis fin aux perspectives de croissance sans contrainte (*voir encadrés 1.2 et 1.3*). Nous subissons actuellement les retombées écologiques et sociologiques d'un développement axé uniquement sur le côté quantitatif de la consommation. Le rôle du marketing est toujours d'adapter les produits aux besoins pressentis des consommateurs, mais une nouvelle dimension sociale s'ajoute: on considère maintenant les personnes comme des membres interdépendants, faisant partie d'une société soumise aux contraintes de ressources limitées. Un nouvel objectif de régulation de la demande s'ajoute au marketing: il faut rechercher un

■ **Encadré 1.2** Une vision à long terme

VISIONNAIRES
SORCIERS
RÊVEURS
PIONNIERS
PHILOSOPHES
IDÉES
IDÉAUX
ASPIRATIONS
INFORMATION
INNOVATION

HITACHI

❊❊❊❊❊

Nos produits sont multiples, mais ceux et celles qui les conçoivent et les réalisent le sont encore plus. Avec plus de 330,000 employés à l'échelle du monde, notre capacité d'innovation n'est surpassée que par notre volonté de créer une technologie qui réponde aux besoins de tous, dans toutes les sphères de la vie. Parce que chez Hitachi, bien que nous ne parlions pas toujours la même longue, nous partageons le même objectif: créer un monde meilleur au bénéfice des générations futures. Et c'est ainsi que dans le moindre de nos gestes quotidiens, nous avons les yeux rivés sur l'avenir.

Source: Hitachi.

certain équilibre entre la demande exprimée et la demande souhaitable. L'entreprise doit maintenant tenir compte des retombées sociologiques et écologiques de ses activités. Elle doit éviter entre autres le recours abusif à des moyens promotionnels qui exploitent l'impulsivité des comportements d'achat, l'utilisation d'arguments publicitaires vidés de tout contenu informatif, l'incitation à la surconsommation, la pollution et la destruction de l'environnement, l'encombrement des villes, la détérioration des conditions de santé et d'hygiène, le gaspillage accéléré de ressources naturelles et l'épuisement de certaines matières premières.

Dans ce courant, on observe la mise sur pied d'importants programmes gouvernementaux de dépollution de cours d'eau et de recyclage des produits. De même, on assiste à la rationalisation de la consommation d'énergie. La publicité des années 70 encourageait une augmentation de la consommation d'énergie; celle des années 80 invite les gens à consommer de façon beaucoup plus rationnelle et parcimonieuse. Que penser des invitations lancées par Hydro-Québec en 1995, incitant les consommateurs québécois à réduire leur consommation d'énergie et à reconnaître la conséquence de l'utilisation d'énergie polluant l'environnement à long terme? On remet également en question les politiques d'obsolescence planifiée. Autrefois, l'industrie de l'automobile produisait autant de modèles, tous plus attirants les uns que les autres, qu'elle en était capable. Aujourd'hui, on a tendance à conserver le même modèle de voiture pendant plusieurs années. De plus, le gouvernement a adopté certaines lois qui obligent le fabricant d'automobiles à garantir son produit pendant cinq ans contre la perforation par la rouille.

Tout au long de cette évolution, la fonction du marketing demeure la même, mais le point de vue change. Le marketing demeure un système actif, dynamique, orienté vers le consommateur, mais doit également se préoccuper des réactions de la société aux activités de l'entreprise.

LA FONCTION DU MARKETING

Nous venons de voir que, parallèlement aux différentes phases qu'a traversées notre économie, chacune étant caractérisée par une certaine forme de rareté, le concept même de marketing a évolué, de même que ses tâches et ses responsabilités.

Le marketing tel que nous l'avons défini au début de ce chapitre remplit une fonction essentielle pour l'entreprise: organiser et favoriser le lien entre le producteur, d'une part, et le consommateur, d'autre part, ainsi que leur adaptation tout en assurant la satisfaction des consommateurs et l'atteinte des objectifs de l'entreprise. Le schéma de la figure 1.1 illustre cette définition de la fonction marketing.

Cette fonction première, bien que globale, comporte différents éléments qui sont autant de tâches que doit accomplir le service de marketing:

■ **Encadré 1.3** Le marketing doit continuellement changer pour s'adapter aux consommateurs

L'impérialisme du marketing tire à sa fin

Faith Popcorn

■ *Faith Popcorn est l'auteure du best-seller international «Le rapport Popcorn» qui analyse les grandes tendances du marketing contemporain et les comportements des consommateurs. Ce texte a été rédigé pour le réseau World Media.*

Le seul pouvoir au monde qui se porte encore relativement bien est celui de la «philosophie du produit». La philosophie politique a été supplantée par celle du produit, qui ne veut pas que vous achetiez un point de vue, mais simplement que vous achetiez, point final.

Mais une nouvelle donnée marque cette fin de siècle. En regardant l'instant inoubliable qu'était la poignée de main historique entre Yitzhak Rabin et Yasser Arafat sur la pelouse de la Maison-Blanche, il était frappant de constater qu'il n'y avait pas de logos.

Après tout, nous avons l'habitude de penser que les logos de compagnies et de produits font entièrement partie de tout événement international, comme l'illustrent les derniers Jeux olympiques. Peut-être, s'ils avaient eu plus de temps, Rabin aurait accepté de porter le logo de Nike sur le revers de son costume, et Arafat aurait affiché un symbole Pepsi sur sa tenue habituelle. Avec pour agent Michael Ovitz, l'impresario des stars.

Comme l'illustre cet exemple, nous percevons déjà des signaux subtils, mais grandissants, de résistance aux tendances expansionnistes et débridées de l'impérialisme du marketing – des indicateurs qui pourraient signifier que l'hégémonie du marketing a atteint son summum,

et que le consommateur vigilant, celui qui se défend en manipulant les commerciaux et le marché, en manifestant et en utilisant la politique, est sur le point de remplacer le consommateur obéissant. Ce nouveau profil du consommateur changera inévitablement le paysage mondial du marketing.

Les armes du marketing

Mais pour l'instant, nous vivons certainement à l'époque de l'impérialisme du marketing. Et tout comme l'impérialisme français et anglais du XIXe siècle avaient recours aux dernières découvertes pour s'imposer, l'impérialisme du marketing utilise également les techniques de pointe. De l'imagerie de la chaîne MTV aux techniques interactives, encore au stade embryonnaire mais déjà florissantes, en passant par le télé-achat, la vente par ordinateur et les publicités, l'impérialisme du marketing est une force planétaire disposant des dernières armes de communication.

L'impérialisme du marketing a accompli quelque chose de complètement nouveau. Paradoxalement, c'est un mouvement qui recherche le contrôle et l'obéissance, et qui rencontre bien peu de résistance. Malgré son côté manipulateur, il est allègrement adopté et même convoité par ceux qui ne peuvent, pour des raisons économiques, devenir membres d'American Express.

Ce n'est ni la religion ni la politique qui lient le lycéen américain, le chauffeur de taxi russe, le restaurateur péruvien, le réparateur sri-lankais de magnétoscopes et le chauffeur d'autobus nigérian. C'est Nike, Sony et Apple. Et le consumérisme est devenu le mouvement

évangéliste qui a le mieux réussi de l'histoire.

Le grand magasin planétaire

Marshall McLuhan et d'autres ont abordé de façon idéaliste dans leurs écrits le concept du «village planétaire», mais ce qui s'est produit ressemble plus à un grand magasin planétaire, abritant une boutique de chaussures planétaire, une pharmacie planétaire et un distributeur de boissons gazeuses planétaire.

Comme les mouvements expansionnistes qui ont marqué l'histoire, les stratèges de l'impérialisme médiatique mélangent des images fortes, le rituel et le mythe pour répandre leur dogme et gagner des adeptes. L'imagerie de MTV, actuellement transmise par satellite à des pays très pauvres, fonctionne comme une sorte de divinité visuelle. Au lieu de provoquer la colère et la frustration, comme certains l'avaient prévu, la prolifération de l'imagerie de consommation a créé un besoin.

Le folklore, la tradition orale et les anciens du village, qui informaient et élucidaient tous les problèmes, ont été remplacés par les nouveaux chamanes de la société de consommation, Coke, Coors et Pepsi, qui résument les grands mystères de la vie en des termes très simples: «Désirez, achetez, soyez en harmonie avec l'univers». Dans de nombreux pays, le langage publicitaire de base n'est souvent pas traduit de l'anglais – «Just do it», par exemple – montrant ainsi que le consumérisme est en passe de devenir l'instrument universel de communication et qu'il a pris la place du concept utopique de l'espéranto.

La domination grandissante de la culture de consommation est également fondée sur les pouvoirs de manipulation que sont l'anxiété et l'insécurité. Ceux qui ne portent pas le bon logo, qui ne mangent ou ne boivent pas le bon produit, se sentent marginalisés.

En dehors du consumérisme, quel autre mouvement planétaire a le pouvoir de nous faire croire à un avenir radieux dans un monde marqué par l'échec du communisme et dans lequel le capitalisme éveille les soupçons? Même le mouvement «Vert», tant loué par les journalistes du monde entier, n'a pas significativement réduit la toxicomanie consumériste du monde. Seul le fondamentalisme religieux peut lui faire concurrence!

Quelle est notre démarche quand nous cherchons à comprendre comment la Chine s'affranchit du joug de l'oppression, ou comment la Russie assure son futur post-léniniste et post-stalinien? Au lieu de rechercher des images montrant un retour à la religion, un renouveau spirituel ou la découverte de la littérature interdite pendant des décennies, nous préférons retrouver à la télévision et dans les journaux des gens heureux mâchant leur Chicken McNuggets et achetant des montres Rolex à la pelle. Cela nous rassure – personne ne veut aller à la guerre après avoir acheté un nouveau presse-citron.

Où cela mènera-t-il? Le pouvoir du marketing, l'impérialisme des années 90, connaîtra-t-il plus de succès que l'impérialisme politique et économique du XIXᵉ siècle? Sans doute pas. Les consommateurs commencent à se rebeller. La croissance explosive des labels de marques privées, aux dépens des grandes marques, a déconcerté les experts et montre que les consommateurs ne sont plus les pions aveugles et obéissants des dictateurs du marketing. Les labels des marques privées sont en train d'effectuer une percée non négligeable dans les parts de marché de produits aussi divers que les couches-culottes, les boissons non alcoolisées et les bains de bouche.

La révolte du «consommateur»

Certains consommateurs se rebiffent en exigeant que les puissantes sociétés agissent avec moralité et compassion. Chaque mois, de nouveaux boycotts sont lancés par des consommateurs en colère, qui veulent se faire entendre. Une publication américaine, «National Boycott News», rend compte de ce mouvement de plus en plus important.

En même temps, de nouvelles compagnies, notamment américaines et britanniques, montrent que l'on peut se consacrer à la justice sociale tout en réalisant des profits.

De nombreux consommateurs se rabattent sur les produits alternatifs et rejettent les flatteries des conglomérats internationaux. Comme tous les mouvements révolutionnaires, il est encore limité – mais tous les indicateurs montrent que les consommateurs sont prêts à rejeter massivement l'impérialisme du marketing. Dans une étude récente, publiée dans le magazine américain Fortune, 12 p. cent des Américains déclaraient faire confiance aux multinationales – indiquant ainsi que le terrain est favorable au changement.

Ainsi, la période du pouvoir incontestée des impérialistes du marketing est entrée dans sa phase finale; les consommateurs appartenant à un comité de vigilance sont l'équivalent contemporain des mouvements indépendantistes de l'époque post-impérialiste. Il faudra attendre pour voir si les pouvoirs du marketing impérialiste seront remplacés par des forces d'une puissance comparable ou si nous entrerons dans l'époque de la fragmentation des marques et de la balkanisation du marketing. Il est évident qu'à l'ère des télécommunications et des systèmes de télévision câblée offrant 500 chaînes, il sera plus difficile pour le groupe restreint des puissantes forces du marketing d'exercer le même type de domination que lorsqu'il était la seule force unificatrice du monde.

Source: La Presse, 4 mars 1995.

- l'anticipation de la demande;
- la recherche et l'évaluation des produits;
- l'organisation de la distribution physique;
- la promotion du produit;
- l'organisation de l'échange proprement dit.

L'anticipation de la demande

L'essence même du marketing exige qu'on parte de la connaissance des besoins des consommateurs afin de répondre aux questions suivantes: qui désire quoi, où, quand

■ Figure 1.1   La fonction marketing

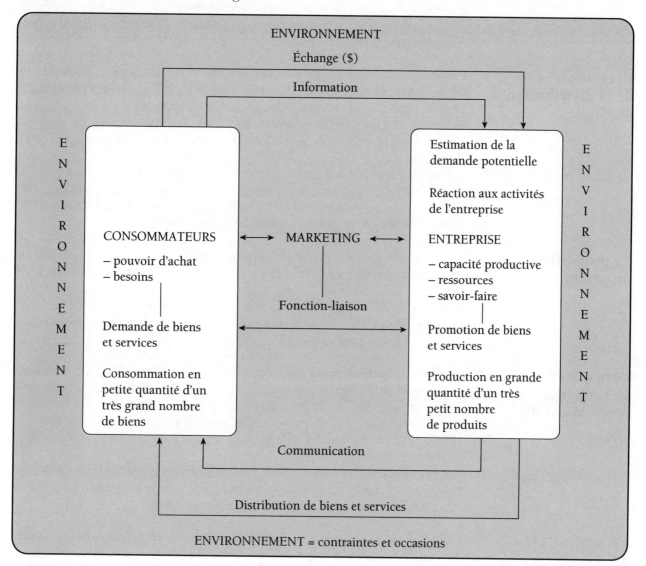

et dans quelles conditions? L'anticipation de la demande nécessite donc une bonne compréhension du comportement du consommateur (*voir chapitre 5*) et des variables qui sont susceptibles de le toucher. Cette tâche exige également de connaître et de prévoir les changements que subissent les éléments qui constituent l'environnement dans lequel la firme évolue.

Finalement, anticiper la demande consiste à prendre en considération les réactions du consommateur à l'égard des activités de l'entreprise, c'est-à-dire les retombées sociologiques, culturelles et écologiques de ses activités économiques.

La recherche et l'évaluation des produits

À partir des données obtenues par l'anticipation de la demande, le service de recherche en marketing, en collaboration avec le service de la recherche et du développement, doit concevoir et mettre au point les produits susceptibles de satisfaire aux besoins pressentis sur le marché. Il s'agit de trouver le produit susceptible d'intéresser la bonne personne et ses conditions (prix, dimensions, emballage, couleurs).

Les spécifications et les caractéristiques du produit sont acheminées au service de production qui en fera la réalisation concrète (utilité de forme).

L'organisation de la distribution physique

L'élaboration d'un réseau de distribution et le choix des canaux de distribution sous-tendent plusieurs activités. Ces dernières concernent le déplacement physique des produits (transport, répartition géographique) du fabricant au lieu d'entreposage et, de là, jusqu'aux points de vente finale (utilité de lieu). Les marchandises sont emmagasinées et protégées (utilité de temps) jusqu'à ce que le consommateur final en prenne possession.

Tout au long du processus de distribution, les activités suivantes servent à faciliter l'étape finale de transaction: la gestion des investissements et du crédit requis du fabricant au consommateur final et la création d'assortiments de marchandises (fractionnement des lots, grandeurs, qualités, conditionnement).

La promotion du produit

Il n'est pas tout d'avoir le bon produit ou le bon service, au bon endroit et au prix qui convienne au marché visé. Encore faut-il le faire savoir! La communication comprend la publicité de masse, la vente personnalisée, la promotion des ventes et les relations de presse. En fait, il s'agit de trouver la bonne façon d'atteindre la bonne personne (type de message, choix des médias). Ces activités visent à stimuler la demande (*voir encadré 1.4* à titre d'exemple).

L'organisation de l'échange proprement dit

La réalisation de l'échange proprement dit (utilité de possession) exige que les bons assortiments de produits soient offerts aux endroits appropriés et au bon moment, c'est-à-dire que le consommateur les trouve lorsqu'il en a besoin et aux conditions qui lui conviennent. Il s'agit de faciliter la transaction et de faire en sorte que la clientèle d'un achat demeure fidèle au produit et au magasin. C'est là tout l'art de la gestion des commerces de détail.

Le marketing joue donc le rôle d'un médiateur dans la relation entre l'entreprise et le marché. C'est lui qui crée l'utilité économique du produit, sa valeur aux yeux du consommateur, à travers la réalisation de toutes ces activités.

LE MARKETING ET LA PRODUCTIVITÉ

Sur le plan de la productivité, le marketing se différencie d'une chaîne de production. Cette dernière fabrique un produit tangible tandis que le marketing ne crée aucun produit tangible. Pour cette raison, certains auteurs considèrent que le marketing est un gaspillage.

Pour clarifier cette situation, il faut se référer à la théorie économique. Cette dernière affirme qu'être productif, c'est créer des utilités. On entend par utilité la capacité d'un produit à satisfaire aux besoins du consommateur. La théorie économique distingue quatre types d'utilités: la forme, le lieu, le temps et la possession.

Le marketing à lui seul est à l'origine de trois des quatre utilités, soit les utilités de lieu, de temps et de possession. Nous avons décrit précédemment la relation avec le marketing de chacune de ces utilités et leur importance; le lecteur peut se référer aux pages 12, 16 et 17 pour plus de détails. En ce qui concerne l'utilité de forme, elle subit l'influence du marketing, mais c'est la production qui la concrétise. À la suite de l'analyse de chacune de ces utilités, on peut affirmer sans crainte que le marketing est une des disciplines les plus productives.

■ **Encadré 1.4** Support utilisé en communication

Le rockeur et la rockeuse font des vagues

Bruno Boutot

Rédacteur en chef
d'Info Presse Communications

■ Sur un ring et sous les projecteurs, deux guitaristes s'affrontent à coup de notes de musique électrique. Ah oui! il s'agit d'un et d'une guitariste, tous deux sont dans le genre cute et sexy et la musique est très, très rock'n'roll. C'est bruyant, animé, rythmé et c'est signé Budweiser.

Jean Lessard, de Saint-Basile-le-Grand, nous télécopie que «le niveau sonore est très agressant et le scénario, parfaitement débile, et pas très subtil non plus.» Il veut savoir aussi «quelle agence a conçu cette publicité et quel était leur public cible.» Pierre Mercier, président de l'agence Palm, est contrarié par les propos de M. Lessard, mais pas contrariant. «Je peux comprendre, dit-il, on ne peut pas plaire à tout le monde. Mais le taux de satisfaction est très élevé chez les gens qui aiment le rock. Ça ne veut pas dire que tous ceux qui aiment le rock aiment le message mais, statistiquement, plus les gens sont rock, plus ils apprécient. Et c'est ça le

positionnement de Budweiser: les gens qui aiment le rock.»

«Budweiser est la bière la plus vendue aux États-Unis, et dans le monde. Aux États-Unis, ils visent le grand public. Au Québec, la Budweiser a été introduite par Labatt, et on lui a donné une identité américaine. C'est l'agence Young & Rubicam qui s'en est d'abord occupée, et qui a trouvé le slogan: «Coulée dans le rock». On ne peut pas faire plus américain que le rock, et c'est une identification qui fonctionne très bien: les gens s'en souviennent et font l'association Budweiser-rock n'roll.»

Jean Lessard fait cependant deux reproches bien précis: le niveau sonore et la débilité du scénario. «Quant au son et à la musique, dit Pierre Mercier, vous ne pouvez pas savoir la quantité de temps et de travail consacrée tant au niveau des idées que de la réalisation. Pour le public du rock n'roll, l'authenticité est très importante. La musique, le rythme, les gestes, le doigté des guitaristes, jusqu'à la marque des guitares, tout a été étudié et révisé dans le moindre détail.»

«Quant à la débilité... Nous avons mis en scène un concours de guitare,

comme il en existe en Angleterre. On l'a dramatisé en plaçant l'action dans un ring, et en mettant un homme et une femme dans un contexte de confrontation et de séduction. La première signification, pour nous, est que Budweiser est une bière qui s'adresse autant aux femmes qu'aux hommes, et nos études montrent que notre public comprend très bien ce message.

«Par ailleurs, il est sûr que quand on met un homme et une femme face à face avec de la musique, il se crée une tension sexuée. Mais, si vous regardez l'ensemble des messages de bière, on est plutôt dans les plus raisonnables et les plus "habillés".»

Jean Lessard finit sa lettre en disant qu'il a cessé de boire de la Bud. Le choix de marques est le vote quotidien des consommateurs. Mais c'est aussi celui des annonceurs: si les sondages et les ventes montrent que la publicité est appréciée par les consommateurs visés, on peut dire que ce sont finalement les buveurs de Bud qui imposent cette publicité.

Source: Chronique «La pub de la semaine» dans la page hebdomadaire «Publicité-Marketing» de *La Presse*, 23 novembre 1994, p. D18.

RÉSUMÉ

Le marketing se définit comme l'ensemble des activités qui consistent à trouver le bon produit et à le rendre accessible au consommateur visé, à l'endroit et au moment appropriés, au prix qui lui convient, et à le lui faire savoir de la façon qui le touchera le plus, le tout avec profit pour l'entreprise.

De par sa nature, le marketing joue un rôle considérable dans notre système socio-économique quant à son coût et à ses contributions sur le plan économique, au nombre et à la diversité des emplois qu'il procure, ainsi qu'à son impact sur le niveau de vie individuel et collectif. De plus, il constitue une arme puissante et vitale pour la survie et la prospérité de toute entreprise.

En ce qui concerne l'évolution du concept de marketing, il est passé dans son histoire d'un marketing passif à un système d'activités bien intégré, dynamique, apte à servir de guide aux activités de l'entreprise et à tenir compte de ses responsabilités sociales de plus en plus lourdes.

Le marketing a comme fonction essentielle de servir de médiateur entre le consommateur, d'une part, et l'entreprise, d'autre part, fonction qui exige l'accomplissement d'une multitude de tâches variées et complexes.

QUESTIONS

1. Comment peut-on définir le marketing?

2. Selon vous, pourquoi est-il important de partir des besoins du consommateur avant d'élaborer toute politique de produits?

3. En quoi consiste la présentation appropriée du produit?

4. Qu'est-ce que le marketing peut vous apporter dans votre future carrière?

5. Énumérez les variables du marketing dont il est le plus question dans l'encadré 1.3. Dites également en quoi le marketing est en danger.

6. Donnez des exemples qui prouvent qu'on tient compte, aujourd'hui, des retombées écologiques et sociologiques des activités de nos entreprises. Si possible, illustrez ces exemples au moyen d'articles de journaux récents.

7. Donnez quelques exemples qui démontrent qu'une entreprise a besoin du marketing.

8. Quelles sont les tâches qui reviennent au service du marketing?

9. L'anticipation de la demande comporte deux courants de communication. Lesquels?

10. L'organisation de la distribution physique crée deux utilités pour le consommateur final. Lesquelles?

EXERCICES PRATIQUES

1.1 ÉLABORATION D'UN MESSAGE PUBLICITAIRE

Après la lecture du texte de l'encadré 1.4, élaborez un message publicitaire qui s'adresse à vos compagnes et à vos compagnons de classe pour vendre une marque de bière de votre choix. Pour réaliser cet exercice, vous devez déterminer:

– s'il y aura ou non un ou plusieurs porte-parole;
– qui seront le ou les porte-parole, s'il y a lieu;
– le type de musique qui convient le mieux;
– l'activité réalisée par les porte-parole, s'il y a lieu;
– les objets représentés dans le message;
– les couleurs utilisées;
– le slogan, s'il y a lieu.

De plus, vous devez justifier vos choix.

1.2 LA VIDÉOTHÈQUE

Vous désirez ouvrir une vidéothèque dans un quartier de la ville où il y a une université, deux cégeps et trois écoles secondaires. Quels types de films offrirez-vous? Définissez, pour chaque type de films, le profil du consommateur visé (sa catégorie d'âge, sa situation familiale, son sexe, ses champs d'intérêt, etc.).

MISE EN SITUATION

La discothèque Jacques

Jacques, un étudiant québécois qui vient de terminer ses études secondaires, a eu la chance d'être admis dans un programme d'échange avec la Louisiane.

Pendant son séjour là-bas, il rencontre un groupe de jeunes musiciens qu'il admire beaucoup. À différentes reprises, il a l'occasion de discuter avec eux, et tous se lient d'amitié. Le groupe, qui joue uniquement de la musique *western*, lui fait part de son désir de séjourner au Québec quelque temps. Jacques, de concert avec ses nouveaux amis, élabore ainsi le projet d'ouvrir une discothèque.

À son retour au Québec, qui coïncide avec le début des cours au cégep, Jacques déniche un emplacement et décide de mettre son projet à exécution. Il signe un contrat d'un an avec le groupe de musiciens rencontré en Louisiane. L'ouverture officielle de la discothèque doit avoir lieu au début d'octobre.

Aidez Jacques à dresser la liste des informations de l'environnement externe nécessaires à la prise de décision en vue de déterminer les actions de sa future discothèque.

Cas
LES RESTAURANTS LE MUFFIN INC.

M. Ladouceur, principal actionnaire d'une chaîne de restaurants spécialisés dans la vente de beignes et de muffins, rêve de s'associer avec une autre chaîne de restaurants qui serait complémentaire à la sienne en ce qui concerne les produits offerts. Il voit dans cette association deux avantages principaux pour sa chaîne de restaurants. Premièrement, elle aurait pour effet d'augmenter le pouvoir d'attraction de ses restaurants. En effet, cette association permettrait d'élargir l'éventail de choix offerts aux consommateurs, ce qui devrait se traduire par une augmentation de l'achalandage. Deuxièmement, puisque la chaîne de M. Ladouceur est propriétaire de 90 % des immeubles qu'elle occupe et que les locaux sont dans 75 % des cas trop spacieux, la deuxième chaîne pourrait profiter de l'espace disponible et ainsi partager une partie des coûts d'occupation, tels que les taxes, le chauffage, l'entretien des édifices et des stationnements, et les assurances. Ces coûts représentent actuellement 26 % du chiffre d'affaires de M. Ladouceur.

Les restaurants de M. Ladouceur offrent le matin un choix de muffins, de brioches et de café,

pour manger sur place ou pour emporter. À l'heure du midi et du souper, le menu comporte quatre sortes de soupes au choix, un bel assortiment de beignes, de la tarte et différentes boissons chaudes ou froides. De plus, tout au long de la journée, on peut y acheter une collation composée de beignes, de muffins, de tarte ou de gâteau, ainsi que des boissons.

La clientèle des restaurants de M. Ladouceur se compose principalement, entre 6 h et 9 h, de travailleurs qui arrêtent en se rendant au travail chercher le petit déjeuner. Environ 20 % de cette clientèle mange sur place alors que les autres emportent leur achat. Le midi, la clientèle comprend 60 % de gens qui travaillent à proximité, soit dans un bureau ou dans un magasin; selon les jours et les saisons, ce sont des écoliers, des vacanciers ou encore des gens qui passent devant les restaurants par hasard qui constituent les 40 % restants. Le soir, la clientèle est formée de 30 % de familles avec jeunes enfants, alors que les autres 70 % sont très diversifiés. En soirée, les restaurants sont envahis par des adolescents et des jeunes gens qui viennent prendre une collation ou un dessert. La nuit, la clientèle consiste principalement en des travailleurs qui se rendent au restaurant pour la pause-café ou le lunch.

Actuellement, les restaurants Le muffin inc. sont tous situés dans des capitales régionales où le bassin de population est supérieur à 50 000 habitants. Dans chacune des villes, il y a au moins un établissement collégial et dans plusieurs cas on y trouve également une université. Pour une partie de l'année, les étudiants occasionnent un gonflement de la population parfois supérieur à 10 000 habitants dans la catégorie d'âge de 18 à 25 ans. Un autre fait à remarquer est que, dans ces villes, il y a souvent une concentration de magasins et de bureaux en raison de leur statut de capitale régionale.

L'annexe I fournit un exemple de la répartition de la population par catégorie d'âge pour des villes ayant un profil semblable.

Après plusieurs contacts et discussions avec la direction de différentes chaînes de restaurants, M. Ladouceur trouve deux propositions fort intéressantes. L'une lui vient d'une chaîne spécialisée dans la vente de sous-marins alors que l'autre provient d'une chaîne spécialisée dans la vente de pizza. La chaîne spécialisée dans la vente de sous-marins offre, en plus, des hot dogs, des patates frites et des salades et a comme principale clientèle les adolescents et les étudiants. Par ailleurs, l'autre chaîne offre en plus des pizzas un grand choix de pâtes, et sa clientèle est principalement composée de jeunes travailleurs qui s'y rendent pour le repas du midi.

Aidez M. Ladouceur à faire son choix et justifiez pourquoi il devrait choisir cette chaîne de restauration plutôt que l'autre.

Annexe I Répartition type de la population dans une capitale régionale

Groupe d'âge	%
0-9 ans	9,3
10-14 ans	5,6
15-19 ans	5,9
20-24 ans	8,1
25-29 ans	8,4
30-39 ans	15,6
40-49 ans	15,7
50-59 ans	11,4
60-74 ans	15,3
75 ans et +	4,9
Total	100 %

NOTES

1. LAMBIN, Jean Jacques. *Le marketing stratégique*, 2ᵉ édition, Montréal, McGraw-Hill, 1989.

2. CHICHA, Joseph. *Le management stratégique dans l'entreprise et dans la P.M.E.*, non publié, 1987.

3. Adapté de AMERICAN MARKETING ASSOCIATION. «AMA Board Approves New Marketing Definition», *dans Marketing News*, 18 mars 1985.

4. Adapté de KOTLER, Philip. *Principles of Marketing*, Englewood Cliffs, Prentice-Hall, 1980, p. 9.

5. DRUCKER, Peter. *La nouvelle pratique de la direction des entreprises*, Paris, Les Éditions d'Organisation, 1975, p. 85.

6. McCARTHY, Jérôme E., SHAPIRO et PERREAULT. *Basic Marketing*, 7ᵉ édition canadienne, Richard D. Irwin, 1994.

7. STATISTIQUE CANADA. *Moyennes annuelles de la population active*, cat. 71-529, 1995.

8. STATISTIQUE CANADA. *Produit intérieur brut par industrie*, cat. 15-001, janv. 1995.

2

LES VARIABLES CONTRÔLABLES ET L'ENVIRONNEMENT DU MARKETING

OBJECTIFS D'APPRENTISSAGE
Après la lecture du chapitre, vous devriez être en mesure de:
- reconnaître les variables contrôlables du marketing;
- définir le mix marketing;
- reconnaître les variables incontrôlables de l'environnement.

Dans le premier chapitre, nous avons défini la nature du marketing, son rôle dans l'économie et la fonction essentielle qu'il remplit auprès des entreprises et des marchés, de même que les tâches que cette fonction suppose. Ces tâches concernent différents domaines de décision, qui font justement l'objet du présent chapitre.

Dans un premier temps, nous aborderons les variables dites «contrôlables» du marketing. Elles sont ainsi nommées, car le gestionnaire en a le plein contrôle. Ces variables sont le produit, le prix, la communication marketing et la distribution. C'est à partir de ces variables que le gestionnaire bâtira ses stratégies de marketing tout en tenant compte de l'environnement de l'entreprise.

Nous examinerons ensuite les éléments qui constituent cet environnement. Ces variables sont dites «incontrôlables», car elles échappent au pouvoir du gestionnaire. L'impact de ces variables étant important pour les décisions de marketing, le gestionnaire doit donc apprendre à les connaître, à prévoir leurs effets sur sa stratégie et, si possible, à les utiliser pour le bien de son entreprise.

LE MIX MARKETING

Un marketing efficace s'inspire des besoins des consommateurs. Le responsable du marketing doit prendre une foule de décisions dans plusieurs domaines afin de réussir à satisfaire ces besoins. Quel produit offrira-t-on? Quelles en seront les dimensions, la couleur? Aura-t-il un emballage? Quel nom lui donnera-t-on? À quel prix le vendra-t-on? Sera-t-il en vente chez certains détaillants seulement ou distribué à grande échelle? Utilisera-t-on la télévision, les journaux ou la radio pour le faire connaître des consommateurs?

Les réponses à ces questions font partie du grand nombre de décisions que le gestionnaire devra prendre lorsqu'il élaborera sa stratégie de marketing. En fait, on peut grouper tous ces éléments en quatre variables de base. Ce sont les quatre variables contrôlables du mix marketing: produit ou service, prix, distribution et communication.

Le mix marketing est la combinaison particulière que le responsable du marketing peut faire à partir de ces quatre variables. Il choisira un niveau d'effort pour chacune d'elles, et c'est l'harmonie de l'agencement qu'il en fera qui déterminera l'efficacité de son mix marketing. Les quatre variables du mix marketing sont interdépendantes, et il faut orienter l'ensemble qu'elles forment vers le consommateur, qui devient la cible de cet effort de marketing.

Voyons maintenant plus en détail chacune de ces variables.

Le produit

Une des premières décisions à prendre concerne la planification et le développement du produit ou de la gamme de produits à offrir, qu'ils soient déjà existants ou nouveaux. Il s'agit d'offrir le bon produit, c'est-à-dire celui qui satisfera le mieux aux besoins d'une certaine catégorie de consommateurs.

Aux yeux du consommateur, le produit représente plus qu'un ensemble de simples propriétés physiques: c'est une possibilité de satisfaire un besoin précis. Le produit possède donc une multitude de caractéristiques tangibles et intangibles. Le consommateur choisit un produit bien plus pour les avantages qu'il pense en retirer que pour le produit lui-même. Ainsi, lorsqu'une personne se procure un fard à joues ou une ombre à paupières, elle achète en réalité de la beauté. De même, un consommateur achète un micro-ordinateur non pour le plastique ou le métal qui le compose, mais bien pour les avantages qu'il va retirer de cette acquisition tels que la rapidité de calcul et la possibilité d'emmagasiner des données, ou encore pour les immenses possibilités de son traitement de texte.

Concevoir un produit et le développer exigent donc de prendre une foule de décisions:

- gamme de produits ou de services offerts;
- type, dimensions et couleurs du produit;
- niveau de qualité;
- type de matériau utilisé;
- nombre et variété de modèles ou de tailles;
- genre d'emballage, d'étiquette, élaboration du mode d'emploi;
- nom, marque de commerce;
- service après-vente: garantie, réparations, ajustements;
- politiques de lancement des nouveaux produits;
- programmes de recherche et de développement.

Toutes ces décisions doivent mener à la présentation d'une offre concrète d'un produit au consommateur.

Le prix

L'établissement du bon prix, c'est-à-dire celui qui conviendra aux attentes du consommateur visé, constitue le deuxième domaine de décision du mix marketing. Quel prix le consommateur est-il prêt à payer pour ce genre de produit? Si le client n'accepte pas le prix fixé, tout l'effort de marketing soigneusement planifié est réduit à néant. Le prix représente ce que le consommateur paie en échange de la satisfaction de ses besoins. Le prix est également une contrainte importante qui influe fortement sur la décision d'achat du consommateur. Le prix doit donc être fonction du marché visé de même que du type de produit offert.

Les décisions à prendre à ce titre sont nombreuses et variées. Elles doivent tenir compte de leur impact sur le marché et des contraintes de rentabilité de l'entreprise:

- niveau général des prix;
- prix pairs ou impairs;
- procédures à suivre dans le cas d'un changement de prix;
- conditions de paiement, de remboursement et facilités de crédit à offrir;
- politiques de majorations, de démarques.

Le prix fait donc partie intégrante de l'offre concrète faite au consommateur.

La distribution

Un bon produit à un bon prix n'est pas intéressant pour le consommateur s'il n'est pas en vente à l'endroit et au moment appropriés. Le responsable du marketing devra donc prendre d'autres décisions qui toucheront la distribution de son produit: où, quand et par qui les produits seront-ils offerts? La distribution constitue donc la troisième variable du mix marketing.

Les produits et les services ne parviennent pas directement et automatiquement du fabricant au consommateur. Ils sont véhiculés par certains canaux, manipulés, entreposés, puis vendus au consommateur final.

La distribution concerne d'abord le choix des canaux de distribution, c'est-à-dire le type d'acheminement que suivront les produits pour passer du fabricant au consommateur final. Y aura-t-il des intermédiaires? Si oui, combien? De quel type seront-ils (grossistes, détaillants, agents manufacturiers)? Il revient au responsable du marketing d'assurer la gestion de ce circuit, c'est-à-dire de s'assurer de la coopération des intermédiaires ainsi que d'établir et de maintenir la structure administrative et les relations dans le réseau de distribution.

La variable «distribution» suppose également qu'on voie à la distribution physique des produits à travers les canaux: il faut faire en sorte que le transport, la manutention et l'entreposage soient exécutés efficacement à l'intérieur de chaque canal.

Bref, il s'agit de rendre accessible, au bon endroit et au bon moment, le produit destiné au consommateur cible.

La communication marketing

Il n'est pas suffisant d'avoir le bon produit, au bon prix, en vente au bon moment et au bon endroit. Encore faut-il le faire connaître du consommateur visé et le lui vendre. Pour ce faire, il faut établir un programme de communication avec le marché cible.

Ici encore, de nombreuses décisions s'imposent.

- Quels outils utilisera-t-on: publicité de masse, vente personnalisée, télémarketing, promotion des ventes, relations de presse?
- Quels médias seront les plus appropriés?
- Comment le message sera-t-il structuré?
- Quel sera le budget publicitaire?

Le défi est de taille. Il faut trouver le meilleur agencement de tous ces aspects afin de communiquer efficacement avec le consommateur. De plus, la politique de promotion élaborée doit être cohérente avec les autres variables du mix marketing.

On peut constater que les quatre variables contrôlables du mix marketing sont à la fois essentielles et indissociables. Chacune a une incidence stratégique sur l'efficacité du mix marketing global, car il se produit un effet de synergie. Avec un bon mix marketing, c'est comme si deux et deux faisaient cinq, c'est-à-dire que le résultat de l'ensemble sera supérieur à la somme des résultats obtenus pour chacune des variables prises séparément. C'est le dosage stratégique optimal de ces quatre éléments, destiné à satisfaire le marché cible choisi, qui détermine le degré de succès d'un mix marketing. Pour plus de commodité, nous étudierons séparément chacun de ces éléments dans les prochains chapitres. Cependant, il faut toujours garder à l'esprit le fait que chaque décision influe sur l'autre et que l'ensemble des décisions ayant trait au mix marketing devraient, idéalement, se prendre simultanément.

Il faut également noter qu'il n'y a pas qu'un seul mix marketing qui convienne à la conquête d'un marché. Seuls l'expérience et le jugement basés sur certaines recherches formelles permettent de décider du mix marketing à utiliser. Le choix d'un mix marketing dépend, en fait, de l'objectif que l'entreprise se fixe, et la plupart des stratégies constituent des compromis entre la satisfaction du consommateur et le profit maximal. Ces stratégies font l'objet du chapitre 3.

L'ENVIRONNEMENT DU MARKETING

L'entreprise ne vit pas en vase clos. Elle fait partie d'un système plus vaste et œuvre dans un certain milieu. Cet environnement aura donc un impact considérable sur les activités de l'entreprise et vice versa.

Le milieu dans lequel évolue l'entreprise est multidimensionnel. Il se présente sous les aspects socio-économique, politico-légal, concurrentiel, institutionnel, technologique et naturel. C'est ce qu'on appelle le «macroenvironnement», par opposition au micro-environnement qui concerne les consommateurs.

Le microenvironnement se compose des consommateurs dont on tente d'influencer le comportement et les attitudes par l'application d'un mix marketing. L'étude du comportement du consommateur fait l'objet du chapitre 5. Toute action de marketing doit s'accomplir en fonction de l'impact qu'elle aura sur le marché visé. Le consommateur doit être le point central de toute stratégie de marketing.

Les différents éléments de l'environnement constituent ce qu'on appelle les «variables incontrôlables» du marketing. Il est essentiel que le gestionnaire connaisse et comprenne les éléments de l'environnement dans lequel il œuvre, car ils constituent souvent des contraintes avec lesquelles il doit composer. De plus, étant donné la nature dynamique de cet environnement, il est souhaitable de prévoir les changements qui s'y produiront, car ils toucheront sûrement les activités de l'entreprise. Il faut donc établir le mix marketing d'une entreprise en tenant compte d'une prévision, la plus exacte possible, des variables de l'environnement. Un mix marketing bien dosé, approprié aux désirs des consommateurs et adapté aux variables de l'environnement, voilà ce que recherche tout bon responsable du marketing.

Voyons maintenant chacune des variables qui constituent le macroenvironnement de l'entreprise.

L'environnement socio-économique

Les marchés possèdent des caractéristiques qui leur sont propres. On peut décrire le marché global en fonction de variables démographiques et économiques.

Sur le plan démographique, on peut définir les marchés en fonction de leur taille. Cette dernière doit être suffisante afin de permettre à l'entreprise de survivre. Dans une ville comme Montréal, un concessionnaire de Rolls Royce ou de Jaguar peut s'établir, mais pourrait-il le faire dans une ville de moindre importance?

La répartition de la population (localisation, densité) de même que son évolution (mobilité, taux de natalité, taux de croissance) sont également des facteurs importants pour le responsable du marketing. Où les consommateurs sont-ils situés géographiquement? Par exemple, Montréal représente un marché très dense comparativement à l'Abitibi. Il faut aussi tenir compte des déplacements de population dans le temps et l'espace. Les campagnes se sont dépeuplées au profit des villes, puis on a assisté à l'exode vers les banlieues. Présentement, on remarque un retour timide vers les centres-villes. Il est possible d'observer certaines différences régionales de consommation.

Les tendances à l'immigration et à l'émigration, le sexe, la profession, le niveau d'instruction, le groupe ethnique ou religieux, la langue, l'éducation, les traits culturels, l'organisation des unités familiales et l'évolution de la pyramide des âges constituent également des variables du profil démographique du marché global. Il est évident que les besoins d'une personne ne sont pas les mêmes à 2 ans et à 30 ans. Les produits consommés ne sont pas non plus les mêmes selon que l'unité familiale est constituée de jeunes enfants ou d'enfants au travail. La position dans le cycle de vie de la famille influence les besoins et les possibilités d'achat.

La dimension économique du marché est également de première importance pour le responsable du marketing, car elle constitue souvent une contrainte lors des décisions d'achat. La taille du marché ne suffit pas, il faut que le consommateur soit capable de payer (*voir encadrés 2.1 et 2.2*).

Les données économiques comprennent le niveau de revenu, le revenu moyen, les sources de revenus et leur évolution, la distribution des revenus en fonction de la population et des régions, la situation financière des personnes et des ménages (marge de sécurité, quantité d'équipement en biens essentiels et biens complémentaires).

La conjoncture économique a également une grande influence sur le comportement des marchés et sur les activités de l'entreprise:

- PNB (produit national brut);
- récession ou expansion;
- taux d'inflation;
- taux d'intérêt, taux hypothécaires;
- taux de chômage;
- facilités de crédit.

Les conditions économiques peuvent évoluer rapidement et, par conséquent, nécessiter des réactions rapides de la part de l'entreprise. À titre d'exemple, lors de la hausse des taux d'intérêt hypothécaire des années 80, l'industrie de la construction a été fortement ébranlée. La demande a très fortement chuté, et les entreprises qui œuvraient dans ce secteur d'activité ont dû ralentir leurs activités pour les reprendre en 1985 lors de la baisse des taux d'intérêt. Un autre exemple de l'impact des conditions économiques est celui du taux d'endettement des particuliers joint au taux de chômage et à l'insécurité de l'emploi sur le marché immobilier en 1995.

Il est également très intéressant d'étudier ces facteurs en fonction des secteurs économiques importants pour l'entreprise. Par exemple, le fait de savoir que l'industrie du meuble est en récession peut influer grandement sur les décisions stratégiques d'un détaillant de meubles.

Toutes ces variables permettent de tracer les profils démographique et économique du marché global et de prévoir son évolution. Il est important de connaître et de comprendre ces variables, car elles reflètent l'importance des marchés; elles constituent un bon point de départ pour déterminer les besoins des consommateurs.

■ Encadré 2.1 ⟩ L'insécurité des consommateurs retarde la reprise économique

Selon le Conference Board du Canada

La reprise est bloquée par les consommateurs nerveux

Clyde Graham

Ottawa (PC)

■ La nervosité des consommateurs bloque toujours la reprise économique et le gouvernement fédéral ne possède pas l'argent nécessaire à restaurer leur confiance, soutient le Conference Board du Canada dans ses projections hivernales.

L'organisme affirme que la croissance économique canadienne ne sera que de 3,1 pour cent, cette année, et de 3,6 pour cent en 1995.

«Les piètres perspectives au chapitre des dépenses à la consommation bloquent la reprise», explique le rapport.

Une croissance d'environ cinq pour cent est jugée nécessaire pour réparer les dégâts causés par la récession et commencer à réduire le chômage.

Le Conference Board croit que les maigres hausses de salaires consenties, la lenteur à créer des emplois et la menace de hausses des taxes lors des prochains budgets ont semé la crainte chez les consommateurs qui hésitent à dépenser.

Jusqu'à maintenant, ce sont les exportations qui ont soutenu la relance.

Or, avec un déficit fédéral qui se dirige vers un sommet sans précédent de 46 milliards de dollars, cette année, le nouveau gouvernement libéral a les mains liées.

«Ce sera très difficile pour le nouveau gouvernement de réaliser ses promesses électorales et de créer des emplois», croit le rapport.

En décembre, le taux de chômage national grimpait à 11,2 pour cent, de 11,0 pour cent qu'il était le mois précédent.

Un rapport de la Banque Royale, cette semaine, soulignait que de telles données n'étaient pas encourageantes pour le consommateur.

«Ces chiffres nous permettent de croire que le revenu des familles demeurera faible et freinera les dépenses à la consommation.»

Le Conference Board prévoit par ailleurs que le taux de chômage, qui s'est établi en moyenne à 11,2 pour cent en 1993, chutera faiblement à 10,7 pour cent cette année.

«Les perspectives sont meilleures pour 1995, alors que l'emploi et le revenu augmenteront, mais en prenant pour acquis qu'aucune nouvelle taxe ne sera décrétée», croit Jim Frank, économiste en chef du Board.

L'organisme, tout en rappelant que le ministre fédéral des Finances Paul Martin est à préparer son premier budget, insiste pour affirmer que ce dernier ainsi que ses homologues provinciaux ne résoudront pas leurs cauchemars financiers en haussant les taxes.

«On estime en règle générale que des taxes plus élevées ne peuvent participer à la lutte au déficit, du fait qu'elles susciteront tout simplement une augmentation de l'économie clandestine», affirme M. Frank.

Le ministre fédéral du Revenu, David Anderson, a promis de lutter contre cette économie clandestine et de lui faire rendre gorge.

Enfin, le Board estime que le gouvernement fédéral devra réduire ses dépenses de quatre milliards $ au cours des deux prochaines années.

Source: Le Nouvelliste, 12 janvier 1994, p. 15.

Elles influent sur le type de besoins de même que sur la capacité de les satisfaire. Il faut toutefois se rappeler que ces variables ne sont que descriptives. On pourra, par exemple, connaître la consommation de bière par catégorie d'âge, dans telle région de la province; on cerne alors le «qui» du marketing. S'il veut découvrir le «pourquoi», le responsable du marketing devra pousser plus loin son étude et utiliser d'autres variables (*voir chapitre 5*).

■ Encadré 2.2   Croissance du produit intérieur brut (%)

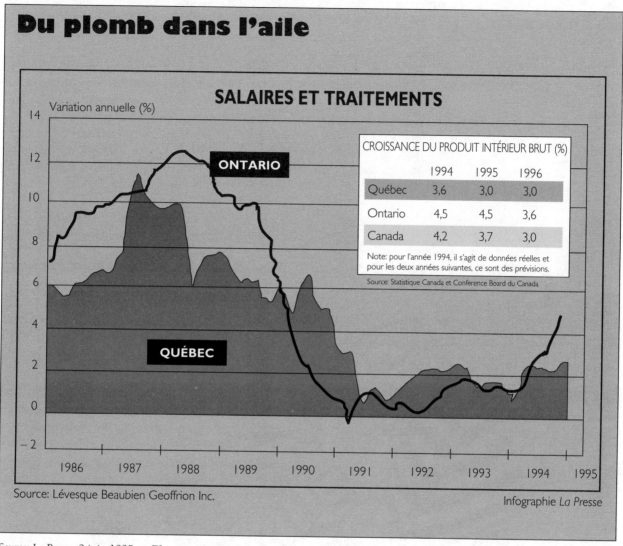

Du plomb dans l'aile

SALAIRES ET TRAITEMENTS

Variation annuelle (%)

CROISSANCE DU PRODUIT INTÉRIEUR BRUT (%)			
	1994	1995	1996
Québec	3,6	3,0	3,0
Ontario	4,5	4,5	3,6
Canada	4,2	3,7	3,0

Note: pour l'année 1994, il s'agit de données réelles et pour les deux années suivantes, ce sont des prévisions.

Source: Statistique Canada et Conference Board du Canada

Source: Lévesque Beaubien Geoffrion Inc.

Infographie *La Presse*

Source: *La Presse*, 3 juin 1995, p. F1.

L'environnement politico-légal

En affaires, on ne peut agir totalement à sa guise et décider unilatéralement de faire ce qu'on veut. En effet, bon nombre de lois régissent la concurrence, protègent les entreprises les unes des autres, protègent le consommateur contre certains abus et pratiques, contrôlent les ententes, les fusions, les monopoles, les restrictions à la libre concurrence, la fixation des prix de vente et la publicité mensongère. Citons à titre d'exemple la *Loi relative aux enquêtes sur les coalitions*, la *Loi sur les marques de commerce*, la *Loi sur les droits d'auteur*, la *Loi sur l'emballage et l'étiquetage des produits de consommation*, la *Loi sur les aliments et les drogues*, la *Loi sur les produits dangereux*, la *Loi sur les heures d'affaires*, etc. De plus, dans l'environnement légal, on ne peut passer sous silence l'impact sur la gestion des entreprises du nouveau Code civil dont s'est doté le Québec au 1er janvier 1994. À titre d'exemple, mentionnons les nantissements commerciaux qui ont fait place aux garanties mobilières et immobilières, les hypothèques qui sont remplacées par des garanties immobilières, la validité d'un billet à terme qui est passée de 30 ans à 10 ans, ce qui oblige les détenteurs de billets à renouveler régulièrement ceux-ci, la présomption que les parties sont de bonne foi, et de nombreuses autres modifications.

L'environnement politique a aussi un impact sur le cours des affaires de l'entreprise (*voir encadrés 2.3, 2.4 et 2.5*). Les politiques gouvernementales peuvent encourager certains secteurs des affaires, ouvrir des marchés, par exemple avec le libre-échange entre le Canada et les États-Unis, ou encore l'Aléna entre le Canada, les États-Unis et le Mexique, et favoriser les programmes d'importations et d'exportations par le biais de subventions, de politiques d'amortissement accéléré, de diminution de taxes ou d'impôts. Les politiques monétaires restrictives adoptées (lois contrôlant les prix, les salaires, les profits et les dividendes) ont également un impact

■ **Encadré 2.3**   Décision politique et budget

Source: Le Nouvelliste, 30 avril 1993, p. 8.

■ Encadré 2.4 Nouveau plan du fédéral

Le ministre Sergio Marchi présente le nouveau plan du fédéral

Des immigrants moins nombreux mais plus qualifiés

Manon Cornellier

Ottawa (PC)

Le Canada recevra moins d'immigrants mais ils seront plus qualifiés et coûteront moins cher à intégrer, a annoncé mardi le ministre de la Citoyenneté et de l'Immigration Sergio Marchi.

«Le plan que nous avons présenté établit un équilibre entre les différentes catégories d'immigrants afin de générer le maximum de bénéfices économiques et sociaux pour le pays», a expliqué M. Marchi en conférence de presse.

«Une plus grande proportion des immigrants seront sélectionnés en fonction de leur capacité à contribuer au développement économique et social du Canada, ce qui permettra de réduire la demande pour les services d'intégration», renchérit le document ministériel.

Pour atteindre son but, on mise sur deux moyens: la réduction du nombre d'immigrants admis et le resserrement des critères de sélection.

Ottawa compte recevoir entre 190 000 et 215 000 immigrants en 1995, comparativement aux 230 000 projetés cette année. De ce nombre, le Québec devrait en accueillir 40 000.

Pour attirer cette nouvelle source de compétence et d'investissements, Ottawa se lancera dans une opération charme dans de nombreux pays et sélectionnera de façon plus serrée les candidats qui répondront à l'appel.

Un requérant qui parle français ou anglais, qui est professionnellement polyvalent et qui a une éducation poussée, sera avantagé. La connaissance d'une des deux langues officielles deviendra une priorité lors de l'évaluation d'un dossier, a indiqué le ministre.

Et alors que le nombre total d'immigrants diminue, le gouvernement fédéral veut qu'une plus grande proportion d'entre eux soient des travailleurs qualifiés et des gens d'affaires. D'ici dix ans, il souhaite que ces personnes et leurs dépendants forment 53 pour cent des immigrants au lieu du 43 pour cent qui prévaut actuellement.

En contrepartie, il veut que les personnes admises en vertu du programme de réunification des familles ne représentent que 44 pour cent des immigrants comparativement à 51 pour cent aujourd'hui. Il s'agit des conjoints, des enfants, des parents et des grands-parents qui sont parrainés par un citoyen canadien.

La réunification des familles se poursuivra, a indiqué M. Marchi, mais la priorité sera donnée aux conjoints et aux enfants tandis que les parents et les grands-parents seront soumis à de nouveaux plafonds. De plus, les parrains devront offrir davantage de garanties.

Actuellement, ils doivent signer un accord où ils s'engagent à subvenir aux besoins de leurs proches durant dix ans. Selon le ministère, environ 14 pour cent des parrains ne respectent pas leur parole, ce qui aurait coûté 700 millions $ en 1993 en aide sociale.

Le gouvernement envisage donc demander des garanties financières aux parrains. Les groupes multiculturels trouvent cette mesure discriminatoire à l'égard des citoyens respectueux des lois mais peu fortunés.

Selon M. Marchi, ces changements rendront le système équitable mais abordable, ce qui, à long terme, pourrait lui permettre de respecter la promesse de son parti d'admettre un nombre d'immigrants équivalent à un pour cent de la population.

Par ailleurs, le ministre souhaite que le programme Immigrants investisseurs soit davantage profitable pour les petites et moyennes entreprises. Il a annoncé une revue du programme et un moratoire sur la création de nouveaux fonds.

Le Québec, où ce programme est florissant, sort gagnant de cet exercice car il n'est pas soumis au moratoire. Grâce à l'entente sur l'immigration conclue avec Ottawa dans les années 70 et renforcée en 1991, Québec reste libre de se soumettre ou non au moratoire.

En fait, la stratégie dévoilée hier touche peu le Québec car ce dernier contrôle complètement sa politique d'immigration et définit lui-même les critères de sélection de ses immigrants.

Une seule idée pourrait irriter le gouvernement péquiste. Il s'agit du projet de réforme de la Loi sur la citoyenneté qui pourrait sonner le glas du principe de la double citoyenneté. M. Marchi n'a pas caché qu'il aimerait, grâce à cette loi, promouvoir les vertus de la citoyenneté canadienne à travers le pays.

Points saillants

Ottawa (PC)

Voici les points saillants de la nouvelle stratégie fédérale en matière d'immigration:

- Ottawa recevra entre 190 000 et 215 000 immigrants en 1995, comparativement à une projection de 230 000 cette année.
- De ce nombre, le Québec devrait en recevoir environ 40 000.
- Le Canada compte recevoir un plus grand nombre de réfugiés, soit entre 24 000 et 32 000 en 1995 comparativement aux 18 000 prévus cette année.
- L'accent sera mis sur les immigrants qui sont autonomes, éduqués, capables de s'établir rapidement et de contribuer à l'économie, «ce qui permettra de réduire la demande pour les services d'intégration».
- D'ici deux ans, Ottawa veut que 52 pour cent des immigrants soient indépendants et que seulement 44 pour cent soient des membres de la famille. Actuellement, ces proportions sont renversées.
- La connaissance d'une des deux langues officielles sera un critère beaucoup plus important lors de l'évaluation d'une demande d'immigration.
- Les règles imposées aux immigrants qui parrainent leur conjoint, leur enfant ou leur parent seront appliquées de façon plus rigoureuse. Des garanties financières pourraient être exigées.
- Ottawa veut revoir le programme Immigrants investisseurs et a imposé un moratoire, sauf au Québec, sur la création de nouveaux fonds d'investissements. Le Québec demeure libre de se soumettre ou non à ce moratoire.

Source: Le Nouvelliste, 2 novembre 1994, p. 9.

■ Encadré 2.5   Traité signé entre 30 pays

Signé par 30 pays

Nouveau traité pour protéger les marques commerciales

Stephanie Nebehay

Genève (Reuter)

■ Trente pays ont signé vendredi un nouveau traité visant à simplifier et améliorer, au niveau international, la protection des marques commerciales, a annoncé l'Organisation mondiale de la propriété intellectuelle (Wipo), qui dépend des Nations Unies.

Ce traité, conclu au terme de six ans de négociations, vise la contrefaçon et d'autres infractions à la propriété commerciale, principalement en Asie et dans certains pays latino-américains, ont précisé des diplomates.

Il s'appliquera aussi aux «marques de services» dans des secteurs en pleine expansion comme la banque et les assurances, ce qui est une première au niveau international.

Pour le moment, le traité – Trademark Law Treaty – a été signé à Genève par 35 pays, dont la Chine, la Russie, les États-Unis et six des douze membres de l'Union européenne, à savoir la Belgique, le Danemark, la Grande-Bretagne, l'Italie, le Luxembourg et le Portugal. D'autres pays pourront à leur tour y apposer leur signature pendant un délai d'un an et le traité entrera en vigueur dès que cinq pays auront avisé la Wipo de sa ratification par leur Parlement.

«Le traité devrait faciliter l'enregistrement par les entreprises de marques commerciales à travers le monde entier», a précisé à Reuter Alec Sugden, du Bureau britannique des brevets.

Alec Sugden, qui présidait le principal comité de négociation de la Wipo, a ajouté: «Il y a partout des poches de contrefaçon. C'est un problème mondial. La législation doit être révisée partout.»

Selon la Wipo, qui enregistre les brevets, les droits de reproduction et les marques commerciales et encourage leur emploi, le coût annuel de la contrefaçon à travers le monde se chiffre en milliards de dollars, notamment dans les domaines de l'informatique, de la confection et de la pharmacie.

Des diplomates européens, spécialistes des questions de commerce international ont exprimé l'espoir de voir ce traité faciliter la lutte contre la contrefaçon, fortement répandue en Asie, particulièrement en Chine, en Indonésie, en Malaisie et en Thaïlande, ainsi qu'au Brésil et en Argentine.

«Les six pays membres de l'Asean (Association des pays du Sud-Est asiatique) posent tous un problème. Mais la Chine semble sérieusement faire des efforts pour améliorer la situation», a observé un négociateur.

Selon un porte-parole de la Wipo, ce traité, tout en offrant aux pays industrialisés une meilleure protection pour leurs produits, devrait aussi intéresser les pays en voie de développement car il aura pour effet, en fin de compte, d'y accélérer les investissements.

«Il sera bon pour les deux parties», a-t-il souligné.

Les bureaux nationaux des brevets passent déjà par la Wipo pour y faire enregistrer les marques commerciales pour le compte de leurs propriétaires mais, comme l'ont noté des responsables de cette agence des Nations Unies, le nouveau traité permettra de rationaliser, simplifier et d'harmoniser ces procédures.

Source: Le Nouvelliste, 29 octobre 1994.

sur les dépenses de consommation par le biais des baisses de revenus et de la diminution du nombre d'emplois.

L'intervention politique vise de plus en plus à protéger l'environnement, la qualité de vie et la sécurité du consommateur. On n'a qu'à penser aux règlements régissant la disposition des déchets toxiques. Le consumérisme est un exemple de mouvement qui cherche à accroître les droits et les pouvoirs des consommateurs et des acheteurs en les informant de leurs droits. Des revues telles que *Protégez-vous* et *Le consommateur canadien* en sont des exemples.

On assiste donc à un revirement de la pensée économique traditionnelle; «Que l'acheteur prenne garde» est devenu «Que le vendeur prenne garde». Les lois qui régissent les affaires touchent surtout le producteur, qui devient de plus en plus responsable de ses produits. Ce sont les consommateurs, par le biais de leurs représentants politiques, qui déterminent le genre de système qu'ils veulent. Les entreprises n'ont d'autres choix que de s'adapter à ces lois et tendances, tout comme elles le font pour les autres variables incontrôlables de l'environnement. Il s'agit, pour elles, de connaître, de bien comprendre et de savoir interpréter ces mesures et ces lois.

Il existe encore beaucoup de différences entre les entreprises orientées vers la production et celles qui ont adopté le concept moderne de marketing et qui sont tournées vers le consommateur. L'entreprise est là pour satisfaire le consommateur, et ce avec profit. Les entreprises qui ne se conformeront pas à ces nouvelles tendances (produits plus sécuritaires et de meilleure qualité, meilleurs recours et garanties) n'auront pas beaucoup le choix: de nouvelles lois viendront les y obliger ou elles devront fermer leurs portes.

■ Figure 2.1   Les niveaux de concurrence

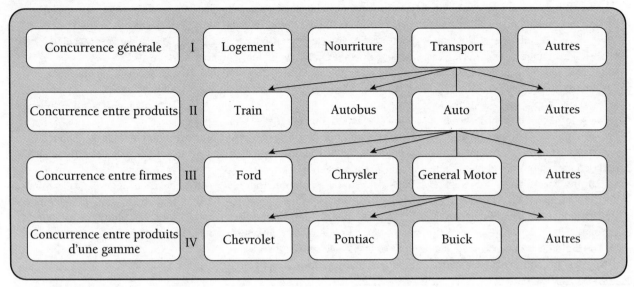

Source: COUTURE, Gaétan. *Marketing: une approche intégrée*, Chicoutimi, Gaëtan Morin éditeur, 1978, p. 148.

L'environnement concurrentiel

L'étude de la concurrence est de première importance pour l'entreprise. La structure concurrentielle d'un marché détermine la latitude dont dispose l'entreprise en ce qui concerne le choix de sa stratégie de marketing. Il est donc important de connaître le nombre, le genre et le degré de concentration des concurrents auxquels on doit faire face ainsi que leurs forces, leurs faiblesses et leurs stratégies afin de pouvoir réagir adéquatement. On peut définir quatre niveaux de concurrence *(voir figure 2.1)*.

La concurrence générale

La concurrence générale représente la situation où plusieurs entreprises se partagent le dollar du consommateur qui a le choix de répartir son revenu, selon différentes proportions, en fonction des catégories de biens et de services offerts.

Exemple: vous répartissez votre revenu entre le loyer, la nourriture, le transport, les loisirs.

La concurrence entre produits

Pour satisfaire à un besoin particulier, le consommateur peut choisir entre plusieurs produits ou possibilités.

Exemple: pour voyager, vous pouvez choisir le train, l'autobus, l'automobile.

La concurrence entre firmes

Le consommateur choisit l'entreprise dont le produit lui convient le mieux.

Exemple: si vous choisissez de posséder une automobile, vous avez le choix entre les compagnies Ford, Chrysler, GM, Toyota et d'autres.

La concurrence entre produits d'une même gamme

Pour une entreprise donnée, plusieurs produits offerts peuvent être en concurrence.

Exemple: si vous optez pour des produits de marque GM, vous pouvez choisir une *Geo Metro*, une *Cavalier*, une *Sunbird*, une *Buick Regal*, une *Oldsmobile Cutlass*, une *Cadillac Fleetwood*, une *Corvette*, ou autre.

Il est important de bien comprendre la situation et d'évaluer l'impact de chacun de ces niveaux de concurrence sur les activités de l'entreprise. La concurrence entre firmes est la plus spectaculaire, mais il ne faut pas oublier les autres types de concurrence qui exercent une influence sur la définition de la mission et du champ d'action de l'entreprise.

Lorsque les niveaux de concurrence sont définis, il s'agit maintenant de caractériser la situation concurrentielle existant à chaque niveau, c'est-à-dire de comprendre la nature de la concurrence qui s'y livre. À ce sujet, la nature et le degré de différenciation possible des produits en présence sont des éléments qui influent sur le type de marché.

On reconnaît trois types de marchés: ce sont la concurrence parfaite, l'oligopole et le monopole.

La concurrence parfaite

La concurrence parfaite est le modèle pur des théories économiques. Ce type de marché se caractérise par un grand nombre d'acheteurs et de vendeurs, par l'homogénéité des produits, par le fait que toute l'information pertinente sur les forces du marché est disponible et connue des protagonistes et qu'il est très facile d'entrer sur ce marché ou d'en sortir. L'entrepreneur n'a donc aucun contrôle sur les prix, qui sont plutôt fixés par les forces du marché.

Exemple: marché des valeurs boursières.

L'oligopole

L'oligopole a comme caractéristique un nombre réduit de vendeurs qui offrent des produits très peu différents et dont les activités sont fortement interdépendantes, surtout en ce qui concerne les prix et d'autres stratégies de marketing. La concurrence y est très vive, et les guerres de prix sont courantes.

Exemples: l'industrie pétrolière; l'industrie des services bancaires.

Le monopole

Dans un monopole, il n'y a qu'un seul vendeur sur le marché. L'entreprise ne partage rien, son produit étant unique. Le monopole peut être temporaire s'il résulte d'un avantage technologique; à titre d'exemples, citons IBM durant les années 60 et Bombardier à la fin des années 50. Il sera durable s'il est régi par une loi comme c'est le cas avec Hydro-Québec.

En pratique cependant, les situations de monopole pur n'existent pas en raison des lois anticartels. Ainsi, même s'il n'y a qu'une entreprise sur le marché, le gouvernement interviendra, par le biais de l'une de ses commissions ou de ses agences telles que le CRTC, dans les décisions et les activités de cette dernière. L'entreprise ne sera donc pas entièrement libre d'agir à sa guise.

Il est donc primordial que l'entreprise se situe face à la concurrence: réussir à connaître et à comprendre ses compétiteurs ainsi qu'à prévoir leurs actions et à s'y adapter constituent un autre défi de taille pour le responsable du marketing.

L'environnement institutionnel

L'environnement institutionnel se réfère à la structure établie par les institutions spécialisées dans la distribution et la promotion des produits. Cette structure caractérise une industrie donnée. Certains types de réseaux et de relations se sont en effet créés, fruits du temps et des forces du marché, entre les différentes institutions (grossistes, détaillants, points de vente). Cette structure ne peut être modifiée, surtout à court terme, par l'action d'une seule entreprise. Citons l'exemple d'Uniprix. Un ensemble de pharmacies indépendantes ont formé la compagnie Pharmacies Universelles (aujourd'hui Uniprix), grossiste de tous les produits vendus en pharmacie. Les fabricants ne peuvent atteindre les pharmacies arborant l'enseigne Uniprix qu'en passant par la compagnie Pharmacies Universelles. Le même phénomène se produit pour le groupe RO-NA ou encore les Marchands Unis. Le responsable du marketing doit donc apprendre à connaître et à prévoir l'évolution de cette structure afin d'adapter sa stratégie en conséquence et de pouvoir utiliser ces circuits de la meilleure façon possible.

L'environnement technologique

Un certain niveau de développement technologique, plus ou moins rapide, caractérise chaque industrie. Les innovations technologiques touchent aux opportunités offertes à l'entreprise: elles influent sur la façon dont les ressources sont converties en produits finis. L'entreprise dynamique qui désire rester à l'affût des opportunités de marché doit donc s'assurer que ses programmes de recherche et de développement lui permettent de s'adapter rapidement au marché. Cela déterminera si l'entreprise sera innovatrice ou si elle se contentera de suivre l'industrie.

Les changements technologiques peuvent également constituer une contrainte pour l'entreprise. Certaines devront réajuster leurs méthodes de production, leur gamme de produits, les matériaux qu'elles utilisent.

L'important, pour l'entreprise, est donc d'être en mesure de s'adapter aux différents changements qui surviennent dans l'environnement technologique qui lui est propre.

L'environnement naturel

L'environnement naturel comprend, entre autres, les conditions climatiques, lesquelles constituent également une variable tout à fait incontrôlable, qui touchent les activités de l'entreprise, du moins dans certains domaines comme les vêtements, les équipements de sport, les boissons gazeuses, la crème glacée et la consommation d'énergie.

Ainsi, les ventes de piscines, de thermopompes, de climatiseurs et de ventilateurs ont augmenté de façon considérable durant les étés 1992 et 1995, périodes qui ont été particulièrement chaudes. Les ventes ont connu une croissance marquée, bien au-delà des prévisions. De même, les conditions climatiques rencontrées au cours de l'hiver 1993-1994, où on a subi un froid intense, ont joué un rôle prépondérant dans la demande d'énergie.

L'environnement naturel comprend également l'ensemble des phénomènes naturels qui peuvent se produire et qui sont, pour la plupart, incontrôlables: invasion de rongeurs, épidémies, cyclones, inondations et bien d'autres.

Le phénomène de rareté des ressources naturelles entre également dans cette dimension de l'environnement. Par exemple, la crainte d'un épuisement prochain des nappes de pétrole entraîne des changements dans le type de consommation des gens. Ainsi, on se tourne vers la petite voiture, la production de l'acier diminue, ce qui a un impact sur l'économie des pays producteurs de matières premières.

On peut constater qu'une entreprise est soumise à l'influence des forces de son environnement. Ces variables incontrôlables évoluent plus ou moins rapidement. L'entreprise qui veut survivre et progresser doit donc en tenir compte et s'y adapter.

RÉSUMÉ

Le mix marketing d'une entreprise représente la combinaison stratégique particulière des quatre variables suivantes: le produit, le prix, la distribution et la communication marketing. Chacune de ces variables fait l'objet d'une multitude de décisions de la part du responsable du marketing et doit être cohérente avec les autres éléments du mix marketing. De plus, il ne faut jamais oublier qu'un mix marketing efficace s'appuie sur les besoins du consommateur.

Le produit ou le service, le prix, la communication marketing et la distribution constituent les variables contrôlables du marketing. L'environnement dans lequel évolue l'entreprise représente, par contre, toute une série d'éléments plus ou moins incontrôlables par le responsable du marketing. L'environnement se présente sous les aspects socio-économique, politico-légal, concurrentiel, institutionnel, technologique et naturel.

L'environnement représente aussi bien des opportunités que des contraintes pour l'entreprise, qui auront un impact plus ou moins considérable sur ses activités. Le responsable du marketing doit donc connaître les multiples facettes de son environnement, les prévoir et s'y adapter lors du choix de son mix marketing et de l'élaboration de sa stratégie de marketing.

QUESTIONS

1. Qu'entend-on par l'expression «mix marketing»?

2. Quelles sont les variables contrôlables du marketing?

3. Quelles sont les trois qualités d'un mix marketing efficace?

4. Énumérez les variables incontrôlables du marketing.

5. Nommez deux dimensions en fonction desquelles on peut définir le marché global. Donnez un exemple pour chaque dimension.

6. Dites à quelles variables incontrôlables se rapportent les encadrés 2.2 et 2.5. Expliquez comment ces variables incontrôlables peuvent influer sur la gestion d'une entreprise.

7. Pour chacun des niveaux de concurrence suivants, donnez un exemple autre que celui du manuel.
   a) concurrence générale
   b) concurrence entre produits
   c) concurrence entre firmes
   d) concurrence entre produits d'une même gamme

8. Pour chacun des types de marchés suivants, donnez un exemple autre que celui du manuel.
   a) concurrence parfaite
   b) monopole
   c) oligopole

9. Donnez un exemple dans lequel les changements technologiques influent sur les activités d'une entreprise.

10. En quoi consiste l'environnement naturel d'une entreprise?

▼ **EXERCICES PRATIQUES** ▼

2.1 *LE SERVICE D'ENTRETIEN DE PELOUSE*

Étant donné le nombre d'emplois disponibles l'été pour les étudiants, vous estimez vos chances de trouver un emploi à moins de 30 % pour la prochaine saison estivale. Cependant, vous ne voulez pas passer l'été sans travail et surtout sans revenu. Vous envisagez donc la possibilité d'offrir un service d'entretien de pelouse. Quels sont les facteurs de l'environnement externe que vous devez prendre en considération? Dites où vous comptez trouver ces informations (citez vos sources).

2.2 *LE CHOIX D'UN LOCAL*

Vous décidez d'ouvrir un commerce de vente de bicyclettes. Deux locaux sont présentement disponibles,
l'un dans un centre commercial et l'autre, dans une rue secondaire. Au centre commercial, on vous demande un loyer de 9000 $ par mois. Dans ce local, il vous est possible de vendre 10 000 vélos par année à un prix de 200 $ chacun. Étant donné les prévisions de vente pour les vélos, les fournisseurs sont prêts à vous les vendre à un prix de 109 $. De plus, pour réaliser ce volume de vente, vous devrez investir en publicité 6000 $ par année. Dans l'autre local, le loyer n'est que de 2000 $ par mois. Cependant, pour atteindre des ventes annuelles de 10 000 vélos, vous devrez dépenser 30 000 $ par année en publicité et baisser votre prix de vente à 150 $ l'unité. Quel est le local le plus rentable? Quel doit être le prix de vente à l'unité pour obtenir le même bénéfice aux deux endroits?

M I S E   E N   S I T U A T I O N

Le Restaurant familial

Lorsque M. Jean Mercier et M. Edgar Saint-Cyr devinrent associés en 1970, ils élaborèrent une stratégie qui connut beaucoup de succès. M. Mercier était alors gérant d'un restaurant tandis que M. Saint-Cyr était chef cuisinier dans une auberge des Laurentides. Tous les deux étaient diplômés de l'Institut d'hôtellerie. Un jour, lors d'une rencontre sociale, les deux hommes en vinrent à discuter des habitudes alimentaires de différents types de consommateurs. De là vint l'idée d'un restaurant familial offrant une variété de mets à prix divers, assorti d'un type de publicité s'adressant à toute la famille. Un de leurs

thèmes devint: «Amenez la famille entière pour un agréable repas.»

Jugeant l'idée rentable, ils s'associèrent et ouvrirent le «Restaurant familial» dans le plus vieux centre commercial d'une ville de taille moyenne, situé près d'un parc industriel. Ils offraient des repas de bonne qualité à prix modique. Le décor était modeste. «Rien de luxueux», aimaient-ils dire.

Puisque leur clientèle venait surtout des milieux socio-économiques moyen et moyen-supérieur (cols blancs, familles d'ouvriers de la production), M. Mercier et M. Saint-Cyr choisissaient judicieusement les menus du jour correspondant à ce marché. Ils offraient fréquemment des repas à prix réduit.

Le «Restaurant familial» connut une période de prospérité. En 1990, leur position financière étant excellente, les associés décidèrent d'étendre leurs activités. M. Mercier était en faveur de déménager dans un local plus vaste, situé dans le même centre commercial; quant à M. Saint-Cyr, il désirait ouvrir un second restaurant dans un lieu de villégiature. Après de nombreuses discussions, ils choisirent la proposition de M. Saint-Cyr et retinrent un emplacement près de Cowansville, en Estrie, endroit fort recherché par les professionnels des grands centres pour l'établissement d'une résidence secondaire. Ils espéraient ainsi aller chercher de nouveaux clients.

Les deux partenaires et leurs conjointes célébrèrent cette décision lors d'un dîner où ils portèrent un toast à cette nouvelle aventure: «Au Restaurant familial de l'Estrie», dit M. Saint-Cyr. «Qu'il ait autant de succès que le Restaurant familial du centre-ville», répondit M. Mercier.

Après ces vœux, Mme Saint-Cyr interrogea les deux associés: «En quoi le nouveau restaurant sera-t-il différent?» M. Saint-Cyr et M. Mercier semblèrent surpris: «Pourquoi? En rien du tout, vraiment!», répondit Saint-Cyr. M. Mercier l'appuya: «Pourquoi empêcher le succès? Voici le succès!»

À votre avis, pourquoi Mme Saint-Cyr a-t-elle posé cette question? Selon vous, a-t-elle raison de poser une telle question? Justifiez votre réponse.

Cas
LOUISE PRÊT-À-PORTER*

Louise est propriétaire d'une boutique de prêt-à-porter pour dames dans les Laurentides. Elle offre une collection de vêtements de marques réputées telles que Rodier et Simon Chang.

Avant d'ouvrir sa boutique, Louise avait entendu dire que les femmes aiment bien s'acheter des vêtements en sortant du salon de coiffure. Elle s'est donc associée avec une de ses amies, qui a aménagé un salon de coiffure et d'esthétique dans le local voisin de sa boutique. Les deux profitent ainsi d'un meilleur achalandage.

Louise a suivi des cours du soir en marketing au cégep de sa région et sait qu'il est important de bâtir une image propre à son entreprise. Comme elle vend des vêtements de bonne qualité, elle opte pour une image haut de gamme. Elle a fait appel à deux spécialistes: un graphiste qui a conçu son logo et l'aspect extérieur de son commerce et un étalagiste, qui aménage sa vitrine tous les trois mois.

Étant la deuxième boutique de ce genre dans la ville, elle s'est vite bâti une clientèle fidèle. Louise soigne bien ses clientes et connaît le nom de chacune. Les ventes sont intéressantes, mais lorsqu'il y a des soldes, la boutique est littéralement envahie, autant par les clientes habituelles que par de nouvelles. Louise pense que ses clientes achètent beaucoup plus pendant les soldes. D'ailleurs, on lui fait souvent des commentaires du genre: «J'espère que cette robe sera encore là au moment des soldes.»

Louise aime bien profiter de ses journées de congé pour magasiner. Elle visite souvent une boutique de prêt-à-porter dans une ville voisine qui offre un rabais de 30 % sur toute la marchandise durant toute l'année. D'ailleurs, Louise y rencontre souvent de ses clientes.

Une troisième boutique de prêt-à-porter pour dames vient tout juste d'ouvrir ses portes à Chicville. Louise voit son chiffre d'affaires baisser un peu. Elle confie ses inquiétudes à Josée, grossiste-importateur de vêtements pour dames. Josée lui raconte que les Québécoises aiment avoir une garde-robe variée, et qu'elles préfèrent souvent attendre les soldes pour avoir deux robes pour le prix d'une. Ce phénomène se remarque notamment chez les professionnelles; elles veulent des produits de qualité mais à un prix abordable. C'est ce qui a donné naissance à plusieurs boutiques où on offre des soldes de 20 %, 30 % et même 40 % pour des vêtements de qualité. Josée a même avoué que, si elle ouvrait une boutique de prêt-à-porter, elle n'hésiterait pas à offrir 30 % de rabais, d'autant plus que cette formule n'entraîne pas des profits moindres puisqu'en vendant plus de marchandises son pouvoir d'achat augmente et les coûts diminuent.

Cette discussion suscite de nombreuses questions chez Louise.

1. Un rabais sur la marchandise nuirait-il à l'image actuelle de son commerce? (Les clientes pourraient-elles penser que la qualité a diminué ou encore que la boutique a des problèmes et va bientôt fermer ses portes?)
2. Quelles recommandations feriez-vous à Louise?

Tableau 1 Occupation de la population féminine à Chicville (1994)

Population féminine de 15 ans et plus	8 892
Faisant partie de la population active	4 290
Ayant un emploi	3 835
En chômage	455
Directrices, gérantes, administratrices	583
Enseignantes	243
Médecine et santé	76
Professions techniques, sociales, religieuses, artistiques	214
Travailleuses spécialisées dans la vente	522
Travailleuses spécialisées dans les services	378
Travailleuses spécialisées dans les industries de transformation	143
Employées de bureau	450
Autres	1 226

Tableau 2 Ventes totales de la boutique Louise prêt-à-porter

En 1995	186 000 $
Marge de bénéfice actuelle	50 %

---

* Ce cas a été rédigé par Ozanne Tremblay, chargée de cours en marketing à l'Université du Québec à Trois-Rivières.

La connaissance du marché

Dans la première partie du présent ouvrage, nous avons vu ce qu'implique le concept moderne de marketing, de même que les champs de décision qui sont sous la responsabilité du gestionnaire du marketing.

Trois chapitres composent la deuxième partie de ce volume. Dans l'optique d'une application du concept moderne de marketing, nous verrons l'élaboration d'une stratégie destinée à satisfaire les besoins et les désirs du consommateur tout en permettant à l'entreprise d'atteindre ses objectifs. D'une part, cette tâche exige d'étudier les caractéristiques du marché visé et de connaître ses diverses contraintes. D'autre part, elle exige également une bonne connaissance du comportement du consommateur. Deux des chapitres suivants sont consacrés à l'étude de ces conditions préalables.

Les informations concernant le marché et les consommateurs ne sont pas toujours disponibles sur demande; nous avons donc cru bon de consacrer un chapitre à l'analyse des différentes méthodes et des divers outils de recherche qui permettent au responsable du marketing d'obtenir l'information nécessaire à l'application du concept moderne de marketing.

3

LE MARCHÉ ET LA STRATÉGIE DE MARKETING

OBJECTIFS D'APPRENTISSAGE
Après la lecture du chapitre, vous devriez être en mesure de:
• définir un marché;
• reconnaître les variables qui caractérisent les marchés;
• comprendre le principe de la segmentation du marché;
• présenter les différents critères de segmentation;
• définir une stratégie de marketing.

Toute action ou décision relative au marketing prend place à l'intérieur d'une évaluation d'un marché afin d'obtenir une réponse favorable de celui-ci. En effet, les programmes de marketing sont élaborés dans le but de satisfaire le marché ou, du moins, une partie de celui-ci. On cherche à conquérir un marché, à le garder ou encore à augmenter ou à préserver la part de marché qu'on détient. Nous consacrons donc le présent chapitre à la définition du marché de même qu'à l'étude des différentes variables qui le caractérisent.

Nous aborderons ensuite le concept de segmentation ainsi que les différents critères qui permettent de segmenter le marché. Nous serons alors en mesure de comprendre ce qu'est une stratégie en marketing.

LE MARCHÉ

Qu'est-ce qu'un marché?

Le terme «marché» a plusieurs acceptions. Traditionnellement, un marché est un lieu ou une zone géographique où des transactions commerciales ont lieu: acheteurs et vendeurs se rencontrent pour échanger. Ainsi, le marché de Trois-Rivières désigne les gens qui achètent dans cette région. Toutefois, un marché peut également désigner le type de consommateurs (exemple, le marché des étudiants), la catégorie d'intermédiaires (exemple, le marché des grossistes) ou encore la classe de produits ou la demande pour un type de produit (exemple, le marché de l'automobile). Toutes ces définitions du marché ont un point en commun: ce sont les besoins sous-jacents que l'entreprise cherche à satisfaire.

Chaque marché se caractérise par une foule de besoins particuliers de telle sorte que, fondamentalement, il serait préférable de définir ce dernier en fonction de la nature des besoins à satisfaire. En effet, l'évolution plus ou moins rapide des besoins rend dangereuse la définition du marché en fonction du produit qu'on fabrique. Les produits passent mais les besoins restent. Reconnaître à temps l'évolution des besoins auxquels le produit a pu répondre jusque-là constitue une responsabilité essentielle pour le responsable du marketing, comme le démontre l'exemple suivant.

«Le déclin des chemins de fer ne s'explique pas par une diminution des besoins en transport, ni par une diminution de marchandises ou de voyageurs. Au contraire, ces besoins ont augmenté. Les chemins de fer sont aujourd'hui en difficulté non parce que ces besoins ont été satisfaits par d'autres moyens (voitures, camions, avions et même téléphone), mais parce qu'ils n'ont pas su y répondre eux-mêmes. Ils ont laissé d'autres prendre leur clientèle parce qu'ils se considéraient comme étant dévolus uniquement aux transports ferroviaires plutôt qu'au transport en général. La raison pour laquelle ils se sont donné une fausse définition de leur industrie est qu'ils étaient orientés vers le rail plutôt que vers les transports, vers leur produit plutôt que vers leur clientèle[1]».

Un marché est formé de gens qui ont des besoins à satisfaire. Il se caractérise donc par une certaine demande. Toutefois, le besoin seul ne peut rien. Encore faut-il que le consommateur ait le désir de le satisfaire par l'achat d'un produit ou d'un service, qu'il ait le pouvoir d'achat nécessaire et l'autorité pour le faire.

La notion de marché potentiel

Les besoins étant illimités, les opportunités de marché le sont également. Le marché potentiel représente la limite des ventes qui pourrait être atteinte par toute une industrie, dans les conditions idéales, là où l'effort de marketing est parfait. Toutefois, ce point représente un niveau qui n'est jamais atteint même par l'ensemble des concurrents dans un marché donné puisque l'effort de marketing est toujours restreint par certaines contraintes, telles que des objectifs de rentabilité, la capacité financière et certaines lois. La demande globale représente la demande propre à une certaine classe de produits. C'est dans les limites de cette demande que se situera le potentiel de ventes d'une entreprise en particulier. Le potentiel de ventes d'une compagnie représente la limite asymptotique[2] des ventes qu'elle peut réaliser durant une certaine période, et ce avec un effort de marketing très grand.

Le potentiel de ventes est donc toujours inférieur au marché potentiel puisque les contraintes de rentabilité limitent l'effort de marketing. C'est à partir de ce potentiel propre à l'entreprise que le responsable du marketing déterminera sa prévision des ventes, c'est-à-dire ce qu'il peut espérer vendre, étant donné son niveau d'effort de marketing et les conditions de l'environnement. Les ventes prévues représentent donc un point de la courbe de demande du produit (*voir figure 3.1*).

Il est particulièrement important pour l'entreprise de bien connaître les facteurs qui déterminent le niveau de la demande pour le produit qui l'intéresse. Bien connaître son marché, sur le plan quantitatif et sur le plan qualitatif, constitue la première étape de l'élaboration d'un mix marketing efficace.

Les dimensions du marché

L'entreprise qui envisage s'intéresser à un marché nouveau, qu'il s'agisse d'un nouveau secteur d'activité ou d'un nouveau territoire, doit connaître la dimension de ce marché et, par conséquent, le potentiel qu'il peut représenter pour elle. Un marché se caractérise par un ensemble de variables qui en déterminent les dimensions. On

■ **Figure 3.1** Relation entre marché potentiel, potentiel des ventes, fonction de demande et prévisions des ventes

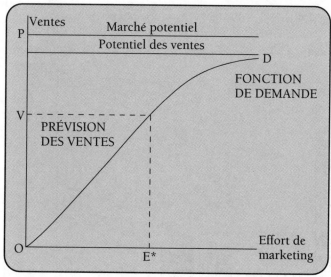

Source: DARMON, LAROCHE et PÉTROF. *Le marketing, fondements et applications*, 5e édition, Montréal, Les Éditions de La Chenelière, 1996, p. 479.

Tableau 3.1 Évolution de la population du Canada, de 1981 à 2036

Année	Nombre de personnes
1981	24 000 000
1986	25 600 000
1991	27 300 000
1996	27 921 000
2001	28 554 000
2006	29 053 000
2011	30 324 000
2016	30 866 000
2021	31 225 000
2026	31 365 000
2031	31 281 000
2036	30 997 000

Source: STATISTIQUE CANADA. *Projections démographiques pour le Canada, les provinces et les territoires 1989-2011*, mars 1990.

peut mesurer la dimension d'un marché soit en nombre de consommateurs ou d'utilisateurs, soit en volume physique de vente ou en nombre d'unités vendues ou encore en chiffre d'affaires potentiel. Dans cette partie, nous nous proposons de nous arrêter plus longuement à l'étude de certaines variables géographiques, démographiques et économiques qui caractérisent le marché canadien. Quant aux variables psychologiques, sociologiques et culturelles, nous les aborderons dans le chapitre 5.

Le marché canadien

La population canadienne est passée de 24 109 000 habitants en 1981, à 27 300 000 habitants en 1991[3], ce qui représente un taux de croissance moyen de 1,16 % pour les 10 dernières années. La population prévue, pour les années à venir, est présentée au tableau 3.1.

Le Canada connaît une croissance démographique très près de zéro, tandis que certains pays ont des taux de croissance de 18 %, la Chine par exemple.

Nous pouvons donc conclure que le marché canadien prendra une très légère expansion dans les années à venir.

Examinons maintenant la dynamique du marché canadien un peu plus en profondeur. La densité de la population canadienne varie énormément d'une région à une autre. Ainsi, le sud du pays, c'est-à-dire la partie qui longe les États-Unis, est plus fortement peuplé que le nord. C'est pourquoi, si vous examinez une carte du Canada, vous retrouvez la majorité des grandes villes dans la région sud du pays. De vastes étendues sont très peu habitées, ce qui occasionne parfois de grandes distances à parcourir entre deux agglomérations voisines.

De plus, la population canadienne se répartit de façon inégale entre les différentes provinces (*voir tableau 3.2*). L'Ontario compte à elle seule un peu plus du tiers de la population canadienne, soit 10 millions d'habitants. Le Québec vient en deuxième position, avec 6,7 millions d'habitants, tandis que l'Île-du-Prince-Édouard, par exemple, compte seulement 133 000 habitants.

Tableau 3.2   Répartition de la population canadienne par province selon les prévisions
(en milliers de personnes)

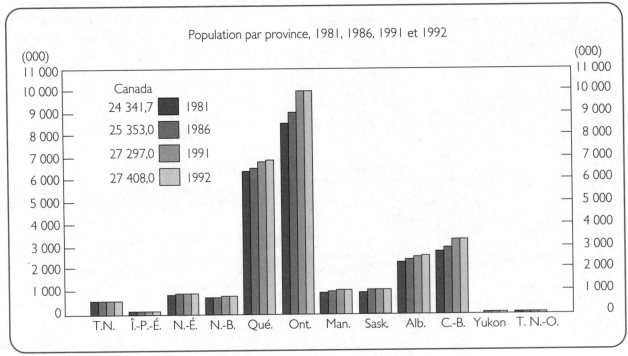

Population par province, 1981, 1986, 1991 et 1992

Canada

24 341,7	1981
25 353,0	1986
27 297,0	1991
27 408,0	1992

Source: STATISTIQUE CANADA. *Recueil statistique des études de marché, 1993-1994,* n° 63-224, p. 161.

Non seulement la densité de la population varie-t-elle beaucoup d'une province à l'autre, mais on assiste également à de nombreux mouvements de migration. Les habitants tendent à se déplacer vers les endroits qui offrent plus d'emplois et de meilleures perspectives.

Un autre phénomène caractérise le marché canadien. C'est l'exode de la population vers les villes. Autrefois, le Canada était un pays essentiellement rural et agricole. Aujourd'hui, 76,6 % de ses habitants vivent dans les villes et 23,4 % (*voir tableau 3.3*) sont ruraux. Parmi ces derniers, il y a la population rurale non agricole et la population rurale agricole. Là encore, il existe certaines disparités entre les provinces. La population de l'Ontario, entre autres, est à 81,8 % urbaine, comparativement à 40,0 % pour l'Île-du-Prince-Édouard. De plus, on ne peut passer sous silence le phénomène de désertion des villes en faveur des banlieues, phénomène qui influe sur la structure de nos villes depuis les années 60.

Le tableau 3.4 présente les 25 principales régions métropolitaines en 1991. Les trois plus grandes villes canadiennes regroupent à elles seules plus de 32 % de la population totale du Canada.

Tableau 3.3   Population urbaine et rurale, par province, 1986 et 1991 (en milliers de personnes)

Province	Population totale			Régions urbaines			Régions rurales		
	1986	1991	Variation	1986	1991	Variation	1986	1991	Variation
	(000)		%	(000)		%	(000)		%
Canada	25 309,3	27 296,9	7,9	19 352,1	20 907,1	8,0	5 957,2	6 389,7	7,3
Terre-Neuve	568,4	568,5	–	334,7	304,5	– 9,0	233,6	264,0	13,0
Île-du-Prince-Édouard	126,6	129,8	2,5	48,3	51,8	7,3	78,4	78,0	– 0,6
Nouvelle-Écosse	873,2	899,9	3,1	471,1	481,5	2,2	402,0	418,4	4,1
Nouveau-Brunswick	709,4	723,9	2,0	350,3	345,2	– 1,5	359,1	378,7	5,5
Québec	6 532,5	6 896,0	5,6	5 089,0	5 351,2	5,2	1 443,5	1 544,8	7,0
Ontario	9 101,7	10 084,9	10,8	7 469,4	8 253,8	10,5	1 632,3	1 831,0	12,2
Manitoba	1 063,0	1 091,9	2,7	766,9	787,2	2,6	296,2	304,8	2,9
Saskatchewan	1 009,6	988,9	– 2,0	620,2	623,4	0,5	389,4	365,5	– 6,1
Alberta	2 365,8	2 545,6	7,6	1 877,8	2 030,9	8,2	488,1	514,7	5,4
Colombie-Britannique	2 883,4	3 282,1	13,8	2 285,0	2 640,1	15,5	598,4	641,9	7,3
Yukon	23,5	27,8	18,3	15,2	16,3	7,5	8,3	11,5	38,1
Territoires du Nord-Ouest	52,2	57,6	10,4	24,2	21,2	– 12,6	28,0	36,5	30,3

Source: STATISTIQUE CANADA. *Recueil statistique des études de marché, 1993-1994*, n° 63-224, p. 165.

La population canadienne est l'une des plus mobiles du monde. En moyenne, le Canadien déménage 12 fois au cours de sa vie, comparativement au Japonais qui déménage 5 fois[4].

L'âge de la population représente une dimension qui attire également l'attention. Comme on peut le remarquer à la figure 3.2, la population canadienne connaîtra un vieillissement au cours des prochaines années. Il est aussi possible d'analyser les projections de population afin de déterminer l'ampleur de chaque groupe d'âge et la répartition selon le sexe (*voir figure 3.2*).

Il est très important, pour le directeur de marketing d'une entreprise qui produit, par exemple, des aliments pour bébés, de pouvoir évaluer son marché potentiel. Il en est de même pour celui dont les produits s'adressent à des consommateurs d'un sexe en particulier ou à un groupe d'âge, ou les deux. Il doit être en mesure de prévoir la demande pour les prochaines années. Prenons l'exemple du fabricant de vêtements. Y a-t-il quelque chose de plus important pour lui, lors de la détermination de la demande, que d'étudier la répartition de la population par groupes d'âge et par sexe?

Tableau 3.4   Population des 25 principales régions métropolitaines (en milliers de personnes)

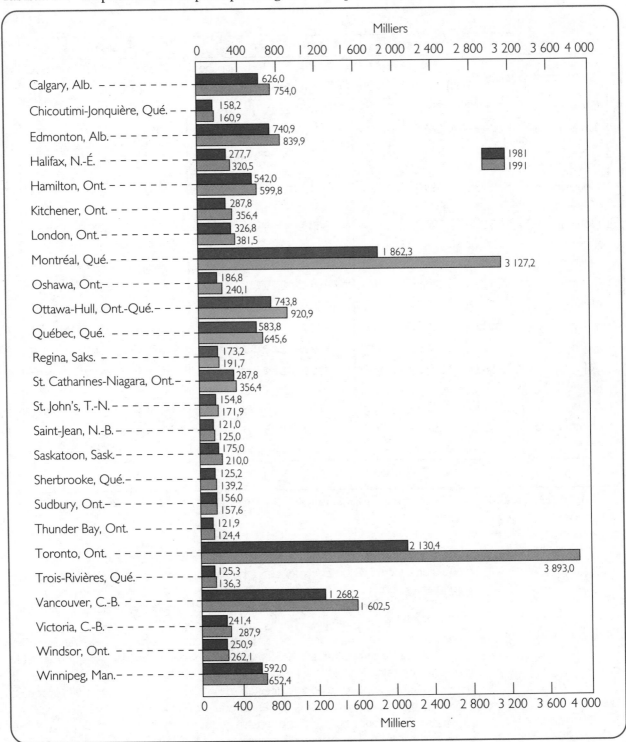

Source: STATISTIQUE CANADA. *Recueil statistique des études de marché, 1993-1994,* n° 63-224, p. 498.

■ **Figure 3.2** Population selon l'âge et le sexe, Canada, 1996, 2001, 2006 et 2011

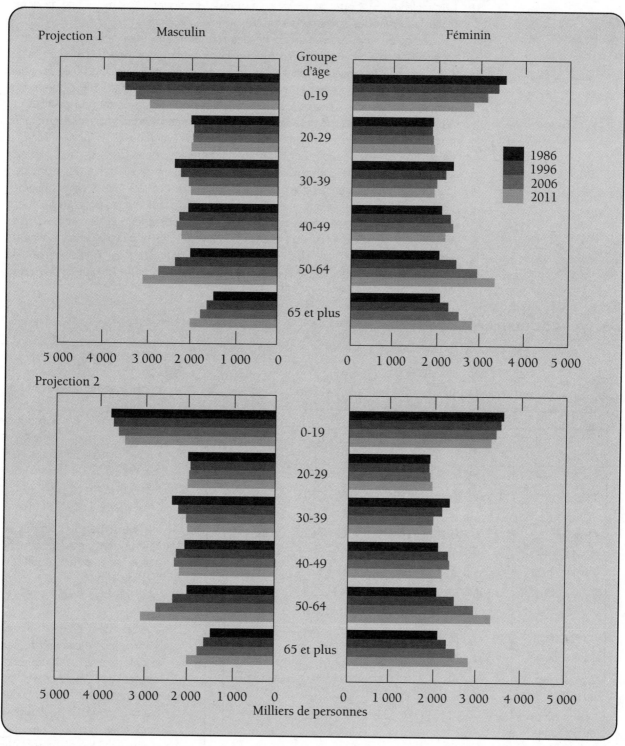

Source: STATISTIQUE CANADA. *Recueil statistique des études de marché, 1993-1994,* nᵒ 63-224.

Un autre facteur à considérer lorsqu'on analyse un marché est la taille des familles (*voir tableau 3.5*). Cette information permet au gestionnaire de marketing de déterminer le format des contenants à utiliser pour ses produits.

Lorsqu'on analyse un marché, un des facteurs dont il faut tenir compte est sa capacité de payer. Le tableau 3.6 montre la répartition des revenus au Canada. En 1992, 34,6 % des familles avaient un revenu annuel de moins de 35 000 $, alors que 27,7 % d'entre elles avaient un revenu annuel supérieur à 65 000 $. Toujours relativement à la variable «revenu», un autre facteur mérite une attention particulière: l'épargne. Le revenu disponible est une variable qui intéresse tout particulièrement les gens de marketing puisqu'il représente la partie du revenu qui est disponible lorsque toutes les dépenses courantes obligatoires ont été acquittées. Cette partie du revenu est donc celle que le consommateur peut économiser ou allouer à des biens non indispensables à la vie. Les gens de marketing dirigeront alors leurs efforts promotionnels vers les gens qui ont une certaine capacité d'acquérir leurs produits. Il devient alors primordial de pouvoir reconnaître les gens qui possèdent un tel revenu. Que ce soit pour la catégorie à revenu élevé ou la catégorie à revenu faible (selon le type de produit qui est offert), le tableau 3.7 peut servir de guide pour l'établissement de chacune des classes de revenu en 1994 et le tableau 3.8 montre l'évolution du revenu dans le temps.

Les types de marchés

Selon différents auteurs, il existe cinq types de marchés:

- le marché de la consommation;
- le marché de la production;
- le marché de la distribution;
- le marché de l'État;
- le marché international.

Ces types de marchés se différencient essentiellement par le rôle et les motifs de l'acheteur plutôt que par les caractéristiques du produit acheté.

Le marché de la consommation se caractérise par le fait que ce sont des personnes ou des groupes de personnes qui achètent des biens destinés à leur usage personnel. Prenons le cas d'une jeune femme qui achète des pneus pour sa voiture; il s'agit là du marché de la con-

Tableau 3.5 Taille des familles

Nombre de personnes	Canada		Québec	
	1985	1990	1985	1990
Total de ménages	8 991 670	10 018 265	2 357 000	2 634 305
Ménages non familiaux	2 356 305	2 775 670	621 360	766 660
2 personnes	2 367 845	2 748 790	613 615	727 625
3 personnes	1 538 000	1 677 295	436 655	472 825
4 personnes	1 671 090	1 758 975	440 860	450 455
5 personnes	721 450	736 345	174 385	162 985
6 personnes	235 740	227 590	50 755	40 080
7 personnes ou plus	101 250	93 600	19 470	13 670
Nombre moyen de personne par famille	3,3	3,2	3,2	3,1

Source: STATISTIQUE CANADA. *Certaines statistiques du revenu,* n° 93-331, avril 1993.

Tableau 3.6   Répartition du revenu familial pour l'année 1992 au Canada

Revenus en dollars	Pourcentage
Moins de 15 000 $	6,9 %
15 000 – 24 999 $	14,2 %
25 000 – 34 999 $	13,5 %
35 000 – 44 999 $	13,5 %
45 000 – 54 999 $	13,0 %
55 000 – 64 999 $	11,2 %
65 000 – 74 999 $	8,3 %
75 000 $ et plus	19,4 %

Source: STATISTIQUE CANADA. *Revenu des familles, année 1992,* février 1994.

sommation puisqu'elle utilisera ces biens pour son usage personnel. L'homme qui fait l'épicerie représente également un exemple du marché de la consommation puisque ses achats seront consommés par sa famille.

Le marché de la production se caractérise par le fait que les personnes ou les organisations qui achètent les biens le font dans le but de produire un autre bien. Si c'est l'acheteur de la compagnie Suzuki qui acquiert des pneus pour les installer sur les motos neuves que produit l'entreprise, il s'agit alors du marché de la production, car les biens achetés font partie du coût de production du bien fini. Prenons un deuxième exemple. Le tissu acheté par la compagnie Levis fait également partie du marché de la production, puisque cette compagnie achète la marchandise dans le but de fabriquer un produit fini, en l'occurrence un vêtement.

Tableau 3.7   Répartition en pourcentage des familles selon la tranche de revenus et l'âge du chef

Tranche de revenu	Total	24 ans et moins	25-34	35-44	45-54	55-59	60-64	65 ans et plus
Moins de 10 000 $	11,7	36,0	14,8	8,5	8,0	6,7	3,3	2,1
10 000 – 14 999 $	17,4	39,8	24,5	14,0	11,2	9,2	7,7	8,6
15 000 – 24 999 $	15,7	16,9	26,7	11,5	9,7	4,2	15,1	15,1
25 000 – 29 999 $	9,6	0,4	6,0	13,4	9,1	12,9	16,1	18,1
30 000 – 34 999 $	7,4	0,0	6,6	9,6	8,2	5,7	6,2	6,7
35 000 – 39 999 $	6,7	0,4	3,3	10,6	9,4	6,9	5,6	5,0
40 000 – 44 999 $	4,4	0,0	2,3	4,4	5,6	3,6	8,0	8,0
45 000 – 54 999 $	3,0	0,0	0,2	2,6	7,6	3,8	5,7	5,3
55 000 – 59 999 $	2,3	0,0	0,4	2,4	5,0	3,1	4,0	4,1
60 000 – 64 999 $	1,5	0,0	0,2	1,6	3,4	2,1	2,1	2,0
65 000 – 69 999 $	1,7	0,0	0,0	1,3	4,6	6,8	2,1	2,1
70 000 – 74 999 $	0,5	0,0	0,1	0,5	0,7	2,3	1,1	0,7
75 000 – 79 999 $	0,6	0,0	0,0	0,2	2,3	0,0	0,9	1,3
80 000 – 89 999 $	0,7	0,0	0,1	0,2	0,7	3,8	0,8	0,6
90 000 – 99 999 $	0,8	0,0	0,0	0,7	2,1	1,0	1,7	0,2
100 000 $ et plus	0,7	0,0	0,0	0,5	1,4	1,4	2,2	3,1

Source: STATISTIQUE CANADA. *Revenu des familles, année 1992,* février 1994.

Tableau 3.8   Revenu familial moyen en dollars de 1993

Revenus et impôts

	Impôt moyen sur le revenu (en $)	Revenu moyen après impôts (en $)
1971	6 486	35 944
1972	6 838	37 314
1973	7 057	39 079
1974	7 379	41 134
1975	7 312	41 705
1976	8 273	43 919
1977	7 480	43 643
1978	7 616	44 724
1979	8 021	44 716
1980	8 388	46 017
1981	8 253	45 237
1982	8 125	44 048
1983	8 206	43 164
1984	8 175	43 204
1985	8 630	44 022
1986	9 384	44 408
1987	10 121	44 368
1988	10 272	45 195
1989	11 031	46 250
1990	11 134	45 231
1991	10 872	44 040
1992	10 505	44 152
1993	10 234	43 225

Source: STATISTIQUE CANADA, *dans Le Nouvelliste*, 15 juin 1995, p. 1.

Le marché de la distribution se distingue par le fait que les personnes ou les organisations qui achètent des biens le font dans l'intention de les revendre. Prenons, par exemple, le garagiste qui achète des pneus. Il effectue cet achat dans le but d'installer les pneus sur la voiture d'un de ses clients. Il s'agit donc du marché de la distribution puisque l'achat est effectué dans le but de revendre le bien. Prenons maintenant l'exemple du grossiste qui achète plusieurs caisses de chocolat auprès d'un fabricant; il le fait dans le but de les revendre telles quelles aux détaillants, ce qui constitue un marché de distribution.

En ce qui concerne le marché de l'État, le service administratif achète le bien dans le but d'accomplir une fonction publique. Quand le ministère des Transports achète un camion équipé d'un épandeur de sel, il envisage d'accomplir un service destiné à la population; il s'agit donc du marché de l'État. La même chose se produit lorsqu'une Ville achète un balai mécanique pour nettoyer les rues.

Le marché international comprend tous les types de marchés mentionnés ci-dessus, mais dont l'activité s'exerce à l'extérieur du pays. Prenons l'exemple d'Hydro-Québec qui vend de l'énergie aux États-Unis, particulièrement à la Ville de New York durant l'été pour répondre à l'augmentation de la consommation d'énergie créée par l'utilisation des climatiseurs dans les foyers. Même si l'énergie est utilisée comme bien de consommation, il s'agit d'un marché international puisque la consommation a lieu à l'extérieur du Canada. Le même phénomène se produit lorsque le Canada vend du papier à un autre pays; ce papier pourrait être utilisé, par exemple, pour la fabrication d'un quotidien, donc dans la production d'un bien, mais comme l'activité a lieu à l'extérieur du Canada, il s'agit d'un marché international.

Comme nous pouvons le constater, c'est la raison de l'achat qui détermine le type de marché dont il s'agit.

Depuis le début du chapitre, nous avons souligné qu'un marché particulier se caractérise par un grand nombre de variables. Chaque marché a ses propriétés particulières. L'important, pour le responsable du marketing, est de bien les comprendre et de prévoir les changements qui peuvent se produire afin de mieux adapter sa stratégie pour être en mesure de dominer ce marché. Toutefois, le marché global est trop vaste et les acheteurs sont trop nombreux, trop dispersés et trop hétérogènes pour qu'une entreprise puisse les satisfaire tous adéquatement. Le responsable du marketing, après une analyse minutieuse du marché total, doit sélectionner la partie de ce dernier qui semble la plus compatible avec ses objectifs et ses ressources, et à laquelle il adaptera son mix marketing. Le choix d'une cible de marché constitue ce qu'on appelle la segmentation du marché.

LA SEGMENTATION DU MARCHÉ

La segmentation du marché est une méthode d'analyse du marché qui consiste à étudier l'ensemble du marché et à le décomposer en plusieurs sous-ensembles distincts et homogènes. Les consommateurs qui font partie de chaque sous-ensemble possèdent plus d'affinités entre eux que l'ensemble des consommateurs du marché.

En d'autres mots, segmenter un marché signifie prendre un grand marché hétérogène et le diviser en plusieurs segments relativement homogènes (*voir figure 3.3*).

Le marché auquel s'intéresse une entreprise est rarement homogène. Il est généralement constitué d'un grand nombre de personnes très différentes les unes des autres par leurs caractéristiques, leurs besoins et leurs motivations, leurs habitudes de consommation et autres. Le marché est trop vaste et les personnes trop différentes pour qu'on puisse créer un mix marketing capable de satisfaire chacune d'elles. Une entreprise qui n'aurait pas adopté les principes fondamentaux du marketing peut envisager le marché comme un tout susceptible d'absorber les produits qu'elle met au point. Par contre, une entreprise orientée vers le marketing considère le marché comme un ensemble de personnes qui présentent toutes des besoins différents qu'il faut satisfaire le mieux possible.

Il existe trois stratégies de marketing relatives à la segmentation du marché (*voir figure 3.4*).

L'entreprise peut choisir une stratégie de marketing indifférencié. Dans ce cas, elle offrira un seul produit pour l'ensemble du marché. Par exemple, le modèle original de la *Ford T*, sans option et de couleur noire. Dans un tel cas, seuls les consommateurs qui désirent le produit proposé sont satisfaits. Les autres se sentiront plus ou moins lésés selon l'écart entre le produit offert et leurs aspirations. Un nombre important de consommateurs sont devenus clients d'une entreprise uniquement parce que le produit qu'elle offrait correspondait le mieux à leurs désirs. On peut utiliser la stratégie de marketing indifférencié avec succès lors du lancement d'un nouveau produit. Par exemple, lorsque Bombardier a mis sur le marché la première motoneige, elle offrait un seul modèle, un moteur unique et la même couleur pour tout le monde. Par la suite cependant, en raison de la concurrence, elle a abandonné cette approche afin de conserver et d'augmenter sa part de marché. Le succès d'une telle approche dépend de la taille du groupe de consommateurs qui désirent acheter le produit.

Les gestionnaires peuvent aussi opter pour une stratégie de marketing concentré. Suivant cette stratégie, il faut sélectionner un segment de consommateur homogène parmi l'ensemble du marché puis développer un mix marketing en vue d'atteindre ce segment de marché. Cette stratégie convient à une compagnie qui désire concentrer ses efforts sur un segment de marché plutôt que d'affronter l'ensemble du marché, car elle lui permet de pénétrer un petit marché en profondeur et d'y acquérir une réputation de spécialiste. Une

■ **Figure 3.3** Un marché global subdivisé en plusieurs segments relativement homogènes

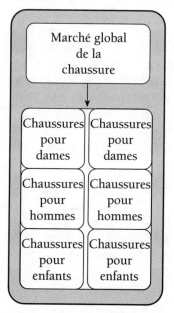

■ **Figure 3.4** Stratégies de marketing relatives à la segmentation du marché

P		

Marketing indifférencié

L'entreprise ne segmente pas le marché et offre un produit et une stratégie de marketing à l'ensemble du marché.

P		

Marketing concentré

L'entreprise segmente le marché et choisit un segment.

P1	P2	P3
P4	P5	P6
P7	P8	P9

Marketing différencié

L'entreprise segmente le marché et choisit d'exploiter deux ou plusieurs segments.

entreprise peut ainsi s'introduire sur un marché avec des ressources financières plus ou moins limitées. Toutefois, le risque que représente une telle stratégie est que l'entreprise mette tous ses œufs dans le même panier; si le segment de marché décline, elle en subira les conséquences.

Les gestionnaires peuvent également utiliser une troisième stratégie de marketing, la stratégie de marketing différencié (*voir encadré 3.1*). Avec cette stratégie, l'entreprise choisit deux ou plusieurs segments de marché et développe un mix marketing différent pour chacun des segments. En segmentant le marché de l'automobile, General Motors a développé un programme différent pour ses cinq divisions, Chevrolet, Pontiac, Buick, Oldsmobile et Cadillac. General Motors vise ainsi l'ensemble des marchés de l'automobile. Habituellement, avec une stratégie de marketing différencié, l'entreprise développe une variété de produits pour chaque segment. Cependant, il est parfois possible de ne pas changer le produit, mais plutôt de bâtir un programme de marketing particulier à chaque segment de marché visé.

Lorsqu'on segmente un marché, il est rare que chaque segment ait les mêmes dimensions. Le responsable du marketing devra évaluer chacun d'eux et choisir de répondre à ceux qui sont les plus profitables. Une bonne segmentation du marché est à la base de toutes les stratégies de marketing appropriées.

Les avantages de la segmentation du marché

La segmentation du marché a plusieurs avantages dont voici les principaux. Elle permet:

- d'allouer les ressources de l'entreprise aux segments potentiellement les plus rentables;
- d'ajuster avec précision une gamme de produits à la demande, plutôt que d'occuper une position de force dans certains domaines et d'ignorer ou de minimiser d'autres domaines au potentiel de rentabilité important;

■ Encadré 3.1   Bell vise un nouveau segment de marché

CHRONIQUE « LES ENQUÊTES MOBILES »

À Sherbrooke, un drame familial évité pour 19⁹⁵$

Chantal Francoeur, prise dans la circulation, a évité un drame en appelant à la maison pour prévenir de son retard. Le bébé criait bobo à tue-tête ! Heureusement, avec son **Liberti**MD **de Bell Mobilité**, Chantal a pu expliquer à la gardienne paniquée que Bobo était l'ours en peluche préféré de sa fille. C'est une maman sereine qui nous confie : **« Liberti est le portatif le moins cher sur le marché : 19⁹⁵$** par mois et il vous appartient. Pas de frais annuels d'accès au réseau ou de mise en service. »** Elle ajoute que « Bell Mobilité offre **30 appels locaux gratuits à la maison** chaque mois pendant quatre mois. C'est bien

Même les week-ends, les appels locaux sont gratuits pendant 4 mois.

pratique quand on est mère... » Les autres appels locaux ne coûtent que 95¢ la minute. Chez les Francoeur, on est ravis que cette histoire de Bobo se soit terminée sans douleur !

Liberti
Bell Mobilité

Pour plus d'information, composez le 1 800 43-Liberti.

Forfait Liberti seulement. Contrat de 18 mois. Abonnement avant le 14 mai 1995. Sous réserve de l'approbation de crédit. Taxes, frais d'interurbain, frais d'abonnés itinérants et options additionnelles en sus. L'appareil peut différer du modèle illustré. Ne peut être jumelée à aucune autre offre. Disponible chez les agents participants.

AGENTS AUTORISÉS	**Dollard-des-Ormeaux**	**Laval**	**Montréal**	**Locatel ltée**	**Sherbrooke**	**St-Hyacinthe**	**Tracy**	**Ville St-Laurent**
Arthabaska	C.T.M. Banlieue Ouest	Audiocom Laval inc.	ABCO Télécom	Tél.: (514) 593-5555	Audiotec	Info-Comm	Radio Michel inc.	J.G. Communication
Communication	Tél.: (514) 626-8888	Tél.: (514) 681-8340	Tél.: (514) 389-8900	Télécentre Québec	Tél.: (819) 562-9262	Tél.: (514) 778-1911	Tél.: (514) 746-7777	Tél.: (514) 951-2111
1ᵉʳ choix	**Joliette**	Centre du Téléphone	Tél.: (514) 485-5222	**St-Jean**	**Verdun**	Lazer Auto
Tél.: (819) 357-7777	Boutique du	Mobile-Auteuil	Autocell inc.	**Rosemère**	Gobeil et Filles inc.	Télévision Hébert et	Citécell	Tél.: (514) 334-4785
Chomedey	Téléphone enr.	Tél.: (514) 628-9366	Tél.: (514) 257-9292	Centre du Téléphone	Tél.: (819) 563-0406	Gouin	Tél.: (514) 762-2000
Boutique Cellulaire	Tél.: (514) 752-5030	**Longueuil**	C.B.C.I. Télécom	Mobile	**Ste-Agathe-des-Monts**	Tél.: (514) 348-5210	**Ville Mercier**
Tél.: (514) 686-6959	**Lafontaine**	Triacomm	Tél.: (514) 748-5224	Tél.: (819) 979-3838	Autoradios C.V.L. inc.	**Terrebonne**	Distribution
Metro Com Canada	Le Centre St-Jérôme	Tél.: (514) 928-2244	Communication Idéale	**Shawinigan**	Tél.: (819) 326-2006	Cellcom	Réjean Mailloux inc.
Tél.: (514) 687-4000	inc.	Cellcom Rive-Sud	Montréal-Est	Reynolds Radio inc.	**St-Eustache**	Tél.: (514) 964-7777	Tél.: (514) 225-0466
	Tél.: (514) 431-5122	Tél.: (514) 463-7777	Tél.: (514) 645-4455	Tél.: (819) 539-1992	Communications J.D.		
					Tél.: (819) 974-7444		

CENTRE HI-FI   Dumoulin   FUTURE SHOP   JEAN COUTU   Radio Shack   SEARS   SPEC ÉLECTRONIQUE   STEREO PLUS AUDIO+VIDEO   Vidéotron

Source: Bell *Mobilité.*

- d'offrir à l'entreprise la possibilité de détecter les premiers signes d'une évolution fondamentale du marché cible, ce qui lui permettra de s'ajuster à temps à ce marché;
- d'établir plus précisément les axes publicitaires et de quantifier les segments visés par chacun de ces axes;
- de sélectionner des médias publicitaires plus adaptés aux besoins et de répartir plus adéquatement le budget total entre ces derniers;
- de déterminer les périodes les plus propices aux campagnes de publicité, c'est-à-dire celles où la cible visée est la plus réceptive.

Ces avantages s'appliquent tout autant aux biens durables qu'aux biens non durables, aux produits industriels qu'aux biens de consommation.

Les conditions nécessaires à la segmentation

Il y a plusieurs conditions nécessaires afin de pouvoir procéder à la segmentation. Voici les principales:

- il doit exister certaines particularités entre les groupes de consommateurs en ce qui concerne leurs réactions aux différents programmes de mix marketing;
- on doit pouvoir reconnaître ces particularités et les confronter aux profils des consommateurs visés;
- les consommateurs de chaque segment doivent démontrer des préférences qu'on peut transformer en un produit tangible ou en un service;
- un segment doit représenter une demande assez forte pour devenir un marché;
- chaque segment doit être assez stable pour donner le temps au responsable du marketing d'élaborer une stratégie et de la mettre en place.

Si ces cinq conditions ne sont pas remplies, il est inutile de segmenter le marché, car l'entreprise n'en tirera aucun profit.

Les principaux critères de segmentation d'un marché

Il existe une multitude de critères pouvant servir à segmenter un marché. La segmentation d'un marché devrait se faire en deux étapes. La première étape consiste à regrouper en un même segment les consommateurs qui ont les mêmes besoins et les mêmes désirs, chose parfois difficile à réussir. La deuxième étape, qui est un substitut ou un complément de la première, car il n'est pas facile de mesurer directement les besoins et les désirs des consommateurs, sert à calquer le plus possible la segmentation en fonction de ces besoins. On utilise à cette fin une longue liste de critères. Ce sont les critères géographiques, les critères sociodémographiques et les critères psychographiques.

Les critères géographiques

- Pays: le Canada, les États-Unis, le Japon, la France.
- Régions: de Montréal, de Québec, du Lac-Saint-Jean, de Toronto.
- Types d'habitants: habitants ruraux ou urbains, du centre-ville ou de la banlieue.
- Importance de l'agglomération: moins de 10 000 habitants, de 10 001 à 30 000 habitants, de 30 001 à 60 000 habitants, de 60 001 à 120 000 habitants, de 120 001 à 400 000 habitants, 400 001 habitants et plus.

Les critères sociodémographiques

- Âge: moins de 4 ans, de 5 à 9 ans, de 10 à 14 ans, de 15 à 19 ans, de 20 à 24 ans, de 25 à 29 ans, de 30 à 34 ans, de 35 à 39 ans, de 40 à 44 ans, de 45 à 49 ans, de 50 à 54 ans, de 55 à 64 ans, 65 ans et plus.
- Sexe: masculin, féminin.
- Taille du foyer: un membre, deux membres, trois membres, quatre membres et plus.
- Cycle de vie familiale: jeunes célibataires ne vivant plus avec les parents; jeunes couples mariés sans enfant; jeunes couples mariés avec au moins un enfant de moins de six ans; jeunes couples mariés dont tous les enfants ont six ans et plus; couples mariés plus âgés avec des enfants dépendants; couples mariés plus âgés sans enfant vivant avec eux et dont le chef de famille travaille; couples mariés plus âgés sans enfant vivant avec eux et dont le chef de famille est à la retraite; personne âgée vivant seule et qui travaille; personne âgée vivant seule, à la retraite.
- Revenu: moins de 5000 $, de 5000 $ à 9999 $, de 10 000 $ à 14 999 $, de 15 000 $ à 19 999 $, de 20 000 $ à 29 999 $, de 30 000 $ à 39 999 $, de 40 000 $ à 49 999 $, 50 000 $ et plus.
- Niveau d'éducation: primaire, secondaire, collégial, universitaire.
- Nationalité: canadienne, américaine, anglaise, française, italienne, haïtienne, portugaise, vietnamienne.
- Classe sociale: (*voir chapitre 5*).
- Religion: catholique, protestante, autre.

Les critères psychographiques

- Style de vie: jeune cadre, étudiant, femme ou homme d'intérieur.
- Personnalité: introverti, extraverti, autoritaire.
- Motivation d'achat: économie, commodité, prestige.
- Taux d'utilisation: petit utilisateur, utilisateur moyen, gros utilisateur.
- Fidélité à la marque: faible, moyenne, forte.
- Sensibilité à l'effort de marketing: qualité, prix, service, publicité, promotion et distribution.

Tous ces critères peuvent varier d'un produit à l'autre ainsi que d'une entreprise à l'autre. L'environnement peut également les modifier. Le responsable du marketing ne devrait jamais tenir pour acquis qu'une base de segmentation est meilleure qu'une autre. Il devrait d'abord passer en revue toutes les bases de segmentation possibles et choisir ensuite la plus significative.

L'important n'est pas d'utiliser plusieurs critères de segmentation, mais bien d'être en mesure de déterminer le ou les critères qui font que les consommateurs sont différents. Voici un exemple: un propriétaire de commerce spécialisé en alimentation a observé que deux segments distincts de consommateurs fréquentaient son commerce, soit les gens de moins de 30 ans et les personnes âgées de plus de 45 ans. De prime abord, il en a déduit que l'âge était le critère de segmentation de sa clientèle. Cependant, après une analyse plus approfondie, il s'est aperçu que les personnes qui ne fréquentaient pas son commerce étaient les parents de deux jeunes enfants et plus qui n'avaient pas de gardienne. Ces personnes n'étaient pas prêtes à visiter plus d'un magasin d'alimentation avec les enfants, et c'est pourquoi elles n'allaient pas à son magasin.

Pour approfondir ce concept, on peut examiner l'exemple de la compagnie Timex. Les gestionnaires du marketing de la compagnie, après avoir passé en revue toutes les bases de segmentation possibles, sont venus à la conclusion que la segmentation par le prix était la plus appropriée pour le marché des montres. Cette approche permet de distinguer trois segments, chacun représentant la valeur attribuée aux montres par trois groupes différents de clients:

- les gens qui veulent débourser le moins possible pour une montre, peu importe le modèle, pourvu qu'elle fonctionne bien. Si la montre se brise, ils la jettent et la remplacent;
- les gens qui attachent de l'importance à la durée de vie et au style de la montre et qui sont disposés à débourser des sommes assez importantes pour en faire l'acquisition;
- finalement, les gens qui veulent souligner un événement important, c'est-à-dire ceux qui recherchent un certain aspect émotionnel au produit en plus de son côté utilitaire. Dans cette optique, une belle apparence, le nom d'une marque réputée, le nom du bijoutier qui la vend et un boîtier en métal précieux sont fortement recherchés.

Ce type de segmentation a permis à la compagnie Timex d'ajuster son mix marketing au marché et de conquérir une grande part du marché des montres.

Les limites de la segmentation

Le concept de la segmentation de marché a connu une popularité immense durant les années 70. On découpait de plus en plus les marchés en petits segments et on adaptait le produit et les autres éléments du mix marketing à chaque segment, espérant ainsi augmenter les chances de succès. Toutefois, beaucoup d'entreprises sont allées trop loin, et bon nombre de spécialistes ont oublié que la segmentation avait un coût: stocks plus élevés, perte d'économie d'échelle, production, communication et distribution plus complexes. On assiste présentement au phénomène inverse. Les fabricants d'automobiles ont ainsi réduit le nombre de modèles de même que le choix des couleurs. Dans le domaine de la distribution, de nouveaux types de magasins sont apparus; c'est le cas des grandes surfaces en alimentation comme Maxi et Super C. Ces magasins ont comme principe d'offrir un choix réduit afin de pouvoir baisser les prix.

La question est de savoir jusqu'à quel point on doit segmenter un marché. Les experts sont d'accord pour dire qu'on peut segmenter un marché jusqu'au point où les avantages retirés de cette opération sont nuls par rapport aux coûts qu'elle entraîne.

La segmentation et la différenciation de produits

Après l'étude du principe de la segmentation du marché, nous croyons important de nous attarder quelque peu au principe de la différenciation de produits, de manière à faire la distinction entre les deux méthodes; nous ne pouvons les substituer l'une à l'autre, mais elles sont complémentaires dans le temps. Selon Smith[5], la différenciation du produit adapte la demande aux caractéristiques de l'offre, alors que la segmentation du marché adapte l'offre aux caractéristiques de la demande.

La segmentation du marché subdivise le marché global en segments plus restreints de manière à grouper les consommateurs qui ont des désirs et des besoins relativement homogènes. Par la suite, on conçoit un mix marketing pour chaque segment de façon à répondre plus adéquatement aux besoins de chacun. L'entreprise adapte donc son offre au marché. Avec la différenciation de produits, elle façonne la demande afin de détenir un monopole sur chacun des sous-marchés créés. Puis, l'entreprise doit se distinguer de ses concurrents. Pour ce faire, il s'agit de trouver un produit qui puisse répondre au marché. Ensuite, l'entreprise différencie l'image du produit au moyen d'un mix marketing approprié afin que les consommateurs perçoivent le produit comme étant le mieux adapté à leurs besoins.

La différenciation du produit se fait à partir de qualités techniques, objectives ou même subjectives du produit. Elle est à ce titre complémentaire à la segmentation du marché. Prenons un exemple pour illustrer le principe de la différenciation du produit. Le produit différencié est le véhicule à quatre roues motrices *Sidekick* de Suzuki. Après avoir segmenté le marché, la compagnie a décidé d'attaquer le segment de marché du véhicule compact à quatre roues motrices. Elle a mis au point un mix marketing approprié afin de créer une image différente pour son produit. Elle en a fait un véhicule de ville facile à garer, agréable à manier et l'a équipé d'un toit de toile pour lui donner l'image d'une voiture et ainsi répondre à ceux qui recherchent ce type de véhicule. Le principe de différenciation du produit est très utile pour le gestionnaire, car il tient compte à la fois des segments de marché, des variations du produit et de la concurrence.

LA STRATÉGIE DE MARKETING

Maintenant que nous avons étudié le marché et la segmentation qu'on peut y effectuer, nous sommes en mesure d'élaborer une stratégie de marketing.

La stratégie de marketing se définit comme la reconnaissance et l'analyse d'un segment particulier du marché et le développement d'un programme de marketing approprié à cette cible de marché.

Comme nous l'avons vu précédemment, l'identification et la reconnaissance d'un segment de marché comprennent plusieurs étapes. Le responsable du marketing doit d'abord rechercher à l'intérieur du marché certains groupes de consommateurs dont les besoins ne sont pas satisfaits ou sont mal satisfaits. Cette étape nécessite donc une bonne connaissance du consommateur, de ses habitudes d'achat et des forces de l'environnement qui l'influencent.

Ensuite, le responsable du marketing détermine si les besoins et les désirs du segment choisi sont suffisamment semblables ou homogènes pour être desservis par la même offre. La taille du segment doit justifier les activités de l'entreprise. Il ne sert à rien de reconnaître certaines personnes dont les besoins ne sont pas satisfaits si elles ne sont pas assez nombreuses pour rendre l'opération rentable. Fabriquer un produit par personne n'est pas l'idéal! De plus, ces personnes peuvent être dispersées géographiquement, ce qui entraîne des coûts de distribution élevés.

Le responsable du marketing détermine alors s'il peut répondre aux besoins du segment choisi. L'entreprise a-t-elle les ressources pour le faire? Peut-on mettre sur pied un programme de marketing capable de satisfaire aux besoins décelés?

Lorsqu'un segment précis est de taille suffisante pour que l'opération soit rentable et qu'un programme de marketing peut être mis au point pour servir les besoins du segment visé, l'entreprise a déniché ce qu'on appelle une «opportunité de marché». Il faut prévoir tous les éléments de la stratégie envisagée avant de déterminer si une opportunité de marché existe pour l'entreprise, car c'est en déterminant le niveau, la nature et la composition de son effort de marketing que l'entreprise pourra décider si la relation avec le segment de marché choisi a des chances d'être profitable aux deux parties.

Une stratégie est donc en place lorsqu'on a défini un segment de marché et après l'élaboration d'un programme de marketing capable de répondre à ses besoins.

Il faut garder en tête deux objectifs lors de l'élaboration d'une stratégie de marketing: satisfaire le consommateur et répondre aux exigences de l'entreprise. La conquête d'un marché passe toujours par la satisfaction des consommateurs. Le responsable du marketing devra donc s'assurer que l'opération est rentable pour les deux parties; il ne saurait y avoir de profits à long terme si les consommateurs ne sont pas entièrement satisfaits, tout comme il ne saurait y avoir satisfaction des besoins du consommateur si l'entreprise ne peut survivre financièrement.

Élaborer un programme de marketing exige de prendre une multitude de décisions quant aux éléments stratégiques que le gestionnaire est en mesure de contrôler. Chaque élément de ce programme doit s'intégrer harmonieusement aux autres pour former un ensemble cohérent, destiné principalement à répondre aux besoins du segment de marché visé. Selon Chebat et Hénault:

«La conception même du marketing qui se veut intégrée implique que toutes les activités de l'entreprise s'intègrent dans un cadre général, de façon à ce que le consommateur cible subisse des impacts cohérents et coordonnés.

Ainsi que nous l'avons vu, l'entreprise dispose de forces qu'elle peut contrôler et doit subir la pression de forces incontrôlables. L'objectif de la stratégie de marketing consiste à maximiser l'impact coordonné des diverses forces contrôlables sur le marché. Pour cela, l'entreprise doit faire des choix entre différentes possibilités; elle doit rechercher la combinaison idéale, de façon à obtenir un dosage optimal des différents facteurs contrôlables[6]».

Le plan de marketing comporte plusieurs éléments et fait l'objet du chapitre 12. Cependant, nous pouvons déjà dire que la stratégie de marketing est surtout basée sur l'agencement stratégique des quatre variables contrôlables du marketing, ce qui fera l'objet des chapitres 6 à 11.

RÉSUMÉ

Les programmes de marketing sont élaborés dans le but de satisfaire à un ou plusieurs segments de marché. Un marché fait toujours référence aux besoins qui sont présents et que l'entreprise cherche à satisfaire. Il se caractérise donc par une certaine demande.

Puisqu'un marché est formé de gens, on peut le décrire par un ensemble de variables qui en déterminent les dimensions. Ces variables peuvent être de nature géographique, démographique ou économique. Connaître la taille d'un marché, la répartition de sa population, sa densité, ses mouvements, son taux de croissance, sa localisation, la pyramide des âges et son évolution, le niveau, la provenance et la répartition du revenu constitue la première étape du choix d'un marché cible.

Le choix d'une cible de marché constitue la segmentation de marché. Il s'agit de diviser le marché total en sous-groupes relativement homogènes quant aux besoins et aux désirs qui sont exprimés. Il existe une multitude de critères qui permettent de segmenter un marché; ces critères sont géographiques, socio-démographiques et psychographiques. Cependant, la segmentation a des limites qu'il ne faut pas dépasser si on veut que l'opération demeure rentable.

Élaborer une stratégie de marketing consiste à définir et à analyser un segment de marché précis et à mettre au point un programme qui permettra de répondre tant aux besoins de l'entreprise qu'à ceux des consommateurs.

QUESTIONS

1. Qu'est-ce qu'un marché?

2. Quelles sont les dimensions du marché? Donnez des exemples.

3. Quels sont les différents types de marchés et qu'est-ce qui, essentiellement, les distinguent les uns des autres?

4. En quoi consiste la segmentation de marché?

5. Quels sont les avantages de la segmentation de marché?

6. Quelles sont les conditions nécessaires à la segmentation d'un marché?

7. Quels sont les critères de segmentation du marché de la téléphonie qui ont servi à Bell Mobilité pour segmenter son marché afin d'introduire le Liberti^MD (*voir encadré 3.1*)?

8. Qu'est-ce que la différenciation du produit? Donnez deux exemples.

9. En quoi consiste l'élaboration d'une stratégie de marketing?

10. Quelles sont les étapes à franchir pour dénicher une opportunité de marché?

EXERCICES PRATIQUES

3.1 LES VÊTEMENTS POUR DAMES

À titre d'entrepreneur, vous désirez lancer une nouvelle entreprise de fabrication dans le secteur du vêtement pour dames. D'après certaines études, les femmes sur le marché du travail dépensent en moyenne 1065 $ par année pour se vêtir. Cependant, l'étude révèle que, parmi elles, les femmes âgées de moins de 25 ans dépensent 625 $ par année, alors que celles âgées entre 25 et 40 ans dépensent 1425 $ par année; celles âgées de plus de 60 ans dépensent 525 $ par année. De plus, les études indiquent que les critères de choix de chacun des groupes sont différents. Estimez quel est le potentiel de marché pour chacun des trois segments de marché mentionnés précédemment, au Québec, et ce pour les années 2006 et 2011, sachant qu'au Québec 53,7 % des femmes âgées entre 18 et 65 ans travaillent et en posant l'hypothèse selon laquelle la pyramide des âges du Québec est identique à celle du Canada (*voir figure 3.2*).

3.2 LA FROMAGERIE SPÉCIALISÉE

Vous êtes un amateur de fromage et vous avez toujours rêvé d'avoir un commerce dans ce domaine. Vous envisagez la possibilité d'ouvrir une fromagerie spécialisée. Selon vos estimations, ce type de magasin doit, pour être rentable, réaliser un chiffre d'affaires annuel de 300 000 $. En lisant différentes études, vous apprenez que la consommation moyenne annuelle de fromage que les familles seraient prêtes à acheter dans un magasin spécialisé varie selon le revenu de la famille.

Estimez le potentiel de marché pour les villes suivantes: Chicoutimi, Regina, St. John's (Terre-Neuve), Trois-Rivières et Thunder Bay, en partant de l'hypothèse selon laquelle la consommation et le revenu sont répartis également dans tout le Canada. De plus, la famille canadienne moyenne compte 3,1 personnes. Inspirez-vous des tableaux 3.4 et 3.5 pour faire vos calculs.

Tableau 3.9   Quantité annuelle moyenne de fromage acheté dans une fromagerie selon le revenu de la famille au Canada

Pourcentage	Revenu	Consommation
6,9 %	moins de 15 000 $	1 kg
14,2 %	15 000 $ à 24 999 $	3 kg
13,5 %	25 000 $ à 34 999 $	6 kg
13,5 %	35 000 $ à 44 999 $	8 kg
11,2 %	55 000 $ à 64 999 $	12 kg
8,3 %	65 000 $ à 74 999 $	12 kg
19,4 %	75 000 $ et plus	12 kg

MISE EN SITUATION

Compagnie pétrolière Super-Rendement

La Compagnie pétrolière Super-Rendement vient de vous embaucher comme responsable de la mise en marché de l'essence pour une région du Québec.

1. À partir des données en annexe, analysez le profil de l'acheteur d'essence potentiel pour un poste d'essence avec service (type traditionnel).
2. Si vous deviez ouvrir de nouvelles stations d'essence dans ce secteur, de quel type seraient-elles? Pourquoi?

Annexe
Échantillonnage

À la suite d'appels téléphoniques dont les numéros ont été tirés au hasard dans l'annuaire de la région de Trois-Rivières et du Cap-de-la-Madeleine, on a pu joindre 196 répondants, dont 123 hommes et 73 femmes.

Ces derniers sont classés selon le type de station qu'ils fréquentent habituellement:

Sexe	Ensemble des consommateurs	Type traditionnel	Type libre-service	Type indifférent
Hommes	62,4 %	48,1 %	68,6 %	79,4 %
Femmes	37,1 %	50,6 %	31,4 %	20,6 %

et en fonction des groupes d'âges suivants:

Âge	Ensemble des consommateurs	Type traditionnel	Type libre-service	Type indifférent
20 ans et moins	5,6 %	9,1 %	4,7 %	---
21 à 30 ans	31,0 %	24,7 %	39,5 %	23,5 %
31 à 40 ans	29,4 %	26,0 %	27,9 %	41,2 %
41 à 50 ans	18,8 %	24,7 %	12,8 %	20,6 %
Plus de 50 ans	15,2 %	15,6 %	15,1 %	14,7 %

Résultats
Comportement du consommateur: habitudes d'achat
Type de station habituellement fréquentée:

- station traditionnelle avec service: 39,1 %
- station libre-service: 43,7 %
- les deux types de stations indifféremment: 17,3 %

Parmi les clients actuels d'une station traditionnelle ayant fréquenté régulièrement un libre-service dans le passé:

31,2 % ont déjà fréquenté, de façon habituelle, les stations libre-service pour les raisons suivantes:

- le prix: 25,0 %
- pour essayer: 12,5 %

- la proximité: 8,3 %
- à l'occasion: 20,8 %
- autres raisons: 16,7 %
- aucune réponse: 16,7 %

et ils ont changé de type de station pour les raisons suivantes:

- ça ne vaut pas la peine: 5,2 %
- la proximité: 3,9 %
- le service: 5,2 %
- autres raisons: 13,0 %
- aucune réponse: 72,7 %

68 % n'ont jamais fréquenté, de façon habituelle, un libre-service pour les considérations suivantes:

- par goût personnel: 23,3 %
- pour la propreté: 11,3 %
- trop de problèmes: 9,4 %
- le service: 5,7 %

- autres: 35,9 %
- aucune réponse: 9,4 %

Parmi les clients actuels d'une station libre-service ayant fréquenté régulièrement une station traditionnelle dans le passé:

75,6 % qui ont déjà fréquenté, de façon habituelle, les stations traditionnelles ont changé de type de station pour les raisons suivantes:

- le prix: 46,2 %
- la proximité: 16,9 %
- la rapidité: 6,2 %
- autres: 30,7 %

20,9 % n'ont jamais fréquenté de station traditionnelle, de façon habituelle, pour les raisons suivantes:

- le prix: 22,2 %
- autres: 50,9 %
- aucune réponse: 27,8 %

Cas
CHAUSSURES N.M.*

Nathalie et Marc désirent ouvrir un magasin de chaussures à Belleville.

Depuis quatre ans, Nathalie est gérante dans un magasin de chaussures dans une ville située non loin de Belleville. Elle a commencé à titre de vendeuse, mais son approche vis-à-vis de la clientèle et son dynamisme l'ont vite conduite au poste de gérante. Nathalie n'a pas de contrôle sur la variété de la gamme de produits offerts; toutefois, elle pense que si elle était propriétaire elle pourrait offrir des produits mieux adaptés aux besoins de sa clientèle et ainsi augmenter considérablement les revenus.

Marc travaille dans un cabinet de comptables depuis un an. Sa clientèle se compose d'entreprises manufacturières à l'exception d'une seule, soit la boutique de chaussures où travaille Nathalie. C'est

d'ailleurs là qu'ils ont fait connaissance. Marc apprend à se familiariser avec l'industrie de la chaussure. Il croit que Nathalie connaît bien son marché et est une très bonne gérante. C'est d'ailleurs pourquoi il désire s'associer avec elle.

Habitant tous les deux Belleville, ils sont d'accord pour y fonder leur entreprise. Cependant, leurs opinions divergent lorsqu'il s'agit du type de magasin qu'ils désirent mettre sur pied. Nathalie rêve d'avoir un magasin de chaussures haut de gamme pour dames, alors que Marc pense qu'un magasin de chaussures bon marché pour toute la famille aurait plus de chances de réussir.

1. Devraient-ils ouvrir un magasin de chaussures à Belleville? Justifiez votre choix.

Tableau 1   Population totale

	1986	1991
Belleville	22 920	21 222
Population environnante	53 613	61 867
Total	76 533	83 089

Tableau 2   Répartition de la population de Belleville et les environs 1991

Groupe	Total	Femmes	Hommes
0–14 ans	13 280	6 494	6 786
15–24 ans	12 685	6 255	6 430
25–34 ans	13 888	6 683	7 205
35–44 ans	10 532	5 361	5 171
45–54 ans	9 354	5 121	4 233
55–64 ans	10 997	5 984	5 013
65 ans et +	12 323	7 201	5 122

Tableau 3   Salaire moyen

	Belleville	Canada
Salaire moyen en 1991	32 180	33 740
Sans emploi en 1991	15,1 %	9,1 %

Tableau 4   Répartition des revenus des ménages à Belleville en 1991

Moins de 5 000 $	11,5 %
5 000 $ – 10 000 $	21,1 %
10 000 $ – 15 000 $	17,9 %
15 000 $ – 20 000 $	9,7 %
20 000 $ – 25 000 $	8,0 %
25 000 $ – 30 000 $	7,0 %
30 000 $ – 35 000 $	5,5 %
35 000 $ – 40 000 $	4,6 %
40 000 $ et plus	14,5 %
	100 %

Revenu moyen en 1986	17 390 $
Total des ménages	8 440

Tableau 5   Concurrents

	Concurrence	Nombre de magasins
Chaussures haut de gamme	Belleville	3
	Environs	1
Chaussures prix moyen	Belleville	6
	Environs	2
Chaussures bon marché	Belleville	3
	Environs	0

Note: à ces concurrents s'ajoutent quelques grands magasins tels que K-Mart, Zellers, Greenberg.

Tableau 6   Dépenses moyennes détaillées des familles au Canada en 1991

Souliers et bottes Labotte	132
Bottes de travail	14
Chaussures d'athlétisme	17
Autres	8
	171 par année

Note: l'Association canadienne des manufacturiers de chaussures confirme que les Canadiens achètent en moyenne trois paires de chaussures par année.

Tableau 7   Résultats d'une enquête effectuée auprès de 30 habitants de Belleville

1. Le nombre moyen de paires de chaussures achetées par année est de 4,5.
2. Les principaux critères d'achat sont:
   le confort;
   l'apparence;
   la qualité.
3. Plus le revenu des ménages est élevé, plus l'apparence et le confort sont importants; moins le revenu est élevé, plus la qualité et le prix sont importants.
4. Parmi les répondants, 66 % effectuent leurs achats dans les boutiques bon marché.

---

* Le présent cas a été rédigé par Ozanne Tremblay, chargée de cours en marketing à l'Université du Québec à Trois-Rivières.

NOTES

1. LEVITT, Théodore. «Le marketing à courte vue», *dans Harvard Business Review*, juillet-août, 1960.

2. Limite vers laquelle on tend sans jamais pouvoir l'atteindre.

3. STATISTIQUE CANADA. *Recueil des statistiques des études de marché*, édition révisée, décembre 1993-1994, n° 63-224.

4. LONG, Larry H. «On Measuring Geographic Mobility», *dans Journal of the American Statistical Association*, septembre 1970.

5. SMITH, W. «Différenciation du produit et segmentation du marché: l'alternative stratégique», *dans* M. Chevalier et R. Fenwick, *La stratégie marketing*, Presses Universitaires de France, Paris, 1975.

6. CHEBAT, J.-C. et HÉNAULT, G. M. *Stratégie du marketing*, Les Presses de l'Université du Québec, 1977, p. 49.

4

LE SYSTÈME D'INFORMATION MARKETING

OBJECTIFS D'APPRENTISSAGE

Après la lecture du chapitre, vous devriez être en mesure de:
- présenter le système d'information marketing et ses applications possibles;
- comprendre le rôle de la recherche en marketing;
- décrire le processus de recherche en marketing;
- reconnaître les types et les sources de données secondaires;
- comparer les différentes méthodes de recherche de données primaires.

Le responsable du marketing prend continuellement des décisions. Il doit donc avoir recours à plusieurs sources de renseignements afin de satisfaire ses besoins d'information.

Le comptable peut répondre à pratiquement toutes les questions posées par les vérificateurs venus scruter les livres de la compagnie à condition de disposer d'un système d'information comptable constitué de nombreux registres qui lui permettent d'extraire facilement l'information requise. Tout comme le comptable, le responsable du marketing a besoin d'un système d'information adéquat pour jouer pleinement son rôle (*voir figure 4.1*).

Depuis longtemps déjà, les théoriciens travaillent de concert avec les praticiens du marketing pour rendre opérationnel le concept de «système d'information marketing» (SIM). Ils définissent ce système comme «un réseau complexe de relations structurées où interviennent des hommes, des machines et des procédures, qui a pour objet d'engendrer un flux ordonné d'information pertinente, provenant de sources internes et externes à l'entreprise et destiné à servir de base aux décisions marketing[1]».

Bon nombre d'entreprises préfèrent ne pas investir temps et argent dans l'intégration du SIM comme mécanisme pour recueillir de l'information et la rendre facilement accessible. Toutefois, celles qui osent investir dans un tel système possèdent, après un certain temps de rodage nécessaire, un instrument doté de qualités exceptionnelles.

■ **Figure 4.1** Le système d'information marketing est une aide efficace à la prise de décision.

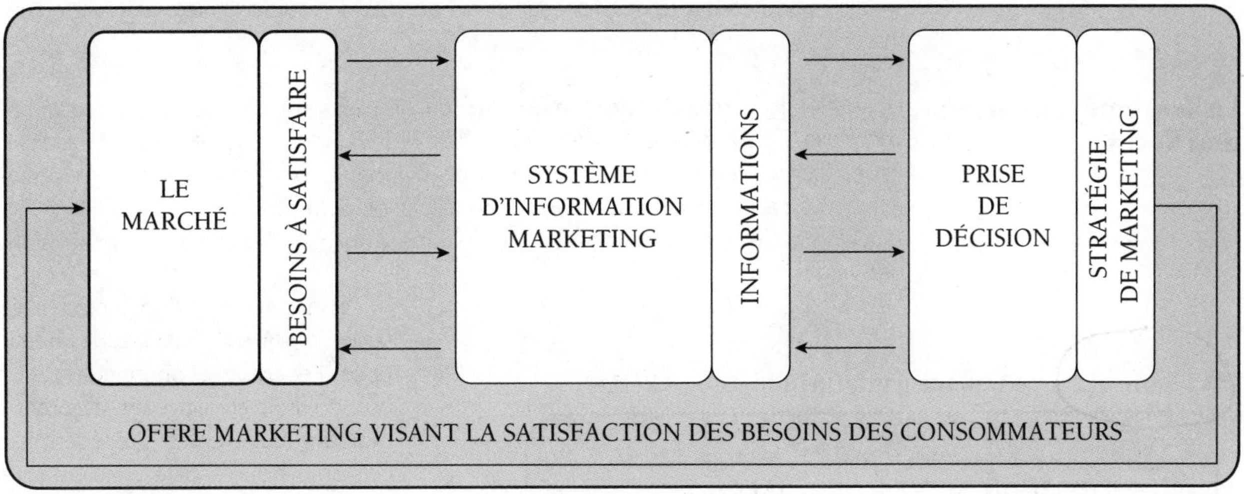

Enfin, il faut spécifier que tant les PME que les grandes entreprises peuvent se doter d'un SIM. Seul le degré de complexité du système sera différent. Les résultats de sa mise en application devraient être les mêmes.

LES COMPOSANTES DU SYSTÈME D'INFORMATION MARKETING

L'administrateur planifie, organise, dirige et contrôle les actions stratégiques de l'organisation dans un environnement donné. Le SIM (*voir figure 4.2*) doit donc faire le lien entre les actions stratégiques et l'environnement. Le dirigeant du marketing s'attend que le SIM recueille, traite et rende compréhensible le flux des données provenant de l'environnement et du marché. Il est important de noter que la performance du SIM ne se mesure pas à la quantité d'informations générée. Il ne sert à rien d'accabler l'administrateur d'un tas de documents inutiles. Il faut plutôt mettre l'accent sur la qualité de l'information de même que son utilité pour les décisions que l'administrateur doit prendre.

Le système des rapports internes

Un système de comptabilité interne s'avère d'une grande utilité pour le personnel du marketing. Les données financières qu'il contient mesurent le rendement atteint et orientent les efforts futurs. La comptabilité financière dévoile le montant des ventes ainsi que les coûts antérieurs et actuels. Il est donc important que l'entreprise se dote d'un système comptable en mesure de fournir des états financiers adaptés aux besoins du preneur de décision en marketing. Toutefois, les rapports internes ne devraient pas se limiter à de l'information de type comptable, mais renseigner également sur la force de vente, les distributeurs et les parts de marché de différents produits de l'entreprise, pour ne nommer que quelques sujets.

Le système de renseignements marketing

Cette composante du SIM est sensible aux variations de l'environnement global dans lequel évolue l'entreprise. Par exemple, elle permet de détecter les changements survenus dans l'environnement concurrentiel ou culturel afin de garder le dirigeant en alerte.

L'expérience du Groupe Logique fournit un bon exemple du rôle du système de renseignements marketing. En effet, cet éditeur a inséré dans l'emballage de son produit un petit questionnaire (*voir encadré 4.1*) qui lui permet de recueillir, si le consommateur le lui retourne, les informations qu'il désire connaître. C'est une façon simple et peu coûteuse de procéder et qui permet de toujours mieux connaître son marché.

Le système d'analyse marketing

Le gestionnaire utilise cette composante du SIM lorsqu'il fait face à un problème complexe. Des instruments scientifiques, tels le PERT, de l'anglais *Program Evaluation Review Technic* (Techniques d'évaluation et de révision des programmes) et la simulation interactive, servent d'outils d'analyse et de résolution de problèmes.

Une autre application possible du système d'analyse marketing est la prévision des ventes.

■ **Figure 4.2** Le système d'information du marketing

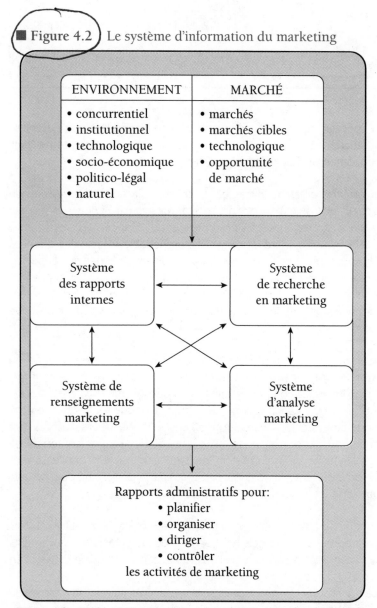

Source: adapté de KOTLER, Philip et DUBOIS, Bernard. *Marketing Management*, 6ᵉ éd., Paris, Publi-Union, 1989, p. 111.

Il n'y a pas si longtemps, il était facile de prévoir les ventes d'une entreprise. Le climat économique était tel qu'il suffisait au dirigeant d'ajouter au montant des ventes précédentes un certain pourcentage qu'il jugeait réaliste.

Aujourd'hui, l'environnement économique est d'une telle turbulence qu'il est risqué de ne se fier qu'à l'intuition de l'un des administrateurs. La sagesse prône alors l'utilisation de certains instruments scientifiques de gestion mis efficacement au point au cours des dernières décennies. Fournir des explications complètes sur chacun de ces instruments déborde le cadre de ce volume. Cependant, afin d'illustrer ce concept, nous présentons l'une des méthodes appartenant aux séries temporelles, à savoir la régression linéaire simple.

Cette méthode utilise des données historiques afin de prévoir l'avenir. L'hypothèse sous-jacente à cette méthode est que toutes choses étant égales par ailleurs, la tendance (augmentation, diminution ou stabilité) des ventes du passé a de fortes chances de se reproduire dans l'avenir.

Comme il est possible de le constater à la figure 4.3, les ventes prévues constituent une extrapolation faite à partir du passé. Le montant des ventes est ainsi déterminé grâce à une formule mathématique[2].

Une mise en garde est nécessaire ici. La prévision des ventes établie à l'aide de cette méthode, comme toute

■ **Encadré 4.1**   Exemple d'un questionnaire représentant le système de renseignements marketing

▦ **LOGIDISQUE**

CARTE D'ENREGISTREMENT / REGISTRATION FORM

Votre numéro d'enregistrement / Your registration number : **099021**

Code du logiciel / Software code :

S.V.P. ÉCRIRE LISIBLEMENT / PLEASE PRINT CLEARLY.

Prénom et nom / Name (First, Last) : _____

_____

Société / Company : _____

Adresse / Address : _____

_____

Ville / City : _____

Code postal / Postal _____ : _____

Prov. (Canada) / State (USA) : _____

Pays / Country : _____

Téléphone / Phone : ( ) _____ (bureau / office)

Téléphone / Phone : ( ) _____ (domicile / home)

Fax : ( ) _____

Adresse électronique / E-mail address : _____

Sur _____ : _____

Votre fonction / Your Title : _____

❑ Achat personnel / Personal purchase   ❑ Achat par la Société / Company purchase

Date de l'achat / Date of purchase : _____

Logiciel acheté chez / Software purchased from : _____

Comment avez-vous entendu parler de notre logiciel / How did you get to know our software :

❑ Ami / Friend   ❑ Journaux / Newspaper   ❑ Publicité / Advertisement

❑ Autre / Other : _____

ENVIRONNEMENT INFORMATIQUE / COMPUTER ENVIRONMENT

Ordinateur / Computer :

_____

Traitements de texte / Word Processors :

1. _____

2. _____

Système d'exploitation / Operating system :
Ex. : DOS 6.2, Windows 3.1 ou / or Macintosh 7.5.
❑ Windows   ❑ Macintosh
❑ DOS   ❑ Autre / Other
Version : _____

Mémoire vive au lancement du logiciel / RAM available prior to launching software : _____

Logiciels réseau seulement / Network versions only : Nombre de postes / Number of workstations : _____

Système d'exploitation réseau / Network operating system : _____

❑ S.v.p., correspondez avec moi en français.

Vous avez droit au service client dès que la carte est reçue chez Logidisque.

Veuillez nous faire parvenir cette carte (par la poste ou par fax) **dès maintenant** et mentionnez le numéro d'enregistrement **dans toute communication** au sujet de cette version et des versions à venir.

En retournant cette carte, j'autorise Logidisque à m'envoyer des offres de mises à jour sur ce logiciel et de la documentation sur d'autres produits.

❑ All future correspondence in English, please.

You are entitled to full customer support once the registration form has been received by Logidisque.

Please send it (by mail or fax) **as soon as possible.** Please indicate your registration number **in all correspondence** with Logidisque related to either this software or upgrades.

By returning this card, I authorize Logidisque to send me update offers pertaining to this software, as well as any additional product information.

VOTRE NUMÉRO D'ENREGISTREMENT / YOUR REGISTRATION NUMBER :

099021

À CONSERVER.
Veuillez vous référer à ce numéro pour toutes vos communications avec les services de LOGIDISQUE.

RETAIN THIS NUMBER.
Keep this reference number for all further communication with LOGIDISQUE services.

LOGIDISQUE inc.
1225, rue de Condé
Montréal (Québec) H3K 2E4
CANADA

TÉLÉPHONE / PHONE
(514) 933-2225

TÉLÉCOPIEUR / FAX
(514) 933-2182

SPÉCIMEN

autre valeur, ne doit pas être considérée comme acquise. La prévision exacte des choses appartient au domaine des dieux! Il est donc prudent de remettre en question, avec l'aide du personnel compétent, les valeurs ainsi obtenues. Toutefois, cela ne signifie pas que ces dernières ne soient pas valables ou qu'il soit préférable de ne pas les utiliser. Loin de là! Elles font l'objet de nombreuses applications.

Le système de recherche marketing

Finalement, une quatrième composante du SIM est le système de recherche marketing. Son rôle est de définir l'information relatives aux besoins précis de l'entreprise à un moment donné. La recherche en marketing constitue une activité si importante dans l'entreprise qu'elle mérite une présentation détaillée dans la prochaine partie de ce chapitre.

LA RECHERCHE EN MARKETING

C'est à l'agence de publicité américaine N.W. Ayers and Son que revient le crédit d'avoir, la première, appliqué les principes de recherche en marketing dans le but de trouver une solution à un problème de publicité. En 1879, cette agence effectua un sondage afin de déterminer un calendrier publicitaire correspondant aux besoins de la Nichols-Shepard Company, un fabricant de machinerie agricole[3].

M. Henry King devint, le 2 janvier 1929, le premier employé canadien à plein temps affecté à la recherche en marketing. C'est à l'agence de publicité Cockfield Brown and Co Ltd. qu'il exerça sa fonction sous l'autorité de William W. Goforth[4].

Depuis ce temps, le monde des affaires a connu des changements considérables. Il en fut de même pour la recherche en marketing, utilisée sporadiquement à ses tout premiers débuts. Par la suite, la plupart des entreprises ont employé du personnel qualifié pour accomplir cette tâche[5].

Ce changement d'époque a également permis l'évolution des tâches que comportait la recherche en marketing, comme on peut le constater à la lecture du tableau 4.1.

L'American Marketing Association présente une définition de la recherche en marketing qui tient compte de ces développements. Il s'agit de la «cueillette, l'enregistrement et l'analyse systématique des données relatives aux problèmes de mise en marché des produits et services[6]».

Nous définirons d'abord le rôle que joue la recherche en marketing dans la gestion de l'entreprise. Ensuite, nous examinerons les différentes étapes d'une recherche en marketing.

■ **Figure 4.3**   Prévision des ventes à l'aide de séries temporelles

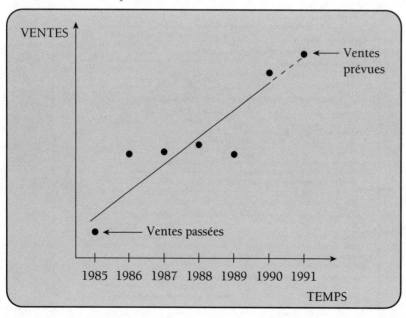

LE RÔLE DE LA RECHERCHE EN MARKETING

La fonction de recherche en marketing est importante pour le succès de toute organisation. Elle fournit l'information nécessaire à la prise de décision. Comme nous l'avons vu précédemment, l'entreprise doit viser la satisfaction des consommateurs, objectif qui est au cœur même du concept de marketing. Elle doit donc être en mesure de recueillir les informations concernant les besoins et les désirs de ces derniers. S'il compare ses stratégies de marketing avec les données disponibles sur l'état actuel du marché, le responsable du marketing peut alors les réajuster ou, au besoin, en formuler de nouvelles.

Même si le rôle de la recherche en marketing semble relativement simple, il ne faut pas perdre de vue la complexité du contexte dans lequel elle s'inscrit (*voir encadré 4.2*). L'environnement de l'entreprise évolue rapidement. Le domaine de l'électronique fournit un des plus remarquables exemples de changements. Personne n'y échappe... Des jeux d'arcade à la calculatrice de poche, des tableaux de bord d'automobiles à l'ordinateur, les bouleversements ont été considérables.

De tels changements sont tangibles. Autrement dit, on peut les pointer du doigt, les toucher. Cependant, il existe d'autres changements qu'un bon directeur de marketing ne sera pas en mesure de déterminer s'il ne fait pas la moindre activité de recherche. Il s'agit, par exemple, de l'évolution des valeurs et des désirs des consommateurs. Ces modifications ne sont pas palpables, mais pourtant bien réelles. Par exemple, dans les années 70, la demande pour de grosses automobiles a baissé considérablement, faisant place à la demande grandissante pour les petites automobiles.

Tableau 4.1   Petite histoire de la recherche en marketing

I –   1880 - 1920 – Étape de la mise au point de la collecte de statistiques sur l'industrie. Durant cette période, les travaux de recensement devinrent importants, et la recherche par enquête fut développée. Herman Hollerith, du Bureau du recensement, inventa la carte perforée, premier pas vers le traitement mécanique des données.

II –   1920 - 1940 – Étape du développement de l'échantillonnage aléatoire, du questionnaire et de la mesure du comportement.
Les chercheurs de marchés apprirent comment échantillonner efficacement une population et comment construire de meilleurs questionnaires.

III –   1940 - 1950 – Étape de l'avènement du management. Les administrateurs utilisèrent de plus en plus les recherches de marchés comme aide à la prise de décision et non plus seulement comme une simple activité de collecte d'information. La «recherche de marchés» devint la «recherche en marketing».

IV –   1950 - 1960 – Étape de l'expérimentation. Les chercheurs en marketing commencèrent à utiliser la méthode de l'expérimentation et des méthodologies plus scientifiques pour traiter leurs problèmes de marketing.

V –   1960 - 1970 – Étape de l'utilisation des méthodes quantitatives de traitement des données et de l'ordinateur. Les chercheurs s'appliquèrent à développer des modèles mathématiques de prise de décision en marketing et développèrent l'informatique afin de l'utiliser pour le traitement des données et l'analyse de décisions en marketing.

VI –   1970 - 1980 – Étape de la théorie du comportement du consommateur. Les chercheurs en marketing éprouvèrent leurs concepts et méthodes de recherche quantitative afin d'expliquer et de prévoir le comportement des consommateurs.

VII – 1980 - 1990 – Analyse conjointe et analyse de compromis. Analyse causale. Entrevue assistée par ordinateur. Lecteur optique. Corrélation canonique.

Source: traduit de KOTLER, Philip et TURNER, Roland E. *Marketing Management*, 7ᵉ éd. canadienne, Prentice-Hall Inc., p. 109. Reproduit avec la permission de l'éditeur.

Faute de recherches pour connaître l'évolution réelle des besoins des consommateurs face à leurs besoins de transport par automobile, certains fabricants américains n'ont pas été prêts à temps! De même, les messages publicitaires qui véhiculent des stéréotypes sexistes subissent maintenant la critique des consommateurs. Certaines associations les invitent même à boycotter l'achat des produits faisant l'objet de cette publicité.

Afin d'assurer le succès à long terme de son entreprise, le directeur du marketing doit faire évoluer ses stratégies en fonction des changements survenus dans le marché. Il ne pourra y arriver que s'il possède l'information nécessaire à une prise de décision judicieuse. C'est là le rôle capital de la recherche en marketing.

LES PHASES DE LA RECHERCHE EN MARKETING

La réalisation d'une recherche en marketing ne doit pas s'effectuer au hasard ou selon les humeurs du chercheur. En fait, pour garantir le succès de la recherche en question, il est préférable de suivre une procédure à étapes multiples (*figure 4.4*).

Les étapes de cette procédure sont interreliées. Dans quelques cas, certaines étapes ne seront pas absolument nécessaires. Le chercheur devra alors modifier sa façon de faire. Toutefois, cette procédure générale s'applique à un grand nombre de

■ **Encadré 4.2** Effets des technologies sur la recherche en marketing

La recherche en marketing profite grandement des nouvelles technologies

Samedi 22 janvier 1994

Les Affaires

■ «Une large part de la recherche marketing se fait encore par sondage. Le problème est que toutes les maisons de sondage n'ont pas de spécialistes en marketing. Les entreprises veulent qu'on interprète les chiffres et les aide à prendre des décisions plus éclairées.»

Plus de réflexion

«La technologie a transformé notre industrie, dit Michel Zins, président de Zins Beauchesne et associés, membre du Groupe SECOR.

«Avant, en gestion des stocks, ça prenait des mois pour avoir du *feedback* sur les ventes. Aujourd'hui, avec les codes à barres, on a l'information instantanément.

«En combinant l'information recueillie grâce aux codes à barres avec celle des bases de données, celles qui font appel aux codes postaux par exemple, on peut trouver de l'information percutante pour le commerçant.»

Les sondages sont devenus un peu désuets, estime par ailleurs M. Zins. Le sondage a toujours son rôle à jouer en recherche marketing, mais il devient complémentaire.

«D'un manque d'informations, on est passé à un surplus. Le problème consiste maintenant à intégrer toutes ces informations. Et c'est là que les firmes de recherche marketing sont utiles.

«Les sondages sont souvent déconnectés des processus de décision. Il y a trop de sondages, pas assez de réflexion.»

Manque de stratégistes

«Les entreprises se rendent compte qu'il en coûte beaucoup plus cher de recruter un nouveau client que d'en garder un», avance pour sa part Paul Légaré, vice-président principal de Compusearch, qui possède une vaste base de données établie à partir des codes postaux des consommateurs.

«Assurer la fidélité des clients est devenu le nerf de la guerre. Et pour assurer la fidélité de la clientèle, il faut, bien sûr, la connaître.»

En outre, estime M. Légaré, les bases de données permettent de réduire les coûts: «Le pointage marketing revient moins cher que de viser dans le tas.»

Les sondages ont encore leur rôle à jouer. Auparavant, ils étaient la seule recherche qu'on faisait.»

Source: FROMENT, Dominique. *Les Affaires*, 22 janvier 1994, p. 25.

■ Figure 4.4 Procédure de recherche en marketing

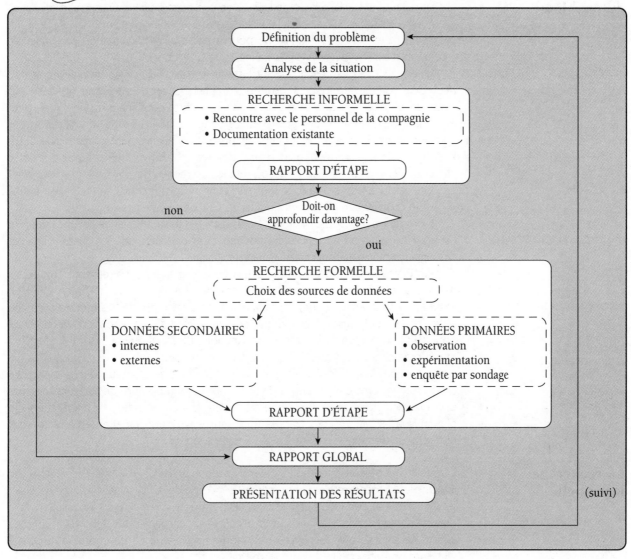

situations de recherche. Examinons maintenant chacune des étapes qu'elle comporte.

L'analyse de la situation

Une compagnie se doit d'être rentable si elle désire survivre et croître. C'est la loi du système économique dans lequel nous vivons. Dans ce but, les directeurs de la compagnie se rencontrent afin d'évaluer la qualité de leur gestion. Lorsque tout va bien, ils font en sorte que cela continue.

Cependant, il existe des périodes où les affaires ne tournent pas à la satisfaction des administrateurs.

C'est grâce à l'étape d'analyse de la situation que les administrateurs définissent les symptômes de certains malaises dont souffre peut-être leur entreprise. Les ratios de rentabilité, de ventes par pied carré, etc., sont d'excellents indicateurs de santé ou de malaises réels ou potentiels.

La définition du problème

Lors de la définition du problème, le chercheur a comme objectif de cerner le problème auquel fait face la compagnie. Une compagnie qui voit son chiffre d'affaires diminuer constamment, ce qui, en fait, constitue un symptôme, fait face à un problème qu'elle doit définir. Elle ne pourra pas corriger la situation par la simple résolution d'augmenter ses ventes. Là n'est pas la solution!

Une baisse des ventes indique une faiblesse dans la stratégie de marketing. Il se peut que, comparativement à d'autres compagnies, cette entreprise ne fasse pas assez de publicité ou que sa publicité soit mal choisie ou inappropriée. Il se peut également qu'une baisse des prix chez les concurrents ou qu'une modification des goûts des consommateurs en fonction du produit ou relativement au réseau de distribution en soient les causes. Le chercheur doit retenir les hypothèses les plus réalistes afin d'évaluer leur validité au cours des étapes de recherches formelle et informelle.

Les gens rattachés à la fonction marketing des entreprises ainsi que les entreprises de consultation effectuent de plus en plus de recherches.

Comme il est possible de le constater dans le tableau 4.2, les problèmes qui font l'objet d'investigation en marketing portent principalement sur les quatre variables stratégiques du marketing et sur le marché.

Cette étude, qui fut reprise à maintes occasions, indique clairement deux points majeurs à retenir. Premièrement, l'étude comparative réalisée en 1973, en 1978, en 1983 et en 1988 indique que, pour chacun des types de problèmes étudiés, il y a une augmentation du pourcentage d'entreprises qui effectuent ce type de recherche, sauf pour 1988 où on constate certaines diminutions. Deuxièmement, pour l'année 1988 et pour la majorité des sujets de recherche, il y a moins de 50 % des entreprises qui répondent qu'elles en font. Il est donc fort intéressant de constater que la recherche en marketing semble avoir perdu de son ampleur. Bon nombre de facteurs telle, par exemple, une situation économique assez difficile, peuvent être une explication. De plus, puisqu'il s'agit d'études différentes, il peut y avoir une variation en fonction des entreprises sélectionnées pour les besoins du sondage.

La recherche informelle

Une fois le problème bien défini, l'administrateur entre dans la phase de recherche informelle. Il rencontre alors le personnel concerné de la compagnie afin de recueillir les informations qu'il juge pertinentes. Il se peut également qu'il ait à consulter de la documentation sur le sujet de sa recherche. Dans certains cas, l'étape de recherche informelle suffira pour découvrir la solution au problème en question. Autrement, il faut entreprendre une recherche formelle.

La recherche formelle

Dans le cadre de l'étape de recherche formelle, une procédure de collecte des informations (dont les sources peuvent être primaires ou secondaires, ou les deux) est développée afin de remédier au manque d'information rencontré à l'étape précédente. Cette procédure doit tenir compte autant du problème à l'étude que de la nature des données.

Les données secondaires

Les données secondaires sont recueillies pour un problème ou une situation autres que ceux qui font l'objet de l'étude. Malgré leur qualificatif de secondaires, elles ne sont pas de deuxième ordre. Malheureusement, bon nombre de gens d'affaires oublient qu'elles sont disponibles et s'engagent dans une collecte de données déjà existantes. Il s'agit là d'une erreur coûteuse. Les données secondaires proviennent de deux sources différentes: les sources internes et les sources externes.

Tableau 4.2   Sujets de recherche en marketing

Nature du problème	Pourcentage de compagnies effectuant cette recherche			
	1988[4]	1983[3]	1978[2]	1973[1]
La variable «produit»				
Étude des produits concurrents	58	87	85	63
Potentiel et acceptation de nouveaux produits	–	76	84	64
Essai sur les produits	–	80	75	57
Étude des caractéristiques des produits	47	a	51	44
Recherche sur l'emballage	31	65	60	56
La variable «prix»				
Étude sur les prix	63	83	81	56
La variable «communication marketing»				
Étude de motivation	37	47	48	33
Étude des textes publicitaires	50	69	49	37
Étude des médias	57	68	61	44
Étude de l'efficacité de la publicité	65	76	67	49
Étude ayant trait à l'établissement des quotas et des secteurs de vente	26	78	75	57
Étude concernant les moyens de rémunération des vendeurs	30	60	60	45
Étude concernant les primes, coupons, échantillons, réclames	36	b	52	37
Analyse des ventes	30	92	89	65
Étude des restrictions légales relatives à la publicité et à la promotion	b	46	51	38
Étude des droits du consommateur à une information exacte	b	b	26	18
La variable «distribution»				
Étude concernant les circuits de distribution	29	71	69	48
Étude concernant l'emplacement des installations et des entrepôts	23	68	71	47
Sondage dans les magasins	45	59	54	38
Le marché				
Évaluation du potentiel des marchés	b	97	93	68
Analyse des parts de marché	79	97	92	67
Définition des caractéristiques du marché	83	97	93	68
Prévision à court terme (jusqu'à un an)	b	89	85	63
Prévision à long terme (un an et plus)	b	87	82	61
Étude des incidences écologiques	b	b	33	27
Étude des valeurs et principes sociaux	b	39	40	25
Recours à des panels de consommateurs	b	63	50	33

a – Pour 1983, les sujets «Étude des caractéristiques des produits» et «Recherche sur l'emballage» sont regroupés.

b – Les sujets ne furent pas inclus dans le sondage de 1983 et 1988.

1. *Source:*   Traduit de TWEDT, Dick Warren (ed.), *Survey of Marketing Research*, American Marketing Association, Chicago, 1973, p. 41.

2. *Source:*   Traduit de TWEDT, Dick Warren (ed.), *Survey of Marketing Research*, American Marketing Association, Chicago, 1973, p. 41.

3. *Source:*   Traduit de TWEDT, Dick Warren (ed.), *Survey of Marketing Research*, American Marketing Association, Chicago, 1973, p. 41.

4. *Source:*   Traduit de KINNEAR, Thomas C. et ROOT, Ann R. (éd.), *Survey of Marketing Research*, American Marketing Association, Chicago 1988, p. 43.

a) Les données secondaires de sources internes Essentiellement, il s'agit de données recueillies par le service de la comptabilité et par le personnel de vente.

Le service de la comptabilité Grâce à la synthèse des différents livres comptables traités selon une procédure standardisée, le système d'information comptable récupère les données relatives à l'état des résultats, au bilan et à l'état de l'évolution de la situation financière de l'entreprise. Il est donc possible de tracer l'historique d'une vente effectuée à un client si tel est le besoin. On peut connaître ainsi la période qui s'est écoulée entre la réception de la commande et l'expédition de la marchandise. Il est également possible de déterminer le nombre de retours de marchandise en raison de l'insatisfaction des clients.

De plus, l'administrateur peut tracer les courbes d'évolution des ventes et des coûts afin de mesurer la croissance de la rentabilité de l'entreprise. En fait, les entreprises profitent quotidiennement de multiples applications de leur système comptable (*voir figure 4.5*).

Les limites d'application sont liées à la complexité du système en question, lui-même déterminé par les besoins et les moyens de l'entreprise. Aujourd'hui, à l'ère de l'informatique, autant les PME que les grandes entreprises peuvent se doter d'un ordinateur qui facilitera la sauvegarde et l'analyse de leurs transactions quotidiennes avec les clients et les fournisseurs.

Il est important de noter que la plus grande qualité d'un système comptable est de fournir des renseignements précis en un minimum de temps.

Le personnel de vente «L'un des rôles importants de la force de vente dans la plupart des services de marketing consiste à rassembler, évaluer et transmettre des informations sur tous les faits nouveaux susceptibles de toucher l'activité de la société[7].»

■ **Figure 4.5** Éléments que peut fournir un système comptable

- Informations concernant les ventes:
les produits vendus
le chiffre, en dollars,
  par gamme de marchandises
les ventes au comptant
les ventes à crédit
les rendus et rabais sur ventes
- Informations concernant
  les ventes à crédit:
le nom et l'adresse du client
le montant de l'achat
  et les spécifications
  ayant trait aux produits achetés
les sommes versées
les sommes dues

- Informations concernant les choses que vous achetez:
les marchandises commandées et leur fournisseur
les marchandises reçues
les marchandises retournées
les sommes dues et leur date d'exigibilité
les versements effectués
les frais d'exploitation
les taxes exigées
- Informations concernant la circulation de
  l'argent et des valeurs au sein de l'entreprise:
le stock
l'encaisse
les biens immobiliers
le passif
la valeur nette

Source: adapté de BUSKIRK, Richard H. et BUSKIRK, Bruce D. *La gestion des commerces de détail*, Montréal, McGraw-Hill, éditeurs, 1982, p. 401.

Dans bon nombre de cas, le vendeur est la personne à l'intérieur de la compagnie qui est la plus proche du marché, de la concurrence et du consommateur. Il est donc normal et important d'inclure dans ses responsabilités la tâche de recueillir de l'information. Le gestionnaire pourra alors mieux contrôler les activités de l'entreprise.

Toutefois, pour obtenir un travail de qualité de la part de chacun des vendeurs, il importe d'élaborer un processus uniforme de collecte des données. Il s'agit tout simplement de bien communiquer les besoins de la compagnie aux vendeurs afin d'éviter des recherches inutiles. De plus, tout moyen qui facilite le retour de l'information aux usagers améliorera la collecte et libérera plus rapidement le vendeur afin qu'il puisse se consacrer à sa tâche principale: établir des relations avec les clients. Il est à noter que, même si les vendeurs sont payés pour effectuer cette mission, il n'en demeure pas moins que plusieurs d'entre eux sont parfois réticents à participer activement à ce genre de travail. En effet, leur expérience peut leur avoir démontré que l'information recueillie sera peu ou pas utilisée. De plus, le simple fait qu'ils ne soient pas formés à cet effet peut rendre cette tâche trop exigeante par rapport à la rémunération qu'ils en retirent. Afin de remédier à ces deux inconvénients, il serait sage de faire part à la force de vente de l'utilisation qui sera faite des renseignements fournis et de lui donner les moyens d'acquérir la compétence nécessaire à ce genre d'activité.

b) Les données secondaires de sources externes On considère comme sources externes tout ce qui est publié et qui peut éventuellement répondre aux besoins des entreprises qui cherchent à résoudre des problèmes de marketing. Nul n'est besoin de dire qu'on peut facilement se perdre si on procède à l'aveuglette! En effet, comme il est possible de le constater à la figure 4.6, il existe une multitude de sources externes[8].

Les sources gouvernementales Les trois paliers de gouvernement (fédéral, provincial et municipal) recueillent constamment des données de nature économique et statistique d'une grande utilité pour le responsable du marketing.

Le gouvernement fédéral Statistique Canada est l'organisme officiel du gouvernement en ce qui a trait à la collecte des données. Cet organisme a l'avantage de pouvoir recueillir certaines données confidentielles auxquelles aucun autre organisme n'a accès. Mentionnons, à titre d'exemple, le chiffre d'affaires des compagnies privées.

Cet organisme, établi depuis 1905, a pour mission de recueillir et de diffuser des renseignements appartenant à neuf grandes catégories: 1. généralités; 2. industries primaires; 3. et 4. fabrication; 5. transports, communication et services d'utilité publique; 6. commerce, construction, finances et prix; 7. emploi, chômage et revenu de la main-d'œuvre; 8. éducation, culture, santé et bien-être; 9. recensement. Le responsable du marketing s'intéresse particulièrement à une publication telle que le *Recensement du Canada* (réalisé tous les cinq ans; le dernier recensement a été effectué en juin 1991). Des exemples d'utilisation des données du recensement en question sont illustrés à la figure 4.7.

Le *Manuel statistique pour études de marché*, qui regroupe des informations publiées dans divers documents de Statistique Canada (numéro de catalogue 63-224) relativement à la commercialisation, représente également un atout majeur. Ce dernier est publié annuellement depuis 1975.

■ **Figure 4.6** Classification des sources externes de données secondaires

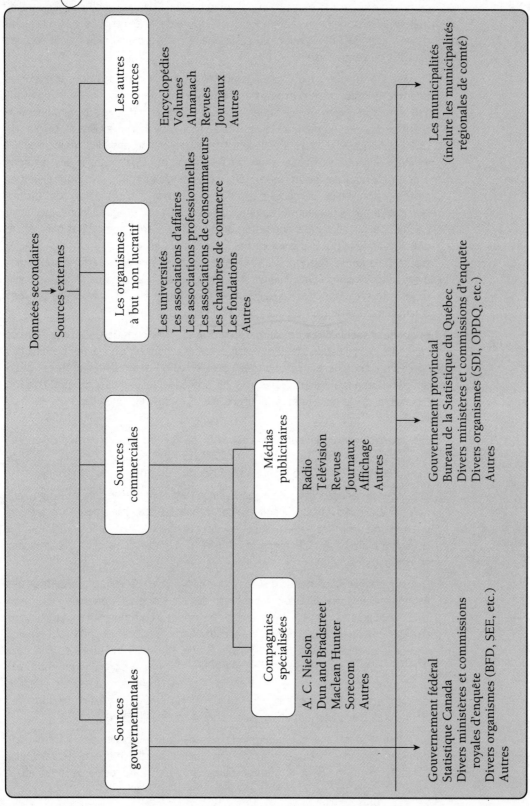

Afin de faciliter l'usage des données qu'il publie, Statistique Canada met à la disposition de la clientèle potentielle divers services dont l'assistance-utilisateurs. Il produit également des documents d'ordre général et spécialisés ainsi que plusieurs autres documents. Statistique Canada met également à la disposition des gens près de 20 banques de données informatisées, dont la banque CANSIM qui est fort populaire. La banque contient un large éventail de données qu'il est possible d'extraire. Il suffit d'interroger la banque à partir du centre Statistique Canada de Montréal ou d'un des distributeurs secondaires.

Les différents ministères sous l'autorité gouvernementale ainsi que les différentes commissions royales d'enquête qu'ils instituent représentent également des sources de données intéressantes pour le responsable du marketing. Le ministère des Affaires étrangères et du Commerce international ainsi que le ministère de l'Industrie du Canada sont étroitement liés au domaine des affaires.

Le gouvernement provincial   Le Bureau de la statistique du Québec (BSQ) est l'organisme à qui incombe la responsabilité de la collecte, de l'analyse et de la diffusion des données statistiques publiées au Québec. Le BSQ édite un certain nombre de publications officielles dont la revue *Statistiques*, revue trimestrielle, et *Le Québec Statistique*, un témoin de l'évolution du Québec. De plus, il offre l'accès à des banques de données produites par Statistique Canada. Le BSQ produit aussi des documents spécialisés susceptibles d'intéresser le responsable du marketing. À titre d'exemple, mentionnons les documents *Le Commerce international* et *Les comptes économiques des revenus et des dépenses du Québec*. Le BSQ, par l'intermédiaire de son centre d'information, publie également un répertoire sur la statistique gouvernementale avec un index des descripteurs et des sujets. Cette publication fut une première au Québec. Afin d'en faciliter l'accès aux utilisateurs, le BSQ met à leur disposition un centre d'information et de documentation qui joue le rôle d'agent de liaison. Comme au fédéral, il est possible d'obtenir des renseignements des différents ministères et commissions d'enquête provinciaux.

■ Figure 4.7   Diverses applications des données du recensement

- En Ontario, un quotidien a utilisé des données pour étudier la concentration des groupes ethniques dans divers quartiers, afin de mesurer le degré de pénétration du marché.
- Une station locale de télévision du Québec a, quant à elle, utilisé les données du recensement pour établir son programme publicitaire, en le basant sur les variables âge, sexe, langue, profession et revenu.
- Un manufacturier québécois avait besoin de données précises pour localiser son usine près d'un bassin de travailleurs.
- Un importateur ontarien a même réussi à déterminer la demande pour les outils, les ananas, les fleurs fraîches et les tuiles en céramique.

Comme vous le voyez, ce ne sont pas les applications qui manquent, ni le nombre d'utilisateurs, à telle enseigne qu'on peut se demander qui n'a pas intérêt à se servir de ces données.

Source: CAILLOUX, Michel. «Les données du recensement: devenez votre propre expert conseil», *dans Commerce*, mai 1981, p. 78-79.

Les municipalités Ce palier d'administration doit, aux fins de gestion, produire certaines données statistiques de nature économique et démographique. Même si elles se limitent aux frontières géographiques de la municipalité (ou de la municipalité régionale de comté), ces données fort intéressantes ont l'avantage d'être constamment tenues à jour.

Les sources commerciales Les compagnies spécialisées et les médias publicitaires représentent des sources de données commerciales très importantes.

Les compagnies spécialisées C'est l'activité principale ou secondaire de compagnies telles que A.C. Neilsen, Starch Report, Canadian Facts, Market-Facts of Canada, Sorecom Inc., Dun and Bradstreet, Léger et Léger que de produire certaines données générales et spécialisées pour le responsable du marketing. Il est impossible de nommer ici chacune de ces compagnies et les activités qui les caractérisent. À titre d'exemple, The Financial Post Company Limited édite *Canadian Markets*, un outil concis, rapide et efficace ayant trait aux statistiques les plus récentes et destinées à la planification de stratégies de la mise en marché de produits et de services au Canada.

Les médias publicitaires La plupart des revues, des journaux, des stations de télévision et de radio, ainsi que les compagnies d'affichage, publient des données sur la circulation de leur média et sur les marchés dans lesquels ils sont actifs.

Les organismes à but non lucratif Il existe de nombreux organismes à but non lucratif dont voici les principaux.

Les universités Par l'intermédiaire d'un centre de recherche ou à l'initiative de certains professeurs, les universités effectuent et publient des recherches sur le monde des affaires. Ces recherches sont habituellement accessibles au public en général. De plus, certaines universités produisent leur propre publication, par exemple, l'École des Hautes Études Commerciales de Montréal (HEC) qui fait paraître la revue *Gestion*.

Il ne faut pas oublier non plus les travaux de maîtrise et de doctorat des étudiants qui peuvent également servir lorsqu'ils sont disponibles pour consultation.

Les associations d'affaires (production et distribution) Entre autres, le Conseil québécois du commerce de détail, l'Association des manufacturiers canadiens, l'Union des producteurs agricoles, l'Association des détaillants du Québec effectuent des recherches ou publient des revues ou des dépliants qui contiennent des informations pouvant être d'une grande utilité. À ce titre, on peut mentionner la revue *Canadian Trade Index* de l'Association des manufacturiers canadiens.

Les associations professionnelles L'American Marketing Association publie les revues *Journal of Marketing*, *Journal of Marketing Research*, *Journal of Health Care Marketing* ainsi que le journal bimensuel *Marketing News*. L'Association Marketing de Montréal publie, quant à elle, le mensuel *Segment*, ouvrage dédié aux spécialistes du domaine du marketing.

Les associations de consommateurs L'Association des consommateurs du Canada (section Québec) Inc. publie la revue *Le Consommateur Canadien*, et l'Association pour la protection des automobilistes et l'Association des consommateurs du Québec éditent certains renseignements tirés d'enquêtes.

Les chambres de commerce   Les chambres de commerce sont reliées internatio-nalement et peuvent être d'une aide précieuse grâce aux études qu'elles entre-prennent.

Les fondations   Le Conference Board publie, sous forme d'édition annuelle irrégulière, son *Handbook of Canadian Consumer Markets*. On y trouve des données sur la population, l'emploi, les revenus, les dépenses, la production, la distribution et les prix. De plus, l'Institut C.D. Howe effectue certaines recherches spécialisées.

Les autres sources   Les encyclopédies, les volumes, les almanachs, les revues (*Financial Post: Survey of Markets* et *Sales Management: Survey of Buying Power*) et les journaux peuvent contenir, eux aussi, certaines statistiques intéressantes pour le responsable du marketing. En effet, auteurs et journalistes effectuent des recherches originales ou utilisent des données déjà recueillies afin d'illustrer les thèmes qu'ils développent. L'utilisation des index permet une consultation plus efficace de ces sources de données. En effet, ils dépouillent un certain nombre de revues ou de journaux. Les index les plus usuels sont le *Business Periodical Index*, le *Canadian Periodical Index*, *L'index de l'actualité* et *Point de repère*. Les annuaires du téléphone, spécialement les *Pages jaunes*, s'avèrent également d'une grande utilité.

c) Où se les procurer?   Il existe deux façons de prendre possession des documents dont le responsable du marketing a besoin. S'il désire posséder ces publica-tions de façon permanente, il peut les acheter chez tout bon libraire ou, encore, se les procurer en s'adressant directement aux organismes concernés. Par contre, s'il ne désire que les consulter, il peut le faire dans une bibliothèque publique.

d) Les avantages et les inconvénients des données secondaires   Un premier avantage inhérent aux données secondaires a trait à l'économie d'argent réalisée. Il est, en effet, beaucoup moins coûteux pour une entreprise d'acheter les documents statistiques dont elle a besoin que d'entreprendre elle-même la recherche de ces données.

Un second avantage concerne le gain de temps réalisé puisque ce type de données est facile à obtenir. Le troisième avantage à retenir est que les données secondaires contiennent des informations qu'il serait impossible d'obtenir autrement. Par exemple, il est difficile d'obtenir d'un compétiteur son niveau de ventes. Par contre, il est possible, dans certains cas, de déduire ce type d'information à partir de telles publications.

Les données secondaires présentent cependant certains désavantages. Par exemple, elles peuvent ne pas correspondre exactement aux besoins de la recherche. Dans ce cas, il faut, si c'est possible, les adapter pour que le tout soit satisfaisant.

Il peut arriver également que les données soient périmées. Certaines des données du recensement complet de 1991 ne seront connues que quelques années plus tard et, par le fait même, seront plus ou moins désuètes. Enfin, la crédibilité attachée à ce type de données peut être limitée. Il faut alors se demander si la personne ou l'organisme qui a recueilli et analysé ces informations avait les compé-tences requises. Voilà pour les avantages et les désavantages inhérents aux données secondaires.

Les données primaires

Lorsque les données secondaires ne suffisent pas pour résoudre le problème de marketing auquel l'entreprise fait face, elle doit alors s'organiser pour obtenir ce qu'on appelle des données primaires.

Quelles sont les attitudes des gens face à notre produit? Que retiennent-ils de notre publicité? Est-ce qu'ils accepteraient une augmentation de prix? Quel canal de distribution les consommateurs préfèrent-ils? Voilà quelques questions auxquelles le responsable du marketing ne peut répondre s'il n'utilise que les données secondaires.

Les réponses à ces questions existent cependant quelque part. Toutefois, elles ne sont pas disponibles immédiatement. Elles sont à l'état brut dans le marché, et il faut entreprendre certaines démarches pour les recueillir. On peut donc définir les données primaires comme des données recueillies expressément pour répondre à une situation de recherche particulière. Il existe trois façons de les recueillir: l'observation, l'expérimentation et l'enquête par sondage.

a) L'observation   On peut définir l'observation comme la constatation de certains états de l'environnement et de manifestations particulières des gens. «Nous jetons un regard par la fenêtre, le matin, pour savoir s'il fait soleil ou s'il pleut et nous décidons en conséquence de prendre ou de ne pas prendre un parapluie[9].» Lorsque nous offrons un cadeau à un être cher, nous observons sa réaction.

Appliquée au marketing, cette méthode permet de recueillir certaines données descriptives intéressantes. C'est par l'intermédiaire d'observateurs humains et mécaniques que s'effectue cette collecte de données. L'observateur humain est une personne qui a reçu les instructions nécessaires pour effectuer ce genre d'activité. Voici quelques exemples de ce qu'il peut accomplir.

L'observateur humain face aux états de l'environnement

- Une personne dresse l'inventaire d'un magasin[10].
- Dans le stationnement d'une ville frontalière, Hull par exemple, une personne fait le décompte des autos dont les plaques d'immatriculation proviennent du Québec et de l'Ontario afin de déterminer quel pourcentage de son budget de publicité elle doit accorder à chacune de ces régions[11].
- L'administrateur d'un terrain de camping effectue un relevé géographique des gens qui l'ont visité lors de la période estivale à partir de cartes d'enregistrement.
- Afin de classer les zones de magasinage les plus populaires dans les centres-villes, le préposé fait une analyse du relevé de parcomètres.

L'observateur humain face aux manifestations des gens

- Un chef des ventes accompagne une nouvelle recrue pour voir comment elle se débrouille et pour lui faire des recommandations[12].
- Un vendeur observe le comportement des gens face à un étalage de verres fumés.

En ce qui a trait à l'observation effectuée par des moyens mécaniques, le responsable du marketing peut utiliser différents instruments. Les plus utilisés sont la caméra, le magnétophone, le pupillomètre, le galvanomètre, le tachistoscope, l'audimètre, le tourniquet et le compteur de circulation. Leurs usages sont différents. Voici quelques exemples d'observations d'états de l'environnement et de manifestations des gens.

- Bon nombre de magasins ont un système de caméra. Ce système sert normalement à détecter les vols à l'étalage, mais peut également être fort utile pour déterminer les allées les plus fréquentées.

- Le chef des ventes d'un concessionnaire d'automobiles peut placer, à l'improviste, un magnétophone dans le bureau d'un de ses vendeurs afin d'évaluer la qualité des réponses qu'il donne face aux différentes interventions d'un acheteur[13].

- Afin de mesurer l'intérêt d'une personne face à un message publicitaire, le responsable du marketing peut se servir du pupillomètre ou du galvanomètre. Le pupillomètre mesure les changements dans la dilatation de la pupille, tandis que le galvanomètre mesure les changements involontaires de l'électroconductivité de la peau. Un changement à la hausse, dans un cas comme dans l'autre, indique une augmentation de l'intérêt du consommateur.

- Le tachistoscope est un appareil permettant de projeter des images à des vitesses et dans des conditions d'éclairage choisies[14]. Cet instrument peut être utile pour effectuer un choix entre deux types de publicités conçues pour un même produit. Celui qui, dans les mêmes conditions de présentation, permettra un plus haut taux de mémorisation sera choisi pour la campagne publicitaire.

- Afin de déterminer les heures d'écoute ainsi que les stations de radio ou de télévision captées, la compagnie A.C. Nielsen se sert d'un appareil mécanique appelé «audimètre». On branche ce dernier à l'appareil choisi, et la compagnie recueille les données de façon régulière.

- Les tourniquets à l'entrée de différents magasins sont utiles pour évaluer le nombre de personnes qui fréquentent l'établissement en fonction de périodes données. Il en est de même du compteur de circulation qui indique le nombre de véhicules qui franchissent un poste de comptage. Ce dernier appareil s'avère fort utile lors d'une étude de localisation d'un commerce de détail.

Voilà autant d'exemples qui illustrent de quelle façon le responsable du marketing peut se servir de moyens mécaniques afin d'obtenir des données.

L'observation est une méthode qui possède ses avantages et ses inconvénients. Compte tenu du fait que les moyens d'observation sont toujours dissimulés, les données recueillies portent sur le comportement naturel de la personne et non sur le comportement qu'elle aurait pu vouloir transmettre afin de mieux paraître si elle avait été interviewée. De plus, une telle méthode permet de réduire les biais attribuables à l'interviewer puisque ce dernier est pratiquement absent du processus. Enfin, les données recueillies sont assez précises.

Certains inconvénients se rattachent à cette méthode. Lorsque c'est une personne qui fait l'observation, elle peut y glisser des biais. Par exemple, la fatigue peut l'amener à interpréter deux comportements identiques comme différents, ou vice versa. Cette méthode est limitée, en ce sens qu'elle ne fait pas connaître les motifs, les attitudes ou les opinions des gens. En fait, elle permet de répondre à la question «Quoi?», sans toutefois répondre à la question «Pourquoi?». De plus, si la personne se sent observée, elle peut modifier ses comportements et ainsi introduire un biais. Enfin, c'est une méthode dispendieuse.

Lorsqu'il faut compléter l'observation par de l'information de nature démographique, une courte interview peut être effectuée auprès des personnes observées.

Comme il est possible de le constater, l'information recueillie par cette méthode répond à un besoin particulier. Si elle ne peut satisfaire aux exigences, il faudra songer à utiliser une autre méthode.

b) L'expérimentation   Lorsqu'un médecin découvre un nouveau vaccin contre une maladie quelconque et qu'il veut en déterminer l'efficacité, il l'injecte à un certain nombre de sujets présélectionnés et il analyse les résultats. Cette expérience lui permet de vérifier une relation de cause (vaccin) à effet (guérison).

En marketing, il existe des situations où ce type de méthode peut convenir. Il peut être utile pour déterminer:

- la meilleure méthode de formation des représentants;
- le meilleur plan de rémunération des représentants;
- la présentation la plus appropriée pour un produit à l'étalage d'un magasin;
- l'efficacité d'un étalage situé à un point de vente;
- le type d'emballage à utiliser;
- le texte publicitaire le plus efficace;
- la version d'un produit qui aura la préférence du public[15].

Dans chacun de ces cas, le responsable du marketing vérifie une relation de cause à effet. La plupart du temps, il s'agit de la vérification de l'impact d'une variable stratégique du marketing sur les ventes. On peut donc concevoir l'expérimentation de la façon suivante. Un sujet, évoluant dans un environnement contrôlé ou non, reçoit certains stimuli choisis par le chercheur afin de provoquer des résultats, lesquels sont ensuite analysés afin de vérifier la relation susceptible d'exister entre le résultat observé et l'agent causal.

Voici un exemple d'une expérience qui illustre le processus présenté à la figure 4.8. Une compagnie japonaise avait autorisé les industries Gabriel à commercialiser le jeu Othello. Toutefois, cette compagnie n'était pas certaine du type de promotion à utiliser pour lancer ce produit. Les industries Gabriel ont donc testé deux stratégies. Dans une première localité, Gabriel a présenté Othello comme un jeu de stratégie. Dans une autre localité, Othello a été lancé sur le marché comme un jeu similaire aux échecs et au backgammon. Les ventes ont été faibles dans la

■ Figure 4.8   Un exemple d'un modèle d'expérimentation

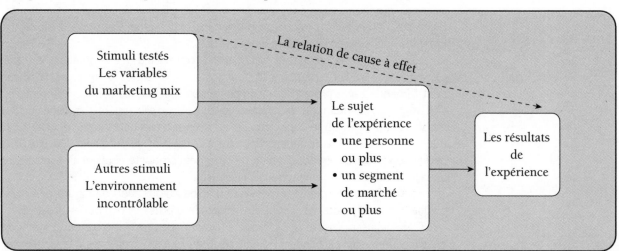

Source: adapté de KOTLER, Philip. *Marketing management: analyse, planification, contrôle*, 2ᵉ édition, Paris Publi-Union, 1973, p. 376.

première localité, mais élevées dans la seconde. À partir de cette expérimentation, les industries Gabriel ont découvert la façon appropriée de promouvoir leur nouveau produit[16]. Dans ce cas, le stimulus testé fut le type de publicité et le résultat, le niveau des ventes. Cette expérience s'est déroulée dans deux segments de marché à l'intérieur d'un environnement incontrôlable.

L'expérimentation est la seule méthode qui permette de vérifier des relations de cause à effet en marketing. Toutefois, il faut savoir utiliser cette méthode avec discernement, car une expérience peut entraîner des réactions de la part de la concurrence ayant pour effet de biaiser les résultats. C'est justement arrivé à un fabricant de pâte dentifrice qui désirait tester le prix de son produit. Il a présenté son produit à différents prix dans diverses localités pour connaître le prix le plus approprié au marché visé. Un de ses concurrents a vite découvert le pot aux roses et en a profité pour brouiller le test en achetant tous les tubes de pâte dentifrice en vente dans les magasins. De cette façon, les résultats ne furent pas valables pour la compagnie qui avait tenté l'expérience.

L'expérimentation est aussi utile pour vérifier une stratégie de marketing globale. On vérifie les quatre variables du mix marketing par le biais de ce qu'on appelle un «test de marché». Il s'agit de choisir une région représentative du marché provincial ou canadien. Calgary, Sherbrooke et Chicoutimi servent souvent à cette fin[17]. Si le lancement du produit est réussi lors du test de marché, la compagnie peut alors envisager de le commercialiser à l'échelle nationale.

L'expérimentation est cependant une méthode coûteuse. De plus, elle communique les intentions de la compagnie à la concurrence. Il faut donc l'utiliser avec précaution.

c) L'enquête par sondage   Cette méthode consiste à recueillir l'information nécessaire à la prise de décision auprès d'un groupe de personnes représentatif de la population. L'information recueillie porte habituellement sur les attitudes, les opinions, les motivations, les comportements passés, présents ou futurs (intentions d'achats), les préférences des consommateurs, ainsi que sur leurs caractéristiques sociodémographiques. Puisqu'il serait trop coûteux et fastidieux de mener l'étude auprès de la population totale, un échantillon est prélevé et fait l'objet du sondage en question. Le sondage constitue un outil puissant de marketing[18]. Sa popularité s'est accrue de façon considérable auprès des administrateurs, qui l'utilisent de plus en plus.

Toutefois, mener une enquête par sondage n'est pas d'une grande facilité. Il faut être très méthodique si on veut éviter des pertes d'argent et de temps inutiles. La figure 4.9 présente les différentes étapes à franchir pour mener à bien une telle enquête.

Déterminer l'objectif de l'enquête   Les objectifs de l'enquête doivent correspondre aux besoins qui ont provoqué la tenue d'une telle enquête. Bon nombre de compagnies se préoccupent continuellement:

- de tester la clientèle cible avant la mise en marché d'un nouveau produit;
- de savoir si les clients accepteront ou refuseront leurs produits et de connaître leurs attentes et leurs désirs;
- de la perception qu'ont les consommateurs des services qu'elles offrent ou de l'image qu'elles projettent[19].

Une fois l'objet de l'enquête défini, le responsable du marketing doit procéder à l'élaboration du contenu du questionnaire, à l'échantillonnage et au choix du support

■ **Figure 4.9** Étapes à franchir dans le cadre d'une enquête par sondage.

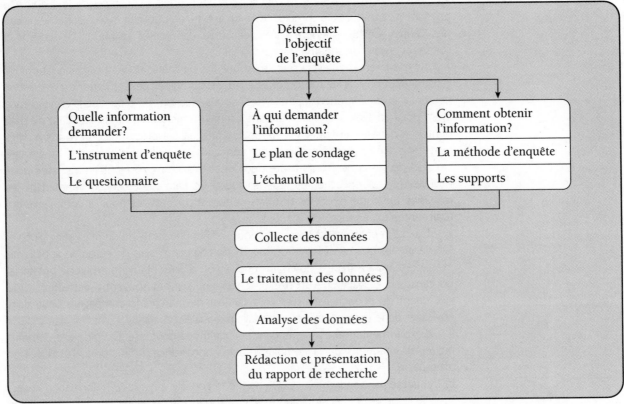

Source: adapté de DARMON, R.Y., LAROCHE, M. et PÉTROF, J.V. *Le marketing, fondements et applications*, 5ᵉ édition, Montréal, Chenelière/McGraw-Hill, 1996, p. 166.

approprié. Lorsqu'il effectuera ce travail, il devra considérer les interrelations qui existent entre ces trois éléments. Par exemple, si l'échantillon est constitué en partie d'anglophones et en partie de francophones, le questionnaire devra obligatoirement être conçu et présenté dans les deux langues officielles.

L'instrument d'enquête: le questionnaire Il n'existe pas de recette miracle pour rédiger un bon questionnaire. Ce n'est qu'une question de bon sens, de travail et d'expérience. «En soi, rédiger un questionnaire est un art et non une science[20].» Avant qu'un questionnaire ne soit rendu public, il y a trois étapes à franchir:

- l'élaboration d'un questionnaire pilote;
- le test préliminaire de ce questionnaire;
- la mise au point du questionnaire final.

La première étape de l'élaboration d'un questionnaire pilote exige que le spécialiste prenne certaines décisions relatives aux types, à la forme, au nombre et à l'ordre de présentation des questions.

Trois catégories de questions peuvent être présentes dans un questionnaire. Des questions d'amorce sont d'abord posées afin de susciter l'intérêt du répondant. Viennent ensuite les questions de fond, c'est-à-dire les questions qui touchent directement l'objet de l'enquête. La technique du groupe de discussion, qui consiste à réunir des personnes compétentes relativement aux sujets de la recherche, est de plus en plus utilisée afin d'élaborer cette partie du questionnaire. Ce groupe de personnes (8 à 12 généralement) est composé de spécialistes, d'administrateurs et de consommateurs. Réunis autour d'une table, ils mettent en commun, avec l'aide d'un animateur, leurs impressions personnelles. À partir de cette documentation, l'animateur produit un rapport indiquant le champ d'action du questionnaire.

De plus, il faut surveiller le niveau de langue utilisé pour la formulation des questions. Il est généralement reconnu qu'il doit être adapté aux personnes qu'on veut interroger et non pas à celles qui formulent les questions, comme c'est souvent le cas.

Enfin, placées à la fin, les questions d'identification servent à recueillir certaines informations de nature sociodémographique.

Pour chacune de ces catégories, deux types de questions peuvent constituer le questionnaire: ce sont les questions de type ouvert et celles de type fermé. Une question ouverte permet au répondant d'utiliser son propre langage: «Que pensez-vous de la couleur de l'emballage?» Une question de type fermé donne des choix de réponse sous la question: «À quelle pharmacie faites-vous le plus souvent vos achats? Pharmacie A, Pharmacie B, Pharmacie C.» En ce qui concerne un tel choix de réponses, le spécialiste peut utiliser différentes formes. Une réponse à caractère dichotomique utilise une alternative: «Fumez-vous la cigarette tous les jours? oui ou non.» Une réponse est à choix multiples lorsque le répondant peut sélectionner sa réponse parmi plus de deux options. La question relative au choix de la pharmacie en est un exemple. Une question permet une réponse à échelle graduée lorsque le répondant peut situer sa préférence sur un continuum. Le goût du café XYZ est:

	1	2	3	4	5	6	7	
riche	☐	☐	☐	☐	☐	☐	☐	pauvre
corsé	☐	☐	☐	☐	☐	☐	☐	doux

Cet exemple utilise une échelle sémantique différentielle (également appelée «bipolaire»). Une telle échelle est largement utilisée pour mesurer les attitudes. La forme de question retenue dépend donc de l'information recherchée et du plan d'analyse conçu pour son obtention.

Il n'existe aucune recette pour déterminer le nombre de questions à utiliser. Tout ce qu'on peut dire, c'est qu'on ne doit pas inclure de questions inutiles qui découragent les répondants. De plus, le nombre de questions doit tenir compte de la méthode employée. Si le support est le téléphone, le questionnaire devra être relativement court (*voir encadré 4.3*). Si ce dernier est expédié par la poste ou, encore, présenté à domicile ou à l'extérieur du domicile par un interviewer, le questionnaire pourra être plus long sans devenir ennuyeux. Le spécialiste doit user du principe de la parcimonie: obtenir l'information désirée à l'aide du minimum de questions afin de diminuer le taux d'abandon et de non-réponse.

En ce qui a trait à l'ordre séquentiel de questions à respecter, les questions de type «amorce» devraient être placées au début, suivies des questions de fond et des questions d'identification. De cette façon, si le répondant démissionne en cours de route, il aura tout de même donné une information jugée essentielle. Le questionnaire est maintenant prêt pour la seconde étape.

■ Encadré 4.3   Exemple d'un questionnaire par téléphone

SECTION HABITUDES DE LECTURE

1. Depuis combien de temps êtes-vous un abonné de Continuité?
☐ Moins d'un an
☐ Entre 1 et 2 ans
☐ Entre 3 et 5 ans
☐ Plus de 5 ans

2. Comment avez-vous appris l'existence de Continuité?
☐ Par un organisme relié au patrimoine
☐ Amis/parents
☐ Au travail
☐ Milieu académique
☐ Par une campagne de promotion
☐ Dans les kiosques à journaux
☐ Salon du livre
☐ Autre(s) : _____

3. Combien de temps au total allouez-vous à la lecture d'une parution de Continuité?
☐ Moins de 30 minutes
☐ De 30 minutes à 1 heure
☐ De 1 à 2 heures
☐ De 2 à 3 heures
☐ Plus de 3 heures

4. Depuis que vous êtes abonné, le temps que vous consacrez à la lecture de Continuité a-t-il?
☐ Augmenté
☐ Diminué
☐ Resté stable

5. En ne vous incluant pas, combien de personnes lisent ou regardent votre magazine Continuité?
Nombre de personnes : _____

6. Que faites-vous de votre copie du magazine Continuité après en avoir fait la lecture?
☐ Vous le conserver
☐ Vous le jeter
☐ Vous le donner à quelqu'un d'autre
☐ Vous découper et conserver les articles qui vous intéressent
☐ Autre(s) : _____

Source: reproduit avec l'autorisation de Lutil Marketing inc. Questionnaire développé dans le cadre d'une étude de la revue *Continuité.*

Le test préliminaire décèle les faiblesses du questionnaire initial. On effectue cette étape en soumettant le questionnaire, autant que possible, à des personnes choisies au hasard. Même si cette étape n'est pas d'envergure, elle est tout de même importante. Elle permet de trouver certaines erreurs qui pourraient être fort coûteuses.

La dernière étape, soit la mise au point du questionnaire final, nécessite deux interventions.

Premièrement, à partir des résultats du test préliminaire, il peut s'avérer nécessaire de modifier le questionnaire. Il peut s'agir d'un remaniement partiel ou majeur.

Dans le cas d'un remaniement majeur, il ne faut pas hésiter à le faire même si la tâche est imposante. Enfin, une fois le questionnaire rempli, il pourra être utile de le précodifier. La précodification tient compte de la façon que seront traitées les données, à savoir un traitement manuel ou un traitement par ordinateur.

Le plan de sondage: l'échantillon   Le sondage idéal serait d'interroger tous et chacun! Toutefois, comme nous l'avons vu, cela représente une tâche trop exigeante. On choisit donc une partie de la population pour répondre au nom de l'ensemble: c'est l'échantillon. Le choix des personnes à interroger peut se faire de façon probabiliste (aléatoire) ou non probabiliste (non aléatoire). Ce choix s'effectue de façon probabiliste si chaque membre de la population a une chance connue d'être sélectionné. En conséquence, le choix des personnes n'est pas laissé à la discrétion du spécialiste ou de l'interviewer mais relève du hasard. De cette façon, le spécialiste peut déterminer, à partir d'analyses statistiques, le risque d'erreur encouru par l'utilisation de cet échantillon.

De façon pratique, il faut d'abord déterminer un cadre d'échantillonnage, c'est-à-dire une liste de personnes qui possèdent les caractéristiques recherchées. Par exemple, l'annuaire du téléphone de la ville de Drummondville peut être un outil important dans le cadre d'une recherche effectuée dans cette localité. Par la suite, on calcule le nombre de personnes à sélectionner[21]. Pour un cadre d'échantillonnage constitué de 44 800 personnes, l'annuaire du téléphone, par exemple, dans lequel il faut choisir un échantillon de 504 personnes[22], le chercheur retiendra une inscription toutes les 89, et c'est cette personne qui sera interrogée.

Si le cadre d'échantillonnage aléatoire est la liste électorale du Québec, par exemple, il est fort probable que l'entreprise ait à interroger des personnes localisées aux quatre coins de la province. Dans un cas semblable, la méthode du courrier serait la moins coûteuse. Si l'entreprise veut effectuer les interviews par téléphone, elle devrait utiliser les services Avantage et Téléplus de Bell Canada, ce qui serait beaucoup moins cher que de faire des interviews à domicile[23]. Toutefois, comme nous le verrons plus loin, le choix de la méthode d'enquête ne doit pas dépendre uniquement du coût.

On prend un échantillonnage non probabiliste lorsque le choix des personnes à rencontrer se base sur le jugement du spécialiste ou de l'interviewer. Dans ce cas, la probabilité qu'un sujet quelconque soit sélectionné n'est pas connue, et les résultats ne peuvent être généralisés à la population entière. Ce type d'échantillonnage s'utilise lorsque les circonstances le permettent.

Il existe une multitude de façons de procéder à ce genre d'échantillonnage. Ainsi, à partir d'un certain cadre d'échantillonnage, le spécialiste peut sélectionner des personnes sans se soucier du hasard. Si la réduction du coût est un facteur important, l'interviewer pourra sélectionner les gens d'une même région ou d'un même quartier.

Les méthodes d'enquête: le support   Comme nous l'avons déjà mentionné, il existe trois types de support à la diffusion d'une enquête (*voir figure 4.10*). Le questionnaire peut être expédié par courrier[24], rempli au téléphone ou par des enquêteurs lors d'interviews à domicile ou à l'extérieur de ce dernier. Chaque support a ses avantages et ses inconvénients. Le courrier a l'avantage de permettre la poursuite d'une enquête (de grande envergure) au niveau national ou régional, et ce à moindres frais. Il en coûte le même prix pour expédier une lettre partout au Canada. Toutefois, le taux de retour des questionnaires, très inférieur au nombre de lettres expédiées, accroît le coût de l'information

■ Figure 4.10 Avantages et inconvénients des supports utilisés lors d'enquêtes

Méthode par entrevue personnelle	La plus avantageuse en ce qui a trait à la souplesse, à la quantité d'information, à la qualité de l'information, au taux de réponse et d'exactitude.
	Elle a l'inconvénient majeur de devenir rapidement coûteuse.
Méthode par téléphone	Très avantageuse en ce qui concerne le coût. Moyennement avantageuse pour ce qui est de la souplesse et du taux de réponse.
	Faible en ce qui a trait à la qualité de l'information et à l'exactitude.
Méthode par la poste	Moyennement avantageuse en ce qui concerne la quantité et la qualité de l'informaiton, l'exactitude, la rapidité et les coûts.
	Faible en ce qui a trait à la quantité d'information et aux taux de réponse.

réellement obtenue. Par contre, ce taux augmente lorsqu'on insère une récompense dans l'enveloppe ou qu'on offre une gratification pour un questionnaire retourné. Un des auteurs de cet ouvrage a participé à une enquête par courrier qui mentionnait que la somme de 0,10 $ par questionnaire rempli et retourné serait remise à un organisme de charité. Le taux de retour fut de 50 %, ce qui est très bon. Enfin, il ne faut pas oublier de joindre une enveloppe-réponse affranchie, et il est sage d'inclure une lettre d'introduction au questionnaire.

Une enquête effectuée par téléphone peut entraîner des frais élevés. De plus, l'information donnée par le répondant peut ne pas correspondre à la question posée par l'enquêteur. Enfin, il y a risque de biais si la personne interrogée répond à des questions de type ouvert, car l'enquêteur peut commettre certaines erreurs en notant les réponses.

Une enquête effectuée par interview à domicile ou à l'extérieur de ce dernier permet d'aller plus en profondeur, puisqu'il est alors possible de poser un plus grand nombre de questions de type ouvert. Toutefois, cette méthode exige des enquêteurs expérimentés que l'entreprise devra rémunérer en conséquence. Si l'entreprise engage des enquêteurs inexpérimentés, elle devra leur offrir un programme de formation. Compte tenu de ces exigences, les entreprises privilégient habituellement les enquêtes par courrier et par téléphone.

La collecte des données À cette étape, les questionnaires sont remplis en fonction du support utilisé. Si l'enquête se fait à domicile, il faut, autant que possible, que ce soit la personne sélectionnée qui soit interviewée. Dans le cas d'une absence prolongée, le voisin peut la remplacer. Il en est de même pour une enquête par téléphone où, dans ce cas, on peut appeler au numéro suivant. En ce qui concerne le courrier, une lettre d'accompagnement (*voir encadré 4.4*) sera insérée avec le questionnaire. De plus, on verra à effectuer un rappel peu de temps après l'envoi des questionnaires. Ce rappel est utile pour inciter le non-répondant à remplir sa tâche et pour remercier de nouveau la personne qui a pris soin de répondre promptement.

Durant la collecte des données, il est indispensable que le responsable de l'enquête voie à ce que tout se déroule normalement. Il doit reconnaître et corriger les enquêteurs qui ne font pas bien leur travail. Chacun d'entre eux doit bien comprendre les instructions s'il ne veut pas gâcher tout le travail précédent ou engager des dépenses inutilement.

Le traitement des données   L'étape du traitement des données réduit le nombre de questionnaires à un ensemble de données susceptibles d'être analysées. Il y a trois étapes à franchir. Premièrement, il faut coder les réponses et les retranscrire sous cette nouvelle forme sur des feuilles préparées à cet effet. Par exemple, «oui» peut être traduit par «1» et «non», par «0».

Une fois le codage effectué, si l'analyse se fait par ordinateur comme c'est le cas la plupart du temps, les réponses codées sont saisies sur disquette ou sur le disque rigide de l'ordinateur. Le spécialiste procède ensuite à la compilation des données.

■ Encadré 4.4   Exemple d'une lettre accompagnant un questionnaire

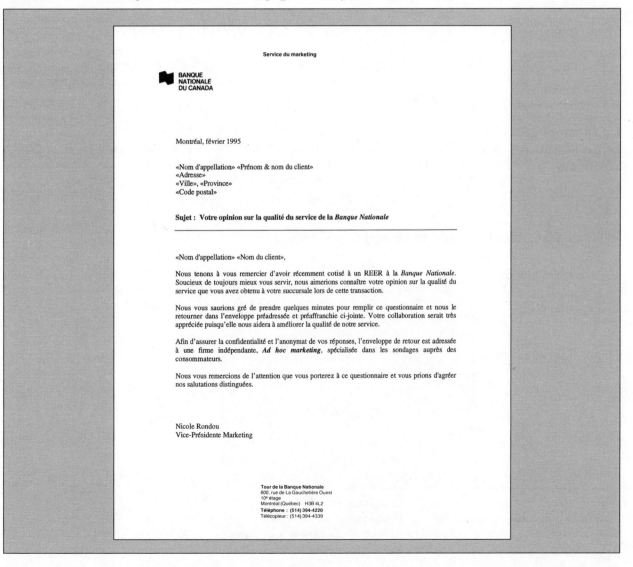

L'analyse des données L'analyse proprement dite constitue l'aboutissement de tous les efforts déployés aux étapes précédentes. Même si l'analyse est la dernière étape du processus, ce n'est pas la moindre. Il est vrai que l'ordinateur constitue une aide précieuse pour le spécialiste. Toutefois, il n'arrive pas de lui-même à détecter les «pistes» de recherche. L'ordinateur n'est pas encore intelligent! Une grande partie du travail du spécialiste consiste donc à déterminer la façon dont on devra étudier les données afin d'obtenir les solutions capables de résoudre les problèmes que vit l'entreprise. C'est là le rôle de la statistique. On établira, entre autres, des pourcentages, des moyennes, des fréquences.

Avec les programmes actuels d'informatique de plus en plus sophistiqués, tels SPSS-X et SAS, il est possible de détecter une multitude de phénomènes à partir d'une masse de données[25]. Par exemple, au moyen de tabulations croisées, on s'aperçoit que 75 % des filles achètent leurs produits de toilette en pharmacie et 25 % au supermarché.

Toujours dans la même veine, le spécialiste peut, à partir de modèles statistiques plus récents, utiliser les données sous forme de tableaux qui reflètent la perception de l'échantillon. Dans la figure 4.11, les gens perçoivent les différentes marques de surligneurs selon la façon dont ils sont positionnés sur les axes représentant les différents attributs utilisés.

Les techniques d'analyse statistique constituent de plus en plus des moyens raffinés et valables d'interprétation des résultats. Il faut donc apprendre à s'en servir intelligemment!

Le rapport global et la présentation des résultats

Une fois les rapports d'étape terminés, il faut maintenant les combiner afin de rédiger le rapport global. Ce dernier ne doit contenir que le nécessaire. Il ne sert à rien de pondre un nombre de pages élevé dans le seul but d'impressionner. Cela serait même nuisible et pourrait porter à confusion.

■ **Figure 4.11**   Positionnement perceptuel de surligneurs (marqueurs)

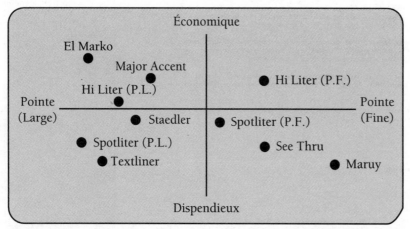

Source: adapté de TURGEON, Normand et MILLER, Mark M. «The Effectiveness of Associative Comparative Advertising for Positioning Products: Levelers vs. Sharpeness», *dans Proceedings of the Ninth Annual Communications Research Symposium*, The University of Tennessee, Knoxville, 1986.

Tout bon rapport doit savoir joindre l'image à l'écrit. Les tableaux qui résument les données sont particulièrement appréciés des lecteurs. De plus, les termes du rapport doivent être clairs, car ce n'est pas toujours un spécialiste en marketing ou un administrateur qui lira ce rapport. Lors de la présentation orale des résultats, si le besoin s'en fait sentir, l'utilisation de l'audiovisuel rendra les présentations dynamiques et permettra de maintenir l'intérêt de l'auditoire.

RÉSUMÉ

L'administrateur de marketing a recours à plusieurs sources de données afin de satisfaire son besoin en information. C'est le système d'information marketing (SIM) qui est appelé à jouer ce rôle. Ce dernier est conçu pour engendrer et traiter un flux systématique d'informations recueillies tant à l'intérieur qu'à l'extérieur de l'entreprise et qui serviront de base à la prise de décision. Cette information concerne aussi bien l'état des variables qui constituent l'environnement de la firme que les modifications plus subtiles qui surviennent du côté du consommateur. Le système de recherche marketing, qui est partie intégrante du SIM, a pour tâche de recueillir, de consigner et d'analyser l'information relative à un problème de marketing.

La recherche en marketing est un processus systématique comprenant de multiples étapes. De façon générale, le chercheur doit d'abord procéder à une analyse minutieuse de la situation et à une définition la plus précise possible du problème auquel fait face l'entreprise. Dans certains cas, une recherche informelle sera suffisante pour recueillir l'information nécessaire à la découverte de la solution. Dans le cas contraire, on devra entreprendre une recherche formelle.

Dans le cadre de la recherche formelle, on suit une procédure de collecte de données systématique. Les données peuvent être de type secondaire ou de type primaire, ou les deux. De plus, les données secondaires peuvent provenir de l'intérieur de la firme, de l'extérieur de celle-ci ou même des deux. Quant aux données primaires, elles peuvent provenir de l'observation, de l'expérimentation proprement dite ou encore d'une enquête par sondage.

À la suite de la collecte des données, on procède à la rédaction et à la présentation d'un rapport de recherche destiné aux personnes concernées de l'entreprise.

QUESTIONS

1. Quel est le rôle du système d'information marketing?

2. Indiquez, à l'aide de l'encadré 4.2, les impacts des technologies sur la recherche en marketing.

3. Un propriétaire d'une PME ayant besoin d'une recherche en marketing vous rencontre afin de discuter des différentes étapes de ce type de recherche. Quelle sera votre explication?

4. Distinguez données secondaires et données primaires.

5. Si vous aviez à utiliser des données secondaires, à quelles sources pourriez-vous vous référer?

6. Quel genre d'information peut-on recueillir par la méthode de l'observation?

7. En quoi la lettre présentée à l'encadré 4.4 est-elle efficace pour amener le consommateur à répondre au questionnaire qu'il vient de recevoir?

8. Quelles sont les étapes à franchir lors d'une enquête par sondage?

9. Donnez un exemple (autre que celui du manuel):

   a) de question de type ouvert;
   b) de question de type fermé;
   c) de réponse dichotomique;
   d) de réponse à choix multiples.

10. Quels sont les supports qu'on peut utiliser avec la méthode de l'enquête par sondage?

4.1 *LA GRANDE OREILLE*

La Grande Oreille est un organisme sans but lucratif de relation d'aide qui s'adresse aux personnes vivant des difficultés de couple: conflits, séparation, divorce, etc. Depuis cinq ans, on constate une croissance de la demande pour l'organisme. La coordonnatrice, Mme Pelletier, a une formation universitaire en travail social et elle a contribué à la mise sur pied de La Grande Oreille avec quelques intervenants du milieu.

Chaque personne qui fait appel à l'organisme est reçue en entrevue d'accueil-évaluation par Mme Pelletier, qui lui soumet un questionnaire exhaustif afin de mieux la comprendre. Ce questionnaire vise à dépister des sources possibles de conflits (alcoolisme, violence, dépendance amoureuse, idées suicidaires ou homicidaires, relations familiales, antécédents judiciaires et psychiatriques, etc.).

Sur le plan de la communication marketing, La Grande Oreille a intensifié ses efforts auprès des personnes référentes, c'est-à-dire les professionnels de la santé et des services sociaux travaillant en clinique, en CLSC, ainsi que dans d'autres organismes communautaires. Elle maintient régulièrement un contact avec ces personnes depuis 1990-1991.

Mme Pelletier croit que l'organisme est en «crise de croissance». La clientèle croît régulièrement alors que les ressources humaines et financières stagnent. Mme Pelletier doit prendre d'importantes décisions au plus tôt; c'est pourquoi elle a profité des données disponibles sur la clientèle (obtenues par le questionnaire d'accueil-évaluation) pour en dresser un portrait fidèle. Instinctivement, les intervenants et le conseil d'administration percevaient que la majorité de la clientèle masculine consultait des spécialistes pour la première fois. En fait, pensait-on, les femmes sont généralement portées à consulter beaucoup plus facilement et rapidement alors que les hommes ne consultent que très rarement.

À la suite des résultats recueillis lors de la compilation des données, Mme Pelletier doit faire une présentation de la recherche au conseil d'administration. Elle vous demande donc de lui préparer des tableaux illustrant les données suivantes au sujet des antécédents de la clientèle (avant de consulter l'organisme):

- courbe de la fréquentation totale Hommes/Femmes par année à l'organisme;
- tableau comparatif des hommes et des femmes ayant déjà consulté par le passé, par année (%);
- répartition du type de consultation des hommes, toutes années confondues (%);
- répartition du type de consultation des femmes, toutes années confondues (%);
- comparaison entre hommes et femmes sur le type de consultation, toutes années confondues (%).

Afin de bien illustrer les résultats, vous pouvez utiliser n'importe quel logiciel avec un chiffrier offrant la possibilité de concevoir des graphiques (Excel, Lotus 1-2-3, etc.).

4.2 *LA MACHINE-À-SONS*

Roger est propriétaire d'un magasin d'appareils électroniques depuis plus de cinq ans. «La Machine-À-Sons» est établie sur l'artère commerciale de sa ville, où il jouit d'une bonne visibilité puisque c'est un lieu en général très passant. Il offre une bonne sélection de produits de marques connues et il est toujours à l'affût des dernières nouveautés. Quatre employés, dont deux étudiants travaillant à temps partiel, complètent son équipe de vente.

Le commerce a toujours assez bien fonctionné, mais Roger a constaté une baisse importante et constante de ses ventes depuis quelques mois. Pourtant, l'achalandage de la boutique n'a pas diminué. Il est vrai qu'un nouveau centre commercial s'est établi dans la région et que les gens semblent délaisser leur rue commerciale au profit du nouvel arrivé. Un magasin de grande surface y a ouvert ses portes et il vend des appareils audio-vidéo bas de gamme à des prix imbattables, tout en proposant des plans de financement alléchants.

Roger sait qu'il est seul à offrir un choix varié d'appareils pour toutes les bourses, et sa garantie est jumelée à un service de réparation à domicile. Très connu dans la région, Roger fait régulièrement paraître sa publicité dans le journal local et il commandite des équipes sportives à l'occasion. Si la tendance persiste du côté de la baisse des ventes, il devra prendre des décisions très importantes pour l'avenir de son entreprise, car sa marge de profit net est actuellement assez mince. Sachant que vous étudiez présentement en marketing, il vous propose de lui faire une recherche marketing afin de découvrir le mystère. Il aimerait que vous lui présentiez un plan de recherche dans lequel vous énumérerez les principales étapes, et que vous lui justifiiez chacune d'elles en précisant quel type d'information vous obtiendriez ainsi.

MISE EN SITUATION

<u>D.D.P. inc.</u>

Trois étudiants du cégep de Drummondville viennent de gagner à la loterie provinciale. Ils s'incorporent dans le but de se lancer en affaires. Leur charte spécifie qu'ils doivent gérer un établissement œuvrant dans le domaine de la distribution. Les trois amis ont toujours été attirés par l'industrie du disque (disquaire).

Nos étudiants, qui n'ont pas d'expérience en affaires, se rendent vite compte de la complexité des décisions qu'ils auront à prendre. C'est alors qu'ils décident d'engager un diplômé en administration pour les conseiller; vous êtes l'heureux élu.

Dès le départ, vous vous rendez compte qu'ils ignorent tout de leur commerce: type, mission, marché, image, clientèle, emplacement, concurrence, etc. Votre première décision est de faire une recherche en marketing. Pressé par le temps et restreint par un budget modique, vous vous souvenez d'avoir vu, dans l'un de vos cours de marketing, qu'il est possible de recueillir une grande quantité d'informations à même les sources de données secondaires. De plus, comme ces sources de renseignements sont disponibles dans les bibliothèques, vous décidez de les exploiter au maximum.

1. Quel a été le volume des ventes au détail (en dollars), pour l'industrie du disque (y compris les cassettes et les disques compacts) au Canada et au Québec pour l'année 1986?

2. Combien de disques, de cassettes et de disques compacts ont été vendus au Canada en 1986? au Québec?

3. Quelles ont été les dépenses par habitant dans ce secteur en 1986?

4. Quelle était la population de Drummondville en 1986?

5. Quelle était la taille du segment de marché visé (15 à 24 ans) à Drummondville en 1986?

6. Combien de concurrents le nouveau magasin aura-t-il? Donnez les noms et les adresses au complet.

M. Albert Cantin est directeur du marketing et associé principal de la nouvelle chaîne de restaurants Coco-Ricco: le poulet à la mexicaine. La chaîne est principalement installée à Montréal et ses banlieues de Laval et de Longueuil. Dernièrement, la chaîne a ouvert ses portes à Québec. Tous les restaurants du Montréal métropolitain sont des restaurants d'entreprise, soit des restaurants appartenant à M. Cantin et à son associé, alors que celui de Québec est exploité sous franchise. Le restaurant de Québec est un test sur l'opportunité d'étendre la chaîne à l'ensemble de la province.

La chaîne jouit d'une excellente réputation, tant pour la qualité des mets offerts, du service courtois et rapide que de l'ambiance de *fiesta* qui règne dans ses restaurants. Le décor rappelle un resto de plage mexicain aux murs peints de couleurs chaudes et couverts de peintures naïves et de sombreros. L'atmosphère et le décor visent à faire oublier les rigueurs de l'hiver québécois.

Le menu est principalement composé de poulet, mais compte également une bonne variété de plats typiquement mexicains. Ce concept de «poulet à la mexicaine» fut dès le départ une combinaison gagnante: les demandes séparées pour le poulet et pour la cuisine mexicaine étaient à la hausse ces dernières années. La combinaison des deux n'a fait qu'augmenter la demande globale pour le produit.

M. Cantin étudie présentement les rapports de ventes des différentes succursales que son contrôleur lui a remis. Toutes les succursales affichent une hausse de 25 % du chiffre d'affaires. Il y a même une succursale qui rapporte une hausse de 45 %. Il s'agit de la succursale n° 4 qui surprend toujours avec ses résultats extraordinaires. Les jeudis, vendredis et samedis, on y fait la queue!

Toutefois, plusieurs clients se plaignent de la lenteur du service, de l'attente avant d'entrer et de l'ambiance qui, dit-on, est plus agréable dans les autres succursales. M. Cantin craint de perdre sa fidèle clientèle au profit d'autres restaurants de ce secteur. Il prend contact avec le gérant de cette succursale afin d'obtenir des renseignements supplémentaires.

Le gérant est tout aussi surpris des résultats du restaurant: «Ça ne dérougit pas, la clientèle actuelle dépasse largement la capacité de la salle ainsi que la capacité de production des cuisines. La situation a un effet direct sur le service.»

Le gérant l'informe également que la clientèle a beaucoup rajeuni. On compte plus d'étudiants et plus de jeunes couples avec ou sans enfants.

À la suite de cette discussion, M. Cantin s'interroge sur la situation. Cette succursale répondait parfaitement à la demande de ce secteur. Une étude faite avant l'ouverture avait clairement défini la population du quartier et des zones voisines (majoritairement des zones commerciales et industrielles). On comptait même sur la clientèle des parcs industriels voisins pour les midis. De plus, le fait qu'il y ait de jeunes enfants surprend M. Cantin. L'étude mentionnait une population vieillissante et éduquée qui voyage beaucoup, et non une population de jeunes couples et d'étudiants.

M. Cantin envisage donc de faire appel aux services d'une entreprise de recherche en marketing pour étudier de plus près la succursale n° 4 et définir le ou les problèmes potentiels.

Le lendemain, il consulte son associé, M. Marco. Il lui fait part des problèmes reliés à la succursale n° 4.

M. Marco, responsable de l'approvisionnement, n'est pas surpris de cette nouvelle. Les commandes de denrées alimentaires provenant de cette succursale ont considérablement augmenté dans les derniers mois. À vrai dire, il voulait justement organiser une rencontre avec M. Martin à propos de cette succursale. M. Martin lui dit qu'il est disponible immédiatement. Ils s'entendent donc pour faire une réunion éclair.

Après avoir fait part de l'information disponible (les ventes, les achats, les dépenses publicitaires, la masse salariale, etc.) et évalué la situation, M. Martin suggère de passer à l'action et de faire exécuter une recherche commerciale par une entreprise spécialisée en marketing et en management.

M. Marco trouve prématuré de payer une firme externe pour exécuter une recherche. Ces études coûtent environ 15 000 $. Il se peut fort bien que l'information pertinente existe déjà à l'interne et qu'une partie de la recherche puisse être faite par l'entreprise. M. Martin maintient qu'à la lumière des données disponibles ils ne sont pas en mesure de prendre une décision éclairée.

La firme qu'il se propose d'engager a déjà travaillé pour Coco-Ricco; elle connaît donc bien la chaîne de restaurants. C'est cette même firme qui a effectué la recherche pour l'ouverture de la succursale en question.

M. Marco se demande, en plus de s'inquiéter du coût de cette recherche, sur «quoi» elle portera. Est-ce qu'on demandera à l'agence d'évaluer la satisfaction de la clientèle? Devrait-elle faire un sondage d'opinion dans le quartier? Le restaurant, toujours selon M. Marco, ne connaît pas une baisse de clientèle; son problème est qu'il n'arrive plus à suffire à la demande. En réalité, l'entreprise voudrait savoir pourquoi il y a cette hausse soudaine de clientèle au restaurant.

M. Martin revient à la charge en suggérant d'embaucher l'agence de recherche en marketing. M. Marco n'est pas encore convaincu. Selon lui, on peut encore trouver de l'information et peut-être même résoudre le problème sans avoir à payer une firme externe.

Selon vous, devraient-ils utiliser les services de l'entreprise de recherche?

Qui, de M. Marco et M. Martin, a raison? L'entreprise peut-elle résoudre elle-même adéquatement le problème vécu par cette succursale ou devrait-elle procéder à l'embauche d'une firme spécialisée en recherche marketing?

N O T E S

1. KOTLER, Philip et DUBOIS, Bernard. *Marketing Management*, 5e édition, Paris, Publi-Union, 1986, p. 175.

2. Les ventes sont prévues à partir de la formule $Y = B_0 + B_1 X$. La plupart des calculatrices sont maintenant conçues pour résoudre de telles équations. Pour une explication exhaustive, voir BAILLARGEON, Gérald. *La statistique et l'ordinateur*, Montréal, Les Presses de l'Université du Québec, 1973.

3. LOCKLEY, Lawrence C. «Notes on the History of Marketing Research», *Journal of Marketing*, avril 1950, p. 733.

4. KING, Henry. «The Beginning of Marketing Research in Canada», *The Marketer*, printemps-été 1966, p. 4.

5. *Voir* MALLEN, Bruce E. et coll., *Principles of Marketing in Canada*, Prentice Hall, 1980, p. 214.

6. Committee on Definitions, *Marketing Definitions: A Glossary of Marketing Terms*, Chicago, American Marketing Association, 1960, p. 17.

7. GOODMAN, Charles S. *La force de vente: organisation, direction, contrôle*, Montréal, HRW, 1974, p. 325.

8. Pour une revue complète de ce sujet, consulter 1. ROTENBERG, Ronald et HATTON, Beth. «Sources of Marketing Information in Canada», *Canadian Marketer*, printemps 1974, p. 35-41. 2. GŒLDNER, C.R. et DIRKS, Laura M. «Business Facts: Where to Find Them», *MSU Business Topics*, été 1976, p. 23-26 (pour les États-Unis).

9. SELLITZ, Claire et coll., *Les méthodes de recherche en sciences sociales*, Montréal, HRW, 1977, p. 248.

10. ENIS, Ben M. *Marketing Principles*, 3e édition, Good Year Publishing Company, 1980, p. 105.

11. Adapté de STANTON, William J. *Fundamentals Marketing*, 4e édition, Toronto, McGraw-Hill Ryerson, 1985, p. 56.

12. ENIS, Ben M. *Op. cit.*

13. KOTLER, Philip. *Marketing management: analyse, planification, contrôle*, 2e édition, Paris, Publi-Union, 1973, p. 375.

14. ENGEL, James F. et coll., *Promotional Strategy*, 4e édition, Richard D. Irwin, 1979, p. 416.

15. KOTLER, Philip. *Op. cit.*, p. 376.

16. SCHEWE, Charles D. et coll. *Marketing Concepts and Applications*, Toronto, McGraw-Hill Ryerson, 1983, p. 107.

17. MALLEN, Bruce E. et coll. *Op. cit.*, p. 226.

18. JANODY, Robert. «Le seul outil de vérité: le sondage», *Les Affaires*, 16 février 1982, p. 21.

19. *Ibid.*

20. KOTLER, Philip. *Op. cit.*, p. 382.

21. Par exemple, on peut se demander quelle est la proportion de la population de la ville de Drummondville favorable à la revue *Croc*. Ainsi la question est:

    Quelle est la taille de l'échantillon que nous devons interroger? Sachant:
    - que nous voulons une précision de ± 4 % (P).
    - que le seuil de confiance voulu est de 95 % (Z a). (Z a = 1,96)
    - et, qu'*a priori*, nous croyons que 70 % des gens sont pour et que 30 % sont contre ( ). S'il est difficile de déterminer une proportion *a priori*, il est conseillé d'utiliser la répartition 50 % pour, 50 % contre.

    Ainsi, 504 personnes sélectionnées au hasard feront partie de l'échantillon.

    Un échantillon de moins de 1 % de la population permet d'obtenir une fiabilité suffisante, à condition, bien sûr, qu'il soit soigneusement choisi.

22. KOTLER, Philip et DUBOIS, Bernard. *Marketing Management*, *op. cit.*, p. 175.

23. Consulter un représentant de Bell Canada pour de plus amples informations.

24. Ce support inclut les questionnaires contenus dans les emballages, imprimés sur les étiquettes des produits, publiés dans les journaux, bref sous toute forme qui exige un retour par courrier.

25. Les programmes SPSS-X et SAS sont des logiciels conçus par des spécialistes en traitement de données et sont habituellement implantés (1 au minimum) dans des centres de traitement de données. Des guides d'utilisation sont disponibles afin d'en faciliter l'usage.

5

LE COMPORTEMENT DU CONSOMMATEUR

OBJECTIFS D'APPRENTISSAGE

Après la lecture du chapitre, vous devriez être en mesure de:

- comprendre l'importance du comportement du consommateur pour le spécialiste en marketing;
- connaître les dimensions intrinsèques et extrinsèques du comportement du consommateur;
- faire l'analyse des composantes de chacune de ces dimensions;
- dresser la liste des étapes du processus décisionnel du consommateur;
- établir une synthèse par la présentation d'un modèle global de comportement du consommateur.

Pourquoi étudier le comportement du consommateur? Il existe une multitude de réponses à cette question. «Pour faire plus d'argent», diront certains. «Parce que le consommateur est un être complexe», répondront d'autres. «Parce que les consommateurs sont exigeants et que, si on veut que notre produit connaisse du succès sur le marché, il faudra le présenter comme ces derniers le désirent», est une autre réponse possible (voir encadré 5.1). Il y a du vrai dans chacune de ces réponses. Cependant, elles ne suffisent pas à justifier les dépenses d'argent et d'énergie que font actuellement les théoriciens et les praticiens du domaine du marketing. En fait, le concept de marketing, de plus en plus intégré dans l'entreprise, a comme objectif principal la satisfaction des besoins du consommateur (voir encadré 5.2). L'entreprise ne maximisera ce degré de satisfaction que si elle connaît les mécanismes qui régissent le comportement des personnes. Pour choisir le cadeau de Noël d'un être cher, on se base sur la connaissance qu'on a de cette personne. C'est normal! dira-t-on. Le choix de la stratégie de marketing d'une entreprise est, lui aussi, guidé par les consommateurs auxquels elle offre produits et services. Par conséquent, avant d'élaborer leurs stratégies de marketing, les compagnies devraient d'abord chercher à connaître le comportement des personnes avec lesquelles elles désirent faire des affaires.

■ **Encadré 5.1** L'importance de bien étudier le comportement des consommateurs

Le consommateur reste toujours exigeant

Valérie Beauregard

Le consommateur des années 90 veut un produit de qualité, fait sur mesure, mais au plus bas prix possible. Toyota l'a bien compris avec sa voiture Lexus, une voiture rivale de la Mercedes mais qui coûte deux fois moins cher.

Le prestigieux professeur Philip Kotler de la faculté de gestion Kellogg de la Northwestern University, en Illinois résume la situation ainsi. En 1970, le consommateur était prêt à payer plus pour obtenir un produit de qualité (*More for More*). En 1980, il voulait de la qualité mais à prix comparable

(*More for the Same*). En 1990, il veut toujours un produit de qualité mais au meilleur prix possible (*More for Less*).

M. Kotler, qui était de passage à Montréal hier, a cité le grand patron de General Electric, M. Jack Welch: «Si vous ne pouvez vendre un produit de qualité supérieure au plus bas prix au monde, vous n'êtes plus dans la partie.»

M. Kotler précise toutefois qu'il n'est pas possible de suivre l'exemple de Toyota sans réduire ses coûts. «Les bas prix quotidiens (le *Everyday Low Price*) doivent être accompagnés de coûts très bas.»

La conférence intitulée «Le marketing stratégique à l'ère du service concurrentiel» était présentée par l'Association marketing de Montréal, le ministère de l'Industrie et des Sciences du Canada et l'hebdomadaire *Les Affaires*. Les participants étaient réunis dans une salle de cinéma du Complexe Desjardins ce qui a fait dire à M. Kotler que plusieurs sociétés pourraient tirer avantage d'une meilleure gestion de leur actif. C'est ce que McDonald's a fait lorsque la chaîne a commencé à offrir le petit déjeuner.

Source: La Presse, 4 décembre 1993, p. H8.

Tout au long de ce chapitre, nous nous pencherons sur les mécanismes du comportement du consommateur, ce qu'on appelle le «microenvironnement» de l'entreprise. Toutefois, avant de poursuivre, il serait bon de définir ce qu'on entend par «comportement du consommateur». Bon nombre de recherches ont permis le développement de théories à cet égard. Il est possible de synthétiser ces connaissances en définissant le comportement du consommateur comme «[…] les actions des personnes qui participent directement à l'acquisition et à l'utilisation de biens et services économiques ainsi que les processus de décision qui précèdent et déterminent ces actions[1].»

Voilà, en une courte phrase, la définition de la personne à laquelle les stratégies de marketing des entreprises s'adressent. Cependant, cette définition ne dit pas pourquoi ni comment le consommateur prend la décision d'achat, c'est-à-dire quels en sont les déterminants. C'est ce que nous aborderons dans la prochaine section.

LE MODÈLE DE LA «BOÎTE NOIRE»

Comment Martin (*voir figure 5.1*) en est-il venu à faire l'acquisition d'une WBM? Le lecteur peut, à partir de cette série d'images, développer son propre scénario, sa propre théorie. On peut voir Martin, soumis à différents stimuli tels que la publicité véhiculant l'image d'un homme fier, admiré par une femme qui lui reconnaît un charme sans pareil en raison de la luxueuse voiture sport qu'il conduit orgueilleusement.

■ **Figure 5.1** L'achat de Martin

Le fait qu'un concessionnaire d'automobiles ait rendu le produit accessible est également un point à considérer. De plus, le prix correspondait probablement à celui que Martin s'attendait à payer. Enfin, peut-être Martin a-t-il été influencé par le stéréotype suivant: dans notre environnement culturel, un homme qui conduit une voiture luxueuse dégage l'image de quelqu'un qui a réussi.

Les différents stimuli se divisent en deux catégories. Les stimuli commerciaux proviennent de l'organisation qui les contrôle. La publicité, le prix, l'emballage du produit, bref, les quatre variables stratégiques du marketing, en sont des exemples. L'autre catégorie regroupe les stimuli provenant de l'environnement. Les réactions de la concurrence, les tabous sociaux, les lois, en somme tous les stimuli que l'organisation ne peut contrôler, font partie de cette deuxième catégorie.

À la fin de la bande dessinée de la figure 5.1, Martin est fier de son achat et il prendra un grand plaisir à conduire sa voiture sport. Il est donc possible, dans le cas de Martin, d'établir une relation entre les stimuli et la réponse (*voir figure 5.2*). Martin a été la cible de ces stimuli puisqu'il a répondu à leur influence. Toutefois, il est pratiquement impossible, toujours à partir de la figure, d'expliquer comment Martin a organisé ces stimuli et comment il a procédé lors de sa décision d'achat. Ce cher

■ **Figure 5.2** Relations entre les stimuli, l'organisme et la réponse

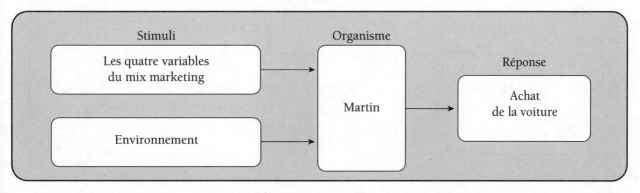

Martin doit donc être considéré comme une «boîte noire» (*voir figure 5.3*) qui reçoit des stimuli et qui émet des réponses. Dans ce cas-ci, la réponse a été l'achat de la voiture, mais il aurait pu s'agir d'un non-achat ou de la recherche d'informations supplémentaires. La question à laquelle il faut répondre à présent est la suivante: Quels éléments de la «boîte noire» ont donné naissance au comportement observé? Il est primordial que le responsable du marketing se pose cette question puisqu'il devra prendre des décisions très importantes relativement aux quatre P pour constituer l'offre concrète qu'il fera au consommateur. Il s'agit donc d'explorer cette «boîte noire».

À la découverte de la «boîte noire»

Pour comprendre la «boîte noire», il faut découvrir le «pourquoi» et le «comment» du comportement humain. À cet effet, un très grand nombre de spécialistes de disciplines telles que l'économie, la psychologie, la sociologie, l'anthropologie[2] et l'éthologie[3] ont contribué à la compréhension du comportement du consommateur. Une synthèse de ces recherches permet de constater que le comportement du consommateur comporte deux grandes dimensions (*voir figure 5.4*). D'une part, la

biologie du comportement

■ **Figure 5.3** Le modèle de la «boîte noire»

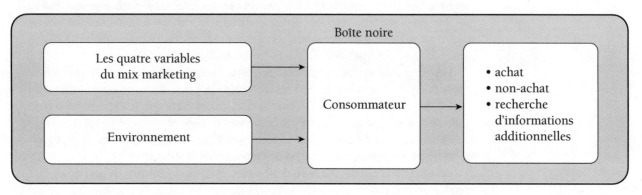

■ **Figure 5.4** À la découverte de la «boîte noire»

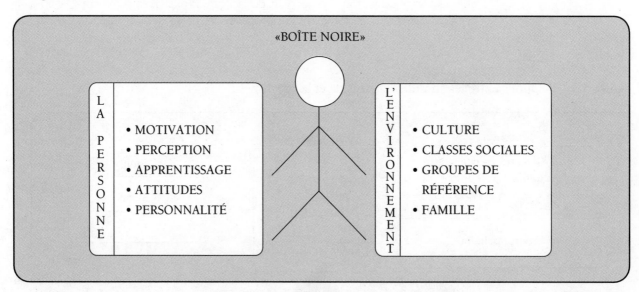

dimension intrinsèque représente ce qui est inhérent et particulier à chaque personne. Elle se compose d'éléments comme la motivation, la perception, l'apprentissage, les attitudes et la personnalité. D'autre part, la dimension extrinsèque représente tous les éléments extérieurs à la personne: la culture, les classes sociales, les groupes de référence et la famille. Reprenons chacun de ces éléments.

La dimension intrinsèque

Chaque personne est dotée d'un certain potentiel et de caractéristiques qui lui sont propres. Ces éléments constituent sa personnalité. Il s'agit d'examiner chacun de ces éléments pour en découvrir le mécanisme de fonctionnement.

La motivation   Le consommateur agit parce qu'il chemine vers un but. Il achète certains produits afin de satisfaire ses besoins. On peut définir un besoin comme un manque à satisfaire entre un état actuel insatisfaisant et une situation idéale à laquelle on aspire. C'est ce vide que le consommateur tend à combler et qui le motive à agir.

Il existe une multitude de besoins chez une personne. Différents chercheurs ont tenté de les classer. Le plus souvent, on retient les résultats de la recherche d'Abraham H. Maslow, mieux connus sous le vocable de «hiérarchie des besoins selon Maslow» (*voir figure 5.5*). En effet, les spécialistes du marketing considèrent la hiérarchie de Maslow comme la manière la plus fonctionnelle, malgré ses faiblesses, de comprendre la notion de besoins[4].

Selon Maslow, il existe cinq niveaux de besoins chez l'être humain. Il y a d'abord les besoins physiologiques, c'est-à-dire manger, boire, dormir, s'épanouir sexuellement, se vêtir et s'abriter. Ce sont des besoins de base, «dits primaires». Ils sont placés au bas de la pyramide parce que, pour survivre, il est nécessaire de les combler, du moins dans une certaine mesure. Si l'être humain ne peut satisfaire ces besoins, il ne pensera pas à satisfaire les autres catégories de besoins.

Viennent ensuite les besoins de sécurité affective et physique. Ces besoins visent à se protéger contre les personnes et les éléments naturels menaçants. Les systèmes antivol, les alarmes contre le feu, l'acquisition d'un chien de garde, tout comme l'achat d'une police d'assurance-vie, constituent autant d'éléments liés au besoin de sécurité.

Une fois les besoins physiologiques et de sécurité satisfaits, il y a place à la satisfaction de besoins d'ordre psychologique. L'être humain recherche alors les moyens lui permettant de satisfaire ses besoins d'appartenance et d'amour. Être aimé de sa famille et de ses proches, être accepté dans ses milieux d'étude, de travail et de loisir font partie de cet objectif important (*voir encadré 5.2*). Le choix vestimentaire, le type de musique écoutée, le genre d'activités sociales choisies, les appels téléphoniques interurbains (*voir figure 5.6*) représentent des moyens par le biais desquels l'être humain cherche à satisfaire son besoin d'appartenance.

■ **Figure 5.5** Hiérarchie des besoins selon Maslow

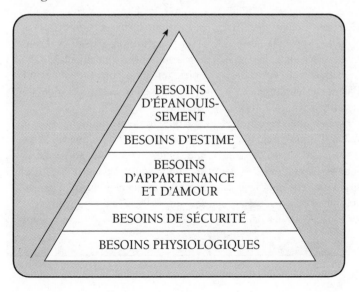

■ **Encadré 5.2** L'importance de la satisfaction des besoins des consommateurs

À quel besoin des Québécois répond donc Lara Fabian?

Marie-Christine Blais
collaboration spéciale

Le public a toujours raison. Plus exactement, les publics ont toujours raison. Car, en définitive, qu'ont en commun Michel Louvain, Sting et Soundgarden? Ils répondent chacun à un besoin particulier d'un public particulier.

C'est également le cas de la jeune chanteuse Lara Fabian, qui se produisait hier soir au théâtre Saint-Denis II, devant un parterre où se côtoyaient Jean-Marc Parent, René Simard, Rémi Girard et Monsieur-Madame Tout-le-monde. À 24 ans, Lara Fabian peut se vanter à juste titre d'avoir vendu 100 000 exemplaires de son premier album et plus de 50 000 de son second, *Carpe Diem*, tout récent. Les supplémentaires de son spectacle, elles, se multiplient.

C'est bien simple, si, au cours des quatre dernières années, vous êtes entré au moins une fois dans un taxi, une boutique ou une pharmacie grande surface, vous connaissez certainement deux ou trois chansons de Lara Fabian, qui ont joué tant et plus à la radio, que ce soit «Je m'arrêterai pas de t'aimer», «Le jour où tu partiras» ou «Tu t'en vas», le n° 1 de l'heure au Québec.

À quel besoin répond donc Lara Fabian? D'abord, à notre amour profond des belles voix. L'auteure et interprète d'origine italo-belge est douée d'une voix puissante et chaude, sans les tics vocaux de Céline Dion, ni la faim d'amour démesurée qui anime Ginette Reno, tout en étant plus jolie que ces deux grandes chanteuses. Hier soir, Lara Fabian a régulièrement fait lever la salle, notamment en reprenant avec feu «Je suis malade» de Serge Lama ou en chantant en italien «Perdere l'amore» – c'est d'ailleurs un des rares moments où on l'a sentie oublier la chorégraphie, les éclairages, bref, tout ce qui n'était pas sa chanson.

Lara Fabian est également une bûcheuse, une travaillante, et ça aussi, on aime ça. C'est en outre une jeune femme intelligente: on m'avait assuré qu'elle nous répéterait au moins quatre fois qu'elle nous aimait, qu'elle aimait le Québec, que nous étions extraordinaires, qu'elle nous aimait, qu'elle aimait le… Hier soir, pas folle, Lara Fabian a plutôt fait appel à Pierre Légaré qui lui a concocté des textes drôles, charmants, dans lesquels les mots «aime», «Québec» et «extraordinaire» brillaient par leur absence.

Lara Fabian est par ailleurs une naturelle sur scène, qui bouge bien et qui est capable d'improviser: quand les boutons de sa veste se sont détachés pour révéler un joli corsage plutôt transparent, elle a relevé le défi avec aplomb et en riant… ce qui ne l'a pas empêché de se déclarer heureuse d'être en pantalon et chemise en deuxième partie! Tout cela lui a permis d'être à la fois sexy et réservée. Ça aussi, on aime bien, au Québec.

Quelle est alors la différence entre Lara Fabian et une Julie Masse, demanderez-vous? Eh bien, je crois que le fait que Lara Fabian soit immigrée au Québec et qu'elle soit heureuse parmi nous répond à un de nos besoins les plus profondément enfouis: celui d'être choisi, d'être les heureux élus, pendant que d'autres lorgnent vers l'Europe et les États-Unis. Ce n'est pas un hasard si on l'a vue si souvent à l'émission «Benezra», la brune Sonia répond au même besoin.

En fait, il y a peu à redire au spectacle de Lara Fabian: elle est saine et jolie comme une belle pêche, elle est dynamique et drôle, elle chante très bien, elle est entourée de bons musiciens solides (6 instrumentistes et 3 choristes) et, si la sonorisation laissait à désirer hier soir, elle a fait appel à Alain Lortie qui lui a conçu quelques-uns des plus beaux éclairages que j'ai vus cette année.

Bref, le seul reproche que je pourrais lui adresser n'en est pas un: que voulez-vous, je ne fais pas partie du public qui a besoin d'elle! Lara Fabian, en spectacle jusqu'à samedi soir, puis du 17 au 19 novembre et du 24 au 26 novembre, au Saint-Denis II.

Source: La Presse, 11 novembre 1994.

■ Figure 5.6 Par ce jeu concours, Télécom Canada est à la recherche des besoins satisfaits par l'utilisation de l'appel interurbain

Question du jeu-concours
Interurbain

Des raisons d'utiliser l'interurbain, il en existe des milliers! Que ce soit plus rapide qu'une flèche, moins coûteux qu'un yacht et plus sûr que de sauter les chutes Niagara en tonneau, nous en sommes bien conscients! Ce qui nous intrigue, c'est pourquoi vous en ressentez le besoin.

Des raisons personnelles, particulières, vous y incitent? Parce que des idées farfelues vous traversent soudain l'esprit? Peut-être téléphonez-vous à votre mère chaque fois qu'il pleut! Nous n'en savons rien. Et nous aimerions bien que vous nous fassiez part de 3 raisons qui vous y poussent.

1. _____

2. _____

3. _____

Nom_____

Adresse _____

_____

Ville _____ Prov._____

Code postal _____

Numéro de téléphone _____

Université ou collège fréquenté

_____

Source: reproduit avec l'autorisation de Télécom Canada.

Le besoin d'estime correspond au respect que l'être se porte à lui-même, de même qu'à celui que les autres lui vouent. Les produits sociaux tels que les voitures de luxe (*Mercedes, Jaguar, Ferrari*) et les maisons luxueuses étalent sa richesse et sa réussite, et lui attirent toute la considération recherchée. Le besoin d'estime rejoint également la confiance en soi, le sentiment de compétence et le statut social.

Enfin, il y a le besoin d'épanouissement de la personnalité. Il s'agit du besoin de s'assumer, de développer son potentiel, d'utiliser entièrement ses talents et ses aptitudes[5]. L'achat de volumes, les visites aux musées, les soirées au théâtre, au cinéma et à l'opéra, la poursuite d'études collégiales et universitaires, ainsi que les voyages autour du monde tentent de combler ce besoin.

Pour mieux comprendre le fonctionnement de cette hiérarchie de besoins, il faut tenir compte des deux points suivants. Premièrement, comme le sous-entend le mot «hiérarchie», les besoins sont satisfaits dans un ordre croissant. Par exemple, une personne n'aura pas à cœur de satisfaire ses besoins d'estime si elle n'arrive pas à apaiser sa faim. Les membres des sociétés riches, dans lesquelles les besoins physiologiques sont comblés, peuvent se permettre de se préoccuper de leurs besoins psychologiques.

Deuxièmement, la satisfaction simultanée de deux niveaux de besoins n'est pas impossible. Lorsque vous mangez chez McDonald's, vous comblez, et votre besoin physiologique, et votre besoin d'appartenance et d'amour en partageant votre vécu du moment avec vos convives.

Il est à noter que cette hiérarchie des besoins de Maslow doit être considérée comme un instrument de travail et non comme une fin en soi.

La perception   La perception fait immédiatement référence au domaine sensoriel. C'est par le toucher, le goût, la vue, l'ouïe (*voir encadré 5.3*) et l'odorat qu'une personne prend conscience des choses, des faits, des gestes, des concepts, bref, de son environnement. La personne organise et interprète les différents stimuli de son environnement. Cette perception est fonction de deux séries de facteurs: les stimuli provenant de l'objet perçu et ceux qui caractérisent l'état dans lequel se trouve l'individu soumis aux stimuli. Deux personnes soumises au même stimulus, par exemple une pizza bien garnie, peuvent y réagir différemment. Celle qui vient de dîner ne la regardera même pas, alors que celle qui n'a pas mangé depuis quelques heures en aura l'eau à la bouche. La perception est donc un phénomène subjectif. Deux personnes ne perçoivent pas nécessairement la même chose face à un stimulus identique, comme en fait foi la figure 5.7.

De plus, la perception est sélective. Les consommateurs, littéralement bombardés de toutes parts par des centaines de messages provenant d'organisations, ne peuvent porter attention qu'aux stimuli qui les rejoignent. S'ils regardaient ou écoutaient toute la publicité qui leur est destinée quotidiennement (plus de 1000 messages publicitaires en moyenne[6]), ils n'auraient plus de temps pour faire quoi que ce soit d'autre. Afin de percer ce filtre perceptuel, les organisations utilisent la couleur, le mouvement et des niveaux sonores élevés lors de la diffusion de leur message publicitaire. La répétition est également un moyen d'attirer l'attention d'une personne et de la sensibiliser.

■ **Figure 5.7**   Que percevez-vous?… Et votre voisin, que perçoit-il?

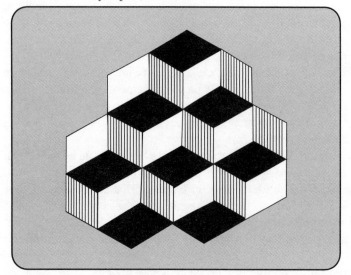

Source: DAWSON, Leslie M. «Marketing Science in the Age of Aquarius», *dans Journal of Marketing*, juillet 1971, p. 70.

Une autre façon de franchir ce filtre perceptuel consiste à présenter des messages subliminaux. La vitesse à laquelle on diffuse un message subliminal ne permet pas à une personne de le percevoir consciemment. Cependant, son subconscient le perçoit. C'est ce qu'on appelle la «perception subliminale».

Bon nombre d'expériences ont été tentées dans ce domaine. La plus populaire demeure celle de James Vicary en 1957. Grâce à la surimposition sur l'image d'un film à l'affiche dans une salle de cinéma, les phrases: «Drink Coca-Cola» (Buvez Coca-Cola) et «Eat Pop-Corn» (Mangez du maïs soufflé) ont été projetées toutes les cinq secondes, à la vitesse de 1/30 de seconde. Puisque la vitesse de perception de l'image de télévision est de 1/25 de seconde, ce message ne pouvait être perçu au niveau du conscient. Selon les tenants de cette expérience, de tels messages ont porté fruit. Pendant les six semaines, il y eut une augmentation de 18 % des ventes de Coca-Cola et

■ **Encadré 5.3** La musique joue sur les perceptions

La musique a une influence sur le montant dépensé par les clients

En choisissant le bon rythme musical et le bon volume, les commerçants peuvent augmenter le temps que passent les consommateurs dans leurs magasins et même l'argent qu'ils dépensent.

C'est ce qui ressort d'un article tiré du *Journal of Services Marketing* de 1994 (volume 8), qui fait un survol des diverses recherches sur le sujet.

Selon les auteurs (Herrington et Cappella), les individus tendent à préférer un air musical lorsque son rythme approche 147 battements à la minute.

En outre, la musique des commerces devrait avoir un rythme entre 68 et 178 battements à la minute, puisque en dehors de ces zones, on tend à avoir une perception négative de la musique. Chose certaine, rappellent-ils, les clients d'un restaurant mangent plus rapidement lorsque la musique a un tempo rapide.

Musique cible

Avant toute chose, les commerçants devraient évidemment tenir compte de la préférence musicale de leurs consommateurs, facteur clé d'influence sur leur comportement.

Par exemple, une étude a démontré que la musique classique pouvait augmenter les ventes de vins et spiritueux dans des commerces telle la Société des alcools du Québec (SAQ), a indiqué JoAnne Labrecque, professeur de marketing à l'École des HÉC.

D'autre part, les gens perçoivent que les airs musicaux composés en mode mineur et à rythme lent sont tristes, tandis que les airs en mode majeur à rythme plus rapide sont joyeux, indiquent Herrington et Cappella. Il faut tenir compte de ces éléments sachant que les airs joyeux ont une influence positive sur la disposition psychologique des consommateurs à acheter.

Par ailleurs, la revue littéraire des chercheurs traite de l'effet de la musique sur la relation employé-client. La majorité des consommateurs estiment que leur perception à l'égard des vendeurs est meilleure lorsqu'il y a musique de fond. En

outre, il a été démontré qu'une musique appropriée augmentait la productivité des employés et diminuait l'absentéisme, en raison de ses effets sur leur état psychologique.

Par conséquent, disent Herrington et Cappella, la musique de fond est susceptible d'améliorer la disposition des vendeurs face aux clients et le service à la clientèle.

En outre, les consommateurs perçoivent que le temps d'attente dans une file est moins long lorsqu'il y a musique de fond qu'autrement.

Enfin, les recherches quant au type de musique à diffuser selon la clientèle sont plus difficiles à interpréter.

En règle générale, la musique que préfèrent les individus est celle qui était populaire lorsqu'ils avaient environ 24 ans.

Les commerces qui visent les consommateurs de 40 à 50 ans pourrait en tenir compte en diffusant la musique qui était populaire il y a vingt ans. (FV)

Source: VAILLE, Francis. *Les Affaires*, 30 septembre 1995, p. 24.

de 57 % pour le maïs soufflé[7]. Toutefois, les expérimentateurs[8] n'ont fait paraître aucun document faisant foi de ces résultats.

Par ailleurs, les résultats ne démontrent pas hors de tout doute que la perception subliminale puisse s'avérer un mécanisme incitant le consommateur à acheter des produits dont il n'a pas besoin. Malgré cela, les gouvernements ont légiféré en cette matière et ont interdit l'usage de ce type de publicité. De cette façon, les consommateurs canadiens sont protégés par un environnement légal qui interdit formellement l'utilisation de messages subliminaux à des fins publicitaires.

Un autre phénomène perceptuel important que le responsable du marketing doit connaître est la loi de Weber. Ce dernier a réussi à démontrer que, pour être perçue, la variation d'intensité d'un stimulus doit être proportionnelle à la valeur du stimulus auquel elle est appliquée. On ne remarquera même pas une diminution de 500 $ du prix d'une *Rolls Royce*, alors qu'une baisse de prix équivalente pour une voiture américaine ou japonaise attirera l'attention du consommateur.

En somme, la perception est un mécanisme des plus importants pour l'administrateur. C'est grâce à ce mécanisme que le consommateur prend connaissance de la stratégie de marketing de l'entreprise.

L'apprentissage L'apprentissage constitue un élément important de la dimension intrinsèque du comportement du consommateur. La consommation du produit dépend en grande partie de ce processus. On peut définir l'apprentissage comme l'acquisition de nouveaux comportements à la suite d'expériences vécues. Cette définition n'inclut pas les comportements liés à l'instinct, à la croissance ou à des états temporaires (la faim, la fatigue et le sommeil)[9].

Plusieurs théories tentent d'expliquer le phénomène de l'apprentissage[10]. Il y a, entre autres, les approches de type stimulus-réponse telles que celles développées par Skinner et Pavlov. Comme la figure 5.8 le démontre, elles se basent sur l'existence de quatre éléments, à savoir la pulsion, le signal, la réaction et le renforcement.

La pulsion est la concentration d'énergie latente qui permettra à une personne, une fois déclenchée, d'accomplir un geste. Le signal est le déclencheur qui entraîne le transfert énergétique de l'état latent à un état actuel. La réaction est tout simplement la réponse de la personne à l'action du signal. Enfin, le renforcement est le résultat de

■ **Figure 5.8** Un modèle d'apprentissage

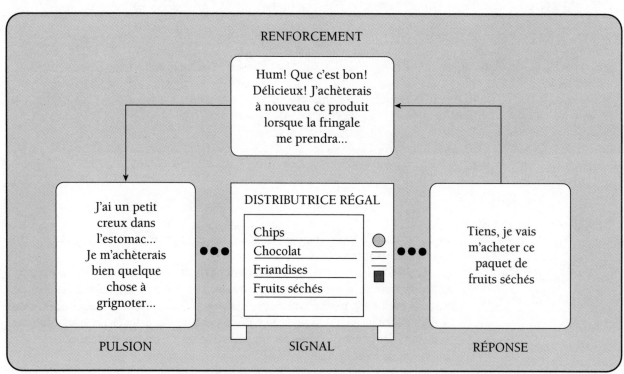

RENFORCEMENT

Hum! Que c'est bon! Délicieux! J'achèterais à nouveau ce produit lorsque la fringale me prendra...

J'ai un petit creux dans l'estomac... Je m'achèterais bien quelque chose à grignoter...

DISTRIBUTRICE RÉGAL

Chips
Chocolat
Friandises
Fruits séchés

Tiens, je vais m'acheter ce paquet de fruits séchés

PULSION

SIGNAL

RÉPONSE

l'association entre le comportement et ses conséquences. Lorsque la conséquence est heureuse, la probabilité que le comportement se reproduise augmente. Une personne satisfaite d'un produit aura tendance à l'acheter de nouveau lorsque le besoin s'en fera sentir.

Les attitudes «Achèterais-tu la marque X?» «Non, je ne crois pas, car je ne pense pas qu'elle représente le meilleur achat.» Comme le démontre cette courte situation, une attitude est une prédisposition à l'action basée sur des critères de décision personnelle. En fait, une attitude est une prédisposition apprise et relativement permanente qu'une personne possède pour organiser ses croyances et ses perceptions d'un objet ou d'une situation d'une façon positive ou négative. À partir de ses attitudes, une personne se fabrique un ensemble de références qui reflétera ses préférences pour les marques qu'elle prend en considération lors d'un achat.

Il s'avère donc important que le responsable du marketing connaisse les attitudes des consommateurs, ce qui est possible grâce à un instrument de mesure. On peut supposer (*voir figure 5.9*) que l'attitude est fonction du produit (ce qu'il est) ou des attributs du produit. De plus, une attitude est également fonction de l'importance accordée par le consommateur aux différents attributs du produit.

On peut évaluer ces attitudes à l'aide du modèle mathématique[11] présenté à la figure 5.10. Comme en fait foi la démonstration arithmétique, c'est envers la marque Y que le consommateur K a l'attitude la plus favorable.

Les attitudes sont dynamiques, c'est-à-dire qu'elles peuvent changer avec le temps. Un changement d'attitude a deux origines possibles. D'une part, le consommateur peut provoquer de lui-même ce changement. La stratégie de l'entreprise consistera alors à l'évaluer afin d'offrir un produit correspondant à ces nouvelles attitudes.

D'autre part, l'entreprise peut vouloir modifier les attitudes des consommateurs à l'égard de son produit. Cette tâche de communication marketing particulière a d'ailleurs été utilisée afin d'amener les Québécois à considérer la conduite d'une automobile en état d'ébriété comme un geste répréhensible, voire criminel (un comportement peut être perçu comme un «produit» comme nous le verrons plus loin).

La personnalité «Un tel a une belle personnalité.» Il est fréquent d'entendre ce genre d'appréciation qui sert à décrire une personne. Chaque personne a donc sa personnalité. Elle est un produit unique.

Les spécialistes du marketing ont investi beaucoup d'efforts dans ce domaine et en font encore aujourd'hui. Les développements de la psychographie (ou analyse des styles de vie) rendent

■ **Figure 5.9** Procédures pour la mesure d'attitudes

Quelle importance accordez-vous à chacun des attributs suivants et quelle est votre évaluation des marques de tampons hygiéniques X et Y en rapport à chacun de ces attributs?

Attributs	Importance des attributs (1)	Évaluation des marques (2)	
		X	Y
• Douceur	30	2	5
• Absorption	30	6	3
• Application facile	10	4	4
• Confort	20	2	6
• Prix	10	3	5
	100		

(1) L'importance des attributs peut être évaluée sur une échelle de 0 à 100, «0» représentant l'absence d'importance et «100» représentant le maximum d'importance. Une méthode utilisée consiste à demander aux consommateurs de répartir un total de 100 points sur l'ensemble des attributs.

(2) L'évaluation de chacune des marques peut être faite à l'aide d'une échelle graduée de 7 points, «7» représentant une excellente évaluation de la marque sur cet attribut.

■ **Figure 5.10**   Mesure d'attitudes à l'aide du modèle de Fishbein

Le modèle de Fishbein est une formule mathématique servant à mesurer les attitudes des consommateurs. La démonstration suivante est basée sur l'information contenue dans la figure 5.9.

$$A_{jk} = \sum_{i+1}^{n} I_{ik} \times \beta_{ijk}$$

i =   les attributs choisis à des fins d'évaluation, le nombre maximum étant «n». Dans l'exemple qui nous intéresse, il y a un maximum de cinq attributs.

j =   les marques évaluées. Dans notre exemple, il y a les marques X et Y.

k =   le consommateur qui fait l'évaluation. Il n'y a qu'un consommateur dans cet exemple.

A_{jk} =   le score d'attitude obtenu pour la marque j par le consommateur k.

I_{jk} =   la mesure de l'importance accordée à l'attribut i par le consommateur k.

β_{ijk} =   l'évaluation de l'attribut i pour la marque j par le consommateur k.

Évaluation de la marque X :

A_{xk} = $(30 \times 2) + (30 \times 6) + (10 \times 4) + (20 \times 2) + (10 \times 3) = 350$

Évaluation de la marque Y :

A_{yk} = $(30 \times 5) + (30 \times 3) + (10 \times 4) + (20 \times 6) + (10 \times 5) = 450$

■ **Figure 5.11**   Le consommateur vu comme un point dans l'environnement social

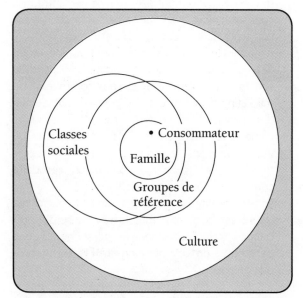

Source: SCHEWE, Charles D. et SMITH, Reuben M. *Marketing: Concepts and Applications*, Toronto, McGraw-Hill Ryerson, 1983, p. 162.

possible l'utilisation du concept de personnalité en marketing. L'analyse des «Activités, Intérêts et Opinions» fait connaître les traits de personnalité des consommateurs. Il est possible de segmenter un marché à partir de ce type de variables si on cerne les traits de personnalité caractéristiques des consommateurs visés. Par exemple, en ce qui concerne le marché de l'automobile, une telle approche peut s'avérer fort utile pour reconnaître les amateurs d'autos sport ou encore les «chauffeurs du dimanche».

La dimension extrinsèque

La dimension extrinsèque du comportement du consommateur est fonction des influences qui proviennent de son environnement. On peut considérer le consommateur (*voir figure 5.11*) comme le centre vers lequel converge l'influence d'éléments (la culture, les classes sociales, les groupes de référence et la famille).

La culture   Par «culture», on entend le système de valeurs, les normes, les mœurs, en fait tout ce qui caractérise la façon de vivre propre à chaque société. Lorsqu'un Québécois est en vacances au Japon, il doit adopter certains comportements particuliers à ce pays.

Il en sera de même au Moyen-Orient ou en Europe. En Amérique du Nord, l'automobile est une nécessité. C'est la solution nationale au problème du transport. Par contre, dans beaucoup de pays encore, l'automobile est davantage un bien de luxe et de prestige qu'un moyen de transport populaire.

Si on pousse plus loin l'analyse, on découvre l'existence de différents groupes culturels à l'intérieur d'une même nation. De ses sous-cultures provient le plus important processus de socialisation des personnes[12].

Le Canada est un pays multiculturel. Des personnes de différentes nationalités y vivent. Cependant, on reconnaît l'existence de deux groupes culturels principaux, à savoir les anglophones et les francophones. La figure 5.12 présente les résultats d'une étude portant sur leurs caractéristiques culturelles propres. Il est facile d'y déceler des différences culturelles importantes, différences dont on devra tenir compte lors de l'élaboration des stratégies de marketing. Des quatre variables du mix marketing, la communication marketing est l'une de celles qu'il faut modifier afin de respecter les traits culturels de chaque sous-groupe. Jacques Bouchard, un des grands publicistes du Québec, fut l'un des instigateurs de la nécessité de créer et de diffuser une publicité typiquement québécoise en vue de remplacer les traductions de publicités anglaises. Toutefois, cela ne signifie pas qu'un sous-groupe soit imperméable à certains traits culturels qui caractérisent un autre groupe. Par exemple, les Québécois aiment les spaghetti, les mets chinois, les pâtisseries libanaises, la mode européenne, les vins chiliens et les meubles scandinaves.

■ **Figure 5.12** Caractéristiques culturelles des anglophones et des francophones

Tendances des caractéristiques culturelles	Anglophones	Francophones
Origine ethnique	Anglo-saxons	Latins
Religion	Protestant	Catholique
Langue parlée	Anglaise	Française
Attitude intellectuelle	Pragmatique	Théorique
Famille	Matriarcat	Patriarcat
Loisirs	Fonction du milieu professionnel	Fonction du milieu familial
Individu face à son milieu		Plus individualiste
Gestion des affaires	Plus social	Innovateur
Tendance politique	Administrateur	Libéral
Attitude de consommation	Conservatrice	Jouisseur, innovateur, financé plus que financier
	Tendance à l'épargne, conformiste, financier plus que financé	

Source: CHEBAT, J. C. et HÉNAULT, G.M. «Le comportement culturel des consommateurs canadiens» *dans* V. H. Kirpanali et R. H. Rotenberg, éd., *Le marketing au Canada*, textes et cas, Montréal, HRW, p. 193.

Les classes sociales   Les classes sociales sont constituées du regroupement de personnes partageant des valeurs, des styles de vie, des intérêts et un comportement semblables[13]. Les classes sociales représentent un élément important aux yeux du responsable du marketing. Les personnes de chaque groupe ont beaucoup d'affinités et doivent combler des besoins similaires.

D'après une étude de W. Lloyd Warner et Paul Lunt, la société américaine, et c'est également vrai pour la société canadienne, serait divisée en six classes. Les variables qui ont servi à établir ces divisions sont le type de profession exercée, la source du revenu (et non seulement le montant), le genre de maison habitée, ainsi que le lieu de résidence[14]. L'indice qui sert à la classification est un amalgame de ces quatre critères. Par exemple, si on ne tenait compte que de la source de revenu, bon nombre de techniciens obtiendraient un meilleur classement que certaines gens exerçant des professions libérales. Au Québec, un électricien d'expérience gagne beaucoup plus qu'un jeune avocat à ses débuts. Cependant, le prestige social associé au métier d'électricien est de beaucoup inférieur à celui de la profession d'avocat. Cette dernière se classe au 18e rang, alors que le métier d'électricien n'atteint que le 39e rang[15].

La figure 5.13 présente une brève description de chacune de ces classes sociales canadiennes et québécoises, ainsi que le pourcentage approximatif composant chacune d'elles.

Les classes sociales ont fait l'objet de nombreuses études de la part des spécialistes en marketing (*voir encadré 5.4*). Il est évident qu'il existe des magasins, des produits et des styles de publicité (en fait, tout un ensemble de stratégies de marketing) pour chacune des classes sociales énumérées.

Les groupes de référence   Qui n'a pas d'amis? Qui n'est pas membre d'un groupe quelconque? Au cégep, les étudiants sont entourés de copains, jouent au hockey, font partie de la troupe de théâtre. Il serait vraiment trop long d'énumérer toutes les possibilités et encore, cela ne vaut que pour une époque de la vie! Pour chaque personne, les groupes de référence auxquels elle appartient, tout comme ceux auxquels elle espère adhérer, représentent une source d'influence de taille en ce qui concerne ses attitudes, ses valeurs et ses comportements. Il existe une multitude de groupes de référence. Il y a d'abord les groupes primaires comme la famille, les groupes d'amis, les voisins et les groupes de travail. Ces groupes représentent un véhicule peu commun pour la publicité de bouche à oreille. Combien de fois quelqu'un achète-t-il un disque, un vêtement ou une raquette de tennis parce qu'un ami l'y incite? Le groupe de référence que représentent les amis est d'ailleurs fortement mis à profit dans la publicité de la bière. A-t-on déjà vu un seul message publicitaire montrant une personne qui boit seule? Au contraire, on remarque toujours la présence d'un certain nombre de personnes qui ont l'air d'avoir du plaisir ensemble.

Une personne peut également appartenir à des groupes secondaires: les clubs sportifs, les associations professionnelles et étudiantes, bref, tout groupe dont les relations sont impersonnelles, contractuelles et intermittentes[16]. Ce type de groupe est tout aussi important pour le gestionnaire. Une étude de Bauer et Wortzel a démontré que les médecins ne décident souvent d'adopter un nouveau médicament qu'après en avoir discuté avec certains de leurs confrères[17]. Cet exemple illustre également le concept de «leader d'opinion» dont la crédibilité, par rapport à un sujet ou à un domaine précis, n'est plus à faire. Ce leader au pouvoir d'influence considérable est très écouté lorsqu'il émet une opinion. On retrouve ces leaders d'opinion

■ **Figure 5.13** Les classes sociales au Canada et au Québec

Classe sociale	Appartenance	% de la population[1]	
		Canada	Québec
Supérieure élevée:	constituée de vieilles familles dont la fortune est héritée. Ces familles vivent très élégamment et ont à cœur leur bonne réputation. Elles envoient leurs enfants dans les meilleures universités.	4,2	4,2
Supérieure basse:	constituée de familles dont la fortune est récente. Ces familles sont très actives dans la société et cherchent à affirmer leur statut. Leur comportement de consommation peut être ostentatoire. Leurs membres seront plus innovateurs que ceux de la classe précédente. C'est un marché important pour les biens de grand luxe.		
Moyenne élevée:	on y trouve les gens d'affaires et les professionnels qui ont réussi. Le comportement de ces familles est centré sur la carrière du mari. C'est le groupe le plus instruit de la société, et il représente le marché de la qualité pour beaucoup de produits.	8,5	7,6
Moyenne basse:	constituée de propriétaires de petites entreprises, de vendeurs, d'instituteurs et de collets blancs. Ces personnes sont extrêmement motivées dans leur travail et recherchent la respectabilité et l'estime des autres. Dans leur comportement d'achat, elles sont très actives et sensibles aux variations de prix. Leur maison tient une place importante dans leur vie, elle est bien meublée et située dans un quartier respectable.	15,1	13,9
Basse élevée:	celle du collet bleu. On y trouve des ouvriers spécialisés, des mécaniciens et des manutentionnaires. Leur emploi est caractérisé par l'utilisation de leurs bras, ce qui influence leur comportement: ils sont impulsifs dans leurs achats et demandent une satisfaction immédiate. Leur ambition est d'accéder à la classe moyenne: avoir un bon emploi, une belle maison et une belle voiture.	54,1	56,1
Basse pauvre:	segment le plus défavorisé de la société. On y trouve les ouvriers non spécialisés et les assistés sociaux. Ils occupent des emplois demandant peu d'habileté et d'instruction, et ils rejettent les normes de la classe moyenne. Leur consommation se limite à celle des produits essentiels, pour lesquels ils paient en général trop cher et qui sont de mauvaise qualité. Ils utilisent souvent le crédit.	18,2	18,3
		100	100

1. N. K. Dhalla, *These Canadians*, Toronto, McGraw-Hill, 1966, p. 197.

Source: adapté de DARMON, R. Y. et coll. *Le marketing, fondements et applications*, 4e édition, Montréal, McGraw-Hill Éditeurs, 1990, p. 170-171.

■ **Encadré 5.4**   Interrelations entre groupes culturels et classes sociales

Les francophones aisés se distinguent des autres Canadiens fortunés

Valérie Beauregard

Le Canadien francophone aisé a un profil tout à fait différent du Canadien anglais fortuné. Amateur de bonne chère et de bons vins, il aime le plein air et les sports comme la bicyclette et le ski. Curieusement, il cherche encore à s'enrichir ou il croit à la chance car 40 p. cent des francophones fortunés dépensent 6 $ par mois en billets de loterie contre 29 p. cent des anglophones.

Le Print Measurement Bureau qui a réalisé le sondage définit les personnes fortunées comme celles qui vivent dans un foyer ayant des revenus annuels supérieurs à 75 000 $. Seulement 11 p. cent des Québécois tombent sous cette catégorie, comparativement à 18 p. cent des Ontariens et 23 p. cent, un sommet, dans l'agglomération de Vancouver.

Une seule carte de crédit

En finances personnelles, le francophone (du Québec et de l'extérieur de la province) a plus tendance que les autres Canadiens à utiliser une seule carte de crédit. Un grand nombre de francophones aisés ont des marges de crédit et une police d'assurance-vie personnelles tandis que les anglophones aisés placent une partie de leurs économies dans les fonds d'investissement dans une proportion plus élevée que la moyenne.

Les francophones fortunés ont de moins grosses maisons mais ils rénovent plus que les Anglo-Canadiens, et ce tant pour ce qui est des travaux effectués par un entrepreneur que pour ceux qu'ils réalisent eux-mêmes. Leur voiture est plus souvent qu'autrement un récent modèle japonais de taille compacte ou intermédiaire. Ils lisent des magazines et raffolent des palmarès radiophoniques du genre Top 40.

Ils consacrent une grande importance à leur tenue vestimentaire. On ne sera pas surpris d'apprendre que tant l'homme francophone que sa dulcinée dépensent plus pour leurs vêtements et leurs produits de beauté que la moyenne canadienne des gens aisés, à l'exception de la catégorie des chaussures de sport.

En vacances, les francophones qui ont des revenus plus élevés que la moyenne louent un condo et préfèrent les destinations de l'Amérique latine (Mexique, Amérique centrale et du Sud). Durant leurs loisirs, ils pédalent, nagent, skient et jouent au golf tandis que le Canadien anglais est un adepte du *cocooning*.

Le garde-manger du francophone est aussi fort différent. On y retrouve plus souvent qu'ailleurs des céréales à base de granola, des jus et de l'eau minérale. Dans son frigo, le veau, le yogourt et la crème fraîche y ont souvent leur place.

Les francophones aiment les vins de tous les pays et la bière aussi, avec un penchant pour la pression. Ils sont toutefois moins amateurs de whisky que d'autres Canadiens.

Vingt ans

PMB est un organisme sans but lucratif qui sonde le consommateur canadien depuis plus de vingt ans. Ses sondages qui portent sur les habitudes médias et de consommation sont particulièrement utiles aux milieux de l'édition et de la publicité. Un peu plus de 20 000 personnes ont été interrogées pour l'étude de 1994.

C'est la première fois que PMB épluche les résultats de son enquête pour publier un dossier sur les gens aisés. Ce dossier fait l'objet d'un article dans une livraison récente de la revue spécialisée *Marketing*. L'auteur, Mme Élizabeth Nolet, associée de l'agence de publicité PNMD-Publitel a travaillé en collaboration avec M. François Vary, consultant en placement média. L'article de *La Presse* s'inspire des conclusions de Mme Nolet et M. Vary qui ont mis de longues heures à analyser les différents tableaux du rapport. Ce sont les différences entre les deux groupes qui sont identifiées plutôt que les points communs.

M. Vary note que la joie de vivre des francophones qui se traduit par un goût plus prononcé pour les bons restos et la mode ressort assez clairement dans ce sondage. Il dit avoir aussi remarqué une différence de comportement entre les anglophones du Québec et de l'Ontario et ceux du reste du Canada, les premiers étant beaucoup plus proches des francophones que les derniers.

Ce genre d'études, note M. Vary, permet aux annonceurs de mieux comprendre le comportement des consommateurs, la façon dont ils dépensent leur argent. «Une compagnie ajuste ses activités promotionnelles et choisit ses outils de communication en conséquence», dit-il.

C'est le genre d'informations qui peut aussi convaincre un annonceur de miser sur la création québécoise plutôt que de traduire ses publicités nationales lorsqu'il veut rejoindre le public québécois, note encore Vary.

Montréalais

Le sondage compare aussi le comportement des Montréalais à celui des autres Québécois. Les riches Montréalais (18 p. cent des anglophones et 14 p. cent des francophones se classent dans cette catégorie) sont plus vieux et sont plus souvent des professionnels que les personnes aisées du reste de la province. Ils prennent l'avion, mangent dans des restos huppés, boivent du vin rouge et des bières importées plus souvent que les autres Québécois aisés.

En contrepartie, les Québécois «en moyens» à l'extérieur de Montréal raffolent des activités de plein air et boivent plus de bière et de cognac.

Le sondage révèle aussi des différences entre Québécois fortunés parlant une langue différente. Le Québécois francophone aisé s'habille selon le dernier cri, joue au golf et possède un chalet isolé. L'Anglo-Québécois est quant à lui plus âgé, possède une maison de plus de 150 000 $ et son second véhicule est luxueux. Il est amateur de ballet et d'opéra. Sans être un grand acheteur de vêtements, il fait plus souvent que la moyenne nettoyer ses vêtements chez le teinturier.

Le Québécois anglophone est plus souvent cadre ou propriétaire de son entreprise que son vis-à-vis francophone.

Les riches Torontois (23 p. cent) ont aussi leurs particularités. Ils sont plus jeunes et occupent plus souvent des postes de cadres intermédiaires que les Montréalais, ce qui indique que les salaires demeurent élevés dans la Ville Reine. Ils délient plus facilement les cordons de leur bourse lors de l'achat de maisons et de voitures ou lors de voyages.

De son côté, le Montréalais (15 p. cent de la population, toutes catégories confondues, appartient à la classe aisée) fréquente des restaurants huppés et magasine dans des boutiques spécialisées pour ses vêtements et ses chaussures. Les hommes de Montréal, notamment, dépensent plus pour leurs vêtements que les Torontois.

Lorsqu'on compare les Montréalais aisés aux Torontois de la même catégorie de revenus, on découvre aussi un goût pour le plein-air et le ski alpin. Et si les Montréalais aisés sont des fans des Canadiens, les Torontois achètent des billets des Blue Jays. Comme quoi les Québécois se distinguent même dans le sport.

Source: *La Presse*, 9 septembre 1994, p. C1.

dans toutes les classes de la population. Le responsable du marketing devra reconnaître ces leaders et définir leurs caractéristiques. Puisque ces leaders sont très imités par les personnes de leur environnement, ils deviennent des consommateurs cibles à atteindre.

En général, comme on peut le constater à la figure 5.14, les groupes de référence exercent deux types d'influence: une influence concernant le produit et une influence ayant trait à la marque.

Pour ce qui est de l'achat d'un produit comme l'automobile, l'influence du groupe de référence est forte. Cela vaut également pour la marque. En ce qui a trait à l'achat de savon à lessive, autant pour la décision d'acheter ce type de produit que pour la marque retenue, le groupe de référence a peu d'influence. En général, l'influence qu'exerce le groupe de référence dépend de ce que le produit est plus ou moins apparent.

La famille La famille a également une influence sur le comportement de consommation. Deux facteurs sont particulièrement importants: les rôles que peuvent jouer les membres de la famille et l'influence du cycle de vie familiale sur les habitudes de consommation.

Dans l'organisation d'achat que représente la famille, différents rôles peuvent revenir aux membres (père, mère ou enfants). Kotler[18] en a établi cinq:

■ **Figure 5.14**   L'influence des groupes de référence sur les décisions d'achat du produit et de la marque

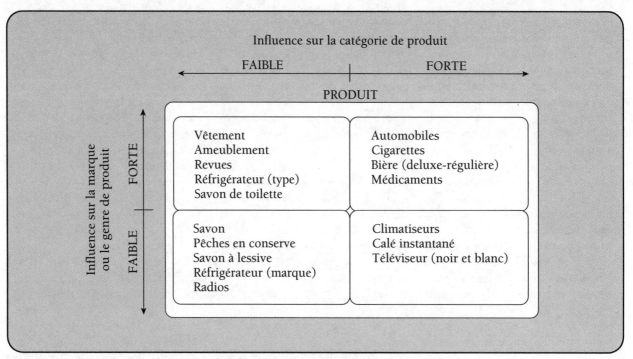

Source: adapté de BECKMAN, M. Dale et coll. *Le marketing*, Montréal, HRW, 1984, p. 54.

- l'initiateur est celui qui, le premier, a suggéré ou simplement eu l'idée d'acheter un produit donné;
- l'influenceur, de manière explicite, a une influence quelconque sur la décision finale;
- le décideur prend une partie ou l'ensemble de la décision d'achat: acheter ou non, quoi acheter, comment, quand et où acheter;
- l'acheteur effectue réellement l'achat;
- l'utilisateur consomme ou utilise le produit.

Le responsable du marketing doit nécessairement tenir compte des rôles que peut jouer chacun des participants. Voici deux exemples qui démontrent l'importance de cette notion. Les enfants sont les principaux consommateurs de céréales. Il serait toutefois faux de croire qu'ils doivent être la cible unique de leur publicité puisque les parents interviennent également dans le choix de la marque[19]. Le second exemple concerne la décision d'acheter une automobile. C'est habituellement le mari qui prend l'initiative d'une telle décision. Son influence est, de plus, prédominante en ce qui concerne le choix de la marque et du modèle. Par contre, la femme possède la plus grande influence relativement au choix de la couleur[20].

L'influence du cycle de vie familiale sur les habitudes d'achat est également très grande. Chaque étape de la vie de famille se caractérise par la présence de besoins particuliers. L'intensité et le degré d'influence des participants vont également changer (*voir figure 5.15*). Ainsi, le responsable du marketing a en main un outil de gestion qui peut lui servir à prévoir la demande pour certains de ses produits. Il peut également l'utiliser lors de l'élaboration de sa campagne de communication.

■ Figure 5.15 Cycle de vie familiale

		Jeunes couples mariés			Couples mariés plus âgés			Personnes âgées vivant seules	
						Sans enfant vivant avec eux			
	Jeunes célibataires ne vivant plus avec les parents	Sans enfant	Avec au moins un enfant de moins de 6 ans	Tous les enfants ont 6 ans et plus	Avec des enfants dépendants	Chef de famille au travail	Chef de famille à la retraite	Au travail	À la retraite
Situation financière	Pas de charges financières.	Plus à l'aise financièrement que dans un avenir rapproché.	Faibles valeurs disponibles. Insatisfaits de leur situation financière et du montant épargné. Achat de maison à son maximum.	Meilleure situation financière. Quelques épouses au travail.	Amélioration de la situation financière. Plusieurs épouses et quelques enfants travaillent.	Situation financière et épargnes maximum. Possession de la maison à son maximum.	Réduction radicale du revenu. Gardent leur maison.	Revenu accru satisfaisant Vente probable de la maison.	Réduction radicale du revenu.
Comportement face aux dimensions du marketing — Général	Leaders d'opinion de la mode. Orientation vers les loisirs.	Biens durables: taux et moyenne d'achat les plus élevés.	Intérêt dans de nouveaux produits. Apprécient les produits annoncés.	Influence moindre de la publicité. Préférence pour les formats géants et à unités multiples.	Difficilement influencés par la publicité. Moyenne élevée d'achat de biens durables.	Intérêt dans les voyages, les loisirs et l'éducation autodidacte. Font cadeaux et contributions. Peu d'intérêt pour nouveaux produits.			Besoin particulier d'attention et de sécurité.
Comportement face aux dimensions du marketing — Spécifique (produits)	Produits de base pour la cuisine et l'ameublement. Automobiles. Produits liés à la condition de célibataire (appareils stéréo, effets spéciaux). Vacances. Etc.	Automobiles, réfrigérateurs, poêles, meubles fonctionnels et durables. Vacances. Etc.	Lessiveuses, sécheuses, téléviseurs, aliments pour bébé, médicaments contre la toux et pour soulager les douleurs de poitrine, vitamines, poupées, voiturettes, traîneaux, patins, etc.	Beaucoup de produits alimentaires. Produits de nettoyage. Bicyclettes. Leçons de musique. Pianos.	Meubles nouveaux, de meilleur goût. Voyages en automobile. Appareils ménagers non nécessaires. Bateaux. Services dentaires. Revues.	Vacances. Produits de luxe. Dépenses pour amélioration de la maison.	Appareils médicaux. Soins médicaux. Produits pour améliorer santé, sommeil et digestion.		Mêmes besoins que les autres groupes de retraités.

Source: DARMON, R. Y. et coll. *Le marketing, fondements et applications,* 5e édition, Montréal, Chenelière/McGraw-Hill, 1986, p. 73.

Le processus décisionnel

Nous venons de constater l'existence de deux grandes dimensions qui influencent le consommateur dans sa vie de tous les jours. Il faut maintenant se pencher de nouveau sur la «boîte noire» afin de découvrir de quelle façon le consommateur en arrive à faire ses choix. Il s'agit de tracer le processus de prise d'une décision. C'est ce qu'on appelle le «processus décisionnel» du consommateur. Il nous permettra de comprendre davantage de quelle façon Martin en est venu à acheter sa voiture. Le processus est du type «résolution de problème» et comporte cinq étapes (*voir figure 5.16*). Trois points méritent une attention particulière. Premièrement, ce processus met en évidence le fait que l'achat d'un produit ou d'un service n'est qu'une étape à l'intérieur d'un processus qui va de la reconnaissance d'un besoin au comportement après l'achat. L'achat est donc une étape transitoire.

Deuxièmement, il ne faut pas considérer ce processus comme un cadre strict auquel aucune situation de consommation ne déroge. Dans certains cas comme l'achat d'un paquet de gommes à mâcher, on n'a pas à suivre le processus complet, surtout si la personne est fidèle à une marque. Une fois le besoin ressenti, l'achat se fera directement sans aucune recherche d'information puisqu'il s'agit d'un achat routinier. Cependant, si la même personne voulait acheter un lave-vaisselle, elle pourrait prendre le temps de rechercher l'information qui lui permettrait de faire un meilleur achat. Dans ce cas, la résolution de problème est longue. Il existe également une situation intermédiaire: c'est le processus de résolution courte du problème. L'achat d'un foulard assorti à son tailleur favori en est un exemple. Enfin, le consommateur peut abandonner, temporairement ou définitivement, le processus de décision pour de multiples raisons. Par exemple, il se peut qu'il ne trouve pas un produit satisfaisant ou qu'il n'ait tout simplement pas assez d'argent pour acheter la marque qu'il préfère. Examinons chacune des étapes.

La reconnaissance d'un besoin   Le processus de décision se déclenche lorsqu'il y a reconnaissance d'un besoin. Comme nous l'avons mentionné antérieurement, les besoins à satisfaire sont soit physiques, soit psychologiques, ou encore résultent d'une combinaison des deux. La reconnaissance d'un besoin peut avoir plus d'une origine. Les stimuli du marketing, tout comme ceux provenant de l'environnement et de l'autosuggestion, peuvent éveiller certains besoins. D'une part, la publicité (stimulus de marketing) est très utile à cet égard. D'autre part, l'enfant qui dit à son père que l'automobile du père de son copain est plus belle que la sienne agit comme stimulus environnemental en ce qui concerne la reconnaissance d'un besoin. Enfin, il y a la personne qui décide, sans influence extérieure quelconque, d'acheter un produit afin de se faire plaisir. Toutes ces situations provoquent la reconnaissance d'un besoin. À cette étape, il est également nécessaire de faire une sélection parmi les différents besoins ressentis. Comme chacun le sait, les besoins ne sont pas choses rares, contrairement à l'argent et au pouvoir d'achat. Laurent et Laurence vont-ils consacrer les 10 000 $ qu'ils ont épargnés à l'achat d'une roulotte ou d'un voilier? C'est à cette étape que le besoin prioritaire surgira. Il faut d'ailleurs qu'il en soit ainsi pour que le processus se poursuive.

■ **Figure 5.16**   Processus de décision du consommateur

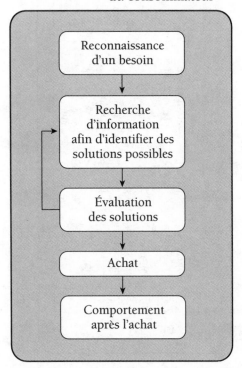

La recherche d'information À cette étape, le consommateur est à la recherche de solutions possibles. En fait, il analyse un ensemble de marques susceptibles de répondre à son besoin. La communication marketing joue ici un rôle important en fournissant de l'information sur les produits de l'entreprise auprès des consommateurs.

Si Laurent et Laurence pensent satisfaire leur besoin par l'achat d'un voilier, ils iront à la recherche d'information sur les différents modèles et marques de voiliers offerts.

L'évaluation des choix Le consommateur a déterminé tous les choix qu'il désire évaluer. À partir de ses expériences, de l'influence de groupes de référence et d'autres influences, il procédera à l'évaluation la plus objective possible de ces choix. Pour Laurent et Laurence, le résultat de l'évaluation des choix comprend les marques et les modèles de voiliers qu'ils ont sélectionnés. Ils ne tiendront plus compte des autres marques. Cependant, même si l'évaluation des choix fait ressortir une marque particulière comme la meilleure, le consommateur peut toujours revenir à l'étape précédente si cette marque ne répond pas à ses critères, et ce jusqu'à ce qu'il trouve une meilleure solution. Aussi longtemps qu'il ne trouve pas de solution acceptable, le processus décisionnel ne peut se poursuivre. Laurent et Laurence, après évaluation des différents modèles, en ont retenu trois dont l'un se démarque favorablement des autres.

L'achat À cette étape, le consommateur acquiert son bien. Si ce n'est déjà fait, il décide du magasin où il achètera le produit choisi. C'est ici qu'entre en considération le rôle important de la distribution et du personnel de vente. L'absence d'un distributeur ou un mauvais service à la clientèle sont susceptibles de faire perdre des ventes que le consommateur était prêt à accorder.

À ce stade, notre couple a choisi un distributeur avec lequel il aimerait faire une affaire. Ce dernier possède le modèle recherché, a un personnel de vente compétent et leur offre de financer leur achat. Quoique cette dernière offre ne soit pas nécessaire, puisqu'il s'agit d'un achat au comptant, Laurent et Laurence apprécient cette attention particulière. De plus, ils sont assurés d'un bon service après-vente, puisque c'est le leitmotiv de ce détaillant qui compte maintenant 20 ans d'activité commerciale.

Le comportement après l'achat Qu'en est-il de la satisfaction du besoin? Le concept de marketing stipule que c'est l'objectif que l'entreprise doit atteindre. Un consommateur satisfait se traduit soit par la possibilité qu'il achète de nouveau, soit par une publicité de bouche à oreille favorable, bref tous éléments positifs pour l'entreprise. Dans le cas contraire, c'est plus que la situation inverse qui a cours: c'est une défaite pour l'entreprise (*voir encadré 5.5*).

Un comportement particulier après l'achat mérite d'être exploré: le phénomène de la dissonance cognitive. Cet état se manifeste lorsque le doute s'installe dans l'esprit du consommateur: «Ai-je fait un bon achat?» Dans l'exemple du voilier, Laurent et Laurence ont acheté le modèle qui correspondait le mieux à leurs besoins. Le geste étant accompli, ils ne peuvent revenir en arrière. De plus, la dépense qu'ils viennent de faire est considérable. Le produit doit donc être à la hauteur afin de justifier l'achat et l'investissement. Toute leur attention se portera sur ce produit au cours des prochaines journées. Leurs aspirations et leurs exigences sont tellement élevées que la moindre anicroche remet facilement leur choix en question. Un simple boulon qui se défait, un magazine spécialisé qui classe ce modèle bon quatrième en ce qui a trait à la résistance des voiles, voilà toutes sortes de petits incidents qui entraînent chez Laurent et Laurence un état de déséquilibre: c'est la dissonance cognitive.

■ **Encadré 5.5**   Exemple d'une publicité de bouche à oreille négative par un consommateur insatisfait

Touristes mécontents

Marcel Dechriste

France

Comme tout bon touriste qui se respecte, par une belle journée d'automne, ma femme et moi décidons d'aller visiter Ottawa, votre belle capitale nationale. Nous nous rendons donc au centre infotouriste de Montréal qui, n'ayant pas de dépliant concernant cette ville, nous remet le guide touristique de la région Outaouais et nous informe que, pour le voyage, nous devons nous adresser à une agence.

Nous nous rendons donc à l'agence de voyages Astral, située dans le même bâtiment. Celle-ci nous remet un dépliant où figure un circuit comprenant le transport aller-retour Montréal-Ottawa et tour de ville Gray Line nº 1 valant 42,23 $.

Comme nous ne parlons pas un mot d'anglais, nous demandons si le tour de ville est en français et, après réponse affirmative de l'employée de l'agence, nous achetons ce tour. Le 16 septembre, après un voyage sans histoire, nous débarquons à Ottawa vers 9 h 30. Là, à notre grande surprise, un chauffeur de bus de la compagnie Gray Line nous apprend qu'il n'existe plus de tour en français et nous invite à prendre place dans l'autocar de son collègue. Et nous voilà partis pour un tour de ville en anglais de deux heures avec un chauffeur qui ne parlait pas un mot de français ou faisait semblant de ne pas comprendre nos questions.

Avez-vous déjà fait un tour de ville de deux heures sans documents avec une personne qui ne parle pas votre langue? C'est exaspérant.

À notre retour, en descendant du car, j'aperçois à quelques mètres de là, quelques dépliants. J'en prends un. De quoi s'agit-il? D'un dépliant pour un tour guidé bilingue de 105 minutes organisé par la compagnie Capital Trolley Tours.

Après avoir marché toute la journée pour visiter les principaux monuments d'Ottawa, ainsi que le Musée canadien des civilisations, à Hull (qui est remarquable), nous nous sommes rendus à la gare routière pour prendre le bus de 19 h pour Montréal. Au moment où nous nous apprêtions à monter dans l'autocar, le chauffeur nous a arrêtés: le car était plein!!!

Nous avons donc patienté jusqu'à 20 heures avant de reprendre la route pour Montréal.

Croyez que, rentrés en France, nous ne ferons pas de publicité pour encourager nos connaissances à visiter les provinces anglophones du Canada. C'est au pays d'accueil qu'il appartient de s'adapter aux touristes qui le visitent et non l'inverse.

À part cette mésaventure, je tiens quand même à préciser que le Québec est une région remarquable que nous avons eu beaucoup de plaisir à visiter. L'accueil est chaleureux et les informations touristiques particulièrement bien faites.

Source: Tribune libre, *La Presse*, 1er octobre 1993, p. B2.

Étant donné que le consommateur est une personne qui aime le confort et la stabilité psychologique, il est évident que Laurent et Laurence chercheront des moyens de retrouver leur équilibre. Bon nombre de consommateurs portent attention à la publicité d'un produit autant après qu'avant l'achat du produit. Il est donc important pour l'entreprise d'investir dans la publicité afin de sécuriser ses clients. Un autre moyen efficace de rassurer ses clients peut être de leur expédier une lettre quelques jours après l'achat. Cette lettre contiendra des mots de félicitations et flattera le consommateur d'avoir choisi la meilleure marque. Il existe une multitude d'autres moyens qui ne demandent qu'à être découverts et mis en application.

L'intégration des composantes en un modèle

Il ne reste plus maintenant qu'à intégrer toutes ces dimensions et le processus décisionnel en un modèle descriptif. Comme il est possible de le constater (*voir figure 5.17*), le processus de prise de décision, élément central pour la personne lors de son achat, subit l'influence des dimensions intrinsèques et extrinsèques de son comportement. L'utilité d'un tel modèle ne tient pas à sa capacité de prédire avec exactitude le comportement du consommateur. Il sert plutôt de guide lors de l'élaboration d'une stratégie de marketing.

Nous avons tenté dans ce chapitre de découvrir l'univers complexe du comportement du consommateur. Ce sujet fait l'objet de nombreux volumes dont nous vous conseillons une lecture attentive si vous désirez en faire une spécialité sur le marché du travail. Deux des modèles les plus populaires de comportement du consommateur sont d'ailleurs présentés, aux fins d'observation, en annexe de ce chapitre à la page 125.

■ **Figure 5.17** Modèle de comportement du consommateur

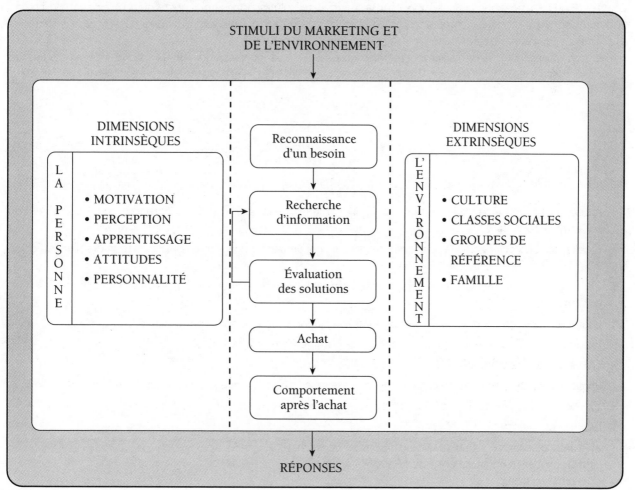

RÉSUMÉ

Le concept de marketing a comme objectif principal la satisfaction des besoins du consommateur. Il est donc primordial que le responsable du marketing connaisse et comprenne les mécanismes qui régissent le comportement des personnes. Dans ce chapitre, nous avons cherché à comprendre le «pourquoi» et le «comment» de la prise de décision d'achat.

Nous avons comparé le consommateur à une «boîte noire» qui émet des comportements sous l'influence de stimuli provenant de l'environnement et de l'organisation. Le comportement du consommateur comporte deux dimensions: la dimension intrinsèque et la dimension extrinsèque. Le comportement subit à la fois l'influence de la personnalité de la personne (dimension intrinsèque) et de l'environnement: culture, classes sociales, groupes de référence, famille (dimension extrinsèque). La motivation, la perception, l'apprentissage et les attitudes représentent tous des éléments de la personnalité dont il faut connaître le fonctionnement afin d'adopter la stratégie de marketing la plus appropriée. La dimension extrinsèque du comportement représente également une influence non négligeable dont le responsable du marketing doit tenir compte. Le processus décisionnel comporte cinq étapes: la reconnaissance d'un besoin, la recherche d'information, l'évaluation des choix, l'achat et le comportement après l'achat. Selon que le processus exige une résolution longue ou courte du problème, ou qu'il mène à un achat routinier, on pourra passer outre à certaines étapes.

La connaissance de la «boîte noire» s'avère un préalable à l'élaboration de toute stratégie de marketing.

QUESTIONS

1. Quelle est l'importance, pour un responsable du marketing, de connaître et de comprendre le comportement du consommateur?

2. Quelles sont les deux grandes catégories de stimulus qui peuvent influencer le consommateur lors d'une décision d'achat?

3. Qu'entend-on par «dimension intrinsèque du comportement»? par «dimension extrinsèque»? (Donnez-en les composantes.)

4. Énumérez les catégories de besoins selon Maslow et donnez un exemple pour chacune.

5. Expliquez le phénomène de la perception (tenez compte de l'encadré 5.3).

6. Qu'est-ce qu'une attitude?

7. En ce qui concerne le cycle de vie familiale, quels sont les cinq rôles que peuvent jouer les membres?

8. Quelles sont les étapes du processus décisionnel chez le consommateur?

9. Donnez un exemple

   a) d'un processus long de résolution d'un problème d'achat;
   b) d'un processus court de prise de décisions;
   c) d'achat routinier.

10. Que proposeriez-vous à la compagnie Gray Line (*voir encadré 5.5*) afin de réparer l'impair causé à un de ses clients?

EXERCICES PRATIQUES

5.1 *AU SUPERMARCHÉ*

Il est surprenant de constater combien, par de simples observations, on peut en apprendre sur le comportement du consommateur. C'est en analysant son attitude, son processus de décision, ses habitudes d'achat et ses déplacements qu'on comprend mieux le client et qu'on peut davantage répondre à ses besoins. Pour le bénéfice de cet exercice, nous vous invitons donc à vous rendre dans un supermarché pour y observer le processus d'achat de la clientèle dans un contexte de produits alimentaires. Nous vous suggérons d'y consacrer un minimum de deux à trois heures. Vous pouvez former des équipes et vous répartir différents angles d'observation. Voici quelques suggestions:

*   observer les gens devant un étalage particulier pour voir s'ils achètent par habitude, s'ils sont sensibles aux rabais, s'ils choisissent des marques connues, s'ils lisent les étiquettes, s'ils prennent plus ou moins de temps pour choisir le produit, etc.;
*   suivre les clients dans le magasin pour analyser leurs déplacements, chronométrer le temps requis pour faire leur marché, voir quels types d'aliments ils achètent (produit de base ou plats préparés, nourriture plus saine et équilibrée ou plus «fast food», etc.);
*   observer les gens à la caisse pour voir quels types d'achats ils font, et voir combien ils dépensent en produits alimentaires, selon leur profil (jeunes, aînés, famille, etc.).

Par la suite, vous devrez présenter un rapport d'activités dans lequel, dans un premier temps, vous indiquerez la démarche que vous avez suivie, vous donnerez les détails relatifs au site d'observation (l'endroit, l'heure, les particularités, etc.), et vous analyserez vos données en tenant compte des théories étudiées dans ce chapitre.

5.2 *L'ENQUÊTE*

En tant qu'étudiants, vous êtes des consommateurs du service d'enseignement de votre école ou de votre collège. Vous avez donc eu des comportements de consommateurs à propos du choix de cours, de votre attitude face à l'enseignant, de l'évaluation de la qualité de la matière, de l'intérêt à l'étude, de l'évaluation des outils comme le présent volume, de votre comportement en classe, etc.

Nous vous demandons de préparer un questionnaire qui servirait à mesurer le taux de satisfaction des étudiants de votre classe. Vous devez concevoir 10 questions **en fonction de vos propres critères d'évaluation**, y compris des questions ouvertes, à choix multiple, à échelle graduée, ainsi que des questions d'identification (reportez-vous au chapitre 4 sur le système d'information marketing). Décrivez ensuite la démarche que vous proposez pour l'analyse de ces données.

MISE EN SITUATION
L'achat d'un téléviseur

Lorsque leur téléviseur cessa brusquement de fonctionner, cela ne surprit pas les membres de la famille Desmarais. En effet, il y avait plus de 12 ans qu'ils possédaient ce téléviseur couleur qui, à plusieurs reprises, avait subi des réparations. Que faire cette fois-ci? M. et Mme Desmarais se demandaient s'ils devaient le faire réparer de nouveau ou acheter un appareil neuf. En attendant, ils disposaient d'un appareil portatif couleur de marque RCA Victor que leur fils s'était acheté chez un détaillant local. Un membre de la famille leur avait aussi offert un appareil de marque Hitachi en leur mentionnant que c'était la meilleure marque sur le marché actuellement. Même s'ils avaient apprécié cette délicatesse, M. et Mme Desmarais avaient décliné cette offre.

M. Desmarais décida d'acheter un nouvel appareil et se rendit chez le détaillant où son fils Michel s'était procuré son appareil RCA Victor. Ce distributeur offrait deux marques: Hitachi et RCA Victor. D'après lui, il s'agissait de deux excellentes marques, chacune présentant un choix varié d'appareils.

M. Desmarais revint avec plusieurs possibilités d'achat en tête. D'abord, il avait remarqué un RCA Colortrak 2000 dont les caractéristiques techniques et les dimensions correspondaient à ses besoins. Il y avait également un appareil Hitachi qui possédait des caractéristiques techniques comparables, mais les dimensions du meuble ne convenaient pas à l'endroit prévu. Les deux appareils se vendaient à peu près au même prix de détail.

Afin de se rassurer, M. Desmarais consulta un catalogue de vente à domicile fourni par un des grands distributeurs au Québec. De plus, il se rappela que la revue *Protégez-vous* avait récemment fait une analyse comparative des différents téléviseurs en vente sur le marché. Il en vérifia donc le contenu. Quelques jours plus tard, toute la famille se réjouissait devant un appareil RCA Victor neuf que M. Desmarais était allé acheter avec un de ses enfants. M. Desmarais constata alors qu'il avait eu raison de faire confiance au jeune vendeur qui l'avait accueilli.

1. Expliquez chacune des étapes du processus d'achat.
2. Quel est l'élément de la dimension extrinsèque qui a le plus influencé le choix de la marque?

Cas
PIERRE S'ACHÈTE UN ORDINATEUR

Pierre en est à sa dernière année de cégep. Il étudie en techniques administratives et pense poursuivre des études universitaires. Sa moyenne scolaire est très bonne et, en suivant deux cours d'été, il détiendra tous les préalables pour accéder à l'université. Pierre anticipe donc sa dernière année avec enthousiasme.

Il y a toutefois une ombre au tableau; un finissant de l'an dernier lui a confié que les travaux écrits à l'université étaient nombreux. Comme on l'exige déjà au cégep, tous les travaux doivent être dactylographiés. Pierre possède une machine à écrire électronique qui s'avère pratique mais, lorsqu'il s'agit de dactylographier plusieurs pages ou de faire des corrections, l'appareil laisse à désirer.

Il se rappelle qu'à sa première session il a dû retaper cinq pages complètes d'un travail de français, et cela afin d'insérer trois nouveaux paragraphes. C'est en utilisant les ordinateurs de l'école qu'il s'est rendu compte que leurs fonctions d'éditique étaient de beaucoup supérieures. De plus, grâce à des cours obligatoires en informatique, Pierre a rapidement appris à utiliser plusieurs types de logiciels. Il a ainsi fait l'ensemble de ses travaux dans les salles d'informatique du cégep.

La politique de fin et de mi-session consiste à réserver un poste d'ordinateur pour une utilisation maximale de deux heures. Cette période est souvent trop courte pour fignoler un travail de 20 pages.

Pour ces raisons, Pierre envisage de s'acheter un ordinateur et il pourrait profiter d'un prêt étudiant conçu à cet effet. Il a également la possibilité de demander à ses parents de lui avancer la différence si le prêt s'avère insuffisant. Il pourra ainsi travailler à la maison pendant plusieurs heures et même la nuit au besoin. Fini l'attente, fini les réservations!

La recherche d'information

Pierre est toutefois craintif à l'idée d'investir entre 1 500 $ et 3 000 $ pour un ordinateur. Il connaît bien l'ensemble des logiciels mais le matériel, le *hardware*, lui est plus ou moins familier.

Il décide donc de réviser ses notes du cours d'informatique de gestion pour se rafraîchir la mémoire. Il opterait certainement pour la marque IBM. L'école est équipée en IBM et IBM compatibles. Les modèles de l'école sont performants, et Pierre songe déjà à acheter un ordinateur similaire. De plus, dans l'éventualité où il doit apporter des travaux à l'école, les programmes et les formats seront identiques.

Le lendemain, Pierre court à une boutique de journaux pour acheter des revues spécialisées en informatique. Il tombe par hasard sur un magazine américain comprenant une édition spéciale: *1996 Computer Buying Guide* (guide de l'acheteur). En le regardant rapidement, il constate que l'ensemble des marques y sont décrites sommairement, évaluées et classées sous le rapport qualité/prix.

Fier de sa découverte, il achète également les grands quotidiens. Après avoir scrupuleusement épluché le magazine, son choix s'arrête sur deux modèles. Ces derniers ont obtenu une cote «moyenne/bonne» pour la performance, mais ils décrochent une note excellente sur le rapport qualité/prix. Les marques retenues sont un ordinateur IBM et un modèle Compaq.

Ensuite, en feuilletant les journaux, il remarque soudainement une multitude de publicités de boutiques d'informatique. Il ne portait que très rarement attention à ces annonces auparavant. Il s'aperçoit qu'on offre de tout ou presque, de l'ordinateur très simple à ce qui semble être la nouvelle vague, le multimédia.

En comparant les prix, il constate qu'il s'en tirerait pour environ 1 700 $ (plus taxes) pour un ensemble complet incluant l'écran, le clavier, la souris et l'ordinateur (un 486, 66 MHz avec 4 Mo de mémoire vive et un disque rigide de 250 Mo). Il envisage fortement d'acheter une imprimante; il pourrait faire imprimer ses travaux à l'école, mais une imprimante à la maison serait beaucoup plus pratique. Pour environ 300 $, il obtiendrait une imprimante à jets d'encre.

Par la suite, il téléphone à son amie Martine qui a acheté un ordinateur il y a quelques mois. Martine possède un Macintosh Performa. Elle étudie en graphisme, et ce type d'ordinateur répond mieux aux applications graphiques qu'exigent ses travaux. Pierre a déjà utilisé un Mac, mais il préfère tout de même les PC IBM ou compatibles. Martine l'invite à la maison pour essayer son Mac et surtout son nouveau programme pour accéder à l'Internet.

Après quatre heures d'exploration sur l'Internet et après avoir visité plusieurs sites, Pierre n'est plus tout à fait certain de vouloir acheter un IBM. Le Mac de Martine est un modèle à plus de 2 500 $ sans imprimante et sans moniteur. Ce modèle, en plus d'avoir des programmes de base en éditique similaires au modèle IBM, possède un télécopieur modem, une carte SVGA (pour un moniteur couleur et la vidéo), un son stéréo: cet ordinateur ouvre donc les portes du multimédia.

Le choix de Pierre

Pierre rentre à la maison perplexe. Initialement, son choix s'était arrêté sur un modèle de base IBM avec imprimante pour un prix de 2 000 $. Après avoir essayé l'ordinateur de Martine, il n'en est plus aussi convaincu. Il en profite pour jeter un autre coup d'œil au magazine d'informatique et aux journaux. Après mûre réflexion, il arrête de nouveau son choix sur un modèle PC. Le budget qu'il peut allouer à l'achat d'un ordinateur est l'un des principaux critères de décision et même si on retrouve autant de modèles de types PC avec les caractéristiques multimédias, Pierre espère ne pas investir plus de 2 000 $.

Plus de deux semaines se sont écoulées depuis sa visite chez Martine. Pierre a accumulé les annonces de journaux, les articles et revues et est déterminé à acheter un modèle PC de marque IBM. Mais où va-t-il l'acheter? Il a retenu trois boutiques: la première est la Coop du cégep qu'il fréquente. Elle offre de bons prix, connaît bien les produits, offre un service après-vente honnête et elle a l'habitude de répondre aux exigences du programme de prêts étudiants pour les ordinateurs. La deuxième est l'un de ces méga-entrepôts de l'électronique où on obtient le meilleur prix parfois au détriment de la qualité, du service et de la compétence des vendeurs. Finalement, il songe à une boutique de taille moyenne, Micro Info Plus, qui offre des prix compétitifs, mais qui se démarque par la compétence exceptionnelle de ses vendeurs et par un service après-vente hors pair. Il décide donc de visiter cette boutique.

La boutique Micro Info Plus offre deux types d'ordinateurs, les Macintosh et les PC. Pierre se dirige directement vers la section des PC. Un vendeur l'aborde aussitôt, et ils entament une longue discussion sur les modèles offerts. Pierre se laisse finalement convaincre qu'un modèle plus puissant, doté des caractéristiques multimédias, serait plus

approprié. Il devra débourser 700 $ de plus pour cet ordinateur, et ceci n'inclura pas l'imprimante.

C'est alors qu'un second vendeur se mêle à la discussion. Ce dernier affirme que, pour le même prix, Pierre pourrait avoir un Mac beaucoup plus performant pour le multimédia. Il ajoute que, dans les années à venir, les étudiants enverront leurs travaux par courrier électronique. La discussion s'anime entre les deux vendeurs, et Pierre écoute attentivement.

Après plus d'une demi-heure, Pierre quitte la boutique plus confus qu'avant d'y être entré. PC ou Mac? Multimédia ou standard? Avec ou sans lecteur de disque optique compact? Investir 2000 $ ou 4000 $? Quel achat devrait-il faire? Les vendeurs ont-ils bien fait leur travail?

NOTES

1. BLOCK, Carl E. et RŒRING, Kenneth J. *Profil de consommateur*, Montréal, HRW, 1977, p. 6.

2. PÉTROF, John V. *Comportement du consommateur et marketing*, 4e édition, Québec, Les Presses de l'Université Laval, 1988, p. 49.

3. EIBL-EIBESFELDT, Ireaus. *Éthologie: biologie du comportement*, Paris, Éditions Scientifiques, 1972.

4. MASLOW, Abraham H. *Motivation and Personality*, New York, Harper and Row Publishers, 1954.

5. BECKMAN, Dale et coll. *Op. cit. Le Marketing*, p. 48.

6. BECKMAN, M. Dale et coll. *Le Marketing*, 4e édition, *op. cit.*, p. 49.

7. HÉNAULT, Georges M. *Le consommateur*, Les Presses de l'Université du Québec, 1979, p. 50.

8. MOORE, Timothy E. «Subliminal Advertising: What You See Is What You Get», *dans Journal of Marketing*, printemps 1982, p. 38.

9. STANTON, William J. et coll. *Fundamentals of Marketing*, 4e édition, Toronto, McGraw-Hill Ryerson, 1985, p. 54.

10. Voir HELGARD, Ernest H. et BOWER, George H. *Theories of Learning*, New York, Appleton Century Crofts Inc., 1966.

11. FISHBEIN, M. «An Investigation of the Relationship between Beliefs about an Object and the Attitude toward that Objet», *dans Human Relations*, n° 16, août 1963, p. 233-240.

12. KOTLER, Philip. *Principles of Marketing*, Englewood Cliffs, Prentice Hall, 1980, p. 239.

13. BLOCK, Carl E. et RŒRING, Kenneth J. *Profil de consommateur*, *op. cit.*, p. 20.

14. WARNER, W. Lloyd et LUNT, Paul. *The Social Life of a Modern Community*, New Haven, Conn., Yale University Press, 1941.

15. HODGE, Robert W., SIEGEL, Paul M. et ROSSI, Peter H. «Occupational Prestige in the United States: 1925 -1963», *dans Class, Status, and Power*, 2e édition, New York, Free Press, 1966, p. 324-325.

16. PÉTROF, John V. *Comportement du consommateur et marketing*, *op. cit.*, p. 242.

17. BAUER, R.A. et WORTZEL, L.H. «Doctor's Choice: the Physician and his Sources of Information about Drugs», *dans Journal of Marketing Research*, février 1966, p. 40.

18. KOTLER, Philip et DUBOIS, Bernard. *Marketing management*, 5e édition, Paris, Publi-Union, 1986, p. 132.

19. BEREY, Lewis et POLLAY, Richard. «The Influence Role of the Child in Family Decision Making», *dans Journal of Marketing Research*, février 1968, p. 70-72.

20. KOTLER, Philip. *Marketing management: analyse, planification, contrôle*, 2e édition, Paris, Publi-Union, 1973, p. 144.

ANNEXE

Plusieurs modèles de comportement du consommateur existent dans la documentation touchant le marketing. Nous ne pouvons passer sous silence l'excellente contribution de certains chercheurs et nous vous invitons à approfondir les deux modèles suivants.

■ Le modèle du processus de décision du consommateur en situation de forte implication par Engel et Blackwell

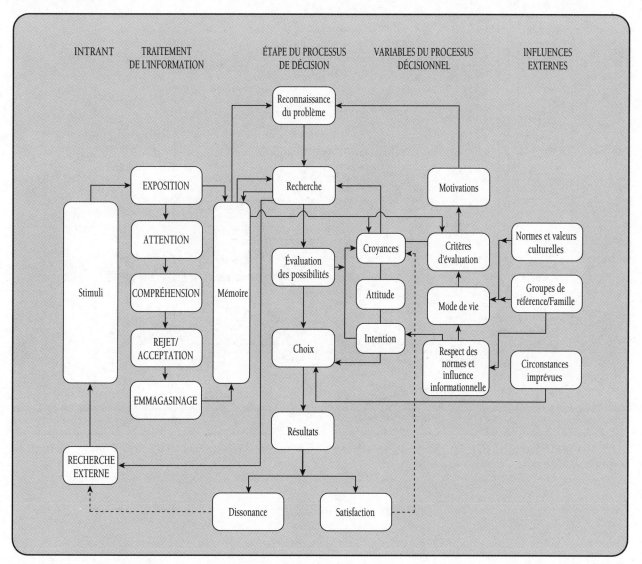

Source: ENGEL, J. et BLACKWELL, R. *Consumer Behavior,* 4ᵉ édition, Holt, Rinehart and Winston, The Dryden Press, 1982. Reproduit avec autorisation. Copyright © 1982 par CBS College Publishing.

■ Le modèle de Howard et Sheth

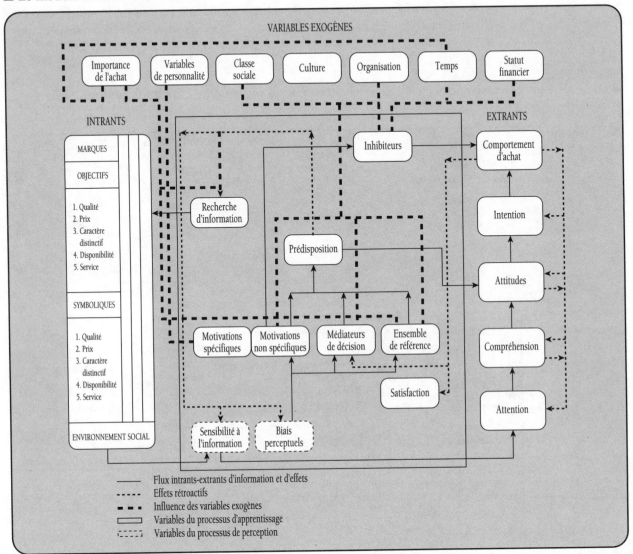

Source: HOWARD, J. et SHETH, J. *The Theory of Buyer Behavior*, New York, John Wiley & Sons, 1969. Reproduit avec autorisation. Copyright © 1969.

Troisième partie

L'élaboration du programme de marketing

L orsque les consommateurs font l'acquisition d'un produit, ils achètent également, dans une certaine mesure, le prix, le réseau de distribution et même le type de communication marketing que l'entreprise utilise. L'efficacité du mix marketing d'une entreprise est fonction de la qualité de chacune des variables qui entrent dans sa composition. De plus, le mix marketing sera davantage efficace s'il existe une forte cohérence entre chacune de ces variables, car il s'en dégagera alors un effet de synergie, c'est-à-dire que la valeur globale de l'offre de l'entreprise sera plus grande que la simple addition de chacune de ces variables.

La popularisation du concept de mix marketing revient à E. Jérôme McCarthy qui proposait en 1960 de grouper sous quatre variables, à savoir les 4 P (produit, prix, place et promotion), l'ensemble des activités de mise en marché[*]. De nos jours, on favorise de plus en plus l'approche PPCD (produit, prix, communication marketing et distribution) afin de mieux refléter le contenu des variables promotion et place.

Nous commencerons l'étude des variables du mix marketing avec la variable produit, sans pour autant lui accorder plus d'importance qu'aux autres. La variable produit fera donc l'objet des deux prochains chapitres. Ainsi, le chapitre 6 porte sur le concept produit alors que le chapitre 7 donne l'occasion d'approfondir la question de la gestion de produit.

Par la suite, nous aborderons dans le chapitre 8 l'étude des moyens sélectionnés par l'entreprise pour rendre le produit accessible aux consommateurs. Il s'agit

---

[*] ENIS, Ben M. «Toward a Taxonomy of Marketing Terms», *dans Marketing Theory: Philosophy of Science Perspective*, édité par Ronald F. Bush et Shelby D. Hunt, proceeding series, American Marketing Association, 1982.

de l'étude des circuits de distribution et de la distribution physique, variable qu'on identifie par les termes distribution ou place.

Puis nous verrons comment déterminer le prix d'un produit en tenant compte autant de la dimension de l'entreprise que de celle du marché. Ce sujet fera l'objet du chapitre 9.

Enfin, dans le chapitre 10, nous approfondirons le concept de communication marketing et, dans le chapitre 11, nous examinerons chacun des moyens utilisés aux fins de communication marketing.

6

LE CONCEPT
DE PRODUIT

OBJECTIFS D'APPRENTISSAGE

Après la lecture du chapitre, vous devriez être en mesure de:
- définir un produit;
- reconnaître les principales caractéristiques d'un produit;
- décrire l'extension du concept de produit;
- comprendre la façon de présenter un produit;
- connaître la méthode de classification des produits
  dans l'entreprise.

Un produit, c'est quelque chose qu'on achète! Singulière réponse à une drôle de question posée dans un ouvrage de marketing! Durant les deux ou trois prochaines minutes, le lecteur peut tenter de déterminer ce qu'il juge valable comme définition d'un produit.

Il existe probablement autant de définitions qu'il y a de lecteurs de cet ouvrage. De plus, elles doivent vraisemblablement varier selon les types de produits auxquels on a pensé lors de leur élaboration. Plusieurs ont pu penser davantage à l'objet lui-même, donc s'attarder aux caractéristiques tangibles ou physiques du produit: son matériau, sa forme ou son conditionnement (emballage). D'autres auront plutôt retenu l'image dégagée par le produit. Il s'agit alors des caractéristiques symboliques ou impalpables du produit comme le prestige relié à la marque du fabricant ou les symboles liés aux formes et aux couleurs utilisées pour fabriquer le produit. Enfin, certains ont probablement pensé à la garantie et au service après-vente accordés à l'acheteur pour certains types ou marques de produits.

Considéré de cette façon, le produit se définit comme un ensemble de caractéristiques tangibles et symboliques qui comprennent le service après-vente et la garantie. Toutefois, est-ce tout ce que l'entreprise doit offrir? En fait, est-ce uniquement un ensemble de caractéristiques que vous achetez lorsque vous faites le choix d'un produit quelconque?

Nous croyons que l'entreprise qui se contente d'offrir cet ensemble de caractéristiques passe outre au riche enseignement qu'elle peut tirer du concept de marketing. Comme nous avons eu l'occasion de le constater, le client ne consomme pas que des caractéristiques. Il achète surtout une satisfaction. Ainsi nous pouvons affirmer que, et nous croyons qu'il s'agit de loin de la meilleure définition du produit, «le produit d'une entreprise représente la promesse faite par l'entreprise de satisfaire un ou plusieurs besoins (physiologiques ou psychologiques) du marché à un moment donné[1]» (*voir encadré 6.1*).

Si on examine quelques réclames publicitaires qui ont circulé dans les médias dernièrement, on peut constater qu'un élément revient continuellement dans chacune d'elles, soit la promesse que le produit donnera satisfaction. C'est cela que, dans une large mesure, les consommateurs achètent lorsqu'ils choisissent un produit: une satisfaction globale.

Par exemple, l'achat de patins à glace représente bien plus que le fait de se procurer des pièces de cuir et de nylon, des cordons et des lames. C'est tout le plaisir qu'on partagera avec les amis. C'est, en fait, tout ce qui peut être associé au produit, principalement au moment de l'achat et que le consommateur recherche. C'est de là qu'on tire la notion de produit global. Il en va de même lorsqu'une personne assiste à une partie de base-ball au Stade olympique. Les billets ne lui procurent pas que le spectacle des joueurs évoluant sur le terrain, mais également le sourire des guichetiers, la politesse des hôtes et des hôtesses, la courtoisie du vendeur de friandises, les pitreries de Youppi, bref, toute l'ambiance et le plaisir qu'il y a à être présent au stade et qu'elle partagera ensuite avec ses amis en leur racontant cette merveilleuse soirée.

DES PRODUITS, DES SERVICES ET PLUS ENCORE...

Jusqu'à maintenant, la documentation existante sur le marketing a davantage représenté le concept de produit par des biens physiques tels cet ouvrage, les vêtements, du matériel scolaire, de l'équipement de sport, des disques ou des cassettes, bref, tous les éléments tangibles de l'environnement d'une personne.

S'il en est ainsi, c'est que, jusqu'à tout récemment, on associait principalement le marketing à la vente de produits de consommation courante.

■ Encadré 6.1   Une conséquence regrettable de la consommation d'un produit

100 adolescents tués à cause de leurs chaussures de sport

Agence France-Presse

CARACAS

■ Une centaine d'adolescents ont été tués au cours des deux dernières années, au Venezuela, par des gangs qui voulaient voler leurs chaussures de sport à la mode, selon une étude effectuée dans Sucre, l'un des cinq arrondissements de la capitale venezuelienne.

«Beaucoup de parents finissent par acheter aux enfants pour leur faire plaisir des chaussures de sport très chères et ceux qui en portent se font facilement remarquer par les voyous», a déclaré le maire de Caracas, M. Enrique Mendoza.

Il a déclaré que pour faire face à cette situation, un programme d'auto-protection serait appliqué pour que «les jeunes ne deviennent pas les victimes potentielles des délinquants».

Source: La Presse, 26 septembre 1994, p. A2.

Toutefois, avec la croissance phénoménale que l'industrie des services a connue depuis la Deuxième Guerre mondiale, faisant d'elle la première industrie en Amérique du Nord de nos jours, le concept de produit s'est élargi pour englober également la dimension «services». À la suite de cette évolution, John M. Rathmell a proposé une nouvelle façon de voir le concept de produit, soit celle d'un continuum dans lequel s'inscrivent la catégorie «produits» (exemple, l'automobile), la catégorie «produit/service» (exemple, un centre de location d'automobiles) et, finalement, la catégorie «service» (exemple, une station-service traditionnelle).

Afin de distinguer le produit du service, on examine quatre critères:

1. Est-ce tangible?
2. Peut-on le stocker?
3. Est-il standard?
4. Le consommateur participe-t-il à sa formulation ou à sa distribution[2]?

Comme l'indique la figure 6.1, on admet qu'un produit est tangible et standardisé, qu'il peut être stocké et qu'il exige peu de participation de la part de l'acheteur. Prenons l'exemple des cannes à pêche. Les cannes à pêche sont des produits tangibles qu'on fabrique et qu'on entrepose durant l'hiver afin qu'elles soient offertes en quantité suffisante durant la saison de la pêche. De plus, on les reproduit à la chaîne selon des spécifications standard pour chacun des modèles, et la qualité sera la même pour chacune d'entre elles. Tout cela, en fin de compte, exige peu de participation de la part du consommateur en ce qui concerne la formulation ou la distribution du produit.

À l'opposé, un service n'est ni tangible ni standardisé, il ne peut pas être stocké et il exige une certaine participation de la part de l'acheteur (*voir encadré 6.2*). Considérons l'exemple suivant. Une personne achète un billet d'avion pour l'Europe. Le service ainsi obtenu n'est pas tangible puisque le titre de propriété acquis ne concerne pas un objet à recevoir, mais bel et bien un droit décrit à l'achat. De plus, ce service est périssable. Air Canada, par exemple, ne peut pas stocker les places non vendues sur chacun de ses vols afin de les offrir ultérieurement. En ce qui a trait à la standardisation, même les vols simultanés pour une même destination, offerts par la même compagnie, ne se ressemblent pas au point d'être qualifiés de services standard. Il suffit d'une petite différence au décollage ou à l'atterrissage…! Finalement, en ce qui a trait à la participation, l'acheteur est un participant essentiel, en ce sens que sa présence ou sa façon d'être, à ce moment, déterminera un certain niveau de service.

Entre ces deux catégories extrêmes, il existe une multitude de niveaux de services. On peut les situer soit dans la catégorie intermédiaire «produits/services», soit dans les zones grises entre chacun des pôles.

Cependant, il y a plus encore. L'élargissement du concept de marketing permet d'inclure davantage de possibilités à l'intérieur de la variable produit. Outre les produits et les services, le marketing s'applique également à d'autres éléments. Même les personnes sont mises en marché! Qu'il s'agisse de joueurs de hockey, de politiciens, d'artistes ou d'une personne à la recherche d'un emploi, le marketing s'avère un outil stratégique. Il en est de même des endroits ou des régions géographiques précis qu'on veut faire découvrir et vendre aux consommateurs. Le slogan publicitaire «Si Charlevoix était à Montréal» visait essentiellement à accroître le tourisme dans la région de Charlevoix et était destiné à la population montréalaise. On utilise aussi le marketing dans le cas de comportements ou d'idées qu'on veut faire adopter à divers segments de la population. La conduite automobile d'une personne en état d'ébriété

■ Figure 6.1   Différences entre produits, produits/services et services

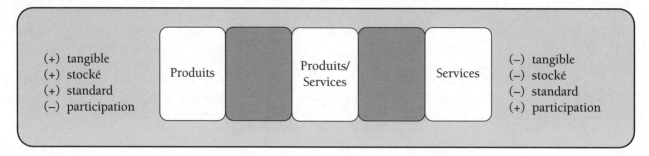

est un exemple de comportement à corriger. Une stratégie de marketing visant à changer un comportement comme «produit à vendre» a été mise sur pied vers la fin des années 80. C'est Jacques Bouchard, alors président de BCP Stratégie Créativité, qui a popularisé ce genre de marketing des idées au Québec[3].

Ces quelques exemples n'ont pas la prétention d'illustrer tout ce qu'il est possible de faire dans le domaine des applications du marketing. Même si on privilégie souvent le terme «produit», il faut dorénavant tenir compte du fait qu'il inclut beaucoup plus que les simples biens physiques.

LA PRÉSENTATION DU PRODUIT

Afin de se conformer davantage aux multiples besoins des consommateurs tels que, entre autres, une identification facile, une manipulation commode ainsi qu'un emploi simplifié du produit, le responsable du marketing a la possibilité d'utiliser trois composantes du produit: la marque, le conditionnement (l'emballage) et l'étiquette.

La marque de commerce

L'*American Marketing Association* définit la marque comme un nom, un terme, un signe, un symbole, un dessin ou une combinaison de ceux-ci servant à reconnaître les

■ Encadré 6.2   Exemple d'un service innovateur offert aux consommateurs

La réponse juridique au bout du fil

■ Les Québécois ont maintenant accès à un service de consultation juridique personnalisée pour 30 $, taxes en sus. En effet, le cabinet Guérette Avocats lance *La réponse juridique*, un nouveau service téléphonique de consultation juridique.

En composant le 1-900-451-5026, les consommateurs ont le privilège de consulter à peu de frais un avocat expérimenté, membre du Barreau du Québec, et ce rapidement et confidentiellement.

«C'est un service téléphonique facile d'accès; le seul qui permette de parler à un avocat, d'expliquer Me Fernand Guérette. Il s'agit du premier service de consultation juridique personnalisée à prix fixe au Québec.» L'objectif est de rendre accessibles et abordables les conseils juridiques.

Source: La Presse, 10 novembre 1994, p. A5.

biens et les services d'une entreprise ou d'un groupe de vendeurs afin de les diffé-rencier de ceux des concurrents[4]. On peut simplifier cette définition en limitant la composition de la marque de commerce à deux éléments, à savoir le nom de marque (nom commercial) et l'emblème de marque (emblème commercial).

Doit-on utiliser une marque de commerce?

Les entreprises n'utilisent pas toutes une marque de commerce pour leurs produits. Certaines d'entre elles n'en utilisent pas, soit parce que c'est impossible compte tenu des dépenses de promotion exigées, parce qu'elles ne peuvent pas assurer une certaine constance dans la qualité du produit ou, tout simplement, parce que le genre de produits qu'elles fabriquent ne se prête pas à une promotion de marque. Par contre, il est très avantageux d'utiliser la marque de commerce pour les entreprises en mesure de respecter ces trois exigences. Cette dernière leur permet de diffé-rencier leur produit de celui des autres firmes. De plus, elle accorde un certain monopole en ce qui a trait au segment de marché auquel elle satisfait. Elle favorise également le développement d'une fidélité à la marque. Enfin, elle rend l'entreprise moins vulnérable aux guerres de prix. Voilà quelques avantages d'une marque de commerce populaire.

Le consommateur retire également certains bénéfices du fait que l'entreprise utilise une marque de commerce. En effet, la marque lui permet de retrouver plus facilement les produits lors du magasinage. De plus, elle lui assure qu'il se procure un produit dont la qualité est constante d'une unité à l'autre. Elle lui donne également une satisfaction psychologique non négligeable, en ce sens que le client consomme aussi l'image de marque lors de l'achat du produit. Enfin, pour que sa marque connaisse une certaine croissance sur le marché, le fabricant devra améliorer la qualité de son produit au fil des ans, ce qui constitue un avantage supplémentaire pour le consommateur.

La marque de commerce déposée

La marque de commerce déposée (^MD, MC, TM (*trade mark*), ®) est simplement la protection juridique que donne une entreprise à sa marque. Comme la marque est plus qu'un nom commercial, il est aussi possible d'enregistrer les symboles, les dessins et les couleurs qui constituent les caractères distinctifs de la marque. Le dépôt d'une marque permet de jouir d'un droit d'utilisation exclusif de cette marque (*voir encadré 6.3*).

Pour déposer une marque de commerce, l'entreprise, après avoir établi cette dernière, présente une demande d'enregistrement auprès du «Registraire des marques de commerce» du Secrétariat d'État à Ottawa. En vertu de la *Loi sur les marques de commerce* (1970, Statuts refondus du Canada, Chapitre T-10 et amende-ments) et des règlements adoptés selon cette loi, la marque de commerce jouira d'une certaine protection en ce qui a trait au marché canadien. Spécifions immédia-tement que le droit à une marque de commerce ne s'acquiert pas uniquement par son enregistrement. En effet, l'entreprise devra, dans un délai de six mois et à l'intérieur de son marché habituel, offrir le produit que désigne cette marque de commerce[5]. Notons, enfin, qu'une marque de commerce enregistrée peut être utilisée par une autre entreprise si cette dernière l'emploie pour un produit différent de celui offert par l'entreprise ayant retenu les droits en premier. Omega est aussi bien une marque de montre que de caisse enregistreuse: la confusion est alors impossible[6].

On recommande au responsable du marketing, compte tenu de la modicité des coûts inhérents à l'enregistrement d'une marque de commerce, de protéger la marque de commerce de ses produits.

Qu'est-ce qu'un bon nom de marque?

Le nom de marque est la partie prononçable de la marque de commerce. Il peut s'agir d'un nom, d'une expression, de lettre(s), de chiffre(s) ou d'une combinaison de ceux-ci. Belle Gueule, Yum Yum, S.O.S., 222, ainsi que Brut 33 en sont des exemples. Un excellent nom commercial réunit la majorité des caractéristiques suivantes[7].

- Il véhicule les caractéristiques du produit, à savoir sa forme, sa composition, son usage ou les bénéfices qu'on en retire. Les Turtles, Herbal Essence, Spray n'Wash et Double Fraîcheur en sont des exemples.
- Il est facile à prononcer, à reconnaître et à retenir. Des noms simples et courts, comme Sico, Tana, Golf, Coke, Zéro et Kao, répondent à ces critères. Trieste, Elastoplast et Blistex sont cependant moins faciles à prononcer.
- Il est distinctif. Michel Robichaud, Mont Blanc, Imperial, Savourin, ainsi que Laura Secord sont des noms distinctifs.
- Il peut être utilisé même si d'autres produits s'ajoutent à la ligne actuelle offerte par l'entreprise. Kenmore, marque d'appareils électroménagers, désigne aussi bien la cuisinière, le réfrigérateur que le lave-vaisselle, alors que la marque Frigidaire, bien qu'excellente pour le réfrigérateur, perd beaucoup de son effet pour les autres genres d'appareils, notamment la cuisinière.
- Il peut faire l'objet d'un enregistrement en vertu de la *Loi sur les marques de commerce*. Toutefois, ce ne sont pas toutes les marques de commerce qui sont susceptibles d'être enregistrées.

■ Encadré 6.3   La loi, c'est la loi!

Marques de commerce: Delisle met le «Minimo» de Yoplait «KO»

■ Le fabricant de yogourt Delisle a forcé son concurrent, Yoplait, à changer le nom d'un de ses produits les plus populaires: le *Minimo*.

La filiale d'Agropur a dû changer l'appellation de ce fromage frais aromatisé aux fruits pour *Minigo* après que Delisle lui ait indiqué que la marque *Minimousse* leur appartenait déjà.

Delisle avait en effet enregistré le nom de *Minimousse* avant que celui de *Minimo* ne soit déposé. Rappelons que Delisle a été vendue au groupe agro-alimentaire français BSN au début de l'année.

«Pour éviter une injonction, nous avons rapidement changé le nom de *Minimo* par *Minigo*», a expliqué aux AFFAIRES Jacques Philie, chef du produit *Minigo* chez Agropur, de Brossard.

M. Philie a assuré que le changement de nom n'avait pas perturbé les ventes de ce produit «qui dépassent les objectifs que nous nous étions fixés au moment du lancement, l'an dernier».

Source: Les Affaires, 20 novembre 1993, p. 18.

De plus, un bon nom commercial doit:

- pouvoir se prononcer d'une seule façon dans plusieurs langues si le produit est exporté. Pour cette raison, les automobiles Datsun (Dattsun, Dotsun, Datson…) ont opté pour le nom Nissan, qui est préférable;
- tenir compte de l'environnement culturel des pays de commercialisation. Il faut toujours réévaluer le nom avant de l'utiliser dans un marché d'exportation afin d'éviter les mauvaises interprétations. Rappelons les cas, au Québec, du lait Pet et du dentifrice Cue de Colgate-Palmolive[8]. La compagnie American Motors a fait une erreur similaire en conservant le nom de marque *Matador* pour une automobile exportée à Porto Rico, ville à haut taux de mortalité par accidents de la route, alors que ce mot signifie «tueur»[9];
- s'adapter facilement à tous les types de médias aux fins de promotion. Les fournitures scolaires Stædtler exigent un apprentissage difficile par rapport à Bic, qui est beaucoup plus facile à utiliser;
- éviter d'être une proie facile pour les jeux de mots.

Quelquefois, le nom commercial est si bien choisi et son acceptation par les consommateurs est telle que ces derniers l'utilisent pour désigner la classe du produit. Ski-doo, Frigidaire, Kleenex, Jell-O, Q-tips, Pledge et Windex en sont quelques exemples.

Un danger guette cependant l'entreprise qui utilise un nom de marque qui sert aussi à désigner une classe de produits. En effet, bien qu'une telle loi soit encore inexistante au Canada, car les juristes n'ont pas encore légiféré au sujet d'une telle situation, l'entreprise canadienne qui exporte aux États-Unis et dont le nom de marque connaît un tel sort s'expose à voir ce nom de marque proclamé nom générique (nom commun). Elle perdra alors toute prétention à une utilisation exclusive de ce nom de marque, et ses compétiteurs pourront l'utiliser dans la dénomination de leurs produits. C'est déjà arrivé à bon nombre de compagnies américaines dans leur propre pays; elles ont vu leur nom de marque devenir des noms génériques (par exemple, nylon, aspirine, linoléum, thermos, shredded wheat).

Toutefois, cette possibilité ne doit pas empêcher le responsable du marketing de tout mettre en œuvre afin de trouver le meilleur nom de marque possible pour son produit (*voir encadré 6.4*).

Qu'est-ce qui constitue un bon emblème de marque?

L'emblème de marque est la partie de la marque qu'on ne peut prononcer. Il apparaît sous forme de symboles, de dessins, de couleurs, de lettres distinctives ou d'une combinaison de ces éléments. Même si le consommateur ne peut l'exprimer, l'emblème demeure fort utile pour la reconnaissance du produit. De nos jours, beaucoup d'entreprises exploitent l'emblème de marque.

Certaines d'entre elles font beaucoup de promotion pour le faire connaître du public. Il en résulte que cet emblème devient fort prisé dans le marché. Pensons à la forme distinctive des lettres adoptée pour le titre de la revue *Safarir*, à la roue d'engrenage de Bombardier et à la signature stylisée de Coca-Cola (*voir encadré 6.5*). C'est également pour désigner leur appartenance et leur qualité qu'on apposait une marque sur les bœufs du Texas[10]. Il en est de même pour les produits d'une entreprise. Essentiellement, l'emblème de marque doit être à la fois simple, dynamique, actuel et universel[11]. Tout comme le nom de marque, l'emblème de marque devra s'accommoder facilement des différents médias aux fins de promotion.

■ **Encadré 6.4** La recherche en marketing peut aider à reconnaître les meilleurs noms commerciaux… comme les moins bons!

Le mot Québec peut déprécier une marque alimentaire

■ L'utilisation du mot *Québec* dans une marque d'un produit alimentaire peut être un facteur de dépréciation de sa valeur perçue par les consommateurs québécois.

C'est la constatation qu'une jeune firme de recherche marketing de Lévis, Guay & Fournier Associés, a fait à la suite d'enquêtes sur les motivations des consommateurs envers de nouveaux produits alimentaires.

Cette constatation, qui entache le concept *Qualité-Québec* d'achat chez nous, est citée dans un récent bulletin d'information du ministère québécois de l'Agriculture, des Pêcheries et de l'Alimentation.

Une étude de Guay & Fournier visait à établir l'impact du mot Québec dans une marque de commerce de nouvelles confitures.

Les cinq noms suggérés étaient: *Passion Québec, Bon Matin, Pleine Nature, Grand-Maman* et *Santé Plus*.

Les consommateurs interrogés devaient associer ces noms à différents niveaux de prix et de valeur perçue, mais sans voir ou goûter le produit.

C'est la marque *Passion Québec* qui a obtenu le plus de réponses défavorables parmi les cinq proposées. Elle a aussi été classée au plus bas niveau des échelles de prix, de perception de qualité et d'attrait alimentaire par les répondants à l'enquête.

Il s'agissait d'une troisième enquête du genre de Guay & Fournier qui montrait la perception négative du mot Québec dans une marque de commerce alimentaire.

«Dès qu'on ajoute le mot Québec à la marque d'un produit alimentaire, nos enquêtes montrent qu'il risque d'acquérir une perception *cheap* auprès des consommateurs québécois, a indiqué Serge-André Guay, associé chez Guay & Fournier.

«Que l'on soit d'accord ou non, cela semble faire partie de notre inconscient collectif de consommateurs. Ce qui est identifié comme venant de chez nous, en alimentation du moins, risque d'être perçu comme de qualité et de valeur moindres.»

Guay & Fournier compte parmi ses clients le fabricant de condiments Berthelet et Léger, de Boisbriand, la conserverie Aliments Carrière, de Saint-Denis, et la Boulangerie Saint-Augustin, en banlieue de Québec. (MV)

Source: Les Affaires, 23 juillet 1994, p. 12.

Marque du fabricant ou marque du distributeur?

L'écoulement de la production de l'entreprise sur le marché peut s'effectuer sous la marque du fabricant ou sous la marque du distributeur.

La marque du fabricant Si l'entreprise décide de vendre ses produits sous sa propre marque de commerce, on dit qu'elle utilise la marque du fabricant, appelée également «marque nationale». Cette politique est pratiquée par plusieurs entreprises dont Bombardier (Ski-doo). Pour ce faire, l'entreprise doit être en bonne situation financière, avoir une position sûre sur le marché et avoir de bonnes relations avec les distributeurs. Les marques de fabricants sont très populaires sur le marché. Bon nombre de consommateurs, connaissant très bien les marques nationales, les exigent lors de leurs emplettes. Les soupes Knorr est un exemple d'un produit de marque nationale, exigé par une majorité de consommateurs. Le fabricant en retire l'avantage d'avoir un meilleur contrôle sur toutes les variables du mix marketing. Quant au distributeur, l'avantage d'offrir des marques nationales réside dans le fait qu'elles attirent les consommateurs au magasin compte tenu de leur popularité sur le

■ **Encadré 6.5** Signification d'un emblème de marque

Le lion est l'emblème de Peugeot depuis 1858, alors que la compagnie fabriquait outillage, ressorts d'horlogerie et... crinolines.

Le lion était chargé d'exprimer les trois qualités majeures des lames de scie Peugeot: robustesse, mordant et puissance de coupe.

Le lion Peugeot

Peugeot a construit la 1re voiture vendue commercialement (1891), la 1re familiale (1894), la 1re voiture particulière à moteur diesel (1922) et le premier moteur diesel à haut régime (1967).

Source: gracieuseté de la Société Automobiles Peugeot.

marché. Le prix de vente des marques nationales est habituellement plus élevé que celui des marques privées, mais cette différence ne représente pas nécessairement un profit pour le distributeur; elle sert surtout à couvrir les coûts de la mise en marché du fabricant.

La marque du distributeur L'entreprise peut choisir de distribuer sa production sous la bannière des distributeurs, appelée également «marque privée» ou «produit maison». Le producteur fabrique alors le produit selon les recommandations fournies par le distributeur, auquel revient toute la responsabilité de la mise en marché. Mentionnons immédiatement que le contrôle de la mise en marché par le distributeur avantage aussi bien ce dernier que le fabricant. Comment est-ce possible? Le distributeur a tout le loisir de manipuler les variables du mix marketing. Quant au fabricant, le fait qu'un produit remporte un succès mitigé ne lui occasionnera aucune perte financière ni aucune baisse de crédibilité sur le marché. Par contre, il est nécessaire de préciser que, en misant sur la production de marques de distributeurs, le producteur perd l'habitude de la mise en marché auprès des consommateurs et s'assujettit beaucoup plus, par le fait même, aux aléas des commandes des distributeurs. C'est là tout un inconvénient.

Pour ses produits maison, le distributeur peut choisir entre deux stratégies de présentation. La première consiste à présenter le produit sous le nom de marque du distributeur (par exemple, Metro: «Le choix évident», Ro-Na l'Entrepôt, Réno-Dépôt) ou sous un autre nom que celui de l'institution mais qui lui appartient (Zel chez Provigo [*voir encadré 6.6*]). De cette façon, le distributeur associe le prestige de son nom corporatif ou d'une marque réputée aux produits qu'il offre. Cependant, il ne le fera que si les produits répondent à ses exigences. Il s'agit donc de bons produits dont le prix est habituellement plus bas que celui des marques nationales, compte tenu des frais de mise en marché généralement moins élevés.

La seconde possibilité est que le distributeur commande au fabricant des produits selon des exigences précises et sur lesquels aucun nom ne sera apposé. Il s'agit en fait des produits sans nom, appelés également «produits génériques» ou «à étiquette blanche».

L'existence de ce genre de produits remonte à très loin dans l'histoire. Le propriétaire du magasin général de l'époque qui vendait de la farine de sarrasin ou un autre produit dans des sacs bruns ou blancs pratiquait déjà ce genre de mise en marché. C'est Carrefour, important distributeur de France, qui a tout simplement réanimé cette pratique. Le 18 avril 1976, ces 38 hypermarchés offraient, à grand renfort promotionnel, une cinquantaine de produits dont l'étiquette ne comportait que le contenu de l'emballage et l'emblème de marque du magasin. Ces «produits libres» firent l'effet d'une bombe dans le milieu de la distribution[12].

Vers la fin de 1977, avec une promotion appropriée, les produits sans nom s'installaient au Québec. Toutefois, ils ne connurent pas le même succès qu'en France et ils ont par la suite pratiquement disparu du paysage québécois[13]. On peut encore retrouver ce genre de produits sur les tablettes du distributeur alimentaire Loblaws, présent dans la région Hull-Ottawa. On classe ces produits parmi les marques de distributeurs parce qu'ils portent des couleurs différentes et appropriées à chaque distributeur qui les contrôle. Ces produits, tout en étant de bonne qualité, sont habituellement les moins dispendieux, du fait qu'ils engagent moins de dépenses de promotion des ventes.

■ **Encadré 6.6**   Exemple d'une marque de distributeur

Métro lance une première bière de marque maison...

QUÉBEC — Les amateurs de bière pourront goûter à compter du 1er août une nouvelle marque de bière: la Norois Premium 4,9 %. Pour la première fois dans l'industrie de la distribution alimentaire au Québec, une chaîne alimentaire, en l'occurrence Métro-Richelieu, possédera une bière alcoolisée de marque maison.

par RÉJEAN LACOMBE

LE SOLEIL

■ Cette bière de type lager sera offerte à un prix populaire. Le prix de la caisse de 24 bouteilles sera de 16,90 $, celui de la caisse de 12, 8,45 $ et le contenant de six bouteilles sera de 4,22 $. Toutefois, le vice-président exécutif, opérations grossiste, chez Métro, M. Gérald Tremblay, précise qu'il est possible que ces prix puissent varier d'un endroit à l'autre.

Cette nouvelle bière sera en vente dans plus de 700 points de vente à travers le Québec et s'ajoutera à la Norois 0,5 %, une bière non alcoolisée que Métro a lancée en 1992. Les dirigeants de Métro espèrent que la Norois Premium 4,9 % obtienne autant de succès que la 0,5 %. Annuellement, Métro vend 150 000 caisses de 24 bouteilles de la 0,5 %, ce qui représente 10 % du marché.

La Norois Premium 4,9 % qui est brassée par la Brasserie Lakeport, d'Ontario, est fabriquée à partir d'orge à double rang et de houblon de première qualité. La nouvelle «blonde» de Métro rejoindra ainsi les quelque 800 produits de marque maison offerts par Métro.

Pour le vice-président marketing chez Métro, M. Gilles Caron, le lancement de cette nouvelle bière

représente tout un défi. «Nous avons quelque peu bouleversé le marché de la bière, dit-il lors du lancement hier de cette nouvelle bière, en arrivant avec une marque maison.»

Afin de faire connaître ce nouveau produit, Métro fera appel à une vaste campagne de publicité dans les plus importants journaux quotidiens et à la radio. Toutefois, on ne fera pas appel à des messages publicitaires à la télévision pour lancer la Norois Premium 4,9 %.

Les dirigeants de Métro croient qu'il y a place pour ce type de bière au Québec. Ils visent principalement le consommateur qui est un buveur moyen et qui recherche le meilleur rapport qualité/prix. «Ce consommateur, de préciser M. Caron, achète en moyenne une caisse de bières par semaine pour les boire en famille ou avec des amis.»

Source: Le Soleil, 28 juillet 1994, p. B8.

Comme il existe un segment de marché, bien que minime, intéressé à ce genre d'achat et que les consommateurs y trouvent satisfaction, autant par la qualité que par le prix, il demeure avantageux pour le producteur et pour le distributeur d'offrir ce genre de produits. De plus, certains de ces produits reçoivent des cotes élevées de la part d'organismes de recherche[14].

La bataille des marques   On appelle «bataille des marques» la concurrence qui existe entre les marques de fabricants et les marques de distributeurs. De plus en plus, les distributeurs offrent leurs marques privées aux consommateurs, et ce pour plusieurs lignes de produits: nourriture, vêtements, pièces d'automobile et équipement de sport.

L'offre de ces marques de distributeurs a pour effet d'accroître les ventes totales par la satisfaction d'un segment de marché supplémentaire. Le fabricant qui accepte cette politique, comme le fait la compagnie Whirlpool dont les deux tiers des ventes sont effectuées auprès de Sears Rœbuck (États-Unis) ainsi que de Sears au Canada, favorise un impact positif sur ses ventes[15]. À l'opposé, la décision de ne pas fabriquer les marques de distributeurs peut avoir un effet négatif sur les ventes de l'entreprise. Il n'est pas assuré qu'elle réussira à remplacer ces ventes non réalisées par la vente de ses propres marques.

Les marques privées ont prouvé qu'elles peuvent concurrencer les marques de fabricants. À plusieurs occasions, une telle concurrence a fait diminuer les prix de vente, ce qui est tout à l'avantage du consommateur. Pour conserver leur place sur le marché, les fabricants sont obligés d'aller de l'avant et de faire mieux, ce qui se traduit encore une fois par un certain bénéfice pour le consommateur. En somme, cette bataille s'inscrit fort bien, puisqu'elle vise la satisfaction des consommateurs, dans le cadre du concept de marketing.

Les stratégies de marque pour producteurs et distributeurs

Sur ce plan, l'entreprise doit décider des catégories de marques qu'elle utilisera pour commercialiser ses produits. Quatre options sont possibles[16].

Les marques de famille   On peut grouper sous une même marque tous les produits offerts au consommateur. Dans ce cas, on utilise la marque de famille ou marque générique. Nike, Générale Électrique (GE), CCM, Mr. Coffee, Kenmore et bien d'autres compagnies optent pour cette stratégie. On recommande d'adopter cette politique si l'entreprise peut maintenir un niveau de qualité exemplaire pour tous ses produits.

Deux avantages incitent l'entreprise à utiliser la marque de famille. D'une part, les produits portent tous le même nom. Une campagne de promotion axée sur l'un des produits aura alors un impact indirect sur un autre produit de la gamme offerte par l'entreprise. D'autre part, l'utilisation de la marque de famille facilite l'introduction d'un nouveau produit. Les consommateurs voient d'un meilleur œil l'arrivée d'un nouveau-né dans la famille s'ils ont déjà confiance en une marque!

À l'inverse, l'inconvénient principal réside dans le fait qu'une diminution de la qualité de l'un des produits de la famille ou l'introduction d'un nouveau produit qui ne reçoit pas l'appréciation des consommateurs risque de ternir l'image globale de l'entreprise.

Les marques de famille pour chacune des lignes de produits   On peut utiliser une marque de famille pour chacune des lignes de produits de l'entreprise, c'est-à-dire une marque par catégorie de produits. C'est ce qu'a fait Agropur en choisissant la marque Tour Eiffel pour ses charcuteries, Yoplait pour ses yogourts et Québon pour ses produits laitiers.

Les marques individuelles   L'entreprise peut également donner un nom différent à chacun de ses produits. Ce sont des marques individuelles. La compagnie Groupe Lavo commercialise ses margarines sous les marques Thibault, Nuvel et Noblesse. Rarement connue des consommateurs (qui sait que Procter & Gamble commercialise les savons Tide, Cheer, Oxydol, Dreft, Duz, Ivory, Bold et Dash), cette stratégie a un effet positif sur les ventes totales de l'entreprise et c'est là son atout majeur. En effet, le consommateur qui désire un savon délogeant la saleté tenace achètera la marque Tide, tandis qu'il préférera la marque Ivory Neige pour les tissus délicats. Toutefois, il fait en réalité deux achats auprès de la compagnie Procter & Gamble. Un autre avantage réside dans le fait que l'entreprise ne lie pas sa réputation à une seule marque. Elle jouit donc d'une plus grande latitude, puisqu'elle n'est pas dépendante d'une marque populaire, mais elle demeure sujette à des hauts et à des bas.

Le nom de l'entreprise combiné à un nom de marque individuelle   Le nom de l'entreprise combiné à un nom de marque individuelle constitue une autre stratégie possible. Dans ce cas, l'entreprise de production ou de distribution associe la garantie de son nom à celui d'une marque individuelle et cherche ainsi à donner une identité propre au produit. C'est le cas des Corn Flakes de Kellogg, des Special K de Kellogg, des Froot Loops de Kellogg et de toutes les autres céréales commercialisées par cette compagnie. McDonald's utilise également cette stratégie avec l'Œuf McMuffin et les McCroquettes.

Voilà autant de stratégies de marque possibles, tant pour les fabricants que pour les distributeurs.

Le conditionnement du produit

Le conditionnement du produit, mieux connu comme l'emballage, est étroitement lié à sa distribution et à sa consommation. Il doit alors satisfaire autant aux exigences des membres du canal de distribution qu'aux besoins des consommateurs. De plus, le conditionnement a un impact de taille sur deux autres variables du mix marketing: le prix et la communication (*voir encadré 6.7*).

Conditionnement et distributeur

Distribuer un produit, c'est le transporter, le manipuler, l'entreposer et le présenter sur les rayons du magasin. Le conditionnement doit permettre de diminuer les coûts inhérents à ces opérations tout en étant résistant au choc, facile à manipuler et conçu de manière à conserver toutes les qualités du produit.

Conditionnement et consommateur

Face au consommateur, toute décision prise relativement au conditionnement du produit doit tenir compte des préoccupations suivantes.

La protection physique du produit   C'est l'un des rôles principaux du conditionnement. Qu'il s'agisse de pellicule photographique, d'œufs ou de téléviseur couleur, tous les produits ont besoin d'un conditionnement solide. L'aspect de protection physique du produit remonte à très loin dans l'histoire. Voilà déjà plus de 200 ans maintenant que Jean Jacob Schweppes, inventeur des boissons gazeuses, a mis au point la fameuse bouteille ivre: comme elle ne pouvait tenir debout, elle se retrouvait

■ **Encadré 6.7**   Exemple de l'impact du choix d'un conditionnement sur le prix du produit

Pepsi snobe l'aluminium

Reuter

PURCHASE, New York

■ PepsiCo Inc a annoncé qu'il emploierait de plus en plus des bouteilles plastiques pour écouler ses boissons aux États-Unis, en raison de la hausse des cours de l'aluminium.

Cette nouvelle tombe quelques jours après que Coca-Cola eut annoncé qu'il emploierait dorénavant des cannettes en acier dans certains pays européens pour le même motif, décision qui pourrait s'appliquer ultérieurement à l'ensemble du continent et à la région Asie-Pacifique.

PepsiCo n'a rien dit de particulier concernant ses marchés à l'exportation.

Source: La Presse, 9 décembre 1994, p. C14.

obligatoirement à l'horizontale, ce qui permettait d'humecter le bouchon pour empêcher les bulles de gaz de s'échapper[17]. Ingénieux, n'est-ce pas?

La protection des consommateurs contre le produit   Il est de plus en plus fréquent de rencontrer des cas de contamination volontaire du produit une fois ce dernier mis sous emballage. Il suffit de rappeler le cas des Tylenol, le plus important d'entre tous, pour s'en convaincre[18]. Maintenant, les contenants de Tylenol sont munis de trois sceaux de sécurité afin de mieux protéger les consommateurs. On peut inclure dans cette rubrique les blessures occasionnées par certains types de conditionnement. Le cas des bouteilles de boisson gazeuse de 1,5 L qui explosaient à la suite d'un renversement sur le sol est un exemple approprié. Les fabricants ont retiré ces bouteilles du marché à la demande du ministère de la Consommation et des Corporations[19].

L'économie   L'offre de produits en différents formats (petits, moyens et grands) permet à chacun de réaliser d'importantes économies. La personne qui vit seule évitera des pertes importantes en choisissant les petits contenants, alors que la famille aura l'occasion de réaliser des économies substantielles, dans la plupart des cas, si elle achète les grands formats.

La commodité   D'importants développements technologiques ont permis la mise au point de conditionnements visant essentiellement la commodité. Qu'il s'agisse de la bombonne à bouton pressoir, de la bombe aérosol, du contenant à pompe distributrice, du conditionnement UHT (destiné à conserver les aliments à la température de la pièce) ou de la traditionnelle boîte de conserve, toutes ces formes de conditionnement sont aujourd'hui très utiles. En somme, il faut chercher à présenter des contenants faciles à ouvrir et à utiliser.

La communication du produit   Le conditionnement représente un moyen efficace de présenter le produit au consommateur et de le différencier de ses concurrents (*voir encadré 6.8*). Les fabricants du dentifrice Pressdent ont misé sur le type de conditionnement utilisé pour faire valoir leur produit parmi les concurrents; malheureusement, leur produit a connu un échec sur le marché. Certaines marques de beurre d'arachide et de moutarde utilisent un verre comme contenant.

La promotion des ventes par le biais du conditionnement devient de plus en plus importante compte tenu de la croissance des magasins de type libre-service et des machines distributrices. De plus, l'image de marque acquise grâce à un conditionnement stylisé correspond à un besoin ressenti par certains consommateurs jouissant d'un niveau de vie élevé.

L'écologie   Les consommateurs font montre d'une préoccupation sans cesse grandissante face aux différentes formes de pollution. De telles préoccupations existent également chez les producteurs qui, de plus en plus, y répondent par la mise en pratique d'une philosophie: le recyclage. Ce dernier peut être de deux ordres. Premièrement, il peut viser la réutilisation du conditionnement par le consommateur lui-même. Cet argument promotionnel, s'il est bien utilisé, peut devenir fort intéressant. Le vin Secrestat a bien fait valoir cet argument dans sa promotion en suggérant de multiples usages pour ses carafes, notamment comme pots à fleurs.

Deuxièmement, on doit permettre un recyclage à grande échelle, voire industriel. Les industries de la bière et des boissons gazeuses utilisent maintenant la canette

---

■ **Encadré 6.8**   Un emballage attrayant aurait une influence sur la consommation

Les adversaires du tabac s'en prennent à l'emballage

Presse canadienne

TORONTO

■ Les manufacturiers de tabac devraient être forcés de présenter leurs produits dans des emballages ternes parce que les paquets de cigarettes aux couleurs vives et attrayantes incitent les adolescents à fumer, a affirmé hier la Société canadienne du cancer.

«L'attrait causé par l'emballage est très important pour les jeunes et les gouvernements devraient légiférer pour qu'il n'en soit pas ainsi», a déclaré Norman Achen, le président de la division ontarienne de la société.

La Société canadienne du cancer a rendu publique hier une étude ayant coûté 100 000 $ selon laquelle un emballage attrayant a une influence marquée sur la décision des adolescents de fumer ou non.

La société a voulu par ce geste contribuer à la «Ontario Campaign for Action on Tobacco» qui demande l'adoption de lois pour que les cigarettes soient vendues dans des

paquets aux couleurs ternes avec le nom de la marque imprimé en caractères noirs au centre et des avis sur la santé au-dessus.

L'Association pour les droits des non-fumeurs fait campagne depuis plus d'un an pour obtenir des mesures similaires.

Les pressions accrues pour la mise en marché d'emballages génériques entraîneront une réplique des manufacturiers de tabac parce que de tels emballages empiéteront sur leurs marques de commerce, a déclaré hier Robert Parker, le président du Conseil canadien des manufacturiers du tabac.

«Je ne crois pas que le gouvernement légiférera parce que cela n'a pas de sens», a-t-il dit.

Selon l'étude de la Société canadienne du cancer, menée auprès de 129 adolescents par l'Université de Toronto, 66 pour cent des jeunes qui fument et 75 pour cent de ceux qui ne fument pas estiment que moins d'adolescents s'adonneraient au tabac si les cigarettes étaient

vendues dans des emballages ternes et ordinaires.

Les chercheurs ont interrogé des adolescents âgés de 12 à 17 ans de Toronto et de villes plus petites comme Barrie et Peterborough.

Lorsqu'ils ont le choix entre un paquet de cigarettes aux couleurs vives et attrayantes et un autre aux couleurs ternes, plus de 80 pour cent d'entre eux ont dit qu'ils choisiraient le paquet coloré, précise l'étude.

Mais les jeunes qui fument régulièrement ont dit être moins influencés par l'allure de l'emballage que ceux qui fument occasionnellement ou qui pensent à s'y mettre, ajoute l'étude, qui a également déterminé que 90 pour cent des adolescents qui fument ont acquis cette habitude avant l'âge de 18 ans.

La Société canadienne du cancer soumettra son idée au gouvernement ontarien en février ou en mars et prévoit rencontrer des fonctionnaires du ministère fédéral de la Santé bientôt, a précisé Achen.

Source: La Presse, 7 janvier 1994, p. A4.

d'aluminium recyclable au lieu de la canette d'acier. Comme avec les bouteilles, le consommateur a droit à un remboursement au retour de ses canettes[20].

En raison d'une autre préoccupation des consommateurs, soit la disparition de certaines matières premières, les fabricants devront voir à faire une meilleure utilisation de ces richesses. C'est le cas notamment du plastique, un dérivé du pétrole, ressource de plus en plus rare. On pourrait facilement le remplacer par le papier qui possède deux propriétés de plus que lui: il est recyclable et biodégradable. Finalement, il ne faut pas passer sous silence la disparition de la couche d'ozone. Ainsi, les fabricants se sont entendus pour ne plus utiliser des bombonnes contenant du CFC, élément destructeur de la couche d'ozone.

Le changement de conditionnement

Il est conseillé d'apporter certaines modifications au conditionnement lorsque l'entreprise cherche à combattre une diminution des ventes ou lorsqu'elle désire attirer de nouveaux consommateurs. Un changement de conditionnement permet également de rafraîchir l'image d'un vieux produit en lui donnant une allure moderne.

Le regroupement de produits

Une cartouche de cigarettes, une caisse de bière, une trousse de produits de beauté, voilà quelques exemples de regroupements de produits. On distingue le regroupement de quantité, le regroupement de complémentarité et le regroupement promotionnel.

Le regroupement de quantité   Le regroupement de quantité vise l'achat pratique ou la réduction du prix. Le sachet de 4 L de lait constitue un achat pratique, alors que la douzaine de beignes Dunkin Donuts offre une réduction de prix substantielle.

Le regroupement de complémentarité   Compte tenu de l'interdépendance de certains produits, les producteurs les offrent en ensemble. Les trousses de réparation, de premiers soins et les ensembles de peinture en sont des exemples.

Le regroupement promotionnel   Le regroupement promotionnel sert à souligner un événement spécial ou à présenter une offre alléchante au consommateur. Les ensembles de produits cosmétiques offerts pour Noël ou en vertu d'une promotion spéciale sont des exemples appropriés.

Peu importe le regroupement utilisé, il est très important de bien choisir le conditionnement de regroupement, lequel constitue un conditionnement supplémentaire à celui du produit.

L'étiquette

Les décisions relatives à l'étiquette sont étroitement liées au choix du conditionnement et de la marque. Il s'agit d'un élément important de la présentation du produit. Il existe trois formes d'étiquette.

L'étiquette intégrée au conditionnement

Il s'agit d'une étiquette en relief faisant partie du conditionnement.

L'étiquette imprimée sur le conditionnement

Cette étiquette est imprimée à même le conditionnement. Cette forme d'étiquette relativement permanente offre donc une bonne promotion du produit dans le cas des conditionnements réutilisables par les consommateurs.

L'étiquette apposée sur le conditionnement

Peu importe le procédé utilisé (collage ou autres), l'étiquette apposée peut être séparée de son conditionnement avec plus ou moins de facilité. Les étiquettes apposées sur les bouteilles de bière en sont un exemple.

Peu importe sa forme, l'étiquette joue deux rôles précis. Premièrement, elle renseigne le consommateur quant au contenu du produit, à son prix, à sa date d'expiration, à son mode de préparation, à ses nom et emblème de marque, à son mode d'emploi suggéré et à l'adresse du fabricant ou du distributeur. Bref, l'information peut concerner une foule d'aspects.

À cet effet, plusieurs lois provinciales et fédérales régissent les normes minimales d'information que doit véhiculer l'étiquette. Voici quelques-unes de ces lois :

- *Loi sur l'emballage et l'étiquetage des produits de consommation;*
- *Loi sur la marque de commerce nationale et l'étiquetage exact;*
- *Loi sur l'étiquetage des textiles;*
- *Loi sur les aliments et les drogues;*
- *Loi sur les produits dangereux;*
- *Loi sur la concurrence.*

Par ailleurs, il ne faudrait pas négliger l'influence de certaines associations de producteurs en ce qui concerne l'intégration d'informations à l'étiquette. Le code universel du produit (CUP), code formé de lignes blanches et noires et de chiffres qu'on trouve sur les produits de consommation courante, provient de ce genre d'association. Quoique peu utile actuellement pour le consommateur, ce code permet l'utilisation d'un système de traitement de l'information complexe qui, en raison de ses qualités, rend possible la systématisation de la gestion des commerces de détail; en bout de ligne, il occasionnera fort probablement des économies pour les consommateurs.

Bon nombre de producteurs ne se limitent pas à l'information minimale exigée par les différents paliers de gouvernement et vont au-delà des lois gouvernementales en ce qui a trait à la satisfaction des besoins des consommateurs. Voilà un autre exemple d'application du concept de marketing.

Deuxièmement, l'étiquette agit à titre de support communicationnel. N'oublions pas que l'étiquette est la dernière forme de publicité faite par l'entreprise avant la vente du produit. Elle véhicule de l'information au sujet des avantages que peut procurer le produit. C'est pourquoi elle doit être attrayante. C'est là qu'entrent en action l'art et la science de l'étiquetage.

Comme on peut le constater, l'étiquette n'est pas un élément banal du produit qu'on élabore juste avant la mise en marché. Il s'agit d'un élément fondamental puisqu'elle servira à attirer l'attention ou à conclure une vente.

Les autres éléments du produit

Deux autres éléments du produit servent souvent d'arguments promotionnels. Il s'agit de la garantie et du service après-vente. Voyons maintenant ces deux points.

La garantie

Il existe principalement deux raisons qui motivent les entreprises à inclure une garantie explicite à leur produit. D'une part, la complexité du produit, comme les produits électroniques ou mécanisés, favorise l'adoption de garanties particulières.

Toutefois, certains produits de consommation courante offrent de telles garanties (par exemple, les produits de la compagnie Kraft General Foods Canada inc.).

D'autre part, la vente directe au consommateur par catalogue oblige pratiquement l'entreprise à utiliser l'argument «satisfaction garantie ou argent remis» puisque le consommateur doit payer d'avance, sans avoir pu manipuler le produit. C'est donc avec l'objectif de réduire les risques perçus chez les consommateurs que les entreprises leur offrent de telles garanties. Elles cherchent ainsi à réduire le risque fonctionnel associé à l'achat du produit en s'engageant à le réparer s'il ne procure plus la satisfaction escomptée. De plus, elles diminuent la perception du risque financier en offrant le remboursement de la somme investie si le consommateur n'est pas entièrement satisfait.

Toutefois, les entreprises ne sont pas uniquement liées à leur garantie explicite. En effet, depuis un certain temps déjà, le concept de garantie s'est développé de telle sorte que des garanties implicites protègent les consommateurs. Variant d'un produit à un autre, la garantie implicite est une protection accrue pour le consommateur contre une insatisfaction liée à l'achat d'un produit, qui prévaut même lorsque le fabricant ne l'offre pas. Il est donc important pour le responsable du marketing de connaître l'étendue de la garantie implicite associée à son produit. L'avènement d'une telle garantie découle de certains abus faits par des entreprises qui n'avaient pas intégré le concept de marketing comme philosophie d'affaires.

Le service après-vente

Le service après-vente représente, lui aussi, un puissant argument de vente. Combien de consommateurs sont soulagés d'apprendre qu'ils pourront faire mettre au point un produit une fois qu'ils l'auront acheté! Les entreprises offrent ce service après-vente de multiples façons (*voir exemple à l'encadré 6.9*).

Par exemple, le consommateur peut s'en prévaloir soit à la manufacture même, soit dans des centres dispersés à travers le marché géographique. Toute entreprise peut faire de ce service une activité rentable. Il lui est également possible d'offrir un tel service par l'intermédiaire de certains détaillants qu'elle sélectionnera soigneusement et qu'elle contrôlera rigoureusement. Les commerçants choisis auront alors l'occasion de réaliser un chiffre d'affaires supplémentaire.

Peu importe la façon qu'il privilégiera, le responsable du marketing devra toutefois l'administrer s'il veut s'assurer qu'un tel service ne devienne pas l'objet de plaintes de la part des consommateurs.

La classification des produits dans l'entreprise: lignes et gammes de produits

Il existe beaucoup moins d'entreprises que de produits sur le marché, car la plupart des entreprises commercialisent plus d'un produit. C'est le cas, notamment, de Kanuk qui commercialise plus de 160 produits différents: pantalons, manteaux, tuques, polars, sacs à dos, etc.[21]

Afin de s'y retrouver plus facilement, le responsable du marketing classe les produits de l'entreprise par lignes et gammes de produits. Une ligne de produits consiste en l'ensemble des modèles d'un produit commercialisé par une entreprise. Par exemple, National Spar inc. commercialise au-delà de 3000 types d'attaches; ces attaches constituent une ligne de produits[22]. La caractéristique d'une ligne de produits est son étendue, à savoir le nombre de modèles différents fabriqués par l'entreprise. Les quelque 3000 types d'attaches qu'elle commercialise lui assurent donc une ligne d'une étendue appréciable.

■ Encadré 6.9   Quel service!

Un commando pour changer les bouchons des grands vins

Agence France-Presse

San Francisco

■ Un commando français particulièrement attendu vient d'entamer une tournée des États-Unis: il a pour rôle de changer les bouchons des vins Chateau Lafite-Rothschild antérieurs à 1962.

M. David Milligan, président de Seagram Chateau and Estate wines, importateur de ces vins aux États-Unis, a précisé hier à San Francisco que les experts français traiteraient plus de 2000 bouteilles au cours de leur tournée américaine de neuf mois. Ils devaient arriver aujourd'hui à New York et se rendre ensuite à Boston (Massachusetts), Atlanta (Georgie), Miami (Floride) et Dallas (Texas).

«Ce service est gratuit et considéré comme une prestation d'après-vente», a déclaré M. Milligan.

L'opération est considérée comme nécessaire pour les grands crus, car les bouchons se dessèchent et peuvent laisser passer l'air.

Source: La Presse, 2 mai 1989.

Lorsqu'une entreprise commercialise plus d'une ligne de produits, elle possède alors une gamme de produits. Comme le montre la figure 6.2, Groupe Lavo inc. commercialise neuf lignes de produits.

Les caractéristiques d'une gamme de produits sont sa largeur, sa profondeur et sa cohérence. La largeur fait référence au nombre de lignes commercialisées. Groupe Lavo inc., avec neuf lignes, possède donc une gamme de largeur moyenne. La profondeur est la mesure de la moyenne des produits des différentes lignes. On obtient la profondeur en additionnant les différents modèles fabriqués par l'entreprise, peu importe la ligne, et en divisant la somme par le nombre de lignes. Puisque Groupe Lavo inc. commercialise chaque marque en plusieurs formats, on trouve une profondeur élevée. Quant à la cohérence, elle exprime l'homogénéité des lignes de produits entre elles. Pour Groupe Lavo inc., l'ensemble des lignes s'adresse en grande partie au marché de l'entretien ménager; ce qui en fait une gamme assez cohérente.

Cette méthode de classification s'avère fort utile pour le responsable du marketing. Elle lui permet de déceler les forces et les faiblesses de l'entreprise lorsqu'on la compare à ses concurrents.

■ **Figure 6.2**   Représentation de la gamme et des lignes de produits de la compagnie Groupe Lavo inc.

Un ensemble de lignes de produit forme une gamme de produits —>	Ligne 1	Ammoniaque	Old Dutch
	Ligne 2	Assouplisseurs	La Parisienne Parfum Original
			La Parisienne Parfum Poudre de Bébé
			La Parisienne Recharge Original
			La Parisienne Recharge Poudre de Bébé
			La Parisienne Ultra Floral
			La Parisienne Ultra Lavande
			La Parisienne Ultra Éclat de Fraîcheur
			Old Dutch Super Soft Parfum Original
			Old Dutch Super Soft Parfum Poudre Bébé
			Old Dutch Super Soft Recharge Original
			Old Dutch Super Soft Recharge Poudre Bébé
			Printemps Parfum de Fraîcheur
			Printemps Parfum Délicat
			Printemps Parfum de Lavande
			Sweetheart
			Marques de distributeurs
	Ligne 3	Javel	La Parisienne régulière
			La Parisienne Fraîcheur Citron
			Lavo régulière
			Lavo Parfumée
			Old Dutch régulière
			Old Dutch Fraîcheur Citron
			Printemps
			Marques de distributeurs
	Ligne 4	Javellisant couleurs	La Parisienne 2 citron
			Vivid régulier
			Vivid citron
	Ligne 5	Détergent à lessive	Old Dutch
	Ligne 6	Nettoyant tout usage	Old Dutch Javel + Nettoyant
	Ligne 7	Crème/Poudre nettoyantes	Crème nettoyante Old Dutch Citron
			Crème Nettoyante Old Dutch + javellisant
			Crème Nettoyante Old Dutch Fraîcheur Pin
			Poudre à récurer Old Dutch
			Caméo Cuivre et Aluminium
			Marques de distributeurs
	Ligne 8	Nettoyant pour vitres	Old Dutch
			Marques de distributeurs
	Ligne 9	Margarine	Thibault régulière
			Thibault Nutri
			Nuvel
			Noblesse
	Ligne 10	Aluminium	Assiettes
			Moules
			Rôtissoires
			Etc.

Source: Groupe Lavo inc.

RÉSUMÉ

Outre un ensemble de caractéristiques physiques et intangibles comprenant le service après-vente et la garantie, un produit est une promesse de satisfaction faite à l'acheteur. Le concept de produit permet donc d'inclure tout ce qui peut satisfaire les besoins du consommateur.

La présentation du produit comporte, entre autres, la marque de commerce, le conditionnement et l'étiquette. La marque de commerce est constituée du nom commercial et de l'emblème de marque. L'utilisation d'une marque de commerce peut s'avérer très avantageuse, tant du point de vue du consommateur que de celui du producteur. Enfin, l'entreprise peut écouler sa production sous sa propre marque de commerce (marque du fabricant ou marque nationale) ou choisir de le faire sous la bannière du distributeur (marque privée ou produit maison).

Le conditionnement du produit est étroitement lié à sa distribution et à sa consommation. Il doit viser à satisfaire aux exigences des distributeurs, de même qu'aux besoins des consommateurs. L'étiquette en est une partie importante: on peut l'intégrer au conditionnement du produit, l'imprimer directement dessus ou encore l'y apposer. Il s'agit de la dernière forme de publicité faite par l'entreprise avant la vente. Enfin, garantie et service après-vente font également partie du produit.

Afin de s'y retrouver plus facilement, le gestionnaire classe les produits par lignes et par gammes de produits.

QUESTIONS

1. «Un produit est beaucoup plus qu'un ensemble de caractéristiques.» En quoi cette affirmation est-elle vraie pour un disque, par exemple?

2. Supposez que vous êtes le directeur du marketing des Expos de Montréal. Comment définiriez-vous votre produit?

3. Qu'est-ce qu'une marque de commerce? Qu'entend-on par marque de commerce déposée? Quelle raison le fabricant Delisle (*voir encadré 6.3*) a-t-il invoquée pour forcer Yoplait à modifier sa marque de commerce?

4. Quels sont les avantages à utiliser une marque de commerce pour le producteur? pour le consommateur?

5. Créez un nom et un emblème de marque efficaces pour une tablette de chocolat et caramel de type «épais» qui sera prochainement lancée sur le marché au Québec.

6. Qu'est-ce qu'une marque de fabricant? une marque de distributeur?

7. Quelles sont les stratégies de marque que peuvent adopter le producteur et le distributeur? Pourquoi y a-t-il conflit dans le cas de la commercialisation de la bière maison Metro? (*Voir encadré 6.6.*)

8. Le conditionnement et l'étiquette sont deux éléments de la présentation d'un produit. Expliquez.

9. En quoi la garantie et le service après-vente sont-ils importants en ce qui concerne certains produits?

10. Qu'est-ce qu'une gamme de produits? Quelles en sont les caractéristiques? Expliquez-les.

6.1 *L'EMBARRAS DU CHOIX!*

Vous décidez, avec deux autres actionnaires, d'ouvrir un petit café-restaurant dans le centre commercial de votre localité. Vous mettez sur pied un concept prometteur qui attirera assurément beaucoup de clients. Comme vous vous spécialisez dans les mets rapides à valeur nutritive élevée, vous croyez pouvoir intéresser un public qui favorise une alimentation saine.

Vous avez habilement déterminé vos menus par une recherche de différents plats provenant de plusieurs pays. L'aspect interculturel et international sont des atouts majeurs de votre concept. Vous offrirez un vaste choix de mets asiatiques, européens, arabes, mexicains et nord-américains.

Vous en êtes toujours au stade de la conception de votre plan d'affaires et vous devez trouver un nom et une signature à votre futur commerce. Cette signature devra refléter les concepts prometteurs que vous avez développés pour votre restaurant. Veuillez justifier votre stratégie, votre démarche créative et vos choix.

6.2 *C'EST QUOI LA DIFFÉRENCE?*

Les notions de produit et de service sont très importantes en marketing et orientent l'ensemble des efforts marketing d'une entreprise. Il est donc impératif de savoir distinguer un produit d'un service. À partir de la liste suivante, classez chaque élément en fonction de la méthode d'analyse de John M. Rathmell. Justifiez vos réponses.

1. Atelier de couture sur mesure.
2. Boulangerie industrielle.
3. Théâtre d'été.
4. Bijouterie.
5. Centre de conditionnement physique.
6. Ferme maraîchère.
7. Agence de publicité.
8. Maison d'édition.
9. Photographe.
10. Concessionnaire d'automobiles.
11. Collège d'enseignement collégial.
12. Chaîne de restauration rapide.
13. Cinéma.
14. Revue d'affaires.
15. Auberge de jeunesse.

MISE EN SITUATION

Bergomix inc.

Il y avait deux ans que Jacinthe Lafleur était au service de Bergomix à titre de directrice commerciale. Bergomix se spécialise dans la fabrication d'équipement horticole dont 80 % est destiné au marché industriel et 20 % au marché de la consommation. La compagnie avait lancé au cours des quatre dernières années deux nouvelles lignes de produits destinées au marché de la consommation. La société possédait ainsi quatre nouveaux modèles de luxe (deux nouveaux modèles par ligne) distribués par l'intermédiaire de magasins spécialisés.

Compte tenu du risque d'insuccès inhérent à chacun de ses produits, Bergomix avait utilisé la stratégie des marques de famille pour chacune des lignes de produits. Chaque produit avait été accepté avec enthousiasme sur le marché visé. En fait, ces produits avaient acquis une telle popularité auprès des jardiniers amateurs que Bergomix suffisait à peine à approvisionner les magasins spécialisés.

Bergomix a donc installé une nouvelle machine destinée à la fabrication de ces produits. En premier lieu, elle devait servir à combler la demande provenant des magasins spécialisés. Le directeur de la production, M. Jasmin Laverdure, a cependant avisé la directrice du marketing, Mᵐᵉ Rose Lépine, que 40 % du temps de production de la machine était inutilisé.

Mᵐᵉ Lépine a alors élaboré un projet de mise en marché de ces deux lignes de produits vers le segment de marché de «masse», et ce conformément aux résultats d'une récente enquête par sondage. Elle hésitait toutefois à mettre son projet en œuvre, car

Bergomix n'avait pas l'habitude de commercialiser ses produits auprès de ce type de segment de marché. Elle craignait également une réaction négative de la part du segment de marché «de luxe» lorsqu'il apprendrait l'existence d'un produit moins luxueux fabriqué par la même entreprise.

Les grands magasins faisaient face à une demande de plus en plus forte pour un tel produit de la part d'un segment de marché moins fortuné. Toutefois, ils ne pouvaient satisfaire à cette demande puisqu'ils ne distribuaient pas ce produit.

Face à autant de ventes perdues, deux des plus importantes chaînes de grands magasins du Québec décidèrent d'offrir une marque privée. Chacune s'informa auprès de Mᵐᵉ Lépine des possibilités de production de leur marque maison.

Que conseilleriez-vous à Mᵐᵉ Lépine?

Cas
GLACIÈRE POUR VÉLO (A)

Maurice est un fonctionnaire qui s'est récemment prévalu d'un programme de préretraite. Il occupe ses nouveaux temps libres à faire du vélo. Ainsi, sa femme Lucienne et lui ont acheté deux magnifiques bicyclettes «tout équipées»: 18 vitesses indexées, miroirs, sièges coussinés au gel, garde-boue, supports à bagages et à bouteilles d'eau, etc.

À vrai dire, Maurice fut étonné de voir la qualité et les nombreuses options d'équipement pour vélo: «Il y a presque autant d'options pour ma bicyclette que pour mon auto!»

La plupart du temps, Maurice et Lucienne pratiquent leur nouveau sport favori sur des pistes cyclables spécialement aménagées à cet effet. Ils préfèrent les pistes peu achalandées où ils retrouvent des aires de repos à intervalles réguliers.

Lucienne aime bien profiter de l'occasion pour faire un pique-nique, et c'est pourquoi Maurice installe une petite glacière sur son support à bagages

arrière à l'aide de courroies élastiques. Maurice trouve toutefois que cette installation de fortune est ardue et peu sécuritaire.

Découvrir un nouveau besoin
Par un samedi matin ensoleillé, après quelques kilomètres sur une très belle piste cyclable en Estrie, une courroie se décroche soudainement. La glacière tombe, et le repas du midi se retrouve étalé sur la piste.

À la suite de cette mésaventure, Maurice décide de retourner à la boutique où il a acheté son vélo afin de s'informer de l'existence d'une glacière spécialement conçue pour les bicyclettes. Malheureusement, un seul modèle est actuellement offert sur le marché et sa conception laisse à désirer. La glacière est en styromousse isolant recouvert d'un tissu plastifié. Elle n'inspire pas plus confiance à Maurice que son propre attirail de courroies et de petite glacière.

Maurice trouve étrange qu'un seul produit soit offert sur le marché et décide de faire sa petite enquête. Après plusieurs appels téléphoniques à des boutiques spécialisées, il en arrive à la conclusion qu'il y a là une occasion d'affaires. Pour se convaincre qu'il existe bien un marché potentiel, il décide de s'installer à proximité d'une piste et d'observer les cyclistes.

Il constate que ce sport rejoint les 7 à 77 ans, les personnes seules, les familles avec enfants, les retraités et préretraités comme lui-même. Il remarque également que la majorité des bicyclettes ont des supports à bagages arrière et des supports à bouteilles d'eau (environ 87 % des cas). Il est heureux de s'apercevoir qu'il n'est pas le seul à avoir installé une glacière sur le porte-bagages.

De la reconnaissance d'un besoin à la commercialisation d'un produit

À la suite de cette journée d'observation, Maurice dessine un prototype du produit. Après de longues heures de travail, il conserve trois croquis qui, selon lui, sont très prometteurs. Une première glacière individuelle que l'on place sur le dessus du porte-bagages, un deuxième prototype en deux parties de chaque côté du porte-bagages et un troisième, le modèle familial, qui réunit les deux autres modèles en un seul bloc (en forme de «U» renversé) et qui chevauche le porte-bagages.

Les matériaux utilisés pour cette innovation sont les mêmes que pour une glacière traditionnelle, soit le styromousse et le plastique moulé. Les fixations en métal permettent une attache solide et rigide sur le vélo. De plus, des contenants à gel congelable et réutilisables (*ice pack*) pourront être fixés à l'aide d'une vis-papillon dans les couvercles et aider ainsi à conserver les aliments au frais.

Et la marque?

Maurice téléphone alors à son garçon Stéphane, représentant pour une entreprise agroalimentaire, qui pourrait certainement l'aider par ses connaissances en marketing et en marchandisage.

Après avoir écouté son père, Stéphane semble très enthousiaste, mais n'arrive pas à concevoir que ce type de produit n'existe pas. Stéphane s'engage à s'informer auprès d'un ami qui travaille comme directeur de la production d'une entreprise de produits en plastique (principalement des meubles de jardin en résine de synthèse) et termine la conversation en disant: «Je vais faire ma petite enquête et je te téléphone.»

Entre-temps, Maurice fait parvenir ses esquisses de prototypes par télécopieur à Stéphane et attend avec impatience ses commentaires.

Deux jours plus tard, lors d'un souper de famille, Lucienne discute avec Maurice de son nouveau projet. Elle lui demande s'il a trouvé un nom pour la glacière. Maurice a effectivement une marque en tête: le «Glace-O-Vélo». Lucienne a aussi une petite idée pour le nouveau produit: le «Frig-O-Vélo». Stéphane, également présent à ce souper, trouve que Frig-O-Vélo sonne mieux. Maurice demeure toutefois convaincu que Glace-O-Vélo représente mieux l'utilité du produit. Pour lui, Frig-O-Vélo fait référence à la marque *Frigidaire* et sous-entend que le produit est un électroménager. La discussion s'enflamme et plusieurs opinions sont émises.

Questions

1. Que pensez-vous des marques proposées? Quelle marque préférez-vous et pourquoi? Si vous rejetez ces deux marques, expliquez pourquoi.

2. Proposez une autre marque et donnez-en les avantages.

3. Dans l'éventualité ou plusieurs modèles seraient offerts aux cyclistes, qu'en sera-t-il du nom du produit? Serait-il plus avantageux d'uti-liser une marque de famille ou une marque individuelle?

NOTES

1. DARMON, René Y. et coll. *Le marketing, fondements et applications*, Montréal, McGraw-Hill Éditeurs, 1990, p. 247-248.

2. RATHMELL, John M. «What is Meant by Service?», *dans Journal of Marketing*, vol. 30, octobre 1966, p. 32-36.

3. BOUCHARD, Jacques. *L'autre publicité: la publicité sociétale*, Héritage Plus, 1981.

4. Adapté de AMERICAN MARKETING ASSOCIATION. *Marketing Definitions: A Glossary of Marketing Terms*, Chicago, 1960.

5. GAGNON, Jean H. «Les marques de commerce et l'entreprise québécoise», *dans Commerce*, novembre 1982, p. 98-106.

6. HAINS, André. «Obtenir un brevet n'est pas toujours la meilleure façon de protéger vos inventions», *dans Les Affaires*, 13 novembre 1982, p. 24-25.

7. STANTON, William J. et coll. *Fundamentals of Marketing*, 4ᵉ édition, Toronto, McGraw-Hill Ryerson, 1985, p. 262-263.

8. DARMON, René Y. et coll. *Le marketing, fondements et applications, op. cit.* p. 264.

9. SEGAL, Harold J. et coll., *Le marketing, réalité canadienne*, Montréal, HRW, 1975, p. 35.

10. JUSTER, Robert. «La marque de commerce: un puissant outil de marketing», *dans Commerce*, mai 1982, p. 100-104.

11. *Ibid.*

12. DUSSART, Christian et ROY, André. «Les produits sans marque», *dans Commerce*, octobre 1976, p. 82-88.

13. ISABELLE, Christine. «Provigo lancera en mars des produits sans nom», *dans Les Affaires*, 16 janvier 1982, p. 16.

14. DESROCHERS, Jeanne. «Le savon déshabillé...», *dans La Presse*, 9 septembre 1980.

15. BECKMAN, M. Dale et coll. *Le marketing*, Montréal, HRW, 1984, p. 201.

16. STANTON, William J. et coll. *Fundamentals of Marketing, op. cit.*, p. 269.

17. «Schweppes, la première boisson gazeuse, a 200 ans», *dans La Presse*, 20 avril 1983.

18. *Voir aussi* «De l'urine dans une jarre de jus de pomme», *dans La Presse*, 1ᵉʳ décembre 1981.

19. «Des bouteilles explosives», *dans La Presse*, 29 juin 1979.

20. GAGNÉ, Jean-Paul. «Les canettes d'aluminium sur le point d'envahir le Québec», *dans Les Affaires*, 2 avril 1983, p. 2.

21. ROY, Viviane, *dans La Presse*, 30 décembre 1992, p. C-2.

22. Conversation téléphonique avec un représentant de National Spar inc.

LA GESTION DYNAMIQUE DU PRODUIT

7

OBJECTIFS D'APPRENTISSAGE

Après la lecture du chapitre, vous devriez être en mesure de:
- décrire un processus de développement d'un nouveau produit;
- connaître le concept de cycle de vie du produit;
- dire en quoi consistent les différentes méthodes de classification des produits sur le marché;
- présenter le processus de repositionnement d'un produit;
- dresser la liste des composantes du processus d'abandon d'un produit.

«Nouveau! Amélioré! Le meilleur de tous! Imbattable!» Bon nombre d'entreprises investissent temps et argent afin d'être les chefs de file dans leur domaine. Elles n'hésitent pas à tout mettre en œuvre pour trouver l'idée…, celle qui deviendra un produit. Un bon produit! Qui ne connaît pas les jeux électroniques Nintendo et Sega? Idées géniales qui, depuis la fin des années 80, ont captivé bien des jeunes… et maintenant des moins jeunes… au plus haut point!

Ces jeux électroniques sont un exemple parmi tant d'autres d'un produit qui a connu du succès. Toutefois, cette réussite, comme toute autre réussite, n'est pas tombée du ciel! Elle émerge d'une gestion dynamique du produit. C'est ce que nous abordons dans le présent chapitre.

COMMENT OFFRIR DE NOUVEAUX PRODUITS AUX CONSOMMATEURS

Si l'entreprise désire assurer sa survie à long terme, il est primordial qu'elle offre de nouveaux produits aux consommateurs (*voir encadré 7.1*). Il existe principalement deux voies pour arriver à cette fin.

Premièrement, elle peut suivre une voie externe en choisissant parmi différentes possibilités telles l'acquisition, la fusion et la fabrication ou commercialisation sous licence.

■ Encadré 7.1   Importance des nouveaux produits

Les Japonais misent sur les nouveaux produits

Paul Durivage

■ La différenciation des produits a supplanté la qualité dans les priorités stratégiques des manufacturiers japonais, ce que tarde à faire le bloc industriel nord-américain encore axé sur la spécificité des installations de production.

C'est ce que révèle, entre autres choses, un sondage mondial mené par le réseau de conseillers en management Deloitte Touche Tohmatsu International. Plus de 1300 cadres répartis dans 11 pays d'Amérique du Nord, d'Europe, d'Amérique du Sud et de la zone Pacifique, ont été interrogés aux fins de l'étude, la plus importante menée par le cabinet international d'experts-conseils.

L'étude, intitulée «Vision manufacturière: Planifier le futur», visait principalement à identifier et mesurer les facteurs critiques de succès dans un univers de compétition mondiale. Pour les fins du rapport, les données canadiennes et américaines ont été regroupées et sont opposées aux informations sur le Japon, le Mexique et un bloc européen.

«Ce qui m'a le plus étonné à la lecture du document, c'est l'importance que les Japonais accordent à leur capacité d'introduire rapidement un nombre élevé de nouveaux produits ou de s'adapter aux demandes des clients», raconte M. Jean-Pierre Naud, associé en consultation en management de Samson Bélair, Deloitte & Touche. Près de 80 p. cent des répondants nippons font de la flexibilité leur priorité.

«L'amélioration continue des produits existants et la création de nouveaux produits répondant à des besoins particuliers seront des facteurs clés de différenciation pour les industriels japonais durant les prochaines années», mentionne le consultant.

«C'est préoccupant», commente M. Naud évaluant la stratégie concurrente nord-américaine axée sur la spécialisation des facilités de production, comme chez Camco et General Motors où des usines sont entièrement dédiées à un seul produit. Ici, beaucoup d'emphase est portée au respect des spécifications, de l'endurance et de la fiabilité des produits.

L'expert en gestion s'inquiète également du peu d'énergie que les entreprises américaines et canadiennes prévoient dépenser à la mise en place de robots et d'équipements automatisés de manutention. Au contraire, le Japon et aussi le Mexique prévoient accorder une très grande importance dans ces technologies. En fait, révèle l'étude, les entreprises nord-américaines mettent l'emphase sur la planification et sur le contrôle tandis que le Japon mise sur la simplification des procédés et sur les systèmes à l'épreuve des erreurs.

Le Canada et les États-Unis ont néanmoins «un pas d'avance sur l'Europe pour le renouveau industriel», souligne M. Naud qui applaudit par ailleurs le rattrapage annoncé dans la formation des travailleurs, «un des points forts de la stratégie du bloc nord-américain».

Pour sa part, le Mexique promet de forcer une compétitivité accrue au niveau des prix mondiaux au cours des prochaines années, soulignent en premier lieu les auteurs de l'étude. Les industriels mexicains interrogés, majoritairement de grandes entreprises, se distinguent par ailleurs par le peu de préoccupations manifestées relativement à l'expertise de vente et au service après-vente. La quasi-majorité des répondants de par le monde prévoient accroître leur capacité manufacturière mais réduire le personnel, au cours des prochaines années. Plus de 60 p. cent des dirigeants européens d'entreprise et environ 40 p. cent des patrons nord-américains prévoient réduire leur effectif, en partie par la réduction des paliers hiérarchiques. Même le Mexique et le Japon ne prévoient pas d'augmentation significative de l'emploi.

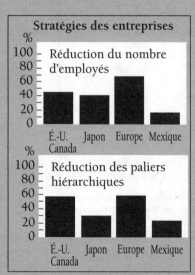

Deloitte Touche Tohmatsu   **Infographie** *La Presse*

L'acquisition

L'acquisition consiste en l'achat d'un produit ou d'une entreprise qui possède un ou plusieurs produits convoités. C'est ce qu'a fait le Groupe Lavo inc. qui a acheté la compagnie Dutch Chemical et a obtenu, par le fait même, les produits de marque Old Dutch.

La fusion

La fusion, comme celle qui est survenue entre Molson et O'Keefe en janvier 1989, donne pratiquement les mêmes résultats que l'acquisition au point de vue marketing, c'est-à-dire l'obtention de nouveaux produits. Toutefois, elle en diffère sur le plan financier. Alors que la fusion est l'association de deux entreprises pour, le plus souvent, en créer une nouvelle, l'acquisition est l'absorption pure et simple d'une entreprise par une autre.

La fabrication ou commercialisation sous licence

À la suite d'une entente négociée avec la compagnie propriétaire d'un produit, une entreprise peut produire et commercialiser ce produit moyennant le versement de redevances. La bière Budweiser est un exemple d'un produit fabriqué et commercialisé à la suite d'un accord de licence intervenu entre les compagnies Anhauser-Bush (USA) et Labatt. Il est à noter que l'entente peut ne porter que sur la commercialisation du produit. Dans ce cas, l'entreprise n'a pas besoin d'acquérir l'expertise ni les équipements de production.

Deuxièmement, les entreprises génèrent de nouveaux produits par le développement interne; c'est la voie interne. À l'aide de différentes structures organisationnelles, que ce soit le comité, le service ou le directeur des nouveaux produits, ou encore les équipes spécialisées, les entreprises parviennent à offrir de nouveaux produits aux consommateurs. Pour ce faire, l'entreprise doit suivre certaines procédures.

LE PROCESSUS DE DÉVELOPPEMENT D'UN NOUVEAU PRODUIT

Un processus est une démarche organisée qui comporte un certain nombre d'étapes à réaliser de façon successive. Dans le cadre de l'élaboration de nouveaux produits, le processus spécifie et ordonne les différentes étapes que l'entreprise devra suivre.

L'avantage primordial découlant d'un tel processus, en ce qui concerne le genre de problème à l'étude, est qu'il génère continuellement de l'information sur une question précise, à savoir si les consommateurs accepteront ce nouveau produit. Ainsi, le processus permet de ne retenir que les produits qui ont une chance d'être commercialisés avec succès. Il doit également reconnaître rapidement les produits douteux avant qu'on y investisse trop de temps et d'argent.

D'un processus à l'autre, le nombre d'étapes peut varier. Nous avons retenu un processus comportant huit étapes (*voir figure 7.1*). Nous prendrons soin de l'analyser dans les pages suivantes.

La génération d'idées

Tout nouveau produit qui découle de la création, de l'amélioration ou de l'imitation d'un produit a d'abord été une idée! Cette première étape, la génération d'idées, est primordiale pour le développement de nouveaux produits. Les résultats d'une étude effectuée par la firme de consultants Booz, Allen et Hamilton auprès d'un échantillon composé de 51 compagnies de divers secteurs industriels soutiennent que, sur 58 idées générées, seulement une, en moyenne, connaît un succès commercial[1]. Dès lors, on comprend l'importance d'utiliser pleinement les différentes sources et techniques de recherche d'idées afin d'en générer le plus possible.

■ **Figure 7.1** Processus de développement
d'un nouveau produit

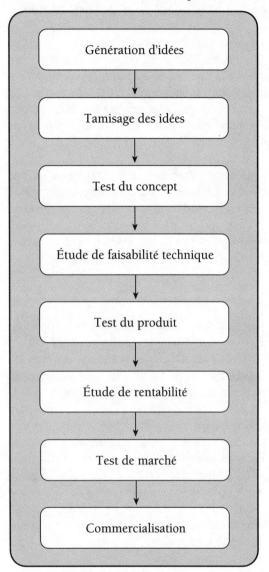

Source: adapté de GUILTINAN, Joseph P. et PAUL,
Gordon W. *Marketing Management: Strategies and
Programs*, McGraw-Hill, 1988, p. 175.

Quelles sont les sources d'idées? Il arrive souvent que des consommateurs communiquent avec les fabricants d'un produit (ou que les fabricants communiquent avec les consommateurs dans le cadre d'une recherche en marketing) pour leur faire part de leurs doléances ou tout simplement pour demander si l'entreprise n'aurait pas un produit pour résoudre le problème auquel ils font face. Les consommateurs représentent donc une source d'idées intéressantes qui ont l'avantage exceptionnel d'être peu dispendieuses à utiliser. Les entreprises peuvent également consulter les employés de leur service de production. Ces personnes sont souvent en mesure de soumettre des idées quant à l'amélioration d'un produit ou à l'élaboration d'un nouveau concept de produit. Les vendeurs de l'entreprise, puisqu'ils sont en contact avec la concurrence, fournissent également bon nombre de données, ce qui peut entraîner la création de nouveaux produits. Le personnel cadre de l'entreprise peut aussi participer à la génération d'idées par ses propositions ou son attitude face au phénomène de l'innovation. Comme les distributeurs de l'entreprise côtoient étroitement les consommateurs, ils représentent, eux aussi, une source d'idées de nouveaux produits. Les laboratoires de recherche et de développement de l'entreprise ou ceux appartenant à des centres universitaires ou gouvernementaux, parce qu'ils effectuent des recherches fondamentales et appliquées, peuvent également être à l'origine de plusieurs nouveaux produits. Enfin, les firmes de consultants sont également de plus en plus actives dans ce domaine.

Les techniques utilisées favorisent la génération d'idées en proposant une démarche structurée qui utilise, à meilleur escient, l'énergie déployée.

Parmi toutes les méthodes proposées, le remueméninges (*brainstorming*) en est une fort populaire. Six à dix personnes, plus ou moins expérimentées face à la problématique de la recherche, émettent le plus d'idées possible, des plus simples aux plus extravagantes, sans toutefois les évaluer immédiatement. En l'absence de critique, les participants émettent davantage d'idées parmi lesquelles il y en aura peut-être une ou plusieurs de valables.

Une autre façon de favoriser la génération d'idées est d'utiliser une carte de positionnement des produits comme celle présentée à la figure 7.2. Déterminées à l'aide d'un modèle d'analyse multivariée, les places qu'occupent les marques de jeans, appelées «espaces perceptuels occupés», représentent graphiquement l'évaluation qu'en a faite un échantillon de la population en fonction de deux dimensions retenues par le modèle (la dimension simple-luxueuse et la dimension conventionnelle-avant-gardiste). À l'aide de cette carte, le responsable du marketing peut déterminer d'abord

■ Figure 7.2 Carte perceptuelle de sept marques de jeans

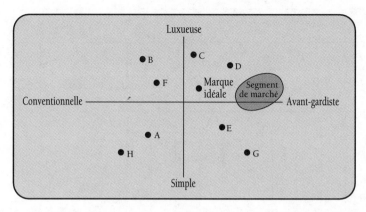

les occasions de marché pour ensuite proposer des idées de nouveaux produits.

Il est possible de développer différents concepts de nouveaux produits à partir d'une perception actuelle du marché; ces concepts seraient donc caractérisés par certains attributs ou avantages connus et utilisés par les entreprises. C'est ce que montre la figure 7.3. Toutefois, rien n'empêche le responsable du marketing de proposer un concept de produit qui n'utilise pas exactement les mêmes dimensions. Par exemple, un fabricant peut offrir un nouveau produit dont l'attribut principal diffère de ceux utilisés jusqu'à présent (par exemple, une ceinture intégrée dont la boucle serait une calculatrice électronique miniature) et même faire de ce nouvel attribut son principal thème publicitaire. Cette stratégie occasionnerait le développement d'un axe jusque-là ignoré des fabricants de jeans et qui pourrait être apprécié des consommateurs.

En résumé, nous pouvons avancer que l'essentiel, durant l'étape de génération d'idées, est qu'un nombre appréciable d'idées soient générées.

Le tamisage des idées

Parmi les idées générées à l'étape précédente, l'entreprise retiendra les plus valables pour ensuite leur assigner un rang de priorité relativement à leur développement éventuel. Il est possible que le responsable du marketing évalue ces idées d'après son jugement et ses intuitions. Toutefois, le risque de commettre une erreur coûteuse, comme accepter une idée peu valable ou à l'inverse en refuser une intéressante, devrait l'inciter à systématiser son processus de décision par le biais d'une procédure administrative. À cet effet, Barry M. Richman a développé une matrice d'évaluation pour les nouveaux produits (*voir figure* 7.4).

L'opérationnalisation de cette matrice est fort simple. Dans un premier temps, le responsable du marketing détermine l'importance relative de chacun des facteurs de réussite en leur attribuant un score de telle sorte que le total égale 1. Chacun de ces scores représente l'importance de chaque facteur, pris un à un, en ce qui concerne le succès du nouveau produit. Dans un deuxième temps, il évalue chaque idée de produit soumise en fonction des divers facteurs de réussite considérés. Ces évaluations, notées sur une échelle de 1 à 10, lui permettent de vérifier si l'idée du produit répond à chacun des facteurs de réussite. Dans un dernier temps, il multiplie le score représentant l'importance relative du facteur par le score obtenu de chaque idée de produit relative à ce facteur, et détermine le

■ Figure 7.3 Génération d'idées de nouveaux produits, à l'aide d'une carte de positionnement des produits

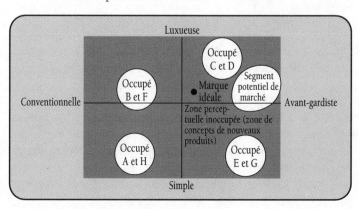

■ **Figure 7.4** Matrice d'évaluation de nouveaux produits

Facteurs de réussite	A Importance relative	B Évaluation des idées de produit										C (A X B)
		0	,1	,2	,3	,4	,5	,6	,7	,8	,9	
S'adapte bien à l'entreprise:												
• sa personnalité et son dynamisme	,20							✓				,120
• son marketing	,20										✓	,180
• ses efforts de recherche et développement	,20								✓			,140
• son personnel	,15							✓				,090
• sa capacité financière	,10										✓	,090
• ses équipements de production	,05									✓		,040
• ses capacités d'implantation et de localisation	,05				✓							,015
• ses sources d'achat	,05										✓	,045
TOTAL	1,0											,720

Échelle:
0–,40: Mauvais; ,41–,75: Moyen; ,76–1,0: Bon; Score minimum requis: ,70.

Source: traduit de RICHMAN, Barry M. «A Rating Scale for Product Innovation», *dans Business Horizons*, été 1962, p. 37-44.

total. Lorsqu'il est comparé au score requis (70 dans notre exemple), le score total obtenu indique quelles idées de produit retenir pour l'étape suivante, soit le test du concept.

Le test du concept

L'objectif principal de cette étape est d'évaluer l'acceptation du concept de produit par les consommateurs potentiels. S'il y a plus d'un concept, il faudra établir un ordre de préférence. Pour ce faire, le responsable du marketing convoque des consommateurs à une rencontre pour leur faire connaître le produit grâce à un prototype (si possible); il s'agira d'une image ou d'une simple description verbale. Par la suite, il les questionne afin de trouver réponses aux questions suivantes[2]:

- De quelle façon les consommateurs évaluent-ils les qualités et les carences du concept?
- Le concept est-il clair et facile à comprendre?
- Voyez-vous des avantages particuliers de ce produit comparativement aux produits concurrents?
- Croyez-vous à la réalité de ces avantages?
- Quelles améliorations pourriez-vous suggérer?
- Quel sera le taux d'acceptation du concept de produit?
- Ce produit correspond-il, pour vous, à un besoin réel?
- Achèteriez-vous ce produit?
- À quelle fréquence achèteriez-vous ce produit?

On retiendra les produits compatibles avec les intentions d'achat des consommateurs et avec les normes de l'entreprise. Les autres devront connaître des améliorations ou se verront retirés avant qu'ils ne coûtent trop cher.

L'étude de faisabilité technique

Le concept, tel qu'il est retenu, est-il réalisable? Répondre à cette question, voilà l'objectif de cette nouvelle étape. Il faut maintenant déterminer les exigences techniques du produit par rapport à son design et à sa fabrication. À cette étape, le personnel du service de la production, engagé au plus haut point, fournira les renseignements pertinents afin que le personnel du service des finances estime les coûts inhérents au développement du produit, les investissements requis pour la machinerie, ainsi que le coût de production d'une unité s'il est produit à grande échelle.

Si l'entreprise ne peut satisfaire aux exigences du design, de la production ou de l'investissement, elle devra abandonner le projet. Dans le cas contraire, elle pourra poursuivre le processus.

Le test du produit

À ce stade, deux types de test s'imposent: l'un de performance et l'autre de perception. Pour recueillir des données sur certains aspects techniques du produit, notamment sa performance, on procède à des tests de laboratoire. Des tests réalisés auprès de consommateurs seront également fort utiles afin de connaître leur perception du produit. De plus, ces tests dévoilent souvent des qualités et des carences jusque-là passées inaperçues. Dans ce cas, l'entreprise cherche à améliorer le produit afin de le rendre conforme aux besoins exprimés sur le marché et d'éviter qu'un compétiteur ne le fasse avant elle.

Il est à noter qu'un test positif du produit ne rend possible la production à grande échelle de ce produit qu'une fois qu'on a revu l'aspect financier de plus près.

L'étude de rentabilité

À cette étape du processus, l'administrateur s'interroge sur la rentabilité du produit. Il lui faut prévoir les ventes et les bénéfices qu'il en retirera. Ces profits, évalués en fonction des investissements requis pour la production, indiquent la rentabilité du produit.

Compte tenu du fait qu'il s'agit d'un nouveau produit, la prévision de ces données financières n'en sera que plus complexe. Le spécialiste en marketing dispose cependant de divers moyens pour remplir cette tâche. Il peut utiliser des prévisions basées sur des modèles mathématiques ou des prévisions élaborées à l'aide de données recueillies sur un produit semblable et lancé au cours des dernières années. Les données prévisionnelles peuvent également provenir d'informations recueillies lors d'enquêtes par sondage auprès des consommateurs. Ce ne sont là que quelques méthodes parmi d'autres qui ne laissent que peu de place au hasard.

Une fois les données recueillies et traitées, il s'agit de les comparer à l'objectif de rentabilité du produit. Aucun produit ne devrait passer à une étape ultérieure du processus si sa rentabilité prévue n'est pas au moins égale à l'objectif de rentabilité de l'entreprise.

Le test de marché

Avant de commercialiser à grande échelle un produit de consommation qui a passé avec succès toutes les étapes précédentes, il est souvent souhaitable d'effectuer un test de marché afin de s'assurer de sa réussite commerciale (*voir encadré 7.2*).

Comme nous l'avons brièvement mentionné dans le chapitre portant sur la recherche en marketing, un test de marché consiste à commercialiser un produit dans un marché témoin. À cet effet, il faut prendre trois décisions importantes. La première porte sur le nombre de mini-marchés à sélectionner et leur choix. En ce qui concerne le nombre de mini-marchés, la réponse est liée au budget octroyé pour cette expérience et à la possibilité de généralisation des résultats au marché national exigée par le responsable du marketing. En ce qui a trait aux villes sélectionnées, nous savons que Calgary, Sherbrooke et Chicoutimi sont souvent choisies (*voir chapitre 4*).

La deuxième décision porte sur la durée du test. Encore une fois, le budget est un élément important dont il faut tenir compte. Si le budget alloué est considérable, la durée du test pourra être prolongée. Dans le cas contraire, elle sera plus courte. De plus, la possibilité qu'un concurrent imite le produit a une influence directe sur la durée du test. Si le produit peut facilement faire l'objet d'une imitation, il vaut mieux prévoir un test de courte durée. Dans le cas contraire, on peut se permettre de prolonger la durée du test. En fait, les spécialistes s'entendent pour dire que la durée d'un test varie de six mois à un an, voire deux ans.

■ Encadré 7.2   Le lancement test d'ALEX, un nouveau service…

ALEX est désormais accessible aux Montréalais

■ Plusieurs Montréalais ont commencé hier à utiliser ALEX, le nouveau service informationnel et transactionnel offert par Bell Canada.

ALEX sera mis à l'essai pendant deux ans avant de faire son entrée officielle. Essentiellement, ce service permet aux abonnés d'obtenir de l'information à l'aide d'un terminal sur une grande variété de sujets, en plus d'accéder à des services interactifs directement à partir de leur domicile.

ALEX peut être enfiché dans la prise de téléphone ou à un ordinateur personnel doté d'un modem et du logiciel ALEX.

Selon les résultats de l'essai, le service sera offert par la suite à Toronto et dans les autres parties du territoire de Bell Canada.

L'entrée en service d'ALEX se fera lentement: hier, seulement 100 services étaient accessibles et, d'ici à juillet 1989, Bell prévoit en ajouter 150 autres.

Déjà, environ 7000 résidants de Montréal se sont abonnés au nouveau service.

Les coûts de la location du terminal ALEXTEL, fabriqué par Northern Telecom Canada, sont de 7,95 $ par mois, sans compter les frais d'utilisation du réseau.

Source: La Presse, 6 décembre 1988.

La troisième décision concerne le choix des autres variables du mix marketing, c'est-à-dire le prix, la communication et la place. On admet généralement qu'elles doivent être conformes à la stratégie prévue pour le marché visé. Aucune communication ou aucun autre élément qui n'entre pas dans la stratégie globale ne saurait faire l'objet du test de marché. Rappelons que ce test expérimente à petite échelle ce qui se produira ultérieurement à grande échelle.

Les principaux avantages de l'utilisation d'un test de marché sont les suivants:

• il minimise le risque de perte élevée d'un lancement du produit au niveau national, s'il n'est pas accepté par les consommateurs;
• il permet de vérifier si le produit sera concurrentiel;
• il fournit les informations utiles pour effectuer les changements requis par rapport aux variables du mix marketing.

Ses principaux inconvénients sont:

• le temps requis pour obtenir des résultats valables, en particulier lorsqu'il s'agit d'un produit dont le taux de rachat est important et éloigné comparativement à l'achat initial;
• les coûts élevés d'utilisation de cette formule;
• le fait que les compétiteurs connaissent les intentions de l'entreprise, qu'ils peuvent l'imiter et même la surpasser.

Étant donné ces avantages et ces inconvénients, on doit tenir compte, au moment de décider si on procède à un test de marché, des bénéfices supplémentaires découlant de la qualité de l'information obtenue et des coûts reliés à l'utilisation d'une telle méthode[3].

La commercialisation

Même si le produit a traversé jusqu'à maintenant les différentes étapes du processus, il ne sera pas pour autant automatiquement commercialisé. Le responsable du marketing doit encore décider si le produit sera lancé sur le marché. Si le produit ne comble pas les besoins des consommateurs, il est encore temps de le retirer afin d'éviter des pertes de l'ordre de centaines de millions de dollars, comme ce fut le cas pour le modèle *Edsel* de Ford[4] ainsi que pour le produit Corfam de DuPont[5], pour ne citer que ces deux exemples.

Si le responsable du marketing décide de commercialiser le produit, il devra élaborer un plan de lancement traitant de la fabrication du produit et des variables du mix marketing. Des méthodes de planification comme le PERT et le CPM (*Critical Path Method*) sont largement utilisées[6]. Le plan doit spécifier à quelle période de l'année le lancement du produit aura lieu. Dans le cas d'un produit saisonnier, on recommande de faire le lancement durant la saison en question. Toutefois, il peut être sage de retarder un peu son lancement si on veut apporter des améliorations de dernière minute ou si on cherche à se faire remarquer davantage, comme le font les fabricants d'automobiles en lançant leurs produits au milieu de l'année. Le plan doit aussi mentionner l'intensité du lancement retenu. Il se peut que l'entreprise choisisse d'y aller progressivement, c'est-à-dire qu'elle préfère conquérir le marché national en échelonnant le lancement sur une certaine période. Par ailleurs, et pour diverses raisons, elle peut choisir de capter instantanément le marché national si le produit est une primeur. Les inconvénients possibles dans ce cas sont les coûts énormes et la perte de prestige amplifiée dans le cas d'un échec.

Une énorme tâche de coordination attend le responsable du marketing au cours de la phase du lancement du produit. Toutes les décisions relatives au prix, à la distribution et à la communication du produit doivent être prises presque simultanément. Afin de faciliter la détermination du contenu des variables du mix marketing du produit, le responsable du marketing peut utiliser, entre autres, la classe qu'occupe le produit sur le marché ainsi que son cycle de vie. C'est ce que nous verrons dans les prochaines pages.

LA CLASSIFI-CATION DU PRODUIT SUR LE MARCHÉ ET LES STRATÉGIES DE MARKETING

Chacun compte dans son environnement immédiat probablement plus d'une centaine de produits différents, et ce n'est que la pointe de l'iceberg! Parmi ces millions de produits mis en marché, certains se ressemblent tant qu'ils appartiennent à une même classe de produits. Il est donc possible de grouper tous ces produits en un petit nombre de classes. Tout comme il existe une grande différence entre un appareil-photo et un roman, on décèle une certaine similitude entre une tablette de chocolat et un paquet de gommes à mâcher. Dans ce dernier cas, la similitude ne se situe pas tellement dans les attributs physiques ou symboliques, mais plutôt dans leur forme de mise en marché. Ainsi, il est possible de dégager des classes de stratégies de marketing en fonction du regroupement des produits. Quel genre de produit est le plus approprié à une politique de promotion sur la marque? sur les caractéristiques? à une distribution exclusive? intensive? Voilà autant de questions que se posent chaque jour les responsables du marketing.

Pour y répondre, il faut développer un système de classification. Comme le démontre la figure 7.5, différentes méthodes de classification servent à grouper les biens dans plusieurs catégories.

Une première distinction tient compte du marché visé par le produit. On observe la classe «produits industriels» et la classe «produits de consommation». Dans la première (produits industriels), l'offre est faite à une entreprise du secteur primaire, secondaire ou tertiaire qui utilise le produit dans le cours normal de ses activités. Dans la seconde (produits de consommation), l'entreprise s'adresse au consommateur final du produit. Pour ce type de marché, nous avons retenu cinq méthodes de classification des produits. Notons que chacune sera meilleure que les autres, selon les critères de classification que le spécialiste retiendra. Toutefois, il est possible d'y déceler deux perspectives. La première englobe les trois premières méthodes de classification. Elle représente davantage l'aspect économique des produits, d'où le nom de «perspective économique». La deuxième, qui groupe les deux dernières méthodes de classification, est dite «perspective marketing» du fait que ce sont davantage les types de commercialisation ainsi que le comportement du consommateur qui forment la base du classement des produits. Nous nous attarderons davantage à cette perspective. Voyons de plus près chacune des deux méthodes de la perspective marketing.

Les produits jaunes, orange et rouges (classification d'Aspinwall)

La méthode de classification des produits d'Aspinwall fut développée en 1958 par Leo V. Aspinwall[7]. Le classement se fait à partir de cinq critères d'évaluation (*voir figure 7.6*) de la commercialisation des produits, critères fort importants pour les administrateurs, à savoir:

- la répétition d'achat: fréquence à laquelle le consommateur achète et consomme le produit;
- la marge brute: différence entre le prix de vente et le prix de revient du produit;

■ **Figure 7.5** Classification des produits

Produits industriels Catégorie d'une méthode de classification	Exemples

1) Équipements de production
  –installations
  –outillage
  –bâtiments
	Bobinoir, fourneau de forge.
	Chariot, foreuse manuelle.
	Usine, siège social.

2) Matériels de production
  –matières premières
  –produits semi-finis
  –produits finis
	Blé, bois, bauxite.
	Acier, verre.
	Pneu, lacet.

3) Fourniture de production	Huile, graisse.
4) Matériel d'administration	Ordinateur, machine à écrire, bureau, classeurs.

Produits de consommation Cinq méthodes de classification		Exemples
P E R S P E C T I V E **É C O N O M I Q U E**	1) Produits durables Produits non durables Services	Batterie de cuisine, sécheuse. Revues, pâte dentifrice, fruits. Assurance, cours de marketing.

	2) Produits périssables
	  – physiques
	  – psychologiques
	Produits non périssables
		Lait, pain.
		Objets de mode, vêtements, disques.
		Ciseaux à couture, souffleuse à neige.

	3) Produits de nécessité – Produits de luxe	Laveuse, logement. Téléviseur couleur, téléphone sans fil.
P E R S P E C T I V E **M A R K E T I N G**	4) Classification Aspinwall Produits jaunes Produits orange Produits rouges	Microordinateur, appareil photographique. Pantalon, robe. Boisson gazeuse, chocolat.
	5) Classification Copeland Produits de commodité Produits de comparaison Produits de conviction	Croustilles, cigarettes. Souliers, chemises. Cinécaméra, vidéo.

■ **Figure 7.6** La classification d'Aspinwall

Critères d'évaluation	Classe des produits		
	Jaunes	Orange	Rouges
Répétition d'achat	faible	moyenne	élevée
Marge brute	élevée	moyenne	faible
Service nécessaire	élevé	moyen	faible
Durée de vie	élevée	moyenne	faible
Durée de la recherche	élevée	moyenne	faible

- le service requis: relatif au service après-vente requis afin d'adapter le produit aux besoins du consommateur;
- la durée de vie: période pendant laquelle le produit remplit les fonctions pour lesquelles il a été acheté;
- la durée de la recherche: ampleur de la période pendant laquelle le consommateur est prêt à investir des efforts en vue d'acquérir le bien.

À partir de ces critères, on obtient des produits jaunes, orange ou rouges. Notons que le choix des couleurs découle d'une décision arbitraire.

Les produits jaunes

Les produits jaunes sont ceux dont la répétition d'achat est faible, alors que la marge brute, le service requis, la durée de vie et la durée de la recherche sont élevés. Ils comprennent les produits tels que les gros appareils électroménagers (exemple, lave-vaisselle), l'automobile et l'ameublement. Ces produits sont distribués par certains intermédiaires qui offrent un service après-vente et participent à la promotion du produit.

Les produits orange

Un produit orange se distingue par un score moyen pour chacun des critères: répétition d'achat, marge brute, service requis, durée de vie ainsi que durée de la recherche. Par exemple, les vêtements pour hommes et pour femmes ainsi que les petits appareils électroménagers (exemples, grille-pain, mélangeur) sont des produits orange. La distribution de cette classe de produits est plus étendue. Le service après-vente constitue un élément important dans l'argumentation de vente. Dans la plupart des cas, un livret d'instructions accompagne le produit afin d'en faciliter l'usage par le consommateur.

Les produits rouges

Les produits rouges présentent une répétition d'achat élevée mais une marge brute, un service requis, une durée de vie et une durée de la recherche faibles. Ces produits, à distribution large, ne nécessitent pas d'intervention après-vente. Le fabricant doit les promouvoir auprès de son marché cible. Le lait, le pain, les cigarettes et les confiseries en sont des exemples. La rentabilité pour le fabricant qui commercialise ce genre de produits va de pair avec la rotation élevée de ses stocks. Il doit donc tout mettre en œuvre afin d'atteindre cet objectif.

La classification d'Aspinwall permet de déceler les variables du mix marketing à utiliser en priorité. Elle s'avère donc fort utile au responsable du marketing.

Les produits de commodité, de comparaison et de conviction (classification Copeland)

Créée en 1924 par Melvin T. Copeland alors qu'il était professeur à la Harvard Business School, la classification Copeland, la plus populaire de toutes encore aujourd'hui, a le mérite de se baser essentiellement sur le comportement du consommateur[8]. Les différences observées par Copeland sur les attitudes et les comportements des consommateurs l'ont amené à créer trois classes de produits distinctes: les produits de commodité, les produits de comparaison et les produits de conviction.

Les produits de commodité

Les produits que le consommateur achète fréquemment, rapidement et presque en tout temps sont appelés «produits de commodité». En fait, dans bon nombre de cas, il s'agit d'achats routiniers pour le consommateur. C'est pourquoi il effectue rarement une recherche d'informations avant de les acheter, cherchant plutôt à faire le moins d'efforts possible. Il demeure toutefois sensible à certaines variables du mix marketing, tel le prix. Lorsqu'il fait son épicerie, le consommateur peut changer de marque de confiture s'il voit une offre alléchante d'un concurrent. En général, on peut dire que le consommateur déroge à ses habitudes quand la satisfaction supplémentaire obtenue prime sur le coût en ce qui a trait au temps et aux efforts supplémentaires requis pour provoquer ce changement. Ce comportement s'applique autant au changement de marque qu'au changement de lieu d'achat, lorsque le magasin préféré n'est plus dans la course par rapport aux concurrents.

Comme il s'agit d'achats répétitifs, le prix des produits de commodité est relativement bas. Le consommateur les reconnaît facilement par leur marque de commerce qui fait souvent l'objet d'une promotion. Ce sont, par exemple, les cigarettes, l'essence, les boissons gazeuses, les confiseries, le lait, les œufs, le pain, les fruits et les légumes surgelés, en conserve ou frais, les journaux ou revues, quelques produits de beauté dont les lames de rasoir, ainsi que les services d'une caisse populaire ou d'un salon de coiffure.

Parmi ces produits, on distingue trois sous-groupes: les produits de base, les produits d'impulsion et les produits d'urgence.

Les produits de base   L'achat des produits de base est plus ou moins planifié à l'aide d'une liste d'épicerie ou par d'autres moyens. Même si on peut facilement acheter ces produits et planifier leur achat, il reste qu'on le fait de façon routinière, c'est-à-dire sans recherche d'informations. Une distribution étendue ainsi qu'une marque populaire deviennent alors deux des atouts majeurs de la stratégie de marketing de l'entreprise.

Les produits d'impulsion   Comme l'expression l'indique, l'achat des produits d'impulsion n'est pas planifié. En général, le besoin d'acheter se fait sentir avec force et de façon momentanée. La distribution constitue alors un élément important du mix marketing. Si le produit n'est pas en étalage, l'achat n'aura pas lieu. Il arrive à tout le monde d'acheter un magazine ou d'autres produits lorsqu'on attend en file à la caisse.

Les produits d'urgence   Comme leur nom le sous-entend, les produits d'urgence ont comme caractéristique principale la dimension du «temps d'acquisition». Ces produits, qu'on ne garde pas nécessairement à portée de main, doivent être rapidement accessibles lorsque le besoin s'en fait sentir. Pensons à l'achat de confiseries pour les neveux ou les nièces arrivés à l'improviste ou à l'achat d'un onguent ou d'une gelée pour soulager les brûlures légères. Il est donc important, pour le responsable du marketing, de reconnaître l'impact d'une bonne distribution et d'une communication adéquate en ce qui concerne l'achat de ces produits par le consommateur.

Les produits de comparaison

Pour les produits de comparaison, tels les appareils électroménagers, les pièces de mobilier ou les produits de moindre dimension comme les souliers ou les vêtements, le consommateur fait habituellement un plus grand effort de recherche d'informations. Il désire prendre une meilleure décision d'achat. Il se souviendra d'un message publicitaire, consultera des magazines plus ou moins spécialisés dans la consommation, en discutera avec ses amis (leaders d'opinion), visitera quelques détaillants. Il acquerra ainsi des informations supplémentaires en fonction de critères de comparaison tels que la qualité, le prix, le style ou l'aspect fonctionnel. L'utilisation de l'un ou l'autre de ces critères dépend du produit et du consommateur qui prend la décision.

Il existe deux types de produits de comparaison. Il y a les biens homogènes, c'est-à-dire les produits à peu près identiques sur toute la ligne. Citons l'assainisseur d'air, par exemple. Pour vendre ce genre de produits, il est essentiel que l'administrateur réussisse à différencier son produit par rapport à celui des concurrents. Le problème est de taille puisque ces produits possèdent plusieurs attributs similaires. C'est par le biais de la publicité ou du prix que le responsable du marketing arrivera à créer la différence nécessaire qui fera pencher certains consommateurs en faveur de sa marque.

En ce qui concerne les biens hétérogènes, tels les vêtements, les artifices décoratifs et bien d'autres produits encore, l'utilisation du design sera un élément essentiel de la stratégie du responsable du marketing, alors que le prix aura un impact de moindre importance. Toutefois, pour un produit homogène comme pour un produit hétérogène, il est important de bien choisir les distributeurs du produit puisque ces derniers joueront le rôle de conseillers auprès des clients.

Les produits de conviction

Les produits de conviction comprennent les produits pour lesquels une bonne partie des consommateurs fournissent un effort supplémentaire spécial lors du processus d'achat. Les consommateurs sont disposés à faire plus de recherche, car il n'existe aucun substitut acceptable en mesure de remplacer le produit. En fait, il s'agit souvent de produits dotés d'une caractéristique unique ou de produits de marque réputée. Précisons immédiatement qu'il ne s'agit pas nécessairement d'un produit luxueux au prix élevé même si c'est souvent le cas. Une *Rolls Royce* à 195 000 $, une plume Mont Blanc à 200 $, une mouche Silver Doctor pour la pêche au saumon à 3 $ ou tout simplement de la gomme à mâcher Trident (qui ne cause pas la carie) et qui se vend près de 1 $ le paquet constituent autant d'exemples de produits de conviction.

Dans bon nombre de cas, les produits de conviction ne sont pas distribués à grande échelle. Le consommateur décidé à acquérir le produit acceptera de se lancer dans des activités de recherche plus intenses afin de dénicher un distributeur. Son désir de posséder le produit est tel qu'en général le prix devient un élément secondaire. Précisons enfin que le consommateur est prêt à consacrer plus de temps à l'achat de ces produits. Il devrait donc en être de même de la part du responsable du marketing en ce qui concerne l'effort de mise en marché. Un plus grand nombre de fabricants tentent de faciliter l'accès à leurs produits pour qu'il soit de plus en plus facile de les acquérir.

LE CYCLE DE VIE DES PRODUITS ET LES STRATÉGIES DE MARKETING

La période de cycle de vie à laquelle se situe le produit influe largement sur le choix de la stratégie de marketing à utiliser. Nous en traitons ici.

Le concept de cycle de vie du produit suggère que les produits traversent certaines étapes distinctives entre le moment de leur apparition sur le marché et celui de leur retrait. Il s'agit en fait de l'évolution du produit à travers ses phases d'introduction, de croissance, de maturité et de déclin, évolution mesurée par les ventes en fonction du temps. La durée totale du cycle de vie du produit dépend des problèmes de mise au point, de distribution, de son acceptation par les consommateurs ainsi que de l'activité de l'ensemble des compagnies œuvrant sur ce marché. Comme le démontre la figure 7.7, il est possible de mesurer les profits inhérents à chacune des phases du cycle de vie du produit. Compte tenu des dépenses élevées engagées lors du lancement, le produit essuie des pertes à ses débuts pour ensuite devenir rentable. Si son retrait du marché arrive trop tard, il peut de nouveau occa-sionner certaines pertes. Le responsable du marketing doit éviter cette fâcheuse situation en reposi-tionnant le produit ou tout simplement en l'abandonnant.

Une remarque s'impose à ce sujet. Le cycle de vie du produit s'applique autant à la mesure des ventes d'un produit générique, la cigarette par exemple, qu'à ses diffé-rents modèles, bout uni ou bout filtre, ou à ses marques particulières. Il en est de même des profits, comme on peut le constater à la figure 7.8.

Puisque la rentabilité de l'entreprise repose sur une gestion dynamique de chacun de ses produits tout au long de leur cycle de vie, il devient donc fondamental d'ana-lyser chacune de ces phases.

Les phases du cycle de vie du produit

S'il veut élaborer des stratégies appropriées, le responsable du marketing accordera une attention particulière à chaque phase du cycle de vie du produit (introduction, croissance, maturité, déclin).

L'introduction

L'introduction se caractérise par un faible niveau de la croissance des ventes; la complexité du produit ou son degré de nouveauté peuvent souvent en être les causes. Plus un produit répond de façon plus que parfaite aux besoins des consom-mateurs, plus la phase d'introduction sera de courte durée. Le produit entrera rapidement dans sa phase de croissance. Une autre caractéristique importante de la phase d'introduction est le résultat financier de l'opération de lancement du produit. Dans la plupart des cas, les ventes ne peuvent pas absorber les dépenses de

■ **Figure** 7.7   Les quatre phases traditionnelles du cycle de vie du produit

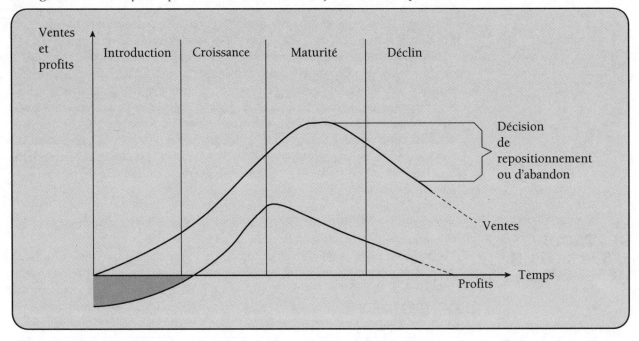

■ **Figure** 7.8   Mesures hypothétiques du cycle de vie (ventes et profits) pour:
produit générique (P.G.)
modèle bout uni (B.U.)
une marque en particulier (M_x)

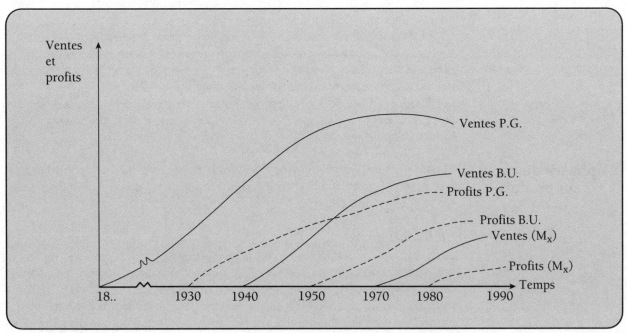

recherche, d'acquisition de l'équipement de production et de promotion. Il en résulte donc un déficit d'opération que l'entreprise devra combler à même sa trésorerie.

Afin de provoquer une demande accrue du produit, surtout si elle fait office de pionnière dans son domaine, l'entreprise utilisera un type de communication visant davantage à faire découvrir le produit que la marque.

Même si le produit présente habituellement une qualité élevée, il peut s'avérer nécessaire de faire certains ajustements aux besoins particuliers du marché. Si on observe des défectuosités, il faudra y apporter des correctifs. Certaines entreprises profitent de cette phase pour améliorer de façon substantielle leur produit.

La distribution sera plutôt limitée. Dans bon nombre de cas, le fabricant devra promouvoir le produit auprès des distributeurs de façon qu'ils acceptent de le distribuer.

Enfin, l'entreprise choisira une des deux stratégies suivantes pour établir le prix de son produit. Si le marché visé se compose d'une classe de consommateurs à haut niveau de revenu, elle pourra «écrémer» le marché, c'est-à-dire le vendre à un prix élevé. Au début des années 80, la compagnie Sony adopta cette politique en vendant son appareil «Walkman» à un prix supérieur à 200 $; quelques années plus tard, on achetait ce genre d'appareil pour la somme de 50 $. L'entreprise peut également adopter une politique contraire, c'est-à-dire vendre le produit à un prix plus qu'abordable pour la majorité des consommateurs. Cette stratégie vise la pénétration du marché. Elle est pratiquée notamment par les producteurs de rasoirs à lames qui offrent leurs modèles dernier cri à des prix de promotion, parce que le choix du rasoir conditionne celui de la marque de lames, produits pour lesquels la fréquence d'achat est élevée.

Comme nous l'avons vu, la phase de l'introduction oblige l'administrateur à utiliser avec dynamisme chacune des variables du mix marketing. La réussite de cette phase est cruciale. Cependant, beaucoup de produits connaissent un échec, faute d'encadrement ou tout simplement parce qu'ils ne correspondent pas à un besoin des consommateurs.

La croissance

Durant la phase de croissance, les ventes connaissent une augmentation. Il en est de même des profits. En fait, l'acceptation du produit par les innovateurs de la phase d'introduction stimule les acheteurs précoces. On assiste alors à une forte augmentation de la demande pour le produit. Les autres entreprises qualifiées de suiveuses, face au succès que connaît le produit dans sa phase de croissance, décident habituellement de s'approprier une part de ce marché devenu alléchant. C'est ainsi que la concurrence s'y installe avec un produit parfois amélioré par rapport à celui de l'entreprise innovatrice. Il devient alors nécessaire pour cette dernière d'apporter des modifications à sa stratégie de marketing.

Comme son objectif n'est plus de convaincre le consommateur d'essayer le nouveau produit, le responsable du marketing se tourne vers un nouveau type de publicité axé sur les attributs différentiels du produit avec comme but d'inciter le consommateur à exiger la marque de l'entreprise, la meilleure marque qui soit. C'est ainsi qu'il pourra tenir tête à la nouvelle concurrence féroce. Il est donc dans l'intérêt de l'entreprise de conserver la meilleure qualité possible de son produit. De plus, une extension de la ligne de produits, par l'ajout d'autres modèles visant à rejoindre des segments de marché particuliers, est tout à l'avantage de l'entreprise.

Quant aux prix, ils auront tendance à diminuer légèrement compte tenu des économies réalisées grâce à une production de masse. Les concurrents auront tendance à utiliser cette arme afin de se trouver une niche de marché intéressante. L'extension de la ligne de produits permettra l'adoption d'une ligne de prix, ce qui provoquera une concurrence encore plus prononcée. Certains fabricants seront même prêts à céder au distributeur une plus grande marge de profit pour que celui-ci accepte de distribuer leur produit. Il sera également avantageux pour les concurrents d'adopter cette pratique qui, en fin de compte, sera bénéfique pour les consommateurs.

Enfin, si l'expansion de la consommation s'effectue à un rythme accéléré, il devra en être de même de la distribution. Accroché solidement à son objectif de part de marché, le responsable du marketing devra tout mettre en branle afin de distribuer le produit dans le plus vaste canal possible. Étant donné que les distributeurs ne prennent en charge que quelques marques, habituellement les plus populaires, gagner cette guerre d'accès au canal devient capital. Pour ce faire, il peut être indiqué d'utiliser des promotions spéciales auprès des distributeurs afin de garder de bons contacts avec eux.

La maturité

À cette phase, on assiste encore à une augmentation des ventes. Cependant, cette augmentation connaît un taux décroissant. Elle traduit alors une certaine saturation du marché, c'est-à-dire que la plupart des gens possèdent ou utilisent déjà le produit. Pour la première fois depuis le début du cycle, l'offre excède la demande. Il en résultera donc une forte concurrence qui fera disparaître les producteurs les moins forts. Afin de s'approprier cette demande, en plus de la demande reliée à l'accroissement de la population, les entreprises varieront leur mix marketing.

D'une part, elles profiteront de l'occasion pour épurer leurs lignes de produits en ne conservant que les produits les plus rentables. Ces derniers pourront faire l'objet d'une modification annuelle de style afin de stimuler la demande de la part des consommateurs. D'autre part, les entreprises utiliseront la publicité et la promotion afin de différencier davantage le produit, tout en privilégiant la publicité sur la marque. Il est à noter que les distributeurs feront encore l'objet de promotion et qu'une attention spéciale sera accordée au service après-vente tel le prompt remboursement d'une pièce défectueuse. Toute cette promotion vise à s'assurer la loyauté des distributeurs et des consommateurs.

De plus, la concurrence dans les prix ainsi que les activités de la communication seront plus intenses. On verra des offres spéciales, par exemple le «deux pour le prix d'un» ou les rabais d'époque, comme à Noël. Les distributeurs représentent également une cible importante pour les promotions et les rabais offerts par les entreprises qui cherchent à conserver l'espace d'étalage si durement acquis au cours des phases précédentes.

Le déclin

La phase de déclin se caractérise par une baisse importante des ventes causée par l'arrivée d'une autre forme de produit ou par un simple changement dans les habitudes des consommateurs (*voir encadré 7.3*). Cette baisse occasionne alors un surplus de la capacité de production dans les entreprises. Le nombre de compétiteurs diminuera de nouveau. Certains abandonneront les affaires, d'autres achèteront une autre entreprise ou encore chercheront à fusionner.

■ **Encadré 7.3** Le «produit» Angleterre n'est plus à la mode et a été remplacé par d'autres «produits-pays»

Angleterre: l'industrie du tourisme en déclin

AFP

LONDRES

■ La part de la Grande-Bretagne dans l'industrie mondiale du tourisme est en déclin.

Et ce, malgré un nombre record de visiteurs en 1993, indique un rapport alarmant de l'Autorité britannique du Tourisme (BTA) publié récemment.

Depuis 1980, la part britannique dans les revenus mondiaux générés par le tourisme est passée de 6,7 p. cent à 4,3 p. cent, a indiqué le directeur exécutif de la BTA, Anthony Sell, en présentant ce rapport lors d'une conférence de presse à Londres.

En 1993, toutefois, les 19,2 millions de touristes ont dépensé 9 milliards de livres (13,5 milliards de dollars), un record dans les deux cas.

Mais le déficit de la balance des paiements des activités liées au tourisme a augmenté de 0,3 à 3,7 milliards.

M. Sell a demandé une meilleure coordination des différents organismes ayant des responsabilités en matière de tourisme, faute de quoi la Grande-Bretagne risque de perdre des millions de livres de revenus.

«Si la Grande-Bretagne n'affiche pas un peu plus de cohérence vis-à-vis du voyageur étranger, nous hypothéquons nos meilleures chances sur le marché international du tourisme», a-t-il déclaré.

Source: La Presse, 12 novembre 1994, p. 18.

Encore là, on assistera à des changements à propos de la stratégie de marketing. Ainsi, le prix deviendra habituellement l'arme compétitive par excellence pour la majorité des entreprises. De plus, pour éviter des pertes financières importantes, les entreprises verront à réduire substantiellement leur budget de promotion. Le marché rétrécissant toujours, les entreprises réduiront également leur étendue de distribution. Enfin, le responsable du marketing portera une attention particulière au produit afin de le retirer du marché au bon moment.

D'autres situations se rapportant au cycle de vie du produit

La présente partie traite brièvement de deux situations particulières au cycle de vie du produit, soit le prolongement du cycle de vie et le lancement de nouveaux produits.

Le prolongement du cycle de vie

La durée du cycle de vie et de chacune de ses phases n'est ni universelle ni statique. Prenons comme exemple l'industrie du jouet: le cube Rubik (très populaire au début des années 80) a traversé beaucoup plus rapidement son cycle de vie que ne l'a fait le jeu Monopoly, qui génère encore un bon chiffre d'affaires. En améliorant le produit ou en recherchant de nouvelles occasions de marché, c'est-à-dire de nouvelles applications, il est possible de prolonger le cycle de vie d'un produit (*voir encadré 7.4*). Comme le montre la figure 7.9, le cas du nylon illustre bien ce prolongement.

Le lancement de nouveaux produits

Quand faut-il introduire de nouveaux produits sur le marché? Comme la vie d'un produit est limitée, il s'avère nécessaire, pour assurer la croissance de l'entreprise, de planifier le lancement de nouveaux produits (*voir encadré 7.5*). Les profits générés par le produit en phase de croissance servent cet objectif. Puisqu'il sait qu'un produit est

■ **Figure 7.9**   Situations particulières au cycle de vie du produit

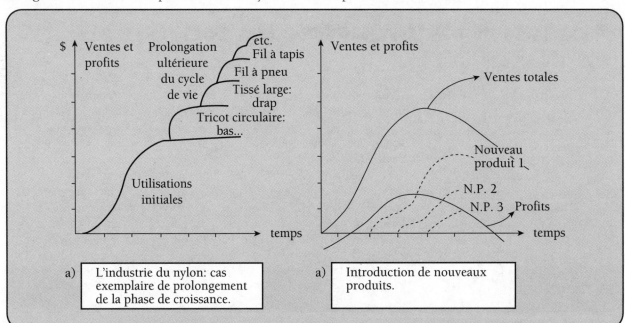

Source: a) LEVITT, Théodore. «Comment tirer partie du cycle de vie d'un produit», *dans Harvard l'Expansion*, été, 1976, p. 34.

   b) Adapté de McCARTHY, Jérôme E. *Basic Marketing: A Managerial Approach*, 3ᵉ édition, Illinois, Richard D. Irwin Inc., 1968, p. 285.

appelé à disparaître à plus ou moins long terme, le responsable du marketing ne devrait pas hésiter à consacrer une part importante des profits qu'il rapporte à la recherche et au lancement de nouveaux produits. Observons à ce sujet l'exemple présenté dans la partie droite de la figure 7.9.

La décision de repositionnement d'un produit

Comme nous l'avons vu dans la figure 7.7, il peut arriver que le responsable du marketing doive repositionner le produit pour diverses raisons telles que l'arrivée d'un concurrent ou l'évolution des goûts des consommateurs. Repositionner un produit consiste à modifier la perception actuelle qu'en ont les consommateurs. En fait, il s'agit de déplacer le produit de son positionnement actuel (*voir figure 7.10*). Pour ce faire, le responsable du marketing peut utiliser toutes les variables du mix marketing dont il dispose. Que ce soit par un simple changement de conditionnement, par une baisse de prix, par un nouveau réseau de distribution, par un nouveau thème publicitaire ou par tout autre changement, il est possible de modifier la perception que les consommateurs ont d'un produit. C'est ce qu'ont dû faire les administrateurs de Cointreau S.A. afin d'endiguer une baisse des ventes d'environ 10 % entre 1975 et 1980.

■ **Figure 7.10**   Exemple de repositionnement de deux marques de liqueur

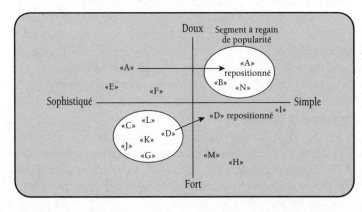

■ **Encadré 7.4** Une nouvelle vie pour le disque de vinyle?

Le vinyle revient

Les ventes de 33-tours ont progressé de 80 % au cours des six premiers mois de 1994

ROBERT KOCH

de l'Agence France Presse
WASHINGTON

■ Le 33-tours revient: pour la première fois en 13 ans, les ventes de disques noirs progressent au lieu de reculer aux États-Unis après avoir regagné l'oreille des audiophiles, lassés par le son aseptisé et froid des disques compacts.

Au cours des six premiers mois de 1994, les ventes de 33-tours ont progressé de 80 pour cent, selon des statistiques professionnelles de la Recording Industry Association of America (RIAA).

«Les véritables amateurs préfèrent le son plus rond et plus chaleureux des disques noirs, qu'il s'agisse de rock ou d'opéra», estime Jay Berman, président de la RIAA. «Mais il est à craindre que ce renouveau ne constitue que l'expression d'une nostalgie», ajoute-t-il.

Les puristes estiment également que les pochettes de disques en carton sont plus belles et plus soignées que celles, en plastique, des disques compacts. En outre, les jaquettes sont plus riches en informations dont les amateurs de musique enregistrée sont friands.

Plusieurs compagnies de disques, dont la prestigieuse Blue Note, ont réappris à presser des «galettes» de vinyle et des distributeurs, comme Tower Records, ont recommencé à les stocker dans leurs rayonnages après que des artistes, tels Neil Young, Johnny Cash et le groupe Sonic Youth, eurent publié leur plus récent enregistrement sur disque 33-tours avant de le sortir en CD.

La semaine dernière, *Vitalogy*, le dernier album du groupe Pearl Jam, a été classé en 55ᵉ place du *Billboard*, le «hit parade» américain, après la vente en quelques jours de 35 000 copies... en vinyle. Quant au groupe de «hip hop» Arrested

Development, il vient de lancer «Power to the Vinyl» («Le pouvoir au vinyle»), une association dont l'objectif est de promouvoir le disque noir.

Mobile Fidelity Sound Lab, une compagnie spécialisée dans les enregistrements pour audiophiles, a également repris la fabrication de 33-tours. «Nous avons décidé de nous y remettre lorsque nous avons constaté une reprise des ventes de platines tourne-disques», explique un porte-parole de la société, Keli Dugger. «C'était incompréhensible si, comme on le prétendait, le vinyle était mort.»

«Il n'y a pas beaucoup d'argent à faire dans le disque noir. Ça reste néanmoins un bon outil de marketing pour faire la promotion d'un CD», affirme pour sa part Ray Farrell, de Geffen Records. Au détail, le prix suggéré d'un disque 33-tours est de 10,98 dollars contre 16,98 pour un disque compact.

Source: La Presse, 12 décembre 1994, p. A13.

Pour ce faire, ils ont annoncé de façon massive cette liqueur comme étant un simple «drink» au lieu de leur approche traditionnelle la présentant comme une liqueur de prestige[9].

Le repositionnement permet donc à une entreprise de conserver son produit durant une période plus longue en l'adaptant aux besoins du marché.

Le processus d'abandon d'un produit

Comme le décrit le cycle de vie, les produits naissent, croissent et meurent. Même si cette décision est pénible pour le responsable du marketing, car elle marque la fin d'une époque, il doit retirer avec le plus de doigté possible tout produit qui nuit à la rentabilité de l'entreprise (*voir encadré 7.6*). Compte tenu du fait que la plupart des entreprises commercialisent plus d'un produit, on recommande au responsable du

■ **Encadré 7.5**   Un nouveau service pour satisfaire les besoins des consommateurs

Bell Canada lance le numéro de téléphone personnalisé

MAURICE JANNARD

■ Un numéro de téléphone personnel et pour la vie, qui vous permet d'être rejoint en tout temps partout dans le monde? Bell Canada croit détenir la solution avec un nouveau service présenté hier lors d'une conférence de presse.

«Le temps où l'on devait donner quatre ou cinq numéros de téléphone pour s'assurer d'être joint en tout temps est maintenant révolu», a déclaré M. Michel Gagné, vice-président marketing de Bell Québec, la division provinciale de Bell Canada.

«Désormais, il suffit d'un seul numéro de téléphone attribué à une personne et non plus à un lieu fixe», a-t-il ajouté.

Celui-ci est d'avis que le nouveau service, identifié sous le vocable *Accès Total*, s'adresse en tout premier lieu aux gens d'affaires.

«Nous voulons augmenter l'efficacité de nos clients et leur simplifier la vie compte tenu de tous les gadgets technologiques.»

M. Gagné affirme que le nouveau service plaira aux gens très mobiles comme les agents immobiliers, les entrepreneurs en construction, les représentants commerciaux et les personnes travaillant à la maison.

La compagnie de téléphone a reçu l'autorisation du Conseil de la radiodiffusion et des télécommunications canadiennes (CRTC) en mars dernier pour mettre en vigueur le nouveau service. Bell Canada avait besoin de commutateurs spéciaux de Northern Telecom et de logiciels plus sophistiqués pour mettre le service en application.

Une première en Amérique du Nord
M. Gagné affirme que Bell est la première compagnie de téléphone en Amérique du Nord à offrir un tel service. ATT a été toutefois la première entreprise à parler des avantages du numéro personnel de téléphone qui serait donné à la naissance et qui suivrait l'individu toute sa vie.

Le coût du service de base d'Accès Total Bell sera de 14,95 $ par mois. Au Québec, le nouveau service sera d'abord offert dans les régions de Montréal, Québec et Hull.

Que l'abonné se trouve au bureau, à la maison, dans l'auto, à l'hôtel ou au chalet, souligne la publicité de la compagnie, ses appels le suivront au gré de ses déplacements, qu'il utilise un téléphone conventionnel, un téléphone cellulaire, un téléavertisseur ou un téléphone sans fil.

Le service de base comprend un numéro personnel qui permet à l'utilisateur d'être joint partout où il le désire. Il suffit de programmer l'acheminement des appels à l'aide d'un appareil à clavier. S'ajoute de plus un service informatique personnalisé permettant de gérer les appels et comprenant aussi des fonctions de filtrage dont un filtrage vocal.

Des options additionnelles de messagerie et de mise en contact sont également offertes pour les sommes respectives de 5,95 $ et 4,95 $ par mois. Le représentant de Bell Québec a indiqué que dans un mois s'ajoutera un service de télécopieur.

Source: La Presse, 13 avril 1994, p. E1.

marketing de suivre un processus décisionnel (*voir figure 7.11*) afin d'éclairer sa prise de décision.

Une fois qu'il a établi l'objectif de rentabilité de l'entreprise et celui de chacun des produits que l'entreprise commercialise, le responsable du marketing doit déterminer la rentabilité du produit concerné par cette décision. Pour y arriver, il doit procéder à la détermination des ventes et en soustraire les coûts directs reliés au produit grâce à des registres comptables. Cette opération est simple à effectuer. Ensuite, il doit soustraire de nouveau de ce solde la partie des frais généraux (électricité, etc.) imputable au produit. Il obtient ainsi la rentabilité réelle du produit.

■ **Figure 7.11** Processus d'abandon
d'un produit

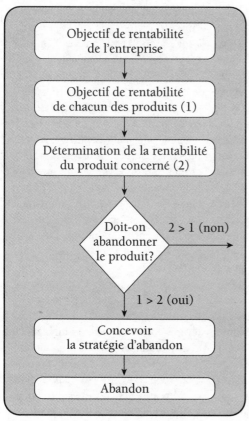

À partir de ces informations, l'administrateur peut prendre une décision éclairée en confrontant l'objectif de rentabilité du produit avec sa rentabilité réelle. Si la rentabilité n'est pas acceptable, il doit retirer le produit du marché. Toutefois, il peut être sage, avant de précipiter l'action, de mesurer l'impact d'un abandon sur les ventes d'autres produits de l'entreprise. En effet, même si le produit est déficitaire, il peut être préférable de le conserver s'il en fait vendre d'autres qui rapportent plus que la perte qu'il occasionne.

Avant de retirer officiellement le produit du marché, il reste à élaborer la stratégie d'abandon du produit selon la situation de l'entreprise, le niveau de ses stocks de produits, l'impact que cette décision aura sur l'image de l'entreprise, la réaction des clients et d'autres éléments de ce genre.

■ **Encadré 7.6** ...l'abandon d'ALEX quelques années plus tard

Bell mettra fin à son service Alex, faute de joueurs

JACQUES CIMON

collaboration spéciale

■ Alex, la réponse canadienne au célèbre Minitel français, va mourir de sa belle mort le 3 juin prochain, cinq ans après son implantation par Bell.

Plusieurs millions de dollars plus tard, la grande société de téléphonie Bell met la hache dans un beau rêve, celui de rendre possibles, à partir du téléphone, le télémagasinage, les services bancaires, les télédivertisse-

ments et l'information instantanée – presque le journal informatique – pour une clientèle alors nombreuse et en pleine mutation sociale.

Un jouet de yuppies
À la fin des années 80, le Québec et, dans une moindre mesure, l'Ontario, nageaient dans l'euphorie de la société nouvelle, mère du «new age». Grâce aux nouveaux moyens de communication, notamment le télécopieur et l'ordinateur doté de modem, la société accouchait d'une

nouvelle catégorie de professionnels, les «télétravailleurs». Ils possédaient les moyens techniques de pratiquer la nouvelle religion issue de la détérioration du tissu urbain, le «cocooning».

L'arrivée d'Alex tombait à pic et son avenir paraissait brillant. Ses débuts furent d'ailleurs assez impressionnants: 20 000 abonnés dès la première année, et 154 fournisseurs de services. Bell, encouragée par les résultats de son projet pilote montréalais, étendit le service à la région métropolitaine de Toronto.

Mais contrairement à la France où Minitel reste un instrument quotidien de communication pour toutes les familles, même les plus modestes (il n'y a pas de coût d'abonnement ou de location d'équipement pour Minitel, il vient avec le téléphone), Alex devient ici très vite un jouet de yuppies et, comme tous les jouets, un objet dont on finit par se lasser.

De plus, il n'est pas certain que les services offerts sur Alex (des horoscopes, quelques clubs de rencontres, des braderies de bébelles, de l'auto-publicité de Bell) étaient d'une bonne qualité ou d'un grand intérêt.

L'effondrement

Bell Canada, devenu ici Bell Québec à la suite d'un réaménagement de la structure administrative, n'a jamais atteint ses objectifs avec Alex, autant en termes d'abonnés que de fournisseurs de services. Mme Sylvie Bastien, des relations publiques de l'entreprise à Montréal, fait état de chiffres pour le moins éloquents: Alex n'a plus que 43 fournisseurs de services pour... 700 abonnés! C'est l'effondrement.

«Alex n'a jamais fait ses frais. Il aurait fallu investir trop d'argent pour revamper ce service, dit Mme Bastien, et la demande n'est tout simplement plus là.» La fin d'Alex ne signifie heureusement aucune perte d'emplois. Tous les préposés d'Alex seront affectés à d'autres postes dans l'entreprise.

De son côté, M. T. E. Graham, directeur au développement des marchés, communications évoluées, de Bell, en poste à Ottawa, n'y va pas par quatre chemins: «C'est une décision difficile, qui doit être pondérée par la réalité du dur climat économique. De toute façon, le réseau Alex n'est pas le bon véhicule, ni la technologie appropriée pour fournir les informations dans notre société au pas accéléré.» M. Graham faisait alors allusion à la télévision interactive et à la fameuse «autoroute» de l'information, dans laquelle Bell veut jouer un rôle prépondérant.

Il apparaît évident que la plus importante société de télécommunications au pays n'a pas l'intention de laisser Vidéotron et ses semblables s'approprier le marché des communications de la nouvelle génération de moyens interactifs. Préalablement, il lui fallait se départir d'Alex, devenu dinosaure après cinq ans.

Vous avez un vieux terminal Alex empoussiéré et vous vous demandez quoi en faire? Vous pouvez le garder et vous en servir comme téléphone, a indiqué Mme Bastien. Impossible de le transformer en modem, puisqu'il est programmé pour composer le numéro d'Alex en mode transmission informatique. Il en coûterait plus cher de le faire déprogrammer et modifier que d'acheter un vrai modem externe à 2400 bauds. Même chose pour la possibilité d'en faire un écran d'ordinateur. Les coûts de modification n'en vaudraient pas la peine, puisqu'il s'agit d'un petit monochrome.

L'idéal est encore d'aller le porter à une téléboutique. Bell devra se débarrasser d'environ 30 000 de ces terminaux et songe à en faire cadeau à des organismes sans but lucratif qui pourront s'en servir comme téléphones ou à les vendre à rabais à des bricoleurs en électronique. L'important, selon les gens de Bell, c'est qu'ils servent à quelque chose et qu'ils ne polluent pas l'environnement.

Source: La Presse, 10 mai 1994, p. C2.

RÉSUMÉ

Il est possible de générer de nouveaux produits par voie externe, soit par l'acquisition, la fusion d'entreprises ou la fabrication et la commercialisation sous licence. Il est également possible de créer de nouveaux produits par voie de développement interne. À cet effet, il est bon de suivre le processus de développement de produits en huit étapes, dont la première consiste à générer des idées et la dernière, à commercialiser le nouveau produit. Entre ces deux étapes, on trouve le tamisage des idées, le test du concept, l'étude de rentabilité et le test de marché. Toutes ces étapes servent à s'assurer du succès du produit sur le marché et à reconnaître les idées les moins valables qu'il faudra éliminer avant qu'elles ne coûtent trop cher à l'entreprise.

La classe à laquelle le produit appartient influe grandement sur la stratégie de marketing qui lui est destinée. À cet effet, on distingue les produits industriels des produits de consommation. On peut classer ces derniers en produits de commodité, de comparaison ou de conviction selon la classification Copeland, ou en produits jaunes, orange ou rouges selon la classification d'Aspinwall.

Le cycle de vie d'un produit comprend les étapes d'introduction, de croissance, de maturité et de déclin. Chacune d'elles possède des caractéristiques particulières qui exigent l'élaboration d'une stratégie de marketing appropriée. Le responsable du marketing peut également se voir dans l'obligation de repositionner le produit ou, solution ultime, de l'abandonner.

QUESTIONS

1. À partir de l'encadré 7.1, expliquez la différence entre les Japonais et les autres nations concernant les nouveaux produits.
2. Énumérez les étapes du processus de développement d'un nouveau produit.
3. Quelles sont les sources disponibles de génération d'idées d'un nouveau produit?
4. Qu'est-ce que le positionnement d'un produit? Donnez un exemple.
5. À quoi sert l'étape de l'étude de rentabilité dans le processus de développement d'un nouveau produit?
6. Classez, selon la classification d'Aspinwall, d'une part, et la classification Copeland, d'autre part, les différents produits avec lesquels vous êtes quotidiennement en contact. Remarquez-vous une différence prononcée entre les méthodes de classification retenues?
7. Quelles sont les étapes du cycle de vie d'un produit? Expliquez brièvement chacune d'elles et illustrez-les à l'aide d'un schéma.
8. À l'aide des journaux des trois derniers mois, trouvez cinq produits nouvellement mis en marché.
9. Qu'est-ce que le repositionnement d'un produit? Donnez quelques exemples.
10. À partir de l'encadré 7.6, justifiez le retrait d'ALEX du marché.

EXERCICES PRATIQUES

7.1 *QUEL VOYAGE!*

Chère Annie,

Nous sommes au Costa Rica depuis la semaine dernière. Le pays est fabuleux, et le voyage s'est très bien déroulé. Cela vaut la peine de bien choisir son agent de voyages si on veut éviter les surprises désagréables. En parlant de surprise, à mi-chemin vers l'aéroport, Pierre a constaté qu'il avait oublié ses papiers d'identité et son passeport à la maison… Résultat: une course en taxi de plus de 65 $ juste avant le départ.

Ici, le soleil est magnifique, une chance que nous avions fait une bonne réserve de crème solaire! En fait, nous ne pouvions pas choisir une autre destination, depuis le temps que nous en parlions… Après un long trajet d'autobus de plus de huit heures vers Quépos, nous sommes tombés par hasard sur une superbe petite auberge avec une vue imprenable sur la mer; c'est à couper le souffle. C'était un peu cher, mais nous n'avons pas su résister. Mais d'habitude, nous choisissons les petits hôtels les moins chers et les transports économiques, car tu connais Pierre et son goût de l'aventure…

C'est vrai que c'est un bon moyen d'avoir des contacts plus humains avec les habitants d'ici!

Hier, nous avons fait la rencontre de Gaétan, un étudiant en économie de Sherbrooke. Le pauvre est tombé d'un autobus et il s'est fait mal aux chevilles. Ce n'est pas évident de trouver des bandages élastiques dans un «bled perdu» au milieu de la campagne... Comble de malchance, il s'est fait voler son argent et tous ses papiers. Nous l'avons donc aidé à communiquer avec les services de l'ambassade pour les aviser de la situation et pour qu'il puisse se faire émettre de nouveaux documents. À la banque, il a réussi à se faire rembourser ses chèques de voyage. Finalement, pour chasser le stress de la journée, Pierre et moi avons tenté notre chance au casino local... Quelle folie $$$$$! Demain, nous partirons en excursion dans la jungle pour trois jours. Nous avons finalement pu trouver des guides qui offrent ce type d'expérience. Nous allons enfin réaliser un grand rêve. Notre chasse-moustiques nous sera très utile, je crois... Après notre périple, si nous sommes toujours vivants..., nous louerons peut-être une voiture pour aller voir le volcan Arénal, si le prix est raisonnable.

Merci de nous avoir aidés à choisir nos sacs à dos, ils sont très confortables. Par mégarde, j'ai perdu une des boucles de mon sac lors d'un transfert entre deux autobus, en arrivant à San José. Comme c'est une pièce maîtresse, nous avons dû arpenter toutes les boutiques de plein air de la ville pour en trouver une autre. Quelle aventure! Pierre te remercie de lui avoir prêté ta ceinture pour camoufler l'argent, elle nous est indispensable. À notre retour, nous en achèterons sûrement une pour nous.

Une chance que nous avions pensé apporter des rouleaux de pellicule, car ici ils sont hors de prix. J'espère que notre nouvel appareil-photo sera à la hauteur, car avec un paysage aussi fabuleux, ça serait dommage de rater nos prises de vue! De toute façon, je reviendrai avec toute une collection de cartes postales à faire craquer n'importe qui. Pierre est tombé amoureux d'un immense hamac multicolore. C'est un peu encombrant et il faudra lui trouver une place dans l'appartement à notre retour... Moi, j'ai succombé à une jolie blouse peinte à la main. Comme promis, nous te rapporterons du café. Nous nous sommes informés auprès des Costa-ricains, et ils nous ont tous suggéré une des meilleures marques que nous pouvons trouver ici.

Pierre t'offre ses salutations! Nous serons de retour dans une semaine et demie.

À bientôt,

Michèle

Lisez la lettre de Michèle et relevez tous les produits et les services qui y sont mentionnés. Groupez-les ensuite selon la méthode de classification Copeland.

7.2 CYCLE DE VIE

Reportez-vous au graphique de la courbe du cycle de vie des produits et positionnez-y chacun des produits suivants, selon votre perception. Justifiez vos réponses.

1. Bière sans alcool.
2. Bière de micro-brasserie.
3. Machine à écrire électrique.
4. Télécopieur commercial.
5. Télécopieur pour utilisation domestique.
6. Cidre.
7. Lampe torchère halogène (noire avec une coupole).
8. Micro-ordinateur portatif.
9. Composteur à déchets domestiques.
10. Boisson énergisante de type *smart drink*.
11. Agenda électronique.
12. Jeux vidéo électroniques.

MISE EN SITUATION
La société C.O.L.

Ce n'est pas la première crise que vit C.O.L., cette entreprise créée il y a 15 ans par son actuel président, M. Jean Dumas. Cependant, cette crise semble plus grave que toutes les autres.

La société Chimie Organique limitée (C.O.L.) a mis au point huit produits au cours de ses 15 années d'activité. À présent, il n'en reste que trois dans la gamme de produits de l'entreprise. Le premier, le shampooing Vicol, a été commercialisé au tout début de la création de l'entreprise. C'est, en fait, le produit qui a permis la création de la société. À l'époque, il s'agissait d'un produit révolutionnaire, puisque c'était un des premiers shampooings s'attaquant au problème des pellicules. À partir du tableau des ventes, on ne peut toutefois pas avancer qu'il soit tout aussi populaire actuellement.

Le deuxième produit commercialisé par l'entreprise est la crème épilatoire Epicol. Elle fait de l'épilation une tâche agréable et sans odeur, comme le mentionne la publicité du produit depuis son lancement, il y a déjà sept ans. Le niveau des ventes démontre que c'est un produit très apprécié de la clientèle.

Enfin, le troisième produit de l'entreprise a été lancé il y a trois ans seulement. Il s'agit d'une lotion prérasage (Laprécol) pour les personnes qui utilisent un rasoir électrique. Elle permet un rasage plus doux et plus facile. De plus en plus de consommateurs exigent ce produit; on le voit à la lecture du tableau des ventes.

M. Dumas a pensé à exporter ses produits afin de relancer les ventes. Toutefois, un avis conjoint des directeurs du marketing et des finances selon lequel la société est incapable de soutenir financièrement une promotion adéquate de ses produits afin de concurrencer les sociétés déjà solidement implantées sur les marchés a vite fait d'amener M. Dumas à rejeter cette solution d'urgence.

	Ventes au Canada (en dollars)		
	Shampooing Vicol	Crème épilatoire Epicol	Lotion prérasage Laprécol
1980	1 580 190	—	—
1981	1 738 200	—	—
1982	1 998 710	—	—
1983	2 298 520	—	—
1984	2 873 130	—	—
1985	3 878 720	—	—
1986	5 236 280	—	—
1987	6 545 350	—	—
1988	8 181 690	100 270	—
1989	9 818 020	108 900	—
1990	11 290 730	118 480	—
1991	9 032 580	130 000	—
1992	9 935 840	160 380	440 000
1993	6 955 090	199 400	450 400
1994	5 564 070	260 900	470 200
1995	5 768 029	290 850	450 200
1996	5 864 032	327 750	420 400

1. À quel problème majeur fait face M. Dumas?

2. Proposez à M. Dumas certaines stratégies de marketing en regard de chacun de ses produits.

Cas
GLACIÈRE POUR VÉLO (B)

Stéphane rencontre finalement Marc, avec lequel il discute du projet de la glacière pour bicyclette. Marc travaille comme directeur de la production d'une entreprise de produits en plastique (principalement des meubles de jardin en résine de synthèse). Il est impressionné par la précision des croquis de Maurice pour son nouveau produit.

Selon Marc, le coût de revient pour la glacière serait de 25 $ pour le plus petit modèle, de 30 $ pour le modèle moyen de côté et de près de 45 $ pour le format familial. Stéphane est étonné d'apprendre que le coût d'une glacière en plastique est aussi élevé. Marc enchaîne en expliquant que le coût de la matière première représente environ 20 % du coût de production. Cependant, le prix de fabrication des moules à injection conçus pour donner la forme au plastique est assez impressionnant. On peut compter près de 50 000 $ par moule. Pour un produit comme une glacière, on peut utiliser jusqu'à six moules.

Selon les croquis de Maurice, le plus petit modèle nécessite quatre moules, ce qui représente 200 000 $ d'investissement. Ce montant est alors amorti sur le nombre d'unités produites. Marc a calculé le coût de revient de la petite glacière avec une production de 10 000 unités. Marc explique finalement que, en Chine ou dans certains pays d'Asie, un moule peut coûter jusqu'à 20 % du prix canadien. Stéphane, fort déçu de ces données, décide de se rendre chez Maurice.

L'analyse de la concurrence

Après lui avoir tout expliqué sur l'importance relative du design dans les coûts de fabrication, Stéphane suggère à Maurice de réévaluer le produit. Peut-être y aurait-il une autre façon de procéder, un modèle moins rigide par exemple, avec seulement un matériau isolant et un recouvrement en tissu.

Maurice montre alors le seul produit concurrent actuellement offert. Il a acheté ce sac isolant pour l'étudier et en déceler les faiblesses. Avec quelques améliorations, ce produit pourrait également percer sur le marché.

Stéphane croit qu'il y a actuellement une ouverture sur le marché québécois pour l'un ou l'autre des produits. Faute de temps, Stéphane n'a pas pu obtenir les statistiques sur les ventes de vélos des dernières années, les ventes d'accessoires et les profils types des consommateurs. Il n'est donc pas en mesure de bien cerner le marché potentiel. Il ne sait pas non plus si le consommateur préférerait le modèle actuellement offert ou s'il serait intéressé par des concepts innovateurs.

En plus du produit, il faudrait également préparer un concept de conditionnement, définir un réseau de distribution, choisir la gamme de couleurs, etc. Il y a encore beaucoup de travail à faire avant de pouvoir justifier une demande de financement auprès d'un banquier.

Maurice profite donc de l'occasion pour lancer une autre option sur la table. Il a pensé à enregistrer le produit pour obtenir un brevet, enregistrer le nom ou déposer une marque de commerce et vendre les droits d'exploitation en échange de redevances sur les ventes. Ainsi, il récolterait les fruits de son idée sans avoir à commercialiser le produit lui-même.

De toutes façons, Stéphane constate que certaines étapes du processus d'innovation ont été escamotées et qu'avant tout il faut savoir si l'un ou l'autre des produits a sa place sur le marché.

Question

À la place de Maurice et de Stéphane, que feriez-vous avant d'aller plus loin ?

NOTES

1. *Management of New Products*, 4e édition, New York, Booz, Allen et Hamilton inc., 1965, p. 2.

2. KOTLER, Philip et DUBOIS, Bernard. *Marketing management*, 5e édition, Paris Publi-Union, 1986, p. 298-299.

3. BARCLAY, William D. «Probability Model for Early Prediction of New Product Market Success», *dans Journal of Marketing*, janvier 1963, p. 63-68.

4. HARTLEY, Robert F. *Marketing Mistakes*, Grid Publishing inc., 1981, p. 122.

5. KOTLER, Philip. *Principles of Marketing*, Prentice-Hall inc., 1980, p. 230.

6. DUSENBERG, Warren. «CPM for New Product Introduction», *dans Harvard Business Review*, juillet-août 1967, p. 124-129.

7. ASPINWALL, Leo V. «The Characteristics of Goods Theory», *dans Managerial Marketing: Perspective and View-Points*, édition révisée, Homewood, Ill., Richard D. Irwin inc., 1962, p. 633-643.

8. COPELAND, Melvin T. *Principles of Merchandising*, McGraw-Hill Book Company, 1924, chap. 2 à 4.

9. ISABELLE, Christine. «Cointreau repositionnera complètement son produit», *dans Les Affaires*, 12 juin 1982, p. 19.

8

LA GESTION DE LA DISTRIBUTION

CONCEPTS CLÉS

Canaux de distribution

Circuit de distribution long

Circuit de distribution court

Stratégie d'aspiration

Stratégie de pression

Distribution intensive

Distribution exclusive

Distribution sélective

Critères de choix d'un circuit de distribution

Causes de conflit à l'intérieur du circuit

Transférabilité des fonctions à l'intérieur d'un circuit

Types d'intermédiaires

Objectif de la distribution physique

Service à la clientèle

Normes de service à la clientèle

Concept de gestion intégrée

Choix des modes de transport

Transport intermodal

Entrepôt privé

Entrepôt public

L'emplacement des entrepôts et des centres de distribution

OBJECTIFS D'APPRENTISSAGE

Après la lecture du chapitre, vous devriez être en mesure de:
- définir la distribution et d'expliquer ses fonctions;
- décrire les différents types de circuits de distribution et leurs caractéristiques;
- faire l'inventaire des principaux types d'intermédiaires qui font partie des circuits de distribution;
- faire la distinction entre la stratégie d'aspiration et la stratégie de pression;
- définir la distribution physique et d'analyser ses principales composantes.

Très peu de domaines ont un impact aussi important sur le niveau de vie des consommateurs que la distribution. Elle touche pratiquement toutes les activités, directement ou indirectement. Combien de fois allez-vous chez un détaillant pour acheter un produit en particulier et ne trouvez pas ce produit sur les tablettes? Vous est-il déjà arrivé d'expédier un colis qui ne soit jamais parvenu à destination ou encore qui soit arrivé endommagé? Avez-vous déjà reçu un article qui n'était pas celui que vous aviez commandé? À quand remonte la dernière fois où on a promis de vous livrer «d'ici quelques jours» un bien fortement désiré et où vous avez dû attendre quelques mois avant de le recevoir? Sans ces incidents malheureux, il serait facile d'oublier le rôle que peut jouer la distribution dans la vie de tous les jours.

Il est très rare de nos jours qu'un producteur vende directement sa marchandise au consommateur final. Prenons l'industrie de l'automobile. Combien d'entre vous se sont rendus à Oshawa, au Japon ou en Allemagne pour acheter leur voiture directement du producteur? Très peu, direz-vous. Le rôle de la distribution est justement d'organiser cet échange de biens entre le producteur et le consommateur (*voir encadré 8.1*). La distribution est la fonction du marketing qui rend les biens accessibles au bon endroit et au bon moment.

■ **Encadré 8.1** Grâce à la distribution, les produits qu'on consomme sont internationaux

Source: Le Nouvelliste, 25 juin 1995.

L'étude de la distribution est de première importance en marketing, et ce pour deux raisons. La première est qu'on ne modifie pas un circuit de distribution aussi facilement qu'un prix ou une campagne promotionnelle, car l'entreprise est liée par certaines ententes à long terme, ce qui donne un caractère statique aux décisions. La seconde est que les circuits de distribution utilisés influent sur toutes les autres décisions de marketing. Les décisions concernant le produit, la promotion, le service à la clientèle et le prix ne seront pas les mêmes pour un produit vendu dans un magasin de rabais que pour un produit vendu dans une boutique spécialisée.

Le terme «distribution» désigne l'ensemble des moyens et des opérations qui permettent de mettre les produits et les services des entreprises à la disposition des consommateurs ou utilisateurs finaux.

La distribution se divise en deux grandes catégories qu'on désigne par les expressions «circuits de distribution» et «distribution physique». Les circuits de distribution ont pour rôle de transférer les droits de propriété des produits et des services du producteur au consommateur. Ils comptent différents intermédiaires tels que les détaillants, les grossistes et les agents manufacturiers. La distribution physique, pour sa part, a comme tâche de rendre accessibles aux consommateurs les produits et les services. Les différents moyens de transport, les stocks de marchandises et les aménagements physiques servent à remplir cette tâche.

LES CIRCUITS DE DISTRIBUTION

Les circuits de distribution, comme nous l'avons mentionné précédemment, ont comme fonction de rendre accessibles à l'utilisateur les biens et les services, dans les conditions de lieu, de temps, de taille, de quantité et de qualité qui lui conviennent.

Par exemple, un dépanneur qui veut rendre accessibles à l'utilisateur les biens et les services dont il a besoin doit répondre aux conditions suivantes:

- les conditions de lieu: il doit se trouver à proximité des résidants d'un quartier;
- les conditions de temps: il doit être ouvert 7 jours sur 7, de 7 h à 23 h et dans certains cas, 24 heures sur 24;
- les conditions de taille: il doit offrir les produits en petit format;
- les conditions de quantité: il doit permettre d'acheter les produits à l'unité;
- les conditions de qualité: il doit offrir une qualité de produits qui correspond aux besoins des consommateurs des environs.

Pour permettre l'acheminement de la production du fabricant au lieu de consommation, les canaux de distribution doivent remplir certaines tâches. Quatre d'entre elles sont particulièrement importantes.

La première est le fractionnement de la production: les marchandises sont produites en grande quantité. Il convient donc de les diviser en lots plus petits qui correspondent aux besoins de chaque client, grossiste ou détaillant.

La deuxième tâche est de réunir sous un même toit plusieurs types et plusieurs modèles d'un produit particulier, de manière à présenter aux consommateurs un choix satisfaisant adapté à leurs besoins.

La troisième tâche est le stockage. En règle générale, chaque intermédiaire maintient en stock une certaine quantité de marchandise afin de répondre aux besoins immédiats de sa clientèle, ce qui lui permet d'ajuster le moment de production d'un bien et le moment de son utilisation. Par contre, cette tâche contribue à faire augmenter les coûts en raison de l'entreposage, de la détérioration de certains biens, de l'augmentation des charges financières et du risque d'obsolescence de la marchandise.

La quatrième tâche des circuits de distribution est de fournir le service d'un réseau d'information. Le commerçant informe les utilisateurs quant à la nature du produit, à son prix et aux lieux de disponibilité du produit par le biais de la promotion qu'il fait. En retour, puisque le commerçant est en contact direct avec les clients, il apprend à connaître leurs besoins et peut les transmettre aux fabricants; il leur fournit ainsi les données requises pour la conception des produits.

Le rôle des circuits de distribution

Le rôle principal des circuits de distribution est de faciliter les transactions et d'en diminuer le nombre et, par le fait même, de minimiser les coûts de distribution du produit. Prenons l'exemple de quatre producteurs et de cinq consommateurs. Chaque consommateur désire acquérir le produit de chacun des fabricants. S'il n'y a aucun intermédiaire, 20 transactions auront lieu (4 × 5) étant donné que chaque consommateur devra aller négocier avec les quatre producteurs (*voir figure 8.1*).

Reprenons cet exemple, mais introduisons un intermédiaire. Que se passera-t-il? Chaque producteur négociera avec l'intermédiaire, ce qui occasionnera quatre transactions. Par la suite, chaque consommateur se procurera les biens des quatre producteurs chez l'intermédiaire, lors d'une même transaction, ce qui donnera alors lieu à cinq transactions seulement. Résultat: le nombre de transactions passe de 20 à seulement 4 + 5 = 9 (*voir figure 8.2*). L'introduction d'un intermédiaire crée donc une économie de 11 transactions. Si on tient compte du temps et des déplacements que chaque transaction exige (le producteur se trouve parfois à des centaines de kilomètres), il en résulte donc une économie véritable.

Les exemples précédents sont très simples puisqu'il n'y a que quatre producteurs et cinq consommateurs. Transposons-les dans un système d'échange où 1000 producteurs et un million de consommateurs sont en interaction. Sans intermédiaire, 1000 × 1 000 000 = 1 000 000 000 de transactions auront lieu. Si on ajoute des intermédiaires au système, le nombre de transactions passe à 1000 + 1 000 000 = 1 001 000 de transactions. La différence est beaucoup plus réaliste. Il est assez facile, face à ces résultats, d'imaginer l'argent et le temps qui sont épargnés dans un système économique grâce à la présence d'intermédiaires.

■ **Figure 8.1** Circuit de distribution sans intermédiaire

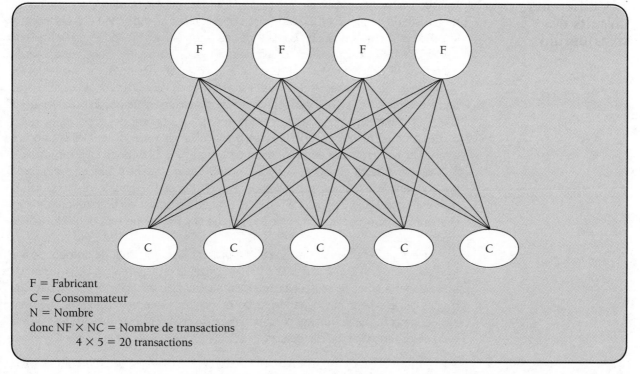

F = Fabricant
C = Consommateur
N = Nombre
donc NF × NC = Nombre de transactions
        4 × 5 = 20 transactions

■ **Figure 8.2** Circuit de distribution avec intermédiaire

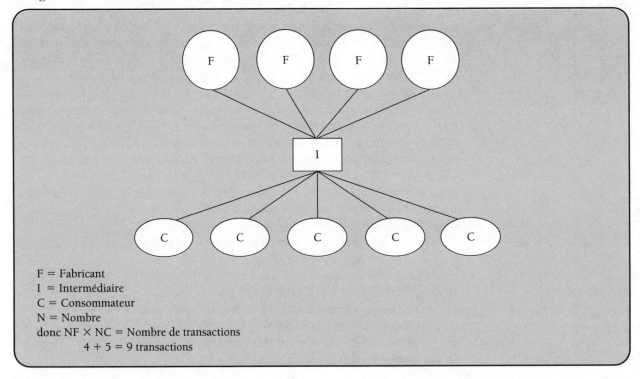

F = Fabricant
I = Intermédiaire
C = Consommateur
N = Nombre
donc NF × NC = Nombre de transactions
        4 + 5 = 9 transactions

Les différents circuits de distribution

À l'étude de la distribution des produits au Canada, on peut se rendre compte du fait qu'il existe de nombreux circuits de distribution utilisés quotidiennement. Cependant, le directeur du marketing ne peut affirmer, de façon universelle, lequel est le meilleur, c'est-à-dire qu'il n'existe pas de circuit de distribution parfait. Pour une entreprise en particulier, le circuit le plus court est le mieux adapté. Prenons, par exemple, les compagnies Tupperware, Electrolux et Avon. Elles ont connu un succès certain avec un réseau dans lequel interviennent le moins d'intermédiaires possible. L'inverse est vrai pour d'autres compagnies, par exemple celles qui offrent des produits congelés ou des produits de quincaillerie. De plus, la concurrence force souvent les entreprises à modifier leurs réseaux de distribution (*voir encadré 8.2*). Ainsi, chaque responsable du marketing devra étudier les diverses possibilités qui s'offrent à lui et choisir celle qui convient le mieux au produit qu'il veut distribuer. De plus, le responsable du marketing doit toujours garder à l'esprit le fait que les circuits de distribution sont des éléments dynamiques et que le meilleur circuit aujourd'hui ne sera peut-être pas le meilleur demain.

Il n'est pas rare de voir une entreprise utiliser plus d'un circuit de distribution à la fois (*voir figure 8.3*). Le fait d'utiliser plus d'un circuit la protège; en cas de grève ou de boycottage, la compagnie peut quand même continuer ses activités à l'intérieur du réseau, car elle n'est pas dépendante de ce dernier. D'autres facteurs qui peuvent inciter une compagnie à utiliser plusieurs réseaux sont la diversité des produits qu'elle vend et les territoires qu'elle dessert.

■ Encadré 8.2 Nouvelle tendance dans la distribution

Le sujet de l'heure: la distribution non traditionnelle

DOMINIQUE FROMENT

■ «Les méthodes de distribution non traditionnelles ont volé la vedette lors du congrès international sur le franchisage, qui a eu lieu à la Nouvelle-Orléans (États-Unis)», a déclaré au journal LES AFFAIRES Alexander S. Konigsberg, avocat de Lapointe Rosenstein, qui a assisté à ce congrès.

Alors que l'expansion des réseaux a monopolisé les efforts des franchiseurs au cours des années 1980, le thème des méthodes de distribution non traditionnelles — ou *alternatives* pour employer un anglicisme — risque de devenir récurrent au cours des prochaines années, prévoit M. Konigsberg, avocat spécialisé dans le domaine commercial.

La question des méthodes de distribution non traditionnelles s'est posée au début des années 1990, au moment où bon nombre de franchiseurs ont réalisé que l'expansion effrénée de leurs réseaux qui avait eu cours durant les années 1980 n'était plus envisageable.

Ces réseaux ayant maintenant atteint leur maturité, l'ajout d'autres franchises dans certains territoires risquerait de provoquer leur *cannibalisation*.

Des pressions énormes sur les franchiseurs

Pour poursuivre malgré tout leur croissance, des franchiseurs ont cherché d'autres solutions, en l'occurrence des méthodes de distribution non traditionnelles.

Pour expliquer de quoi il s'agit, prenons l'exemple d'une chaîne de parfumeries franchisées ayant développé une image forte dans le marché.

Plusieurs grands magasins à grande surface pourraient être intéressés à récupérer le succès de ce franchiseur en distribuant ses parfums, ce qui pourrait s'avérer très rentable pour ce dernier.

Mais on peut imaginer la commotion des franchisés qui, jusque-là, détenaient l'exclusivité de la distribution de ces parfums et qui devaient désormais faire face à la concurrence des grands magasins.

Si le franchiseur vend ses produits à d'autres que ses franchisés sous une autre marque, l'impact sur ceux-ci est réduit de beaucoup. Mais le fait est que c'est souvent la marque de commerce, plus que le produit lui-même, qui intéresse les grands magasins.

«Les franchiseurs à succès subissent des pressions énormes pour les pousser à vendre leurs produits à l'extérieur de leur réseau de franchises. D'ailleurs, la plupart des contrats de franchisage leur permettent de le faire.»

Le risque que la vente des produits du franchiseur à un tiers influe négativement sur les résultats des franchisés étant réel, ces derniers vont fort probablement exiger des compensations. Et pour éviter que surgissent de douloureux conflits avec leurs franchisés, les franchiseurs, estime M. Konigsberg, devront consentir à partager leurs nouveaux bénéfices avec eux.

Par contre, les franchiseurs devront garder la tête froide devant les propositions alléchantes que leur feront d'autres distributeurs, se rappeler que leur raison d'être est le franchisage et éviter de se tirer dans le pied en affaiblissant leur réseau de franchises.

Les franchisés auront des satellites

Une autre méthode de distribution non traditionnelle sur laquelle les franchiseurs se penchent depuis quelque temps est la vente par les franchisés à des magasins qui sont situés sur leur territoire.

L'exemple d'une croissanterie franchisée qui vendrait des croissants à des boulangeries indépendantes illustre bien cette situation.

Présentement, les contrats ne permettent pas aux franchisés de créer leur propre réseau de *satellites*. Mais comme les franchiseurs touchent des redevances sur les ventes des franchisés, il y a fort à parier qu'ils ne résisteront pas longtemps à la tentation d'accroître leurs revenus, du moins les franchiseurs dont le réseau en est rendu au stade de la pleine maturité.

En outre, de plus en plus de franchiseurs, ne voyant plus d'occasions d'ouvrir une nouvelle franchise, adoptent la formule des stands. Ainsi, aux États-Unis, on en retrouve dans les écoles, les hôtels, les stades, les édifices de bureaux, les aéroports, etc.

Cette autre méthode de distribution non traditionnelle entraîne les mêmes problèmes que celles dont il a été question précédemment. Prenons l'exemple d'une chaîne de restaurants dont une des franchises serait située juste en face du Forum de Montréal et dont le franchiseur déciderait d'ouvrir un stand dans le Forum même. La visibilité offerte par le Forum pourrait être profitable à tout le réseau, sauf à la franchise située en face du Forum.

Dans un tel cas, le bien commun, soit celui du réseau entier, doit avoir préséance sur le bien individuel, c'est-à-dire celui d'un franchisé en particulier, croit M. Konigsberg. Mais il est tout de même injuste qu'un franchisé doive se sacrifier pour les autres...

Voilà pourquoi les franchiseurs sérieux s'entendront avec le franchisé sur une certaine forme de compensation si l'impact négatif de l'ouverture d'un stand à proximité d'une franchise se confirme.

Encore que les choses ne soient pas simples: le franchisé aura beau argumenter que l'ouverture du stand a fait baisser ses ventes de 10 %, le franchiseur pourra lui opposer, et peut-être avec raison, que si c'était un réseau concurrent qui avait ouvert le stand, les ventes de son franchisé auraient chuté de 15 %.

La situation est telle que l'État d'Iowa, aux États-Unis, a adopté une loi sur le franchisage qui reconnaît aux franchisés le droit à une compensation si leur franchiseur ouvre un nouvel établissement qui a un impact négatif sur leurs ventes. Une loi que M. Konigsberg qualifie d'illogique.

«On a toujours prétendu qu'un contrat de franchisage mettait en jeu deux parties: le franchisé et le franchiseur. Mais il y en a trois, l'autre étant le réseau. Et ce qui est mauvais pour un franchisé peut être bon pour le réseau.

«Il va falloir vivre avec cette réalité. La seule solution réside dans la bonne volonté des franchiseurs à reconnaître les problèmes que va poser la poursuite de leur croissance et à s'entendre avec les franchisés lésés», prétend l'avocat de Lapointe Rosenstein.

Source: Les Affaires, 10 septembre 1994.

■ **Figure 8.3**   Réseau de distribution utilisé pour le produit X

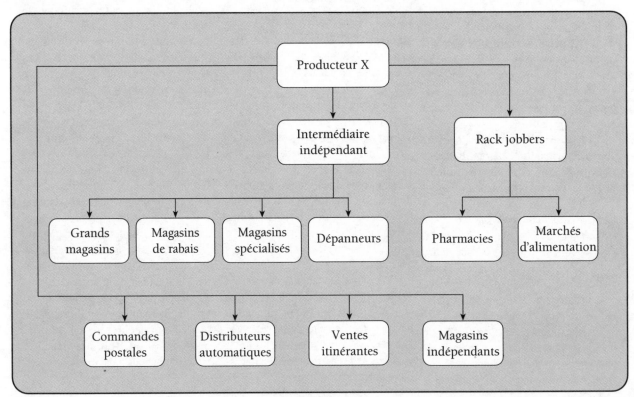

Six types de circuits de distribution sont généralement utilisés pour faire le lien entre le producteur et l'utilisateur (*voir figure 8.4*). Ce sont:

a) Fabricant ⇒ utilisateur

Le circuit fabricant ⇒ utilisateur est le plus court et le plus simple; il n'y a pas d'intermédiaire. Le fabricant ou le producteur vend ses produits directement à l'utilisateur. Ce type de circuit est utilisé dans le cas où la valeur de la transaction est importante ou dans le cas où la production est restreinte. Exemples: Bombardier ltée ⇒ Armée canadienne; Airbus ⇒ Air Canada.

Kiosque de fruits et légumes d'un agriculteur ⇒ consommateur

b) Fabricant ⇒ détaillant ⇒ utilisateur

Le circuit fabricant ⇒ détaillant ⇒ utilisateur a gagné en popularité avec les nouveaux magasins-entrepôts qui achètent directement du fabricant. Exemples: General Motors ⇒ Lalonde Chevrolet, Oldsmobile ltée ⇒ consommateur

Céramique Ramca ⇒ Réno-Dépôt ⇒ consommateur.

c) Fabricant ⇒ grossiste ⇒ utilisateur

Le circuit fabricant ⇒ grossiste ⇒ utilisateur se voit souvent dans les cas où l'utilisateur consomme des quantités importantes et dans la vente des biens industriels. Exemples: Johnson & Johnson ⇒ CMS ltée ⇒ hôpitaux et médecins

Domtar ⇒ NC Farleneson and Hodgson ⇒ Copie Express de la Mauricie inc.

■ **Figure 8.4**   Les principaux circuits de distribution utilisés pour la commercialisation des biens industriels et de consommation

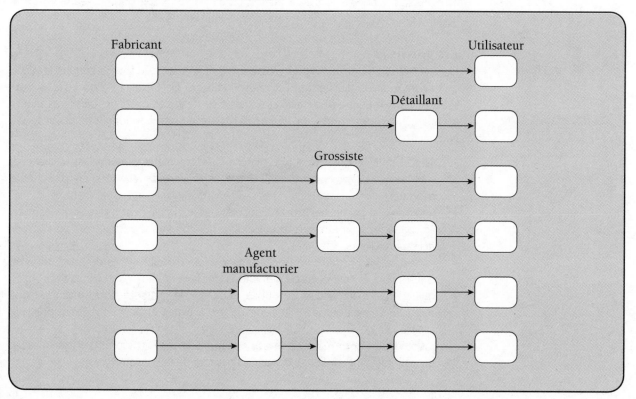

d)   Fabricant ⇒ grossiste ⇒ détaillant ⇒ utilisateur

Le circuit qui compte grossistes et détaillants comme intermédiaires est le circuit traditionnel pour atteindre les consommateurs. Les petits détaillants et les petits producteurs considèrent que ce réseau est le seul qui soit économique pour eux. Exemple: Casterman ⇒ Granger et Frère ⇒ librairie ⇒ consommateur.

e)   Fabricant ⇒ agent ⇒ détaillant ⇒ utilisateur

Au lieu d'utiliser les services d'un grossiste, beaucoup de fabricants préfèrent avoir recours à un agent manufacturier pour rejoindre les détaillants. Ce système est celui qui est le plus souvent utilisé pour développer un nouveau marché, car il permet de diminuer les risques financiers. Exemple: Bastien et Frères ⇒ Agence Gilles Rocheleau inc. ⇒ Fredelle ⇒ consommateur.

f)   Fabricant ⇒ agent ⇒ grossiste ⇒ détaillant ⇒ utilisateur

Ce circuit est l'un des plus longs et est utilisé pour la distribution de certains produits, tels que des chaussures et des produits congelés. Exemple: Bastien et Frères ⇒ Agence Gilles Rocheleau inc. ⇒ Alfred Lambert ⇒ petits détaillants ⇒ consommateur.

Les principaux types d'intermédiaires

On peut diviser les intermédiaires en deux catégories. Il y a d'abord ceux qui achètent du fabricant et qui revendent la marchandise à leurs propres clients. Ils deviennent donc propriétaires de la marchandise, en sont responsables, doivent la financer, l'entreposer, la protéger contre toute détérioration. Les grossistes et les détaillants font partie de cette catégorie.

L'autre catégorie comprend les agents et les courtiers. Les agents ne prennent pas possession de la marchandise; ils la vendent à la place du fabricant et reçoivent, en retour, une certaine commission. Les courtiers jouent un rôle de liaison entre acheteurs et vendeurs. Ils travaillent soit pour l'acheteur, soit pour le vendeur, et leur travail a pour but d'éviter des transactions à leur employeur.

Les grossistes

Dans le circuit de distribution, les grossistes se situent entre le fabricant et le détaillant, ou encore entre le fabricant et l'acheteur industriel. En 1993[1], il y avait 62 276 grossistes au Canada. Leur chiffre d'affaires n'a cessé de croître au cours des dernières années pour atteindre des ventes de 254 milliards de dollars. Les fonctions du grossiste consistent à:

*   sélectionner un assortiment de marchandises adapté aux besoins de sa clientèle;
*   acheter les produits en grande quantité et répartir ces lots en plus petite quantité;
*   financer une partie des stocks véhiculés par le circuit, c'est-à-dire avoir les reins assez solides pour être en mesure d'offrir des conditions de paiement concurrentielles aux clients;
*   entreposer les produits pour régulariser, d'une part, les cycles de production et, d'autre part, les périodes de demande pour la vente aux consommateurs;
*   revendre la marchandise, ce qui suppose que le grossiste doive maintenir une force de vente qui assure le débit de ses activités et permet à l'entreprise de croître;
*   jouer le rôle d'informateur auprès de sa clientèle, ainsi qu'auprès des fournisseurs, en les informant sur les tendances du marché de la consommation.

Il existe plusieurs catégories de grossistes, mais ce sont les fonctions qu'ils remplissent qui les distinguent les uns des autres. Certains accomplissent toutes les fonctions énumérées précédemment, tandis que d'autres en assument seulement une partie.

Les détaillants[2]

Au Canada, on comptait en 1993[3] plus de 163 000 établissements au détail qui réalisaient près de 196 milliards de dollars de ventes par année. Le commerce de détail se définit comme l'ensemble des ventes faites en des points de vente au détail. Un point de vente au détail est un local d'affaires où l'activité principale est la vente de produits ou de services destinés à une consommation finale qui peut être personnelle, familiale ou domestique. Les détaillants achètent en grande quantité les articles nécessaires à la satisfaction des besoins des consommateurs, puis les revendent avec profit à l'unité.

Les activités du commerce de détail se divisent en deux grandes catégories: la vente en magasin et la vente sans magasin. La vente en magasin se subdivise à son tour en deux sous-catégories. La première concerne les entreprises qui offrent des produits tangibles (magasins d'équipement de sport, dépositaires de motos, disquaires). La seconde comprend les entreprises qui proposent des services techniques, récréatifs ou autres, tels que les ateliers de réparation pour motos, les services de buanderie, les discothèques, les agences de voyages.

La vente sans magasin comprend la vente itinérante, les ventes par commande postale ou par commande téléphonique ainsi que les ventes par distributeurs automatiques. En d'autres termes, cette catégorie inclut toutes les formes de vente au détail qui ne font pas partie de la catégorie de la vente en magasin.

Comme il existe différents types de magasins, il serait intéressant de faire un survol de ceux qu'on retrouve dans le système de distribution canadien. Les grands magasins sont des établissements de vente au détail offrant un vaste assortiment de marchandises groupées selon leur nature, en différents rayons comme les articles de sport, les disques, les articles de bureau, les livres, les vêtements pour dames ou pour hommes. Les grands magasins les plus connus au Canada sont La Baie, Sears et Eaton. Ce type de magasin a l'habitude d'offrir plusieurs services à la clientèle, tels que les comptes de crédits, le service de livraison à domicile et certaines facilités de reprise et de remboursement. En 1994, les grands magasins canadiens ont réalisé des ventes totales 13,3 milliards de dollars[4].

Les magasins de rabais offrent un assortiment d'articles comparable à celui des grands magasins, mais à des prix d'une tout autre catégorie. Le taux de rotation des stocks pour la même catégorie de marchandises est généralement plus élevé que dans les grands magasins, ce qui signifie une marge bénéficiaire unitaire moins élevée. De plus, les frais d'exploitation des magasins de rabais sont moindres que ceux des grands magasins. Les coûts en personnel de vente sont réduits, car l'accent est mis sur le libre-service. Ces magasins attirent généralement les gens à faible et à moyen revenu. Les établissements les plus représentatifs de ce type d'organisation sont Zellers et Wal-Mart.

Les supermarchés sont de vastes magasins, du type libre-service, œuvrant dans le domaine de l'alimentation. Ils comptent habituellement au moins cinq services de base, soit l'épicerie, les viandes, les fruits et légumes, les produits laitiers et les produits non alimentaires. L'attrait principal de ces établissements se situe du côté de leurs bas prix et du vaste choix des produits offerts. Le faible pourcentage de profit net que ces établissements réalisent entraîne la nécessité d'un taux élevé de rotation des stocks afin d'assurer une rentabilité acceptable des investissements. Au Québec, les trois plus grandes entreprises de ce genre sont Provigo, Metro-Richelieu et IGA.

Les magasins spécialisés concentrent leurs activités sur un type de produits, tels que les chaussures, les bijoux, les confiseries, les articles de sport, les tissus, les vêtements pour hommes ou pour dames. Cette spécialisation permet à l'entreprise d'offrir un vaste choix de marchandises aux consommateurs. Par exemple, un magasin spécialisé dans la vente de chaussures, tel que Simard et Voyer, offrira à sa clientèle un vaste assortiment de modèles, de pointures, de couleurs et de marques.

Cette forme d'organisation permet ainsi au détaillant de personnaliser davantage ses étalages, de se familiariser avec les sources d'approvisionnement disponibles et de mieux connaître son produit et la demande des consommateurs.

La vente itinérante consiste à vendre à un consommateur final, directement chez lui. Différentes compagnies utilisent avec succès ce moyen de vente; parmi les plus connues, on retrouve Avon, Electrolux et Filter Queen. Cette méthode de vente offre comme principal avantage un service personnalisé et permet une démonstration du produit offert. Par contre, certains désavantages s'y greffent, tels que le refus, par les consommateurs, de ce genre de sollicitation, des frais de vente plus élevés et beaucoup de restrictions juridiques limitant les activités de ce type de vente.

La vente par catalogue peut s'effectuer soit par la poste, soit par téléphone. Certains entrepôts mettent également des catalogues à la disposition du consommateur sur le lieu même de la vente. Le consommateur fait son choix et passe sa commande. C'est le cas des magasins Distribution aux Consommateurs. Au Canada, c'est la compagnie Sears qui est le plus gros vendeur par catalogue.

Les distributeurs automatiques connaissent une expansion rapide depuis les années 60. Ils permettent de se procurer des produits comme du tabac, des boissons gazeuses, des confiseries et des pâtisseries. Les distributeurs automatiques ont l'avantage d'assurer un service continu dans la majorité des cas. Ils permettent également de réduire les avaries de marchandises. Par contre, ils sont exposés au vandalisme et à certaines défectuosités mécaniques. Un autre désavantage est qu'on ne peut y vendre que des produits dont la valeur unitaire est faible.

Les centres commerciaux

Les centres commerciaux ne sont pas à proprement parler des intermédiaires du réseau de distribution, mais ils regroupent plusieurs détaillants sous un même toit de façon à offrir aux consommateurs un vaste choix de marchandises. On distingue trois catégories de centres commerciaux.

Le centre commercial de quartier   Le centre commercial de quartier est le plus petit des centres commerciaux et aussi le plus répandu. Il recrute habituellement sa clientèle à l'intérieur d'une zone où la distance à parcourir est faible, soit d'environ 10 minutes en automobile. Généralement, il se compose d'un supermarché et de quelques boutiques offrant des produits d'usage courant. Il a une superficie de plancher variant entre 2500 m^2 et 7500 m^2.

Le centre commercial communautaire   Le centre commercial communautaire est plus imposant que le précédent. Sa clientèle peut parcourir un trajet de 20 minutes en automobile. On y trouve habituellement un supermarché, un grand magasin, quelques petits magasins à succursale et des magasins spécialisés. Il occupe une superficie de plancher variant entre 7500 m^2 et 30 000 m^2, la moyenne étant de 15 230 m^2. Ce type de centre dessert une population de 20 000 à 100 000 habitants.

Le centre commercial régional Le centre commercial régional est le plus grand des centres mentionnés jusqu'à présent. Sa superficie dépasse 30 000 m^2 de plancher, et la moyenne se situe aux environs de 40 500 m^2. Certains de ces centres ont des superficies dépassant 100 000 m^2, à titre d'exemple, le Carrefour Laval (110 000 m^2) et Place Laurier à Québec (134 775 m^2). Le centre régional comprend plusieurs grands magasins, de même qu'une cinquantaine de boutiques et même plus. Le marché desservi est constitué d'une population de 100 000 habitants ou plus. Le nombre de magasins peut parfois dépasser 300.

Les centres commerciaux ont connu un essor constant depuis les années 50. L'exode de la population vers la banlieue et l'utilisation massive de l'automobile comme moyen de locomotion ont contribué à leur expansion. On prévoit cependant qu'ils connaîtront dans l'avenir une certaine stagnation en raison, entre autres, des magasins-entrepôts qui ne s'établissent pas en général dans les centres commerciaux, de l'augmentation des coûts de transport et du temps nécessaire pour s'y rendre. De plus, le travail des SIDAC (Société d'initiative et de développement des artères commerciales) visant à augmenter l'attrait des centres-villes peut avoir comme effet de ralentir la croissance des centres commerciaux (*voir encadré 8.3*).

La stratégie de distribution

La stratégie de distribution doit correspondre aux composantes du mix marketing. Que l'entreprise décide d'utiliser une stratégie d'aspiration ou de pression, ses décisions concernant les circuits de distribution doivent en tenir compte.

Avec une stratégie d'aspiration (*voir figure 8.5*), le producteur tente de s'attirer la collaboration des membres du circuit de distribution en stimulant une demande de base, c'est-à-dire qu'il fait de la promotion auprès des consommateurs finaux pour qu'ils exigent son produit auprès du détaillant. À son tour, le détaillant le commande auprès du grossiste, qui s'approvisionne auprès du producteur.

À titre d'exemple, aucune épicerie ne retirerait les produits Kraft de ses tablettes car, si elle le faisait, elle perdrait ainsi une partie de sa clientèle. La compagnie Kraft a fait suffisamment de promotion auprès du consommateur pour qu'il désire ses produits et qu'il aille les acheter chez un autre distributeur s'il ne les trouve pas chez

■ **Figure 8.5** Stratégie d'aspiration

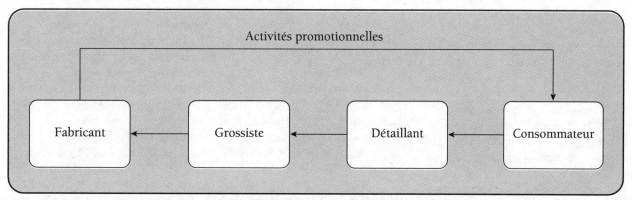

Source: DARMON, R.Y., LAROCHE, M. et PÉTROF, J.Y. *Le marketing, fondements et applications*, Montréal, Chenelière/McGraw-Hill, 5e édition, 1996, p. 414.

■ Encadré 8.3　Changement du pouvoir d'attraction des sites

Regain d'activité sur le tronçon centre-ville de la rue Sainte-Catherine, à Montréal

GILLES DES ROBERTS

■ Ceux qui doutent de la vitalité du tronçon centre-ville de la rue Sainte-Catherine devraient consulter les dirigeants de The Gap.

Sur les 848 magasins de cette chaîne en Amérique du Nord, celui du *Centre Eaton*, situé le long de la rue Sainte-Catherine, occupe le quatrième rang au palmarès des ventes au pied carré.

La performance du magasin spécialisé dans les vêtements décontractés pour enfants et jeunes adultes est telle que The Gap n'a pas hésité à ouvrir un autre point de vente à moins d'un kilomètre, à l'intersection de Sainte-Catherine et de la Montagne. Et le détaillant américain s'apprête à récidiver, toujours rue Sainte-Catherine. Il compte y ouvrir d'ici six mois le premier magasin québécois de sa chaîne *Banana Republic*, qui se consacre aux vêtements de week-end pour adultes.

Il aura toutefois de la compagnie dans ce micro-marché, puisque deux de ses concurrents, Guess et Mexx, viennent de s'installer sur cette artère commerciale de Montréal.

Des vitrines

Les deux principaux facteurs qui les ont incités à se doter d'un point de vente rue Sainte-Catherine sont la reprise des ventes au détail et le besoin d'une vitrine pour leurs produits.

«Nous sommes des manufacturiers et des distributeurs de vêtements, mais nous avons besoin d'un magasin amiral pour stimuler la demande, un lieu qui combine haute visibilité pour nos articles et fort

achalandage», a indiqué aux AFFAIRES Mark Routtenberg, président de Guess Canada.

«C'est ce qu'on trouve sur cette partie de la rue Sainte-Catherine. D'autres chaînes viendront d'ailleurs s'établir autour de nous et elles sont les bienvenues. Plus il y aura de gros acteurs sur cette partie de la rue, plus l'achalandage sera important», a souligné M. Routtenberg, qui exploite cette boutique en association avec Pantorama.

Le manufacturier européen Mexx investit 1 M $ pour aménager sa première boutique en Amérique du Nord. L'établissement de 4000 pi^2 offrira la gamme complète de vêtements et d'accessoires commercialisés sous cette griffe. «Pour nous, ce magasin est d'abord un outil de marketing pour présenter nos produits et créer de la demande pour les détaillants qui achètent nos vêtements», a expliqué aux AFFAIRES Jacques Azoulay, directeur des activités de détail de Mexx.

Nouvelle vocation pour Simpsons

À trois intersections à l'est de ces nouveaux magasins, l'immeuble qui abritait l'ex-magasin Simpsons est toujours vide. Il pourrait cependant trouver une nouvelle vocation au cours des prochains mois.

En entrevue aux AFFAIRES, le responsable de ce dossier chez Canderel, Richard Corso, a soulevé la possibilité d'un changement d'orientation pour l'immeuble de 400 000 pi^2, inoccupé depuis quatre ans.

«Jusqu'à présent, notre but était de louer l'ensemble de l'édifice pour des

locaux de bureaux. On envisage maintenant de consacrer le sous-sol, le rez-de-chaussée et le deuxième étage à des locaux commerciaux.

«On peut aller rapidement de l'avant si un locataire s'engage à prendre une partie des 120 000 pi^2 disponibles. Il n'y a toutefois pas encore d'entente, seulement quelques discussions», a expliqué le vice-président de Canderel, qui a le mandat de mettre l'immeuble en valeur pour son propriétaire, La Compagnie de la Baie d'Hudson.

Un conseiller en localisation montréalais est confiant que Canderel recrutera les locataires nécessaires à la relance du complexe immobilier. «Pas une semaine ne se passe sans qu'une chaîne américaine ne nous demande de l'information sur Montréal. De gros poissons mordront sûrement à l'hameçon de Canderel.»

Le pire est passé Jennifer Marduro, commissaire-adjoint, commerce centre-ville, à la Commission d'initiatives et de développement économiques de Montréal (CIDEM), a, quant à elle, assuré que les signes de la renaissance commerciale de la Sainte-Catherine se multiplient.

«On parle de Gap, de Guess et de Mexx, mais il y a aussi le *Complexe Desjardins*, qui investit 20 M $ pour rénover sa galerie commerciale. Plus à l'ouest, il y a d'autres projets de valorisation commerciale, telle la rénovation de l'édifice qui abrite Sam the Record Man, a souligné Mme Marduro. Quand Howard Johnson a fermé son établissement face à La Baie, le restaurant Nickels s'y est installé immédiatement. De plus, la société Lazer Quest a installé son jeu interactif dans un édifice de la rue Sainte-Catherine, même si de gros centres commerciaux l'ont approchée», a déclaré la commissaire, qui n'hésite pas à dire que «le pire est passé dans ce secteur».

En effet, le taux d'inoccupation des locaux commerciaux dans le secteur centre (entre Union et Bishop) est de seulement 3,4 %, selon la CIDEM. Par contre, d'autres tronçons sont en perte de vitesse. Le taux d'inoccupation est de 8,9 % dans le secteur est (entre Union et Saint-Laurent) et de 26,9 % dans le secteur ouest (entre Bishop et Atwater). La Ville de Montréal espère corriger cette situation en investissant 72 M $

dans la réfection de la chaussée et des trottoirs de la principale artère commerciale du centre-ville entre Atwater et Papineau.

Ce projet, réalisé dans le cadre du programme de *Travaux d'infrastructures Canada-Québec*, permettra d'élargir les trottoirs entre Guy et Peel afin de favoriser l'établissement de terrasses.

Haro sur la taxe d'affaires
Les marchands appuient ce projet, mais ils continuent de décrier la taxe d'affaires imposée par les autorités municipales. «Si on combine cette taxe à la taxe d'eau, c'est l'équivalent de 24,2 % du loyer brut de plusieurs marchands. C'est beaucoup trop élevé», déplore Edward Goral, président provisoire de la Société de

concertation pour le développement du centre-ville de Montréal, qui regroupe les marchands de la rue Sainte-Catherine.

Au-delà de cet irritant, M. Goral est persuadé que le sort des commerçants du secteur ira en s'améliorant. «On connaît un été formidable, surtout en raison des touristes. On prendra les moyens pour accroître l'achalandage du centre-ville après les heures d'affaires.

«La société de concertation est responsable de la promotion d'une image de marque du centre-ville. Elle entreprendra bientôt une série de projets pour accroître la capacité concurrentielle de toutes les entreprises du secteur», a dit M. Goral.

Source: Les Affaires, 27 août 1994.

un intermédiaire quelconque. On pourrait citer beaucoup de produits dans le même cas. Les grandes compagnies sont en bonne position pour faire suffisamment de promotion auprès du consommateur final afin que ce dernier agisse comme une pompe aspirante à l'intérieur du système de distribution.

La stratégie de pression s'exerce à l'inverse (*voir figure 8.6*). Le producteur fait de la promotion auprès des intermédiaires pour qu'ils poussent la vente de ses produits. Les intermédiaires acceptent de le faire moyennant certains avantages, tels que des marges bénéficiaires plus élevées, une exclusivité de distribution, du matériel promo-

■ **Figure 8.6**   Stratégie de pression

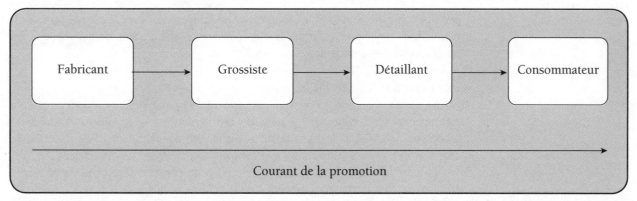

Source: DARMON, R.Y., LAROCHE, M. et PÉTROF, J.Y. *Le marketing, fondements et applications*, Montréal, Chenelière/McGraw-Hill, 5e édition, 1996, p. 414.

tionnel et une participation aux dépenses publicitaires. Par conséquent, avec une stratégie de pression, le producteur est parfois à la merci du circuit de distribution. La décision de recourir à une stratégie de pression dépend du genre de besoin des consommateurs, de la durée économique du produit, du cycle de vie du produit et de la capacité financière de l'entreprise.

La plupart du temps, les compagnies utilisent une combinaison des deux stratégies; il est peu probable qu'une entreprise n'ait recours qu'à une seule stratégie. Ce qui varie d'une entreprise à l'autre, c'est la combinaison qu'on fait des deux stratégies.

L'intensité de la distribution

Quel que soit le choix du circuit de distribution, le producteur peut adopter diverses politiques: distribution intensive, exclusive ou sélective. S'il opte pour une politique de distribution intensive, le producteur vend son produit à tous les commerçants susceptibles de le revendre. En tant que producteur, il essaie de maximiser le nombre de points de vente de son produit. C'est le cas, notamment, de tous les produits dits de commodité. Comme nous l'avons vu dans le chapitre 6, les consommateurs ne sont pas prêts à franchir de grandes distances pour se procurer cette catégorie de produits. Donc, pour en vendre, il faut être présent partout. Peu de gens sont prêts à faire cinq kilomètres pour se procurer une tablette de chocolat d'une marque en particulier; ils entrent dans le premier point de vente et, s'il n'a pas cette marque, ils en achètent une autre.

Une politique de distribution exclusive lie le producteur, par contrat, à un revendeur, qui obtient de ce fait l'exclusivité de la distribution de ses produits dans un territoire donné. En échange, le revendeur s'engage à ne distribuer que cette marque. Ainsi, à ce point de vente, on ne trouvera pas de marques concurrentes. Cette politique de distribution s'applique surtout pour les produits de grande valeur, par exemple l'automobile.

Quant à la distribution sélective, elle sous-tend que le nombre de distributeurs est limité. Il existera donc une clause d'exclusivité pour un territoire donné en fonction des besoins à satisfaire et de l'image que désire projeter le fabricant. Les producteurs d'articles de nécessité, tels que les appareils électroménagers ou les chaussures, adoptent cette politique de distribution sélective.

Les facteurs qui influencent le choix des circuits de distribution[5]

Ce sont les habitudes d'achat des consommateurs qui devraient déterminer le choix des circuits de distribution; l'analyse du marché à desservir influencera donc l'administrateur dans son choix. D'autres facteurs à considérer ont trait au produit, aux intermédiaires et à la compagnie elle-même. Lors du choix d'un circuit de distribution, les principes de base sont le pouvoir du circuit, sa couverture, son coût et ses caractéristiques. Tous ces éléments doivent être conformes à la qualité de service que les consommateurs attendent.

Les caractéristiques du marché

Le produit est-il destiné au consommateur ou à l'acheteur industriel? Voilà un point à examiner lors du choix d'un circuit de distribution car, si le produit s'adresse à l'acheteur industriel, il n'est pas nécessaire d'inclure des détaillants dans le circuit de distribution. Dans les autres cas, il faut tenir compte de trois caractéristiques.

La première caractéristique est le nombre de consommateurs potentiels. Si le nombre de consommateurs est réduit, il est préférable que le producteur dispose de sa propre force de vente et s'adresse directement à eux. Lorsqu'il y a un grand nombre de consommateurs, il devient préférable, pour le fabricant, de faire appel à des intermédiaires. Le nombre d'intermédiaires dépend du type d'industrie dans lequel le producteur fait des affaires.

La concentration du marché est une autre caractéristique dont il faut tenir compte. Dans certaines industries, les acheteurs sont groupés dans les limites de quelques zones géographiques; il est donc possible, dans ce cas, d'utiliser un système de vente directe. C'est aussi vrai pour les cas où la densité des acheteurs est forte. Si la densité est faible, il est généralement plus économique d'utiliser des intermédiaires.

Le troisième point à considérer est l'importance des achats. Un fabricant de produits alimentaires, par exemple, vendra directement aux grandes chaînes telles que Metro ou Provigo en raison de l'importance du volume d'achat. Le même fabricant fera appel à des grossistes pour rejoindre les petits magasins indépendants.

Les caractéristiques du produit

La valeur du produit influence la longueur du circuit de distribution. Plus le produit est de faible valeur, plus le circuit de distribution sera long. Cependant, si les quantités vendues sont élevées, il est préférable d'opter pour un circuit de distribution plus court.

Les produits de mode, de même que les produits périssables, doivent circuler rapidement à l'intérieur des circuits de distribution. Dans ces cas, un circuit de distribution court sera d'une plus grande efficacité.

La technologie de pointe du produit est également une caractéristique dont l'administrateur doit tenir compte lors du choix du circuit de distribution. Les produits industriels à la fine pointe sont, la plupart du temps, distribués directement par le producteur. La force de vente du fabricant doit habituellement fournir plusieurs services complexes, avant et après la vente, ce qu'un grossiste ne peut généralement pas offrir.

Les caractéristiques des intermédiaires

Les services fournis par l'intermédiaire   Chaque producteur devrait choisir les intermédiaires qui pourront assurer certains services de marketing qu'il ne pourrait lui-même offrir de façon adéquate ou dont il ne pourrait assumer les coûts.

La disponibilité désirée de l'intermédiaire   Il faut prendre en considération les attitudes de l'intermédiaire envers les politiques du fabricant. Parfois, le choix du producteur est limité parce que certains types d'intermédiaires n'acceptent pas ses politiques de marketing. Par exemple, certains détaillants ou grossistes ne sont intéressés à vendre une ligne de produits que si on leur accorde l'exclusivité territoriale.

Les caractéristiques de la compagnie

La capacité financière de la compagnie   Une compagnie bien établie financièrement a besoin d'un moins grand nombre d'intermédiaires qu'une compagnie qui n'a pas les reins solides. Lorsqu'elle en a les moyens, la compagnie peut établir sa propre force de vente, accorder du crédit ou entreposer ses propres produits. Une compagnie dont la capacité financière est faible doit recourir à des intermédiaires pour assurer ces services.

L'habileté de gestion   La qualité des décisions au sujet des circuits de distribution est fonction de l'expérience de marketing de l'administration et de son habileté de gestion. Bon nombre de compagnies qui n'ont pas d'expérience en marketing préfèrent confier le soin de distribuer leurs produits à des intermédiaires.

Le désir de contrôler le circuit Certains producteurs établissent un circuit de distribution court parce qu'ils tiennent à contrôler la distribution de leurs produits. Ce faisant, le fabricant peut être plus dynamique sur le plan promotionnel, avoir un meilleur contrôle de la fraîcheur de ses produits et de leurs prix.

Les conflits et la collaboration à l'intérieur des circuits de distribution

Un circuit de distribution est un système dans lequel existent des interactions entre institutions. Il est donc normal qu'il y ait entente sur certains points et désaccord sur d'autres. Des sujets de désaccord peuvent naître les conflits.

Les causes de conflit

Il existe souvent des différences d'objectifs. Certains membres du circuit de distribution visent le profit comme objectif premier, alors que d'autres cherchent à augmenter leur part de marché ou à accroître leur volume de ventes. D'autres encore travaillent surtout à leur image, et certains désirent diminuer les risques financiers qu'ils encourent. Cette diversité sur le plan des objectifs débouche souvent sur un conflit. Par ailleurs, il ne faut pas penser que le fait que deux niveaux d'intermédiaires poursuivent le même objectif évitera l'apparition d'un conflit. Prenons, par exemple, un grossiste et un détaillant qui ont chacun pour objectif de maximiser leurs profits. Cet objectif commun peut rapidement créer un sujet de dispute, puisque le produit à la base a un certain prix de revient et que le prix de vente final demeure limité. Il faut répartir la marge de profit réalisable entre les intermédiaires et, si chacun désire la plus grosse part du gâteau, cela dégénérera certainement en conflit.

Il faut aussi tenir compte du rapport de forces entre producteurs et distributeurs (*voir encadrés 8.4 et 8.5*). Autrefois, le producteur pouvait imposer ses volontés à tout le circuit de distribution. Aujourd'hui, il y a toujours un meneur ou un chef à l'intérieur du circuit de distribution, mais ce n'est plus forcément le producteur. Par exemple, certains détaillants achètent parfois plus de 50 % de la production d'un fabricant. Il est donc possible que le détaillant impose au fabricant de modifier son produit de manière à mieux l'adapter à son marché cible, sinon il pourrait refuser de le vendre. À titre d'exemple, Réno-Dépôt a demandé à Sico de modifier son contenant de peinture dans le but de le rendre plus vendeur par lui-même. Dans un cas semblable, qui détient le pouvoir?

Les politiques de marque peuvent également devenir une autre cause de conflit. Le produit sera-t-il distribué sous la marque du fabricant ou sous la marque du distributeur (*voir chapitre 6*)?

Depuis plusieurs années déjà, les grands de l'alimentation au Québec ont tendance à développer la vente de leurs propres marques (exemples, Zel chez Provigo, Metro chez Metro) sur lesquelles ils ont généralement une marge de profit supérieure. De plus, ils peuvent, s'ils le désirent, leur attribuer une plus grande surface de tablette ou encore un emplacement privilégié. Ces conditions ne sont pas toujours propices à une parfaite harmonie entre producteur et distributeur.

La collaboration à l'intérieur des circuits de distribution

Pour qu'un circuit de distribution fonctionne, il est indispensable qu'il y ait une certaine collaboration entre les membres, sinon le circuit disparaîtra. La collaboration entre les membres du circuit est sans aucun doute le meilleur remède contre les conflits. Les membres d'un circuit doivent se considérer comme faisant partie d'un tout; c'est là la clé du succès. Les décisions doivent tenir compte avant tout du bien

■ Encadré 8.4   Conflit entre partenaires d'un réseau de distribution

Piccinelli intente une action de 369 769 $ contre la firme Westburne

Jean-Marc Beaudoin

Trois-Rivières

■ Une entreprise de distribution de Pointe-du-Lac, Distributions Piccinelli, vient d'inscrire, en cour supérieure de Trois-Rivières, une action de près de 400 000 $ contre la firme Westburne Québec.

Distributions Piccinelli reproche à Westburne de s'être désistée du contrat qui les liait pour la revente d'appareils Aqua-Stop. En ne rencontrant pas ses obligations, Westburne aurait fait perdre à Piccinelli des sommes importantes en frais engagés et en manque à gagner qui ont été évalués à 369 769,90 $.

La maison de Distributions Piccinelli a été créée spécialement pour assurer la distribution en gros de l'Aqua-Stop. Il s'agit d'un appareil préventif qui s'installe à l'entrée d'eau des maisons et qui s'active en coupant le débit d'eau dès lors qu'un des détecteurs mis en place décèle une fuite dans la maison. L'appareil a été mis au point dans la région.

Compte tenu de son secteur d'activités et de l'importance de son réseau d'établissements en Amérique du Nord, Westburne Québec est apparue à Piccinelli comme une société pouvant être intéressée par Aqua-Stop.

C'est ainsi qu'en mars 1994, M. Roy Dewey, directeur de la division des produits de sécurité chez Westburne Québec a été rencontré. Le produit est rapidement apparu d'intérêt pour sa firme. Dès le mois suivant, Westburne, qui voulait l'exclusivité, soutient pouvoir en écouler 5000 en un an et veut prendre livraison d'une première commande de 500 unités.

Ces dernières seront livrées au début de mai. Entre-temps, tout se met en marche selon les ententes conclues. Piccinelli embauche, à la demande de Westburne, deux représentants additionnels pour mieux desservir les filiales de son réseau québécois, qu'on a déjà commencé à visiter pour bien les renseigner sur l'Aqua-Stop.

Malgré la livraison des appareils et la demande formelle en ce sens de Piccinelli, Westburne négligera de remettre le bon de commande qui confirme la transaction.

Devant la tournure des choses, Piccinelli s'adressera au président de Westburne, M. Tony Molluso. On informera alors la maison de distribution de Pointe-du-Lac que l'engagement conclu n'est pas valide sous prétexte que M. Roy Dewey a outrepassé ses droits et qu'il n'était pas mandaté pour conclure un tel contrat.

Piccinelli réclame maintenant 50 000 $ pour les salaires des deux représentants embauchés à la demande de Westburne; des remboursements de frais et d'honoraires de près de 15 000 $; des remboursements de diverses dépenses, comprenant l'achat de 500 Aqua-Stop, pour un total de 50 000 $; des pertes de profits de 215 000 $ pour la vente promise de 5000 unités et enfin, 25 000 $ en dommages, pertes de toutes sortes, troubles et inconvénients.

C'est Me John Turpin qui a déposé, au nom des Distributions Piccinelli, l'action en réclamation.

Source: Le Nouvelliste, 15 août 1995.

de l'ensemble du circuit. Chaque intermédiaire doit songer qu'il n'est qu'un morceau du casse-tête avant d'accomplir un geste qui pourrait lui être profitable, mais qui serait au détriment du circuit. Il n'en tirerait un profit qu'à court terme, puisqu'à long terme ce geste risquerait de détruire le circuit.

Le transfert des fonctions à l'intérieur du réseau

Chaque intermédiaire a des tâches à accomplir. Lors du choix d'un circuit de distribution, on peut éliminer certains niveaux d'intermédiaires pour avoir un circuit plus court, mais les tâches à remplir à chaque niveau ne disparaîtront pas pour autant.

■ **Encadré 8.5**   Conséquence d'un désaccord dans un réseau de distribution

Provigo Distribution devra lui verser 3,7 millions $

Le Groupe Gagnon gagne en Cour supérieure

■ (C.H.) La Cour supérieure vient de donner raison au Groupe Provigo Gagnon en condamnant Provigo Distribution Inc. à lui verser la jolie somme de 3,7 millions de dollars. Alléguant que le grossiste en alimentation lui livrait une concurrence déloyale en opérant un supermarché Héritage dans les limites du territoire de Granby, le requérant réclamait à Provigo Distribution Inc. une compensation financière de 4 millions de dollars pour dommages passés et une quinzaine de millions pour dommages futurs.

Le vice-président du Groupe Provigo Gagnon, M. Richard Gagnon, s'est dit très satisfait du verdict qui vient d'être rendu. Il n'a toutefois pas été en mesure de préciser si d'autres réclamations seraient éventuellement logées à l'endroit de Distribution Provigo Inc.

«À première vue, le jugement de la Cour supérieure ne semble pas fermer la porte à d'autres réclamations du même genre mais nous attendons l'avis de nos avocats avant de faire quelque commentaire que ce soit à ce sujet», indique M. Gagnon.

On ignore par ailleurs si Distribution Provigo Inc. en appellera de la décision de la Cour supérieure.

Rappelons que le Groupe Provigo Gagnon exploite quatre magasins d'alimentation dans la région, soit trois à Granby et un à Cowansville.

Provigo Distribution dessert pour sa part plus de 1600 détaillants, y inclus ceux de la région immédiate de Granby, en plus d'exploiter 221 supermarchés sous différentes bannières (Provigo, Héritage et Maxi).

En opération depuis 1970, le magasin Héritage de Granby avait modifié son approche stratégique et son mode d'opération en 1990, provoquant du même coup la colère du Groupe Provigo Gagnon.

Source: Le Guide, 28 janvier 1995, p. 7.

D'autres membres du réseau devront les assumer. Par exemple, si on élimine le grossiste d'un circuit, c'est donc le fabricant ou le détaillant qui devra entreposer un plus grand volume de marchandises, effectuer le fractionnement des produits en plus petits lots, posséder un meilleur réseau de communication. En d'autres termes, les tâches d'un intermédiaire, quelles qu'elles soient, peuvent être transférées mais pas éliminées.

Quelques tendances à l'intérieur des circuits de distribution

Dans cette partie, nous traitons des quatre tendances qu'on observe dans le système de distribution au Québec.

Les nouvelles formes de commerce

On a vu apparaître au Québec au cours des dernières années les hypermarchés (Maxi, Super C, etc.) et les magasins-entrepôts (Réno-Dépôt, Club Price, Aventure Électronique, Wal-Mart, Bureau en Gros, Future Shop, etc.) (*voir encadré 8.6*). Ces nouveaux venus contrôlent mieux leurs coûts et font des affaires avec des marges brutes de plus en plus restreintes de sorte qu'ils sont plus performants et offrent des prix très compétitifs aux consommateurs. Cependant, le défi actuel de ces magasins est de maintenir l'avance qu'ils ont prise sur les détaillants (*voir encadré 8.7*). Ils continueront donc d'ouvrir des points de vente, en particulier dans les *power centers*. Le premier de ces regroupements de magasins-entrepôts vient d'ouvrir ses portes sur le site du Marché central à Montréal. On prévoit qu'il y aura quatre ou cinq de ces centres dans la

■ Encadré 8.6   Quelle est la différence?

Le concept de Price est l'inverse de celui des tueurs de catégorie

■ «Le concept de Price est exactement l'inverse de celui des *category killers*, comme Future Shop, ou de magasins de grande surface, comme Wal-Mart», a expliqué Louise Wendling, vice-présidente et directrice générale de Price Costco Canada.

Les magasins de grande surface offrent certains produits en bas du prix coûtant, pour créer de l'achalandage dans leurs magasins. C'est ce qu'on appelle des produits d'appel (*loss leader*), généralement annoncés dans les circulaires.

Chez Price, a affirmé Mme Wendling, les produits ne sont jamais en bas du prix coûtant. Toutefois, en n'ayant pratiquement pas recours à la publicité ni aux circulaires, la société économise de 4 à 7 % sur ses ventes.

L'achalandage est créé par le membership et la possibilité d'acheter en gros volume. Selon Mme Wendling, les stocks tournent 22 fois par année chez Price, comparativement à une moyenne de

11,1 fois pour les grossistes et 8,6 fois pour les détaillants, selon Dun & Bradstreet.

Dans les magasins de grande surface, on mise sur la variété: 20 % des articles engendrent 80 % du volume de ventes, a avancé Mme Wendling, qui travaillait pour La Baie avant de passer au Club Price, en 1986. «Chez Price, nous ne gardons que les 20 % de produits qui se vendent le plus.» La comparaison est valable pour les tueurs de catégorie. «Future Shop tient à peu près toutes les marques de télévision en magasin. Chez Price, nous ne vendons que la plus populaire», a affirmé Mme Wendling.

En moyenne, un Club Price offre entre 3600 et 4000 produits, selon la saison. Dans un supermarché d'alimentation, on en compte quelque 25 000. L'alimentation compose quelque 60 % des ventes de Price, incluant les cigarettes, et le reste (électronique, vêtements, etc.), 40 %.

En général, les ventes équivalent à 1000 $ le pied carré.

La simplicité de l'aménagement aussi permet à Price de maintenir de faibles frais d'administration, de quelque 8 % des ventes.

Price Costco n'est pas un détaillant. Elle se rapproche davantage du grossiste et a été créée pour approvisionner les petits détaillants, comme les dépanneurs. Grâce aux seules cartes de membres, la société réalise de 70 à 80 M $ par année au Canada (carte de membre privilège, 40 $, et carte de membre affaire, 35 $).

Price: un banquier

Chez Price, aucun crédit n'est accepté. Par contre, l'entreprise se donne plusieurs jours pour payer ses fournisseurs.

Cette politique permet à la société de réaliser d'importants profits avec les seuls intérêts de l'écart entre les comptes fournisseurs et l'argent comptant des clients. La marge de profit brute de Price est de 8 %, a affirmé Mme Wendling. (FV)

Source: Les Affaires, 2 septembre 1995.

région de Montréal d'ici quelques années. Les magasins-entrepôts n'ont donc pas fini de prendre de l'expansion. On doit souligner que ces nouveaux concurrents sont souvent de grandes institutions mondiales de la distribution.

L'achat à domicile

On parle beaucoup d'achat à domicile, de téléachat et d'autoroute électronique. L'autoroute électronique (*voir encadré 8.8*), quoique très prometteuse comme mode de distribution, a encore certains problèmes à résoudre avant de déloger les modes de distribution traditionnels. Le principal de ces problèmes est celui de la logistique de livraison. Malgré cela, les plus optimistes croient qu'elle représente la principale

■ Encadré 8.7   Comment faire pour maintenir notre avance?

Wal-Mart: une guerre de prix est possible

■ Selon George Hartman, analyste du secteur du commerce de détail pour BBN James Capel, à Toronto, une guerre de prix entre Zellers et Wal-Mart Stores (New York, *WMT*, 25 $ US) est fort possible.

«Nous prévoyons une période de guerres de prix que seule une augmentation de volume pourra compenser», a écrit l'analyste dans son plus récent commentaire.

Une telle guerre pourrait être néfaste, notamment pour la Compagnie de la Baie d'Hudson (Mtl, *HBC*, 26,25 $), qui possède Zellers, et pour d'autres sociétés du secteur qui ont des activités dans ce créneau.

M. Hartman a, d'une part, indiqué que Wal-Mart utilisera tous ses gains de productivité pour poursuivre la baisse de ses prix et pour gagner des parts du marché canadien. Il estime que Wal-Mart fonctionne ici actuellement avec une marge brute significativement supérieure à son objectif aux États-Unis de 25 %.

«Ce qui lui donne beaucoup de flexibilité pour diminuer ses marges au cours des trois prochaines années», a dit M. Hartman.

Le grand perdant de cette guerre ne serait pas Zellers, selon l'analyste, mais bien les magasins *K-Mart*, de Kmart Corp. (New York, *KM*, 14,25 $ US).

Cela ajouterait de la pression sur les dirigeants américains pour vendre leurs activités canadiennes.

Dans un tel scénario, M. Hartman a souligné que le gagnant serait Zellers, «si elle peut contrôler le processus de vente».

Par ailleurs, Kmart Corp., aux États-Unis, a annoncé la vente de ses 860 centres de service à l'auto pour 112 M$ US.

Cette activité générait des revenus de 360 M $ US, mais perdait de l'argent.

La direction explique qu'elle désire se concentrer sur ses activités centrales.

Depuis avril, Floyd Hall, nouveau président de Kmart Corp., tente de relancer la chaîne américaine en faisant le grand ménage, d'où les spéculations de vente au Canada. (BM)

Source: Les Affaires, 30 septembre 1995, p. 64.

menace pour les magasins-entrepôts. Certains prévoient la disparition des magasins-entrepôts d'ici cinq ans.

D'autres, plus prudents, voient là un nouveau moyen de distribution qui ne convient cependant qu'à un nombre restreint de produits. Plusieurs spécialistes du marketing estiment que l'autoroute électronique va représenter 15 % de la distribution au Québec dans un avenir rapproché.

La baisse des marges de contribution

Selon Papillon et Pettigrew (1995)[6], on observe une baisse appréciable des marges de contribution en pourcentage dans le secteur du détail, et ce autant au Québec qu'en Ontario. Leur étude compare les marges de contribution dans 10 secteurs de la distribution entre 1987 et 1991. Dans tous les secteurs étudiés, les marges de contribution ont diminué et, dans la majorité des cas, les réductions enregistrées sont supérieures à 20 %. Les experts prévoient que cette tendance va se maintenir.

L'approvisionnement intégré

Les changements dans les systèmes de distribution s'expliquent également par l'émergence du concept d'approvisionnement intégré. Le facteur de réussite des magasins-entrepôts, c'est l'approvisionnement. Ce type de magasin doit acheter directement du

■ **Encadré 8.8**   L'autoroute électronique

Entente entre quatre compagnies de téléphone

L'autoroute électronique a franchi un pas décisif

John Davidson

Montréal (PC)

■ Un consortium des principales compagnies de téléphone du Canada a fait un nouveau pas vers la construction d'une nouvelle autoroute électronique de plusieurs milliards de dollars à travers le Canada.

Bell Canada, New Brunswick Telephone, Telus Corp. de l'Alberta et BC Telecom ont annoncé mercredi la création d'une société, MediaLinx Interactive inc., qui pourrait offrir aux Canadiens des films sur commande téléphonique, le magasinage au foyer, des cours universitaires à la télévision et des diagnostics médicaux à distance d'ici la fin de l'année prochaine.

«Il s'agit d'un des premiers systèmes au monde offrant la possibilité de brancher tout un pays à un système auquel sont reliés les téléphones, les téléviseurs et les

ordinateurs», a indiqué le président de Bell Québec, Louis Tanguay.

«Les possibilités sont énormes.»
BCE inc., la plus importante compagnie de télécommunications du Canada qui est aussi propriétaire de Bell Canada, contrôle à 60 pour cent MediaLinx.

En avril dernier, les compagnies téléphoniques avaient annoncé qu'elles consacreraient une somme de 8 milliards $, répartie sur 10 ans, pour poser des centaines de milliers de kilomètres de câble de fibre optique à travers leur réseau téléphonique d'un océan à l'autre.

Le réseau, qui portera le nom d'Initiative Beacon, servira de fondation à la construction de l'autoroute électronique à travers le Canada parce qu'il fera passer les lignes téléphoniques de simple transporteur de son et de données à celui de transmetteur de la voix, d'images et de données.

La plupart des câbles téléphoniques sont rattachés à des câbles de cuivre qui sont très solides mais ne peuvent envoyer qu'un nombre limité de signaux en même temps. Le câble de fibre optique, par contre, est constitué d'un faisceau de filaments de verre qui ont la capacité d'envoyer des milliers de signaux audio, vidéo et de données sans interférence.

Lorsque l'Initiative Beacon sera achevée en 2005, chaque foyer canadien sera en mesure de recevoir n'importe quel nombre de signaux multimédias.

«C'est là que nous intervenons», a déclaré Marcel Messier, le vice-président de MediaLinx dont le siège social sera à Toronto.

«Nous consacrerons 34 millions $ au cours de la prochaine année au développement de la programmation.»

Source: Le Nouvelliste, 15 octobre 1994.

fabricant afin de pouvoir négocier de meilleurs prix. Les fournisseurs doivent être responsables des stocks courants; pour obtenir une accréditation, un fournisseur doit nécessairement être relié par Échange de Données Informatisées (E.D.I.). Une autre exigence de ce commerce envers le fournisseur est qu'il doit être en mesure de le réapprovisionner directement sur les rayons. Il s'agit ici d'un transfert de tâches du commerçant au fournisseur. L'approvisionnement intégré se traduit souvent par un réseau de distribution plus court.

LA GESTION DE LA DISTRIBUTION PHYSIQUE

Jusqu'à présent dans ce chapitre, nous avons discuté du choix des circuits de distribution et des différents intermédiaires utilisés par les producteurs pour acheminer leurs produits et leurs services au consommateur final. Nous allons maintenant étudier la distribution physique, à qui revient la tâche d'assurer le déplacement des produits et des services du producteur aux consommateurs.

Plusieurs auteurs ont défini la gestion de la distribution physique. Nous croyons que la meilleure définition est celle du National Council of Physical Distribution Management.

«La gestion de la distribution physique est le terme qui décrit l'intégration de deux ou de plusieurs activités dans le but de planifier, d'exécuter et de contrôler une circulation efficace des matières premières, des stocks en voie de transformation et des produits finis, à partir du point d'origine jusqu'au point de vente. Ces activités comprennent, mais n'y sont pas limitées, le service à la clientèle, la prévision de la demande, les communications de distribution, le contrôle des stocks, la manutention des produits, le traitement des commandes, les pièces de rechange, le service après-vente, la sélection de l'emplacement des entrepôts, le transport et finalement l'entreposage[7].»

Pourquoi s'intéresser à cette activité de marketing? À elle seule, elle peut absorber près du tiers du prix de vente au détail des produits. De plus, le nombre croissant de consommateurs et les facilités de communication ont donné naissance à des marchés nationaux et internationaux de biens et de services. Les entreprises ont introduit des milliers de nouveaux produits qui sont vendus et distribués à des clients situés à tous les coins du globe. Les entreprises multiples ont remplacé l'usine de production unique. De nos jours, on trouve souvent, dans l'industrie de l'automobile par exemple, des entreprises qui fabriquent chacune une pièce, et ces pièces sont ensuite réunies pour être assemblées sur une même chaîne de montage. La distribution des produits, du point d'origine jusqu'au point de vente ou d'achat, est devenue une composante extrêmement complexe et importante des nations industrialisées. C'est pourquoi on qualifie souvent la distribution physique de «fonction logistique» assurant la circulation des biens à partir des matières jusqu'au point de vente du produit fini.

Les coûts de transport ont plus que triplé durant la dernière décennie. De plus, il ne faudrait pas oublier l'augmentation incessante du coût de financement des stocks courants ainsi que celle du coût de la main-d'œuvre. Voilà de bonnes raisons de s'intéresser au domaine de la distribution physique.

L'objectif de la distribution physique

Quel est l'objectif de la distribution physique? Beaucoup d'entreprises donneraient la réponse suivante: «C'est d'amener les bons produits aux bons endroits, au bon moment, et ce en minimisant les coûts.» Malheureusement, les miracles ne sont pas de ce monde; aucun système de distribution ne peut, à la fois, maximiser le service à la clientèle et minimiser les coûts de distribution. Maximiser le service à la clientèle suppose l'existence de stocks abondants, l'utilisation des moyens de transport les plus rapides et un grand nombre d'entrepôts, et ces facteurs contribuent justement à faire augmenter les coûts de distribution. Au contraire, des niveaux de stocks bas, l'utilisation de modes de transport lents et bon marché et un nombre réduit d'entrepôts minimiseront les coûts de distribution.

On pourrait définir l'objectif de la distribution physique par l'expression «système efficace». L'efficacité d'un système se mesure en fonction des entrées et des sorties. Le coût du service représente les entrées, tandis que les sorties du système de distribution sont constituées de la qualité de service à la clientèle. L'efficacité de ce système est le résultat d'une série de décisions relatives au nombre, à l'emplacement et à la dimension des entrepôts, aux modes de transport utilisés, à l'exécution des commandes ainsi qu'à la politique de stockage.

Les normes de service à la clientèle

Compte tenu de l'environnement extrêmement concurrentiel des années 90, le service à la clientèle est devenu une sous-composante essentielle du mix marketing. On peut définir le service à la clientèle comme une philosophie centrée sur le client, qui intègre et gère toutes les activités d'échange d'un produit ou d'un service entre une personne ou une organisation et une autre personne ou organisation, dans le cadre d'un coût-service mixte optimal et prédéterminé. Le service à la clientèle agit telle une force unificatrice pour toutes les activités liées à la gestion de la distribution physique. Il comprend toutes les activités qui ont un impact sur le degré de satisfaction des clients.

Comme chaque élément du système de distribution physique de l'entreprise peut toucher le client en ce qui concerne la réception du bon produit, au bon endroit, dans les bonnes conditions, au bon prix et au bon moment, le service à la clientèle préconise l'intégration de la gestion des activités de distribution de manière à procurer au client le degré de satisfaction désiré, au coût total le plus bas possible.

On peut exprimer ainsi les normes de service à la clientèle dans une entreprise: 80 % de toutes les commandes doivent être livrées en moins de 24 heures après leur réception, 95 % en moins de 48 heures et toutes les autres en moins d'une semaine. À titre d'exemple, certains restaurants Mikes garantissent la livraison à domicile en moins de 30 minutes après la réception d'une commande téléphonique.

La quantification des normes du service à la clientèle représente donc une importante décision pour le gestionnaire du marketing. Si les normes sont trop basses (service déficient), elles créeront de l'insatisfaction chez la clientèle et, par le fait même, seront responsables de la perte de ventes dans l'avenir. Par contre, si les normes sont trop élevées (qualité de service plus élevée que ce qu'espère la clientèle), elles entraînent inutilement des coûts supérieurs, ce qui aura pour effet de rendre l'entreprise moins concurrentielle. Le gestionnaire a donc la responsabilité de mesurer les avantages par rapport aux coûts avant de déterminer ses normes de service à la clientèle.

Il est possible qu'une entreprise retire à court terme quelque avantage concurrentiel du fait qu'elle adopte des normes de service à la clientèle plus élevées. Cependant, à long terme, ses concurrents se verront obligés de hausser leurs normes à leur tour, de manière que chacun perdra son attrait, avec comme conséquence une augmentation des coûts pour tout le monde.

La norme de service à la clientèle est l'une des premières décisions à prendre en matière de distribution physique, car les autres décisions en dépendront énormément.

Le concept de la gestion intégrée en distribution physique

À l'heure actuelle, seul un petit nombre de compagnies gère la distribution physique comme un système intégré. Fondamentalement, le concept de gestion intégrée de la distribution physique se rapporte à l'administration des diverses activités de distribution considérées comme un tout. En comparaison, dans une entreprise qui n'applique pas le concept de gestion intégrée, l'ensemble des activités de distribution est fragmenté et souvent réparti entre diverses fonctions organisationnelles qui ont chacune leurs propres priorités et mesures. Certains administrateurs ont constaté qu'ils pouvaient réduire les coûts totaux de la distribution, améliorer le service à la clientèle et réduire considérablement les conflits interservices, par l'intégration des activités liées au domaine de la distribution.

L'analyse du coût total représente l'élément clé lorsqu'il s'agit de gérer la fonction de distribution physique (*voir figure 8.7*). Il revient à la direction d'essayer de minimiser ces coûts totaux au lieu de tenter de réduire les coûts de chaque composante. En effet, il se peut que les tentatives faites pour réduire le coût de chaque activité de distribution soient sous-optimales et se soldent par un accroissement des coûts totaux. Par exemple, le fait de consolider les cargaisons de produits finis réduira les frais de transport, mais peut se traduire par une augmentation substantielle des frais d'entreposage ou par une augmentation des coûts liés aux ventes perdues à la suite d'une réduction du service à la clientèle[8].

Il est important que l'entreprise considère la totalité des coûts de distribution, c'est-à-dire qu'elle inclut les coûts suivants dans le coût total: transport, entreposage, commande, emplacement de l'entrepôt, contrôle des stocks, manutention, traitement de l'information, normes du service à la clientèle et ventes perdues. Des réductions de coûts pour une activité de distribution entraînent inévitablement une augmentation des coûts des autres composantes. Pour bien gérer la distribution physique et réaliser des économies de coûts, il faut envisager ce système comme un système intégré.

La fonction de transport

En distribution, la variable transport joue un rôle très important. Cette activité consiste à acheminer les produits au bon endroit et au bon moment, et elle contribue ainsi à la satisfaction des consommateurs. Le choix du mode de transport ainsi que celui du transporteur influe sur le prix des produits de l'entreprise, l'importance des dommages occasionnés et le respect des délais de livraison (*voir encadré 8.9*). Étant donné son importance, le transport devrait faire l'objet d'une analyse approfondie, d'une planification judicieuse et d'un contrôle rigoureux.

Le choix de un ou de plusieurs modes de transport doit tenir compte de multiples aspects. À ce sujet, la décision doit tenir compte des coûts associés aux modes

■ **Figure 8.7** Exemple de courbe du coût de distribution

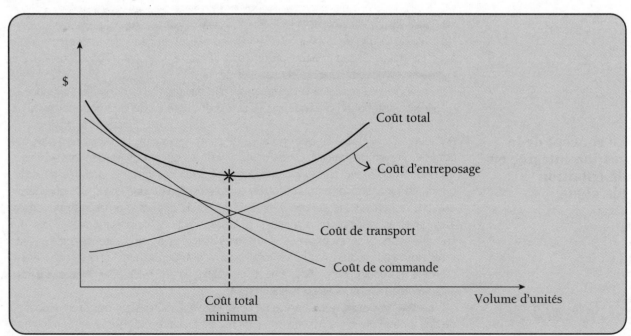

■ Encadré 8.9   Conséquence de mauvaises décisions

Odyssée d'un chargement de carottes

■ Il n'y a pas que les voyageurs qui peuvent avoir des contretemps lors de leurs périples en chemin de fer.

Les marchandises elles-mêmes peuvent y «goûter», notamment si elles sont périssables. Comme les fruits et légumes, par exemple.

Et c'est précisément ce qui s'était produit pour un chargement de carottes achetées par Berlet Fruit, de Montréal, à un producteur de Californie, Joe Maggio.

Normalement, les 1701 caisses achetées devaient quitter le soleil pour la neige le 12 février, et arriver ici le 19, après avoir changé à deux ou trois reprises de lignes de chemin de fer entre temps, même si la responsable du transport était la Southern Pacific Transportation Company.

Mais les carottes de M. Maggio devaient avoir tous les ennuis, et surtout tous les retards, au cours de leur voyage vers la métropole.

Successivement, un convoi fut retardé par des rails défectueux (des joints de soudure avaient lâché), ailleurs, c'est l'encombrement d'une gare qui provoqua un délai d'aiguillage, puis il y eut la non-disponibilité de locomotives, un peu plus loin.

Avec tout cela, donc, le voyage prit exactement le double du temps qu'il aurait dû normalement prendre, et les carottes, elles, perdirent évidemment de leur verdeur.

Résultat net, il n'y en avait pour 2089 $ qui ne pouvaient plus être considérées comme fraîches, et le juge Paul Beaudry, de la Cour provinciale, en vient à la conclusion que la Berlet a le droit d'être remboursée de ce montant par la S.P.T.C. en raison de son équipement tout simplement inadéquat.

Source: La Presse.

de transport, des avantages ou des désavantages liés à chacun d'entre eux, de la nature du produit, de la destination des marchandises expédiées, des objectifs de l'entreprise et de ses contraintes, ainsi que de la nature des actions des concurrents.

Les entreprises devraient, en fonction de leurs objectifs et de leurs besoins respectifs, s'efforcer de maximiser le rapport coût-performance en ce qui concerne leurs activités de transport. Pour ce faire, il leur faut porter une attention particulière à la détermination des coûts engagés; il importe de réduire les coûts de transport, et ce de façon à contribuer à la minimisation des coûts totaux de distribution. Elles doivent gérer de façon parallèle la fonction de transport et la quantité de stocks courants; de cette manière, elles pourront s'assurer qu'elle leur permet toujours de respecter un délai de livraison acceptable. Elles doivent également s'assurer qu'il n'y a pas de délais de livraison trop longs qui peuvent leur nuire et leur faire échapper de belles occasions. Enfin, le transport demeure totalement lié aux autres composantes de la distribution physique; c'est pourquoi il doit être géré en concordance avec celles-ci.

Les gestionnaires doivent continuellement analyser et contrôler les activités de transport. Ils doivent, par ailleurs, demeurer attentifs aux changements qui se produisent dans leur environnement et vérifier sans cesse si le mode de transport utilisé demeure le plus avantageux.

Mentionnons finalement que l'option qui est la meilleure aujourd'hui est susceptible d'évoluer dans le temps et qu'il est fort possible qu'elle ne soit plus l'option optimale demain. En d'autres mots, il faut considérer l'activité de transport comme une activité non pas statique, mais très dynamique dans le temps.

Les différents modes de transport

Il existe cinq principaux modes de transport: ce sont le transport ferroviaire, le transport maritime, le transport par camion, le transport par pipeline et le transport aérien.

Le transport ferroviaire   Le transport ferroviaire est le deuxième mode de transport sur le plan des tonnes transportées par kilomètre. En 1993, 256,4 millions de tonnes[9] ont emprunté cette voie. Le réseau ferroviaire canadien totalise une distance d'approximativement 20 000 kilomètres. Depuis la Seconde Guerre mondiale, ce mode de transport a vu sa part de marché décliner constamment. La plupart du fret[10] qu'on expédiait jadis par train est aujourd'hui acheminé par transporteur routier. De plus, une partie du marché du transport ferroviaire a été perdue en faveur des transporteurs par eau et des expéditeurs par pipeline, qui concurrencent avantageusement le rail dans le domaine des marchandises en vrac.

Même si l'accessibilité à ce mode de transport est répandue dans une multitude de communautés, il faut souligner le fait que le réseau ferroviaire n'est pas aussi développé que le réseau routier de la plupart des pays. Pour cette raison, le transport ferroviaire manque de souplesse comparativement au transport routier, puisqu'il se limite au réseau de voies existant. Par conséquent, le service par train, tout comme le service par avion, s'effectue d'un terminus à l'autre et non du point d'origine au lieu de destination.

Le coût du transport par voie ferrée est généralement bas. Il se compare avantageusement aux autres moyens de transport en ce qui concerne la sécurité. Toutefois, la durée des transits et la fréquence du service du réseau ferroviaire le désavantagent comparativement aux transporteurs routiers.

Le transport maritime   Ce mode de transport est le plus utilisé sur le plan des tonnes transportées par kilomètre. Le transport maritime se divise en trois catégories: la navigation sur les voies navigables intérieures, comme les fleuves, les canaux et les Grands Lacs, la navigation le long des côtes et la navigation internationale. Les transporteurs maritimes font concurrence au rail puisque la majorité des marchandises qu'ils transportent se composent de produits semi-ouvrés ou de matières premières. Le transport maritime convient au déplacement des marchandises lourdes, volumineuses, de faible valeur unitaire et qu'on peut charger ou décharger efficacement par des moyens mécaniques (exemples, bois, minerai). On opte pour ce mode de transport surtout dans les situations où la rapidité de livraison est secondaire. De plus, les transporteurs par eau sont limités dans leurs déplacements par le réseau hydrographique existant. Les ports canadiens ont manutentionné 324,1 millions de tonnes de fret en 1993[11]; de ce nombre, 100 millions de tonnes représentent le transport maritime intérieur.

Le transport par camion   Le transport par camion a connu une croissance accélérée depuis les années 60. En 1992, on a transporté par camion 477,53 millions de tonnes par kilomètre[12] au Canada. Près du tiers de tout le fret ainsi que la plupart des biens de consommation sont transportés par camion. Le transporteur routier fait concurrence à l'avion lorsqu'il s'agit de petits chargements et au train pour les gros chargements. Le camion concurrence l'avion en particulier grâce à une plus grande efficacité dans les terminus et sur le plan des activités de prise de possession et de livraison.

Le transport routier est plus souple et plus varié que les autres modes de transport. Cette souplesse s'explique par un immense réseau routier (au Canada, plus de 30 000 kilomètres de routes importantes) qui permet d'offrir un service d'un point à un autre, quelle que soit la provenance ou la destination des expéditions. Il est varié en ce sens qu'on peut transporter pratiquement tout ce qui entre dans un camion, même si cela suppose qu'on apporte certaines modifications à l'équipement.

En général, le service des transporteurs routiers est beaucoup plus rapide que celui du train et se compare avantageusement à celui des transporteurs aériens sur des distances relativement courtes. Le ratio des pertes et des dommages occasionnés aux marchandises se révèle sensiblement moins élevé que celui du train et légèrement supérieur à celui de l'avion. Aucun autre moyen de transport n'offre la même couverture de marché que les transporteurs routiers.

Le transport par pipeline   Au Canada, la plupart des pipelines vont d'ouest en est. Ils servent au transport des produits, tels que le gaz naturel, les produits pétroliers, les produits chimiques et les produits liquéfiés. Ce mode de transport a acheminé 413 millions de mètres cubes de produits pétroliers au cours de 1994[13]. Les pipelines assurent à l'expéditeur un service extrêmement sûr à un prix relativement bas. Le ratio des pertes ou des dommages causés par des fuites ou des défectuosités est extrêmement faible. Les conditions climatiques touchent très peu les produits acheminés par pipeline. De plus, les pipelines requièrent très peu de personnel; par conséquent, les grèves ou l'absence d'employés dérangent très peu ces activités. Par contre, le nombre de produits qu'on peut faire transporter par pipeline est restreint.

Le transport aérien   Sur le marché intérieur, les transporteurs aériens font passer, d'un point à un autre, moins de 1 % du trafic (en tonnes par kilomètre). Quoiqu'un nombre croissant de transporteurs aériens offrent leurs services sur une base régulière, la plupart des gens considèrent le transport aérien comme un service coûteux à utiliser en situation d'urgence. Néanmoins, lorsqu'il faut livrer un article dans un endroit fort éloigné comme la baie James, le fret aérien représente le moyen de transport le plus rapide.

En règle générale, le fret aérien transporte des produits de grande valeur, mais de faible densité ou de poids peu élevé. En effet, on ne pourrait justifier le coût du transport par avion d'un article de faible valeur, parce que le tarif élevé du fret aérien représenterait une part trop importante du coût du produit. Par contre, pour certaines entreprises, les coûts élevés du transport par air sont plus que compensés par des coûts de maintien des stocks et d'entreposage plus faibles.

Le transport intermodal   En plus des cinq modes de transport précédents, les expéditeurs peuvent utiliser un certain nombre de combinaisons appelées «transport intermodal», c'est-à-dire l'utilisation de divers modes de transport pour acheminer un chargement de marchandises entre deux points. Grâce au transport intermodal, il est possible de combiner le coût et les avantages de deux ou de plusieurs moyens de transport lors d'un seul envoi de marchandises (*voir encadré 8.10*).

La classification des modes de transport

En général, on classe les modes de transport en trois catégories: les transporteurs privés, les transporteurs sous contrat et les transporteurs publics. Les transporteurs privés sont la propriété de l'entreprise qui les utilise pour véhiculer ses produits (exemple, les camions remorques de Metro-Richelieu); ils ne transportent pas les produits des autres entreprises. À cause de cette caractéristique, ils ne sont pas soumis à la réglementation concernant les tarifs, mais doivent respecter les normes de sécurité prescrites.

■ Encadré 8.10   3R International: nouveau moyen de transport

3R International: nouveau moyen de transport intermodal alliant semi-remorques et rail

ALAIN DUHAMEL

■ La société ferroviaire Ecorail a mis en exploitation commerciale cet été un nouveau service intermodal unique en son genre.

Il s'agit du système *3R International* mis au point par Innotermodal, de Brossard.

Ce système de transport réunit deux modes exploités concurremment au Canada, le transport routier et le transport ferroviaire, en une opération intermodale plus simple et plus économe que ne l'est le système *piggyback* puisqu'il n'utilise ni wagons plats ni locomotive.

Transport et Entreposage Bourret est le premier transporteur routier à l'utiliser en sevice régulier entre son terminal de Drummondville et le triage Malport, à Mississauga, en Ontario.

Cinq soirs par semaine, deux convois d'une douzaine de remorques font la navette dans chaque direction en un peu moins de neuf heures, donc en moins de temps et avec moins de risques que par la route.

Domtar l'a aussi mis à l'essai pour le transport de copeaux de bois entre Matagami et Lebel-sur-Quévillon, dans le nord du Québec.

«C'est un système très concurrentiel sur des distances relativement courtes», a dit Alain Thauvette, président d'Ecorail, qui prévoit atteindre la rentabilité commerciale vers la fin de 1996.

La compagnie veut développer sa clientèle parmi les transporteurs routiers en leur offrant un service de terminal à terminal sur des distances de 1000 kilomètres ou moins. Ecorail est une filiale à part entière de Canadien national Amérique du Nord (CN) et d'abord connue sous le nom de M.O.Q. Rail.

Investissement de 8,5 M$

Jusqu'à la mise en service du nouveau train, ses activités et ses résultats financiers étaient consolidés avec ceux du CN. Elle emploie une douzaine de personnes.

Le CN, la Société générale de financement (SGF), Innovatech du Grand Montréal et Innotermodal ont investi 8,5 M$ dans la commercialisation des *bogies* fabriqués aux ateliers de MIL Davie, de Lévis.

L'idée d'utiliser les remorques de camion en guise de wagons de transport revient à un camionneur, Jacques Viens, qui l'avait d'abord proposée au Canadien Pacifique en 1984.

Il s'est associé avec Michel Dupuis, ex-courtier en valeurs mobilières, devenu depuis président d'Innotermodal, qui commercialise le système *3R International*.

Innotermodal vient de conclure un contrat de franchise avec CRT Intermodal Australia Pty Ltd., de Melbourne, en Australie, filiale de CRT Bulk Haulage, importante société de transport en vrac, d'entreposage, de réemballage et de distribution de résine de polymère.

Un convoi *3R International*, contrôlé par ordinateur, élimine les locomotives et les wagons plats.

Les unités motrices intercalées dans le convoi reçoivent et émettent les données utiles au fonctionnement par ondes radio. La firme d'informatique STR inc., de Boucherville, a mis au point le système électronique de contrôle des convois.

Dans le poste de commande en tête, deux opérateurs pilotent dans le réseau du CN des convois qui peuvent atteindre jusqu'à 60 remorques et se déplacer plus rapidement (jusqu'à 10 kilomètres à l'heure de plus que la vitesse autorisée sur un segment donné) que le convoi ferroviaire habituel.

Ecorail a dû conclure une entente particulière avec le Conseil canadien des syndicats opérationnels des chemins de fer (CCSOCF), qui représente le personnel itinérant du CN, pour adapter certaines dispositions de la convention collective, notamment en ce qui a trait à la rémunération horaire et aux contraintes de relève, au modus operandi de ce nouveau train. François Bourret, président de Transport et Entreposage Bourret, s'attend à des économies dans les coûts d'exploitation qui pourraient varier entre 10 et 25 %.

Le recours à ce service intermodal lui permet de concentrer son parc de tracteurs à la collecte de remorques en région.

«Sur cette courte distance et grâce au système *3R International*, nous pouvons offrir à nos clients un service souple et économique.»

Source: Les Affaires, 2 septembre 1995, p. 21.

Une entreprise a le privilège d'employer des transporteurs sous contrat, c'est-à-dire une autre entreprise qui est propriétaire de ses camions, pour effectuer le transport de marchandises pendant une période donnée (exemple, les camions-citernes de Transports Provost inc.). Ces transporteurs ne s'adressent pas au public en général, mais à une clientèle très limitée. De plus, ils sont régis par une réglementation beaucoup plus sévère que celle à laquelle sont assujettis les transporteurs privés.

Finalement, les transporteurs publics se distinguent des transporteurs privés par le fait qu'ils offrent un service constant et qu'ils s'adressent au public en général (exemples, Purolator, les autobus Orléans inc.). Les services offerts, de même que les tarifs, sont réglementés par les gouvernements.

Les entrepôts et les centres de distribution

En distribution physique, il faut faire la distinction entre entrepôts et centres de distribution; en effet, le mot «entrepôt» est souvent utilisé à tort pour nommer l'un ou l'autre de ces deux éléments.

L'entrepôt

L'entrepôt est l'endroit où on emmagasine des produits pendant une période plus ou moins longue, ce qui permet, entre autres, d'équilibrer l'offre et la demande. Les entrepôts permettent également de faire des économies de production. Grâce aux entrepôts, les dirigeants sont en mesure de produire en plus grande quantité et ainsi de réduire les coûts unitaires de production. Il faut être prudent, car cette situation engendre des coûts supplémentaires de maintien des stocks. Le gestionnaire doit s'assurer que les économies réalisées sur le plan de la production excèdent les frais supplémentaires associés à l'entreposage de cette même production.

Les entrepôts permettent, dans certains cas, de réaliser une économie de transport. Prenons l'exemple d'une entreprise qui, faute d'espace pour ranger ses stocks, doit passer de petites commandes tous les jours. Elle ne peut profiter de tarifs avantageux pour le transport. Si, au contraire, elle possédait des entrepôts de taille suffisante, elle pourrait commander en plus grande quantité et, par le fait même, obtenir des tarifs beaucoup plus avantageux auprès des transporteurs. Encore là, le dirigeant doit s'assurer que l'économie réalisée sur le plan du transport est supérieure au coût de l'entreposage de plus grandes quantités de produits.

L'entrepôt offre également l'avantage d'emmagasiner des matières premières qui sont susceptibles de devenir plus rares. Si le dirigeant est en mesure de prévoir une pénurie, il peut se permettre d'ajuster la quantité de ses stocks en conséquence par des achats plus fréquents ou des achats effectués en plus grande quantité.

La politique d'entreposage d'une entreprise influe sur son service à la clientèle. Si une entreprise désire remplir toutes ses commandes dans les limites d'un délai de 24 heures, elle devra tenir compte de différents facteurs comme la localisation des entrepôts, leur nombre, ainsi que la quantité des stocks.

Dans le cas de produits saisonniers tels que des maillots de bain, l'entrepôt permet de répartir la production sur une bonne partie de l'année, même si la demande n'est élevée que pendant une courte période de l'année. De cette manière, le gestionnaire peut réduire ses immobilisations dans la capacité de production, avec comme conséquence de réduire les coûts de manière substantielle. L'inverse de cette situation peut également se produire; par exemple, au Québec, la récolte des pommes s'effectue à la fin de septembre et durant le mois d'octobre, tandis qu'on les consomme toute l'année. Grâce aux entrepôts qui facilitent la conservation des pommes, il est possible d'étaler la vente sur toute l'année et d'offrir ainsi le produit à meilleur prix.

Les types d'entrepôts   Il existe deux types d'entrepôts: l'entrepôt public et l'entrepôt privé. L'entrepôt public met des espaces à la disposition de tous les utilisateurs potentiels (exemples, Seconat ltée, Termino Corporation et la plupart des compagnies de déménagement offrent des espaces d'entreposage au public). Les utilisateurs paient uniquement pour l'espace qu'ils occupent. Ceux qui le désirent peuvent également profiter de toute une gamme de services offerts par la direction, moyennant un débours supplémentaire. L'entrepôt public est une option intéressante pour les compagnies qui n'ont pas besoin d'un entrepôt permanent ou pour celles qui ne disposent pas du capital nécessaire pour détenir leur propre entrepôt. Cette solution présente l'avantage de ne requérir aucun investissement, car le client ne débourse que pour l'espace dont il a besoin.

L'entrepôt privé, lui, est la propriété de l'entreprise qui l'utilise. La plupart des entreprises dont les besoins d'entreposage sont relativement stables en possèdent un. L'entrepôt privé offre l'avantage d'être mieux adapté aux caractéristiques particulières des produits de l'entreprise. Il permet également d'avoir un meilleur contrôle sur les opérations. L'entrepôt privé permet d'épargner de 15 % à 25 % des coûts d'opération, à condition cependant que l'entrepôt soit utilisé à son plein rendement.

Le centre de distribution

Un centre de distribution est un entrepôt dont le but n'est pas d'emmagasiner de la marchandise, mais d'en accélérer la distribution. C'est un endroit où on rassemble les produits et d'où on les redistribue. L'objectif d'un centre de distribution est d'accélérer le mouvement des marchandises vers l'acheteur. Les centres de distribution permettent de réduire les coûts de transport et de maintien des stocks et d'augmenter le taux de roulement de façon à permettre à l'entreprise d'augmenter ses profits.

Certains points permettent de différencier les centres de distribution des entrepôts. Les centres de distribution desservent un marché plutôt régional. Ils consolident des envois de marchandises provenant de plusieurs points de fabrication. Ils sont conçus pour garder les biens en mouvement plutôt que pour les emmagasiner. Enfin, l'un des critères d'efficacité des centres de distribution est le laps de temps écoulé entre l'entrée du produit et sa sortie. Ces centres regroupent et traitent les commandes de façon que les biens soient rapidement acheminés vers leurs destinataires. On y trouve un matériel de manutention très sophistiqué et quelquefois entièrement automatisé.

L'emplacement des entrepôts et des centres de distribution

L'emplacement des entrepôts et des centres de distribution est un élément fort important à considérer. Un mauvais emplacement aura des effets considérables sur les coûts totaux et sur le service à la clientèle, alors que de bons emplacements représentent un avantage certain à l'intérieur d'un système de distribution puisqu'ils faciliteront l'écoulement des marchandises. Il faut tenir compte de deux types de coûts lors du choix de l'emplacement: en premier lieu, le coût d'entreposage et de manutention, qui varie en fonction du volume d'activités, c'est-à-dire qu'on peut profiter d'économies d'échelle (le coût par unité diminue à mesure que les quantités augmentent); en second lieu, le coût de livraison, qui augmente ou diminue en fonction des distances qui séparent le client de l'entrepôt.

En plus de ces coûts, une série de facteurs influencent le choix de l'emplacement des entrepôts et des centres de distribution. Ce sont la densité de la population, la disponibilité de la main-d'œuvre qualifiée, les taxes et les différentes lois provinciales et municipales en vigueur, l'accessibilité aux différents modes de transport et les différents services de sécurité offerts. Le choix d'un emplacement est une décision continuellement en révision, car un emplacement approprié aujourd'hui peut ne pas l'être demain. Il est possible que l'environnement change avec les années, et ces changements peuvent améliorer le sort de l'entreprise comme ils peuvent le détériorer. Par exemple, un changement dans le réseau routier qui dessert une entreprise peut nuire à ses activités de façon considérable.

La gestion des stocks

On se doit d'accorder une importance particulière à la gestion des stocks, puisque ceux-ci représentent parfois plus de 30 % des actifs de l'entreprise. En améliorant la gestion des stocks, on peut dégager du capital pour investir dans d'autres secteurs; le taux de rendement de ces nouveaux secteurs représente le coût d'opportunité associé aux stocks. Les frais de maintien des stocks comprennent principalement le coût des assurances, les taxes, les coûts de manutention, le coût du capital immobilisé, le coût de la désuétude des stocks ainsi que l'amortissement des immobilisations. L'informatisation du traitement des commandes et la gestion des stocks par ordinateur sont deux moyens de réduire la quantité des stocks. On peut recourir à d'autres moyens comme la réduction des frais de main-d'œuvre liés à la manutention des stocks par la mécanisation ou la diminution du nombre de commandes en souffrance.

RÉSUMÉ

L'étude de la distribution se divise en deux parties: les circuits de distribution et la distribution physique. Les circuits de distribution se composent de différents intermédiaires, tels que les détaillants, les grossistes et les agents manufacturiers. Qu'il soit court ou long, aucun circuit de distribution n'est parfait, et chaque administrateur doit choisir celui qui convient le mieux à son entreprise. Le fait de recourir à une stratégie de pression ou à une stratégie d'aspiration joue un rôle dans le choix du circuit de distribution et l'adoption d'une politique de distribution intensive, exclusive ou sélective. Beaucoup d'autres facteurs ont également un impact: les caractéristiques du marché, celles du produit, celles des intermédiaires et celles de l'entreprise même.

Autant des conflits que de la collaboration peuvent naître à l'intérieur des réseaux de distribution en raison de la diversité des objectifs que poursuivent les différents intermédiaires. Peu importe qu'on ait recours aux services de grossistes, d'agents manufacturiers ou de détaillants, ou encore qu'on élimine certains niveaux d'intermédiaires, les tâches associées à la distribution ne peuvent disparaître; elles ne sont que transférées.

La distribution physique a pour objectif d'amener les bons produits, aux bons endroits et au bon moment, et ce au moindre coût. L'efficacité du système de distribution est le résultat d'une série de décisions relatives au nombre, à l'emplacement et à la dimension des entrepôts, aux modes de transport utilisés, à l'exécution des commandes, ainsi qu'à la politique de stockage. Le service à la clientèle agit alors telle une force unificatrice pour toutes les activités liées à la gestion de la distribution physique.

La gestion intégrée de la distribution physique consiste à gérer les diverses activités de distribution considérées comme un tout. Ainsi, l'analyse du coût total représente l'élément clé de la gestion de la distribution physique.

En distribution physique, le transport joue un rôle très important. Le mode de transport choisi doit répondre aux besoins de l'entreprise et lui permettre de minimiser ses coûts. Il existe cinq principaux modes de transport: le transport ferroviaire, le transport maritime, le transport par camion, le transport par pipeline et le transport aérien.

Enfin, l'entrepôt et le centre de distribution constituent également deux éléments importants de la distribution physique. L'entrepôt est un endroit où des produits sont emmagasinés pendant une période plus ou moins longue, alors que le centre de distribution n'a pas pour but de stocker des marchandises, mais bien d'en accélérer la distribution. C'est un endroit où on rassemble les produits et d'où on les redistribue.

QUESTIONS

1. Quelle est la fonction principale d'un réseau de distribution?

2. Qu'est-ce qu'une stratégie d'aspiration? de pression? Dans vos propres mots, dites quand on peut utiliser chacune d'elles.

3. Pour chaque type de distribution, donnez deux exemples qui proviennent de votre entourage: a) distribution intensive; b) distribution exclusive; c) distribution sélective.

4. Sur quels facteurs pouvez-vous vous baser pour faire le choix d'un circuit de distribution?

5. D'après l'encadré 8.6, expliquez la différence entre un magasin de grande surface et un magasin tueur de catégorie.

6. Donnez deux exemples de chacun des principaux types d'intermédiaires.

7. Qu'est-ce que le concept de «gestion intégrée de la distribution physique»?

8. Que couvre le concept de «coût total» en distribution?

9. a) Vous voulez expédier un chargement de bois de sciage de votre ville à Boston. Quel(s) mode(s) de transport utiliserez-vous et pourquoi?

   b) Quels sont les modes de transport empruntés par un litre de lait du producteur jusqu'à votre table?

10. Trouvez deux avantages et deux inconvénients pour chacun des modes de transport suivants:

    a) transport ferroviaire;
    b) transport maritime;
    c) transport par camion;
    d) transport par pipeline;
    e) transport aérien.

11. Quelle est la différence entre un entrepôt et un centre de distribution?

EXERCICES PRATIQUES

8.1 *LA COMPAGNIE ROULE PATIN*

La compagnie Roule Patin inc., nouveau fabricant de patins à roues alignées de milieu de gamme, cherche à conquérir le marché québécois. Elle vous engage pour la conseiller dans son choix de réseau de distribution. Le président vous mentionne qu'il vise en priorité les marchés de Montréal, Québec, Chicoutimi-Jonquière, Sherbrooke et Trois-Rivières. Il vous demande d'abord de lui recommander la longueur du réseau de distribution que devrait utiliser la compagnie. Ensuite, il vous charge d'élaborer une grille de critères qui servira à sélectionner les commerces de détail qui permettront de rejoindre le plus efficacement possible les consommateurs cibles. Finalement, afin de l'aider à prendre ses décisions, il vous demande de justifier vos choix et de lui dresser une liste des informations nécessaires à la prise de décision.

8.2 *L'AUTOROUTE ÉLECTRONIQUE COMME MODE DE DISTRIBUTION*

La distribution au Québec a beaucoup évolué au cours des cinq dernières années: nouvelles formes de commerces de détail, utilisation de l'électronique, etc. Vous êtes un fabricant de montures de lunettes et vous vous demandez s'il serait possible d'utiliser l'autoroute électronique pour distribuer directement vos produits au consommateur final. Usez de votre créativité et imaginez ce réseau de distribution pour vos montures. Décrivez le réseau et précisez quelles seront les étapes du processus de commande et du processus de livraison.

MISES EN SITUATION

8.1 La Compagnie industrielle

La Compagnie industrielle fabrique des courroies en caoutchouc pour convoyeurs, matériel qu'on utilise surtout dans l'industrie minière. À cause de la baisse des activités d'exploitation de l'industrie minière dans le nord-est québécois, le chiffre d'affaires de la compagnie décroît rapidement. Face à cette réalité, elle décide d'investir dans la recherche de nouveaux produits.

Après plusieurs mois, la découverte de deux nouveaux produits semble pleine de promesses. Le premier est une colle miracle pour le caoutchouc. Cette colle permet à n'importe quel consommateur de réparer, chez lui et en une fraction de seconde, tous les petits objets en caoutchouc. Plusieurs tests de ce produit ont déjà été faits auprès des consommateurs.

Le second produit est un liquide qui a comme propriété de débarrasser le métal de toute impureté indésirable. Il permettrait, par exemple, d'éviter de sabler une auto avant de la repeindre, car il dissout toute oxydation du métal. Selon certains carrossiers, c'est un produit idéal. De plus, le produit serait d'une grande utilité pour les ateliers de soudure.

M. Jérôme, propriétaire de la Compagnie industrielle, a très hâte de commercialiser ces nouveaux produits. Par contre, il ne sait pas s'il doit employer le même réseau de distribution que celui qu'il utilise pour les courroies (en l'occurrence, un agent manufacturier).

De plus, M. Jérôme sait que le potentiel de marché pour ces nouveaux produits consiste en l'Amérique du Nord entière. Il est également très conscient que le temps est un facteur fort important en ce qui concerne sa réussite.

Aidez M. Jérôme dans ses décisions concernant la distribution de ses deux nouveaux produits. Doit-il choisir un nouveau réseau de distribution ou utiliser le même que pour les courroies en caoutchouc? Pourquoi?

8.2   L'entreprise Belle Bébelle inc.

L'entreprise Belle Bébelle inc., créée en 1944, est une PME fabriquant des jouets. Cette entreprise, qui a connu des débuts modestes, n'a cessé de croître grâce au talent de Jean Limaginatif, propriétaire-gérant. Aujourd'hui, ses produits sont connus dans toute l'Amérique du Nord, et ce grâce à son réseau de distribution.

Le processus de fabrication, très rudimentaire à ses débuts, est actuellement l'un des plus perfectionnés, ce qui permet à l'entreprise d'être très compétitive depuis plusieurs années. Toutefois, dernièrement, les profits ont décliné, à un point tel que M. Limaginatif se pose de sérieuses questions. Afin de mettre le doigt sur le problème, il décide d'examiner les rapports financiers du dernier exercice. À la lecture du rapport du service de l'approvisionnement, il constate que les achats de matériel et de fournitures ont été effectués à un prix unitaire très bas et que le directeur du service a obtenu une prime pour sa bonne performance. Il en conclut que tout va bien de ce côté. M. Limaginatif scrute ensuite les rapports de production et observe que, durant le dernier exercice, on a atteint le coût unitaire le plus bas des cinq dernières années. Il examine ensuite les rapports de livraison et se rend compte que les délais de livraison ont été plus que raisonnables et que très peu de commandes sont demeurées en suspens.

Il entreprend alors l'étude des frais de transport et constate que les produits ont été expédiés par train la plupart du temps et, à l'occasion, par camion avec pleine charge pour réduire au maximum les tarifs. Là encore, le responsable a reçu une prime pour sa bonne performance. M. Limaginatif se dit alors que le problème doit se trouver du côté des comptes clients. Après une minutieuse analyse, il se rend compte qu'il a très peu de mauvaises créances et que le délai de paiement est passé de 90 jours, en moyenne, à 29 jours. Tout semble donc bien aller de ce côté.

Finalement, il compare ses frais de production à ceux de l'industrie. À sa grande surprise, les résultats atteints par son entreprise sont nettement au-dessus de la moyenne. M. Limaginatif n'en croit pas ses yeux; ses services atteignent des résultats très enviables et, malgré cela, son entreprise subira probablement une perte cette année.

Quel est le problème de l'entreprise Belle Bébelle inc.?

Cas
CHEZ RÉNO-ENTREPÔT, LES BAS PRIX NE SIGNIFIENT PAS UNE QUALITÉ MOINDRE DU SERVICE À LA CLIENTÈLE

«Je n'ai jamais reçu un aussi bon service de ma vie.» Cette personne parle-t-elle de son expérience dans une boutique haut de gamme? dans une bijouterie de renom? Ou encore vient-elle d'acheter un luxueux bateau de plus de 50 000 $? Non, elle sort de chez RÉNO-ENTREPÔT, qui se spécialise dans la vente de matériaux nécessaires à la rénovation et à la décoration résidentielles auprès des bricoleurs. Réno-Entrepôt n'est pas un magasin où les prix sont élevés; au contraire, il pratique une stratégie de bas prix constamment inférieurs à ceux de ses concurrents.

Quel type de gestion permet donc à Réno-Entrepôt de réussir l'impossible, c'est-à-dire d'offrir à la fois un excellent service et des bas prix? Ces deux caractéristiques font partie intégrante du concept même de Réno-Entrepôt. Ce concept nécessite un choix judicieux du site, un ensemble de produits bien ajustés aux besoins de la clientèle, des employés bien formés et motivés ainsi qu'une attention constante accordée au contrôle des coûts.

Emplacement, emplacement, emplacement

L'emplacement est aussi important pour Réno-Entrepôt que pour tout autre commerce de détail. Le principal marché pour les produits de rénovation est les propriétaires de vieilles maisons, non seulement les maisons qui nécessitent beaucoup de réparations à cause de leur âge, mais celles dont le propriétaire désire remplacer les accessoires démodés par des produits dernier cri. En général, il n'est pas courant de voir une maison âgée entre 25 et 50 ans avec une cuisine ou une salle de bains ultramoderne, ou avec des accessoires dernier cri et un système de sécurité.

La direction de Réno-Entrepôt s'est rendu compte à la suite d'une étude qu'il y avait beaucoup de ces maisons dans la région métropolitaine de Montréal. Éventuellement, leurs propriétaires auront besoin de tout, de la peinture jusqu'à une nouvelle plomberie. La direction a donc concentré ses magasins dans la région de Montréal. La concentration est un facteur important, car un magasin isolé coûte plus cher en approvisionnement et en promotion qu'un groupe de magasins situés dans une même région. Si vous ouvrez un magasin à Chicoutimi, un autre à Québec et un troisième à Sherbrooke, vous devrez faire trois campagnes de communications dans les journaux locaux. Placez les trois magasins dans une même ville et vous réduisez substantiellement les coûts.

Offrir plus que ce que le client demande

L'éventail de marchandises est un des facteurs clés de décision pour les gestionnaires de Réno-Entrepôt. Le responsable du marketing explique que la compagnie s'oriente sur des catégories de produits dans lesquelles elle peut dominer quant au choix. L'importance d'un choix varié est cruciale dans ce secteur d'activité où les gens magasinent dans le but de trouver une idée originale. C'est donc important pour le consommateur de retrouver un grand assortiment de marchandises. Chez Réno-Entrepôt, on offre un vaste choix de produits pour la cuisine, la salle de bains, la confection des planchers de bois décoratif, etc. En plus, on tient un centre jardin. La direction de Réno-Entrepôt sait que les clients aiment avoir du choix pour personnaliser l'intérieur et l'extérieur de leur résidence. Se rendre à un magasin qui offre une grande sélection de produits permet au client d'y parvenir et ainsi de se différencier des voisins.

La direction de Réno-Entrepôt est convaincue qu'un facteur stratégique de succès est d'assister les clients dans leur choix, c'est-à-dire détenir le produit que les gens recherchent pour réaliser leurs projets majeurs de rénovation, connaître le travail à exécuter et offrir du soutien aux clients. Chez Réno-Entrepôt, on a choisi une orientation «service», ce qui se traduit par des employés formés et motivés. Avant de se joindre à la compagnie, plusieurs employés ont travaillé comme plombiers, charpentiers ou électriciens pendant plusieurs années. C'est ce qui explique leur capacité d'aider le propriétaire d'une maison qui tente pour la première fois de mener à bien un projet de rénovation.

Grâce au savoir-faire de son personnel, Réno-Entrepôt a un énorme avantage sur les centres de rénovation qui engagent des commis sans expérience de la rénovation.

Contrôle efficace des coûts

Le dernier élément de la stratégie gagnante de Réno-Entrepôt est son contrôle efficace des coûts. Le magasin lui-même ressemble à un immense entrepôt, avec ses décors clairsemés, ce qui permet de réduire les coûts de construction et d'exploitation tout en étant fonctionnel. Si Réno-Entrepôt est capable d'entreposer 1000 ampoules électriques sur une étagère, il n'a pas besoin de construire un espace d'entrepôt pour en stocker 900 et un espace en magasin pour placer 100 ampoules. Un autre avantage important quant aux coûts de Réno-Entrepôt est un pouvoir d'achat nettement supérieur à celui de la concurrence.

Le contrôle des coûts concerne également des économies à faire sur le plan de la masse salariale. Cependant, même si cela semble contradictoire, Réno-Entrepôt paye mieux ses employés que ses concurrents, ce qui motive les employés et augmente leur satisfaction. En retour, ceux-ci donnent un meilleur service auprès de la clientèle, ce qui encourage la clientèle à revenir au magasin.

Ces multiples stratégies placent Réno-Entrepôt dans une position enviable sur le marché. Le magasin peut concurrencer n'importe qui quant au prix, et ce sans compromettre le service ou la satisfaction de la clientèle. Si un magasin peut être concurrentiel quant aux prix, offrir un service hors pair et mettre des experts à la disposition de la clientèle, pourquoi magasiner ailleurs?

1. Quelle est la cible de marché de Réno-Entrepôt? Décrivez le consommateur type de cette cible de marché. Comment Réno-Entrepôt peut-il rejoindre cette cible de marché avec un message publicitaire?

2. Réno-Entrepôt devrait-il ignorer la croissance rapide des régions où le pourcentage de maisons neuves est élevé et, qui, par le fait même, nécessitent moins de réparation et d'entretien? Prenons la région de Repentigny en banlieue de Montréal. Peut-elle représenter un bon potentiel de marché pour Réno-Entrepôt? Justifiez votre réponse.

3. Quelles sont les informations clés sur le marché que Réno-Entrepôt devrait chercher à obtenir avant de construire un magasin dans une nouvelle région?

Cas adapté de **BOYÉE, Courtland L**, **HOUSTON, Michael** et **THILL, John**. *Marketing*, New York, McGraw-Hill, 1995.

NOTES

1. STATISTIQUE CANADA. *Les commerces de gros et de détail*, cat. n° 63-236.

2. Cette partie s'inspire fortement du premier chapitre de PETTIGREW, Denis. *La gestion des commerces de détail*, paru chez McGraw-Hill Éditeurs, 1989.

3. STATISTIQUE CANADA. *Les commerces de gros et de détail*, cat. n° 63-236.

4. STATISTIQUE CANADA. *Ventes et stocks des grands magasins*, cat. n° 63-002, mars 1995.

5. Cette section s'inspire fortement de STANTON, William J., SOMMERS, Montrose et BARNES, James. *Fundamentals of Marketing*, 4e édition canadienne, McGraw-Hill, 1985, p. 427-430.

6. PETTIGREW, Denis et PAPILLON, Benoît Mario. «Les commerçants québécois sont-ils performants? Étude comparative Québec-Ontario», Congrès de l'ACFAS 1995, Chicoutimi.

7. Adapté de National Council of Physical Distribution Management, NCPDM, Comment 9, n° 6, novembre-décembre 1976, p. 4-5.

8. Pour plus de renseignements sur le service à la clientèle, *voir* PETTIGREW, Denis. *La gestion de la distribution*, Gaëtan Morin éditeur, 1987.

9. STATISTIQUE CANADA. *Le transport ferroviaire au Canada*, cat. n° 52-216, 1993, p. 19.

10. Cargaison de marchandises.

11. STATISTIQUE CANADA. *Le transport maritime au Canada*, cat. n° 54-205, 1995, p. 35 .

12. STATISTIQUE CANADA. *Le camionnage au Canada*, cat. n° 53-222, 1992, p. 69.

13. STATISTIQUE CANADA. *Transport du pétrole par pipeline*, cat. n° 55-001, 1994, p. 6.

LE PRIX

OBJECTIFS D'APPRENTISSAGE

Après la lecture du chapitre, vous devriez être en mesure de:

- définir la variable «prix»;
- comprendre l'importance du prix;
- définir les objectifs de la détermination du prix;
- connaître les méthodes et les facteurs à considérer lors de la fixation des prix;
- connaître les différentes politiques et tactiques de prix;
- connaître les facteurs considérés lors d'un changement de prix.

La détermination du prix d'un produit ou d'un service est peut-être l'aspect le plus complexe de la gestion de marketing. La troisième variable du mix marketing qu'est le prix peut assurer le succès et la croissance de l'entreprise ou en causer l'échec. Le prix stimule ou non les ventes et a un effet direct sur la rentabilité. Il contribue à créer l'image d'un produit, aide à la promotion et, finalement, repousse ou attire les concurrents. On peut le définir comme la valeur d'échange d'un produit. Selon Lambin[1], on peut analyser le comportement d'achat comme un système d'échange où se compensent des recherches de satisfaction d'une part et des sacrifices financiers d'autre part. En d'autres mots, la valeur d'un produit est ce que le client est prêt à donner en échange, sur le marché, pour se le procurer.

Combien seriez-vous prêt à débourser pour une tente? Avant de répondre à cette question, vous soulèveriez sans doute une série d'interrogations. Quelles sont ses dimensions? Quel est son poids? Quelle est sa qualité? Qui est le fabricant? De quelle couleur est-elle? Quel est son état, neuf ou usagé? Toutes ces questions sont pertinentes, mais la plus importante reste: «Ce produit répond-il à mes besoins?» Si vous êtes amateur de plein air et que vous aviez un bon emploi l'été dernier, vous serez peut-être prêt à payer un bon prix pour cette tente. Par contre, si vous êtes un «rat de bibliothèque» habitué à vivre à l'intérieur et que la nature ne vous intéresse pas, il est fort possible que vous n'en vouliez même pas pour un dollar. On peut constater qu'il n'est pas facile de définir quelle est la valeur financière de cette tente.

L'évaluation d'un produit diffère selon les consommateurs. On peut définir la valeur d'un produit comme ce que vaut ce produit pour une personne qui désire l'acheter ou le vendre. L'importance de la demande pour un produit, de même que sa rareté, contribue à fixer la limite maximale du prix que peut en demander l'entreprise. Le prix de revient, pour sa part, sert à fixer la borne inférieure du prix que le commerçant peut exiger pour son produit. Il faut se rappeler que donner sa marchandise ne demande pas beaucoup d'habileté et qu'à peu près n'importe qui peut le faire. Toutefois, c'est sûrement le meilleur moyen de fermer ses portes.

L'IMPORTANCE DE LA VARIABLE PRIX

Le prix des produits a un impact considérable sur le système économique. Il joue un rôle régulateur dans la répartition des facteurs de production et influe, par le fait même, sur l'offre (*voir encadré 9.1*). Un prix élevé intéressera certaines entreprises à fabriquer le produit. Des taux d'intérêt élevés attirent une foule d'investisseurs. De même, des salaires élevés sont invitants pour bon nombre de travailleurs. Le prix peut donc déterminer le type et la quantité de biens qui seront produits.

Le prix touche également la demande. Le consommateur a un revenu disponible limité et ne peut acheter tous les produits offerts sur le marché. Il doit choisir. Son choix se fera de façon à obtenir le plus de satisfaction possible pour le montant dépensé. Certains devront choisir entre acheter une planche à voile ou faire un voyage en Europe; d'autres hésiteront entre l'achat d'une bicyclette, de patins à roues alignées ou d'un équipement de golf. Une chose est certaine: le consommateur ne peut se permettre d'acheter tous les biens en vente.

Deux enquêtes sur l'importance du prix, menées l'une par Udell[2] et l'autre par Robicheaux[3], placent la fixation du prix l'une au sixième rang des facteurs contribuant au succès d'une entreprise commerciale, et l'autre au premier rang. En période d'inflation, le prix redevient un pôle d'intérêt important.

Le prix déterminé pour un produit influe directement sur les profits de l'entreprise. Quel est donc le prix idéal d'un produit? S'il est trop bas, l'entreprise aura un bon volume d'affaires, mais se privera peut-être d'une part de profit importante. S'il est trop élevé, l'entreprise réalisera une marge de contribution unitaire élevée, mais son volume de ventes sera certes plus bas, ce qui peut même occasionner des pertes financières pour l'exercice. Le prix joue également un rôle dans la perception qu'a un consommateur de la qualité du produit. En fin de compte, le meilleur prix est celui qui permettra à

■ **Encadré 9.1**   À des prix imbattables

l'entreprise de maximiser ses profits à long terme tout en satisfaisant, le mieux possible, les besoins des consommateurs. On entend par là un niveau de prix assez élevé pour réaliser une contribution unitaire et obtenir un volume de ventes intéressant.

Dans certains cas, il peut arriver qu'une entreprise vende un de ses produits en bas du coût, mais il doit s'agir d'une situation à très court terme si elle espère demeurer en affaires. Cette stratégie peut avoir pour but de lancer un nouveau produit ou encore d'augmenter sa part de marché. En d'autres mots, lorsqu'une entreprise fixe le prix d'un de ses produits en bas de son coût, c'est qu'elle investit à court terme pour en retirer des avantages à long terme. Cette stratégie de vente doit faire partie d'un plan d'ensemble bien défini et contrôlé. En aucun cas, il ne faut laisser place à l'improvisation sous peine d'encourir des conséquences désastreuses pour l'entreprise.

LES OBJECTIFS DE LA DÉTERMINATION DES PRIX

Les objectifs de prix doivent découler des objectifs de marketing qui, eux, doivent être en concordance avec les objectifs de l'entreprise. Quels sont les objectifs à considérer lors des décisions concernant les prix? L'enquête de Lanzillotti[4], effectuée aux États-Unis auprès d'entreprises de production, a mis en évidence les objectifs de prix les plus courants. Dans la pratique, on rencontre au moins six types d'objectifs.

L'objectif de survie

Lors d'un ralentissement économique, la survie peut devenir un objectif ambitieux pour bon nombre d'entreprises. Ce fut d'ailleurs le cas lors de la récession de 1990-1991. Pour garder l'entreprise en vie, on opte pour une réduction des prix. Dans une situation de cette urgence, la survie de l'entreprise s'avère plus importante que les prix. Cependant, il ne peut s'agir que d'un objectif à court terme. À long terme, l'entreprise est là pour faire des profits; sinon, elle disparaîtra.

L'objectif de maximisation des profits

Maximiser ses profits, comme le décrit la théorie économique, est probablement l'objectif à atteindre de nombreuses compagnies qui n'ont pas défini d'autres objectifs. C'est certainement le plus ambitieux, car rares sont les situations qui permettent de le réaliser. Le public associe une politique de maximisation des profits à une entreprise qui vend à prix très élevé ou encore qui exploite le consommateur. En pratique, comme le prix est lié à la demande, l'entreprise doit s'ajuster à la concurrence, à moins d'être en situation de monopole. Toutefois, même dans un monopole, certains facteurs extérieurs jouent un rôle dans la détermination des prix, tels que la présence de produits substituts, secteur trop alléchant qui invite les autres entreprises à investir des ressources productives dans ce domaine. De plus, il peut exister certaines contraintes gouvernementales limitant les prix; par exemple, le CRTC régit les tarifs de Bell Canada.

Nous croyons que l'interprétation de cet objectif doit être nuancée pour se lire comme suit: maximiser les profits à long terme, ce qui signifie qu'une entreprise peut accepter des pertes à court terme pour élargir sa part de marché, rejoindre une nouvelle clientèle ou encore pour lancer un nouveau produit. L'entreprise investit aujourd'hui pour retirer le plus de profits à long terme. Maximiser les produits ne signifie pas vendre au prix le plus élevé, mais vendre au prix qui permettra à l'entreprise d'obtenir le volume d'affaires qui générera le maximum de profits (voir encadré 9.2).

L'objectif d'atteinte d'un certain taux de rendement sur les investissements

Une entreprise peut fixer ses prix de manière à obtenir un certain pourcentage de retour sur ses investissements. Ce taux est habituellement fixé à l'avance par les administrateurs en vue d'obtenir un rendement suffisant du capital investi. Cet objectif suppose que l'entreprise se contente parfois d'une rentabilité qu'elle juge

■ Encadré 9.2   GM: une politique de prix réduits sur 25 modèles

General Motors: une politique de prix réduits sur 25 modèles

GILLES DES ROBERTS

■ General Motors vient de passer une grosse commande à ses 200 concessionnaires québécois.

Avec sa nouvelle politique *prix avantageux* qui attribue un prix fixe à ses modèles les plus populaires, le constructeur demande à son réseau d'abandonner la vente basée sur le prix négocié pour vendre ces véhicules selon leurs attributs.

«Ce qu'on impose, c'est un prix plancher pour 15 modèles de voitures et 10 de camions, qui sont parmi nos meilleurs vendeurs», a expliqué aux AFFAIRES Joe Aiello, directeur des associations de marketing des concessionnaires GM.

«Cette politique vise à réduire à sa plus simple expression le marchandage entre le consommateur et le détaillant. C'était un système qui ne profitait qu'aux fins négociateurs et qui ne faisait que des mécontents.»

M. Aiello a cité deux exemples. Auparavant, le prix de vente suggéré de la *Cavalier* était de 12 300 $, il a été réduit à 10 994 $ avec la formule *prix avantageux*. Dans le cas de la *GrandAm*, son prix de vente suggéré est passé de 20 350 $ à 16 994 $.

Autres objectifs

Derrière cette politique de prix se profilent toutefois deux objectifs pour GM.

Le premier est l'abandon des promotions et réductions ponctuelles qui sont devenues les piliers des efforts de vente de GM au cours des dernières années.

«À moyen terme, on désire éliminer les rabais et incitatifs au profit d'un seul prix, moins élevé et plus juste. On a introduit ce principe en septembre et les résultats nous prouvent que c'est une bonne décision.

«Si on compare les quatre derniers mois de 1993 à la même période en 1992, on a augmenté de 103 % nos ventes de *Cavalier* (2330 en 1993, 1145 en 1992), de 96 % celles des *APV* (937 en 1993, 475 en 1992) et de 46 % celles des *Transport* (763 en 1993, 521 en 1992).»

GM espère aussi que la politique de prix avantageux se traduira par un meilleur contrôle des stocks et une meilleure planification de la production avec l'aplanissement des pointes saisonnières dans la demande.

Ramener le client

Deux concessionnaires GM contactés par LES AFFAIRES se sont montrés mi-figue/mi-raisin envers cette stratégie.

Ils ont reconnu que la nouvelle politique de prix avait ramené dans leur salle de montre des clients qu'ils n'avaient pas revus depuis plusieurs années et attiré de nouveaux acheteurs.

«Dans la conjoncture actuelle, les gens sont attirés par les prix et par la valeur et c'est ce que GM leur donne», a indiqué l'un d'eux.

Ils ont toutefois reproché à GM d'introduire une stratégie qui leur demande de réduire leur marge bénéficiaire sur certains véhicules.

Les deux concessionnaires ont aussi eu de la difficulté à transmettre les nouvelles valeurs de GM à leur équipe de vente. «Quand tu réduis le prix, tu réduis la commission de tes vendeurs et ce n'est pas vrai qu'ils vendent tous plus de voitures. Il faudra trouver des façons d'ajuster cela.»

Source: Les Affaires, 19 janvier 1994.

acceptable pour l'investissement et le risque correspondant, même si un autre prix aurait permis un taux de rentabilité plus élevé à long terme. En aucun cas, cependant, ce taux ne doit être inférieur au taux d'intérêt courant.

L'objectif d'accroissement des parts de marché

Dans certaines compagnies, l'objectif prédominant de la détermination des prix est d'augmenter ou de maintenir leur part du marché. Cependant, cet objectif est rarement compatible avec la recherche d'un taux de rendement prédéterminé des investissements. Pour l'atteindre, les gestionnaires fixeront un prix relativement bas pour leurs produits de façon à stimuler la demande et, par le fait même, augmenter la part du marché. Pour ce faire, il faut remplir deux conditions: il faut que le marché réagisse en fonction du prix et que les coûts unitaires diminuent sensiblement lorsque la production augmente. L'objectif de part du marché peut dénoter fortement une saine gestion de l'entreprise. Il est important que la part de marché augmente ou, du moins, se maintienne lorsque le marché croît. Cependant, il faut tout de même surveiller les profits; l'entreprise doit être rentable à long terme.

L'objectif de parité avec la concurrence

On poursuit l'objectif de parité avec la concurrence dans le cas où l'entreprise ne peut influer sur le marché par ses prix. Pour rester dans la course, elle fixera alors ses prix au niveau de ceux de ses concurrents. En revanche, elle concentrera ses efforts sur la promotion, sur le service après-vente et sur la qualité du produit.

L'objectif de promotion d'une gamme de produits

Comme le mentionnent si bien Kotler et Dubois, «[...] certaines entreprises cherchent à fixer un prix qui permette de favoriser les ventes de l'ensemble d'une gamme plutôt que de rapporter un bénéfice sur un produit particulier[5]». De plus, l'auteur cite un exemple du prix d'appel, qui consiste à fixer un prix peu élevé pour un produit fortement populaire en espérant attirer à l'établissement plusieurs clients qui achèteront en même temps d'autres produits (*voir encadré 9.3*).

LES MÉTHODES DE FIXATION DES PRIX ET LES FACTEURS À CONSIDÉRER

La fixation des prix est soumise à diverses influences dont les gestionnaires chargés de fixer les prix doivent tenir compte. Elles peuvent provenir de l'interaction de l'offre et de la demande, de la demande, de l'étude des coûts, de la structure des prix du marché, du cycle de vie du produit. Bien sûr, il faudra garder en tête les autres variables du mix marketing.

La fixation des prix basée sur l'interaction de l'offre et de la demande

La fixation des prix est loin d'être une chose simple. Si on se base uniquement sur la méthode de l'estimation de la demande, on encourt le risque que les prix ne suffisent pas à couvrir les coûts. Nous traiterons de cette méthode un peu plus loin. Le gestionnaire qui fixe les prix en s'appuyant seulement sur l'étude des coûts risque d'arriver à des prix non concurrentiels que les consommateurs refuseront. La meilleure façon d'obtenir des prix qui permettent de maximiser les profits est de fixer les prix en tenant compte de l'interaction de l'offre et de la demande. Cette méthode constitue le meilleur choix pour une entreprise qui a comme objectif la maximisation des profits. Cependant, elle peut également être très utile à d'autres compagnies dans certaines situations spéciales.

En économie, on définit la loi de la demande de la manière suivante: c'est la relation qui existe entre les différents prix possibles demandés pour un produit et les quantités de ce produit que les consommateurs sont disposés à acheter à ces prix. Plus le prix d'un produit est élevé, moins la quantité demandée de ce produit sera grande. Pour sa part, la loi de l'offre stipule que plus le prix d'un bien est élevé, plus les producteurs seront intéressés à augmenter les quantités de ressources affectées à produire ce bien, ce qui

■ Encadré 9.3 Promotion spéciale

Source: Publi-sac, 24 juin 1995, région de Trois-Rivières.

aura pour conséquence d'accroître la quantité de ce bien sur le marché et, par le fait même, de modifier le prix à la baisse.

Le prix d'un produit est souvent lié à sa rareté. Prenons l'air, par exemple. L'être humain a besoin d'air pour vivre. Pourtant, la grande quantité d'air présente dans l'atmosphère est un bien gratuit. En comparaison, l'or et les diamants, produits non indispensables à notre survie, existent en quantité très limitée; ils se vendent donc à prix élevés.

En général, on peut affirmer que l'intersection des courbes de l'offre et de la demande détermine à la fois le prix et la quantité d'équilibre du marché (*voir figure 9.1*).

Examinons cette affirmation au moyen d'un exemple. Supposons que les producteurs demandent 10 $ pour un nouveau stylo à bille avec montre électronique intégrée. À ce prix, les étudiants du niveau collégial acceptent d'acheter 4000 stylos à bille; toutefois, les producteurs désirent en vendre 24 000. Le prix semble trop élevé, et un certain nombre d'étudiants refusent d'acheter le produit. Par contre, les producteurs sont fortement stimulés à le fabriquer. Comme résultat, on constate des surplus de 20 000 unités. Maintenant, observons ce qui se passerait si le prix était de 2 $ l'unité. À ce prix, les étudiants demandent 32 000 unités. Ils sont encouragés à acheter grâce à un prix aussi bas. Cependant, les producteurs ne voient pas d'intérêt à fabriquer le stylo à ce prix, et ils n'en offrent que 2000 unités. La baisse de prix a donc provoqué une forte baisse de l'offre et une forte augmentation de la demande, ce qui se traduira par une pénurie de stylos à bille avec montre électronique intégrée sur le marché. Comme résultat, il manque sur le marché 30 000 stylos, ce qui forcera certains acheteurs à augmenter le prix qu'ils sont prêts à payer. Si le prix augmente, les producteurs augmenteront également leur offre, et cet ajustement se fera jusqu'à ce qu'on trouve un point d'équilibre entre l'offre et la demande. Le prix qui permet de rencontrer un équilibre entre l'offre et la demande s'appelle «prix d'équilibre». Dans notre exemple, le prix d'équilibre est de 6 $; à ce prix, la quantité demandée est égale à l'offre, soit 14 000 stylos à bille (*voir figure 9.1*).

■ **Figure 9.1** L'intersection des courbes de l'offre et de la demande permet de déterminer le prix et la quantité d'équilibre du marché

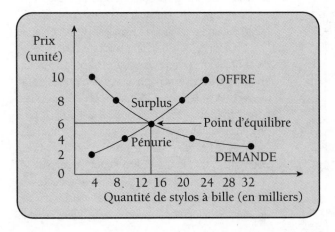

Les variations de l'offre et de la demande[6]

Comme nous l'avons vu précédemment, la demande du marché pour un produit peut varier à la suite d'un changement, par exemple, des préférences des consommateurs, de leurs revenus ou du prix d'un bien substitut. Nous savons également que l'offre du marché pour un produit peut changer à la suite d'une variation des techniques de production ou du prix des ressources. Nous allons nous attarder quelque peu aux effets sur le prix d'équilibre de ces changements dans l'offre et la demande.

La variation de la demande Analysons d'abord les effets d'une variation de la demande en supposant que l'offre demeure fixe. Prenons le cas d'un accroissement de la demande, comme l'illustre la figure 9.2a. Cette dernière montre en premier lieu que le nouveau prix d'équilibre au point d'intersection des courbes de l'offre et de la demande, comparativement au précédent, est plus élevé et plus à droite; on peut conclure qu'un accroissement de la demande, toutes choses étant égales par ailleurs, fera augmenter le prix et la quantité d'équilibre. Il suffit d'examiner la figure 9.2 pour percevoir cet effet sur l'offre et la demande et voir clairement le nouveau prix et la nouvelle quantité d'équilibre. À l'inverse, la figure 9.2b montre qu'une baisse de la demande fera diminuer à la fois le prix et la quantité d'équilibre. En résumé, il existe une relation directe entre une variation de la demande et le changement résultant dans le prix et la quantité d'équilibre.

La variation de l'offre Supposons à présent que le changement survienne dans l'offre. Quel sera son effet sur le prix et la quantité d'équilibre si la demande ne varie pas? Comme le montre la figure 9.2c, si l'offre augmente, le nouveau point d'intersection des courbes de l'offre et de la demande sera plus bas et plus à droite qu'auparavant; cela s'explique d'une part par une baisse du prix d'équilibre et d'autre part par une augmentation de la quantité effectivement vendue. Par contre, comme l'illustre la figure 9.2d, une diminution de l'offre entraîne une variation inverse dans le prix d'équilibre ainsi qu'une variation directe dans la quantité d'équilibre sur le prix et la quantité.

Comme nous venons de le voir, l'intersection des courbes de l'offre et de la demande est très utile à la compréhension de ce mécanisme et à la perception des conséquences d'un changement de prix ou d'une variation du volume de production.

■ **Figure 9.2** Les effets d'une variation de l'offre et de la demande

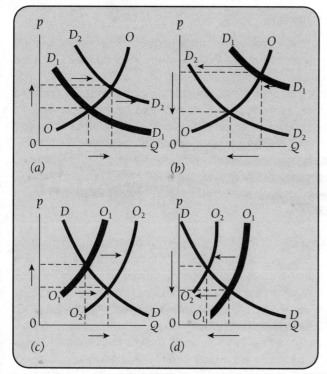

Source: McCONNELL, C.R. et POPE, W.H. *L'économique, Macro-économique*, 3e édition, Montréal, McGraw-Hill Éditeurs, 1988, p. 61.

L'élasticité de la demande par rapport au prix

L'élasticité met en évidence toute l'importance de la demande lorsqu'il s'agit de fixer un prix. Par le biais de l'élasticité de la demande par rapport au prix, une entreprise peut savoir avec précision si son prix est trop bas ou trop élevé. La connaissance de l'élasticité permet aux gestionnaires de prendre des décisions plus éclairées.

L'élasticité de la demande par rapport au prix permet d'observer que la demande est, en général, une fonction décroissante du prix, c'est-à-dire que plus le prix diminue, plus la demande augmente. Une demande peut être plus ou moins sensible aux variations de prix, plus ou moins élastique. Les consommateurs réagiront fortement aux changements de prix de certains produits. Dans ces cas, un changement de prix entraîne une variation fort importante dans la quantité achetée. On dit alors que la demande est élastique. Pour d'autres produits, les variations de prix ne touchent que très peu la quantité achetée. On parle alors de demande inélastique.

En règle générale, la demande est élastique si on observe les conditions suivantes:

- les achats n'ont lieu qu'après recherche et mûre réflexion;
- il existe des substituts;
- l'acquisition du bien peut être reportée dans le temps;
- les prix du produit sont relativement importants.

L'élasticité de la demande pour un produit se mesure de la façon suivante: on divise le pourcentage de variation de la quantité par le pourcentage de variation du prix:

$$E_d = \frac{\% \text{ de la variation des quantités}}{\% \text{ de la variation des prix}} = \frac{DQ}{DP} \times \frac{P}{Q}$$

Reprenons l'exemple du stylo au prix de vente de 6, $. Si le producteur accorde une réduction de $33\frac{1}{3}$ % sur son prix et que, toutes choses étant égales par ailleurs, les ventes augmentent de 57 %, on aurait:

$$E_d = \frac{+57 \%}{-33\frac{1}{3} \%} = 1,7 \%$$

La demande serait donc très élastique.

Supposons maintenant que, pour la même baisse de prix, il n'y ait aucune modification du volume des ventes:

$$E_d = \frac{0 \%}{-33\frac{1}{3} \%} = 0 \%$$

La demande est alors inélastique.

Dans le premier cas, si on ne considère strictement que le point de vue de l'analyse de la demande, on constate qu'il aurait été avantageux de baisser le prix. Cependant, comme nous l'avons déjà mentionné, il peut arriver qu'avec cette méthode les prix ne suffisent pas à couvrir les coûts. Le gestionnaire du marketing a en général une bonne idée de l'élasticité de la demande pour son produit, même s'il ne peut tracer graphiquement des courbes de la demande et de l'offre semblables à celles étudiées précédemment. Après plusieurs tentatives (essais et erreurs), l'expérience lui permet d'arriver à la conclusion qu'une réduction du prix de 10 % pour ce genre de produit entraînera une augmentation de ses profits. Pour un autre produit, il peut en venir à la conclusion qu'il est inélastique et que, de ce fait, il ne sert à rien d'accorder des réductions du prix.

La fixation des prix à partir des coûts

En principe, il est beaucoup plus simple de fixer un prix à partir des coûts que de l'élasticité. Il s'agit d'ajouter une marge aux coûts du produit. Cette méthode est fortement utilisée par les commerces de détail lors de la fixation de leurs prix de vente. Le coût d'un produit se contrôle plus facilement que la demande qui, elle, est soumise à des contraintes extérieures. Souvent, les entreprises utilisent le coût comme base et la demande comme facteur de contrainte.

La fixation des prix à partir des coûts se divise en plusieurs techniques selon la catégorie de coûts utilisés. La première est la technique du coût complet majoré qui permet à l'entreprise de récupérer à long terme tous ses coûts, fixes ou variables[7], et d'obtenir, en plus, un certain profit pour couvrir le capital investi par ses actionnaires. C'est la méthode la plus simple: on ajoute une marge à la totalité des coûts. Toutefois, elle présente le danger de conduire à l'établissement de prix que les consommateurs refuseront. Du point de vue de la gestion, elle a par contre l'avantage de rappeler aux gestionnaires que tous les coûts sont importants à long terme et qu'ils doivent être pris en considération lors de la fixation du prix de vente si on désire assurer la permanence de l'entreprise. Par exemple, supposons un produit dont le coût variable est de 40 $ et pour lequel on estime que les coûts fixes atteindront 10 $. De plus, on désire réaliser un profit de 20 % sur les coûts[8].

On fait le calcul suivant:

$$40\ \$ + 10\ \$ = 50\ \$ \times \frac{120}{100} = 60\ \$$$

La deuxième technique est celle du coût complet majoré selon le rendement désiré sur le capital investi. Cette méthode de fixation des prix ressemble à la précédente, à l'exception qu'on ne cherche pas à atteindre une marge de profit, mais un taux de rendement sur le capital investi. Par exemple, si le capital investi dans l'entreprise ABC inc. est de 500 000 $, qu'on désire obtenir un rendement de 15 % et que les ventes prévues sont de 20 000 unités, il faudra 500 000 $ × 15 % = 75 000 $, pour obtenir un taux de rendement de 15 % sur le capital investi. Il faudra donc majorer le coût de chaque unité de 3,75 $ (75 000 $ / 20 000 = 3,75 $) pour atteindre l'objectif prévu.

La troisième technique est la technique des coûts variables majorés. Cette méthode convient à une stratégie de prix à court terme. Suivant cette méthode, on considère qu'il faut absorber les coûts fixes, coûte que coûte. On ne répartit donc pas ces coûts en fonction du volume de production, mais on les traite plutôt comme une perte. Pour fixer le prix de vente, on ajoute une marge au coût variable unitaire qui servira d'abord à couvrir les frais fixes et ensuite à générer des profits. On recourt à cette technique surtout lorsqu'on fait face à une capacité de production excédentaire. Dans ces cas, la direction est disposée à examiner, à court terme, toute commande spéciale dont le prix est supérieur aux coûts variables.

En dernier lieu, il y a la technique de l'analyse du seuil de rentabilité ou du point mort. L'administrateur doit, à tout moment, prendre certaines décisions au sujet des prix de vente, des coûts variables et des coûts fixes. Faut-il modifier les prix? Combien d'unités faut-il produire? Quel montant doit-on allouer aux dépenses publicitaires? Si le gestionnaire ne sait pas établir les niveaux de coût et de revenu, les conséquences de ses décisions s'avéreront parfois désastreuses.

Le point mort est le niveau d'activités de l'entreprise auquel le montant total des recettes est égal à celui des dépenses, c'est-à-dire celui où on n'enregistre ni gain ni perte (*voir figure 9.3*). En d'autres termes, au point mort, une entreprise réalise un profit égal à zéro, mais couvre tous ses frais fixes. On calcule le point mort de la façon suivante. Supposons que Jean désire vendre des plants de fleurs au marché public. Il loue un emplacement qui lui coûte 500 $. De plus, il conclut une entente avec un fleuriste, selon laquelle celui-ci s'engage à lui fournir les plants au prix de 2 $ le pot. Jean ne paie que les pots qu'il vend. Jean vend ses fleurs 2,75 $ le pot. Le point mort sera de:

$$\text{Point mort} = \frac{\text{C. F.}}{\text{P. V.} - \text{C. V.}} = \frac{500,00\ \$}{2,75\ \$ - 2,00\ \$} = 666\frac{2}{3}\ \text{pots de fleurs}$$

C.F. = coûts fixes
P. V. = prix de vente unitaire
C.V. = coût variable unitaire

Jean couvrira donc toutes ses dépenses lorsqu'il aura vendu 667 pots de fleurs. Si Jean désire réaliser un profit de 250,00 $, on doit modifier quelque peu la formule et ajouter le profit désiré aux coûts fixes :

$$\frac{C. F. + profit}{P. V. - C. U.} = \frac{500\ \$ + 250\ \$}{2,75\ \$ - 2,00\ \$} = 1000\ pots\ de\ fleurs$$

À ce prix, Jean doit vendre 1000 pots de fleurs pour atteindre le profit visé. Le point mort est un outil très utile lors de la fixation de prix, car il permet de vérifier plusieurs hypothèses (par exemple, ce qui arrive si les coûts fixes changent, ou encore si les coûts variables augmentent ou diminuent à l'unité). On peut illustrer le point mort au moyen d'un graphique (*voir figure 9.3*).

Ce genre de graphique indique le rapport entre les coûts et les revenus pour un certain volume d'activités. On l'utilise souvent lors de la planification.

La fixation des prix à partir de la structure des prix du marché

Les prix exigés constituent souvent le facteur le plus important dans l'agencement des variables du mix marketing. Le gestionnaire se doit donc d'être très à l'écoute des attentes du segment de marché visé en matière de prix. Ce ne sont pas tous les consommateurs qui recherchent en tout temps un établissement offrant, en particulier, des prix peu élevés. Lors de l'achat d'un certain type de produit, certaines personnes préfèrent payer un prix plus élevé. Elles voient là un gage de qualité ou encore en retirent une certaine fierté. D'un autre côté, bon nombre de consommateurs sont très sensibles aux différences de prix. Lors de l'établissement des prix, il ne faut jamais oublier qu'il est nécessaire de maintenir un fort degré de cohérence entre le niveau des prix et les attentes en matière de prix du segment de marché visé. De plus, les gestionnaires peuvent être contraints de tenir compte de la concurrence et même forcés d'aligner le prix de leurs produits sur celui des concurrents.

Le niveau adopté le plus couramment lors de la fixation des prix est le même que celui de la concurrence. Cette pratique, communément appelée «pratique du prix du marché», offre de nombreux avantages. Lorsque les coûts sont difficiles à mesurer, les gestionnaires considèrent que le prix du marché permet d'obtenir une certaine rentabilité (selon le degré d'activités), puisque l'industrie survit. Ils pensent également que l'adoption d'un prix commun évite les guerres de prix. Cette pratique leur sert aussi quelque peu de garantie lorsqu'ils ne peuvent prévoir la façon dont les acheteurs réagiraient à une modification de prix. La pratique du prix du marché convient surtout dans les cas où les produits sont homogènes et où il existe une concurrence très vive.

Le deuxième niveau de fixation des prix le plus utilisé consiste en un prix inférieur au prix du marché. Une politique de bas prix peut très bien convenir aux entreprises qui réussissent à éliminer ou, du moins, à minimiser certains coûts associés à leur fonctionnement. Cette pratique est surtout utilisée par les magasins-entrepôts spécialisés dans la distribution de masse, tels que Wal-Mart, Réno-Dépôt, etc. Ces entreprises ont réussi à se développer tout en

■ **Figure 9.3**   Graphique du point mort

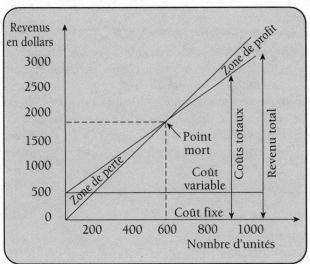

offrant des produits à des prix inférieurs, et ce grâce à une réduction de leurs frais d'exploitation et à une diminution des services offerts.

Le dernier niveau de fixation des prix, plus rare celui-là, consiste en l'établissement de prix supérieurs à ceux du marché. Toutefois, le montant choisi varie en fonction de la clientèle visée et des lignes de produits offertes. Ainsi, certains détaillants qui vendent des produits de luxe et qui ont une image de marque prestigieuse peuvent se permettre d'adopter cette pratique. Aux yeux de leurs clients, avoir acheté un bijou ou un complet dans ce genre de magasin a une valeur subjective qui justifie largement la différence de prix payée par rapport à un produit similaire, mais vendu dans un magasin moins prestigieux.

La fixation des prix basée sur le cycle de vie du produit

La fixation des prix doit également tenir compte de l'étape du cycle de vie où se trouve le produit. Nous avons étudié dans le chapitre 7 le cycle de vie du produit.

Lors du lancement d'un produit, ce qu'on appelle la «phase d'introduction», le démarrage des ventes est lent. Au cours de cette période, l'entreprise doit décider si elle utilise une stratégie de marketing haut de gamme ou bas de gamme. Si les gestionnaires choisissent une stratégie haut de gamme, il y a de fortes chances que le prix de vente soit plutôt élevé. Dans ce cas, il est avantageux d'utiliser la technique du coût complet majoré. Par contre, si on choisit une stratégie bas de gamme, la méthode du coût variable majoré sera tout indiquée.

Une fois le lancement réussi, le produit se trouve en phase de croissance. À ce stade, les ventes progressent rapidement. Si la stratégie de départ était de haut de gamme, on optera pour une légère baisse du prix afin d'élargir la cible de marché. Si, au contraire, la stratégie était de bas de gamme, le prix aura tendance à augmenter de façon modérée. Dans ce dernier cas, la méthode du coût complet majoré conviendrait à la fixation des prix.

Le produit atteint ensuite la phase de maturité durant laquelle la croissance des ventes ralentit. L'entreprise cherche alors des stratégies capables de prolonger la croissance du produit. Lors de cette phase, en principe, le processus de production est bien rodé et l'équipement est en partie amorti. On fait souvent face à des excédents dans la capacité de production. L'entreprise baissera donc ses prix de manière à accroître ses ventes. Il se produit fréquemment des guerres de prix durant cette phase.

Finalement vient la phase du déclin. La demande pour le produit est réduite et, souvent, il s'agit d'un marché de remplacement. Le gestionnaire doit réévaluer le produit et décider s'il continue sa mise en marché. La plupart du temps, on assistera à une légère augmentation du prix afin de couvrir les frais de production, puisque les coûts, en règle générale, augmentent à l'unité.

La fixation des prix et les autres variables du mix marketing

Lors de la fixation des prix, le gestionnaire du marketing doit tenir compte des décisions qui concernent les autres variables du mix marketing. Ainsi, les prix ne seront pas les mêmes selon qu'on distribue le produit par l'intermédiaire de boutiques spécialisées ou par l'intermédiaire de magasins de rabais. Il en est de même si le produit s'adresse à un marché très réduit. Enfin, si l'entreprise poursuit un objectif de prix de promotion, elle doit, encore là, tenir compte des décisions ayant trait à la variable «promotion». Il ne faut jamais perdre de vue que, pour arriver à un mix marketing optimal, il faut continuellement tenir compte des autres variables du marketing.

LES POLITIQUES DE PRIX

Après avoir examiné les différentes méthodes de fixation des prix et les diverses contraintes, nous allons étudier les politiques de prix. De nombreuses possibilités s'offrent aux gestionnaires du marketing. Nous limiterons notre étude aux huit principales.

Les prix d'écrémage et les prix de pénétration

La politique d'écrémage consiste à fixer un prix relativement élevé pour un produit lors de son introduction, de manière à ne toucher, au début, qu'une clientèle limitée. Par la suite, on réduit le prix de façon graduelle afin de vendre le produit à différents segments du marché. Avec cette politique, on s'adresse d'abord aux couches sociales élevées de la société, pour lesquelles le prix a moins d'importance et qui consentent à payer le produit plus cher. Par la suite, on peut rejoindre les consommateurs qui sont plus sensibles aux prix en accordant des réductions de prix.

La politique d'écrémage est tout à fait appropriée lorsque la capacité de production est restreinte. On l'applique dans le cas d'un produit qui est en phase d'introduction car, durant cette phase, les ventes potentielles sont peu touchées par les prix. Elle convient également lorsque les ressources financières de l'entreprise sont limitées puisqu'elle permet de récupérer, le plus vite possible, les fonds engagés dans le lancement du nouveau produit. De plus, cette politique permet de financer les coûts de promotion afin d'accroître le marché pendant les autres phases du cycle de vie. Finalement, une politique d'écrémage incite les concurrents à s'installer sur le marché, lesquels voient là une occasion d'augmenter leurs profits.

La politique de pénétration, contrairement à la précédente, consiste à conquérir rapidement le marché grâce à de bas prix, à une promotion intense et à une distribution de masse. Cette politique convient lorsque la demande est élastique pour un nouveau produit. Cette façon de faire découragera les rivaux potentiels. Les faibles profits qu'on peut en attendre et même les pertes à court terme qu'on peut connaître minimisent l'attrait de fabriquer le produit chez beaucoup de concurrents et permettent ainsi de stabiliser les ventes à long terme. De plus, cette politique permet parfois de réaliser des économies d'échelle étant donné la grande quantité de produits fabriqués. Finalement, la politique de pénétration exige de gros investissements dès le départ.

Les prix non arrondis

Les prix non arrondis sont généralement utilisés par les détaillants. Le gestionnaire du marketing détermine ces prix, par exemple 0,99 $, 1,49 $, 4,95 $ et 29,95 $, parce qu'on suppose qu'ils auront un effet psychologique chez les clients. En effet, on croit que le consommateur percevra un prix non arrondi (par exemple, 4,95 $) comme de beaucoup inférieur à un prix arrondi (par exemple, 5,00 $), ce qui devrait l'inciter à acheter davantage. D'autres diront qu'un prix non arrondi donne l'impression d'avoir été réduit, alors qu'un prix arrondi semble être un prix courant.

La pratique courante en matière de prix en 1995 veut que, jusqu'à concurrence de 20,00 $, les prix non arrondis se terminent par un neuf (par exemple, 1,19 $, 4,99 $ ou 9,99 $). Habituellement, on verra des réductions de cinq cents du prix arrondi le plus élevé entre 20,00 $ et 500,00 $ (49,95 $, 79,95 $ par exemple). Dans le cas des articles dont le prix est supérieur à 500,00 $, on accorde la diminution au chiffre de l'unité (549,00 $, 1295,00 $). Les prix non arrondis facilitent le contrôle de la caisse, car les caissiers sont obligés de poinçonner l'achat pour ouvrir la caisse; dans le cas de prix arrondis (par exemple, 10,00 $), ils peuvent glisser l'argent directement dans leurs poches. (Sans vouloir mettre en doute l'honnêteté des caissiers, nous devons rappeler qu'il y a chaque année plus de vols, au total, dans les magasins que dans l'ensemble des banques et que plus de la moitié de ces vols sont effectués par les employés.) Un autre avantage des prix non arrondis est que le client peut être tenté de faire des achats impulsifs pendant qu'il attend sa monnaie. Par ailleurs, les gestionnaires qui désirent projeter une image haut de gamme utilisent les prix arrondis, car ils ne veulent pas donner l'impression d'être des entreprises de rabais.

Le prix unique et la politique de discrimination des prix

Le responsable des prix peut choisir de vendre toutes les unités d'un produit à un même prix. Le prix unique offre l'avantage d'être très simple à administrer. Par contre, la politique de prix unique repose sur l'hypothèse selon laquelle tous les consommateurs ont la même réaction face au prix, ce qui n'est pas assuré.

Quant à la politique de discrimination des prix, elle découle de la segmentation du marché à la suite de laquelle on définit un prix correspondant à chaque segment de marché visé. Certes, cette politique oblige l'entreprise à différencier la présentation ou même parfois le produit afin de justifier ces différences de prix aux yeux des consommateurs. De cette manière, on obtiendra un volume de ventes supérieur à celui obtenu avec la pratique du prix unique, car on rejoindra des consommateurs qui n'auraient pas acheté le produit le trouvant soit trop cher, soit trop bon marché.

Les lignes de prix

La politique de lignes de prix consiste à déterminer des prix précis (par exemple, Moores vend ses complets à 119,99 $, 179,99 $ et 199,99 $) et à veiller à ce que chaque article soit marqué à l'un de ces prix et non à des prix intermédiaires. Supposons que les Québécois soient prêts à dépenser entre 1500 $ et 2500 $ pour aller se dorer au soleil en hiver. Entre les limites de cet intervalle, la demande provenant des différents groupes de consommateurs varie; si une agence de voyages détermine un prix unique, à peu près au centre de la zone, elle peut être en mesure de satisfaire à la demande d'un plus grand nombre de personnes à l'intérieur de cette zone. De cette manière, on pourrait établir la ligne de prix à 1975 $. Si l'intervalle est plus étendu, il peut s'avérer nécessaire de fixer plus d'une ligne de prix. En général, le nombre de lignes de prix varie entre trois et cinq.

La politique de lignes de prix est tout à fait appropriée aux produits que le client souhaite choisir en se basant sur d'autres critères que le prix, après qu'on lui a présenté un assortiment de modèles, de styles ou de couleurs. Ce principe s'adapte bien aux vêtements, aux articles de mode (par exemple, en juin 1995, Zellers offrait un choix de maillots de bain pour dames à 9,97 $). Par contre, il est très peu utile pour les produits de grande consommation.

Le regroupement de la marchandise en fonction d'un nombre limité de prix permet de réduire la confusion chez le client. Supposons un instant qu'une cliente se présente chez Podium Sport, qu'elle désire une paire de patins et que le magasin n'utilise pas la ligne de prix à 199,99 $. Elle examine donc cinq paires de patins à respectivement 184,99 $, 192,99 $, 199,99 $, 209,99 $ et 219,99 $. Elle préfère la paire de patins qui coûte 199,99 $, mais elle se demande si elle ne devrait pas se montrer raisonnable et choisir celle dont le prix est de 184,99 $ et épargner ainsi 15,00 $. Ces petites différences de prix peuvent parfois rendre la décision d'achat plus difficile et nuire aux ventes. S'il offrait ces cinq paires de patins au même prix, soit 199,99 $, Podium Sport rendrait la décision d'achat plus facile pour sa cliente. Par ailleurs, le consommateur peut plus facilement associer différents degrés de qualité à différentes lignes de prix.

La politique des lignes de prix facilite la fixation des prix de détail. Selon cette politique, le marquage des articles ne peut se faire qu'à un nombre très limité de prix en fonction de leurs coûts. L'impact promotionnel est également plus grand, car ce ne sont que quelques lignes de prix qui sont mises en évidence, ce qui retient davantage l'attention des consommateurs. Les lignes de prix facilitent également le contrôle des stocks et suppriment certains problèmes d'achat.

La principale limite de cette politique est la difficulté de convaincre le client d'acheter un article d'une ligne de prix supérieure en raison des grands écarts de prix.

Le prix et les facteurs psychologiques

Nous avons abordé brièvement l'influence des facteurs psychologiques dans la fixation des prix lors de la description des différentes politiques de prix. Bon nombre de gestionnaires croient qu'on peut demander des prix plus élevés que ceux que la concurrence a fixés pour certains produits, car ce ne sont pas tous les consommateurs qui recherchent des bas prix. Certains recherchent le prestige associé à un produit à prix élevé. Ils savent très bien que, parfois, le produit dont le prix est élevé n'est pas nécessairement de meilleure qualité que les produits à prix plus modestes, mais ils décident d'en faire l'acquisition pour impressionner leur entourage.

Beaucoup de consommateurs, lorsqu'il s'agit d'évaluer la qualité des produits et de minimiser les risques, préfèrent payer plus cher comme gage de qualité que d'essayer d'évaluer le produit pour cette caractéristique, ce qui n'est pas toujours simple. Citons le cas d'un magasin qui offrait des services de quatre couverts au prix de 49 $ et qui ne les a pas vendus. Après plusieurs mois, le chef du rayon prit la décision de faire une promotion spéciale en les offrant à 79 $. Résultat: au bout de la première semaine, non seulement il les avait tous vendus, mais il avait dû en commander d'autres! Son service de quatre couverts était perçu comme de mauvaise qualité à cause de son prix peu élevé. Une fois le prix augmenté, les consommateurs ont eu confiance dans le produit.

La politique géographique de prix

Lors de la fixation des prix, le vendeur doit à l'occasion tenir compte des coûts de transport engagés pour livrer les produits à l'acheteur. En fait, les coûts de transport seront aux frais de l'acheteur, divisés entre le vendeur et l'acheteur ou encore à la charge du vendeur. Dans le dernier cas, le vendeur doit inclure les coûts de transport dans son prix de vente; généralement, plus un acheteur est éloigné, plus les coûts seront élevés. Cependant, pour faciliter les négociations, on divise souvent un marché en zones puis on établit une liste de prix pour chaque zone. Par exemple, chez Provisoir, il y a sept échelles de prix, une pour chaque zone. Le prix à Montréal est différent à Chicoutimi.

Le prix unitaire

Le prix unitaire au détail est une information supplémentaire qui aide le consommateur dans son processus de décision d'achat. Le prix unitaire est couramment utilisé dans le domaine de l'alimentation. À cause des multiples formats d'emballage des produits, les consommateurs se plaignaient de ne pouvoir faire de comparaisons afin de trouver le meilleur achat. Prenons d'un côté une boîte de jus de tomates de 540 ml à 0,59 $ et de l'autre, deux boîtes de 284 mL à 0,29 $ l'unité. Quelle option représente le meilleur achat? Pour régler ce problème, il s'agit de fixer tous les prix en fonction d'une unité de mesure reconnue (litre, kilogramme). C'est de là que vient la pratique qui consiste à indiquer sur l'emballage le prix par unité et le prix pour l'emballage. Par exemple, on peut voir sur un paquet au rayon des viandes «6,95 $ le kilogramme, total 1,98 $», ou encore «6,95 $ le kilogramme, total 9,59 $».

Les prix suggérés

Certains fabricants ou distributeurs essaient de contrôler le prix de vente au détail de leurs produits. Pour ce faire, ils suggéreront aux détaillants les prix de vente qu'ils aimeraient pour leurs produits. Une de leurs méthodes consiste à imprimer sur l'emballage ou sur le contenant du produit un prix de détail suggéré. Dans certains systèmes de franchise, le franchisé peut même se voir expulsé du système s'il ne respecte pas la liste de prix du franchiseur. Dans le cas d'intermédiaires indépendants, le fabricant exerce parfois des pressions sous la forme suivante: il retirera la ligne de produits au détaillant qui ne se conforme pas au prix suggéré ou encore il ne remplira pas de manière satisfaisante les commandes de ce dernier. Comme il existe toujours un système officieux de communication, les autres détaillants viennent à l'apprendre, ce qui crée souvent un moyen pour le fabricant d'imposer ses prix de vente au détail.

Les prix suggérés permettent au fournisseur de créer ou de protéger l'image de ses produits et d'empêcher le cannibalisme entre ses détaillants. De plus, le prix suggéré est un atout lors de campagnes promotionnelles nationales puisqu'on peut l'afficher.

Le détaillant qui accepte cette pratique ne peut contrôler facilement sa marge. Il doit redoubler d'effort pour ajuster ses coûts de manière à respecter le prix de détail suggéré par le fournisseur. Il perd ainsi tout avantage compétitif en matière de prix. Finalement, cette pratique peut également l'empêcher d'offrir le service qu'il aimerait donner à sa clientèle à cause de la marge prévue, qui est la même pour un magasin moyen ou pour un magasin spécialisé.

LES CHANGEMENTS DE PRIX

Les changements de prix jouent vers le haut comme vers le bas. Comme nous l'avons vu, la fixation des prix est une décision difficile à prendre, et leur modification ne constitue pas une décision plus simple. Nous verrons ici les facteurs qui forcent l'entreprise à réajuster ses prix et les conséquences de ces changements de prix.

Les hausses de prix

Trois facteurs peuvent justifier une hausse de prix.
1. Les changements dans les coûts
   Les hausses de coûts doivent presque inévitablement se répercuter sur les prix. Ces coûts peuvent être de deux ordres: les coûts du produit et les coûts de distribution. Il est évident que, face à des changements dans les coûts, le gestionnaire doit en analyser l'importance et les conséquences avant d'augmenter le prix de vente du produit. Il peut prendre la décision d'augmenter le prix ou d'absorber la hausse des coûts.
2. L'accroissement désiré des profits
   Il arrive parfois qu'une firme soit assurée du fait que la demande est peu sensible aux variations de prix et qu'il existe plus ou moins de produits substituts. Dans ces circonstances idéales, le gestionnaire peut augmenter le prix afin d'atteindre un profit maximal.
3. Le besoin de rehausser l'image du produit
   Augmenter son prix permet parfois de modifier l'image d'un produit. Lorsqu'un fabricant veut rejoindre une nouvelle cible de marché qui est celle des acheteurs de prestige, il modifiera quelque peu le conditionnement du produit et en augmentera le prix de manière à répondre à la demande.

Toutefois, avant d'augmenter le prix d'un produit, il est préférable de mesurer l'élasticité de la demande par rapport aux prix. On peut également faire une étude de marché pour savoir comment les consommateurs réagiront à une augmentation éventuelle des prix. D'après Alfred Oxenfeld[9], les consommateurs interprètent une hausse de prix de différentes manières:

- il y a une très forte demande pour le produit et, si on ne l'achète pas tout de suite, on risque de ne pas pouvoir se le procurer;
- l'article est d'une qualité exceptionnelle et ne pouvait être rentable à l'ancien prix;
- le fournisseur abuse des consommateurs et c'est pourquoi il a fixé son prix au maximum de ce que le marché pouvait tolérer.

Finalement, avant de prendre la décision d'augmenter le prix de ses produits, le gestionnaire doit envisager les réactions de la concurrence face à sa décision.

Les diminutions de prix ou démarques

Les causes qui justifient la décision de réduire un prix sont de deux types. Il y a d'abord les causes internes et, ensuite, les causes externes.

Il existe deux principales causes internes à une diminution des prix. La première est la réduction des coûts, qui peut parfois découler d'une amélioration technologique. L'entreprise a le choix de maintenir ses prix de vente et ainsi d'augmenter sa marge de profit ou encore de diminuer ses prix de façon proportionnelle afin d'être plus compétitive dans l'industrie. Cette dernière éventualité représente ce qui s'est passé pour les calculatrices au cours des années 70 et pour les fours à micro-ondes et les magnétoscopes dans les années 80. Aujourd'hui, on observe le même phénomène dans le domaine des micro-ordinateurs. La baisse de prix doit cependant être graduelle pour éviter que le consommateur ne s'inquiète de la qualité du produit.

La deuxième cause a trait aux fins promotionnelles. Il arrive qu'une entreprise baisse ses prix pour répondre à des objectifs promotionnels. Cependant, cette mesure est limitée dans le temps. Lorsque la promotion est terminée, le prix revient à son niveau normal.

Pour ce qui est des causes externes, nous limiterons notre analyse à ce qui concerne la réponse aux stratégies et aux tactiques de la concurrence. Étudions d'abord les guerres de prix. Premièrement, pour qu'il existe une guerre de prix, il faut qu'il y ait plus d'une entreprise dans l'industrie; l'une attaque et les autres réagissent. Les principales raisons qui incitent une entreprise à lancer une guerre de prix sont les suivantes: l'implantation d'une nouvelle entreprise, l'élimination de un ou de plusieurs concurrents, la liquidation des surplus de stocks, le désir d'accroître sa part de marché. À titre d'exemple, lors de la guerre de prix dans la rénovation en 1993, Réno-Dépôt visait l'implantation de sa nouvelle bannière.

Même si les baisses de prix sont faciles à utiliser ou à imiter, elles sont parfois dangereuses pour les entreprises. Elles en conduisent certaines à la ruine en réduisant toujours leur rentabilité. Quant aux consommateurs, ils en profitent à court terme; toutefois, à long terme, étant donné que certains compétiteurs disparaissent de l'arène, les survivants ont tendance à augmenter les prix. C'est le consommateur qui en fait les frais.

Il existe une autre possibilité. Si les consommateurs sont moins sensibles aux variations de prix, l'entreprise peut choisir d'aligner ses prix de vente sur les prix des concurrents. Laquelle de ces deux tactiques est la meilleure: la guerre de prix ou l'alignement sur les prix des concurrents? Il n'y a pas de réponse toute faite qui convient à toutes les circonstances. Par exemple, si le produit est relativement homogène et facilement comparable pour les acheteurs éventuels et qu'il est encore rentable, il serait préférable de s'aligner sur le prix de vente de la concurrence. Par contre, si le produit est quelque peu différent et que les consommateurs sont très fidèles à la marque, il convient davantage, dans ce cas, de ne pas suivre la concurrence.

Avant de décider d'une réduction de prix, on devrait analyser la façon dont les consommateurs réagiront à une baisse éventuelle des prix.

D'après Oxenfeld, les consommateurs perçoivent une diminution des prix de la façon suivante:

- un modèle récent va bientôt remplacer le produit;
- le produit a un défaut et ne se vend pas;
- des difficultés financières forcent l'entreprise à prendre ces mesures et il se peut qu'elle ne soit plus là pour assurer le service après-vente;
- mieux vaut attendre, les prix baisseront encore;
- ce n'est certainement pas la même qualité.

Ainsi, avant de modifier ses prix, le gestionnaire doit tenir compte de ces facteurs de perception.

Comment les concurrents réagiront-ils à une modification des prix? C'est une question que le gestionnaire devrait toujours se poser. Les concurrents réagiront de manière plus vive si le produit est homogène, si le nombre de concurrents est restreint et si les consommateurs sont bien informés.

En résumé, les modifications de prix doivent faire l'objet de décisions mûrement réfléchies et coordonnées, et le gestionnaire doit posséder un sixième sens en matière de fixation des prix.

LE VOCABULAIRE PROPRE À LA FIXATION DES PRIX

Voyons à présent certains termes associés à la fixation des prix.

Les marges bénéficiaires

La marge bénéficiaire est le pourcentage des ventes qui permet de couvrir les frais d'exploitation et d'obtenir un profit. On la calcule de la façon suivante:

$$\text{Marge bénéficiaire} = \frac{\text{Ventes} - \text{Coût des ventes}}{\text{Ventes}}$$

Supposons qu'une entreprise ait acheté, au cours de l'année, 100 000 $ de marchandises et qu'elle ait tout vendu. Cette même entreprise a réalisé des ventes de 200 000 $ et a engagé des frais d'exploitation de 75 000 $ (loyer, chauffage, salaires, taxes). Sa marge bénéficiaire sera de:

$$\frac{200\ 000 - 100\ 000}{200\ 000} = 50\ \%$$

Cette marge de 50 % sert d'abord à couvrir les coûts d'exploitation (75 000 $); ensuite, elle permet à l'entreprise de réaliser un profit.

Il serait bon d'apporter des précisions quant à certains termes qui peuvent porter à confusion, entre autres la différence qui existe entre la marge bénéficiaire en fonction du coût, ou majoration sur les coûts, et la marge bénéficiaire en fonction du prix de détail, ou majoration sur le prix de détail.

Le pourcentage de majoration sur les coûts

Voyons en premier lieu la majoration sur les coûts. Prenons l'exemple d'une entreprise qui achète un produit 10 $ et le revend 15 $. On peut calculer le pourcentage de majoration sur les coûts comme suit:

Pourcentage de majoration sur les coûts =

$$\frac{\text{Prix de vente} - \text{Coûts d'achat}}{\text{Coûts d'achat}} = \frac{15 - 10}{10} = \frac{5}{10} = 50 \%$$

Le pourcentage de majoration sur le prix de détail

Reprenons le même exemple et calculons cette fois le pourcentage de majoration sur le prix de détail.

Pourcentage de majoration sur le prix de détail =

$$\frac{\text{Prix de vente} - \text{Coûts d'achat}}{\text{Prix de vente}} = \frac{15 - 10}{15} = \frac{5}{15} = 33\frac{1}{3} \%$$

Il arrive parfois qu'une entreprise soit dans l'obligation de réduire son prix initial afin de stimuler les ventes. On parle alors de «démarque». Supposons que le prix de vente initial d'un produit ait tout d'abord été fixé à 15 $ et qu'on le réduise ensuite à 12 $. La différence de 3 $ s'appelle «démarque». On obtient le pourcentage de démarque de la façon suivante:

Pourcentage de démarque =

$$\frac{\text{Prix de vente initial} - \text{Prix de vente ajusté}}{\text{Prix de vente initial}} = \frac{15 - 12}{15} = \frac{3}{15} = 20 \%$$

Les pourcentages de majoration et de démarque permettront aux gens d'affaires de résoudre bien des questions en matière de fixation des prix.

LES ESCOMPTES

L'escompte est une réduction du prix de liste que le vendeur alloue à l'acheteur. En pratique, on classe les escomptes en cinq catégories: l'escompte de quantité, l'escompte commercial, l'escompte saisonnier, l'escompte promotionnel et l'escompte de caisse.

L'escompte de quantité figure sur la facture en raison du nombre d'unités achetées. Il peut être non cumulatif ou cumulatif. Si l'escompte est non cumulatif, l'acheteur bénéficiera de l'escompte lors de tous ses achats. Par exemple, le vendeur peut allouer 2 % d'escompte sur une commande de deux à cinq douzaines du produit X et 5 % d'escompte à l'achat de plus de cinq douzaines. L'escompte cumulatif s'applique à la somme des achats d'un article pour une période donnée.

Les escomptes de quantité sont parfois accordés sous forme de marchandises supplémentaires plutôt qu'en argent, par exemple, à l'achat de 12 douzaines du produit X, on en enverra 13 douzaines.

L'escompte commercial est accordé à certains types de clients qui sont différents quant à la forme de leur entreprise, mais qui vendent le même produit (on l'appelle également «escompte de fonction»). Prenons comme exemple un fabricant qui vend à un grossiste. Il peut lui offrir 40 % d'escompte, alors qu'il n'offrira que 15 % au détaillant indépendant.

On offre un escompte saisonnier aux détaillants qui achètent leurs produits pendant la saison morte (par exemple, achat de décorations de Noël au mois de février).

L'escompte de promotion s'adresse à l'intermédiaire qui achète de la marchandise dans le but d'en faire une promotion spéciale. Par exemple, un fabricant peut désirer voir son produit devenir l'objet d'une promotion spéciale afin d'accroître, chez le consommateur, la connaissance qu'il a de ce produit ou de la marque.

L'escompte de caisse est une réduction du prix accordée à l'acheteur pour le récompenser d'acquitter promptement ses dettes. Ce genre d'escompte (2/10, n/30) se compose de trois parties: premièrement, le pourcentage d'escompte alloué, qui varie entre 1 % et 10 %, mais qui est la plupart du temps de 2 %, deuxièmement, la période durant laquelle l'entreprise peut profiter de l'escompte et qui est habituellement de 10 jours et finalement une période nette, c'est-à-dire une période durant laquelle le plein montant doit être habituellement acquitté; il s'agit le plus souvent d'un délai de 30 jours.

LE VOCABULAIRE D'ACHATS

Voyons à présent les principales expressions qu'on trouve dans le domaine de la facturation.

Le produit payable sur livraison, «C.O.D.» (*cash on delivery*), constitue la seule situation où le paiement doit être effectué immédiatement sur réception de la marchandise.

L'expression «E.O.M.» (*end of month*) signifie que la période de paiement commence à la fin du mois au cours duquel les achats ont eu lieu. Par exemple, si l'acheteur et le vendeur s'entendent sur les conditions de paiement 2/10, E.O.M. et que l'achat est effectué le 10 juin, l'état de compte sera daté du 30 juin, l'escompte de 2 % s'appliquant jusqu'au 10 juillet, puisque le 10 indique le nombre de jours pendant lesquels l'escompte sera valide au cours du mois suivant.

L'expression «M.O.M.» (*middle of month*) est à peu près identique à la précédente, sauf que la facturation sera datée du 15 du mois et que la période de délai pour profiter de l'escompte s'appliquera à partir du 15 du mois.

L'expression «R.O.G.» (*receipt on goods*) signifie que l'acheteur peut profiter de conditions de paiement basées sur la date de réception de la marchandise plutôt que sur la date de facturation.

L'expression «F.A.B.» (franco à bord) signifie que le prix de vente comprend tous les frais qu'il est nécessaire d'engager pour placer la marchandise à livrer à bord du véhicule servant à son expédition. Au Canada, on joint habituellement au terme F.A.B. l'expression «point de départ» ou «point d'arrivée». «F.A.B. point de départ» signifie que l'acheteur assume les frais de transport et que les marchandises lui appartiennent dès que l'expéditeur les confie à un transporteur. La mention «F.A.B. point d'arrivée» signale plutôt que le vendeur prend à sa charge les frais de transport et que les marchandises continuent de lui appartenir tant que l'acheteur n'en prend pas possession. Cette façon de procéder permet de déterminer à qui appartiennent les marchandises en transit.

L'expression «C.A.F.». (coûts, assurance et fret) signifie que le prix de vente comprend tous les frais de manutention, d'assurance et de transport de la marchandise jusqu'au lieu convenu.

RÉSUMÉ

Le prix est la valeur d'échange d'un produit, c'est-à-dire ce que le client est prêt à donner en échange pour se le procurer. La fixation des prix peut servir différents objectifs: maximisation des profits, atteinte d'un certain taux de rendement sur les investissements, accroissement des parts de marché, rencontre ou empêchement de la concurrence ou encore promotion d'une gamme de produits.

La fixation des prix de même que les décisions concernant les changements de prix sont loin d'être simples. Il faut prendre de nombreux facteurs en considération. De plus, le gestionnaire doit tenir compte des décisions prises relativement aux autres variables du mix marketing. Il doit également choisir entre plusieurs politiques de prix.

La marge bénéficiaire est le pourcentage des ventes qui permet de couvrir les frais d'exploitation et d'obtenir un profit. On la calcule en fonction du coût ou du prix de détail. L'escompte est une réduction du prix de liste allouée à l'acheteur par le vendeur. Il y a les escomptes de quantité, les escomptes commerciaux, les escomptes saisonniers, les escomptes promotionnels et les escomptes de caisse. Finalement, les conditions de paiement lors de la facturation peuvent varier.

QUESTIONS

1. En quoi consiste la fixation des prix basée sur l'interaction de l'offre et de la demande? Donnez un exemple.

2. Le tableau ci-après résume les quantités demandées et le prix de vente d'un produit dans trois situations différentes:

Situation	S1	S2	S3
Quantité	5	20	30
Prix	45 $	30 $	20 $

   a) Calculez l'élasticité du prix lorsqu'on passe de la situation 1 à la situation 2.
   b) Calculez l'élasticité du prix lorsqu'on passe de la situation 3 à la situation 1.
   c) Calculez l'élasticité du prix lorsqu'on passe de la situation 2 à la situation 1.

3. Quelles sont les différentes façons de fixer les prix en fonction des coûts?

4. La compagnie X possède cinq magasins de chaussures dans la région de Montréal. Les prévisions pour la prochaine année sont:

Ventes	200 000 paires
Coûts fixes	1 650 000 $
Coûts variables	40 $ la paire

   Déterminez le prix de vente pour chaque situation:
   a) on veut atteindre le seuil de rentabilité;
   b) on veut réaliser un profit de 10 % sur le prix de vente;
   c) on veut réaliser un profit de 10 % sur les coûts;
   d) on veut faire un profit de 15 % sur le prix de vente malgré une augmentation de 5 % des coûts fixes.

5. Quels sont les différents niveaux de fixation des prix?

6. Comment le cycle de vie du produit intervient-il dans la fixation des prix?

7. Qu'est-ce qu'un prix d'écrémage? de pénétration?

8. Quel avantage y a-t-il à utiliser une ligne de prix?

9. Quels sont les facteurs qui peuvent justifier une hausse de prix? une diminution de prix?

10. Dites, d'après l'encadré 9.2, quels objectifs de fixation de prix rejoignent la politique de General Motors.

▼ EXERCICES PRATIQUES ▼

9.1 *LE COTON OUATÉ*

Vous désirez ouvrir un kiosque dans un marché aux puces pour la saison estivale et avez comme objectif de financer vos études, soit d'obtenir un profit de 5000 $. Dans ce kiosque, vous avez l'intention de vendre des chandails en coton ouaté. L'emplacement coûte 350 $ pour la saison plus 75 $ par jour de présence. Le marché est ouvert tous les dimanches du début du mois de mai à la fin d'octobre. Il y a déjà deux concurrents sur place; l'un vend ses chandails sans motif à 12,95 $ et ceux avec motif à 18,95 $. Le deuxième vend seulement des chandails sans motif au prix de 9,95 $. Tous les chandails proviennent du même fournisseur et sont sans motif. Le fournisseur les vend au détaillant 49 $ la douzaine. Vous avez un ami qui est prêt à imprimer des motifs sur vos chandails au coût de 6 $ la douzaine. Vous estimez pouvoir vendre les chandails sans motif 8,99 $ l'unité et ceux avec motif, 12,99 $ l'unité. De plus, selon vos estimations, vous prévoyez vendre deux fois plus de chandails avec motif que sans motif. Calculez votre seuil de rentabilité et le nombre de chandails de chaque type que vous devez vendre afin d'atteindre votre objectif. Supposez maintenant que vous pouvez vendre 30 chandails en une journée. De quel pourcentage devez-vous augmenter votre marge afin d'atteindre vos objectifs?

9.2 *JOUTEX INC.*

Vous êtes président-directeur général d'une PME qui fabrique des jouets. Vos principaux clients sont des chaînes de magasins, telles que Zellers, Wal-Mart, Canadian Tire, etc. Le jouet n° 1 vous coûte 8 $ l'unité et si vous le vendez 12 $ l'unité, les clients en achèteront 15 000 exemplaires. Si vous le vendez 10 $, vous en vendrez 25 000 exemplaires. Cependant, si vous en vendez plus de 20 000 exemplaires, votre prix coûtant n'est plus que de 7 $ l'unité. Le jouet n° 2 vous coûte 5 $ l'unité; si vous le vendez 9 $ l'unité, vos clients en achèteront 30 000 exemplaires et si vous le vendez 7 $ l'unité, les clients en achèteront 50 000 exemplaires. Pour le jouet n° 2, quel que soit le volume de ventes, vos coûts ne changent pas. Quels prix de vente pour le jouet n° 1 et le jouet n° 2 permettraient de maximiser les profits de l'entreprise? Quel est ce profit maximal?

MISE EN SITUATION

Les Constructions ABC inc.

Armand, propriétaire des Constructions ABC inc., est en affaires depuis six ans. Jusqu'à présent, il a construit une quarantaine de maisons. Avant de lancer son entreprise de construction, Armand était propriétaire d'un commerce de détail.

Dernièrement, il a acheté un terrain boisé de 1800 m² qu'il a payé 10 000 $. Il décide de le diviser en trois lotissements et d'y construire des maisons à paliers. Le terrain est situé dans une ville-dortoir d'un peu moins de 20 000 habitants, mais cette ville fait partie d'un centre urbain de plus de 100 000 habitants.

Les autres maisons situées dans le même quartier valent entre 60 000 $ et 120 000 $.

La construction commence au début d'août pour se terminer au début de novembre. Comme les maisons de ce quartier sont très populaires, il est bien possible qu'il y ait plusieurs acheteurs intéressés pour chacune d'elles. Armand a comme principe de bâtir une maison de qualité moyenne tout en en soignant l'apparence. Ses maisons auront une superficie de 120 m², et le sous-sol sera semi-fini; par contre, l'isolation sera de qualité supérieure. Le terrassement sera fait, mais le terrain sera non paysager; l'entrée ne sera pas pavée.

Armand sait également qu'un autre entrepreneur construit des maisons semblables dans un autre quartier agréable et qu'il les vend 69 000 $. Ce prix comprend un terrain de 700 m². Armand ne peut demander le même montant, car ses maisons lui coûtent un peu plus que cette somme.

Armand jouit d'une bonne image, celle de l'artisan qui construit lui-même ses maisons. Son problème est qu'il n'arrive pas à déterminer le prix qu'il doit demander pour ses maisons.

Cas
FOJET INC.*

La compagnie Fojet inc. est une entreprise innovatrice qui œuvre dans le domaine de la photo instantanée depuis plusieurs années. Elle investit beaucoup dans la recherche et le développement de nouveaux produits, si bien qu'elle met sur le marché un nouveau produit tous les six ans. Elle projette de lancer bientôt sur le marché canadien son tout nouvel appareil FJ95.

Le produit
Le FJ95 est un appareil de qualité supérieure, compact, maniable, résistant et surtout facile à utiliser, puisqu'il est entièrement automatisé. Le système choisit électroniquement parmi une centaine d'options un scénario de réglage qui tient compte de tous les paramètres importants comme l'exposition à la lumière, les ombres, la distance, etc. Il s'agit d'un appareil de type «mono-objectif» qui permet d'obtenir réellement ce qu'on voit dans l'objectif. Le FJ95 ne fonctionne, pour l'instant, qu'avec un film FJ200 conçu spécialement pour lui, ce qui permettrait éventuellement à la compagnie Fojet d'endiguer un peu les concurrents imitateurs. Ce genre de concurrents se manifeste ordinairement vers le début de la phase de croissance.

M. Jean Piafe, vice-président au développement de nouveaux produits, déclare:

«Bien que nous soyons bien protégés par un brevet, le fait que notre appareil ne fonctionne qu'avec nos films nous mettra à l'abri de la concurrence pour un certain laps de temps et nous assurera une clientèle captive.» Selon lui, un marché captif est un excellent moyen de récupérer rapidement une bonne partie des montants investis en recherche et développement.

Le vice-président au marketing, Joe Kinslé, pense que le marché captif est une stratégie risquée, parce qu'elle aura pour effet de réduire le marché à un petit segment insignifiant et affaiblira dangereusement la rentabilité. Il ajoute: «Il est grand temps que nos responsables de la production comprennent qu'il s'agit là d'un produit de masse et non pas de l'invention du siècle.»

M. Kinslé recommande par conséquent au président, M. Allari, et à Jean Piafe, du service de développement de nouveaux produits, de faire en sorte que l'appareil puisse fonctionner avec les films de Fojet et avec ceux des concurrents, de sorte que les clients puissent se les procurer facilement chez tous les détaillants.

Le marché
Selon une étude (test de concept) menée auprès de 15 000 personnes, le consommateur moyen est prêt à payer entre 94 $CAN et 160 $CAN pour l'appareil et entre 9 $CAN et 17 $CAN pour le film de 10 poses. Au Canada, chaque ménage dépense en moyenne 96 $ par année en pellicules et en traitements. Il y a 2,7 personnes par ménage, et 69,5 % de la population déclare avoir fait des dépenses pour des pellicules et des traitements chaque année. Voir l'annexe 1. Fojet inc. vise le segment de marché du groupe d'âge 18 à 54 ans, dont le revenu est de 20 000 $ et plus ainsi que celui des nouveaux parents. Les acheteurs des autres segments préfèrent les appareils jetables. Quant aux professionnels, ils achètent les modèles plus sophistiqués et plus chers. Fojet vise un segment composé d'amateurs qui recherchent un appareil facile à utiliser et complètement automatisé. Ces amateurs veulent faire des

photos de qualité, sans effectuer de réglage et admirer avec leurs amis le résultat de leurs prises de vue immédiatement après. Le fait de voir instantanément son œuvre renforce positivement le désir de prendre d'autres photos. Lors d'une fête, c'est intéressant de prendre des photos et de pouvoir les regarder tout de suite. Il y a toute une charge émotive qu'on ne ressent pas avec les appareils 35 mm traditionnels, dont le résultat est différé.

Selon M. Kinslé, le FJ95 n'est pas en concurrence avec les appareils 35 mm. Les gens peuvent avoir les deux et les employer de façon différente.

Selon Paul Allari, la part du marché de la compagnie, pour ce produit, se situerait probablement aux alentours de 5 %.

Le prix

Après avoir lu les recommandations de M. Kinslé, Paul Allari convoque ses principaux collaborateurs à une réunion spéciale.

Paul Allari: «Je vous ai réunis aujourd'hui pour connaître vos points de vue sur la stratégie à suivre quant à la fixation des prix pour l'appareil FJ95 et le film FJ200. J'accorde une importance particulière à cette décision parce qu'elle aura un impact majeur sur la demande, sur les revenus futurs et sur la survie de l'entreprise. En effet, notre survie dépendra du succès de lancement et du développement de ce nouveau produit. Car, comme vous le savez déjà, 65 % de tous nos autres produits sont rendus à la fin de leur cycle de vie. Joe, vous avez la parole.»

Joe Kinslé: «Pour développer le marché, il serait plus pertinent de fixer le prix le plus bas possible pour l'appareil et le prix le plus élevé possible pour le film.»

Jean Piafe: «Au contraire, il vaut mieux écrémer le marché pendant que nous disposons encore d'un monopole.»

Joe Kinslé : «Notre segment cible est composé essentiellement de gens âgés de 18 à 54 ans dont le revenu est de 20 000 $ et plus ainsi que de nouveaux parents. Ce ne sont pas des acheteurs innovateurs. Ce qui est important à leurs yeux, ce sont d'abord le prix et ensuite la qualité. En tenant compte du seuil psychologique de 100 $, je propose de fixer le prix de l'appareil à 99,99 $. Ce prix devrait décourager toute concurrence et stimuler la demande primaire.»

Jean Piafe : «Nous n'allons quand même pas fixer le prix d'un nouveau produit sur la base de vagues théories de seuil psychologique et de demande primaire. De toute façon, c'est bien connu, les consommateurs veulent toujours de la qualité au prix le plus bas possible.»

Régent Forget (vice-président aux finances): «Au lieu de parler de seuil psychologique, parlons plutôt du seuil de rentabilité. Je pense qu'il est fondamental de connaître le seuil de rentabilité pour pouvoir fixer de façon éclairée le prix de nos produits. Selon moi, la psychologie n'a rien à voir avec les prix.»

Monique Génar (vice-présidente à la production): «Pour développer le marché de la photo instantanée, il faut utiliser la distribution intensive. Pour ce faire, recrutons des agents efficaces, qui ont de bonnes relations avec les acheteurs des grandes chaînes de magasins et des principales pharmacies au pays.

Confions-leur le mandat de développer le marché à la grandeur du Canada. Cette couverture du territoire aura pour effet de réduire, de façon importante, les coûts de distribution et de production. Cette baisse de coûts nous permettra d'offrir nos produits à des prix défiant toute concurrence.»

Marc Dair (vice-président à la gestion des ressources humaines - GRH): «Pour le moment, ce qui nous préoccupe, c'est la fixation du prix et non la distribution ou les économies d'échelle. À mon avis, le consommateur pense toujours qu'un prix élevé est synonyme de qualité. Les consommateurs de ce segment recherchent des produits de bonne qualité. Offrons-leur l'appareil au prix de 159,99 $, je vous garantis qu'ils en seront très enchantés.»

Monique Génar: «Il est important de connaître les prix des concurrents et d'essayer de faire mieux qu'eux. Nous devrions aussi tenir compte des résultats du test de concept et au moins nous en inspirer.»

Marc Dair: «Tu oublies qu'il s'agit d'un nouveau produit. Le prix des produits concurrents ne nous aidera en rien, et se fier à ses concurrents pour fixer le prix de ses propres produits n'est sûrement pas la bonne chose à faire.»

Monique Génar: «Je ne dis pas qu'il faut se fier aux concurrents mais s'adapter à eux.»

Régent Forget: «Je pense que nous nous éloignons de la question posée. Afin d'avancer un peu dans notre travail, je suggère que nous fixions tout de suite le prix de l'appareil. J'ai toutes les données pertinentes. Quant au prix du film, nous pourrions le fixer plus tard, puisque de toute façon ces deux produits sont complètement différents.»

Joe Kinslé : «Je ne suis pas d'accord du tout. C'est une décision extrêmement importante et nous y consacrerons tout le temps qu'il faudra.»

Jean Piafe: «C'est vrai que nous n'avançons presque plus, mais ce n'est pas une bonne raison pour s'impatienter.»

Paul Allari annonce la fin de la réunion: «Merci à tous pour votre excellente collaboration et vos brillantes suggestions.»

En quittant son bureau, vers 19 h, Paul Allari rencontre Jean Piafe, dans le couloir. Jean Piafe: «Quand je repense aux propos de la réunion, je trouve que plusieurs idées intéressantes ont été apportées, mais elles manquent de cohérence. Chaque intervenant parlait du prix mais aussi d'autres choses. Toutes ces variables sont tellement liées entre elles qu'on a l'impression de tourner en rond.»

Paul Allari: «En effet, les idées étaient très pertinentes, mais certaines d'entre elles devront être reformulées et éclaircies. Quelques variables importantes du prix n'ont pas encore été évoquées.»

Jean Piafe: «Il aurait peut-être fallu fixer des objectifs à atteindre pour mieux orienter les débats.»

Les deux hommes se quittent en disant qu'il reste encore beaucoup de questions sans réponse.

1. En vous basant sur les informations contenues dans le cas et dans les catalogues n° 93-311 et n° 62-555 de Statistique Canada, évaluez:
   a) la demande approximative pour l'appareil et les films;
   b) la part de marché de Fojet pour chacun des produits.
2. Commentez les idées des collaborateurs de Paul Allari.
3. Peut-on fixer le prix de l'appareil indépendamment de celui du film? Justifiez votre réponse.
4. Quels prix suggérez-vous pour l'appareil et pour le film?
5. Utilisez le seuil de rentabilité pour vous aider à fixer le prix du film.
6. Que pensez-vous de l'idée d'un marché captif?

Annexe 1 Données quantitatives

1. Nombre de personnes dans les ménages privés (1):   26 731 857.
2. Nombre de personnes par ménage privé (1):   2,7.
3. Dépense moyenne par ménage (2):   96 $/année.
4. La part de marché de Fojet est de 5 % (3).
5. Le coût variable unitaire du film est de 60 % du prix de vente au détail (4).
6. Le coût variable unitaire de l'appareil est de 83 % du prix de vente au détail (4).
7. Les coûts fixes s'élèvent à 2,6 millions de dollars pour l'appareil et à 480 000 $ pour le film (4).

Sources

(1) Statistique Canada. *Logements et ménages privés*, catalogue n° 93-311, p. 7
(2) Statistique Canada. *Dépenses des familles au Canada*, catalogue n° 62-555, p. 47
(3) Sondage interne effectué en 1993.
(4) Données internes compilées par Régent Forget, vice-président au service des finances.
* Tous les noms et les chiffres des données internes (3) et (4) ont été changés.

Cas rédigé par **Latamène BENZID**, chargé de cours en marketing à l'Université du Québec à Trois-Rivières.

NOTES

1. LAMBIN, Jean-Jacques. *Le marketing stratégique: fondements, méthodes et applications*, McGraw-Hill, p. 265.
2. UDELL, John G. «How Important is Pricing in Competitive Strategy?» dans *Journal of Marketing*, janvier 1964, p. 44-48.
3. ROBICHEAUX, Robert A. «How Important is Pricing in Competitive Strategy?», Circa 1975, Proceedings, Southern Marketing Association, janvier 1976, p. 55-57.
4. LANZILLOTTI, R. F. «Pricing Objectives in Large Companies», dans *American Economic Review*, décembre 1958, p. 921-940.
5. KOTLER, Philip et DUBOIS, Bernard. *Marketing management: analyse, planification et contrôle*, Paris, Publi-Union, 1977, p. 276.
6. Cette partie est adaptée de McCONNELL, C. R. et POPE, W. H. *L'économique, Macroéconomique*, Montréal, McGraw-Hill Éditeurs, 1988, p. 61.
7. Coûts fixes: coûts dont le montant, pour une période, est indépendant du niveau d'activité (exemples, loyer, assurances, amortissement).

   Coûts variables: coûts dont le montant varie en fonction du niveau d'activité de l'entreprise (exemples, main-d'œuvre directe, matières premières, commissions).
8. On peut calculer le profit en fonction des coûts ou en fonction du prix de vente. Voir la section «Le vocabulaire propre à la fixation des prix». En pratique, on calcule le profit sur le prix de détail et non sur les coûts.
9. OXENFELD, Alfred R. *Pricing for Marketing Executives*, San Francisco, Wordsworth Publishing Company, 1961, p. 28.

LA COMMUNICATION MARKETING

OBJECTIFS D'APPRENTISSAGE

Après la lecture du chapitre, vous devriez être en mesure de:
- comprendre le processus de communication marketing;
- dresser la liste des éléments d'une campagne de communication marketing;
- décrire le processus de contrôle de la communication marketing;
- saisir l'impact de l'environnement éthique et légal de la communication marketing.

Même après avoir conçu le meilleur produit, contrôlé les coûts de production afin de l'offrir au meilleur prix possible et obtenu l'accès au meilleur réseau de distribution qui soit, il reste encore une étape essentielle: la promotion efficace du produit auprès des consommateurs.

Souvent confondue par mégarde avec les termes «marketing» et «publicité», la promotion n'est en fait qu'une variable du mix marketing; la publicité, elle, constitue un élément de la promotion, comme l'indique la figure 10.1. En fait, le terme «promotion» englobe la publicité, la promotion des ventes, la publicité rédactionnelle, les relations publiques, les commandites, la force de vente (représentants), le télémarketing, le placement des produits, le marketing direct, la communication d'affaires et tous les autres outils de communication (logo, étiquette du produit, vitrine du magasin, etc.). Bref, elle consiste en toute activité visant à communiquer avec le marché cible. D'ailleurs, l'appellation «communication marketing» remplace de plus en plus le terme «promotion». Dorénavant, c'est celle que nous privilégierons.

La communication marketing fait l'objet de plusieurs critiques de la part des consommateurs et des associations qui les représentent (*voir encadré 10.1*). Il en est ainsi parce que certaines entreprises l'utilisent de façon fort incongrue. Bien qu'il soit justifié de condamner les entreprises qui se servent de la communication marketing à mauvais escient, nous ne croyons pas qu'il faille pour autant désapprouver son utilisation. La communication marketing est en fait beaucoup trop utile aux entreprises et aux consommateurs pour ne plus faire partie de leur quotidien.

Dans ce chapitre, nous explorerons le domaine de la communication marketing dans la perspective d'un emploi à venir conforme à l'éthique professionnelle attendue des responsables du marketing.

LE PROCESSUS DE LA COMMUNICATION MARKETING

Une première condition essentielle à une meilleure utilisation de la communication marketing est de savoir comment communiquer avec les consommateurs. Toutefois, avant d'aborder le processus de communication marketing, analysons ce que signifie le terme «communication» dans son sens le plus large.

Qu'est-ce que communiquer? Est-ce parler? écouter? parler et écouter? Non! Communiquer ne signifie pas que parler et écouter. Vous avez sûrement dû le constater à présent.

■ **Figure 10.1** Mix de la communication marketing

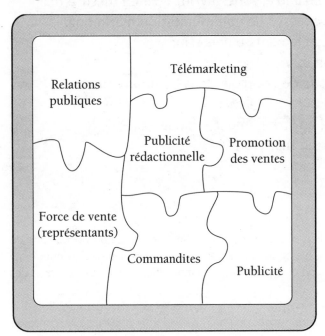

■ **Figure 10.2** Partie commune des champs d'expérience

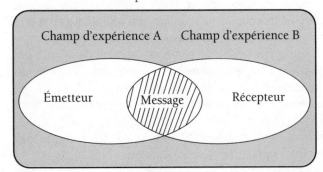

Le professeur essaie de transmettre ses connaissances de façon que ses étudiants les assimilent. Malheureusement, il ne va pas toujours de soi que ces deux parties soient sur la même longueur d'onde. Il en est de même avec les membres de la famille, les amis et les collègues de travail.

Communiquer (du latin *communicare*), action de la communication, signifie «communier» (également *communicare*), c'est-à-dire partager, mettre en commun.

Toutefois, cette définition suppose fondamentalement (*voir figure 10.2*) que les champs d'expérience respectifs des participants, sans être parfaitement identiques, possèdent une zone commune qui permet la compréhension et le partage. Cette condition est également requise dans la communication marketing. C'est d'ailleurs un rôle important de la recherche en marketing que de permettre aux entreprises de connaître les consommateurs en leur donnant l'occasion de se faire valoir.

Comment des personnes ayant un champ d'expérience commun s'y prennent-elles pour communiquer? En fait, la question est la suivante: quelles sont les composantes du processus de communication? Comme on peut le constater à l'examen de la figure 10.3, ce processus comprend sept éléments.

L'émetteur et le récepteur sont les participants de la communication. Pour se faire comprendre du récepteur, l'émetteur code son message. En d'autres mots, il traduit sa pensée en signes que le récepteur pourra décoder. Ce que l'émetteur communique est le message, alors que le moyen utilisé représente les canaux empruntés, c'est-à-dire l'air pour la parole, la lumière pour les gestes

■ Encadré 10.1   De l'utilité de la publicité

Au moins, les graffiti ne nous demandent pas d'argent...

La pub fait penser à ce Dieu qu'enseignaient autrefois les exégètes: partout et nulle part à la fois

Éric Dufresne

■ *L'auteur est étudiant à la maîtrise à l'Université de Sherbrooke et membre du Comité de rédaction de la revue* Lèse-majesté.

Jacques Godbout avait tort. Ce n'est pas un simple «murmure marchand» qui fait vibrer nos tympans engourdis, c'est un véritable hymne à la négoce. Même quand on y pense bien, il est difficile de trouver des lieux où est absent cet appel à la consommation, cet incitatif à faire rouler les pécunes. Comme des champignons, les pubs se multiplient, à l'ombre de notre vigilance.

Peu de «lieux communs» échappent encore à l'envahissement progressif du chancre commercial. Tout comme on arborait autrefois les insignes de son courage, le tartan de la lignée ou les preuves de sa dévotion, on porte aujourd'hui, avec une certaine fierté, les couleurs du commanditaire. Paraît-il que c'est à 500 messages, toutes catégories confondues, que s'expose quotidiennement notre esprit. Cinq cent fois, du lever au coucher, aura-t-on reçu la petite décharge qui conditionne et qui fait saliver. Parfois subtile, parfois drôle, parfois intrigante, parfois agressive voire agressante, la pub est là, qui nous observe. La main tendue et la bave aux commissures des lèvres.

La pub me fait même penser à ce Dieu qu'enseignaient autrefois les exégètes: partout et nulle part à la fois. Elle aussi nous échappe. On ne la voit même plus, on la sent. Elle s'immisce dans les scénarios des films qui nous divertissent, elle reçoit les mises en échec de nos joueurs de hockey et elle

nous saute au visage dans les toilettes. Même à l'Université.

On peut facilement comprendre un propriétaire de bar ou de restaurant de céder à la pression des brasseurs qui veulent assurer une bonne visibilité à leurs produits là où ils se consomment. L'argent est rare pour tout le monde. Ce serait de la mauvaise volonté que de se refuser à le comprendre. Un débit de boisson est un lieu où le consommateur se rend pour accomplir son rôle: s'amuser en consommant (à moins que ce ne soit consommer en s'amusant?). Quoi de plus normal alors que de voir des entreprises batailler ferme pour accaparer le marché potentiel?

Mais que peut donc invoquer une institution de haut savoir pour justifier la présence des vendeurs du temple dans ses murs? Le déficit budgétaire? Le besoin d'argent pour améliorer les services aux étudiants? Le désir d'ajouter un peu de couleur dans les lieux d'aisance? Le fait que les toilettes constituent une espèce d'enclave neutre à l'intérieur de l'université, une sorte d'ambassade pour l'esprit mercantile? La haute estime que j'ai pour nos vénérables institutions m'empêche de succomber à la tentation de croire que c'est par pur esprit de lucre.

Sais pas. Tout ce que je sais c'est qu'on me plante tantôt une «slot machine» à l'effigie de l'Université, tantôt une magnifique Geo Metro en 3 dimensions à 6 pouces du nez chaque fois que je me pointe devant un urinoir. Remarquez que cette dernière est particulièrement bien réussie. Dans le genre hallucinant.

Le seul problème, c'est que pour bien la voir il faut reculer un peu...

Mais il ne s'agit pas ici de dénoncer bêtement la pub en l'accusant d'être la source d'une certaine dégénérescence morale, mais plutôt, à l'instar d'Albert Jacquard, de remettre en question «l'économie triomphante» sur laquelle s'appuie, un peu trop, notre système idéologique. Est-ce que nous voulons vraiment vivre dans un monde où le seul discours possible est une ode à dépenser toujours plus aux «bons» endroits? Où la seule forme d'art diffusé massivement se limite à des photos artistico-commerciales de bouteilles de bière mouillées?

Ce n'est pas des images creuses qui vantent les mérites de produits que nous n'avons pas les moyens de nous payer que nos administrateurs calculateurs devraient nous montrer. Ce sont des poèmes que l'on devrait nous planter dans la face, des reproductions géantes d'œuvres de peintres connus et moins connus, des photos d'Ansel Adams, des cartes des pays que nous visiterons peut-être un jour, des passages tirés de l'encyclopédie et que sais-je encore.

Utopique, rêveur, déboussolé? Peu m'en chaut. J'ai encore l'illusion de croire que j'évolue dans un milieu qui a pour mission de stimuler l'intellect de sa «clientèle». Impossible tout ça? Parfait. Peinturez tout en blanc une fois pour toutes et cessez d'effacer les graffitis qui finissent par recouvrir vos beaux murs propres et aseptisés. Au moins, les graffitis ne nous demandent pas l'argent que nous n'avons pas, eux.

Source: La Presse, 29 mars 1995, p. B3.

■ **Figure 10.3** Processus de communication

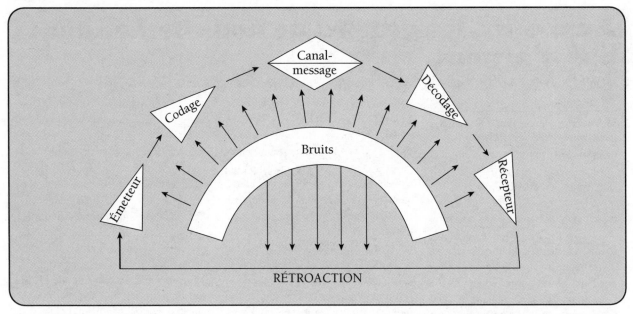

Source: adapté de BECKMAN, M. Dale, BOONE, Louis E. et KURTZ, David L. *Le marketing*, Montréal, HRW, 1984, p. 365.

ou l'écriture. La réaction du récepteur au message est dite rétroaction. Finalement, tout ce qui nuit à la communication entre l'émetteur et le récepteur fait partie des bruits du processus de la communication. Qui n'a pas été dérangé lors d'une agréable conversation? La musique trop forte dans une discothèque, l'arrivée inattendue d'une troisième personne, un événement qui détourne l'attention de l'interlocuteur, bref, tout ce qui altère la qualité de la communication est source de bruit. Cependant, qu'en est-il de la communication marketing en particulier?

Les éléments du processus général de communication se retrouvent également dans celui de la communication marketing (*voir figure 10.4*). L'entreprise devient l'émetteur, et les consommateurs sont les récepteurs. L'entreprise utilise en guise de code des signes connus des consommateurs pour qu'ils soient en mesure de décoder le message. Elle doit donc définir le champ d'expérience des consommateurs en vue de trouver le terrain commun propice à la compréhension du message.

L'entreprise transmet son message au moyen des canaux de communication à sa disposition. Elle peut utiliser la force de vente, les médias publicitaires ou tout autre moyen de communication disponible. Les bruits et la rétroaction sont également présents dans le processus de communication marketing. De tous les bruits susceptibles de nuire à la qualité de la communication marketing (il en existe une infinité), l'activité de communication marketing des concurrents est la plus connue. Quant à la rétroaction, elle se manifeste de plusieurs façons, par exemple, une augmentation des ventes, un changement d'attitude de la part des consommateurs ou une modification de la perception du produit.

■ **Figure 10.4** Processus de communication marketing

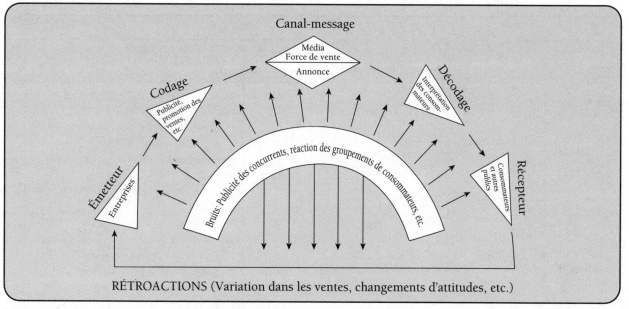

Source: adapté de BECKMAN, M. Dale, BOONE, Louis E. et KURTZ, David L. *Le marketing*, Montréal, HRW, 1984, p. 465.

LES ÉLÉMENTS D'UNE CAMPAGNE DE COMMUNICATION MARKETING

Une campagne de communication marketing comporte plusieurs éléments qui nécessitent la prise de décisions importantes: l'établissement des objectifs de la communication marketing, la détermination du budget à consacrer à la campagne, le choix de l'axe et du thème de la campagne, les facteurs qui influencent le choix des moyens de communication marketing et, finalement, le contrôle des résultats obtenus lors de la mise en marche de la campagne.

Précisons dès maintenant que ce processus de gestion ne s'applique pas qu'aux campagnes d'envergure, mais à toutes, quelles qu'elles soient. De plus, comme la communication marketing est une activité continue dans l'entreprise, le gestionnaire devra constamment prendre des décisions relativement aux cinq grands éléments mentionnés plus haut.

L'établissement des objectifs de communication marketing

Pourquoi les entreprises utilisent-elles la communication marketing? Convaincues que leurs produits combleront les besoins des consommateurs, elles prennent les moyens nécessaires afin de les informer de l'existence de ces produits et de les persuader de les acheter. En fait, par le biais de la communication marketing, les entreprises cherchent à attirer les consommateurs dans les phases successives de la prise de conscience, de la connaissance, de l'attrait, de la préférence et de l'achat de leurs produits[1].

Comme on le voit dans la figure 10.5, il existe deux types fondamentaux d'objectifs en matière de communication marketing. D'une part, il y a les objectifs dits de communication, qui touchent les aspects cognitif et affectif du consommateur. Par l'établissement de ces objectifs, les entreprises visent à améliorer la connaissance qu'ont les consommateurs de leurs produits, à diminuer les freins avant l'achat ainsi que la dissonance cognitive des consommateurs, ou tout simplement à développer chez ces derniers une attitude favorable vis-à-vis de leur marque. Il est à noter que

■ **Figure 10.5**   Modèle de la hiérarchie des effets de la communication marketing de Lavidge et Steiner et objectifs s'y rapportant

NIVEAUX[1]		Modèles de la hiérarchie des effets[2]	Objectifs de[3]	APPLICATIONS
Stade cognitif	Information	Prise de conscience ↓ Connaissance ↓	C O M M U N I C A T I O N	Tout objectif de la communication marketing devrait[4]: • décrire la tâche de communication de façon quantitative; • spécifier la cible de la communication; • indiquer la période de temps nécessaire; • être écrit. **EXEMPLES** Objectifs de communication – Augmenter la connaissance de notre marque de 10 % auprès des jeunes garçons de 12 à 19 ans de la ville de Montréal, et ce à l'intérieur d'une période de 6 mois.
Stade affectif	Attitude	Attrait ↓ Préférence ↓		
Stade conatif	Comportement	Achat	V E N T E S	Objectifs de vente – Augmenter nos ventes de 8 % auprès des femmes de 22 à 34 ans de la province de Québec, et ce à l'intérieur d'une période de 3 mois.

Sources: *1. KOTLER, Philip et DUBOIS, Bernard. Marketing management, 5ᵉ édition, Paris, Publi-Union, 1986, p. 517.*

2. LAVIDGE, Robert J. et STEINER, Gary A. «A Model for Predictive Measurement of Advertising Effectiveness», *Journal of Marketing*, octobre 1969, p. 61.

3. BOISVERT, Jacques M. *Administration de la communication de masse*, Gaëtan Morin Éditeur, 1988, p. 145.

4. COLEY, Russel H. *Defining Advertising Goals for Measured Advertising Results*, Association of National Advertisers, N.Y., 1961.

l'atteinte de ces objectifs a un effet implicite sur le volume des ventes à plus ou moins long terme puisqu'elle favorise l'achat de ces produits. D'autre part, les entreprises peuvent chercher à améliorer leurs parts de marché. Elles visent alors explicitement des objectifs de ventes. Ce genre d'objectifs est courant en matière de communication marketing.

À travers ces objectifs, les entreprises visent à plus ou moins long terme une augmentation de la demande de la part des consommateurs. Le rôle informatif de la communication marketing permet à plus de consommateurs de prendre connaissance des produits des entreprises, ce qui est susceptible d'occasionner une demande supplémentaire (*voir figure 10.6a*). De plus, grâce au rôle persuasif de la communication marketing, à savoir le fait d'inciter les consommateurs à exiger des produits sur la base de certains avantages différentiels, les produits de l'entreprise font l'objet d'une demande accrue de la part des consommateurs (*voir figure 10.6b*).

La simple mise en œuvre des différents moyens du mix de la communication marketing n'assure pas de façon certaine l'atteinte des objectifs de l'entreprise. Loin de là! Bon nombre d'entreprises utilisent encore de nos jours avec vigueur la publicité et la promotion des ventes, bref, tout l'arsenal de la communication marketing. Toutefois, plusieurs d'entre elles restent sur leur appétit, car les consommateurs ne sont pas dupes au point d'acheter ce dont ils n'ont pas besoin.

Une des exigences les plus fondamentales à laquelle doit satisfaire une entreprise qui désire utiliser la communication marketing est d'offrir un produit correspondant aux besoins des consommateurs. Toutefois, lorsqu'on voit le nombre de faillites déclarées, on devine que les entreprises n'y répondent pas toutes.

La détermination du budget de communication marketing

Sur le plan financier, combien l'entreprise est-elle prête à investir dans ses activités de communication marketing? Il s'agit d'une décision importante puisqu'elle met en jeu la rentabilité de l'entreprise. Les entreprises disposent actuellement de plusieurs méthodes de détermination du budget de communication marketing. Voici les principales méthodes.

La méthode des ressources financières disponibles

La méthode des ressources financières disponibles consiste à allouer le montant d'argent non encore attribué à d'autres postes budgétaires et qui est disponible aux fins de dépenses. Il s'agit, évidemment, d'une méthode peu scientifique qui risque de faire dépenser l'entreprise pour ce dont elle n'a pas besoin. Puisque ce calcul du budget ne repose pas sur un objectif en particulier, on ne peut le soumettre à un contrôle après coup. L'entreprise ne connaîtra jamais la part du budget qu'elle a peut-être inutilement dépensée.

La méthode de l'alignement sur la concurrence

On peut également se servir de la méthode de l'alignement sur la concurrence. Il s'agit de déterminer le montant des dépenses effectuées par le concurrent pour sa communication marketing (ou le ratio de l'industrie) et d'allouer cette somme à son budget. Cette méthode comporte l'inconvénient majeur de ne pas tenir compte de la mission de l'entreprise et de s'appuyer plutôt sur ce que font les autres. Cependant, le fait d'adapter son budget à celui des compétiteurs permet d'éviter la provocation et de rendre plus calme le secteur d'activités de l'entreprise.

La méthode du pourcentage des ventes

Une des méthodes les plus utilisées par les entreprises est celle du pourcentage des ventes. On obtient ce pourcentage à partir du jugement du responsable du marketing ou du ratio de l'industrie. Ce pourcentage est appliqué sur le montant des ventes passées ou sur le montant des ventes anticipées de l'entreprise. Le montant établi représente l'enveloppe budgétaire de l'année suivante.

Cette méthode a l'avantage d'être fort simple. Cependant, il est important de noter qu'elle viole un des principes fondamentaux du marketing, à savoir que c'est la communication marketing qui doit créer les ventes et non l'inverse. Ainsi, cette méthode préconise, en

■ **Figure 10.6** Effets de la communication marketing sur la demande d'un produit

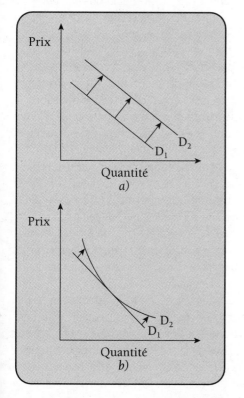

cas de ventes à la baisse, une diminution des dépenses de communication; en réalité, l'entreprise devrait plutôt augmenter ces dernières si elle veut récupérer le marché en train de s'effriter. Cet inconvénient de taille mérite que les entreprises remettent en question l'utilisation de cette méthode.

La méthode de la détermination des objectifs et des tâches

La méthode de la détermination des objectifs et des tâches est la façon la plus logique actuellement d'établir le budget de communication marketing. En premier lieu, le responsable du marketing définit clairement les objectifs de l'entreprise et ne retient que les objectifs dont l'atteinte dépend d'un effort de communication marketing. Prendre contact avec 50 nouveaux détaillants chaque semaine est un exemple de ce type d'objectifs.

Une fois les objectifs connus, le responsable du marketing choisit les moyens à prendre et détermine le budget requis à cette fin. Dans l'exemple précédent, l'entreprise devrait assumer le coût de l'engagement de deux nouveaux vendeurs, montant qui représente en fait le budget de communication marketing nécessaire pour réaliser cet objectif particulier.

Afin de déterminer avec plus d'exactitude le budget de communication marketing, l'administrateur peut recourir à un test de marché. Il s'agit en fait d'une simple application des notions abordées dans le chapitre 4. Cette méthode permet d'isoler ce qui semble être le meilleur mix de communication marketing en fonction des objectifs à atteindre.

Parmi les méthodes décrites jusqu'ici, aucune ne nous a donné l'allocation budgétaire optimale. Pour l'obtenir, l'entreprise doit utiliser les modèles économiques. Bien que cette préoccupation soit louable en soi, ce ne sont pas toutes les entreprises qui peuvent se permettre ce type de gestion. Toutefois, le responsable du marketing a le devoir d'établir le meilleur budget et ne devra pas hésiter à recourir à divers instruments de gestion comme l'ordinateur.

La sélection de l'axe et des thèmes de la campagne de communication marketing

Bien que l'expression «campagne de publicité» soit plus familière, le terme «campagne» s'applique tout aussi bien au domaine de la communication marketing. En fait, les activités de publicité, de promotion des ventes, de relations publiques, de publicité rédactionnelle, de commandites, de même que la force de vente, le télémarketing et le placement de produits, ne sont que des sous-campagnes greffées à l'ensemble de la communication marketing.

Selon William J. Stanton, une campagne est l'utilisation coordonnée des moyens de communication marketing selon un axe de communication organisé autour de thèmes ou d'idées visant à atteindre des objectifs prédéterminés[2]. Par exemple, la campagne (1995) de la Fédération des producteurs laitiers du Québec est organisée autour de l'axe «Jamais sans mon lait...!». Dans cette campagne, on fait l'association entre le lait et d'autres produits, par exemple les céréales, les gâteaux, les brownies, etc. C'est par ces thèmes reliés à des produits qu'on exploite l'axe de communication. Le lait est donc la vedette des messages.

Toujours selon Stanton, une entreprise peut entreprendre plusieurs campagnes de communication marketing, et ce de façon concourante[3]. Elles peuvent viser différents secteurs géographiques; dans ce cas, une entreprise peut exercer des activités simultanées de communication marketing dans diverses localités ou régions tout en demeurant active au niveau national. Elles peuvent également être conçues pour s'adresser à différents groupes d'acheteurs. À cet effet, une entreprise peut poursuivre des activités différentes selon qu'elles visent les grossistes, les détaillants ou les consommateurs. Ce ne sont là que quelques exemples parmi de multiples possibilités.

Afin d'obtenir un impact maximal de sa campagne de communication marketing, le gestionnaire doit en coordonner toutes les activités. Le programme de publicité élaboré devra appuyer le travail de la force de vente et les promotions spéciales. Quant à la force de vente, elle doit tout connaître du programme de publicité (thème et média surtout) afin d'être en mesure d'informer les intermédiaires qui en ont besoin. Pour ce qui est des activités promotionnelles, elles doivent contribuer à consolider les acquis générés par la publicité et la force de vente.

Le choix des moyens de communication marketing

De nombreux moyens sont à la disposition du spécialiste en marketing qui désire communiquer avec les consommateurs. Parmi les plus populaires, la publicité et les vendeurs (force de vente) sont assez bien connus de tous.

Toutefois, il y a également d'autres moyens de communication à la portée du responsable du marketing:

- la promotion des ventes, qui consiste en des activités spéciales organisées afin de soutenir les efforts de la publicité et de la force de vente;
- la publicité rédactionnelle, information visant à annoncer les produits et les services des organisations par l'intermédiaire de communiqués de presse diffusés dans les médias imprimés et électroniques;
- les relations publiques, soit les contacts avec différents publics par l'intermédiaire de rencontres organisées par l'entreprise;
- les commandites, qui consistent en l'apport financier, technique ou logistique de la part d'une entreprise pour la mise en place ou le soutien d'événements susceptibles d'être d'intérêt pour un ensemble de consommateurs;
- le placement de produits ou toute exposition d'un produit ou d'un service dans le cadre d'une émission de télévision ou d'un film et qui a nécessité les débours d'une somme d'argent;
- la force de vente, qui constitue une communication individualisée de face à face entre un acheteur potentiel et un vendeur;
- le télémarketing, une technique développée et mise au point aux États-Unis qui consiste à faire de la sollicitation et de la vente par téléphone;
- le marketing direct, soit la communication dirigée directement vers chaque personne faisant partie d'un groupe cible;
- la communication d'affaires, c'est-à-dire l'ensemble des moyens et des interventions adoptés pour mettre en évidence le rôle de l'entreprise dans le succès de ses clients.

Le choix de l'un ou de plusieurs de ces moyens revient au responsable du marketing. Il doit élaborer le meilleur mix de communication marketing possible, ce qui, en soi, est une tâche exigeante. Pour y arriver, il doit tenir compte des facteurs suivants.

L'objectif à atteindre

Nous avons vu précédemment que la communication marketing vise à ce que le consommateur franchisse les phases de la prise de conscience, de la connaissance, de l'attrait, de la préférence et de l'achat. En fonction du type d'objectif qu'il cherche à atteindre, l'administrateur choisira un des moyens du mix de communication marketing (*voir figure 10.7*). Alors que la publicité perd de son efficacité entre la prise de conscience et l'achat, la force de vente, la promotion des ventes et le télémarketing en gagnent. Il est plus facile de faire prendre conscience d'un produit à un plus grand nombre de personnes par le biais de la publicité et des commandites que par la force de vente (*voir encadré 10.2*). Par contre, puisque la force de vente est plus proche du consommateur, elle peut davantage l'inciter à acheter.

En ce qui concerne la promotion des ventes, la publicité rédactionnelle, les relations publiques et le placement de produits, ils remplissent des tâches précises: la promotion des ventes agit de façon progressive durant la phase de la préférence à celle de l'achat; la publicité rédactionnelle, les relations publiques et le placement de produits vont décroissant durant la phase de la prise de conscience à celle de la connaissance.

Le budget disponible

Puisque le budget de communication marketing est souvent limité, le gestionnaire se base sur les coûts pour sélectionner les différents moyens de communication marketing qu'il entend utiliser. Par exemple, s'il préfère utiliser la publicité mais que son budget ne le lui permet pas, il devra se contenter d'autres moyens plus économiques.

De façon générale, la publicité et la force de vente sont considérées comme deux moyens de communication marketing dispendieux. Par contre, la promotion des ventes et les relations publiques représentent, somme toute, des dépenses abordables pour la majorité des entreprises en raison de leur caractère sporadique.

■ **Figure 10.7** L'efficacité de chacun des moyens du mix de communication marketing relativement au modèle de la hiérarchie des effets de Lavidge et Steiner

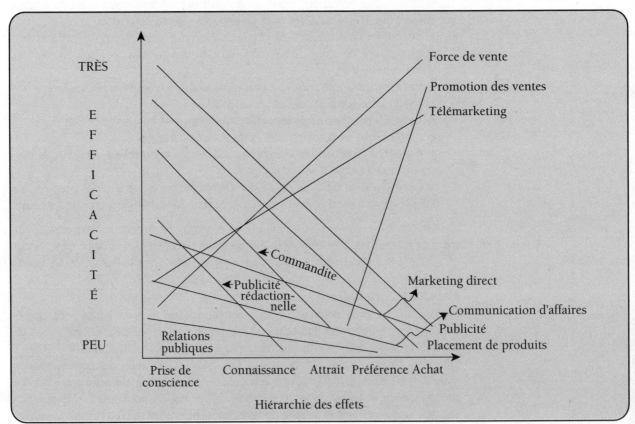

■ **Encadré 10.2**   La séduction par la communication marketing

Séduction

■ Vous aimiez les pubs provocatrices de «United Colors of Benetton», mais la dernière, non. Cette paire de fesses masculines oblitérées «HIV Positive», vous avez freaké?

Moi non. C'est quoi le but de la pub? Attirer l'attention pour vendre? Alors c'est génial. D'autant plus qu'il n'y a aucun message. Ce cul tatoué «HIV Positive» ne veut strictement rien dire. Il n'y a pas de clé autre que la provocation. Tout se

passe dans l'œil du censeur: Hon, encore Benetton...

On attend la prochaine subversion. En autant que le vide puisse être subversif...

L'autre jour dans *Libération*, au centre d'une pleine page blanche, sur fond noir, le visage émacié d'un malade du sida. Dans le coin de la photo, manifestement repiqué des affiches de Benetton, le même «HIV Positive».

Sous la photo, en caractères très sobres, cette phrase coup de poing: *Pendant l'agonie, la vente continue.*

Dans le bas de la page blanche, en petits caractères: *À l'intention de Luciano Benetton. De la part d'Olivier Besnard-Rousseau, malade du sida, phase terminale.*

Cela aussi c'est génial. Mais cela aussi c'est une pub. Je veux dire, cela aussi c'est pour séduire.

Anyway, on vit une époque formidable où le vide crée du sens.

Source: FOGLIA, Pierre. *La Presse*, 30 octobre 1993, p. A5.

Le marche visé

Si l'entreprise veut rejoindre une large clientèle potentielle dispersée sur le plan géographique, elle aura avantage à utiliser la publicité au lieu de la force de vente, parce que l'établissement de contacts personnels coûtera beaucoup trop cher. Par contre, la force de vente l'emporte dans un petit marché géographiquement concentré.

La classe de produits

Que vend-on: un produit de consommation ou un produit industriel? Selon le cas, le responsable du marketing ne retiendra pas les mêmes recettes de mix de communication marketing pour atteindre ses objectifs.

Comme l'indique la figure 10.8, il est avantageux d'utiliser la publicité pour les produits de consommation, alors que la force de vente a le plus d'impact pour les produits industriels.

■ **Figure 10.8**   Mix de communication marketing en fonction de la classe d'un produit

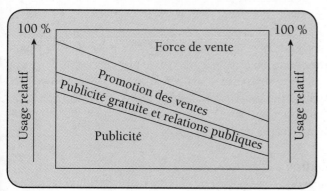

Source: KOTLER, Philip et DUBOIS, Bernard. *Marketing management*, 4e édition, Paris, Publi-Union, 1980, p. 480.

La valeur du produit

Peu importe la classe du produit (*voir figure 10.9*), sa valeur demeure un facteur qui joue un rôle dans le choix des moyens de communication marketing.

D'après la figure 10.9, plus la valeur d'un produit de consommation est faible, plus l'entreprise aura avantage à utiliser la publicité. Plus la valeur du produit est élevée, plus il sera préférable d'utiliser la force de vente. Comparons les tablettes de chocolat (faible valeur), pour lesquelles on choisit la publicité, et une roulotte (valeur élevée), qui mise sur la force de vente. Il en est de même pour les produits industriels. Lorsque les

■ **Figure 10.9**   Utilisation de la publicité et de la force de vente en fonction de la valeur des produits industriels et de consommation

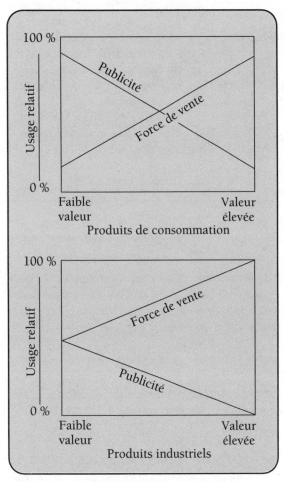

Source: BECKMAN, M. Dale, BOONE, Louis E. et KURTZ, David L. *Le marketing: réalité contemporaine*, Montréal, HRW, 1980, p. 306.

produits ont une faible valeur, la publicité se révèle aussi importante que la promotion. À mesure que la valeur du produit augmente, la force de vente prend plus d'importance que la publicité lors de la communication marketing.

La complexité du produit

Plus un produit est complexe, plus l'entreprise aura avantage à utiliser la force de vente au détriment de la publicité. Plus un produit est simple, plus l'entreprise peut utiliser efficacement la publicité. Citons, notamment la vente d'un stylo-bille par rapport à la vente d'une chaîne stéréo.

Les phases du cycle de vie du produit

Chacune des phases du cycle de vie du produit (introduction, croissance, maturité et déclin) exige un mix de communication marketing approprié. Lors de l'introduction, comme on le voit dans la figure 10.10, l'entreprise vise davantage à créer une demande pour le produit (demande primaire) que pour sa marque. Elle doit donc s'adresser à l'ensemble de la population afin de faire connaître l'existence du produit et d'amener les consommateurs à l'essayer. La publicité est tout indiquée pour cette première phase. Pour favoriser une distribution efficace du produit, l'entreprise devra également utiliser la force de vente et différentes promotions, organiser des expositions et accomplir d'autres activités du même genre.

À la phase de la croissance, de plus en plus de compétiteurs s'installent sur le marché. Il est donc primordial que l'entreprise suscite une demande sélective, c'est-à-dire une demande pour sa marque. À cet effet, elle devra recourir à une publicité véhiculant des messages à caractère persuasif plutôt qu'informatif.

Durant la phase de maturité, la concurrence qui s'établit entre les entreprises réduit les marges de profit. La publicité se voit allouer des sommes d'argent considérables et devient encore plus persuasive. Dans cette étape critique, chaque entreprise cherche à faire ses frais. On organise à l'occasion des promotions afin d'éliminer une certaine inactivité sur le plan des ventes.

À la phase de déclin, certaines entreprises quittent le marché, ce qui amène les entreprises qui y demeurent à utiliser la publicité afin de récupérer ces parts de marché délaissées. Toutefois, elles n'investissent que le strict minimum tout en planifiant leur propre retrait du marché.

La stratégie de distribution

Le responsable du marketing doit également tenir compte de l'impact que peut avoir l'utilisation de l'une des deux stratégies de distribution suivantes: la stratégie de pression et la stratégie d'aspiration.

■ Figure 10.10   Communication marketing et cycle de vie du produit

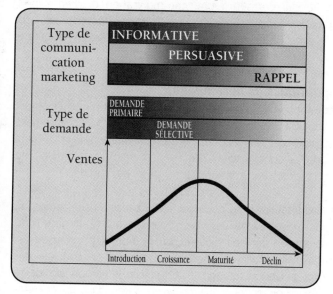

Comme on peut le voir dans la figure 10.11, l'utilisation d'une stratégie de pression amène l'entreprise à communiquer avec les grossistes et les détaillants afin qu'ils s'approvisionnent auprès d'elle et qu'ils effectuent des ventes auprès des consommateurs. En ce qui a trait à la stratégie d'aspiration, l'entreprise communique directement avec les consommateurs pour qu'ils exigent le produit de ses distributeurs.

Dans le cas de la stratégie de pression, tout en se servant de la publicité auprès des distributeurs, l'entreprise utilisera la force de vente avec beaucoup d'intensité pour voir son produit distribué dans le plus d'endroits possible. Par contre, la stratégie d'aspiration consiste à communiquer davantage avec son marché par le biais de la publicité plutôt que par la force de vente. Il coûterait beaucoup plus cher d'envoyer les vendeurs visiter chacun des consommateurs.

La stratégie relative aux prix

L'entreprise choisira un mix de communication marketing différent selon qu'elle utilise un prix de pénétration ou un prix d'écrémage. Si elle opte pour un prix de pénétration, ce qui laisse une marge de profit relativement faible aux producteurs et aux

■ Figure 10.11   Distribution et communication marketing

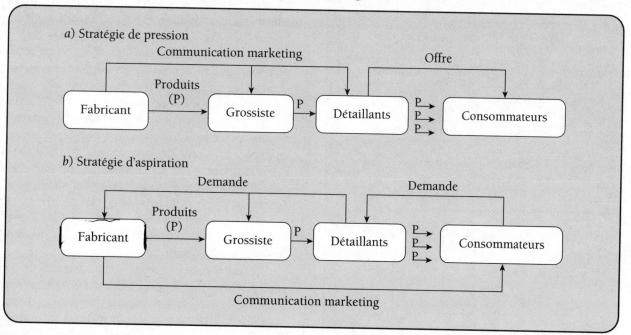

Source: adapté de DARMON, René Y., LAROCHE, Michel et PÉTROF, John V. *Le marketing, fondements et applications*, 3ᵉ édition, Montréal, McGraw-Hill Éditeurs, 1986, p. 328.

intermédiaires, elle aura avantage à utiliser modérément la force de vente et la publicité. Si, au contraire, l'entreprise utilise un prix d'écrémage, les marges de profit seront plus substantielles, ce qui permettra une communication marketing plus intense. L'entreprise devra alors recourir davantage à la force de vente et à la publicité, puisqu'un prix élevé risque de représenter une barrière supplémentaire à surmonter pour certains consommateurs.

L'impact de certaines politiques de la compagnie

En plus de participer au développement économique de leur région, certaines entreprises choisissent de participer à son essor social en s'engageant particulièrement envers leur localité. Cette politique influence le mix de communication marketing puisqu'elle amène l'entreprise à commanditer des événements qui, la plupart du temps, ne rapportent à court terme aucun gain pour les parts de marché.

Le contrôle de la campagne de communication marketing

Le gestionnaire a dû prendre beaucoup de décisions jusqu'à maintenant. Toutes, du choix des objectifs jusqu'aux moyens à utiliser, avaient comme but d'accroître l'efficacité du marketing de l'entreprise. Maintenant que la planification du programme est terminée, le gestionnaire doit accomplir une nouvelle tâche, soit le contrôle des activités de la campagne. Afin de bien s'acquitter de cette tâche, le gestionnaire devra avoir en main, de préférence par écrit, les objectifs visés par la mise sur pied d'une campagne de communication marketing. De plus, même si certains sont parfois difficiles à obtenir, il devra connaître de façon détaillée les résultats découlant directement de cette campagne.

La figure 10.12 montre que le contrôle n'est, en soi, qu'une comparaison entre le chemin parcouru et les objectifs fixés au départ par l'entreprise. Si on atteint les objectifs ou même qu'on les dépasse, tant mieux! Toutefois, il serait bon de connaître le ou les éléments qui ont contribué à ce succès. Les objectifs de départ étaient-ils réalistes? En effet, il arrive qu'on atteigne les objectifs parce qu'ils n'étaient pas assez élevés. Par ailleurs, il se peut que le choix d'un thème exceptionnel, animé par de bons moyens de communication et soutenu par un budget bien équilibré, ait contribué au succès de la campagne de communication marketing. Si, par contre, les objectifs de départ n'ont pas été atteints, le gestionnaire devra également établir la ou les sources de cet échec. Les objectifs de départ étaient-ils irréalistes? Y a-t-il une lacune dans le couple axe/thème, dans les moyens pris ou dans le budget?

Le contrôle est de toute évidence une activité de gestion importante. Il permet d'abord de déceler les problèmes pour ensuite proposer certaines actions correctives. Il ne faut pas le prendre à la légère. Toutefois, il reste des entreprises qui emploient la

■ Figure 10.12   Le contrôle de la campagne de communication marketing

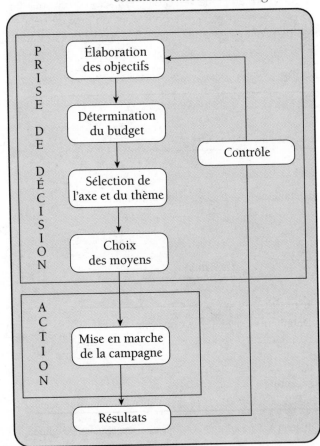

**L'ENVIRONNE-
MENT ÉTHIQUE
ET LÉGAL DE LA
COMMUNICATION
MARKETING**

L'utilisation de la communication marketing, bien qu'elle soit utile autant aux entreprises qu'aux consommateurs, suscite beaucoup de controverses. Ce n'est pas d'aujourd'hui que certains consommateurs souhaitent voir disparaître cette pratique d'affaires de la société. À leurs yeux, elle constitue une forme de pollution qui est à l'origine de nombreux problèmes dont l'alcoolisme. Selon eux, la pratique de la communication marketing est fort dispendieuse puisqu'en fin de compte c'est eux qui en paient la note. D'autres, moins radicaux, remettent en question l'utilisation de la communication marketing, mais pas au point de la faire disparaître. Actives au sein de certaines organisations, ces personnes font des pressions sur les milieux politiques et d'affaires afin qu'un encadrement plus strict guide les activités des entreprises dans ce domaine.

L'entreprise doit donc tenir compte, d'une part, d'un ensemble de lois édictées par les gouvernements fédéral et provincial et, d'autre part, d'une avalanche de règlements provenant de différentes associations industrielles et commerciales (*voir encadré 10.3*). La figure 10.13 présente les principales lois régissant la pratique de la communication marketing, la majorité de ces lois s'appliquant surtout à la publicité.

■ **Figure 10.13**   Quelques lois fédérales et provinciales (Québec) touchant la communication marketing

LOIS FÉDÉRALES	LOIS PROVINCIALES (Québec)
Loi sur la radio-diffusion (chapitres 5, 8, 8a, 8b, 10)	Charte de la langue française
Règlements:	Règlements – La langue des affaires et du commerce
9) Publicité	Loi sur les loteries
10) Alcools, bière, vin et cidre	Loi relative à la taxe sur la publicité radio et télédiffusée
11) Aliments et drogues, spécialités pharmaceutiques et médicaments grand public (remèdes brevetés)	Loi sur les produits agricoles et aliments
Circulaires	Règlements concernant la publicité sur les alcools, la bière et les vins
Autorisation quant aux annonces sur les aliments et drogues	Règlements concernant la publicité professionnelle et pharmaceutique
Publicité sur les aliments	Loi sur la publicité extérieure
Registres et méthodes touchant la réclame télévisée	Loi sur le recours collectif
	Loi sur la protection du consommateur
Loi canadienne sur les droits de la personne	
Loi sur les droits d'auteur	
Code criminel	
Loi sur les langues officielles	
Loi sur la concurrence	

Source: adapté de DARMON, René Y., LAROCHE, Michel et PÉTROF, John V. *Le marketing, fondements et applications*, 2ᵉ édition, Montréal, McGraw-Hill Éditeurs, 1982, p. 374-375.

■ Encadré 10.3   La loi, c'est la loi

Gene Rosenberg condamné pour publicité trompeuse

■ Le juge Jean-Pierre Bonin a condamné hier Gene Rosenberg Associates Canada inc. à 40 000 $ d'amendes pour publicité trompeuse. Cette société, une filiale de Gene Rosenberg Associates, une importante firme américaine, a reconnu avoir trompé le public en annonçant une vente de faillite bidon de cinq millions de dollars de valeur, où des rabais de 20 à 70 p. cent étaient annoncés.

Entre novembre 1991 et janvier 1992, Rosenberg, qui rachète des magasins de meubles en faillite, avait annoncé la liquidation de Meubles Cinelli et Mobilière 2001, deux magasins de meubles de Montréal.

Les annonces prétendaient qu'on y vendait pour cinq millions de dollars de biens, alors qu'il n'y en avait, en stock, que pour 1,3 million.

L'enquête du Bureau fédéral de la politique de concurrence, menée par M. Serge Otis, a révélé que les prix n'étaient pas vraiment coupés et même, dans certains cas, gonflés.

Le juge Bonin, devant le plaidoyer de culpabilité de la compagnie aux 25 chefs d'accusation, l'a condamnée à un total de 40 000 $ d'amendes.

«Il est assez fréquent que des choses comme cela se produisent dans des ventes de faillite, et nous suggérons aux consommateurs de comparer les prix», a dit M. Otis hier.

Source: La Presse, 9 avril 1994, p. A11.

La pratique de la communication marketing est également autoréglementée par les principaux intéressés réunis en associations. On trouve dans la figure 10.14 une liste des principales associations en ce domaine. La dimension publicité est encore une fois mise en évidence.

Ces associations ainsi que bon nombre d'autres respectent les règlements édictés en faveur d'une meilleure pratique de la communication marketing. On peut consulter la figure 10.15 pour connaître quelques-uns des codes se rapportant à ce sujet. L'aspect publicité y ressort encore davantage.

Les lois, les règlements et les codes vus précédemment constituent une bonne partie de l'environnement éthique et légal relié à la communication marketing (*voir encadré 10.4*). En outre, il existe plusieurs associations de consommateurs qui participent au débat et qui influencent autant les gouvernements que les associations d'affaires pour une meilleure pratique de la communication marketing. Enfin, il convient de souligner le gigantesque travail qu'elles abattent afin de protéger les consommateurs de certaines entreprises qui ont, malheureusement, l'abus facile.

■ Figure 10.14   Quelques associations dans le domaine de la communication marketing

- Fondation canadienne de la publicité dont les membres sont:
  - Conseil des normes de la publicité
  - Conseil consultatif sur la publicité
  - The Advertising Standard Council
  - Confédération générale de la publicité
- Association canadienne des annonceurs
- Conseil des agences de publicité
- Publicité-Club (Montréal)
- Ad and Sales Club
- Association de la radio et de la télévision de langue française
- Association de quotidiens

Source: adapté du journal *La Presse*, 19 juin 1982.

■ Encadré 10.4   Exemple d'autoréglementation

La pub «Tasse-toi mon oncle» devant le Conseil des normes de la publicité

Gilles Normand

du bureau de La Presse Québec

■ «Mon oncle» saura sous peu s'il pourra encore partager les routes du Québec avec les conducteurs de la Golf de Volkswagen ou s'il devra se tasser, comme lui enjoint de le faire une pub de Volkswagen Canada.

C'est cet après-midi, en effet, que le Conseil des normes de la publicité entendra l'appel d'un groupe d'analyse de la publicité automobile, formé en 1994 par la SAAQ et par le CAA-Québec qui exigent du géant allemand de l'automobile le retrait de cette réclame jugée insolente: «Tasse-toi mon oncle».

Il serait douteux que le Conseil des normes rende sa décision avant quelques jours, notamment parce qu'il doit aussi prendre connaissance des représentations de Volkswagen à ce propos. Volkswagen a refusé avec fermeté de se rendre au vœu de la Société de l'Assurance automobile du Québec (SAAQ) qui lui demandait, dans une lettre en date du 29 mars, de retirer cette réclame qui apparaît et sur des panneaux publicitaires en bordure des routes et à la télévision.

La directrice des communications de la SAAQ, Josyane Douvry, expliquait au fabricant de la Golf que des études récentes ont démontré que «les comportements routiers de certains conducteurs – notamment les jeunes – sont influencés par l'exposition répétée à des publicités vantant les performances des automobiles et par la projection d'images excitantes».

«Le message "Tasse-toi mon oncle", écrit Mme Douvry, est de nature à encourager l'impulsivité, sinon l'agressivité, d'un certain type de conducteurs à haut risque d'accident, car c'est un message qui suggère l'arrogance et le manque de respect envers les autres usagers de la route.»

Plus de 20 jours plus tard, soit le 20 avril, la responsable du marketing chez Volkswagen, Michèle Bédard, rejetait la requête de la SAAQ, expliquant que cette pub ne contrevient pas aux dispositions du Code canadien des normes de la publicité, notamment à l'article 10 qui stipule que «les publicités ne doivent pas témoigner d'indifférence à l'égard de la sécurité du public, ni présenter des situations de nature à encourager des pratiques inappropriées, imprudentes ou dangereuses, surtout lorsqu'elles illustrent des produits d'usage normal».

La porte-parole de Volkswagen fait tout de même observer qu'il ne faut pas «pour autant oublier que nous avons un produit performant à vendre».

Elle indique ensuite que cette publicité vise un public cible: les «18 à 34 ans, actifs et dynamiques avec un haut niveau de scolarité, qui ont confiance en eux, qui n'ont pas peur d'être différents et qui aiment conduire» et pour qui «l'auto est loin d'être un simple moyen de transport». Elle soutient que «ce profil ne correspond pas du tout à celui du conducteur à haut risque pour qui la vitesse et la performance sont les seules qualités recherchées dans une voiture».

Un argument que démolit un conseiller en sécurité routière à la SAAQ, Patrice Letendre, qui soutient au contraire que ce profil correspond précisément à celui du conducteur à risque. Il fonde son affirmation sur un sondage réalisé par CROP, en 1992, et qui mène à la conclusion que ce profil est celui de «l'incorrigible, imperméable à la publicité incitant à la prudence et qui compose les 20 p. cent de conducteurs aimant le risque et la vitesse».

Par ailleurs, la porte-parole de Volkswagen estime que cette publicité a une dimension caricaturale en désignant ceux qui n'ont pas le profil de l'acheteur d'une Golf.

Mme Bédard ajoute que le «Tasse-toi mon oncle» a pour objet d'«illustrer» les personnes à qui le véhicule est destiné et du même coup celles à qui il ne l'est pas. Ce bout de phrase, selon elle, n'est pas associé à un comportement routier néfaste. Elle voit plutôt le «mon oncle» comme un embarras sur la route.

Devant le refus de Volkswagen de retirer cette pub, le comité conjoint d'analyse de la publicité automobile s'est adressé au Conseil des normes de la publicité, qui, lors d'une première audition tenue par un comité restreint de trois personnes, a refusé la requête. D'où l'appel, qui sera entendu, lui, par la vingtaine de membres qui compose le Conseil.

Source: La Presse, 9 mars 1995, p. A10.

■ **Figure 10.15** Quelques codes régissant la pratique de la communication

Code de la publicité radio-télévisée destinée aux enfants

Code de la publicité destinée au grand public surles cosmétiques, produits de toilette, parfums et fragrances

Code de la publicité aux consommateurs de médicaments dispensés sans ordonnance médicale

Code d'acceptation de la publicité du Conseil consultatif de la publicité pharmaceutique

Directives du Comité des télédiffuseurs du Canada

Code des normes concernant la publicité à la télévision, sur les produits d'hygiène féminine

Code publicitaire de Radio-Canada

Code canadien des normes de la publicité

Source: adapté de DARMON, René Y., LAROCHE, Michel et PÉTROF, John V. *Le marketing, fondements et applications*, 2e édition, Montréal, McGraw-Hill Éditeurs, 1982, p. 376.

RÉSUMÉ

Puisqu'elle définit l'ensemble des activités de communication de l'entreprise orientée vers les consommateurs, l'expression «communication marketing» se substitue au terme de «promotion». En fait, elle englobe la publicité, la promotion des ventes, la publicité rédactionnelle, les relations publiques, les commandites, la force de vente, le télémarketing, le placement de produits, le marketing direct, la communication d'affaires et tous les autres outils de communication.

L'élaboration d'une campagne de communication marketing exige d'abord l'établissement d'objectifs à atteindre. Vient ensuite la détermination du budget à allouer à la campagne. Afin d'avoir un impact plus grand sur le marché, les entreprises organisent leur campagne de communication marketing autour d'un thème précis choisi en fonction des objectifs visés et des caractéristiques du marché cible.

Publicité, force de vente, télémarketing, promotion des ventes, publicité rédactionnelle, relations publiques, commandites, placement de produits, marketing direct et communication d'affaires sont les moyens mis à la disposition du spécialiste en marketing qui désire communiquer avec les consommateurs. Il lui suffit d'élaborer le meilleur mix de communication, et ce en tenant compte d'une multitude de facteurs.

Dernière étape du processus, le contrôle des activités de la campagne n'en est pas moins essentiel. Il permet de déceler les forces et les faiblesses du processus et d'apporter les actions correctives nécessaires.

Enfin, plusieurs lois et règlements en ce domaine visent à satisfaire davantage le consommateur en le protégeant contre les entreprises qui n'ont pas encore intégré totalement le concept de marketing.

QUESTIONS

1. Prenez un cas personnel dans lequel la communication avec un proche est difficile à établir. Analysez cette situation à l'aide du processus de communication et essayez d'établir les causes de votre incapacité à communiquer. Ce type d'analyse peut-il être utile dans la perspective d'une communication marketing?

2. Lisez l'encadré 5.2. Votre opinion par rapport à la publicité est-elle la même que celle de l'auteur du texte?

3. Pour chacun des niveaux du modèle de la hiérarchie des effets de Lavidge et Steiner, élaborez un objectif de communication marketing pour un fabricant de purificateurs d'air.

4. Quels sont les différents moyens de communication marketing? Décrivez-les brièvement.

5. Dans les médias généralement accessibles, choisissez une campagne de communication marketing en cours. Relevez les moyens utilisés et analysez les interrelations entre ces différents moyens.

6. En quoi le marché visé et la valeur du produit influencent-ils le responsable du marketing dans le choix des moyens de communication à utiliser?

7. Nommez deux méthodes de détermination du budget de communication marketing. Décrivez-les brièvement.

8. Décrivez le processus de contrôle de la communication marketing.

9. Quel est l'impact de la stratégie de distribution sur la communication marketing?

10. Supposez que vous siégez au bureau de direction du Conseil des normes de la publicité. Quelle serait votre position dans le débat présenté à l'encadré 10.4?

EXERCICES PRATIQUES

10.1 *LES ASSURANCES GOUIN, McDOUGALL, ROULEAU*

Les assurances Gouin, McDougall, Rouleau existent depuis bientôt 20 ans. Depuis ses débuts, la compagnie d'assurances créée par M. Gilbert Gouin a beaucoup évolué. Aujourd'hui, elle est considérée comme une des plus importantes de l'Estrie. Plus de 30 courtiers travaillent dans la région, et les services se sont considérablement diversifiés. La Chambre de commerce de l'Estrie a récemment souligné la grande contribution des Assurances Gouin, McDougall, Rouleau à l'essor de la région.

Au début, la compagnie n'offrait que des assurances-vie personnelles et quelques services de placement. Elle est maintenant considérée comme la compagnie spécialisée en assurance collective, en plus d'offrir une gamme complète d'assurances et de placements. La division de l'assurance collective, qui regroupe

huit courtiers, est placée sous la direction de M. Albert. Il travaille pour la compagnie depuis 14 ans et il a lui-même instauré ce service. C'est pourquoi M. Gouin l'a nommé responsable de cette division lorsqu'il a constaté l'augmentation constante de la demande pour cette catégorie d'assurance, il y a maintenant 10 ans.

Les régimes d'assurance collective s'adressent spécifiquement aux entreprises et à l'ensemble de leurs employés. Le régime regroupe généralement une assurance-vie, une assurance-salaire et invalidité, une assurance-maladie, les soins dentaires, les soins de la vision, les prothèses, etc. Chaque contrat est différent et, en plus, chaque assuré peut modifier sa police d'assurance selon ses propres besoins. Le choix d'une compagnie d'assurances est complexe, et les gens magasinent beaucoup. C'est un service relativement dispendieux puisqu'il peut coûter plus de 100 $ par mois par employé, selon le nombre de services offerts, le type de couverture et le nombre total de bénéficiaires par entreprise. Certaines compagnies assument entièrement les frais pour tous les assurés, d'autres partagent les coûts entre elles et chaque employé et, parfois, les primes sont entièrement remboursées par l'assuré.

Le marché des assurances collectives est assez complexe. Le processus de vente (c'est-à-dire les étapes entre le premier contact avec le client et la signature du contrat) est relativement long puisqu'il nécessite très souvent plusieurs visites avec les dirigeants d'entreprise, le syndicat, les employés. Les clients passent par différents stades de comportement avant de procéder à l'achat. De plus, les contrats d'assurance sont très personnalisés. Les courtiers qui travaillent sur ces dossiers doivent donc recevoir une formation spéciale et avoir beaucoup d'expérience dans ce type d'assurances.

M. Albert est très conscient des étapes du processus de vente de ce type de service. Il sait parfaitement qu'on doit accompagner le client dans son processus d'achat en le sécurisant constamment pour éviter de le perdre en cours de route. D'ailleurs, M. Gouin a demandé à la division de l'assurance collective qu'elle augmente de 12 % le taux de sollicitation de clients potentiels cette année afin que le ratio de conclusion de vente atteigne 16 % (c'est-à-dire le rapport entre le nombre de contrats signés et le nombre total de contacts). Cet objectif atteint, le bureau aurait une des plus grosses parts de marché de la région. De plus, le bureau doit s'adresser davantage aux petites et moyennes entreprises de plus de 100 employés.

En ce qui concerne la communication marketing, Les assurances Gouin, McDougall, Rouleau a toujours tenté d'être assez dynamique sans toutefois provoquer la concurrence. De plus, la publicité des compagnies d'assurances est sévèrement réglementée par la *Loi des intermédiaires de marché*. M. Albert croit que l'atteinte de son objectif se fera par l'amélioration des efforts de communication marketing et le renforcement des outils de communication de ses vendeurs, même si sa marge de manœuvre en ce sens est relativement étroite.

En tant que spécialiste des communications marketing, M. Albert vous demande de lui proposer deux outils de communication pour chaque étape de la hiérarchie des effets. Toutefois, dans un premier temps, vous devez analyser la situation de la compagnie Les assurances Gouin, McDougall, Rouleau en fonction des différents facteurs suivants: objectifs, marché visé, classe de produits, valeur du produit, complexité du produit, stratégie de distribution.

Annexe I

*Loi des intermédiaires de marché**

Selon la réglementation, la publicité d'un intermédiaire (cabinet de courtiers d'assurances) ne doit porter que sur les éléments suivants:

1. les nom et prénom de l'intermédiaire;
2. les nom et prénom de ses associés;
3. sa raison sociale ou sa dénomination sociale;
4. ses adresses d'affaires et résidentielle;
5. ses numéros de téléphone et de télécopieur;
6. le ou les titres qu'il est autorisé à utiliser;
7. sa formation scolaire et les diplômes dont il est titulaire;
8. le ou les secteurs d'activités dans lesquels il exerce ses activités;
9. la description des produits et services qu'il offre;
10. le nom de la compagnie d'assurances ou de l'entreprise pour laquelle il travaille.

L'intermédiaire peut également déclarer son appartenance à une corporation professionnelle.

La réglementation autorise un intermédiaire à faire de la publicité de produits d'assurance à la condition:

– que la publicité ait été préalablement approuvée par la compagnie d'assurances concernée;
– que la publicité rende compte de tous ses éléments sans que certains ne soient mis en évidence au détriment d'autres;
– que les différents produits ne soient pas comparés dans une publicité, sauf s'ils sont relatifs à l'épargne.

10.2 LES PIGNONS ROUGES

Le promoteur immobilier Les pignons rouges construit des maisons témoins de type maison de ville et exploite un site immobilier en banlieue de Québec. L'entreprise a confié à la firme Bertrand-Simon Communication tout le volet des communications marketing. Conjointement avec les promoteurs et les architectes, Bertrand-Simon a soigneusement tracé un profil de la clientèle cible susceptible d'acquérir une maison de ville. L'emplacement du site, la disposition des pièces, la couleur extérieure de la maison, l'aménagement paysager, tout a été planifié en fonction des clients potentiels.

---

* Adaptation et vulgarisation de la *Loi sur les intermédiaires de marché*, d'après l'Association des intermédiaires en assurance de personnes du Québec.

Une maison de ville est une petite maison d'environ 16 pieds de façade construite en jumelle sur trois étages. On trouve un coin cuisine, une salle à manger et un salon au rez-de-chaussée; la chambre des maîtres, une grande salle de bains (avec bain et douche) et deux petites chambres à l'étage; une salle de jeu ou un bureau et une buanderie au sous-sol. Les prix au détail sont à partir de 109 500 $. Le futur propriétaire pourra bénéficier de certaines subventions de même que d'une réduction de la taxe municipale pour les trois premières années.

Vous avez étudié le profil type de l'acheteur de ce genre d'habitation et vous avez fait un placement média judicieusement stratégique en mettant en valeur une publicité que vous croyez parfaitement ciblée. L'ouverture de la première maison témoin se fera dans trois jours et tout est prêt. Afin de s'assurer de la réussite de la campagne de publicité, votre directeur vous demande de concevoir un questionnaire de 15 questions pour vérifier si on a bien rejoint le type de client recherché. Veuillez inclure tous les styles de questions habituels. (Reportez-vous au chapitre 4.)

MISE EN SITUATION
Au coin du feu inc.

À la suite de l'augmentation rapide des prix du pétrole et de l'électricité, Mme Jacob a eu l'idée de relancer l'entreprise artisanale léguée de père en fils et vieille de 150 ans. Les affaires avaient beaucoup diminué de 1950 à 1975, années de gloire du pétrole et de l'électricité durant lesquelles la plupart des consommateurs ont adopté les systèmes de chauffage au mazout et les poêles au gaz ou à l'électricité. Depuis 1975, toutefois, elle sentait une certaine reprise des affaires.

Au coin du feu inc. fabrique des poêles à bois. En plus des poêles de cuisine (modèle «Antique» à 2500 $; modèle «Ancestral» à 3250 $), l'entreprise fabrique des poêles de style «Parloir» («Parloir Déco» à 250 $; «Parloir» à 195 $) ainsi que des poêles à combustion lente («Norvégien» à 550 $; «Norvégien Plus» à 750 $). Elle fabrique également tous les accessoires reliés à l'entretien du foyer, à savoir les brosses, les pelles, les pinces, et ce entre 10 $ et 15 $ l'unité.

La société emploie actuellement huit personnes à la production en plus d'une secrétaire administrative, adjointe de Mme Jacob. Bien que l'entreprise ne fonctionne qu'à 40 % de sa capacité, Mme Jacob réussit, par une gestion dynamique, à en faire une société rentable. Toutefois, son objectif pour les prochaines années est de provoquer une réelle croissance de ses affaires. Le prix du pétrole augmentant sans cesse et celui de l'électricité également, Mme Jacob cherche à tirer profit de ces deux éléments de son environnement afin d'augmenter les ventes de poêles et d'accessoires connexes.

Mme Jacob sait fort bien que la croissance de son entreprise est liée à l'utilisation de la communication marketing. Cependant, elle ne sait vraiment pas quels moyens de communication marketing retenir. Face à cette situation, elle a engagé à forfait un technicien en administration afin qu'il lui fournisse un rapport indiquant, en fonction de certains critères, quels moyens seraient les plus appropriés à la relance de ses affaires. Vous avez été choisi parmi les huit autres candidats qui ont présenté une offre de service. Vous avez donc le mandat de fournir un rapport à Mme Jacob, et ce dans les plus brefs délais.

Cas
L'EXPOSITION DE VOITURES ANCIENNES

À Lanoraie-sur-le-Vallon, on s'apprête déjà à préparer la troisième exposition de voitures anciennes. Cet événement, qui a lieu le deuxième week-end de juillet, a attiré l'an passé près de 100 exposants.

Pour les propriétaires de ces bijoux sur quatre roues, l'exposition est l'occasion de rencontrer d'autres amateurs et surtout d'exposer au grand public leurs voitures de collection. Pour les visiteurs, c'est la chance d'admirer d'élégantes vieilles bagnoles, d'acquérir des connaissances sur cette invention fascinante qu'est l'automobile et de passer une belle journée seul ou en famille dans un site enchanteur.

Des 5000 visiteurs de la première année aux 12 600 de l'an passé, on espère atteindre le chiffre de 25 000 pour la troisième exposition. L'événement jouit d'une bonne réputation dans la région. Les commerçants sont heureux que de nouveaux visages fréquentent leurs boutiques à une période moins achalandée de l'été. Nous sommes à six mois de l'événement, et 83 exposants ont déjà confirmé leur présence.

Le cru 1995 propose une nouvelle activité, *L'encan de la voiture ancienne*. Cet encan est une idée originale de M. D'Amour, membre du comité organisateur et responsable de l'encan et des produits dérivés. Les exposants désirant vendre leur automobile pourront participer à un encan qui aura lieu le dimanche matin. Ainsi, les véhicules identifiés par une affiche «Encan 95» seront mis en vente. Cette formule permettra aux acheteurs éventuels d'obtenir toute l'information sur le véhicule convoité auprès du propriétaire durant la journée du samedi. Des frais d'entrée de 4 $ sont demandés par visiteur (acheteur éventuel), alors que des frais d'inscription de 50 $ sont exigés de chaque propriétaire inscrit, plus une commission de 10 % à la vente du véhicule. L'encan aura lieu de 8 h à 10 h le dimanche matin.

Actuellement, 16 participants inscrits à l'exposition se sont également inscrits à l'encan, et certains revendeurs de voitures antiques semblent fort intéressés par l'idée. Il est à noter que seuls les véhicules antiques ou ayant un attrait de collection seront admissibles à cet encan. L'exposition aura également en montre une section de camions de pompiers anciens et un moteur à vapeur d'époque. Le site compte un minicircuit de voitures électriques pour les tout-petits.

L'événement est financé en majeure partie par les différents paliers gouvernementaux (municipalité, ministère du Tourisme) et par la chambre de commerce locale. De plus, la vente de souvenirs, tels que des t-shirts, des épinglettes, des voitures-jouets et la vente de produits alimentaires complètent le financement. Une équipe de bénévoles est recrutée principalement pour la sécurité, la tenue des divers kiosques d'information, de nourriture et de souvenirs, ce qui diminue au maximum les frais d'exploitation.

Mme Renault est membre du comité organisateur de l'événement et a nouvellement été nommée au poste des communications et du marketing. Propriétaire d'une boutique de vêtements, elle connaît la vente, la publicité et le marketing. Elle termine actuellement un certificat en marketing à l'université. Elle a été choisie pour le poste de directrice des communications parce qu'elle a suivi un cours de marketing touristique. Il faut cependant admettre qu'un événement de ce type diffère de la vente au détail et que l'aspect communicationnel y prend une importance capitale.

Le comité des communications se réunit pour la première fois aujourd'hui. Le but de la rencontre est d'établir un échéancier et de planifier les activités du comité pour les six prochains mois. M. D'Amour s'adresse le premier au comité. Selon lui, pour le troisième cru, on devrait mettre l'accent sur l'encan. Il croit que l'aspect exposition est déjà bien connu du grand public et que l'encan de véhicules amènera un nouveau type de visiteur.

Le président de l'événement et responsable de l'exposition déclare à M. D'Amour: «L'événement que nous organisons n'est pas une vente de garage, c'est une exposition, un événement touristique.» M. D'Amour réplique: «L'encan et ses profits pourraient largement financer l'ensemble de l'exposition de cette année. Avec plus de budget pour l'an prochain, notre encan de voitures anciennes pourrait bien devenir le plus gros rassemblement de voitures anciennes au Québec.»

Le président expose alors son opinion plus en détail. Selon lui, l'encan pourrait certes engendrer des profits très intéressants. Il ne faudrait cependant pas oublier que l'exposition est soutenue par des organismes gouvernementaux, municipaux et privés, et que ces derniers n'aimeraient peut-être pas que l'on change la vocation de l'exposition ou le thème.

M. D'Amour, de son côté, explique que les compressions gouvernementales risquent, dans un avenir très proche, de se traduire en une baisse des principales entrées de fonds de l'exposition. Il faudrait alors arriver à s'autofinancer, et l'encan serait le moyen le plus efficace. On doit donc penser à mettre tous les efforts promotionnels sur l'encan.

La discussion s'éternise entre les deux dirigeants. Ces derniers se tournent alors vers Mme Renault, responsable du marketing et qui était jusque-là demeurée silencieuse, et ils lui demandent: «Que pensez-vous de tout cela, Mme Renault?»

NOTES

1. LAVIDGE, Robert J. et STEINER, Gary A. «A Model for Predictive Measurements of Advertising Effectiveness», *dans Journal of Marketing*, octobre 1969, p. 61.

2. STANTON, William J. et coll. *Fundamentals of Marketing*, 4e édition, Toronto, McGraw-Hill Ryerson, 1985, p. 484.

3. STANTON, William J. et coll. *Fundamentals of Marketing*, 4e édition, Toronto, McGraw-Hill Ryerson, 1985, p. 485.

11

LE MIX DE COMMUNICATION MARKETING

OBJECTIFS D'APPRENTISSAGE

Après la lecture du chapitre, vous devriez être en mesure de:

- présenter les éléments du mix de la communication marketing de masse;
- connaître les moyens de communication de masse;
- décrire en détail la communication marketing personnalisée;
- dresser la liste des composantes de la gestion de la force de vente.

Combien de fois vous est-il arrivé aujourd'hui de voir, d'entendre ou de lire un message publicitaire? d'être l'objet d'une promotion des ventes quelconque? d'une publicité rédactionnelle? de participer à une activité du service des relations publiques d'une entreprise? de faire affaire avec un vendeur? Qu'il soit 8 h 30, 15 h ou 23 h, les consommateurs demeurent la cible privilégiée des différents moyens de communication marketing à la disposition de l'entreprise.

De par leur rôle de récepteurs, tous les consommateurs se sont un peu familiarisés avec chacun des moyens de communication marketing. Toutefois, quelles sont les particularités de ces moyens du point de vue de l'émetteur? Dans le présent chapitre, nous tenterons de répondre à cette question.

LA COMMUNICATION MARKETING DE MASSE

Beaucoup d'entreprises utilisent des moyens de communication marketing de masse tels que la publicité, la promotion des ventes, les relations publiques, les commandites, la publicité rédactionnelle, le marketing direct, le placement de produits et la communication d'affaires (*voir figure 11.1*). Grâce à ces moyens, elles rejoignent à la fois leur vaste clientèle et le nombre encore plus impressionnant de consommateurs potentiels.

Ces moyens ne leur permettent toutefois pas de personnaliser leur message en fonction de chacun des récepteurs. Même si elles ont observé certaines différences quant aux besoins des consommateurs cibles choisis, les entreprises leur communiquent le même message. Il s'agit, en fait, d'une communication impersonnelle dans laquelle le consommateur ne peut émettre directement son opinion à l'entreprise qui s'adresse à lui.

Ce type de communication marketing revêt une forme appropriée aux multiples besoins de l'entreprise. En effet, elle contribue à l'atteinte de ses objectifs. Voyons plus en détail chacun des moyens de communication de masse.

La publicité

La publicité a entraîné tant de réussites d'entreprises et de produits dans l'histoire économique mondiale que ce mot est devenu presque magique. On ne peut nier que la publicité est un excellent moyen de communication marketing de masse. Toutefois, elle ne peut, à elle seule, sauver une entreprise de la faillite ou vendre un produit qui n'est plus recherché.

La publicité n'est pas pour autant une dépense inutile, loin de là. Elle s'avère, jusqu'à un certain point, un investissement judicieux dans le temps puisqu'elle contribue à bâtir la notoriété de l'entreprise auprès des consommateurs et à constituer

■ Figure 11.1   Communication marketing de masse

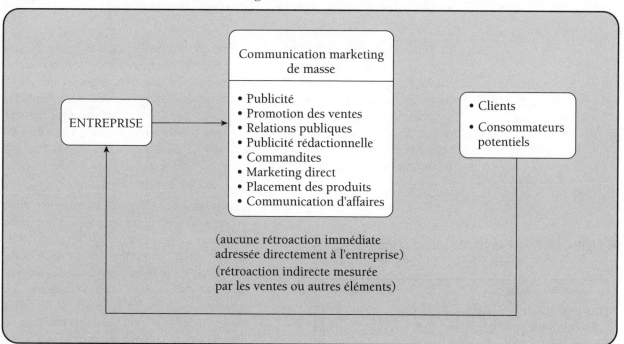

Source: adapté de DARMON, René Y., LAROCHE, Michel et PÉTROF, John V. *Le marketing, fondements et applications*, 3e édition, Montréal, McGraw-Hill Éditeurs, 1986, p. 310.

son achalandage. L'entreprise y a massivement recours, que ce soit en fonction du comportement des consommateurs, de son produit ou de son image.

Il existe différents types de publicité. D'une part, la publicité peut mettre en évidence les caractéristiques d'un produit. Tout le monde connaît ce genre de communication marketing.

D'autre part, la publicité peut véhiculer un comportement ou une idée à adopter (*voir encadré 11.1*); on parle alors de «publicité sociétale». Les gouvernements, les organismes à but non lucratif, les partis politiques et les entreprises privées utilisent de plus en plus ce type de publicité[1]. À titre d'exemple, le message publicitaire lancé par le ministère des Transports du Québec, «L'alcool au volant, c'est criminel, qu'on se le dise», est devenu un classique de la publicité sociétale[2].

La publicité relative à l'image de l'entreprise, connue sous le nom de «publicité institutionnelle», ne met pas en vedette un produit, mais plutôt l'entreprise en tant que personne morale, en tant que bon citoyen de la société dont elle fait partie intégrante. Au cours des dernières années, les compagnies pétrolières ont fréquemment eu recours à ce genre de publicité afin de justifier leurs actions auprès des consommateurs. D'autres entreprises utilisent la publicité institutionnelle dans le but de faire état de leur contribution à la société et non pour se défendre.

Les décisions en matière de publicité

Pour arriver à ses fins, le responsable du marketing ne peut improviser. Tout comme il l'a fait lorsqu'il a décidé d'utiliser la communication marketing, il devra de nouveau prendre une série de décisions, cette fois en ce qui concerne les points suivants:

- la détermination des objectifs;
- la détermination du budget;
- la création du message publicitaire;
- le choix des médias, des supports et du calendrier publicitaire;
- le contrôle de l'activité de publicité.

La détermination des objectifs   Comme on peut le voir dans la figure 11.2, les objectifs de la publicité découlent nécessairement des objectifs de communication marketing abordés dans le chapitre précédent. En plus des objectifs de vente, habituellement mesurés en dollars ou en unités, l'entreprise vise également des objectifs de communication (*voir chapitre 10*). Il serait ardu, si ce n'est inutile, d'établir une liste exhaustive de ces objectifs, puisque ces derniers varient en fonction du contexte et de l'entreprise. Toutefois, après une étude attentive, Guiltinan et Paul ont dégagé six classes d'objectifs[3].

- Connaissance. Cet objectif de base est utilisé en de multiples occasions, que ce soit pour présenter un nouveau produit, pour annoncer les nouvelles heures d'ouverture d'un commerce ou toute autre nouveauté qu'on veut faire connaître des consommateurs. Le responsable du marketing fera en sorte que la marque de son nouveau produit soit la première dont le consommateur se souvienne et que ce dernier l'achète.

■ **Figure 11.2**   Objectifs de communication marketing et objectifs de publicité

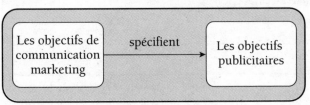

- Rappel d'utilisation. Pour les produits dont l'usage est discrétionnaire ou irrégulier, un objectif publicitaire approprié consiste à rappeler, sinon à provoquer, la consommation en véhiculant certains prétextes à la consommation par le biais du message publicitaire. Des slogans publicitaires du type «N'oubliez pas la prochaine fois» ou «Ayez-en toujours à portée de la main» sont des exemples appropriés de ce genre d'objectif. La demande d'une classe de produits (demande primaire) ou d'une marque particulière (demande sélective) peut également faire partie de ce type d'objectif.

- Modification des attitudes par rapport à l'utilisation du produit. C'est un objectif publicitaire pertinent que de vouloir modifier certaines attitudes face à un produit. Prenons, par exemple, l'attitude des gens en ce qui concerne les œufs. Bon nombre de personnes ne consomment cet aliment qu'au petit déjeuner. Cette attitude freine la consommation du produit en dehors de cette période de la journée. Cette situation crée alors un manque à gagner substantiel en ce qui concerne les ventes. C'est à ce type d'attitudes que s'est attaquée la campagne publicitaire de la Fédération des producteurs d'œufs de consommation du Québec avec «J'craque pour toi mon coco!». Il en est de même pour Windex qui «Fait briller plus que les vitres!», mais aussi le chrome, les miroirs et autres surfaces. L'entreprise peut viser et l'augmentation de la demande primaire (les œufs), et l'augmentation de la demande sélective (Windex).

- Modification des perceptions par rapport à l'importance des attributs d'un produit. Lorsqu'une entreprise a mis au point un produit qui est le seul parmi ses compétiteurs à posséder un attribut particulier, elle aura tout avantage à mettre cet attribut en évidence dans la publicité qu'elle en fera. Cependant, il doit s'agir d'un attribut déterminant aux yeux des consommateurs. Ces derniers doivent percevoir que seul ce produit le possède véritablement. Pour ce faire, l'entreprise n'a d'autre choix que d'utiliser la publicité de façon substantielle. L'attribut «Trident, la gomme sucrée sans sucre» fut si bien mis en évidence qu'il est devenu un avantage recherché par beaucoup de consommateurs.

- Modification des croyances envers une marque. La publicité isole un attribut important aux yeux des consommateurs. Le consommateur évalue les produits et achète la marque qu'il juge la meilleure en fonction de cet attribut. Devant faire face à plus d'un compétiteur, l'entreprise doit alors présenter son produit de telle sorte que les consommateurs croient qu'il est le meilleur en fonction de cet attribut particulier. À cet effet, Coke et Pepsi se livrent une guerre acharnée autour de l'attribut «meilleur goût».

- Renforcement d'attitudes. Une entreprise en position de leader sur le marché doit annoncer ses produits. Elle doit entretenir la confiance que les consommateurs vouent à son produit en leur assurant qu'elle fait toujours en sorte qu'il soit le meilleur produit et qu'il le reste. D'une part, ce type de publicité rassure les consommateurs et, d'autre part, il crée une certaine fidélité à la

■ **Encadré 11.1** Un exemple d'une publicité sur les œufs

Source: Fédération des producteurs d'œufs de consommation du Québec.

marque. Bell Canada, leader de la téléphonie, ne dort pas sur ses lauriers (*voir encadré 11.2*). Cette entreprise réitère continuellement la confiance que les consommateurs ont envers ses services et essaie de s'assurer de leur fidélité.

Lors d'une campagne publicitaire, une entreprise peut choisir d'atteindre plus d'un objectif. Toutefois, elle devra s'assurer de leur compatibilité afin d'éviter de courir deux lièvres à la fois… et de les perdre tous les deux! Un soin particulier doit également être apporté lors de la formulation des objectifs. Ils doivent être écrits et connus de tous ceux qui participent à leur réalisation. Voici quelques exemples d'objectifs:

- augmenter les ventes du produit X ou du service Y de 20 % auprès des jeunes de 12 à 18 ans, et ce sur une période de six mois;
- atteindre les personnes de 40 à 55 ans, de telle sorte que 40 % d'entre elles connaissent le nom de marque du produit X ou du service Y à la fin de la campagne, soit dans 15 semaines.

Il est à noter que les objectifs d'une campagne publicitaire constituent un élément fondamental à l'étape du contrôle à la fin de la campagne.

La détermination du budget   Le responsable du marketing détermine quelle part du budget de communication marketing ira à la publicité. Les différentes méthodes de détermination du budget vues dans le chapitre 10 s'appliquent également ici, la méthode des objectifs et des tâches étant toujours la plus appropriée. Une fois les objectifs à atteindre définis de façon précise, il devient aisé de déterminer le montant d'argent à consacrer à la publicité. Au Canada, les entreprises y affectent des sommes considérables. L'encadré 11.3 présente les 10 plus importants annonceurs du Québec.

Même si l'ampleur du budget à déterminer n'est pas aussi phénoménale que pour ceux de l'encadré 11.3, le responsable du marketing se doit de faire une analyse approfondie.

La création du message publicitaire   La création du message publicitaire est souvent l'aspect le plus fascinant du domaine de la publicité. Même si on est contre la publicité, on ne peut nier l'excellent travail accompli

■ **Encadré 11.2**   Les annonces publicitaires de Bell Canada ont souvent été primées parmi les meilleures au Canada et même au monde!

Passer au petit écran peut être payant.

Vous pourriez économiser gros sur vos interurbains en appelant au **1 800 668-BELL**. À l'aide du Programme FRIC (frais réduits d'interurbain pour nos clients), nos conseillers verront défiler vos appels des derniers mois à leur écran et en feront une **analyse gratuite**. Ils vous proposeront ensuite un plan d'économie sur mesure et vous diront même **au dollar près** combien vous pourriez économiser! Du concret, pas que des promesses de gros pourcentages. Les analyses gratuites du Programme FRIC: un autre avantage de la garantie… unique à Bell.

■ **Encadré 11.3** Les 10 premiers annonceurs au Québec dans l'ensemble des grands médias (1994)

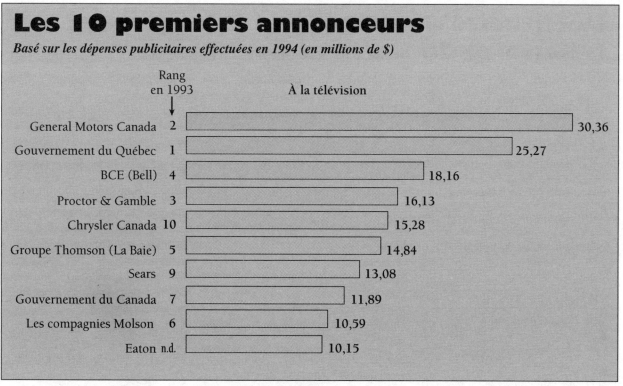

Source: «Le guide annuel des médias 1996», *Infopresse Communications*, p. 13.

par certains créateurs publicitaires. Au moment d'écrire ces lignes, la campagne de Monsieur «B» pour Bell Canada bat toujours son plein et est considérée comme la meilleure campagne depuis plusieurs années.

Un message publicitaire doit être bien élaboré pour permettre d'atteindre les objectifs publicitaires déterminés par le responsable du marketing. Même si c'est habituellement l'agence de communication marketing de l'entreprise qui crée le message publicitaire, l'administrateur doit tout de même en connaître les éléments constitutifs. Créer un message publicitaire, c'est prendre des décisions relativement à la copie, aux illustrations et à l'agencement de ces éléments (*voir encadré 11.4*).

La copie est développée à partir de l'axe et du thème adoptés pour la campagne de communication marketing. Elle véhicule l'information nécessaire à l'atteinte des objectifs. Elle peut contenir une partie de ces éléments ou tous à la fois, à savoir l'en-tête et le texte (lus ou écrits), le nom et l'adresse du fabricant s'il y a lieu, ainsi que le texte du bon-rabais (ou autre) le cas échéant.

Les deux principaux éléments de la copie qui constituent l'argumentation du message publicitaire (soit l'en-tête et le texte) prennent trois formes[4]:

- ils décrivent les attributs physiques du produit;
- ils font part des bénéfices obtenus par la consommation du produit;
- ils caractérisent le produit (qui le consomme et pourquoi).

■ **Encadré 11.4** L'efficacité du message est largement tributaire du texte et de l'image

L'efficacité du message est largement tributaire du texte et de l'image

Québec – Le message publicitaire efficace «constitue un heureux mariage du texte et de l'image, ou mieux qu'un mariage, un couple marchant au pas».

Ce simple énoncé formait le thème d'une conférence prononcée récemment devant les membres de la Faculté des sciences de l'administration de l'Université Laval par le professeur Claude Cossette, lui-même président de l'agence Cossette et Associés.

Bernard Racine

de la Presse canadienne

■ Au cours de cette conférence, M. Cossette a expliqué bon nombre de principes publicitaires qui devraient être connus aussi bien des techniciens de la publicité que des annonceurs eux-mêmes.

Les messages publicitaires sont le plus souvent des messages bi-codés, c'est-à-dire qu'ils comprennent une image et un texte. L'image et le texte jouent un rôle redondant l'un par rapport à l'autre. L'image illustre alors ce que le texte dit déjà et vice-versa.

Des études ont montré l'importance d'une image dans une annonce écrite. Des rapports scientifiques américains ont établi qu'environ le tiers des lecteurs d'un périodique se rappellent avoir vu l'image d'une certaine annonce mais que seulement le tiers de ces personnes auront commencé à en lire le texte.

Les statistiques d'un publicitaire français sont semblables: 40 p. cent des clients-cibles auront vu l'annonce comportant une image; 35 p. cent auront identifié le commanditaire, 10 p. cent auront commencé de lire le texte et 5 p. cent l'auront entièrement.

«Cela souligne bien l'attention qu'il faut porter à la fabrication de ces images», a souligné le professeur.

«L'image publicitaire est avant tout un attrape-regard. On a démontré à satiété les vertus persuasives des images en publicité surtout quand elles représentent des personnes», et on a relevé des personnages dans 78 p. cent des images publicitaires aux États-Unis.

Selon un publicitaire expérimenté, l'image doit répéter la même chose que le texte publicitaire. «Quand vous dites: cette tablette se dissout en milliers de bulles minuscules, montrez en même temps la tablette se dissolvant en milliers de bulles minuscules», disait ce publicitaire.

La première étape de la publicité c'est d'attirer l'attention. À ce sujet, il faut noter que même si une image réussit très bien à attirer l'attention, cela ne veut pas dire que cette image soit une bonne image publicitaire.

Pour le démontrer, on a testé deux illustrations pour une annonce d'ampoules G.E. Dans l'une, l'image était celle d'un bébé souriant, considéré comme un des

sujets les plus attirants. Dans l'autre, l'image représentait une femme en train de visser une ampoule dans une lampe.

Résultat du test: la deuxième annonce était de beaucoup supérieure à la première. C'est qu'il ne suffit pas seulement d'attirer l'attention, mais qu'il faut surtout convaincre les bonnes cibles, les consommateurs potentiels, en l'occurrence, les personnes intéressées aux ampoules électriques.

Le vice-président de la grande agence américaine BBDO affirme qu'il existe trois sortes d'images efficaces:

– celle qui montre le produit lui-même;
– celle qui montre l'usage qu'on fait du produit;
– celle qui montre la satisfaction qu'on obtient à utiliser le produit.

M. Cossette a souligné que des annonceurs, présumant qu'une image provocante sera encore la meilleure, utilisent des images farfelues et mêmes horribles.

Effectivement de telles images attireront peut-être l'attention, mais persuaderont-elles? Cela est une autre question. Or, le but d'un message-image publicitaire est de convaincre et de persuader.

«Il ne suffit pas d'attirer l'attention du regardeur comme on le croit; il faut déjà le convaincre par le message – l'image – sur lequel il porte son regard quelques instants.»

Source: La Presse, 19 mars 1984.

Il existe plus d'une façon de formuler l'argumentation. Dans certains cas, il est plus approprié d'utiliser une argumentation douce et discrète, particulièrement lorsqu'il s'agit de messages publicitaires indirects dans lesquels la pression pour la vente est pratiquement nulle. Honda utilise ce genre d'argumentaire pour ses produits. Dans d'autres cas, soit en raison des conditions économiques (la récession notamment), de l'environnement concurrentiel existant ou du produit comme tel, l'entreprise peut avoir avantage à utiliser une argumentation plus dynamique. De cette façon, elle mettra fermement en évidence tous les mérites du produit. Les messages publicitaires directs favorisent une réaction immédiate chez les consommateurs. Coke et Pepsi utilisent ce genre de publicité pour certains de leurs produits.

De toute évidence, tout comme le produit lui-même, le réseau de distribution ou le prix demandé, la copie du message publicitaire s'avère un élément important dans le positionnement d'un produit. «Jamais sans mon lait...!» visait, entre autres, à positionner le lait davantage comme une boisson d'accompagnement idéale que comme un aliment purement nutritif. Il en est de même de nombreux autres produits pour lesquels le positionnement constitue un élément important lors de la décision d'achat des consommateurs.

Pour les illustrations, le créateur publicitaire peut utiliser le principe de la photographie, du graphisme, du tableau d'information, du dessin, de la reproduction de peinture, de bandes dessinées ou toute autre forme de présentation visuelle susceptible d'accompagner la copie[5] (*voir encadré 11.5*). Les décisions concernant les illustrations sont en étroite relation avec celles qui ont trait à la copie puisqu'elles servent également à positionner le produit. McDonald's utilise efficacement l'image afin de mettre en évidence le caractère succulent de ses différents produits. Comme l'adage le veut, «Une image vaut mille mots».

La composition du message publicitaire consiste à mettre en place tous les éléments de la copie et des illustrations retenus. Bien qu'ils concernent davantage l'aspect artistique de l'annonce, le créateur doit tenir compte de certains critères de production, tels que l'équilibre, le contraste, la proportion, le mouvement et l'unité. En plus de répartir les éléments, la disposition doit créer l'effet de synergie qui aura sur le consommateur l'impact optimal.

■ **Encadré 11.5** Utilisation de dessins dans la publicité

D'un bout à l'autre du Canada pour **15 ¢** la minute.

Prêt pas prêt, ce soir, c'est le grand soir.
Grâce à l'interurbain Bell, appelez n'importe où au Canada et ne payez qu'un maximum de 15 ¢ la minute. 15 ¢ et ça ne comprend même pas les rabais du plan *InterMax*MC ! Mais hâtez-vous, il faut en profiter ce soir comme tous les mercredis d'octobre entre 20 heures et 8 heures du matin.
Mordus d'Internet : http://www.bell.ca/pub

Bell

Certaines conditions s'appliquent au plan InterMaxMC

■ **Encadré 11.6** Drôle ou pas drôle la pub?

La publicité n'est pas drôle

Patrick Pierra

■ À quoi ressemblent la plupart des messages publicitaires à la télévision? Les téléspectateurs connaissent la recette par cœur. D'abord, vous prenez une vedette. Vous lui faites dire, face à la caméra, combien elle aime le produit; vous lui faites témoigner qu'elle l'utilise souvent, et ajouter que le produit est disponible en ce moment à un prix spécial. De préférence, vous mettez en scène la vedette avec un enfant ou, à défaut, un animal domestique au regard attendrissant. Et surtout, surtout, vous n'oubliez pas de glisser un trait d'humour dans son discours, avant de conclure le message avec une ritournelle chantée.

Si vous croyez avoir reconnu la majorité des messages publicitaires dans cette caricature, détrompez-vous. Une récente étude, menée par Impact Recherche, dresse le portrait type des messages diffusés au Québec. Et ce portrait contrarie plusieurs idées reçues.

Dans la semaine du 9 au 15 juin derniers, Impact Recherche a branché quatre magnétoscopes sur les stations montréalaises qui transmettent les programmes des quatre grands réseaux francophones: TVA, Radio-Canada, Télévision Quatre-Saisons et Radio-Québec. Tous les programmes ont été enregistrés intégralement.

«Il a fallu plus d'une centaine d'heures pour visionner ces enregistrements», raconte Marie-Claude Joron, gestionnaire du projet. Au total, 461 messages différents ont été recensés. Un observateur a regardé attentivement chaque message, chronomètre et stylo en mains, pour en analyser le contenu.

Résultat le plus surprenant: seulement 8 % des messages sont basés sur l'humour. Dans 18 % des messages, l'humour est présent sous forme d'un bref clin d'œil mais il ne constitue pas l'élément principal du message. Restent 74 % des messages, dans lesquels on ne peut détecter aucune trace d'humour.

«Ces chiffres nous ont surpris, dit Christine Melançon, directrice d'Impact Recherche. Avec la popularité des humoristes et l'impact du Festival Juste pour rire, on s'attendait à une proportion plus importante de messages humoristiques. Mais il faut tenir compte des nombreux messages pour des détaillants, qui sont souvent enregistrés directement par les télédiffuseurs, dont Télévision Quatre-Saisons, et qui se contentent de présenter un commerce ou un produit.» Il n'y a qu'au second degré que l'on puisse, parfois, trouver ces messages drôles...

Le mythe de l'omniprésence des vedettes porte-parole ne résiste pas non plus à l'analyse. Seulement 7 % des messages montrent une vedette jouant son propre rôle, tandis que 4 % présentent des personnages fictifs comme porte-parole (tel le Monsieur B de Bell).

Des enfants et des animaux apparaissent bien dans certains messages: 17 % d'entre eux pour les enfants et 5 % pour les animaux. La majorité des annonceurs se passent donc de leurs services.

Contrairement à l'impression agacée que retirent certains téléspectateurs d'une exposition trop longue devant leur petit écran, les prix ne sont pas martelés à une fréquence excessive. Seulement 21 % des messages font mention d'un prix.

Quant à la signature chantée, elle ne conclut que 9 % des messages, 79 % se contentant d'une signature non chantée.

«C'est la première fois que l'on établit des statistiques sur le contenu des messages diffusés au Québec, dit Christine Melançon. Nous souhaitons raffiner l'étude et la mener de façon régulière, quatre fois l'an, pour suivre l'évolution des tendances de création publicitaire.»

Avec les perfectionnements de l'informatique et de l'image de synthèse, on peut ainsi s'attendre à voir augmenter la proportion de messages présentant une forme ou une autre d'animation (8 % selon la première étude).

«Nous voulons également faire le lien entre cette étude et les tests d'efficacité que nous menons en parallèle, poursuit Christine Melançon. Ces tests nous disent combien de gens reconnaissent un message diffusé et comment ils l'apprécient. Nous devrions ainsi identifier les types de contenu les plus efficaces.» Cossette, l'agence de publicité associée à Impact Recherche, disposerait ainsi d'une précieuse mine d'informations.

Et l'industrie publicitaire québécoise aurait un nouveau thermomètre, pour mesurer notamment la question, toujours sensible, de la répartition entre les créations originales québécoises et les adaptations de messages conçus hors Québec. Selon la première étude, créations originales et adaptations se répartissent à peu près également. «Mais il n'est pas toujours facile de distinguer une adaptation, remarque Christine Melançon, surtout lorsque des comédiens québécois ont tourné la version française d'un concept imaginé à Toronto ou New York.»

Source: Le Devoir, 21 août 1994, p. B2.

À ce point, il ne reste qu'à choisir le style d'appel à utiliser dans le message publicitaire. Voici quelques-unes des approches qu'on peut retenir:

- Approche témoignage. Les messages emploient, au lieu d'un acteur, un expert dans un domaine particulier en qui le public a confiance. Par exemple, Jacques Villeneuve, coureur automobile mondialement reconnu, participe à la publicité des produits de la compagnie Ford.
- Approche humoristique. Pour attirer et retenir l'attention des consommateurs, l'entreprise présente son produit de façon humoristique. Toutefois, le résultat n'est pas nécessairement garanti, car beaucoup d'entreprises ne s'acquittent pas très bien de la tâche de vendre leur produit, les consommateurs se préoccupant davantage du rire que du produit! Caramilk, avec son «secret», utilise adéquatement ce type d'approche. Loto-Québec également, avec sa campagne «Bye Bye Boss!» (*voir encadré 11.6*).
- Approche «tranche de vie». Cette approche met en évidence l'utilisation du produit à la maison ou à l'extérieur par une ou plusieurs personnes. Hygrade privilégie cette approche pour ses saucisses.
- Approche scientifique. À partir des résultats de certains tests, l'endosseur, généralement une personne sérieuse vêtue d'une blouse de laboratoire, fait état des qualités du produit. C'est le cas de certaines annonces de savon et de dentifrice.
- Approche comparative[6]. L'approche comparative, de plus en plus utilisée, amène l'entreprise à confronter son produit au produit du compétiteur de façon explicite (Coke et Pepsi) ou de façon implicite («Nos concurrents sont jaloux» slogan [1996] de la *Chevrolet Cavalier*). Depuis quelques années, on a modifié la réglementation en cette matière. Il est de plus en plus possible pour les entreprises d'utiliser cette approche. Toutefois, il ne faut pas oublier que, chaque fois que le produit des compétiteurs est mis en évidence, l'entreprise lui fait ainsi une publicité gratuite. On dit souvent: «Parlez de moi en bien, parlez de moi en mal, mais, s'il vous plaît, parlez de moi!»
- Approche à caractère sexuel. Certains messages publicitaires véhiculent des images à caractère sexuel, présentant des hommes ou des femmes nus ou, encore, des personnes habillées de façon provocante ou dont la position du corps est suggestive. Ces images visent à attirer l'attention des consommateurs, mais elles n'ont pas le même effet sur les hommes et sur les femmes. Selon les résultats de certaines recherches, il semble qu'elles attirent plus facilement l'attention des hommes que celle des femmes. Certains groupements dénoncent cette approche, ce qui rend son utilisation plus embarrassante[7].

Peu importe l'approche utilisée, un message publicitaire qui veut faire effet y parvient mieux si on tient compte du processus AIDA dans son élaboration (*voir figure 11.3*).

Mis au point vers la fin du XIXe siècle (1898) par E. St-Elmo Lewis, ce processus s'avère encore de nos jours une aide précieuse lors de la conception de messages publicitaires[8].

■ **Figure 11.3**   Le processus AIDA appliqué au message publicitaire

Un bon message publicitaire est conçu de façon à			
attirer l'Attention	soulever l'Intérêt	susciter le Désir	provoquer l'Action
A	I	D	A

Source: La Presse, 16 septembre 1981.

■ **Encadré 11.7** Et les goûts ne sont pas discutables…!

Les Québécois préfèrent la pub d'ici

Valérie Beauregard

■ Vous avez remarqué la pub de Bell Québec (le beau-frère de Benoît Brière), celles de Claude Meunier, grand amateur de Pepsi-Cola et celles de Donald Pilon déguisé en pizza pour McDonald's? Vous n'êtes pas seul. Un sondage Léger & Léger révèle que ce sont là les trois annonceurs qui ont eu le plus d'impact en 1993.

Selon cette étude, les dix pubs les plus populaires auprès des Québécois ont toutes été conçues au Québec. De plus, 90 p. cent des Québécois préféreraient les messages interprétés par des Québécois à ceux qui sont traduits. «En utilisant le talent créatif des gens d'ici pour communiquer avec les Québécois, ces annonceurs permettent en effet de maintenir des milliers d'emplois dans plusieurs domaines du monde des communications tout en augmentant leur chiffre d'affaires», a déclaré M. Richard Leclerc, président du Publicité-Club de Montréal.

M. Leclerc, qui rencontrait la presse lors du lancement de la Semaine de la pub, a aussi présenté les conclusions d'une étude selon laquelle 64,4 p. cent des messages publicitaires présentés à la télévision francophone sont créés au Québec. Cette étude qui a pris 18 mois à être menée à terme a été réalisée par

le Publicité-Club, en collaboration avec le ministère des Communications et de la Culture du Québec. Elle peut sembler encourageante, surtout si on la compare aux résultats de 1975 qui révélaient que seulement 27 p. cent des annonces étaient créées par des publicitaires québécois, mais M. Leclerc déclare: «La partie est loin d'être gagnée.»

M. Leclerc est quasiment certain que, si la même étude était réalisée aujourd'hui, les résultats seraient beaucoup moins intéressants. La récession et l'internationalisation des marchés ont amené des multinationales comme Coca-Cola et British Airways à «mondialiser» leurs campagnes publicitaires. La tendance de traduire des messages originellement conçus en anglais n'est pas enrayée. «Trente-cinq ans après la création du Publicité-Club, il faut encore veiller au grain», a dit M. Leclerc à *La Presse*.

Mardi, à l'aide de son magnétoscope, M. Leclerc a enregistré des annonces diffusées à Radio-Canada, TVA et Quatre-Saisons. Il dit avoir noté de nombreux messages mal adaptés et souvent mal postsynchronisés. «Ces messages choquants, voire même insultants pour l'intelligence des téléspectateurs, vont directement à l'encontre des intérêts des annonceurs en cause. Pourquoi dépenser des milliers de dollars en

médias si la qualité du message rebute le consommateur plutôt que de l'attirer?» a déclaré le Publicité-Club.

M. Leclerc a notamment relevé le cas des publicités des céréales Croque Nature, du shampoing Vidal Sassoon et des couches Pampers. Dans le cas de Pampers, la postsynchronisation est particulièrement mal réussie, dit-il. M. Leclerc note que la compagnie aurait pu, à la limite, conserver le même concept mais remplacer le médecin californien qui témoigne de la qualité du nouveau produit par un spécialiste québécois.

M. Leclerc est déçu du trop grand nombre d'annonceurs qui vendent au Québec des produits de consommation de masse «sans avoir le respect» de faire une production québécoise.

Lors des Jeux olympiques, McDonald's a démontré qu'il était payant de s'associer à des athlètes québécois (Lloyd Eisler, Isabelle Brasseur et Lloyd Langlois) pour ses publicités. Une étude d'IMPACT Recherche cette fois révèle que 86 p. cent de 300 adultes de la région de Montréal interrogés au début de mars savaient que la chaîne de restaurants avait commandité les Olympiques.

Source: La Presse, 20 mai 1994, p. B1.

Le choix des médias, des supports et du calendrier publicitaire Le choix des médias, des supports et du calendrier publicitaire met en jeu des décisions tout aussi cruciales que la création du message lui-même. Un bon message véhiculé par le biais d'un média inadéquat ou pendant une mauvaise période de l'année perd beaucoup de son efficacité. Le responsable du marketing doit donc y porter une attention particulière.

Les médias Quels sont les facteurs dont le responsable du marketing doit tenir compte lors du choix des médias? Les caractéristiques du segment de marché visé et les caractéristiques du produit constituent des indices utiles pour résoudre ce problème. Certains segments de marché sont plus enclins à écouter la télévision, alors que d'autres lisent davantage les journaux. De plus, certains produits ne peuvent faire l'objet d'un message publicitaire que par le biais de certains médias. Par exemple, il est impossible pour une entreprise fabriquant des cigarettes d'annoncer ses produits à la télévision.

L'ampleur du budget alloué à la publicité représente un autre facteur dont il faut tenir compte. Si l'entreprise n'a qu'un petit budget, elle évitera toutes formes de médias onéreux comme la télévision. Une façon efficace de choisir entre les différents médias consiste à comparer les coûts par millier de personnes atteintes.

Enfin, les caractéristiques propres à chaque média constituent un autre facteur dont il faut tenir compte. Par exemple, si l'entreprise désire utiliser une annonce en couleurs, elle pensera davantage aux revues qu'aux journaux. La figure 11.4 présente de façon analytique les caractéristiques des principaux médias.

■ **Figure 11.4** Tableau comparatif des médias

AVANTAGES	DÉSAVANTAGES	COMMENT MIEUX L'UTILISER
Journaux • Sens de l'immédiat • Portée rapide en une journée • Couverture locale de marché • Flexibilité dans le temps: choix du jour de la semaine • Flexibilité géographique • L'utilisation de la couleur est possible • Média de masse • Possibilité de segmentation en utilisant certains types de cahiers, de sections: pages féminines, section économie et finance • Valeur de catalogue • Couverture complète du Québec • Clientèle plus scolarisée (relativement)	• Aucune segmentation géographique n'est possible • La couleur est difficile à reproduire • Les taux de publicité nationaux par rapport aux taux locaux accusent un écart d'environ 40 % • Il n'existe à peu près pas d'auditoire secondaire • Le temps de lecture d'un journal est d'environ 30 minutes • Pour les hebdos, contrainte de parution: le mercredi seulement • Pour les hebdos régionaux: également, difficulté de choisir entre un hebdo gratuit et un hebdo payé	• S'assurer que le journal a une bonne pénétration en ce qui concerne le marché géographique visé ou le groupe cible visé • Si vous devez choisir entre un hebdo payé et un hebdo gratuit, analysez le contenu • S'assurer d'une bonne position dans la page • Utiliser un format qui permettra de dominer la page en hauteur et en largeur

AVANTAGES	DÉSAVANTAGES	COMMENT MIEUX L'UTILISER
Magazines et journaux spécialisés • Sélectivité de l'auditoire • Reproduction en couleurs • Souvent, caractère d'information • Vie plus longue du média • Auditoire secondaire important • Clientèle plus jeune, plus scolarisée, souvent avec revenu plus élevé (relativement) • Le contenu est souvent dirigé vers les types d'annonceurs	• Les délais de fermeture (2 mois), sauf pour les journaux (1 semaine) • Aucun sens de l'immédiat, sauf pour les journaux • Sa portée se bâtit au fil du temps • Couverture de marché limitée	• Être spécifique dans le contenu de l'annonce • Si vous diffusez une campagne radio parallèle, faire un lien entre les deux
Radio • Média de segmentation dans les grands marchés. Il est possible d'isoler les groupes cibles d'une façon précise • Média dont la fréquence d'écoute est élevée • Excellent pour rejoindre des populations mobiles: jeunes, hommes d'affaires, femmes au travail • Pas de baisse significative dans l'écoute en fonction des saisons • Flexibilité géographique. Possibilité de couvrir des marchés plus restreints qu'avec la télévision • Flexibilité: possibilité d'être en ondes à quelques heures d'avis • Il est facile de donner une saveur locale à la publicité • Couverture possible du marché total du Québec • Sens de l'immédiat • Distribution des heures d'écoute mieux répartie dans les groupes cibles économiques • Flexibilité d'horaires	• Plusieurs stations à considérer • Pour plus d'efficacité, il faut souvent être très spécifique • Pas de visuel • Vie courte des messages • Création plus difficile à rendre • Dans les petits centres, média assez coûteux • Le degré d'attention des auditeurs varie selon l'heure et l'endroit d'écoute	• Être certain d'acheter suffisamment de temps-radio • S'assurer d'avoir de bons horaires • Être créatif et imaginatif • Penser plus souvent à utiliser le «60 secondes» • Être spécifique dans le contenu du message • Ne pas être biaisé par la programmation des stations • Exploiter la flexibilité de la radio • Mettre en relation le profil de la station avec le produit et la compagnie

AVANTAGES	DÉSAVANTAGES	COMMENT MIEUX L'UTILISER
Télévision • Média de masse par excellence • Son et image pour une vente dynamique • Une certaine sélectivité de l'auditoire, en ce qui a trait à certaines émissions • Excellent média pour bâtir ou changer une image • Excellent média pour témoigner de la force d'un annonceur • Très haut degré de rappel des messages du consommateur • Média «intrusif» entrant dans tous les foyers • Possibilité de faire des démonstrations du produit • Couverture de marché totale du Québec	• Le coût absolu en dollars par message • La vie courte du message • Les disponibilités limitées de temps d'antenne et de choix d'émissions • Il faut combattre la distribution des heures d'écoute: plus les gens sont âgés et moins ils sont scolarisés, plus ils écoutent la télévision. La grille d'un annonceur doit permettre de rejoindre toutes les couches de la population, et ce de façon efficace • Les disponibilités limitées forcent les annonceurs à prendre des décisions longtemps avant la mise en ondes des messages. Le marché a parfois le temps de se modifier • Aucune donnée socio-économique concernant le profil des téléspectateurs n'existe. Seules existent les données démographiques	• Rechercher des émissions où le degré d'attention est plus élevé • Rechercher des émissions dont les cotes d'écoute sont stables • Rechercher des blocs d'émissions consécutifs où la programmation peut être semblable • Il peut être utile de concentrer vos achats de temps d'antenne
Publicité extérieure • Flexibilité • Excellent pour atteindre une audience mobile • Peu de concurrence centralisée au même endroit	• Reproches de la part de certains consommateurs • Création limitée • Dépend de l'humeur des conducteurs • Dépend des conditions de l'environnement (ex.: circulation très dense)	• S'assurer d'avoir de bons endroits • Être créatif, imaginatif • Exploiter la flexibilité de la publicité extérieure
Courrier • Stimulation sélective	• Coût parfois élevé pour une grande population • Difficulté à maintenir l'intérêt	• S'assurer d'avoir les meilleures listes d'envoi • Utiliser la souplesse de ce média

AVANTAGES	DÉSAVANTAGES	COMMENT MIEUX L'UTILISER
Transit (Publicité ambulante) • Grande sélectivité géographique • Aspects personnalisés	• Ne se prête pas à tous les produits	• Utiliser des messages courts et précis
Courrier • Stimulation sélective	• Coût parfois élevé pour une grande population • Difficulté à maintenir l'intérêt	• S'assurer d'avoir les meilleures listes d'envoi • Utiliser la souplesse de ce média

Source: adapté du journal *Les Affaires*, cahier spécial sur la publicité, 15 mai 1982, p. S-10 et S-11; 7 mai 1983, p. S-2 et S-3 et de BOISVERT, Jacques M. *Administration de la communication de masse*, Gaëtan Morin éditeur, 1988, p. 165-172.

Les supports   Une fois les types de médias choisis, il faut sélectionner parmi les différents supports propres à chaque média celui qui convient le mieux. Quels journaux utilisera-t-on? Quelles revues retiendra-t-on? Quel support d'affichage choisira-t-on? En fait, le responsable du marketing doit sélectionner un véhicule pour ses messages publicitaires. Chacun des médias offre un nombre imposant de supports (*voir figure 11.5*). Il n'appartient cependant pas à cet ouvrage d'en présenter un relevé exhaustif.

Un des critères sur lequel l'entreprise peut fonder son choix parmi tous les supports du domaine de l'imprimé est le coût par millier de personnes atteintes. Le responsable du marketing désireux de bien répartir son budget devrait choisir les supports qui entraînent les coûts optimaux. En ce qui concerne les autres formes de médias, elles disposent de leurs propres critères d'évaluation.

Le calendrier   La répartition du budget publicitaire en fonction de la période dépend, entre autres, du caractère saisonnier des ventes de l'entreprise, en plus de tenir compte du rythme d'apparition de nouveaux consommateurs, de la fréquence d'achat et de la rapidité d'oubli[9]. Précisons qu'il est préférable que cette rapidité d'oubli soit la plus lente possible. L'entreprise jouira ainsi de l'avantage appréciable d'un effet de rémanence plus prononcé. Puisque les effets de sa publicité sont plus longs à disparaître du marché, elle pourra espacer ses campagnes publicitaires et ainsi réaliser des économies substantielles.

Après une analyse judicieuse de ces facteurs, le responsable du marketing est en mesure de retenir un type particulier de calendrier publicitaire, comme ceux présentés à la figure 11.6. Prenons l'exemple d'une entreprise dont les ventes sont saisonnières, le rythme d'apparition de nouveaux consommateurs, élevé, les achats, répétitifs et l'oubli, rapide. Elle aura avantage à utiliser un calendrier de type continu[10],

■ Figure 11.5 Exemples de supports propres à différents médias

Médias	Supports
Journaux	*La Presse, Le Journal de Montréal, le Soleil, Le Nouvelliste, La Tribune, Le Devoir*
Magazines	*L'essentiel, Commerce, Safarir*
Télévision	CBC, CFTM, CFCF, CKTM, CHLT
Radio	CKOI, CHOM, CIMO, CBF, CKMF
Affichage extérieur et intérieur	Médiacom, Luminoscope, Omni, Flashmedia, Zoom
Courrier direct	Poste, circulaire, fax
Transit	STCUM (métro et autobus), CTCUQ (autobus), CTRSM (autobus)

qui lui servira de guide lors de la réservation des espaces ou du temps pour chaque support qu'elle entend utiliser.

Le contrôle de l'activité publicitaire L'entreprise consacre beaucoup de temps, d'énergie et d'argent à la publicité. Toutefois, il convient de se demander si ces dépenses ont favorisé la réalisation des objectifs visés, éléments à la base de tout ce processus. C'est l'étape du contrôle qui permet au responsable du marketing de le vérifier.

Même si les ventes sont liées à la publicité, elles ne représentent toutefois pas le critère idéal de mesure de l'efficacité de la publicité. Le fait est que beaucoup d'autres éléments ont le pouvoir de faire fluctuer les ventes indépendamment de l'effort de publicité qui y est consacré. Par exemple, à l'été 1995, la chaleur persistante a fait bondir le chiffre d'affaires des embouteilleurs de boissons gazeuses. Quelle part de cette augmentation doit-on attribuer à la publicité? à l'environnement naturel? Il n'est pas facile de répondre à ces questions.

Les objectifs publicitaires sont de plus en plus élaborés sous forme d'objectifs de communication

■ Figure 11.6 Différents modèles de calendrier publicitaire

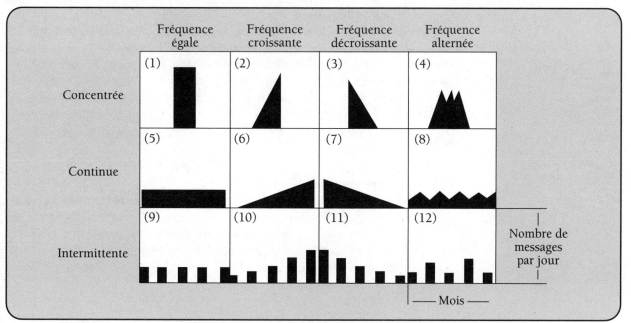

Source: KOTLER, Philip et DUBOIS, Bernard. *Marketing management*, 5ᵉ édition, Paris, Publi-Union, 1986, p. 556.

basés sur le modèle de Lavidge et Steiner (*voir figure 10.5*). C'est donc par rapport à ces étapes particulières de la hiérarchie des effets publicitaires qu'on prépare la phase du contrôle. À l'aide de tests effectués avant, pendant ou après la campagne de communication marketing, l'administrateur sera en mesure d'en connaître le rendement en trouvant réponse à des questions comme les suivantes:

- Est-ce que la connaissance de la marque a augmenté?
- Est-ce que les attitudes vis-à-vis de la marque ont évolué?
- Est-ce que plus (ou moins) de gens sont convaincus que l'achat de la marque représente le meilleur achat qu'ils puissent effectuer?

Avant le lancement de la campagne de communication, le responsable du marketing est libre d'apporter certains changements de dernière minute à son message publicitaire afin de favoriser l'atteinte de ses objectifs. Il en sera de même avec le test «pendant la campagne». Pour ce qui est du test «après la campagne», il permet de mesurer l'efficacité du message et peut mener à l'adoption de changements, s'il y a lieu, pour les campagnes publicitaires futures de l'entreprise.

La promotion des ventes

La promotion comprend les interventions qui servent à rendre un produit vivant. Elle se compare au deuxième effort dont on parle tant chez les athlètes. Elle n'a d'autre objectif que de stimuler la vente d'une manière directe et cherche sans détour une action immédiate[11]. La promotion des ventes est essentiellement une activité à court terme, tandis que la publicité en est une à long terme. Une multitude de techniques, aussi originales les unes que les autres, sont à la disposition du responsable du marketing. Nous décrivons ici les techniques les plus usuelles.

Les concours et les loteries

Par le biais des concours, les entreprises attirent l'attention des consommateurs en leur offrant la possibilité de gagner des prix attrayants en argent ou en marchandises. Pour y participer, le consommateur doit s'acquitter de certaines tâches, par exemple former un mot ou trouver une réponse.

En comparaison, la loterie constitue une technique plus facile d'accès pour les consommateurs. Ces derniers n'ont habituellement qu'à remplir un coupon de tirage sans même devoir acheter le produit. On procède à un tirage au sort parmi les coupons retournés.

L'utilisation de ces techniques de promotion est de plus en plus soumise à une réglementation imposante[12], notamment de la part de la Régie des courses et loteries du Québec. Il importe d'y accorder une attention particulière afin d'éviter des poursuites judiciaires.

Les timbres-primes ou les points

Utilisée de façon particulière par les détaillants, la technique des timbres-primes ou des points permet au consommateur d'obtenir, selon les achats qu'il effectue, un nombre prédéterminé de timbres représentant une certaine valeur d'échange qu'il utilisera pour se procurer certaines marchandises. Air Miles offre un programme de points (milles d'avion) auprès de nombreux détaillants; ceux-ci s'en servent pour attirer une clientèle friande de ces promotions.

Les échantillons

Technique de promotion très populaire, la distribution d'un échantillon d'un produit (par le courrier, à l'intérieur de l'emballage) fait connaître le produit en donnant l'occasion de l'essayer. Une distribution intensive d'échantillons s'avère toutefois plutôt coûteuse. Les industries du secteur alimentaire et celles du secteur des produits de beauté et d'hygiène corporelle l'utilisent fréquemment. Elle est également appropriée pour beaucoup d'autres secteurs industriels. Ajoutons qu'elle est particulièrement efficace lors du lancement d'un produit.

Les bons de réduction

Les bons de réduction sont les bons que les consommateurs présentent au commerçant ou retournent à l'entreprise dans le but d'obtenir une réduction ou un remboursement lors de l'achat d'un produit. Le consommateur les trouve dans le courrier, sur des emballages ou dans un encart publicitaire glissé à l'intérieur d'une revue ou d'un journal. Le choix du moyen de distribution des bons est un facteur important puisqu'il a une influence directe sur le taux de remboursement. Par exemple, le taux moyen de remboursement est de 39,6 % lorsque les bons sont distribués par le biais des journaux, alors qu'il n'est que de 7,7 % lorsqu'ils font l'objet d'un encart mobile.

Les primes

Contrairement à ce que prétendait un certain message publicitaire, les primes ne sont pas de la frime[13]. Du moins, pas toujours. Les primes sont des articles remis au consommateur, gratuitement ou en échange d'une certaine somme d'argent, lors de l'achat d'un produit. L'entreprise Bic utilise cette technique promotionnelle lorsqu'elle joint un stylo ou un briquet jetable à ses rasoirs ou ses autres produits. Dans ce cas, la prime est remise gratuitement. Certains distributeurs donnent des verres, des ballons, etc., quand on fait le plein d'essence chez eux.

Les articles pour lesquels les consommateurs doivent débourser un certain montant constituent également des primes. Notons que le montant en question est généralement inférieur au prix courant de ces produits. C'est d'ailleurs la raison pour laquelle on les considère comme des primes.

L'offre à prix spécial

Habituellement consentie pendant une période déterminée, l'offre à prix spécial constitue une très bonne technique pour présenter un nouveau produit, un produit amélioré ou un produit repositionné. On recommande de l'utiliser auprès des consommateurs pour lesquels le prix est un élément important. Pour attirer l'attention, une réduction devrait être de l'ordre de 15 % à 20 %. Toutefois, il ne faut pas s'étonner si les nouveaux consommateurs retournent dans une grande proportion à leur ancienne marque une fois la promotion terminée.

Les foires et les expositions commerciales

Les foires et les expositions commerciales sont tout indiquées pour promouvoir les ventes auprès des intermédiaires ou auprès des consommateurs finaux. Dans le premier cas, les entreprises peuvent dépêcher une équipe de vendeurs à un kiosque d'exposition lors des rencontres de certains groupements, tels qu'une association de distributeurs alimentaires ou de matériaux de construction ou autres. La tenue d'un kiosque leur permet de présenter leurs nouveaux produits et, dans certains cas, de prendre quelques commandes. Dans le cadre d'expositions, comme le Salon de la jeunesse, les fabricants ou les distributeurs rencontrent des consommateurs finaux. Si elle prévoit une promotion appropriée à l'événement, une entreprise peut réaliser un nombre intéressant de ventes à cette occasion. C'est le cas de la revue *Décormag* qui, par une promotion des ventes appropriée, a vendu 5000 nouveaux abonnements au Salon de l'habitation[14].

La promotion au point de vente

La promotion au point de vente comprend les étalages promotionnels, souvent utilisés par les entreprises fabriquant des cigarettes et des produits connexes, ainsi que tous les autres moyens de démonstration (affiches, ballons ou autres) qui mettent le produit en évidence. Compte tenu de l'ampleur que prennent les magasins du type libre-service, cette technique promotionnelle gagne en popularité.

La promotion au point de vente sert à plusieurs fins, telles, entre autres, l'introduction d'un nouveau produit, la provocation d'achat impulsif ou la consolidation de tout le programme promotionnel[15]. Elle constitue un moyen judicieux d'entraîner l'action, c'est-à-dire l'achat.

La promotion par l'objet

Beaucoup d'articles différents peuvent servir à la promotion des ventes. Le calendrier, le crayon, le carnet d'allumettes sont fort populaires. La promotion par l'objet offre certains avantages. D'une part, «l'article rejoint chaque personne individuellement» et, d'autre part, «il reste présent chez cette personne plus longtemps qu'une annonce dans les médias[16]». Toutefois, dans le but d'en augmenter l'efficacité, on recommande, autant que possible, que le représentant de l'entreprise remette en mains propres l'article promotionnel. Si c'est impossible, il y aurait avantage à joindre à l'article une courte lettre d'introduction[17].

Une activité promotionnelle ne se limite pas uniquement au choix de la technique à utiliser. Le responsable du marketing doit également décider du moment, des conditions de participation, du budget et de la durée de l'activité promotionnelle. Toute promotion gagnera en efficacité si elle fait l'objet d'une planification judicieuse, ce qui, malheureusement, n'est pas toujours le cas (*voir encadré 11.8*).

Les relations publiques

Pour les entreprises, les relations publiques représentent un outil de gestion[18]. Leurs fonctions consistent à évaluer l'attitude de différents groupes de consommateurs face à l'organisation, à établir un programme de politiques et de procédures en fonction des attitudes manifestées et des attitudes recherchées, et à mettre ce programme en branle dans le but de se faire comprendre et apprécier des segments de marché visés[19]. Ces différents groupes sont, entre autres, les consommateurs finaux, les intermédiaires, les employés de l'entreprise, les actionnaires actuels et potentiels, les différents paliers de gouvernement ainsi que la communauté environnante.

Les relations publiques ne sont pas seulement utilisées pour favoriser la vente des produits de l'entreprise. Leur application est beaucoup plus générale. Pour cette raison, elles représentent encore un service distinct du service de marketing dans bon nombre d'entreprises. Toutefois, en ce qui concerne l'activité de marketing des relations publiques, l'utilisation de la presse et les réceptions (ou autres événements du genre, par exemple, lorsque le Club de hockey Le Canadien reçoit un groupe de

■ **Encadré 11.8** Une situation à éviter

La casquette des Jeux de Lillehammer
Une promotion frustrante pour les consommateurs

La promotion des Restaurants McDonald's consistant à offrir à sa clientèle une casquette aux couleurs des prochains Jeux olympiques de Lillehammer aura frustré plus d'un consommateur.

Monique Girard Solomita

■ En effet, les casquettes vendues 6,99 $ se sont envolées comme des petits pains chauds. On en a vendu 130 000 en moins de cinq jours.

«C'est une activité qui devait durer trois ou quatre semaines et elle a pris fin au bout de quatre ou cinq jours», confie Pierre Ladouceur, responsable des relations publiques des Restaurants McDonald's du Canada à Montréal.

En dix ans, explique M. Ladouceur, jamais une promotion n'a eu une telle popularité. «Pourtant, dit-il, on s'attendait à ce que les gens hésitent à débourser 7 $ pour une casquette alors qu'ils payent 3,99 $ pour un Big Mac, une liqueur et une frite.» À vrai dire, on a été surpris de voir les gens si attirés par cette promotion.

Or, la casquette était très belle, le sujet choisi, en l'occurrence les Jeux olympiques, était en plein dans le mille, et le prix de toute évidence convenable. Tous ces facteurs ont fait que les casquettes se sont vendues à un rythme effréné.

Dans le cas de la mise en marché des casquettes, la demande a été plus grande que l'offre. Cette campagne de promotion a débuté le 24 janvier au Québec et le 1er février dans les autres provinces, ce qui explique qu'ailleurs au Canada, il peut s'en vendre encore.

«On n'a pas fait cela pour frustrer les gens, de dire le porte-parole de McDonald's. Autant je suis content que ça ait bien marché, autant je suis triste que tant de gens aient été frustrés de ne pouvoir en profiter.»

Source: Journal de Montréal, 10 février 1994, p. 31.

jeunes au Forum) aux frais de l'entreprise sont tout à fait appropriées. Le service des relations publiques peut également utiliser la publicité payée afin de communiquer son message. C'est souvent le cas lors des grèves lorsque les entreprises veulent gagner la faveur du public. Il en est de même lorsqu'une entreprise désire modifier ou améliorer son image auprès du public. C'est la publicité institutionnelle à laquelle nous avons fait allusion au début de ce chapitre.

Les activités de relations publiques augmentent sans cesse au Québec. Si l'entreprise, à cause de sa taille ou pour une autre raison, ne jouit pas d'un service interne de relations publiques, elle peut facilement faire affaire avec un bureau-conseil en ce domaine.

La publicité rédactionnelle

La majeure partie de la publicité dont font l'objet les équipes de sport professionnel, telles que les Expos, le Canadien et l'Impact, est réalisée par l'intermédiaire des articles qu'écrivent les journalistes à l'occasion de ces événements. Nous présentons à l'encadré 11.9 un exemple de ce type de publicité. Pensons également à toutes les marques de commerce citées dans cet ouvrage!

Malheureusement, ce ne sont pas toutes les entreprises qui peuvent bénéficier d'une couverture de presse. Elles doivent alors provoquer la parution de toute nouvelle les concernant et pouvant être d'un intérêt quelconque pour le public.

■ **Encadré 11.9** Le communiqué de presse peut entraîner de la publicité rédactionnelle

Le lait sous d'autres formes...

Françoise Kayler

■ Deux nouveaux produits, qui n'ont de commun que d'avoir été lancés la semaine dernière, sont faits, chacun, à base de lait: un dessert pour les gourmets et une boisson pour les sportifs.

Avec *Dolce Vita mousse*, Yoplait lance, au Canada, le premier dessert laitier frais. Ce n'est pas un yogourt, ce n'est pas un fromage frais, c'est un dessert composé de lait (75 %) et ne contenant aucun agent de conservation, se présentant sous la forme d'une mousse servie dans une coupe en plastique transparent.

La mousse au chocolat est un dessert traditionnel, que l'on ne fait que très rarement chez soi, mais que l'on consomme souvent au restaurant. La mousse au chocolat Dolce Vita a une texture et une saveur qui se rapprochent de celles des desserts maison et qui dépassent, en qualité, ce que l'on sert, généralement, dans nos restaurants.

Dolce Vita mousse est présentée en emballages de deux coupes; quatre saveurs sont proposées: chocolat au lait, chocolat noir, chocolat noisette, citron. On peut les servir seules, on peut les accompagner de petits biscuits. On peut laisser jouer son imagination et, par exemple, marier les saveurs en recréant des coupes mi-chocolat noir, mi-citron.

Prix suggéré: 1,89 $ (deux portions). Nombre de calories: de 104 à 112 calories (par portion), selon les saveurs...

Source: La Presse, 12 novembre 1995, p. C5.

La recherche et l'obtention de publicité rédactionnelle reviennent généralement au service des relations publiques de l'entreprise. Grâce aux communiqués de presse (*voir encadré 11.10*) ou aux conférences de presse, suivis habituellement d'une courte réception, les entreprises obtiennent de l'«espace» (dans un imprimé) ou du «temps» (dans des médias électroniques).

Un journaliste reçoit généralement entre 50 et 75 communiqués de presse par jour[20]. Afin d'augmenter les chances d'un communiqué de retenir son attention, on conseille d'éviter de diluer la nouvelle, d'être bref et de ne diffuser qu'un seul message à la fois[21] (*voir figure 11.7*). Il en est de même des conférences de presse, qui ne doivent avoir lieu que pour des motifs qui méritent d'être annoncés publiquement. Bien qu'on n'ait pas à payer le temps ou l'espace des médias utilisés, il ne faut cependant pas perdre de vue le fait que certains coûts sont inhérents à l'envoi d'un communiqué de presse ou à l'organisation d'une rencontre avec la presse.

On constate qu'il faut tout de même allouer des budgets, quoique très restreints, pour l'accès gratuit aux médias. Il sera sage de prévoir des mesures de contrôle afin de déterminer si l'entreprise a atteint ses objectifs.

La commandite

Un grand nombre de villes, de localités ou d'organismes tiennent des activités populaires afin de souligner un événement quelconque. On n'a qu'à penser aux différents festivals organisés durant l'été au Québec: le Festival International de Jazz de Montréal, le Festival Juste pour rire et les festivals régionaux (du blé d'Inde, de la tomate, du cochon), pour n'en citer que quelques-uns.

La plupart du temps, des entreprises commanditent en totalité ou en partie ces festivals, ce qui permet aux comités organisateurs d'obtenir l'appui financier ou tech-

■ **Encadré 11.10** Exemple d'un communiqué de presse

LUTIL Marketing inc.
Conseil ▪ *Édition* ▪ *Formation*

- COMMUNIQUÉ -
POUR DIFFUSION IMMÉDIATE

Brossard, le 21 août 1995

Nouvel ouvrage grand public

<u>ENTREPRISES DE SERVICES - GESTION DE LA QUALITÉ</u>

Pour implanter avec succès une politique de qualité totale, les entreprises de services doivent adopter une approche pluridisciplinaire. Voilà ce que soutiennent les auteurs de l'ouvrage intitulé ***Entreprises de services - Gestion de la qualité***, Benoît Paquin, diplômé du programme de M.Sc. (1991) de l'École des HEC, et Normand Turgeon, professeur de marketing aux HEC.

Entreprises de services - Gestion de la qualité est un ouvrage qui intéressera tant les responsables de l'exploitation dans les entreprises de services que les étudiants, de même que les dirigeants d'entreprises manufacturières ou commerciales, soucieux d'offrir des services complets à leurs clients.

Ce livre aborde de façon originale l'importance de la satisfaction des consommateurs et de la qualité totale pour les entreprises de services. Les gestionnaires y trouveront de nombreux exemples et des outils pratiques qui les aideront à améliorer la qualité des services, **<u>avant</u>**, **<u>pendant</u>** et **<u>après</u>** la visite du client.

PAQUIN, Benoît, TURGEON, Normand. *Entreprises de services - Gestion de la qualité*. Agence d'ARC, Laval, 1994, 306 pages.

SOURCE:
Stéphane Bossé
Directeur adjoint
coordination et développement
LUTIL Marketing inc.
Tél.: (514) 443-4206

-30-

2715, Place Opéra
Brossard, (Québec) J4Y 2Z5
Tél.: (514) 443-4206
Fax: (514) 443-3270

■ **Figure 11.7**   Exemple de la structure d'un communiqué de presse

STRUCTURE TECHNIQUE D'UN COMMUNIQUÉ

Identification
de l'organisme ou de
l'entreprise et son adresse

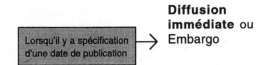

**Diffusion
immédiate** ou
Embargo

COMMUNIQUÉ
(CONVOCATION)

Le **SUR-TITRE** (facultatif) est une petite phrase de référence.

LE **TITRE** DOIT ÊTRE ACCROCHEUR, CONCIS,
ET RÉSUMER L'IDÉE GLOBALE DU TEXTE. (C'est une phrase complète)

Lieu et date d'émission. -   Suivi du préambule.   Le préambule est un court
paragraphe de 5 à 6 lignes qui regroupe les informations principales: Qui fait quoi,
quand, pourquoi et comment.   On y retrouve l'information principale et essentielle de la
nouvelle.

L'intertitre (facultatif)

Le **corps** du communiqué doit se bâtir de la façon suivante; les informations
secondaires doivent faire l'objet d'un très court paragraphe par idée, par ordre
décroissant allant de la plus importante à la moins importante.

En **conclusion**, on rappelle très sommairement les éléments les plus importants (s'il y
a lieu).

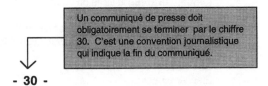

- 30 -

La **source**:   Nom de la personne ressource
et ses coordonnées.

L'adresse et le numéro de téléphone de l'entreprise ou de l'organisme lorsqu'il n'est
pas mentionné dans l'en-tête officiel. (Doit être obligatoirement présent sur la
première page du communiqué).

Source: adapté de DAGENAIS, Bernard. *Le communiqué, ou l'art de faire parler de soi*, Montréal, VLB Éditeur, 1990, p. 101.

nique nécessaire à leur mise sur pied. Aider de manière officielle ce genre d'attraction constitue pour une entreprise un excellent moyen de communication marketing.

Le marketing direct

Plusieurs entreprises communiquent directement avec leurs clients afin de leur offrir leurs produits et leurs services. Cette communication directe, souvent postale, constitue ce qu'il est convenu d'appeler le «marketing direct». Ce moyen de communication marketing exige encore une fois du gestionnaire de prendre des décisions concernant les objectifs, le budget, la création, la diffusion et le contrôle de l'efficacité des campagnes effectuées.

Le placement de produits

Combien de fois avez-vous été exposé à des produits et à des services commerciaux dans des films ou vos émissions de télévision favorites? Il ne s'agit pas d'un hasard mais, dans la majorité des cas, d'un investissement effectué par l'annonceur dans le but d'exposer son produit ou son service à un public cible (*voir encadré 11.11*). Le gestionnaire devra décider des objectifs qu'il veut atteindre, du budget qu'il est prêt à y consacrer, des films ou des émissions de télévision dans lesquels il veut que son produit ou son service soit exposé ainsi que des moyens de mesure de l'efficacité de ses placements de produits.

La communication d'affaires

La communication d'affaires consiste en l'ensemble des moyens et des interventions choisis pour mettre en évidence le rôle de l'entreprise dans le succès de ses clients. La communication d'affaires sied très bien au gestionnaire du marketing qui veut pratiquer le marketing relationnel. Cette nouvelle forme de marketing s'appuiera sur des communications constantes entre les fournisseurs et les consommateurs de produits et de services.

■ **Encadré 11.11**   Exemple de placement de produits

Publicité déguisée ou source de revenus supplémentaires?
Le placement de produits a envahi le petit écran

■ À Radio-Canada, Stéphanie Rousseau conduit un *Explorer* dans Scoop parce que Ford participe à la hauteur de 1 M $ à la commandite et l'achat de publicité à l'intérieur de la série.

Quand un verre de jus identifié Lassonde ou une tasse garnie du logo de Nescafé trônent sur la table de l'émission matinale *Salut Bonjour*,

c'est parce que TVA a fait passer ces entreprises à la caisse.

Si votre animateur favori à Télévision Quatre-Saisons porte un complet différent à chaque jour, c'est qu'une boutique ou un manufacturier fournit ces vêtements au télédiffuseur en échange d'une mention à la fin de l'émission.

Dans certains réseaux spécialisés, si une émission est incluse dans la

programmation, c'est parfois parce qu'une entreprise en a choisi le thème et le contenu et qu'elle défraie les coûts de production et de mise en ondes. Bienvenue dans l'univers du placement de produits, de la *plogue*, comme on l'appelle dans les milieux de la production et de la télévision, où les annonceurs ont l'occasion de mettre leurs produits ou services en valeur à l'intérieur même des émissions.

Source: Les Affaires, 9 avril 1994, p. 2 et 3.

LA COMMUNI-CATION MARKETING PERSONNALISÉE

À l'opposé de la communication marketing de masse, la communication marketing personnalisée amène l'entreprise à individualiser les messages qu'elle fait parvenir à ses clients. Qu'on utilise le télémarketing ou la force de vente (*voir figure 11.8*), on n'adresse plus un message unique à une foule de consommateurs desquels on ne peut capter les réactions immédiates. Au contraire, on arrange des rencontres entre personnes concernées en mesure de faire part de leur point de vue (*voir figure 11.9*).

L'entreprise cherche à établir une communication bidirectionnelle. Pour ce faire, elle se dotera d'une force de vente possédant toutes les qualités requises pour accomplir ce rôle. Les représentants, aussi appelés «conseillers à la clientèle», vendeurs, commis voyageurs ou agents, représentent, en raison des tâches qu'ils accomplissent, un élément essentiel du mix de communication marketing.

Les différents types de représentants

Il existe plus d'un type de représentants. En fait, il est impossible de comparer l'emploi d'un représentant en informatique avec celui d'un représentant livreur de boissons gazeuses. Voyons de plus près la tâche que remplit chacun des types de représentants, classés en fonction du degré de créativité qu'exige la tâche[22].

Le représentant livreur La livraison constitue la partie la plus importante du travail du représentant livreur. Vient en second lieu sa fonction de vente, qui est tout de même assez limitée. Les livreurs de journaux, de mazout et de lait sont des exemples de représentants livreurs.

Le preneur de commandes internes Le vendeur qui travaille au magasin et qui attend les clients afin de les servir est un bon exemple de preneur de commandes internes. Parfois, ce dernier est amené à conseiller les clients sur des points techniques (en vente automobile, par exemple).

Le représentant missionnaire Le représentant missionnaire n'a pas la responsabilité de prendre les commandes. Sa principale tâche consiste à visiter les clients actuels et potentiels afin de créer un climat favorable à l'achat des produits dont il est responsable.

■ **Figure 11.8** Communication marketing personnalisée

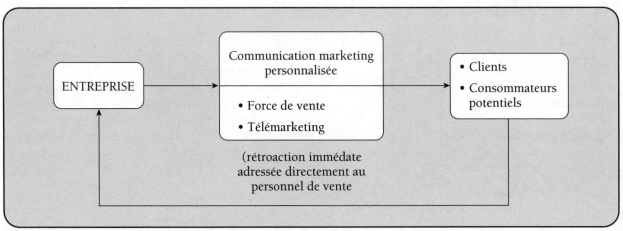

Source: adapté de DARMON, René Y., LAROCHE, Michel et PÉTROF, John V. *Le marketing, fondements et applications*, 3ᵉ édition, Montréal, McGraw-Hill Éditeurs, 1986, p. 310.

■ **Figure 11.9** Schéma de la communication personnalisée

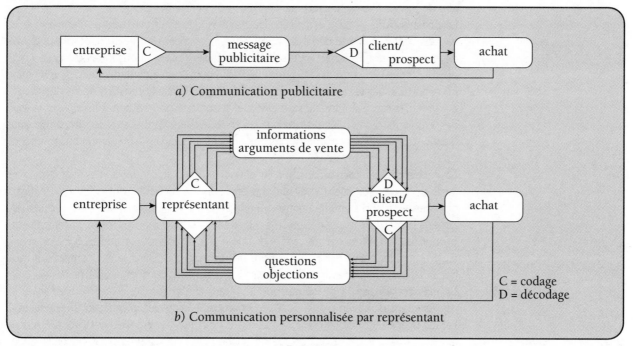

a) Communication publicitaire

C = codage
D = décodage

b) Communication personnalisée par représentant

Source: adapté de DARMON, René Y., LAROCHE, Michel et PÉTROF, John V. *Le marketing, fondements et applications*, 3e édition, Montréal, McGraw-Hill Éditeurs, 1986, p. 319.

Le représentant technico-commercial   Le représentant technico-commercial s'occupe de la vente de produits sophistiqués qui nécessitent l'intervention d'une personne qualifiée au point de vue technologique. La vente d'instruments pour laboratoire de recherche est un domaine qui a recours à ce type de représentant.

Le représentant de produits tangibles   On entend par produits tangibles des aspirateurs, des encyclopédies ou des systèmes téléphoniques. La représentation pour ce genre de produits exige plus de créativité que les autres types mentionnés jusqu'à maintenant. Comme les consommateurs ne sont pas toujours parfaitement conscients de leurs besoins, il faut leur faire une démonstration du produit avant d'aborder l'étape de la vente proprement dite.

Le représentant de produits intangibles   Selon la méthode de classification que nous avons retenue, c'est la représentation de produits intangibles qui nécessite le plus de créativité. La vente de régimes d'assurances ainsi que la vente des services d'une agence de communication marketing en sont des exemples.

Peu importe leur type, les représentants seront davantage en mesure de s'acquitter de leurs tâches s'ils travaillent de façon systématique lors d'une vente. D'ailleurs, il leur est conseillé d'utiliser une certaine démarche et même de suivre un processus de vente. Ce processus fait l'objet de la section qui suit.

Le processus de vente

Comme on peut le constater à partir de la figure 11.10, le processus de vente que doit suivre le représentant se résume à reconnaître le client potentiel, à le transformer en client de l'entreprise et, par la suite, à lui fournir le service après-vente nécessaire afin de s'assurer qu'il soit satisfait[23].

La prospection   En parcourant les dossiers des clients actuels de l'entreprise, le vendeur peut établir le profil du client type. Il est alors en mesure d'établir une liste de clients potentiels à partir de ses connaissances (informations internes) ou à l'aide de recherches effectuées à l'extérieur. Ainsi, un représentant en portes et châssis peut, grâce à la liste des permis de construction délivrés, obtenir les noms des clients à visiter. Un représentant du domaine de l'assurance peut, quant à lui, utiliser la liste des étudiants d'un collège, alors qu'un vendeur d'automobiles se servira du journal des finissants. Différentes méthodes permettent de trouver la personne qui acceptera de recevoir un représentant.

La recherche d'informations sur le client   Une fois que le représentant croit avoir découvert un client éventuel, il prend soin de recueillir toutes les informations pertinentes à son sujet. Il cherche à connaître la marque du produit utilisée actuellement par cette personne, ses réactions face à cette marque ou à la marque du produit qu'il vend et même certaines informations plus personnelles. S'il croit avoir trouvé un client assuré, il peut prendre un rendez-vous. Dans le cas contraire, il vaut mieux laisser tomber avant d'investir trop de temps et d'argent inutilement.

La préparation de la présentation   Avant de se rendre à son rendez-vous, le représentant doit bien planifier sa présentation, à l'aide des informations recueillies à l'étape précédente, et ce en tenant compte des besoins de son client éventuel. Entre autres, il s'assure qu'il possède les renseignements nécessaires pour briser la glace. Dans bon nombre de cas, certains renseignements ayant trait à la carrière de son client potentiel, à sa situation familiale, à ses intérêts et à ses passe-temps s'avèrent fort utiles. De plus, lors de la phase de préparation, le représentant ne doit pas hésiter à investir du temps afin de pratiquer les différentes techniques de vente. Il doit également approfondir sa connaissance des produits dont il est responsable. Lorsqu'il se sent prêt, il passe à l'attaque.

La présentation   Comme le message publicitaire, l'étape de la présentation doit être encadrée afin d'éviter que le vendeur ne se répète. Bien qu'il y ait plus d'une façon de faire une présentation, l'approche AIDA semble encore une fois tout indiquée. Une bonne présentation doit attirer l'Attention, soulever l'Intérêt, susciter le Désir et provoquer l'Action.

À cette étape, le représentant dévoile les attributs de son produit. Si cela s'avère nécessaire, il procède à une démonstration, laquelle doit être conforme à l'utilisation normale du produit. Il se peut fort bien que le client soulève quelques objections par rapport à l'argumentation utilisée par le représentant. Ce dernier doit être prêt à les relever une à une; sans chercher à prouver que le client a tort, il doit le rassurer quant aux inquiétudes qu'il manifeste. Lorsque le représentant

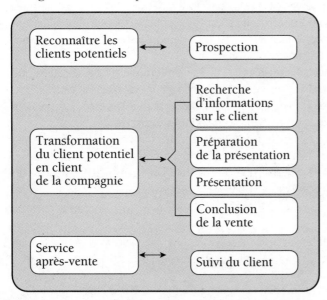

■ **Figure 11.10**   Le processus de vente

Reconnaître les clients potentiels ↔ Prospection

Transformation du client potentiel en client de la compagnie ↔ Recherche d'informations sur le client / Préparation de la présentation / Présentation / Conclusion de la vente

Service après-vente ↔ Suivi du client

«sent» que le client potentiel a toute l'information nécessaire, il ne doit pas hésiter à passer à l'étape suivante, la conclusion de la vente.

La conclusion de la vente   Bien des ventes n'ont pas lieu parce que le représentant n'a pas su les conclure. Cette étape importante du processus couronne tous les efforts du représentant.

Les représentants utilisent diverses techniques de conclusion d'une vente: «Quelle couleur préférez-vous?» «C'est notre dernière unité en stock! Nous n'en aurons plus.» Un moment de silence de la part du représentant peut amener le client à se prononcer. «Lequel prenez-vous parmi A, B et C?» Le client ne pouvant s'opposer et dire que les trois ne sont pas valables, il sera amené à choisir. Une multitude de petits trucs, qui à eux seuls n'ont pas le pouvoir de faire vendre, sont tout de même utiles à certains moments.

Le suivi du client   Le processus de vente ne s'arrête pas à la signature du contrat. Le représentant doit s'assurer par la suite de la satisfaction de son client. Il devra vérifier s'il a reçu la bonne marchandise, au bon moment et sans dommage. En fait, il doit porter une attention particulière à ces petits détails, et ce dans le but de préserver sa clientèle. Il est beaucoup plus facile de perdre un client que de le gagner!

La gestion de la force de vente

Essentiellement, la gestion de la force de vente consiste à prendre des décisions au sujet de la sélection, de l'entraînement, de la rémunération, de la supervision et de l'évaluation de la force de vente (*voir figure 11.11*).

La sélection   Avec quel soin le directeur d'une équipe de sport professionnel s'occupe du repêchage des joueurs! Il doit en être de même d'une équipe de vente. En premier lieu, le responsable du marketing doit établir clairement ses besoins en personnel de vente. Par la suite, il détermine les critères à partir desquels il fera son choix. Une fois ces éléments connus, il utilise différents moyens (publicité, visite dans les collèges, références personnelles) afin d'obtenir un certain nombre de candidatures. En dernier lieu, il choisit parmi tous les candidats valables celui qui se joindra à son équipe.

L'entraînement   Le nouveau vendeur sélectionné recevra un entraînement afin de devenir un représentant qualifié. Cet entraînement peut porter sur trois sujets en particulier. D'abord, on lui donnera certaines informations sur les produits de l'entreprise et les besoins qu'ils satisfont. Ensuite, on le formera aux techniques de vente particulières à l'entreprise et au marché qu'elle dessert. Enfin, on lui présentera l'entreprise, son passé, son présent et son avenir afin qu'il s'y intègre davantage. Ce processus peut nécessiter très peu de temps comme il peut en exiger beaucoup; tout dépend du contenu de l'entraînement.

La rémunération   Le plan de rémunération des représentants vise un double objectif. C'est d'abord une juste compensation en retour du

■ Figure 11.11 Domaines de décision ayant trait à la gestion de la force de vente

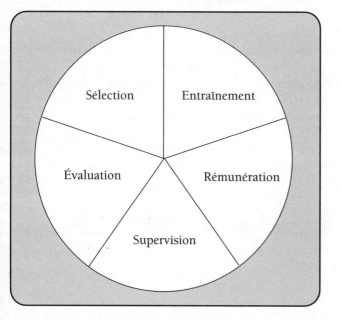

travail qu'ils accomplissent. C'est également un instrument de motivation visant à obtenir continuellement de la part des représentants leur plein rendement.

Il existe différentes façons de rémunérer le personnel de vente. Il y a d'abord le salaire fixe, qui présente l'inconvénient majeur de limiter la motivation des représentants à vendre davantage puisqu'ils n'en retirent aucun bénéfice supplémentaire. Toutefois, cette méthode a l'avantage d'assurer un salaire normal aux vendeurs, ce qui leur évite de vivre de l'insécurité lors de mauvaises périodes. Un deuxième mode de rémunération consiste à ne verser que des commissions. Cette méthode force le vendeur à se surpasser puisqu'une vente supplémentaire lui procurera une commission de plus. Toutefois, lorsque les affaires vont mal, le vendeur se retrouve sans revenu, ce qui crée des tensions désagréables. Certaines entreprises instaurent un système mixte, c'est-à-dire que le vendeur reçoit un salaire fixe et une commission. L'utilisation de cette méthode est de plus en plus en vogue dans les entreprises. Notons, enfin, que certaines entreprises utilisent le système de primes en tant que compensation et instrument de motivation des vendeurs. Ces derniers obtiennent alors des primes lorsqu'ils fournissent un effort particulier (comme l'atteinte de leurs quotas de ventes).

Peu importe le système privilégié, le plan de rémunération des vendeurs se doit d'être une juste compensation pour tous les efforts qu'ils fournissent. Il doit, de plus, motiver le vendeur et renforcer son esprit d'appartenance à l'entreprise.

La supervision   Bien souvent, le représentant travaille très loin du bureau principal de l'entreprise. Il devient donc difficile, mais nécessaire, d'organiser une supervision. Le responsable du marketing doit surmonter ces obstacles; c'est un autre défi qu'il doit relever.

Pour arriver à ses fins, il peut utiliser différentes méthodes, dont la supervision basée sur les rapports effectués par le vendeur. Il s'agit d'un moyen efficace d'entretenir une communication entre le bureau principal et les représentants des territoires de vente. L'activité de supervision ne doit pas se faire de façon sporadique ni lorsque les affaires vont mal. Il faut que le représentant obtienne, lorsque c'est nécessaire, l'appui de son supérieur immédiat.

L'évaluation des représentants   L'évaluation du personnel de vente est un excellent moyen de déterminer quelles sont les périodes creuses de certains vendeurs et ainsi de leur offrir la possibilité de recevoir un entraînement particulier qui corrigera la situation. L'évaluation permet également d'accorder une promotion, une augmentation de salaire, une mutation ou tout simplement de faire une mise à pied.

Afin d'évaluer la performance de son équipe de vente, le responsable du marketing peut se baser sur certains ratios, tels que le nombre d'appels effectués par jour, la somme moyenne des ventes par appel, les coûts par vente réalisée, les ventes par ligne de produits, la part de marché obtenue, bref, toute une série d'indices quantitatifs. Il peut également relever des indices qualitatifs, tels que la connaissance par le vendeur des produits sous sa responsabilité, la qualité des relations qu'il entretient avec la clientèle, la stabilité de sa personnalité, son apparence personnelle, son état de santé et bien d'autres éléments encore.

L'évaluation ne doit pas être perçue comme une action effectuée dans le but de sévir, mais plutôt comme un moyen d'aider le responsable du marketing à maintenir un bon climat dans son équipe et à y déceler les forces et les faiblesses afin qu'elle devienne encore plus compétente.

■ **Encadré 11.12** Résultats d'un effort de télémarketing

La SAQ très satisfaite de sa première vente par téléphone

Jacques Benoît

■ Malgré les prix souvent très élevés de certains des produits offerts – notamment le Carré d'as de l'an 2000, soit un lot de 16 bouteilles de quatre grands bordeaux rouges de l'an 2000, qui étaient vendus par anticipation –, la SAQ s'estime très satisfaite des résultats de sa première opération de vente par téléphone, remontant à la semaine dernière.

En deux jours, soit les vendredi et samedi 15 et 16 septembre, la société d'État a réussi en effet à écouler près de 70 p. cent des vins qui avaient été offerts aux abonnés de sa publication, *Le Courrier vinicole*.

Les ventes faites ont ainsi atteint 1,6 million de dollars, alors que la valeur globale des vins figurant au catalogue était de 2,4 millions.

«On est très content d'un résultat comme celui-là. Surtout que ç'a été fait en deux jours», expliquait hier son directeur de la sélection des produits et des activités promotionnelles, M. Guy Cousineau.

Le meilleur coup de poker réussi par la société d'État: les 90 lots de grands bordeaux rouges (châteaux Haut-Brion, Latour, Margaux et Pétrus), vendus 3995 $ le lot dont la moitié devait être réglée sur-le-champ, les 90 lots ont tous trouvé preneurs!

«Qui a acheté?

«Des gens qui veulent faire un investissement. Toutes sortes de gens. Des amateurs. Je suis agréablement surpris. Ce sont surtout des individus, note-t-il. Des gens pouvaient se mettre à deux, trois ou quatre pour acheter un lot.»

Même succès avec les vins d'âge respectable, tel le Château Beychevelle 1929 d'appellation Saint-Julien (895 $ le magnum), ou le Margaux Château Margaux 1955 (495 $ la bouteille), et dont la SAQ a réussi à vendre environ 95 p. cent de ses stocks.

Il en va de même pour les portos millésimés, dont il ne reste plus une bouteille.

En bref, le catalogue était riche de 103 produits, dont 19 seulement n'ont pas été écoulés en totalité. Figurent parmi ceux-ci une certaine quantité des grands Côtes-Rôties 1991 de la maison Étienne Guigal (La Mouline, La Landonne et La Turque), dont la société d'État a vendu environ 75 p. cent des 75 caisses qu'elle avait. Au prix, faut-il dire, de... 175 dollars la bouteille de 750 millilitres!

En tout, il y a eu 1200 commandes de passées, la plupart le vendredi. «La journée du vendredi, les gens se sont lancés sur le téléphone. Il y a des gens qui ont dû patienter assez longtemps.»

Heureuse de l'opération, la société d'État entend donc la répéter (il fallait payer par carte de crédit Visa ou Mastercard, et le client voyait sa commande confirmée, ou pas, sur-le-champ). Toutefois, note M. Guy Cousineau, elle entend avoir alors davantage de préposés aux appels et gonfler le nombre possible d'appels mis en attente.

«On avait 20 télé-vendeurs et cinq appels en attente. Je dirais qu'il nous faudrait dix télé-vendeurs de plus environ, et au moins 20 appels en attente.»

Source: La Presse, 27 septembre 1995, p. D11.

Le télémarketing

Beaucoup d'entreprises, peu importe leur taille, ont choisi dernièrement d'inclure le télémarketing dans leur arsenal d'activités de communication marketing (*voir encadré 11.12*). Cette technique, développée et mise au point aux États-Unis, consiste à faire de la sollicitation et de la vente par téléphone. L'avantage primordial du télémarketing est qu'il réduit de beaucoup les frais de vente.

Pour être efficace, une campagne de télémarketing doit être bien orchestrée. Les responsabilités de l'organisateur consistent à obtenir, d'une part, une liste récente de noms et de numéros de téléphone de personnes cibles. D'autre part, le responsable établit un scénario d'approche ou un script que chaque vendeur téléphoniste utilisera le plus fidèlement possible lors des contacts téléphoniques avec les clients potentiels. Des informations comme le mode de présentation des réponses types à certaines objections des consommateurs sont habituellement incluses dans le script. Comme toujours, le responsable du marketing doit porter une attention particulière au respect fondamental des consommateurs; c'est là le secret le plus important du succès de toute campagne de télémarketing.

RÉSUMÉ

La communication marketing de masse consiste en l'émission par une entreprise d'un message à caractère impersonnel et unidirectionnel. L'entreprise ne communique alors qu'un seul message à la cible choisie. Cette forme de communication marketing utilise différents moyens, tels que la publicité, la promotion des ventes, les relations publiques, la publicité rédactionnelle, la commandite, le placement de produits, le marketing direct et la communication d'affaires.

Contrairement à la publicité, qui est une activité à long terme, la promotion des ventes consiste à stimuler la vente d'une manière directe et cherche, sans détour, une action immédiate. L'élaboration d'une campagne de publicité, quant à elle, exige la détermination des objectifs, la création d'un message publicitaire, le choix des médias, des supports et du calendrier, la détermination du budget ainsi que l'élaboration de certains moyens de contrôle. Les relations publiques et la publicité rédactionnelle se font par l'intermédiaire de contacts avec les gens de la presse et du milieu environnant de l'entreprise. La commandite est le soutien financier ou technique d'événements sportifs, culturels ou d'autre nature par une entreprise qui a pour but principal d'avoir des retombées médiatiques valorisantes pour son image. Le marketing direct se définit comme l'adresse d'un message plutôt impersonnel directement à la cible. Le placement de produits renvoie à toute exposition d'un produit ou d'un service dans le cadre d'une émission de télévision ou d'un film et qui a nécessité le débours d'une somme d'argent. Finalement, la communication d'affaires est l'ensemble des moyens pris pour mettre en évidence le rôle de l'entreprise dans le succès de ses clients.

Par le biais de la communication marketing personnalisée, l'entreprise noue des liens plus individualisés avec ses clients. Elle amorce alors une communication bidirectionnelle qui exige la mise sur pied d'une équipe de vendeurs ou de représentants. Leur tâche consiste à reconnaître un client potentiel, à le transformer en client de l'entreprise, pour ensuite lui fournir le service après-vente nécessaire à sa satisfaction. Cette tâche de vente, si elle est accomplie par l'intermédiaire du téléphone, porte le nom de «télémarketing». L'utilisation efficace des moyens de communication marketing permet à l'entreprise d'atteindre ses objectifs.

QUESTIONS

1. Quelle est la différence fondamentale entre la communication marketing de masse et la communication dite personnalisée?

2. Quel est le rôle de la publicité sociétale? de la publicité institutionnelle? Trouvez cinq exemples de chacune de ces publicités dans les journaux qui sont à votre portée.

3. Quel processus faut-il suivre lors de la création d'un message publicitaire? Créez un message en fonction de ce processus pour une nouvelle marque de crème solaire.

4. Expliquez, de façon détaillée, l'approche comparative comme style d'appel publicitaire. Êtes-vous pour ou contre cette approche? Commentez votre réponse.

5. Quels sont les facteurs qui influent sur le choix des médias?

6. À partir de l'encadré 11.8, proposez un plan d'action pour les restaurants McDonald's.

7. Quelles sont les fonctions que remplissent les relations publiques?

8. Qu'entend-on par «publicité gratuite»? Trouvez, dans les différents supports de la presse écrite des cinq derniers jours, cinq exemples de publicité gratuite. Expliquez vos choix.

9. Énumérez les six étapes du processus de vente. Préparez une rencontre avec un client (grossiste ou détaillant) au cours de laquelle vous lui proposerez un nouveau produit (une machine à écrire électronique).

10. Le communiqué de presse présenté à l'encadré 11.10 correspond-il au communiqué type présenté à la figure 11.7? Expliquez.

EXERCICES PRATIQUES

11.1 *LE POUR ET LE CONTRE*

Pour cet exercice, vous devrez choisir deux publicités dans un magazine ou un journal: une qui vous semble particulièrement efficace et une autre qui vous paraît mauvaise. À l'aide des théories que vous avez apprises dans la première partie du chapitre 11, analysez chacune des deux publicités de votre choix en y décrivant:

• la classe d'objectifs;
• les éléments constructifs (la copie);
• le style d'appel;
• le public cible visé;
• le processus AIDA;
• le choix du média utilisé (avantages et désavantages par rapport au type de produit).

Expliquez pourquoi vous avez sélectionné ces publicités et quels ont été vos critères initiaux d'évaluation. Avez-vous modifié votre jugement en cours d'analyse? Justifiez votre réponse.

11.2 *LE DALMATIEN DALTONIEN*

Finissante du cégep de Saint-Hyacinthe en art dramatique, Joséphine Jean-Pierre est une jeune femme talentueuse et très polyvalente, promise à un grand avenir dans le domaine du théâtre.

Joséphine est née à Port-au-Prince en 1975 d'une mère québécoise, Rita Dulac, et d'un père haïtien, Camilien Jean-Pierre. Elle vit au Québec depuis sa tendre enfance et elle a toujours su profiter de ses deux cultures d'origine. Au cours de sa formation de comédienne, elle a fait preuve d'un immense talent dans le domaine de la comédie.

Malgré son jeune âge, Joséphine a déjà une feuille de route très chargée. Souvenez-vous de l'adorable petit bébé de la série télévisée Old Orchard Beach en 1976: c'était elle à l'âge de six mois! Rappelez-vous la publicité de *Polaroïd*, on n'avait jamais vu une si belle grimace à la télé: c'était toujours Joséphine, à l'âge de quatre ans. Ensuite, elle a tenu un petit rôle de figuration dans le film du cinéaste Richard Pilon, *Les lendemains de Versailles*. Elle a été lauréate à trois reprises d'un concours provincial de théâtre amateur en se classant une fois au second rang et en remportant les grands honneurs à deux reprises.

Depuis ses études secondaires, Joséphine n'a jamais cessé d'écrire. Elle est pourvue d'un grand sens de l'humour et elle sait en tirer profit. C'est justement lors d'un spectacle organisé au cégep de Saint-Hyacinthe par les étudiants en option théâtre qu'on lui a demandé d'écrire et de monter une pièce de théâtre pour la prochaine saison estivale du célèbre théâtre L'Ours Blanc de l'Auberge des Grands Chemins de Sainte-Rosalie, au 530 de la rue Principale.

C'était une lourde commande, mais Joséphine a su relever le défi! *Le Dalmatien daltonien* est une pièce sur une relation de couple interracial (blanc et noir), sur un fond de romance, servi avec un humour assaisonné à la créole… Elle a fait appel à ses camarades comédiens Jean-Michel Josil, Pierre Guindon et Marie Bizaillon pour jouer avec elle dans la pièce.

Le Dalmatien daltonien, c'est l'histoire de deux jumeaux, l'un blanc et l'autre noir (erreur de la nature), et qui sont amoureux de la même fille… Naturellement, les préjugés raciaux des parents de la jeune fille, ainsi que la concurrence entre les deux frères, seront au cœur de ce débat racial et familial. Cependant, ne sortez surtout pas vos mouchoirs!!! Attendez de voir quels subterfuges les jumeaux utiliseront pour conquérir le cœur de la belle et attendrir les beaux-parents…

C'est une comédie désopilante mais non burlesque. Les décors et les accessoires créés par Raoul Tibouleau et Francine Leroux sont d'une grande importance. Comme Joséphine tenait beaucoup à la musique, elle a fait appel à son ami de toujours, Christophe Racaut.

La pièce sera présentée du 27 juin au 7 septembre 1995, du mardi au dimanche (relâche le lundi), à 20 h. Des forfaits souper-théâtre seront offerts.

C'est Joséphine elle-même qui a négocié auprès des commerces locaux afin qu'on puisse se procurer les billets de la pièce au bar laitier La Belle Vache, au restaurant chez Gargouille, à la Grange du Père Charles ainsi qu'au Théâtre de l'Ours Blanc.

Comme elle connaît bien vos habiletés en marketing, elle vous demande de lui écrire un communiqué de presse qu'elle pourra envoyer dans les divers journaux locaux pour annoncer l'événement.

MISE EN SITUATION

La société Dollard inc.

La société Dollard œuvre dans le domaine de l'édition depuis plus de 30 ans. Il y a cinq ans, une étude de marché fut réalisée. Les résultats, très prometteurs, avaient incité Mᵐᵉ Allard, présidente de l'entreprise, à créer le poste de «responsable de la section du livre culturel». C'est un jeune diplômé du cégep de la région, M. Yvan Live, qui obtint le poste.

M. Live se familiarisa d'abord avec la structure organisationnelle de l'entreprise et avec le marché desservi par la société. Ensuite, il s'attaqua à l'édition de volumes culturels (genre roman) et c'est ainsi qu'au cours des quatre dernières années, la société mit sur le marché dix volumes. Huit connurent un très grand succès; les deux autres furent des échecs retentissants.

Fier de ses résultats (80 % de réussite, c'est une bonne moyenne!), M. Live demanda qu'on lui accorde un montant additionnel de 10 000 $ afin d'être en mesure de procéder à une étude de marché du livre scolaire au Québec. Mᵐᵉ Allard acquiesça volontiers à cette demande. «C'est un segment de marché trop important pour le négliger», répondit-elle.

Les résultats de l'étude démontrèrent l'existence d'un besoin non satisfait pour les livres s'adressant à des étudiants du secteur professionnel de niveau collégial. Plus particulièrement, il s'agissait d'un volume répondant aux besoins de l'enseignement des cours Finance I et Finance II.

M. Live communiqua cette information à Mᵐᵉ Allard. Ils prirent conjointement la décision de se lancer dans l'édition du livre scolaire. Un contrat fut signé avec les trois auteurs d'un nouveau livre (les trois étaient professeurs de finance au niveau collégial) qui sortira des presses d'ici à 12 mois environ, soit trois mois avant la reprise du trimestre d'hiver (les cours Finance I et Finance II se donnent au trimestre d'hiver dans la majorité des cas).

Il s'agit maintenant d'élaborer une campagne de communication marketing destinée à promouvoir ce volume. La direction décide d'engager un nouvel employé afin d'aider M. Live à mener à bien ses responsabilités accrues. Vous avez été choisi parmi toutes les personnes qui ont posé leur candidature. Vous avez donc la responsabilité de mettre au point la campagne de communication marketing.

Voici quelques renseignements qui vous aideront dans votre tâche. En se basant ur l'étude des coûts et sur l'étude du marché, on prévoit que le prix de vente en librairie sera de 30 $. La marge de profit des détaillants (à qui Dollard vend directement) est de 20 % sur le prix de vente. Il en coûtera 9 $ pour fabriquer le volume (matières premières, main-d'œuvre directe et frais généraux de fabrication); les frais d'administration s'élèvent à 20 % du chiffre d'affaires, les frais de marketing (10 % du chiffre d'affaires) n'étant pas inclus. De plus, l'objectif de Dollard inc. est de vendre 3000 volumes au cours du prochain trimestre (hiver), 1000 au cours du trimestre d'été et autant au cours du trimestre d'automne.

Cas
PROMO T-SHIRTS

Historique de l'entreprise
Promo T-Shirts est une jeune entreprise de vente d'objets promotionnels. Elle fabrique et vend des produits destinés à la promotion et à la commandite par l'objet. Comme sa raison sociale l'indique, le t-shirt est la spécialité de l'entreprise.

Cette PME a vu le jour il y a deux ans. Deux étudiants en administration, Claire et Sébastien, et deux autres, l'un en design et mise en marché de la mode, Patrick, et la dernière en graphisme, Anne, se sont associés pour démarrer Promo T-Shirts. Claire s'occupe de la comptabilité alors que Sébastien et Patrick se partagent les tâches reliées au marketing (vente, mise en marché et promotion). Patrick s'occupe également des achats et de la préparation des soumissions. Anne est l'esprit créateur du groupe; à la demande des clients, elle dessine et fait le design des éléments visuels des t-shirts. Elle s'occupe également de l'aspect production avec Patrick.

Gamme et lignes de produits
Promo T-Shirts fabrique bien plus que des t-shirts. Une gamme complète composée de cinq lignes de produits est offerte: la ligne veste et blouson, la ligne des ensembles sportifs, la ligne des écussons brodés, la ligne des objets promotionnels du type crayons, macarons, casquettes et la ligne des articles de bureau (blocs-notes, circulaires, dépliants, etc.).

La production des lignes de vêtements est faite sur place. La jeune entreprise possède l'équipement sérigraphique et de transfert d'image (impression au laser), ce qui lui permet d'offrir des prix extrêmement compétitifs. Pour les autres lignes, elle en sous-traite la fabrication et l'impression.

Une des forces majeures de l'entreprise est l'aspect création graphique. Anne possède une réputation solide pour sa créativité et sa rapidité de création. L'entreprise facture même un supplément pour la création visuelle et les clients, qui sont très satisfaits du résultat final, la trouve très originale.

Les marchés de Promo T-Shirts

Les institutions scolaires sont le premier marché de l'entreprise. Dès leur ouverture, et grâce à un beau réseau de contacts, l'entreprise a réussi à décrocher plusieurs contrats avec les associations étudiantes collégiales et universitaires.

Promo T-Shirts a également obtenu des contrats auprès des coopératives étudiantes et de certaines équipes sportives étudiantes. Pour la prochaine année, l'entreprise veut augmenter ses ventes. Elle constate que le marché «scolaire» est présentement saturé. Sébastien a donc mis au point une campagne de marketing direct ou publipostage. Le marché cible pour cette campagne est celui des associations, alliances et regroupements, par exemple, les différents syndicats, les organismes sans but lucratif (OSBL) et tous les autres regroupements qui cherchent un moyen de se promouvoir et d'amasser des fonds.

Il existe actuellement, au Québec, près de 3500 associations nationales, internationales et régionales. Sébastien a pour sa part ciblé 2300 associations.

L'envoi postal comptera trois parties. La première est une lettre de présentation personnalisée décrivant l'entreprise et les bienfaits de la promotion par l'objet. La deuxième est un dépliant énumérant l'ensemble des produits offerts avec une brève description et une illustration de certains produits (dont plusieurs modèles de t-shirts). La dernière partie de l'envoi est la liste des prix.

Sébastien envisage de faire un rappel téléphonique à toutes les associations sollicitées pour augmenter les résultats de cette campagne.

Un nouveau client?

Quelques jours après avoir posté l'envoi, Sébastien reçoit un appel. La Société canadienne contre l'herbe à poux (SCCHP) désire rencontrer un représentant pour une soumission. Cette association, nouvellement créée, désire financer ses activités par la vente de t-shirts ou de chocolats. L'association, dont les membres sont majoritairement des personnes allergiques à l'herbe à poux, fait pression sur les gouvernements pour que la prolifération de cette plante soit réduite. En somme, cette organisation est un groupe de pression pour la destruction systématique de l'herbe à poux.

M. Donel, président de la SCCHP, explique à Sébastien qu'il a déjà une soumission en mains pour le chocolat et une autre d'un compétiteur pour des t-shirts. Il n'a pas encore fait son choix entre le chocolat et les t-shirts comme produit de financement.

De plus, il a été impressionné par la qualité du publipostage qu'il a reçu de Promo T-Shirts et il désire une seconde soumission et, si possible, une rencontre.

Sébastien s'empresse de prendre quelques renseignements supplémentaires. Il apprend donc que l'autre entreprise qui a soumissionné pour les t-shirts s'appelle Les Impressions Multiples. Cette dernière, bien connue de Sébastien, ne fait que l'impression du t-shirt. La conception graphique est donc laissée à l'acheteur.

De plus, cette entreprise vend un t-shirt de moins bonne qualité et exige un minimum de 250 t-shirts pour offrir un escompte important. Pour de petites quantités, Promo T-Shirts est tout à fait compétitive. Sébastien n'arrive pas à savoir, de la part de M. Donel, le budget pour l'achat des t-shirts. Sébastien et son équipe doivent, à la suite de cet appel, préparer la présentation de vente pour la SCCHP qu'ils présenteront dans une semaine à l'équipe de direction de l'association.

NOTES

1. Le Centre international de publicité sociétale, connu sous le nom de «Sociétal inc.», est situé à Montréal. Il doit son existence à Jacques Bouchard de Publicité BCP ltée qui a su réunir un groupe de communicateurs pour ce projet.

2. *Commerce Montréal*, juin 1989, p. 9.

3. GUILTINAN, Joseph P. et PAUL, Gordon W. *Marketing Management, Strategies and Programs*, New York, McGraw-Hill, 1988, p. 227.

4. *Ibid.*, p. 235-236.

5. SCHEWE, Charles D. *et al. Marketing Concepts and Applications*, Toronto, McGraw-Hill Ryerson, 1983, p. 502.

6. TURGEON, Normand. «Comparative Advertising Strategies for Market Leaders», Thèse de doctorat, Knoxville, University of Tennessee, 1988.

7. CONSEIL DU STATUT DE LA FEMME. «La publicité sexiste c'est quoi?», octobre 1979.

8. TAMILIA, Robert D. «Toward a General Theory of Selling», Theory Paper, Faculty of Marketing, Columbus, Ohio State University, 1971, p. 17.

9. KOTLER, Philip et DUBOIS, Bernard. *Marketing management*, 5e édition, Paris, Publi-Union, 1986, p. 556.

10. *Ibid.*

11. FRÉCHETTE, Michel. «La promotion, c'est un outil de vente directe qui n'est pas coûteux si ce n'est en temps et en énergie», *dans Les Affaires*, cahier spécial sur la publicité, 15 mai 1982, p. S20-S21.

12. ISABELLE, Christine. «Modification des règles relatives aux concours publicitaires», *dans Les Affaires*, 11 septembre 1982, p. 13.

13. Message publicitaire de l'Office de la protection des consommateurs mettant en vedette Yvon Deschamps.

14. FRÉCHETTE, Michel. *Op. cit.*

15. SCHEWE, Charles D. *et al. Op. cit.*, p. 544.

16. FROMENT, Dominique. «La publicité par l'objet est efficace si elle est planifiée», *dans Les Affaires*, 11 juin 1983, p. 15.

17. *Ibid.*

18. ISABELLE, Christine. «Les relations publiques sont devenues un outil de gestion», *dans Les Affaires*, 19 décembre 1981, p. 17.

19. ENGEL, James F. *et al. Promotional Strategy*, 4e édition, Richard D. Irwin inc., 1979.

20. OUIMET, Jacques. «Les relations avec les journalistes: soyez bref et précis!», *dans Les Affaires*, cahier spécial sur la publicité, 15 mai 1982, p. S23.

21. *Ibid.*

22. McMURRAY, Robert N. «The Mystique of Supersalesman-Ship», *dans Harvard Business Review*, mars-avril 1961, p. 114.

23. SCHEWE, Charles D. *et al. Op. cit.*, p. 529.

Planification
en marketing

L a quatrième partie de ce volume traite des divers éléments de la planification en marketing. La planification en marketing consiste en un
processus d'anticipation des changements dans l'environnement des
marchés et en la mise au point d'un plan d'action pour une période donnée. Le
but de cette partie est de décrire la manière dont une entreprise doit procéder
afin d'élaborer des stratégies efficaces ainsi que d'intégrer et de coordonner les
différentes activités de marketing dans un plan d'action cohérent. En fait, il
s'agit d'agencer les divers éléments abordés tout au long de ce volume en un
plan cohérent et d'en assurer le contrôle, tâche fort importante en ce qui
concerne la survie et l'efficacité d'une organisation.

12

LA PLANIFICATION EN MARKETING

OBJECTIFS D'APPRENTISSAGE

Après la lecture du chapitre, vous devriez être en mesure de:
- définir la planification en marketing;
- comprendre l'importance du plan de marketing;
- connaître chaque étape du plan de marketing.

Au début du présent volume, nous avons défini les variables dites contrôlables du marketing, les variables incontrôlables de l'environnement ainsi que le concept moderne de marketing selon lequel on doit partir des besoins du consommateur. Dans la première partie, nous avons exploré les divers moyens d'obtenir l'information nécessaire à la prise de décisions, ce qui permet de répondre adéquatement aux différents besoins des consommateurs. Nous avons également abordé la stratégie de marketing.

Dans la deuxième partie, nous avons étudié plus en profondeur les différentes variables contrôlables du marketing, leurs limites et les types de décisions de gestion qu'elles entraînent.

Dans la présente partie, nous verrons la planification en marketing, c'est-à-dire l'agencement de toutes les décisions de marketing en fonction d'objectifs communs dans le but de profiter au maximum de l'effet de synergie des efforts fournis. Sans elle, les activités d'une entreprise ressembleraient à celles d'un chasseur qui court deux lièvres à la fois. Tout va bien tant que les deux bêtes vont dans la même direction, mais les problèmes commencent quand elles prennent des directions opposées. Il en est de même pour l'entreprise.

LA NATURE ET L'IMPORTANCE DE LA PLANIFICATION

La planification des activités de l'entreprise est sans aucun doute la plus cruciale des activités que le gestionnaire doit exécuter. Planifier, c'est mettre sur pied des programmes d'action dans lesquels les objectifs visés sont clairement définis. C'est également déterminer les modes de financement prévus et les étapes de la réalisation de ces programmes. Prévoir les activités futures de l'entreprise, à court et à long terme[1], permet au gestionnaire de diriger, d'intégrer et de contrôler le développement et le fonctionnement de l'entreprise. Il est donc de toute première importance pour la survie et le succès à long terme d'une entreprise de planifier aujourd'hui ce qu'elle sera demain.

La planification en marketing s'avère d'autant plus importante qu'elle constitue le lien entre ce que l'entreprise peut offrir et les besoins et les attentes des consommateurs. Ce type de planification a donc pour but de prévoir les activités de l'entreprise qui touchent le marketing et d'instaurer certaines mesures pour en contrôler les résultats. Le marketing a pour rôle d'aider à réaliser les objectifs généraux de l'entreprise.

LE PLAN DE MARKETING

Le plan de marketing est l'outil le plus utilisé lors du processus de planification en marketing. Qu'est-ce que le plan de marketing et à quoi sert-il? Prenons, par exemple, une boulangerie qui décide d'augmenter de 25 % sa part de marché au cours de l'année qui vient. Il lui est impossible d'atteindre cet objectif sans un effort concerté de la part de l'organisation entière. Il faudra augmenter le volume de production, mais surtout définir un programme de marketing systématique et coordonné. Faut-il étendre le territoire desservi de manière à toucher une nouvelle population? Faut-il changer de réseau de distribution, par exemple, passer du porte-à-porte aux grandes surfaces? Faut-il modifier certains produits, en ajouter de nouveaux ou en retirer? Faut-il accroître l'effort promotionnel? Doit-on changer le mix promotionnel? En vue de répondre adéquatement à chacune de ces questions tout en tenant compte des objectifs précis qui ont été formulés, il faut se livrer à une analyse détaillée des possibilités de mise en marché des produits et élaborer un plan d'action complet et détaillé qui puisse assurer la convergence des efforts fournis par l'ensemble de l'entreprise.

Le plan de marketing sert d'abord à des fins stratégiques, car il oblige l'entreprise à analyser périodiquement la situation d'un produit sur le marché et à en prévoir l'évolution, de même qu'à anticiper les actions des concurrents. Il permet surtout d'évaluer les avantages concurrentiels d'un produit et de s'ajuster périodiquement à la lumière des résultats obtenus. Ensuite, le plan de marketing sert à coordonner les efforts et à contrôler les actions individuelles.

La réalisation du plan de marketing permet donc une meilleure adaptation de l'entreprise à ses marchés. Ce plan oblige l'entreprise à examiner les nouvelles possibilités de développement des produits et des marchés, à reconnaître les changements et les mutations de l'environnement, et favorise l'utilisation optimale de ses ressources financières, humaines et matérielles. Le plan de marketing est donc l'outil de planification indispensable à toute entreprise.

L'élaboration d'un plan de marketing offre plusieurs avantages pour l'entreprise. Thuillier[2], dans son volume, en mentionne les principaux, soit:

- obliger la direction de l'entreprise à prendre conscience des modifications de l'environnement dans lequel elle évolue et auxquelles elle doit s'adapter si elle veut progresser;
- permettre de reconnaître les secteurs d'activités qui offrent les meilleures possibilités pour l'entreprise et leur allouer des ressources financières, humaines et matérielles;
- permettre d'éviter le gaspillage des énergies en concentrant les efforts vers des objectifs communs précis, définis d'avance;
- permettre de contrôler des activités par comparaison des résultats obtenus avec les objectifs précédemment établis;

- fournir un cadre de référence à la prise de décision et obliger les responsables à agir pour que les choses arrivent plutôt que de réagir aux événements.

Pour élaborer le plan de marketing, on doit respecter de façon systématique et rigoureuse les étapes suivantes: l'analyse de l'environnement, le choix des objectifs et l'élaboration de stratégies. Comme il se veut un outil de travail, le plan de marketing n'est donc pas un document abstrait, mais plutôt une analyse pratique de la situation et un engagement pour l'avenir.

Même si les plans de marketing diffèrent d'une entreprise à l'autre, leur élaboration suit habituellement les étapes présentées à la figure 12.1.

Chacune de ces étapes fera l'objet d'une section de ce chapitre.

LE PLAN DE MARKETING. PREMIÈRE PARTIE

La définition de la mission et des buts de l'entreprise

Avant de planifier quoi que ce soit, il est essentiel que les dirigeants d'une entreprise répondent à la question suivante: quel genre d'entreprise gérons-nous? La réponse à cette question définit ce qu'on appelle la «mission de l'entreprise». En d'autres termes, la mission d'une entreprise tend à définir sa raison d'être; il s'agit en quelque sorte de la finalité de l'entreprise.

Cependant, il ne s'agit pas seulement de connaître la raison d'être de l'entreprise; il faut également savoir ce qu'elle est capable de faire et ce qu'elle espère réaliser dans l'avenir. Pour ce faire, toute organisation doit définir les buts qu'elle se propose d'atteindre.

Jensen[3] résume la définition de la mission de l'entreprise comme la réponse aux questions suivantes:

- Quelle sorte d'entreprise souhaite-t-on avoir?
- Quel marché souhaite-t-on desservir?
- Quelle sorte de structure organisationnelle souhaite-t-on obtenir?
- Quelle direction suit-on?
- Quels sont les facteurs critiques de succès qui permettent d'atteindre les objectifs?

Prenons, par exemple, une société de transport public intermunicipale. Quelle pourrait être sa mission? Ce pourrait être d'offrir un service de transport adéquat au public sur tout son territoire, un service de transport adapté aux besoins des différents groupes d'usagers, tels que travailleurs, étudiants, handicapés, etc., de rentabiliser ses opérations et de vanter à la population les avantages d'utiliser le transport public plutôt qu'un véhicule personnel ou chercher à favoriser l'expansion future de l'entreprise; et finalement, l'entreprise

■ **Figure 12.1** Étapes du plan de marketing

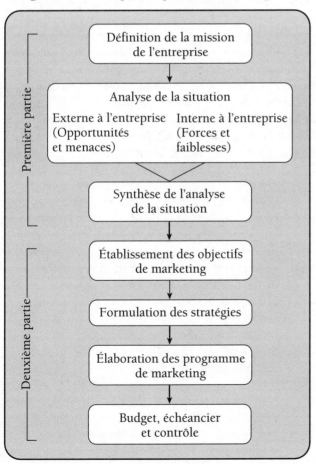

pourrait désirer maintenir une image d'honnêteté, de fiabilité et de service personnalisé.

L'établissement de la mission et des buts que l'entreprise se propose d'atteindre fait ressortir les différentes options qui s'offrent à elle. L'orientation subséquente du processus de planification dépend de cette première étape.

L'analyse de la situation

L'étape de l'analyse de la situation est une étape qui consiste à rechercher de l'information permettant au gestionnaire d'avoir une bonne connaissance de l'environnement, de la concurrence, du marché et de l'entreprise elle-même (*voir figure 12.2*).

L'analyse de l'environnement externe à l'entreprise

L'entreprise évolue dans un environnement externe réglementé et qui peut parfois être très contraignant. Le responsable du marketing doit donc connaître ces contraintes. L'environnement externe d'une entreprise comprend des composantes économiques, technologiques, culturelles, sociales, démographiques, légales et climatiques. L'entreprise qui veut s'adapter de façon efficace à son milieu ne peut se permettre d'ignorer ces diverses composantes; elle doit donc recueillir le plus d'informations possible afin de bien les connaître.

a) L'environnement économique Les stratégies de marketing d'une entreprise subissent l'influence du climat économique dans lequel elle évolue: récession, dépression, reprise économique, prospérité, inflation. L'analyse du PNB, du revenu disponible, de la capacité d'emprunter des consommateurs s'avère d'une importance majeure pour le responsable du marketing.

Le Québec a assisté depuis le début des années 80 à des variations de son climat économique. L'économie a traversé une période de récession en 1980-1981, avec des taux d'intérêt allant jusqu'à plus de 21 %, un fort taux de chômage et beaucoup d'insécurité. Dans les années 1985-1986 et 1987, le Québec a connu un climat de prospérité: reprise de l'emploi, baisse des taux d'intérêt (environ 10 %) et autres. La nouvelle augmentation des taux d'intérêt connue en 1989 ainsi que le fort taux d'endettement des Québécois a provoqué un ralentissement de la demande, qui a engendré la stagnation de l'économie et a entraîné l'économie vers une nouvelle récession en 1990-1991. De plus, la reprise est lente à cause d'un taux d'endettement élevé des ménages et des gouvernements, qui doivent consacrer une partie importante des budgets au service de la dette. On connaît également une incertitude politique, causée par le référendum de 1995, qui a des conséquences sur l'économie. Le gestionnaire doit donc s'interroger sur l'environnement économique et politique de son entreprise et analyser quelles en seront les répercussions sur son entreprise.

b) L'environnement technologique Le directeur du marketing est responsable de l'exploitation des principales possibilités offertes par le progrès technologique. L'entreprise utilise-t-elle les plus récentes technologies? Connaît-elle les dernières techniques ou les derniers procédés utilisables dans son champ d'activité? Les intègre-t-elle dans ses activités de production? Quelles sont les nouvelles

■ **Figure 12.2** Analyse de la situation

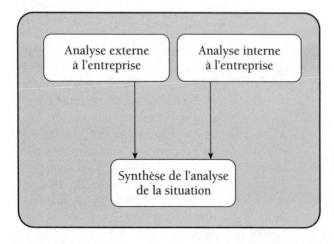

technologies qui risquent d'entraîner l'obsolescence de ses produits? Le responsable du marketing doit reconnaître rapidement les applications commerciales de tout nouveau développement technologique s'il désire que l'entreprise demeure compétitive. L'entreprise ne doit pas être devancée par ses concurrents. Voilà l'objectif du responsable du marketing.

Aujourd'hui par exemple, dans l'industrie de l'automobile, la technique de gestion des stocks *juste-à-temps* et la robotisation de la chaîne de production semblent être les toutes dernières techniques de production permettant à l'entreprise de demeurer compétitive. De plus, sur le plan de l'amélioration du produit, on parle d'allumage électronique, de système d'injection, de système de freins antiblocage, d'ordinateur, de coussins gonflables et de traction intégrale aux quatre roues.

c) L'environnement socioculturel Lors de l'élaboration de ses stratégies, le responsable du marketing ne peut ignorer l'impact de l'environnement socioculturel sur ses décisions dans l'entreprise (*voir encadré 12.1*). La planification et la gestion des activités exigent qu'il prenne en considération l'influence exercée sur le comportement du consommateur par les classes sociales (répartition de la population), la famille et les groupes sociaux auxquels les personnes appartiennent, les groupes de référence auxquels elles s'identifient de même que la culture et les sous-cultures (systèmes de valeurs, attitudes, mœurs).

d) L'environnement démographique Il peut également s'avérer important pour le responsable du marketing de recueillir un ensemble de données concernant la distribution de la population en fonction de l'âge (pyramide des âges), du sexe, des régions (rurales ou urbaines), des provinces, de la taille des ménages. Prévoir l'évolution de la population selon certaines hypothèses (taux de natalité, de migration) demeure une fonction essentielle à une planification en marketing adéquate.

e) L'environnement légal La connaissance des lois de juridictions municipale, provinciale et fédérale auxquelles l'entreprise doit se soumettre et se conformer constitue un aspect essentiel d'une bonne gestion. En particulier, on doit tenir compte des lois régissant l'importation, l'exportation, la sécurité, les normes de protection de l'environnement, la réglementation sur l'affichage et sur la fixation des prix.

f) L'environnement climatique Le climat est un autre facteur qui peut avoir une grande influence sur le volume des ventes de l'entreprise. Ainsi, lorsqu'il fait très chaud l'été, les ventes de boissons gazeuses augmentent de façon considérable. Par contre, certains produits voient leurs ventes décliner (les livres, par exemple). Lorsqu'il fait froid, la consommation d'énergie augmente énormément. L'hiver, si le soleil se fait rare, la demande auprès des agences de voyages augmente. Bon nombre de boutiques d'équipement de sport sont soumises à l'influence des conditions climatiques et pour certaines, c'est une question de survie. Les boutiques d'équipement de ski en sont un exemple.

L'analyse de la concurrence

Faire face à la concurrence constitue une préoccupation majeure des directeurs de marketing, car ils essaient tous d'attirer la clientèle (*voir encadré 12.2*). Les caractéristiques qui définissent les conditions d'existence des marchés donnent naissance à deux catégories de concurrence: la concurrence directe, c'est-à-dire les entreprises qui proposent des produits ou des services semblables qui répondent aux mêmes besoins des consommateurs; la concurrence indirecte, c'est-à-dire les entreprises qui

■ **Encadré 12.1**   La bière américaine n'a pas réussi à s'implanter auprès des Québécois

Malgré l'arrivée de la compagnie Stroh Brewery

La bière américaine n'a pas réussi à s'imposer auprès des Québécois

John Davidson

Montréal (PC)

■ La dernière tentative américaine d'envahir le lucratif marché québécois de la bière s'est vite éventée, affirment des analystes en marketing.

Lancée par la compagnie Stroh Brewery Co., elle a amené le gouvernement du Québec à ériger des barrières de prix et provoqué la contre-attaque des compagnies Molson et Labatt.

Or, Stroh n'a fait qu'une toute petite entaille dans l'un des marchés de la bière les plus importants au Canada.

«Plusieurs détaillants québécois songent d'ailleurs à réduire, voire à éliminer les bières américaines de leur inventaire parce qu'elles ne se vendent tout simplement pas», a affirmé le directeur de l'Association québécoise des détaillants en alimentation, M. Michel Gadbois.

La guerre de la bière que l'on anticipait l'été dernier n'a tout simplement pas eu lieu.

Au Québec, la bière est vendue dans les épiceries et les dépanneurs qui se livrent une forte concurrence au niveau des prix afin d'augmenter les ventes. L'an dernier, environ 60 millions de caisses, ou 1,4 milliard de bouteilles de bière ont été vendues au Québec.

Stroh a obtenu l'autorisation de distribuer ses marques Old Milwaukee, Schiltz et Red Bull dans les épiceries le printemps dernier.

Avec ses quelque 300 millions de caisses vendues par année, elle est la quatrième brasserie en importance aux États-Unis.

Une autre compagnie américaine, Pabst Brewing Co., a également commencé à distribuer une bière de style américain dans le réseau d'épiceries au Québec; cette bière est toutefois brassée par Lakeport Brewing Corp. de Hamilton en Ontario.

Depuis juin, Stroh n'a réussi à prendre que 1,7 pour cent du marché québécois et l'analyste Jacques Kavafian estime que ce résultat ne vaut pratiquement pas l'effort déployé.

«Lorsqu'une nouvelle bière arrive sur le marché québécois avec le poids d'une compagnie comme Stroh derrière elle, vous seriez porté à croire qu'elle accaparera une part importante du marché», a soutenu l'analyste de Levesque Beaubien Geoffrion.

«Or, Stroh a fait très peu de promotion ici et les ventes sont restées à plat. Vous devez donc vous interroger sur la stratégie qu'ils poursuivent.»

Le vice-président de la compagnie, M. Christopher Sortwell, a répliqué en affirmant que Stroh avait atteint les objectifs qu'elle s'était fixés.

«Nous sommes au Québec et au Canada pour le long terme et notre but est d'améliorer graduellement

notre position», a-t-il déclaré au cours d'une entrevue téléphonique de Détroit.

«Nous n'avons encore fait aucune grosse promotion et déjà nous détenons 1,7 pour cent du marché. Surveillez bien ce qui va se passer au cours des prochains mois.»

M. Sortwell s'est par ailleurs plaint des barrières qui ont été érigées sur le chemin de sa compagnie par la Société des alcools du Québec.

«Juste avant que nous arrivions, Québec a fixé un prix minimum d'environ 17,50 $ avant taxes pour une caisse de 24 bouteilles», a-t-il rappelé. «Ils ont justifié cette mesure comme en étant une de santé publique, une mesure destinée à inciter les Québécois à boire moins. Or, nous considérons cette mesure comme étant protectionniste; elle fixe un prix plancher qui évite aux brasseurs canadiens d'avoir à affronter une véritable concurrence.»

Et puis, il y a la question de goût.

«Les Québécois n'aiment tout simplement pas le goût de la bière américaine», affirme M. Gadbois.

«Des marques comme Old Milwaukee ne sont pas exactement des bières de très haute qualité; or, après en avoir bu une ou deux fois, pour essayer, les gens n'en achètent plus.»

Source: Le Nouvelliste, 22 septembre 1994, p. 20.

■ **Encadré 12.2** Marchés inondés de nouvelles marques

Avec la libéralisation du commerce de la bière

Marchés inondés de nouvelles marques

Québec (PC)

■ Les nouvelles règles du commerce dans l'industrie de la bière fixées par le GATT, combinées à celles des échanges entre les provinces, ont en quelque sorte provoqué une véritable bousculade aux portes.

Évidemment, l'enjeu en vaut la chandelle puisque l'industrie brassicole canadienne a injecté en 1993 dans l'économie rien de moins que 11,2 milliards $, représentant 1,6 pour cent du produit national brut (PNB). Au Québec, cet apport a atteint 2,97 milliards $, représentant 1,8 pour cent du PNB québécois.

Cette libéralisation du commerce de la bière a donc provoqué un nouvel engouement pour les brasseurs québécois, canadiens et américains. En peu de temps, les marchés ont été inondés d'un nombre incalculable de nouvelles marques de bière capables de remplir à ras bord le réservoir LG2.

Les deux principaux brasseurs québécois, Molson-O'Keefe et Labatt, ont voulu rapidement se protéger en lançant des bières à prix modique. C'est le cas de la Carling et de la Wildcat. Les microbrasseries ont elles aussi innové en mettant sur le marché des bières à haute teneur en alcool. On pense ainsi à la Maudite et à la Fin du monde.

Dans tout ce remue-ménage, les marchés Métro-Richelieu font la nique aux grandes brasseries en lançant une bière maison, la Norois Premium, brassée par la brasserie Lakeport d'Ontario.

Dernièrement, les américaines débarquaient en sol québécois. C'est la brasserie Stroh qui devient ainsi la première brasserie américaine à offrir six marques de bière «authentiquement américaine». Certes, les Québécois peuvent s'offrir depuis un bon bout de temps une Budweiser ou une Miller. Mais ces bières sont brassées sous licence au pays.

Dans un avenir pas trop lointain, il ne serait pas surprenant que des brasseries d'autres provinces viennent elles aussi courtiser les Québécois. Au rythme où vont les choses, notre dépanneur du coin devra convertir sa chambre froide en une aréna afin d'accueillir toutes les marques de bière.

Mais entre-temps, la partie de bras de fer que se livrent les différentes brasseries risque fort bien de se poursuivre encore longtemps. En fait, le temps où l'on n'aura pas réussi à apprivoiser et assimiler complètement les nouvelles règles du jeu du libéralisme commercial. Ce sont alors les tribunaux qui seront appelés à tracer la voie à suivre.

Au fil des dernières années, on a enregistré une certaine forme de rationalisation au sein de l'industrie brassicole canadienne. En 1988, on dénombrait 63 brasseries à travers le Canada. Cinq ans plus tard, ce nombre passait à 56. En 1993, on retrouvait au Québec sept brasseries qui ont versé en salaires, commissions et frais indirects de main-d'œuvre un montant de 258,4 millions $.

L'industrie brassicole canadienne doit donc être considérée comme un important moteur de l'économie tant canadienne que québécoise. Selon des données fournies par l'Asso-ciation des brasseurs, on note que cette industrie a acheté sur le marché intérieur, en 1993, des matériaux et des approvisionnements dont le prix atteignait 701 millions $. À lui seul, le malt d'orge, qui entre dans la fabrication de la bière, a entraîné des dépenses de 121 millions $.

De plus, en 1993, l'industrie brassicole a versé aux différents paliers de gouvernement 4,9 milliards $ en taxes. En 1992, ce versement atteignait 3,8 milliards $. Ces fameuses taxes constituent 53 pour cent du prix de détail moyen de la bière. À ce chapitre, le Canada et la Norvège se partagent le premier rang mondial des pays où la bière est la plus taxée.

Tout cela pour produire quelque 19 millions d'hectolitres de bière dont 3,04 millions d'hectolitres ont pris la direction des États-Unis. Ça fait effectivement beaucoup de bière. Mais cela ne fait pas pour autant des Québécois les plus importants buveurs de houblon au pays. À ce chapitre, le Québec se classe au troisième rang au Canada avec une consommation moyenne de 75,07 litres par personne.

C'est la Colombie-Britannique qui vient au premier rang, suivie de Terre-Neuve, avec une consommation respective de 76,98 et 76,71 litres par personne. La moyenne canadienne est de 71,07 litres par habitant. Mais, on est très loin du record mondial détenu par la Tchécoslovaquie où, en 1992, les amateurs ont consommé pas moins de 144,2 litres de bière, suivie de l'Allemagne avec 144,2 litres.

Source: Le Nouvelliste, 26 septembre 1994, p. 10.

proposent des produits ou des services différents, mais qui répondent aux mêmes besoins des consommateurs.

Le directeur du marketing devrait être en mesure de répondre aux questions suivantes avant d'élaborer une stratégie de marketing pour son entreprise. Quelles sont les entreprises concurrentes? Quel est leur chiffre d'affaires? Quelle est leur part du marché? Depuis combien d'années existent-elles? Quel est leur taux de croissance annuel? Quelles sont les forces, les faiblesses et les stratégies de chacune de ces entreprises? Comme le mentionnent Ries et Trout[4], les plans de marketing à venir devraient contenir une liste des faiblesses et des points forts des concurrents, une liste des responsables du marketing de la concurrence ainsi que la description de leurs tactiques et des types d'activités qu'ils privilégient.

L'analyse du marché

En marketing, il est crucial de connaître les acheteurs actuels et potentiels des produits et des services de l'entreprise. Nous ne rappellerons jamais assez l'importance de déterminer quantitativement les dimensions et les tendances du marché. Toutes les informations recueillies devront recevoir l'attention du gestionnaire lors de la prévision et auront une incidence sur les activités de l'entreprise.

L'analyse du marché s'effectue premièrement en termes quantitatifs: nombre d'unités, volume, poids, unité monétaire. Cet aspect considère également les données liées à la géographie: ville, région, district, province et pays. Deuxièmement, elle s'effectue en termes qualitatifs: motivation d'achat, processus de décision, comportement de l'utilisateur et influences externes sur les décisions d'achat. Les données qualitatives aident le responsable du marketing à comprendre le marché.

Du point de vue quantitatif, le directeur du marketing devrait être en mesure de répondre adéquatement aux questions suivantes. Quelle est la taille du marché global? Quelle est la dimension du marché potentiel? Quelle est la taille de chaque segment de marché? Quelle est la part du marché de renouvellement? Quelle est l'évolution de la demande dans les dernières années? Y a-t-il une tendance à la saturation?

Du point de vue qualitatif, le directeur du marketing doit connaître la réponse à ces questions: Quel est le profil de l'utilisateur? Qui décide de l'achat? Quel est le processus de décision d'achat? Quels sont les motifs d'achat? Quelle est l'influence de l'image de marque sur le consommateur? Quel usage fait-on du produit? Quels sont les besoins exprimés par le marché?

L'analyse des données internes de l'entreprise

L'analyse des données internes de l'entreprise porte sur les données caractéristiques de la vie de l'entreprise. Ces données existent et sont souvent incluses dans les différents documents de l'entreprise. Il s'agit de les recueillir méthodiquement et d'en faire l'analyse. Le but de cet exercice est de définir clairement les points forts et les points faibles de l'entreprise. Par la suite, on doit comparer les contraintes de l'entreprise aux possibilités du marché. Ces études mènent à la reconnaissance des facteurs de succès et d'échec pour les produits actuels de l'entreprise. De plus, cette étape permet de reconnaître des besoins insatisfaits du marché, et de nouvelles occasions de produits ou de services pour l'entreprise peuvent en émerger.

Lors de cette analyse, le gestionnaire doit s'efforcer de demeurer le plus objectif possible. En effet, il n'est pas toujours facile de constater qu'une situation relevant de

■ **Encadré 12.3** Face à Wal-Mart, Jean Coutu, Famili-Prix et Pharmaprix élaborent de nouvelles stratégies

Face à Wal-Mart, Jean Coutu, Famili-Prix et Pharmaprix élaborent de nouvelles stratégies

Gilles Des Roberts

■ Les 180 franchisés québécois du Groupe Jean Coutu (Mtl, *PJC.A*, 8 $) n'affronteront pas Wal-Mart les mains vides.

Au printemps dernier, le groupe de pharmaciens a commandé une étude au groupe-conseil Secor. Son sujet? L'impact de l'arrivée du détaillant américain dans le marché de la vente de médicaments et de produits beauté/santé.

«Nous nous sommes payé cette étude parce que nous étions inquiets de la venue de Wal-Mart», a déclaré aux AFFAIRES André Côté, président de l'Association des franchisés Jean Coutu. Selon M. Côté, «la direction du Groupe Jean Coutu était moins inquiète que nous».

Wal-Mart exploite déjà ou prévoit exploiter un comptoir pharmaceutique dans chacun de ses établissements.

«L'analyse de Secor nous a rassurés. Elle conclut que les pharmacies Jean Coutu seront moyennement touchées par Wal-Mart», a affirmé M. Côté, qui exploite des pharmacies Jean Coutu à Lachine et à LaSalle.

Le président de l'association a ajouté que «l'impact prévu s'est même amenuisé depuis le dépôt du rapport. Nous avons amélioré notre service à la clientèle et réduit le prix de plusieurs produits de façon significative.»

Collaboration

Selon André Côté, les franchisés désirent s'impliquer de plus en plus dans les stratégies commerciales du Groupe Jean Coutu.

«Nous sommes bien placés pour prendre le pouls de notre clientèle et du marché. Nous communiquons maintenant des informations et des suggestions sur une base régulière à la haute direction de Jean Coutu. Cela se fait dans un climat de collaboration, pas d'affrontement.»

Un porte-parole du Groupe Jean Coutu a indiqué que l'étude de Secor avait été reçue et analysée dans cette perspective de collaboration avec les franchisés. «Tout cela a été fait de façon très transparente. Des dirigeants du groupe étaient là lors de la présentation de Secor et ils ont engagé un dialogue avec les franchisés au sujet de Wal-Mart», a déclaré Nancy Turgeon.

Cette concertation sera nécessaire. Un analyste financier de la firme BBN James Capel (Toronto), George Hartman voit l'arrivée de Wal-Mart comme «la mère de toutes les batailles dans le commerce de détail canadien. Wal-Mart exercera des pressions à la baisse sur les prix de tous les escompteurs pour se positionner comme l'acteur aux prix les plus bas».

Offensive de Famili-Prix

Famili-Prix a aussi arrêté sa stragégie pour contrer Wal-Mart et la vente de médicaments par correspondance. Cette chaîne de 138 établissements de taille moyenne (4200 pi^2), établie surtout dans le centre et l'est du Québec, a réalisé des ventes au détail de 100 M$ pour l'exercice 1993-94. Elle est la propriété de pharmaciens membres.

«On intervient avec notre première campagne publicitaire d'image à la télévision et dans les magazines. Elle vise à renforcer la notoriété professionnelle des pharmaciens de Famili-Prix. Quant au volet promotionnel, il sera déployé par le biais de la radio et d'encarts publicitaires», nous a affirmé Claude Massé, directeur général de Famili-Prix.

Famili-Prix empruntera également l'autoroute électronique pour renforcer sa position concurrentielle. «Nous avons signé une entente de partenariat avec UBI. Dès l'automne 1995, 34 000 foyers du Saguenay auront accès à une version électronique et interactive de notre circulaire hebdomadaire.»

La société, qui a son siège social à Québec, implantera, d'ici la fin de 1995, un système d'échange électronique de données avec ses fournisseurs.

Selon M. Massé, cette mesure facilitera la prise de commandes et le retour des marchandises et permettra une gestion plus efficace des stocks.

Pharmaprix lorgne Cumberland

Pharmaprix a aussi adopté un nouveau plan d'affaires qui vise à agrandir considérablement son réseau au Québec.

Pharmaprix, filiale d'Imasco (Mtl, *IMS*, 37,25 $) exploite 67 pharmacies à grande surface au Québec.

Son objectif est d'en avoir au moins 100 d'ici les deux prochaines années.

Selon les informations recueillies par LES AFFAIRES, Pharmaprix pourrait prendre un raccourci et même un peu d'avance sur son plan en acquérant les 47 pharmacies de la bannière Cumberland.

Confronté à cette information, le directeur des affaires professionnelles de Pharmaprix, Jacques Nadeau, a déclaré que «Pharmaprix est définitivement intéressée par cette entreprise».

«Cela fait même 10 ans que nous soumettons des offres au propriétaire de Cumberland, Morrie Neiss. Il ne nous a pas encore donné de réponse favorable, mais nous ne nous décourageons pas.»

Source: Les Affaires, 1er octobre 1994.

son autorité n'a pas été traitée à temps et qu'elle a eu des conséquences graves. Cependant, le gestionnaire ne doit pas oublier que les résultats de l'analyse interne de l'entreprise seront des éléments importants lors de l'élaboration de la future stratégie (*voir encadré 12.3*). Par conséquent, le gestionnaire qui n'est pas objectif dans son analyse risque de compromettre l'avenir de l'entreprise.

Afin de n'omettre aucun point dans notre description de l'analyse interne, nous nous inspirerons du cheminement proposé par Downing[5].

Les objectifs de l'entreprise   Lors de son analyse interne, le gestionnaire doit recueillir de l'information au sujet des objectifs actuels de l'entreprise. Dans certaines entreprises, ces objectifs sont écrits et connus des employés. Dans ces conditions, il est relativement facile de recueillir l'information. Cependant, il n'en est pas toujours ainsi. Certaines entreprises n'ont pas fait connaître leurs objectifs au personnel ou encore ne les ont jamais définis formellement. Dans ces cas, il devient laborieux de les recueillir. Le gestionnaire doit trouver quels sont les objectifs officieux qui guident la prise de décision de l'entreprise. Finalement, il y a encore certaines entreprises qui n'ont tout simplement pas d'objectifs. Il est essentiel que le gestionnaire souligne cette situation anormale.

Les objectifs de marketing   Dans le cadre de l'analyse interne, le gestionnaire doit recueillir de l'information sur les objectifs actuels de marketing de l'entreprise. Encore une fois, le gestionnaire peut faire face aux trois scénarios énoncés précédemment. En plus de recueillir les objectifs de marketing, il doit cumuler l'information qui permettra de les évaluer.

Le gestionnaire doit être en mesure de répondre aux questions suivantes. Les objectifs de marketing permettent-ils de guider la planification des activités de marketing? Permettent-ils de mesurer les résultats qui seront obtenus? Les objectifs de marketing sont-ils appropriés compte tenu de la position concurrentielle de l'entreprise, de ses forces et de ses faiblesses et des opportunités du marché?

L'étude de la clientèle   L'analyse interne de l'entreprise comprend une étude de la clientèle actuelle. Le gestionnaire du marketing doit bien connaître sa clientèle s'il veut être en mesure d'élaborer des stratégies et des programmes de marketing qui tiennent compte des besoins particuliers de chacun des groupes de clients.

L'étude de la clientèle se base sur l'analyse des ventes. Quelle est la répartition de la clientèle par produit par secteur géographique? Quel est le nombre total de clients desservis par l'entreprise au cours de la dernière année? Parmi ceux-ci, quelle est la proportion d'anciens clients? de nouveaux clients? Quel est le chiffre d'affaires moyen par commande? Quelle est la rentabilité en fonction de chaque groupe de clients? Quelles sont les habitudes d'achats, les mobiles d'achats, le sexe et l'âge des clients? Quels sont les besoins des clients? Quelle importance les clients attachent-ils au service rendu par l'entreprise? Voilà qui constitue une liste non exhaustive des questions que le gestionnaire doit se poser lors de l'analyse de la clientèle.

L'analyse du produit   Le produit est la base de l'entreprise; sans lui, il n'y a pas d'entreprise. La valeur du produit est fonction de sa capacité de répondre aux besoins exprimés par le marché. On peut définir le produit comme un ensemble de caractéristiques tangibles et intangibles qui composent l'offre de l'entreprise dans le but de satisfaire les besoins des consommateurs.

Le responsable du marketing doit connaître l'étape à laquelle chaque produit est rendu dans son cycle de vie. C'est un facteur qui détermine le type de stratégie à utiliser: renouvellement, amélioration ou autres. Il lui faut également analyser le portefeuille produit. Quel est le mix de produits offerts par l'entreprise? Quel est leur positionnement par rapport aux produits concurrents? Quelle est la rentabilité de chaque produit? Quelles sont les caractéristiques de chacun des produits? Quels sont leurs avantages concurrentiels? Quelles sont leurs faiblesses? Les produits ont-ils été améliorés depuis leur création? À quand remontent les dernières modifications? Quelle garantie offre-t-on aux consommateurs? Les modes d'emploi sont-ils adéquats? Quelle est la qualité du service après-vente? Comment les consommateurs perçoivent-ils les produits? Les réponses à toutes ces questions et à bien d'autres sont essentielles à l'élaboration des stratégies pour la prochaine période.

L'analyse des éléments opérationnels de l'entreprise   Lors de la planification en marketing, le gestionnaire doit considérer les éléments opérationnels de l'entreprise. Il ne sert à rien d'avoir des stratégies de produits vigoureuses si l'entreprise ne possède pas les ressources de production nécessaires pour répondre à la demande ou encore si elle n'est pas en mesure de financer les activités. Le gestionnaire se doit de considérer tant les désirs des clients que les contraintes de l'entreprise lors de la planification des mesures à prendre. Il devra également segmenter le marché en conséquence. Par contre, sur le plan de la production, il faut s'adapter aux besoins du marché.

En ce qui concerne les éléments opérationnels, il faudra d'abord examiner la capacité actuelle de production de l'entreprise et ses possibilités d'expansion. Voici quelques questions à se poser. Quelle est la capacité actuelle du matériel de production? De combien peut-on augmenter cette capacité de production et à quel coût? Quel est le degré de fiabilité des sources d'approvisionnement? Quel est le degré de mécanisation des étapes de production? Peut-on l'augmenter? Si oui, à quel prix?

Le deuxième élément opérationnel à étudier sont les ressources humaines. On doit inventorier les ressources humaines actuelles, analyser les possibilités d'embauche et de sous-traitance. On doit se poser les questions suivantes au sujet du personnel. Quel est le savoir-faire du personnel? Quelles sont ses forces et ses faiblesses? Y a-t-il un moyen simple de pallier les faiblesses du personnel?

Le troisième élément opérationnel à évaluer lors de la planification des activités de marketing est la capacité financière de l'entreprise. Afin de développer des produits ou des services adaptés au marché, de mettre sur pied des campagnes de communication et d'assurer des stocks susceptibles de répondre à la demande, le marketing doit disposer de financement. Le gestionnaire a besoin de connaître la capacité financière de l'entreprise. La connaissance des ratios tels que le ratio de liquidité, d'endettement, de rotation des stocks, délai de recouvrement des comptes clients, etc., est indispensable au rapprochement entre les activités de marketing et les ressources financières de l'entreprise.

L'analyse du système de distribution   Nous avons étudié dans le chapitre 8 les caractéristiques de la distribution. La distribution est le moyen d'amener les produits du lieu de fabrication au lieu où le consommateur achète. Dans le cadre de l'analyse de la situation interne de l'entreprise, le gestionnaire doit étudier le réseau de distribution. Quels sont les circuits utilisés pour rejoindre le marché? Quelle est la répartition géographique des distributeurs? Quelles sont les clientèles rejointes par chaque distributeur? Quel est le volume de ventes de chaque circuit utilisé? Quelle est la rentabilité de chacun de ces circuits? Quel est le niveau de compétence de chaque distributeur? Quels sont les efforts de vente fournis par chaque distributeur dans le but de recruter la clientèle? Quels sont les diverses ententes et obligations de l'entreprise envers ses distributeurs? Réciproquement, quelles sont les obligations des distributeurs envers l'entreprise? Quel pourcentage des ventes est effectué avec le client final?

On peut obtenir la plupart des données utiles pour répondre à ces questions grâce à l'étude des documents internes et, au besoin, par des entrevues auprès du personnel de vente de l'entreprise. Ces informations sont nécessaires au gestionnaire; il doit connaître les contraintes et les opportunités de l'entreprise en matière de distribution afin d'être en mesure de planifier les activités de la prochaine période.

L'analyse de la force de vente   Comme nous l'avons vu dans le chapitre 11, la force de vente constitue un moyen privilégié de communication entre l'entreprise et sa clientèle. Le gestionnaire doit bien l'analyser afin d'en déceler les forces et les faiblesses. Quelle est l'importance des ressources employées au service des ventes? Quel est le taux de rotation des vendeurs? Quel est le chiffre d'affaires moyen par vendeur? Quel est le nombre de visites par vendeur par mois, par année, par commande? Quelle est l'importance du budget de fonctionnement de la force de vente par rapport au chiffre d'affaires de l'entreprise? Comment ce ratio se compare-t-il avec celui des autres entreprises du même secteur d'activité? Quel est le nombre de nouveaux clients par vendeur par période? Quelles sont les méthodes de vente utilisées? Quel est le soutien accordé aux vendeurs? Quels sont les objectifs du service de vente? Ces questions, citées à titre d'exemple, ont pour but d'aider le gestionnaire à mieux connaître son service des ventes et à lui permettre de l'apprécier. Enrichi de cette information, le gestionnaire du marketing sera en mesure de planifier les activités des prochaines périodes.

L'analyse de la communication de masse   Dans les chapitres 10 et 11, nous avons décrit le processus de communication et les composantes de la communication marketing. Nous avons également défini la tâche de chacune de ces composantes. Dans cette partie de l'analyse interne, le gestionnaire s'interroge sur la fonction communication autre que la force de vente de son entreprise. Quel est le pourcentage du chiffre d'affaires consacré au budget de communication? Comment celui-ci se compare-t-il avec celui de nos principaux concurrents? Quelle est la répartition du budget alloué à chaque composante de la communication? Quels sont les montants dépensés pour chaque ligne de produits, dans chacun des segments du marché? Quelle a été la stratégie publicitaire de l'entreprise au cours de la dernière période? Quels types de médias l'entreprise a-t-elle utilisés? Quels sont les médias le plus susceptibles de rejoindre les consommateurs cibles? Le but de toutes ces questions est de faire le diagnostic de la fonction communication. Armé de ce diagnostic, le gestionnaire du marketing élabore les stratégies et les tactiques à mettre de l'avant pour la prochaine période.

La synthèse de l'analyse de la situation   L'analyse de la situation représente une charge de travail qu'il ne faut pas sous-estimer. L'information qu'elle fournit pour la prise des décisions est si importante qu'elle oblige le gestionnaire à traiter en profondeur chacun de ces points. Si le gestionnaire, pour toutes sortes de raisons, doit traiter de façon plus superficielle l'un des points de l'analyse, il devra pondérer l'information qu'il possède au moment de prendre des décisions stratégiques.

À la suite des diverses analyses, il reste à classer l'information et à en faire une synthèse, idéalement sous forme d'un tableau. Ce tableau fera ressortir les points forts, les points faibles, les opportunités, les menaces et les remarques importantes associés à chaque élément étudié, tous ces renseignements servant à la prise de décision stratégique.

LE PLAN DE MARKETING. SECONDE PARTIE

Lors de l'analyse de la situation, le gestionnaire a recueilli de l'information dans le but de faire le portrait de la situation actuelle de l'entreprise. Dans la seconde partie du plan de marketing, nous verrons les différentes étapes à franchir pour bâtir un plan de marketing (*voir figure 12.3*). Ainsi, la première partie sert principalement à la collecte des données nécessaires à la planification; c'est dans la seconde partie que le gestionnaire mettra effectivement sur pied un plan stratégique pour guider les activités de marketing de l'entreprise pour les prochaines périodes.

L'établissement des objectifs de marketing

Selon Couture[6], tout organisme doit déterminer les objectifs sur lesquels reposeront la planification et la direction de l'entreprise. En fait, les objectifs servent de paramètres à l'intérieur desquels les efforts des différents acteurs de l'entreprise seront déployés. Ils permettent à l'entreprise d'établir un certain système de contrôle, donc d'établir des normes de qualité à atteindre. Finalement, l'entreprise qui a défini ses objectifs inspire confiance auprès des investisseurs, des institutions bancaires et du public en général puisqu'elle sait où elle va.

Bien connaître les contraintes et les opportunités de l'environnement, de même que les forces et les faiblesses de l'entreprise, est une condition préalable à la détermination des objectifs que l'entreprise se propose d'atteindre dans le délai fixé. L'établissement des objectifs de marketing oriente de façon précise le processus de planification. En effet, il faut savoir ce qu'on veut si on désire y parvenir.

Selon de Maricourt[7], un objectif a une attitude volontariste face à l'avenir. On utilise des objectifs pour déterminer des choix dans des domaines qui dépendent dans une large mesure des actions de l'entreprise.

■ **Figure 12.3**   Plan de marketing, seconde partie

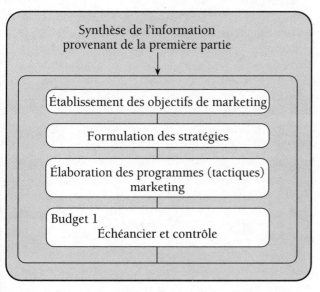

Synthèse de l'information provenant de la première partie

Établissement des objectifs de marketing

Formulation des stratégies

Élaboration des programmes (tactiques) marketing

Budget 1
Échéancier et contrôle

■ **Encadré 12.4** Provisoir déploie une nouvelle stratégie pour accroître son achalandage

Provi-Soir déploie une nouvelle stratégie pour accroître son achalandage

Gilles Des Roberts

■ Les dirigeants de Provi-Soir déploient une nouvelle stratégie pour augmenter l'achalandage dans leurs dépanneurs.

Cette voie leur est dictée par un marché arrivé à maturité et une concurrence plus musclée de la part de certains concepts non alimentaires, dont les pharmacies et les postes d'essence.

Ils ont toutefois eu un coup de main le 6 février dernier, quand les gouvernements du Québec et du Canada ont diminué les taxes imposées sur les produits de tabac, pour enrayer le trafic de cigarettes.

«Dans les semaines qui ont suivi, nos ventes ont recommencé à progresser. Sur une base annuelle, elles ont augmenté de 20 %, ce qui est plus élevé que le reste de l'industrie québécoise de l'accommodation, a indiqué aux AFFAIRES Claude Savard, président de C Corp, la filiale de Provigo qui exploite les réseaux *Provi-Soir, Winks* et *Top Value*.

«Les acheteurs de cigarettes sont très importants dans notre secteur. Ils fréquentent nos établissements en moyenne 4,5 fois par semaine pour venir s'approvisionner et ces visites donnent lieu à d'autres transactions.»

La caisse de 24 et le pain

Pour renforcer sa position concurrentielle, au début de l'été, Provi-Soir a diminué le prix de la bière vendue dans ses dépanneurs.

«Nous l'avons réduit au seuil permis par la loi. Nous visons l'acheteur de la caisse de 24 bouteilles, qui s'approvisionne une fois par semaine à l'épicerie», a expliqué M. Savard.

Cette mesure a toutefois forcé Provi-Soir à subventionner ses 242 franchisés québécois.

«Nous leur accordons des escomptes de volume supplémentaires, qui compensent pour le manque à gagner au niveau de la bière.»

Au même moment, la chaîne déploie son concept de boulangerie et de nourriture prête à manger à l'intérieur de ses établissements.

Depuis peu, 100 dépanneurs Provi-Soir offrent du pain cuit sur place à leurs clients et 15 établissements offrent du poulet frit à emporter.

«C'est une combinaison très intéressante, a souligné M. Savard. Elle augmente de 15 % en moyenne les ventes des dépanneurs qui l'incorporent et nous aide à nous démarquer de nos concurrents.»

Autre facteur non négligeable, la marge bénéficiaire pour ces produits est de 45 %, contre 20 % en moyenne pour les autres produits disponibles en dépanneur.

Jumelage Subway/Provi-Soir

L'offre de Provi-Soir sera également enrichie par l'incorporation d'un comptoir Subway dans au moins 25 de ses points de vente. Un premier est déjà en exploitation dans un dépanneur de la rue Reine-Marie, à Montréal.

«Chaque implantation exige un investissement de 75 000 $ de notre part. Le concept de Subway nous permettra toutefois de maximiser le rendement au pied carré de ces établissements.

«Selon nos études, cet ajout aura deux conséquences sur nos dépanneurs. D'abord, leurs ventes augmenteront de 20 à 25 % sur une base annuelle. Ensuite, ces comptoirs attireront une clientèle, qui, habituellement, ne nous fréquente pas aux heures des repas.»

Autre avantage de cette alliance: Provi-Soir peut utiliser les mêmes équipements pour faire cuire le pain de Subway et les produits de son programme de boulangerie.

Cette diversification dans la restauration rapide intervient au moment où le concurrent de Provi-Soir, Actidev, emprunte la même direction.

Le plan d'affaires de l'entreprise prévoit l'intégration de 50 comptoirs offrant des produits Pizza Hut dans des établissements des chaînes *DÉPAN-E$COMPTE Couche Tard, Perrette* et *Mac's/La Maisonnée*.

Les services

Autre décision prise par la direction de Provi-Soir: s'éloigner des services non alimentaires.

«Nos expériences à ce chapitre n'ont pas été de grands succès. Nous avons abadonné notre service de nettoyage à sec, car il ne générait pas assez de volume.

«Nous nous retirerons également graduellement de la location de cassettes vidéo. Nous n'offrions que quelques titres. Ce n'est pas suffisant pour faire la différence dans un milieu où la concurrence et l'offre sont très animées.»

Et que réserve le plan d'affaires de Provi-Soir pour les prochaines années?

«D'abord, la poursuite de notre objectif de maximiser les ventes de chacun de nos points de vente, a expliqué le président de C Corp. Ensuite, nous regardons ce qui se passe du côté de l'Ontario et de l'Ouest. Il y a encore de bonnes occasions d'affaires là-bas et le climat économique est plus propice à des acquisitions.»

Source: Les Affaires, 7 janvier 1995, p. 18.

Les critères d'un objectif de marketing approprié

Les critères sont les suivants:

- orientation vers un résultat;
- opérationnalisation (objectif mesurable);
- réalisme;
- spécificité;
- souplesse;
- conformité avec les autres objectifs de l'entreprise.

Les objectifs doivent recevoir l'approbation des personnes concernées et doivent représenter un défi pour l'entreprise. De plus, ils doivent être cohérents, c'est-à-dire que l'entreprise ne peut à la fois maximiser son chiffre d'affaires et ses bénéfices car, pour maximiser le chiffre d'affaires, on doit souvent sacrifier une partie des bénéfices à court terme.

Les types d'objectifs de marketing

Les objectifs de marketing peuvent être globaux ou particuliers. Les objectifs globaux touchent le chiffre de ventes, la rentabilité, la part de marché ou la croissance. Quant aux objectifs particuliers, ils concernent le produit, le prix, la distribution ou la communication.

Les objectifs globaux d'une entreprise de meubles pourraient consister à augmenter la part de marché détenue de 10 % au cours de la prochaine année, à obtenir un taux de rendement du capital investi de 18 %, ou encore à voir tout investissement se rembourser en trois ans. Les objectifs particuliers pourraient être les suivants:

- un objectif de communication: que 80 % du marché cible connaisse la marque que l'entreprise distribue d'ici à un an, ou encore la mise en place d'un programme de formation et de perfectionnement pour les vendeurs d'ici à six mois;
- un objectif de produit: ajouter un nouveau produit à la gamme déjà existante tous les deux ans; ou encore accroître le chiffre d'affaires de 10 % par produit d'ici à un an;
- un objectif de distribution: développer un nouveau territoire de vente, soit celui de l'Ontario, d'ici à deux ans, avec un volume de ventes de deux millions de dollars; augmenter le taux de rotation des stocks à 4,5 % par an; ou encore augmenter le taux de satisfaction de la clientèle de manière à atteindre 92 % des consommateurs d'ici à la fin de l'exercice;
- un objectif de prix: vendre les produits 10 % plus cher que la moyenne de toute l'industrie afin de développer ou de créer une image de prestige; ou encore maintenir une marge de profit brut moyenne de 40 % sur l'ensemble des ventes.

En même temps qu'ils déterminent des objectifs, les gestionnaires doivent sélectionner les marchés cibles. Le choix de ces marchés cibles s'effectue après l'analyse de l'ensemble des marchés potentiels. Les gestionnaires retiendront les segments de marché qui semblent offrir le plus de possibilités pour réaliser les objectifs retenus par la firme. De même, les objectifs retenus tiendront compte des possibilités offertes par le marché.

La formulation des stratégies

La formulation des stratégies vient, dans le plan de marketing, tout de suite après le choix des objectifs. En effet, elles consistent à préciser les moyens que l'entreprise entend prendre pour atteindre ses objectifs. Les stratégies proposent le chemin à suivre pour arriver au bon endroit, alors que les objectifs indiquent l'endroit où on veut aller. La formulation des stratégies s'inspire fortement de l'information recueillie lors de l'analyse de la situation. Il est important de se rappeler que les stratégies doivent toujours être cohérentes avec les objectifs (*voir encadré 12.4*).

Examinons maintenant les stratégies de marketing. Nous les diviserons en six grandes catégories : les stratégies de croissance, les stratégies de stabilité, les stratégies de retrait, les stratégies de marketing différencié, les stratégies de marketing concentré et les stratégies particulières.

Les stratégies de croissance

Lorsqu'on utilise une stratégie de croissance, on anticipe un développement progressif de l'entreprise. Les résultats généralement attendus sont l'augmentation de la part de marché et l'augmentation du chiffre des ventes.

Les stratégies de stabilité

Une stratégie de stabilité peut s'appliquer lorsque le produit vendu est au stade de la maturité, que la clientèle est établie depuis longtemps, que le chiffre de ventes annuel subit une augmentation constante ou que certains changements dans l'environnement se produisent lentement.

Les stratégies de retrait

Les stratégies de retrait visent la réduction des coûts, une diminution du nombre de produits vendus ou de services offerts, l'association avec une autre compagnie, le contrôle par une autre entreprise ou une baisse des rendements.

Les stratégies de marketing différencié

Une stratégie de marketing différencié vise la satisfaction d'une large part du marché total, et ce par l'offre de plusieurs produits adaptés aux différents segments de marché.

Les stratégies de marketing concentré

Dans une stratégie de marketing concentré, l'entreprise emploie tous ses efforts à satisfaire un segment de marché très précis.

Les stratégies de marketing particulières

Les stratégies de marketing dominantes servent de liens entre les stratégies fondamentales étudiées précédemment et les stratégies de marketing particulières que nous abordons maintenant.

a) **La stratégie de produits** *«On appelle produit tout ce qui peut être offert sur un marché de façon à y être remarqué, acquis ou consommé dans le but de satisfaire les besoins ou les désirs du consommateur[8].»*

La stratégie de produits repose principalement sur deux choses: les opportunités reconnues dans le marché et le potentiel de l'entreprise. Quels marchés l'entreprise devrait-elle desservir? À quel besoin de l'utilisateur potentiel le produit doit-il répondre? Quelle est la forme que le produit doit adopter? Aux yeux de qui le produit est-il important?

Selon les auteurs Ansoff et Stewart[9], Couture[10] et Thuillier[11], il existe quatre stratégies fondamentales concernant le produit face au marché (*voir figure 12.4*).

La stratégie de pénétration du marché consiste à tenter d'augmenter les ventes avec les produits actuellement offerts par l'entreprise, et ce sur les marchés déjà exploités. Cette stratégie permet à l'entreprise de demeurer sur un marché qu'elle connaît et dont elle a appris à maîtriser les principales variables. Elle est accessible aux PME, car elle requiert des investissements moindres. Elle permet également à l'entreprise d'atteindre une position de domination sur ce marché et d'obtenir de plus grands bénéfices.

En contrepartie, cette stratégie a comme principal inconvénient que, advenant une saturation du marché, une modification technologique ou encore un changement dans les habitudes de consommation, elle peut provoquer le déclin de l'entreprise. En effet, l'entreprise n'a alors pas d'autres axes de développement sur lesquels elle peut faire porter ses efforts.

La stratégie de développement de produits permet à l'entreprise d'augmenter ses ventes sur le même marché grâce à l'offre de nouveaux produits. L'entreprise élargit sa gamme de produits et donc étend son risque sur un plus grand nombre de produits. Sur le plan de la production, il est possible de réaliser certaines économies grâce à l'utilisation du même équipement ou encore par la standardisation de pièces qui peuvent être des composantes de plus d'un produit. À titre d'exemple, General Motors installe le même moteur dans plusieurs modèles de voitures. Finalement, la stratégie de développement de produits peut permettre l'utilisation d'un même réseau de distribution, ce qui favorise la réalisation de certains gains attribuables à un effet de synergie. Par contre, elle présente les trois inconvénients suivants. Elle exige des sommes plus importantes pour le financement des stocks. Elle peut entraîner certaines difficultés quant à la coordination des activités. Enfin, il est fort possible que certains produits concurrencent d'autres biens de la gamme offerts par l'entreprise. Prenons l'exemple des voitures. Si vous achetez une *Oldsmobile*, il est peu probable que vous achetiez une *Buick* en même temps; les théoriciens parlent d'effet de cannibalisme entre les produits.

La stratégie de développement de marché consiste à commercialiser les produits actuels de l'entreprise sur de nouveaux marchés. Elle suppose l'utilisation des connaissances et des moyens de production dont dispose déjà l'entreprise. Cette

■ **Figure 12.4** Les stratégies du produit face au marché

P R O D U I T		Marché	
		Ancien	Nouveau
	Ancien	Pénétration	Développement de marché
	Nouveau	Développement du produit	Diversification

stratégie est favorable aux lois de l'apprentissage, et les coûts moyens unitaires devraient décroître. Comme autre avantage, elle permet à l'entreprise d'échapper aux aléas qui découlent de l'exploitation d'un portefeuille de clients trop restreint. Toutefois, le principal risque de l'utilisation de cette stratégie est l'augmentation des frais commerciaux entraînés par la conquête de nouveaux marchés, qui peuvent mettre en péril l'équilibre financier de l'entreprise.

La stratégie de diversification suppose pour l'entreprise un développement simultané de ses produits et de ses nouveaux marchés. La compagnie Honda est un exemple d'entreprise qui a adopté une stratégie de diversification; de la moto, elle est passée à l'automobile, au chasse-neige, au moteur hors-bord et à la génératrice; du marché japonais, elle a conquis les États-Unis, l'Europe, le Canada, l'Afrique. Cette stratégie offre à l'entreprise la possibilité de disposer d'un portefeuille bien équilibré dans lequel des secteurs plus sûrs peuvent soutenir les secteurs à risques plus élevés, ce qui assure une meilleure stabilité à l'entreprise puisque ces activités ne sont pas toutes exposées aux mêmes périls. En contrepartie, elle exige une plus grande capacité de gestion étant donné la complexité des activités de l'entreprise. Elle nécessite également un pouvoir financier accru de la part de l'entreprise.

Selon Dussart[12], d'un point de vue stratégique, on devrait également s'interroger afin de définir à laquelle des quatre catégories de la matrice du portefeuille de produits suggérés par le Boston Consulting Group appartient chacun des produits (*voir figure 12.5*). Les produits qui font partie de la catégorie «dilemme» ont un potentiel de croissance élevé. Cependant, l'entreprise affiche dans ce secteur une performance concurrentielle faible; elle se doit donc d'investir dans ce secteur si elle désire que ces produits contribuent à la croissance de l'entreprise. La deuxième catégorie comprend les produits «vedettes». Ces produits ont un potentiel de croissance élevé, et l'entreprise a une bonne capacité concurrentielle dans ce secteur d'activité. En troisième lieu viennent les produits dits «vaches à lait». C'est le cas des produits qui sont à la phase de maturité dans leur cycle de vie. Ils représentent une part de marché importante, une forte rentabilité pour l'entreprise et exigent peu d'investissement. Finalement, il y a les «poids morts». Les produits de cette catégorie ont un taux de croissance faible et une part de marché négligeable. Ce sont les produits que l'entreprise devrait retirer étant donné leur manque d'avenir.

Comme le mentionne Dussart, l'entreprise doit s'efforcer de maintenir un portefeuille de produits équilibré, c'est-à-dire d'investir l'argent des produits «vaches à lait» dans ceux de la catégorie «dilemme» afin de les transformer en produit «vedette» (*voir figure 12.5*).

Les stratégies qui ont trait au mix des produits visent la variété des gammes de produits offertes par l'entreprise et le nombre d'articles pour chaque gamme. Ce mix peut être commercialisé de plusieurs façons: stratégie globale, spécialisation par marché, par gamme de produits, par produit, par article, par type d'application (*voir encadré 12.5*).

■ **Figure 12.5** Matrice du portefeuille de produits

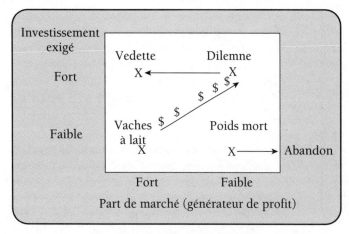

Part de marché (générateur de profit)

■ Encadré 12.5   Vétibec a doublé ses ventes en quatre ans

Vétibec a doublé ses ventes en quatre ans

Stéphane Labrèche

■ En pleine récession, Vétibec n'a pas eu peur de risquer gros pour augmenter ses ventes. L'entreprise de Daveluyville, au sud de Trois-Rivières, a doublé ses ventes depuis 1990.

Selon Sylvain Montplaisir, directeur des ventes chez Vétibec, le succès de l'entreprise s'explique par trois facteurs: une mise en marché efficace, une gestion des stocks novatrice et un produit amélioré.

La plupart des manufacturiers offrent des escomptes de volume à leurs gros clients. Les petits détaillants doivent, quant à eux, payer le plein prix puisque leurs achats sont trop faibles pour obtenir cet escompte. En 1991, Vétibec a décidé de jouer le jeu pour inciter les petits détaillants à acheter ses produits. L'entreprise a offert un rabais de 10 % aux commerçants qui passaient leurs commandes au début de la saison.

La stratégie a fonctionné. Par exemple, les ventes de cols roulés étaient de 108 000 $ en 1991, deux ans plus tard elles bondissaient à 310 000 $ et cette année elles atteindront 400 000 $, une hausse de 270 % qui est en grande partie attribuable à la nouvelle politique de vente, selon Sylvain Montplaisir. En 1991, Vétibec a aussi innové en matière de gestion des stocks.

À cause de la récession, les détaillants hésitaient à passer des commandes importantes. Au lieu de ralentir la production, Vétibec a continué de produire à plein régime. Tout ce qui n'était pas vendu était entreposé en prévision des commandes futures.

«On s'est dit que la demande pour les produits de base ne changerait pas», a affirmé Sylvain Montplaisir.

En fait, Vétibec a gardé en stock près de 40 % de sa production. Selon le directeur des ventes, la démarche a porté fruit: «Quand les détaillants nous appelaient pour avoir du matériel, on était en mesure de leur faire parvenir en 24 heures.» Les clients ont apprécié et ont continué d'acheter chez Vétibec.

Sylvain Montplaisir estime toutefois que c'est l'amélioration du produit lui-même qui a permis à Vétibec de devenir un leader dans le marché des boutiques spécialisées. «Avant, on achetait des tissus déjà imprimés, comme on en trouvait partout. On a engagé des stylistes et on a lancé nos propres designs.» Aujourd'hui, Vétibec compte un styliste à temps plein et un autre à temps partiel.

À chaque année, l'entreprise investit près de 35 000 $ dans le développement de nouveaux designs, dont la majeure partie est destinée à la ligne *Colimaçon*. Cette marque représente aujourd'hui 65 % du chiffre d'affaires de Vétibec. Les autres marques de la compagnie sont *Ado* et *Vétibec*; elles ne sont disponibles qu'au Canada. «Il fallait un style plus international pour sortir du Québec», a déclaré Sylvain Montplaisir. Il semble que l'entreprise ait réussi puisque 60 % des ventes se font à l'extérieur de la province, principalement dans le reste du Canada et aux États-Unis.

Vétibec misait sur la France pour diversifier ses ventes. Un récent voyage a toutefois contraint l'entreprise à mettre une croix sur ce marché. Selon Sylvain Montplaisir, le système de vente y est trop structuré: «Là-bas, les manufacturiers possèdent leur propre réseau de distribution, il est impossible de faire entrer nos produits dans leurs magasins.»

Déçu, Sylvain Montplaisir affirme que Vétibec doit maintenant consolider son leadership au Québec. Selon lui, les défis de l'entreprise sont semblables à ceux de l'industrie du vêtement pour enfants en général.

«Il faut avant tout améliorer la visibilité de l'industrie», a-t-il dit. C'est pourquoi Vétibec s'est impliquée dès le début dans le *Salon de la mode pour enfants* qui se tient deux fois par année à Montréal.

Le premier salon, en février 1993, n'avait attiré que 30 exposants, mais le prochain, en février 1995, devrait accueillir près de 130 manufacturiers et détaillants du Québec, de l'Ontario, de l'ouest canadien et même des États-Unis. «En peu de temps, le Salon est devenu un happening dans le milieu, et c'est à Montréal que ça se passe», a souligné Sylvain Montplaisir.

Aujourd'hui, 80 % des vêtements pour enfants fabriqués au Canada proviennent du Québec.

«C'est un secteur très dynamique», a conclu le directeur des ventes de Vétibec, qui vient tout juste de remporter le prix *PME d'argent* du programme des PME de la Banque Nationale.

Source: Les Affaires, 12 novembre 1994, p. 17.

b) La stratégie de distribution   La planification stratégique de la fonction de distribution permet à l'entreprise d'accroître sa compétitivité alors qu'elle diminue ses coûts, et ce tout en améliorant le service qu'elle offre à la clientèle. Le grand nombre d'activités et de composantes de la distribution physique fait que les gestionnaires doivent en planifier tous les éléments s'ils désirent en tirer un effet de synergie. L'objectif est d'évaluer toutes les options possibles, dans le but de choisir celles qui peuvent améliorer l'efficacité de la fonction de distribution.

En général, lors de ce processus de planification stratégique, il faut d'abord établir les objectifs et les stratégies du service à la clientèle. Ces éléments fournissent de bons indices pour déterminer les stratégies ayant trait aux stocks, à l'entreposage, au transport, à la manutention des marchandises et au choix des intermédiaires. De là, on procède à l'élaboration d'un programme d'action. Il faut évaluer chaque élément en fonction des coûts, de la qualité du service à la clientèle et de l'importance des stocks requis. Il importe de connaître toutes les activités faisant partie de la distribution afin d'être en mesure d'évaluer adéquatement toutes les options possibles et de sélectionner celles dont les résultats seront optimaux.

Il est important de bien recruter ses intermédiaires; par leur expérience, leur solvabilité, leur aptitude à coopérer et leur réputation, ils sauront protéger les intérêts de l'entreprise et sauvegarder son image prestigieuse. Ainsi, le franchisage exige des membres honnêtes, fiables, qui accepteront de représenter adéquatement une compagnie et de bien vendre la marchandise. La motivation de ce genre de collaborateurs provient de la liberté d'exploiter un commerce dont la rentabilité est pratiquement assurée, car le franchiseur en évaluera fréquemment le rendement et fournira toute l'aide requise pour assurer le maximum de succès.

De plus, le plan de marketing détermine le type de distribution: distribution intensive (saturation du marché), sélective (petit nombre d'intermédiaires) ou exclusive (droits de distribution exclusifs sur un territoire donné accordés à un intermédiaire). Ces trois modes de distribution peuvent être utilisés simultanément en fonction d'un territoire, d'un produit donné.

Ensuite, on se préoccupe du type de distribution physique, ce qui comprend les modes de transport, les entrepôts, la manutention, le contrôle des stocks, le traitement des commandes et le service à la clientèle.

c) La stratégie de communication   La communication marketing est le processus qui permet d'établir certaines relations entre le vendeur et l'acheteur.

Les objectifs de cette stratégie sont d'informer, de stimuler la demande, de différencier le produit aux yeux des consommateurs, de faire ressortir la valeur du produit ou de sensibiliser les consommateurs. Les stratégies de communication se composent de plusieurs éléments:

- la publicité, ou forme non gratuite de présentation de produits et de services;
- la vente personnalisée, activité promotionnelle du vendeur en présence de l'acheteur;
- la publicité gratuite et les relations publiques, soit des activités d'information du service des relations publiques, conçues pour renseigner le public sur les propriétés et les avantages d'un produit;
- la promotion des ventes, c'est-à-dire les efforts de vente variés et exceptionnels pour amener à l'action.

Les stratégies de publicité   Le choix d'une stratégie publicitaire doit tenir compte de la demande pour le produit, de la couverture publicitaire (locale,

■ Encadré 12.6   Metro-Richelieu: une place à la campagne profession-épicier

Métro-Richelieu: une phase III à la campagne profession-épicier

■   Métro-Richelieu espère convaincre les consommateurs que la chaîne de 325 supermarchés est *leur* épicier, à coups de 10 secondes.

Cette période de temps, c'est le nouveau format qu'emprunte la campagne télévisée du détaillant alimentaire. Plutôt que de miser sur des messages de 30 ou 60 secondes, Métro réalise une première et insère des capsules de 10 secondes au début, au milieu et à la fin de blocs publicitaires.

«Les 12 messages qu'on diffuse correspondent à des préoccupations prioritaires de notre clientèle. On leur rappelle qu'un *vrai épicier* sait trancher, fait découvrir le monde et s'occupe de ses clients, a indiqué aux AFFAIRES Gilles Caron, vice-président, marketing, de Métro-Richelieu.

«C'est la troisième phase d'une campagne qui a commencé en 1992. Il y avait alors une confusion énorme dans le marché de l'alimentation et nous avons décidé d'adopter un positionnement clair qui se résume en deux mots: profession-épicier.»

La deuxième phase a été exécutée l'an dernier, alors que Métro et son agence de publicité, BCP, ont introduit la dimension humaine dans la campagne. Ces efforts ont été couronnés par le *Coq d'Or* 1993 de la meilleure campagne de publicité par le Publicité-Club et le titre de *meilleure campagne de publicité en Amérique du Nord* par le National Grocers Association.

Notoriété publicitaire

Gilles Caron a d'ailleurs assuré que le déploiement en trois temps de la campagne avait permis à Métro-Richelieu d'atteindre des sommets au chapitre de la notoriété publicitaire.

«Les enquêtes réalisées indiquent que le taux de notoriété de notre publicité est de 64 %, alors que celle de notre plus proche concurrent, Provigo, est de 30 %. Pour nous, c'est encore plus significatif que notre part de marché dans le secteur des supermarchés, qui est de 31 %.»

JoAnne Labrecque, professeure à l'École des Hautes Études Commerciales (HÉC), reconnaît que, dans une industrie en maturité, la notoriété publicitaire est un facteur important pour fidéliser les clients et en attirer de nouveaux.

«Il faut cependant faire attention. Ce n'est pas parce qu'une personne se souvient d'une publicité qu'elle achète nécessairement le produit de l'annonceur», a souligné Mme Labrecque, dont le champ d'expertise couvre la distribution alimentaire et le comportement du consommateur.

Quant aux 30 % de notoriété publicitaire de Provigo, notons que la chaîne a ralenti ses activités publicitaires au cours de 1994. JoAnne Labrecque a d'ailleurs indiqué que «cette notoriété est un effet de récurrence, ce qui est une bonne performance compte tenu du fait qu'ils font moins de publicité».

Au-delà des stratégies publicitaires, Métro-Richelieu appuie son offre sur sa politique de prix. «Dans le secteur de l'alimentation, deux tendances s'affrontent: le *every day low price*, qui est une bataille d'escomptes ponctuels, et le *every day fair price*, utilisé par Métro-Richelieu, où des prix équitables sont offerts sur une longue période de temps, a expliqué Gilles Caron.

«Nous sommes persuadés que c'est la formule qui est la plus équitable pour le consommateur. D'ailleurs, nos enquêtes auprès de 2000 d'entre eux indiquent qu'il n'y a pas que les prix qui influencent la décision d'achat. La proximité des magasins, les nouveaux produits et la qualité de l'accueil sont aussi très importants.»

De l'avis de JoAnne Labrecque, le prix demeure toutefois un facteur incontournable. «Les gens continuent de rechercher de bons prix, comme en témoigne le succès de Wal-Mart.

«Cependant, on remarque que cette recherche est moins exhaustive qu'auparavant. Les gens comparent moins. Dans le secteur de l'alimentation, on voit moins de cas où le consommateur *court* après les spéciaux et prend sa viande chez Provigo, ses fruits et légumes chez IGA et ses articles non périssables chez Métro.»

Travail dans les magasins

Sur le plan marketing, les stratégies de Métro-Richelieu débordent du domaine de l'image.

L'entreprise a d'abord introduit une section baptisée *Jardin du monde*, qui offre des produits alimentaires exotiques. «On le fait parce que nos clients sont à l'affût de nouveautés et parce qu'en 2002, 40 % de la population québécoise sera composée d'ethnies différentes, a noté Gilles Caron.

«C'est d'ailleurs là qu'intervient Sœur Angèle. Elle est notre porte-parole pour ce rayon. Elle a aussi élaboré une série de recettes qui utilisent les produits que nous offrons.»

Métro-Richelieu muscle aussi son offre dans le créneau des aliments prêts-à-manger. «À ce niveau, il faut toutefois faire attention. La demande est là, mais, pour développer ce marché, on doit introduire des produits distinctifs, que n'offrent pas nos concurrents ou les grandes chaînes de restauration.»

L'ajout d'autres rayons et services au sein des supermarchés est aussi étudié, mais chose certaine, ils seront de nature alimentaire.

«Pas question de vendre des plantes ou d'établir un service de développement de photos. Notre mission, c'est d'être des professionnels de l'alimentation, pas un magasin *5 – 10 – 15*», a souligné Gilles Caron.

Source: Les Affaires, 1er octobre 1994.

nationale, régionale), de la coopération possible, du type de message et du média à utiliser. Les stratégies de publicité peuvent avoir pour objet le produit (information, conditionnement, rappel) ou l'entreprise (prestige, information ou rappel) (*voir encadré 12.6*).

Les stratégies liées à la vente personnalisée Ces stratégies concernent la taille et l'organisation de la force de vente à partir d'une estimation de la productivité du vendeur ou celle de différents secteurs. L'efficacité de la force de vente est liée à son mode d'organisation par secteur, par produit ou par catégorie de clients, et à la manière dont les secteurs de vente sont conçus pour ce qui est de la taille et de la forme.

Les stratégies de publicité gratuite Il s'agit d'inciter les médias à diffuser certains communiqués concernant les produits et les services offerts par l'entreprise.

Les stratégies de promotion des ventes Ces stratégies visent à stimuler l'achat par différents moyens tels que la distribution d'échantillons, les promotions aux points d'achat, les promotions d'identification, les démonstrations ou expositions commerciales, les coupons et les primes, les concours.

d) La stratégie de prix Les prix représentent une variable très importante du mix marketing, car ils concourent à la détermination des bénéfices et à l'atteinte d'un certain rendement sur les investissements effectués.

Ils contribuent également à l'accroissement de la part de marché détenue par l'entreprise et au développement d'une image de marque. Les objectifs de ces stratégies de prix concernent la rentabilité (maximisation des profits et réalisation des objectifs de rendement), le volume de ventes (maximisation de ce volume et augmentation de la part de marché détenue par l'entreprise) ou encore certaines considérations sociales, morales ou de fidélité aux politiques de l'entreprise.

Une entreprise peut choisir différentes stratégies de prix:

- stratégie d'écrémage du marché, ou fixation du prix du produit à un niveau plus élevé que celui du marché;
- diminution des prix en fonction de l'augmentation de la demande;

- pénétration du marché, ou fixation du prix d'un produit à un niveau plus bas que le prix du marché;
- concurrence, ou fixation du prix du produit au même niveau que le prix du marché;
- instauration de barrières à l'entrée des concurrents sur le marché, ou fixation du prix du produit à un niveau tellement bas qu'aucun concurrent ne sera tenté d'entrer sur le marché en question.

L'élaboration des programmes de marketing

Généralement, on élabore un sous-programme pour chaque variable du mix marketing.

Les programmes de produits

Ces programmes concernent l'élaboration de nouveaux produits, la modification de certains produits ou leur abandon.

a) L'élaboration de nouveaux produits   Ce processus se divise en plusieurs étapes:

- la recherche d'idées: génération d'idées à l'origine d'un nouveau produit;
- la sélection d'idées: choix de quelques idées qui feront l'objet d'une étude;
- l'analyse commerciale: prévision des ventes, bénéfices et rentabilité du nouveau produit;
- le développement du produit: conversion du projet en un produit physique, y compris le choix de la marque, de l'emballage et de l'étiquetage;
- le test de marché (essai marketing): introduction du nouveau produit sur un marché réduit afin de connaître la réaction des consommateurs à l'ensemble formé par le produit et son programme de marketing;
- la commercialisation: mise en marché du produit. Précision du programme de marketing, publicité, promotion, force de vente, équipement et budget global.

b) La modification ou l'abandon de produits   Les modifications apportées à un produit peuvent toucher sa qualité, son usage ou son style. Ces décisions sont généralement prises relativement à la rentabilité du produit, à la phase du cycle de vie dans laquelle il se trouve, à la part de marché détenue par l'entreprise, à l'efficacité ou au volume de ventes. Quant aux décisions d'abandon, elles font suite à l'analyse de la marge de contribution du produit; on retire un produit progressivement lorsqu'il ne sert plus à générer de profits ni à faire vendre d'autres produits.

Les programmes de distribution

a) Les décisions relatives au choix des intermédiaires   Ces décisions concernent habituellement le choix des intermédiaires (connaître leurs caractéristiques et faire une sélection appropriée), leur motivation (leur vendre la marchandise et les encourager à la distribuer efficacement), ainsi que leur évaluation (évaluation régulière de leur rendement afin de s'assurer du plus haut degré de réussite).

b) Les décisions relatives à la distribution physique   L'objectif de la distribution physique est d'amener un produit à un endroit déterminé, à un moment donné et au moindre coût possible. Les classes de transporteurs, les modes de transport, l'emplacement des entrepôts, les systèmes de manutention, le contrôle des stocks, le traitement des commandes et le service à la clientèle sont tous des éléments de la distribution physique susceptibles de faire l'objet d'une stratégie.

En ce qui concerne les décisions de stockage des produits, il faut tenir compte de la nécessité d'un service à la clientèle adéquat et de la réduction des coûts. Quant au choix des entrepôts et de leur emplacement, il est habituellement fait en fonction d'un service de livraison rapide et peu coûteux (à proximité de la majeure partie de la clientèle).

Les programmes de communication

a) Le programme de publicité   Les objectifs d'un programme de publicité peuvent être d'informer, de persuader ou encore de rappeler au marché cible l'existence du produit.

Les étapes de ce programme sont:

- l'élaboration du budget publicitaire;
- la création du message;
- le choix des médias;
- la programmation de la campagne (*voir figure 12.6*);
- le contrôle de l'efficacité de la campagne.

b) Le programme de vente personnalisée   Le programme de vente personnalisée vise à mettre sur pied une équipe de vente. Les étapes en sont le recrutement et la sélection des meilleurs candidats, la formation des recrues, la rémunération, la motivation, le contrôle et l'évaluation des vendeurs.

c) Le programme de publicité gratuite   Les étapes sont les suivantes:

- définition des objectifs visés en ayant recours à ce type de publicité;
- développement d'une présentation bien pensée, originale et uniforme;
- détermination de l'auditoire qu'on veut atteindre;

■ **Figure 12.6**   Différents modèles de calendrier publicitaire

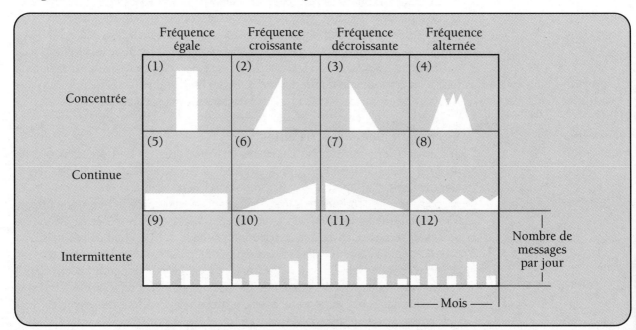

Source: KOTLER, Philip et DUBOIS, Bernard. *Marketing management*, 4ᵉ édition, Paris, Publi-Union, 1981, p. 508.

- choix des médias et des supports appropriés; détermination de la fréquence de diffusion de l'information;
- récompense aux collaborateurs et aux participants.

d) Le programme de promotion des ventes   Un programme de promotion des ventes peut comprendre les activités suivantes:

- préparation d'un modèle réduit aux fins de distribution sous forme d'échantillons;
- préparation d'étalages spéciaux;
- organisation de concours auprès des clients;
- distribution de cadeaux aux clients;
- choix du moment et du lieu des expositions et préparation du matériel nécessaire;
- présentation d'un catalogue;
- participation à des congrès.

Les programmes de prix

Le but des programmes de prix est de mettre en application les décisions relatives à la fixation des prix. On fixe les prix en fonction de différents éléments:

- les coûts: le prix de vente est fixé en fonction des coûts (variables ou globaux), plus une majoration suffisante pour assurer un retour équitable sur l'investissement;
- la demande: les prix sont élevés lorsque la demande est forte et plus bas lorsqu'elle est faible, ou aux endroits où elle est faible;
- la concurrence: les prix peuvent être fixés au même niveau que ceux des concurrents (prix du marché) ou à un niveau plus faible (prix de soumission).

De plus, certaines décisions de modification des prix sont prises dans le but de s'ajuster à la demande ou de la stimuler.

Le programme de recherche en marketing

Souvent, on trouve en plus du programme précédent un programme de recherche en marketing. Ce programme comporte les étapes suivantes:

- reconnaissance des situations nécessitant une investigation;
- prise de décision concernant la personne qui fera la recherche;
- choix du genre de recherche: exploratoire, descriptive ou causale;
- décision concernant l'information à retenir: estimation du marché potentiel, prévision des ventes, analyse des ventes, de la part de marché, des supports à la vente ou du mix marketing de l'entreprise.

Le but d'un programme de recherche en marketing est de résoudre certains problèmes relatifs à l'innovation dans le domaine des produits et au développement de marchés, ainsi que des problèmes liés aux différentes étapes du cycle de vie des produits.

La détermination du budget, de l'échéancier et des mesures de contrôle

On peut définir le budget comme un état prévisionnel des revenus et des dépenses engagées par le plan de marketing établi. Il concerne alors les activités et les ressources du plan de marketing, et ce pour une période déterminée.

Le calendrier des activités stipulées dans le plan de marketing est ce qu'on appelle l'«échéancier». Souvent, on a recours à certaines méthodes opérationnelles tel le PERT[13] afin de respecter la chronologie de ces activités.

Le contrôle est le processus qui permet au gestionnaire de vérifier si les objectifs fixés au début de l'exercice ont été atteints. Lors du contrôle, on tente de mesurer l'écart entre les objectifs de départ et les résultats obtenus (*voir figure 12.7*). Le gestionnaire analyse par la suite les écarts importants dans le but d'en découvrir les causes et de pouvoir y remédier.

Différents types de contrôle sont possibles. Cependant, les objectifs visés et les outils requis pour leur application diffèrent (*voir figure 12.8*).

La révision et l'approbation du plan

Après avoir terminé les six premières étapes du plan de marketing, le responsable de la planification en marketing se rendra parfois compte qu'il faudra apporter certaines modifications mineures pour rendre le plan réalisable. C'est à l'étape de la révision qu'il corrigera ces petites anomalies.

Une fois le plan terminé, il doit recevoir l'approbation du personnel de la haute direction. Il est normal qu'il en soit ainsi, car le plan de marketing engage l'entreprise pour l'avenir, et ce sous plusieurs aspects.

La mise en application du plan

Avant la mise en application du plan, le responsable doit expliquer à chaque participant le contenu du plan et son rôle dans l'atteinte des objectifs. Cette

■ **Figure 12.7** Système de contrôle des activités marketing

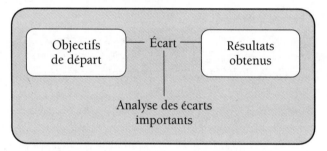

■ **Figure 12.8** Les types de contrôle en marketing

Types	Objectifs visés	Outils d'application
Contrôle stratégique	Analyse de la mesure dans laquelle l'entreprise respecte la stratégie qu'elle s'est fixée	Audit marketing[1]
Contrôle du plan annuel	Analyse du plan annuel	Analyse des ventes, de la part du marché, des attitudes des consommateurs, analyse par ratio
Contrôle de rentabilité	Analyse de la mesure dans laquelle l'entreprise gagne ou perd de l'argent	Études de rentabilité par produit, par secteur géographique, par segment de marché, par circuit de distribution

1. Outil de contrôle destiné à faire l'étude de l'environnement, des systèmes de marketing et de ses activités de façon périodique. Subséquemment, on apportera les corrections nécessaires aux problèmes qui auront été décelés.

Source: adapté de KOTLER, Philip. *Marketing management: analyse, planification et contrôle*, 3ᵉ édition, Paris, Publi-Union, 1977, p. 480.

étape a pour but de s'attirer la collaboration de tout le personnel concerné de façon à maximiser les chances de réussite.

Le plan entre ensuite en vigueur. Il ne faudrait pas oublier ce fait: le plan doit continuellement être révisé dans le but de permettre une plus grande adaptation aux possibilités du marché.

RÉSUMÉ

La planification en marketing constitue l'agencement de toutes les décisions de marketing en fonction d'objectifs communs dans le but de profiter au maximum de l'effet de synergie des efforts fournis. Planifier, c'est mettre sur pied des programmes d'action dans lesquels les objectifs visés sont clairement définis, de même que les modes de financement prévus et les étapes de leur réalisation. La planification en marketing s'avère d'autant plus importante qu'elle constitue le lien entre ce que l'entreprise peut offrir et les besoins et les attentes des consommateurs.

Le plan de marketing est l'outil le plus utilisé lors du processus de planification en marketing. C'est un document qui permet de dénicher les possibilités d'un marché, d'un produit ou d'une gamme de produits et de présenter une stratégie de marketing adaptée aux objectifs de marketing.

Les principales étapes du plan de marketing sont la définition de la mission et des buts de l'entreprise, l'analyse de la situation interne et externe, l'établissement des objectifs de marketing, la formulation des stratégies (stratégie fondamentale, dominante et particulière), l'élaboration des programmes de marketing (programmes de produits, de distribution, de communication et de prix) et des programmes de recherche en marketing, la détermination du budget, de l'échéancier et des mesures de contrôle, la révision et l'approbation du plan et, enfin, la présentation et la mise en application du plan.

Enfin, il faut se rappeler que le plan de marketing doit continuellement faire l'objet d'une révision dans le but de toujours mieux l'adapter aux possibilités du marché.

QUESTIONS

1. a) Qu'est-ce que le plan de marketing et à quoi sert-il?
   b) Quelles sont les avantages du plan de marketing pour une entreprise?

2. Énumérez les principales étapes du plan de marketing.

3. Qu'est-ce que la mission de l'entreprise?

4. a) En quoi consiste l'analyse de la situation?
   b) Faites les distinctions entre l'analyse externe et l'analyse interne.

5. a) Quels sont les critères d'un objectif de marketing approprié?
   b) Faites une comparaison entre objectifs de marketing et stratégie de marketing.

6. En quoi consiste:
   - une stratégie de croissance?
   - une stratégie de stabilité?
   - une stratégie de retrait?
   - une stratégie de marketing non différencié?
   - une stratégie de marketing différencié?
   - une stratégie de marketing concentré?

7. De quels éléments se compose la stratégie de communication?

8. Quelles sont les différentes stratégies de prix qu'il est possible d'appliquer?

9. Quelles sont les différentes variables qui font l'objet de programmes de marketing?

10. D'après l'encadré 12.2, expliquez en quoi une décision politique peut nuire à l'environnement externe de l'entreprise.

EXERCICES PRATIQUES

12.1 *PROVI-SOIR*

À partir de l'encadré 12.4, faites une analyse de la situation de Provi-Soir en vue d'établir un plan de marketing. Prenez soin de cerner, selon le modèle fourni dans le chapitre 12, les informations relevant des parties de l'analyse externe à l'entreprise et celles relevant de l'analyse interne à l'entreprise. N'oubliez pas de faire la synthèse de l'analyse de la situation.

12.2 *LE CAS VÉTIBEC*

À partir de l'encadré 12.5, analysez les choix stratégiques qu'a faits Vétibec à propos de son offre.

MISE EN SITUATION
Le Gîte du passant des Bédard

Au début du mois de novembre 1995, M. et Mme Bédard s'interrogent sur le type de publicité à faire pour annoncer leur gîte du passant pour la saison estivale 1996. Ils savent que la plupart des gens songent à leurs vacances d'été dès mars et avril, et ils veulent en tirer profit. Le Gîte du passant des Bédard n'est pas seulement une nouvelle aventure

pour eux; c'est le premier établissement commercial du genre à cet endroit.

Depuis leur arrivée de France au Canada en 1974 (tous deux alors âgés de 35 ans), les Bédard ont consacré tout leur temps à la gérance d'un motel-restaurant à Pointe-Calumet, au Québec, lieu de villégiature estival bien connu. Au début, ils ne connaissaient que très peu de choses dans le domaine de l'hôtellerie. Toutefois, vers la fin de la saison 1992, ils avaient acquis suffisamment de confiance en eux pour décider de laisser Pointe-Calumet et se mettre en quête d'un nouvel établissement touristique qu'ils achèteraient et dirigeraient eux-mêmes.

Après avoir beaucoup voyagé à travers le Québec, ils abandonnent l'espoir de trouver une entreprise déjà en marche. Ils font donc l'acquisition d'une grande et vieille résidence, donnant sur le lac à l'Eau-Claire, qu'ils rénovent quelque peu. En juin 1995, ils ouvrent leurs portes. La résidence avait été la propriété d'une famille new-yorkaise qui ne voulait plus faire le voyage chaque été, et les Bédard considèrent l'avoir obtenue à un prix très raisonnable.

La propriété est située sur le côté ouest du lac à l'Eau-Claire, à environ 70 km à l'ouest de Trois-Rivières et à 130 km au nord de Montréal. L'édifice lui-même comprend 10 grandes chambres, une salle à manger, deux salons, une salle de jeux ainsi que des aires de service. Les Bédard occupent l'ancien chalet des invités. Le terrain a une superficie de 10 acres, dont 5 du côté de la voie d'accès au lac, tandis que les 5 autres sont sur une colline peu élevée située à l'est de la route. Cette dernière partie du terrain est complètement abandonnée; seuls quelques moutons d'une ferme voisine viennent y brouter de temps à autre. Au bord du lac, il y a une petite piscine et un quai. Les Bédard ont ajouté un terrain de tennis en asphalte et un jeu de galets («shuffleboard») sur la pelouse de l'hôtel.

En raison du site original, des commodités naturelles et de celles qu'il a ajoutées, le couple a l'impression de posséder un lieu de villégiature complètement aménagé, un paysage attirant et la possibilité d'agrandir dans l'avenir en utilisant le terrain vague à l'est de la route.

Toutefois, après la fermeture de leur établissement en octobre 1995, les Bédard sont loin d'être enchantés des faibles profits tirés de leur travail de l'été. M. Bédard dit: «Notre principale erreur en achetant ce site a été de négliger le fait que le lac à l'Eau-Claire n'a jamais été reconnu comme un lieu de villégiature avec des installations touristiques. Bien sûr, il y a un assez bon nombre de chalets d'été autour du lac, mais l'industrie touristique, dans cette région, passe surtout le long du fleuve Saint-Laurent. Toute-

fois, nous en avons fait un très beau site, facile d'accès par la route. On peut même y venir par hydravion comme le faisaient les anciens propriétaires. Nos taux sont les mêmes que ceux offerts sur le Saint-Laurent pour des commodités semblables. Nous avons, en plus, un lac qui est toujours propice à la baignade et qui n'est pas brouillé tout le temps par les embarcations à moteur.»

Mme Bédard souligne une autre erreur de leur part: selon elle, ils n'ont pas fait suffisamment de publicité la première année. «Tout ce que nous avons fait a été d'envoyer une lettre à chacune des familles dont nous avions dressé la liste avant de quitter Pointe-Calumet et de placer un panneau-réclame à l'intersection de notre route d'accès, soit la 349, et de l'autoroute 40 entre Montréal et Trois-Rivières. Nous avons à peine réussi à joindre les deux bouts, et ce parce que nous avons congédié, à la mi-juillet, deux étudiants de l'Université du Québec à Trois-Rivières qui étaient à notre service. Ce que nous avons à faire maintenant, c'est non seulement de nous faire mieux connaître, mais aussi de faire valoir les beautés du lac à l'Eau-Claire, parce que la plupart de nos invités ne savaient pas que nous existions jusqu'à ce qu'ils entendent parler de nous ou voient notre enseigne. C'est très tranquille ici: les vacanciers peuvent marcher des milles dans le bois, pique-niquer sur la petite île située au milieu du lac; bref, on se sent loin des problèmes de la vie. De plus, il suffit d'une journée d'auto pour se rendre dans la ville touristique de Québec. Nous n'avons pas de terrain de golf ici même, mais la plupart des endroits au nord de Montréal n'en ont pas non plus.»

Les Bédard décident alors que l'une des mesures qu'ils peuvent prendre est d'attirer les nouveaux mariés de mai, de juin et de septembre, mois morts pour les vacances familiales. Ils sont prêts à offrir, durant ces mois, un rabais de 10 % sur le tarif ordinaire. Ils croient toutefois que leur principale source de revenus demeurera les familles en vacances pendant les mois de juillet et d'août.

Il reste encore 1000 exemplaires de la brochure qu'ils avaient envoyée l'année dernière, et les Bédard ont l'intention de les faire parvenir à leurs clients de l'été précédent. Quant aux autres formes de publicité, ils n'ont aucune idée de ce qui conviendrait. M. Bédard doute de la valeur des panneaux-réclames sur les routes allant de Montréal à Québec car, dit-il, «ils n'attirent que les passants et ce que nous voulons ce sont des gens qui font des réservations à l'avance et demeurent ici pendant plusieurs jours. Nous devons joindre ces personnes avant qu'elles ne décident de l'endroit de leurs vacances et les inciter à opter pour le lac à l'Eau-Claire; autrement, nos invités ne seront que des passants d'un soir. Bien que les propriétaires des chalets d'été environnants soient importunés que nous attirions ici beaucoup de gens, d'autos et de bateaux, je sais que les commerçants de Saint-Alexis-des-Monts ne diront rien parce que nos invités auront à magasiner chez eux pour se procurer de l'équipement de sport, des médicaments, etc. Cepen-

dant, ces commerçants n'ont jamais fait de publicité de leur vie et je ne sais pas s'ils seront prêts à m'aider.»

Les Bédard savent fort bien qu'ils ne peuvent dépenser plus de 5000 $ en publicité. En outre, ils sont persuadés que leur banquier pourra difficilement continuer à leur faire crédit s'ils ne remboursent pas tout leur dû avant la fête de l'Action de grâces 1996. «La saison qui vient va nous sauver ou nous ruiner», dit M. Bédard en conclusion.

Aidez les Bédard à reconnaître les opportunités, les menaces de l'environnement ainsi que les forces et les faiblesses de l'entreprise. De plus, conseillez-les sur les stratégies de marketing à adopter pour leur Gîte du passant.

Cas
LA PORTNEUVOISE ET LES MICROBRASSERIES AU QUÉBEC*

L'origine de la bière, tout comme celle du vin, remonte probablement au début même de la civilisation sur la planète. De l'avis de nombreux experts, la bière pourrait être la plus âgée de ces deux boissons fermentées et pourrait même dater d'avant la fabrication du pain. Selon certains, les Babyloniens auraient inventé ce précieux nectar qui daterait donc de 4000 ans av. J.-C.

On sait que, au Moyen Âge, les monastères étaient les principaux artisans de la bière: ainsi, au IXe siècle de notre ère, les moines de l'Abbaye Saint-Trond en Belgique disposaient de 192 corbeilles d'orge destinées à la fabrication de la bière. La réputation des bières belges à travers le monde remonte donc à cette époque et, encore aujourd'hui, les monastères belges participent à la fabrication et à la commercialisation de la bière.

Depuis ce temps, l'Allemagne, l'Angleterre et les Pays-Bas sont également devenus d'importants pays producteurs de bière et sont d'ailleurs à l'origine des grandes brasseries nord-américaines modernes. On compte aujourd'hui environ 5000 brasseries à l'échelle mondiale qui fabriquent un total de 15 000 marques différentes. Nul doute que la bière

est une des boissons les plus populaires de la planète.

Le procédé de fabrication de la bière est fort simple. Il suffit de faire bouillir de l'orge maltée et du houblon dans de l'eau. Il en résulte un concentré, le moût. Ce dernier doit fermenter durant deux à quatre semaines selon le type de bière fabriquée et le type de fermentation (c'est-à-dire haute température, soit 20 °C, ou à basse température, soit 8 °C). Il s'agit ensuite de filtrer, de gazéifier et de laisser vieillir. À l'issue de ce processus, la bière doit être soit embouteillée, soit transvidée dans un baril pour en faciliter la livraison et la consommation.

Au Québec

Au Québec, au début des années 90, les ventes de bière s'élevaient à 1,4 milliard de dollars par année, soit environ 5,5 millions d'hectolitres. De 40 % à 45 % de ces ventes se font durant la période estivale.

En raison de fusions qui ont eu lieu à la fin des années 80, on compte maintenant au Québec deux grandes brasseries qui se partagent, à elles seules, 95 % du marché de la bière: Molson-O'Keefe, avec 53 % du marché québécois (48,7 % du marché canadien), et Labatt, avec 42 % des ventes au Québec

(44,6 % au Canada). Les bières importées représentent 2 % du marché québécois et les bières de microbrasseries québécoises, de 2 % à 3 %, soit des ventes de 35 à 40 millions de dollars. Au Canada anglais, les bières américaines sont davantage populaires qu'au Québec, puisqu'elles détiennent 2,8 % du marché canadien.

Ces chiffres démontrent que l'industrie brassicole est une des plus importantes industries québécoises et canadiennes; dans son ensemble, elle a injecté 11,2 milliards de dollars dans l'économie canadienne en 1993, soit 1,6 % du PNB. Au Québec seulement, cet apport fut de 2,97 milliards de dollars, soit 1,8 % du PNB québécois. Comme c'est au Canada (et en Norvège) que le niveau de taxation de la bière est le plus élevé du monde (53 % du prix de détail moyen), l'industrie brassicole verse donc annuellement près de 5 milliards de dollars en taxes aux différents paliers de gouvernement.

Le consommateur de bière

Le marché de la bière a longtemps été constitué d'ouvriers, de sportifs de salon et de fanatiques des tavernes, lesquelles, jusqu'à récemment, n'admettaient pas les femmes. Il s'agit encore aujourd'hui d'un marché à dominante masculine dans lequel on observe un degré élevé de fidélité à la marque; il suffit de demander aux 10 premières personnes croisées dans la rue quelle est leur marque de bière préférée pour constater que les préférences sont fortes et sans ambiguïté. La plupart des buveurs de bière boivent la même marque depuis des années, et ce même si les différences de goût entre les diverses marques sont très difficiles à percevoir. Les stratégies de marketing des différentes brasseries et marques semblent donc avoir réussi au fil des ans à établir des images de marque sinon très différenciées, du moins très solides dans l'esprit des consommateurs québécois.

C'est encore vrai aujourd'hui, à cette différence près que l'image des marques de bière devient de plus en plus spécialisée; il est bien fini le temps du «On est 6 millions, faut se parler...» (Labatt) ou du «Lève ton verre (avec tout le monde...)» (Laurentide). Aujourd'hui, dans les années 90, c'est l'éloge de la différence. Certaines habitudes tendent donc à changer. Plusieurs consommateurs recherchent davantage des bières différentes, plus rares que les bières blondes traditionnelles; bière rousse, bière blanche, bière brune et même bière noire.

Ces changements s'expliquent en partie par des modifications dans la structure du marché québécois de la bière. En effet, en 1985, la première microbrasserie québécoise se lançait sur le marché de la bière.

Les microbrasseries

La brasserie Massawippi fut la première microbrasserie à faire la demande d'un permis de brasseur commercial. Lorsque MM. Provencher et Fleisher s'adressèrent au ministère québécois de l'Industrie et du Commerce, la plus récente demande de permis de cette nature remontait à... 1894 alors que la brasserie O'Keefe venait concurrencer les familles Molson et Labatt. Il n'y avait donc, en 1985, aucun critère établi quant aux normes d'hygiène, d'installation et autres pour ce type de fabrication. On a donc dû définir ces normes pour les besoins de la brasserie Massawippi, qui attendit un an et demi avant de recevoir son permis; ce permis lui donnait le droit de fabriquer, d'embouteiller, de vendre et de distribuer de la bière partout au Québec, au même titre que les grandes brasseries traditionnelles (Molson-O'Keefe, Labatt).

Pourtant, le concept de microbrasserie n'était pas nouveau; déjà, depuis quelques années, on avait assisté à la création de microbrasseries, d'abord aux États-Unis (Californie, Nouvelle-Angleterre), puis en Ontario et en Colombie-Britannique. De plus, ce concept existait pratiquement depuis toujours dans les pays européens, entre autres en Allemagne où on compte plus de 1500 producteurs de bière différents.

Une microbrasserie se démarque des grandes brasseries par la quantité de bière produite et par le procédé de fabrication utilisé: de plus petites quantités de bière sont fabriquées de façon artisanale. Les bières mises au point par les microbrasseries sont habituellement non pasteurisées et ne contiennent pas d'agent de conservation, ce qui diminue leur longévité; une bière traditionnelle peut demeurer jusqu'à deux ans sur une tablette sans que sa qualité ne soit affectée alors qu'une bière d'une microbrasserie a une durée de vie de trois à six mois. Seules les bières à double ou triple fermentation peuvent se conserver jusqu'à cinq ans.

Les bières de microbrasseries se distinguent par leur goût et leur couleur. Lors d'une dégustation, on peut aisément les reconnaître par leur goût plus amer, plus levuré et plus épicé, qui se traduit par des bières plus corsées. On trouve également davantage de variétés: des blondes, mais aussi des rousses, des brunes et des noires. Pour le reste, leur composition est relativement simple et ressemble à celle des autres bières: eau, malt, houblon, certaines épices et de la levure.

Le consommateur

Au Québec, le consommateur de ce type de bière est celui qui préférait déjà les bières importées ou les bières naturelles. Plus spécifiquement, sur le plan démographique, cette clientèle se trouve en zones urbaines ou en banlieue de villes telles que Montréal, Québec, Laval, Sherbrooke, Trois-Rivières et Hull. Ce consommateur provient d'une classe sociale assez élevée et, à la différence du buveur de bière traditionnel, est autant homme que femme. Il est aussi relativement jeune, son âge moyen variant entre 20 et 55 ans. Sur ce plan, on distingue trois segments: les jeunes professionnels (26 à 35 ans) qui sont la cible de choix des microbrasseries, les jeunes étudiants, âgés entre 18 et 25 ans et enfin les professionnels plus mûrs de 36 à 55 ans. Leur consommation moyenne varie de une bière à douze ou treize bières par semaine. À ces trois segments se rajoutent plusieurs «microsegments» disparates: les touristes, les «granolas» et les connaisseurs ou experts de tous les âges.

Le buveur québécois se classe au troisième rang sur le plan de la consommation par habitant au Canada, avec une consommation annuelle moyenne de 75,07 L. C'est en Colombie-Britannique que l'on trouve la consommation moyenne par habitant la plus élevée (76,98 L) suivie de la province de Terre-Neuve (76,71 L). La moyenne canadienne est de 71,07 L par habitant par année, ce qui place les Canadiens loin derrière les Tchèques dont la consommation annuelle par habitant est de 166,8 L, et les Allemands (144,2 L).

En fait, la consommation de bière a diminué légèrement depuis quelques années au Québec et au Canada, en raison des phénomènes suivants: la récession économique, l'importance accrue de la santé et les lois beaucoup plus sévères quant à la conduite en état d'ébriété. Ainsi, de l'avis d'un observateur du milieu, «on consomme moins mais on consomme mieux». En particulier, le segment de consommateurs attiré par les marques de microbrasseries place le goût en tête de liste de ses critères de choix.

La concurrence

On a déjà mentionné que Molson-O'Keefe et Labatt sont les deux principaux joueurs sur le marché canadien. Il faut ajouter, toutefois, que leurs stratégies ont considérablement changé au cours des dernières années; en effet, alors que pendant des décennies ces entreprises se contentaient de commercialiser une, deux ou trois marques, depuis la fin des années 70, on assiste à une multiplication des marques: les bières légères, les bières plus fortes comme la Brador et la Labatt Classique suivies de la génération des bières «Dry» et des bières «Ice». Certaines marques plus marginales ont pratiquement disparu (Dow) tandis que d'autres ont prospéré (Black Label, chez Molson-O'Keefe). En 1993, le quart des ventes de bière chez Labatt mettait en jeu des marques de bière qui n'existaient pas trois ans plus tôt, ce qui donne un aperçu des bouleversements que connaît ce marché. De son côté, Molson-O'Keefe a lancé La Rousse à l'été 1993 avec un budget de communication de un million de dollars pour son lancement et des objectifs de part de marché de l'ordre de 3 %. Le marché visé est celui des bières non traditionnelles comme celles que fabriquent les microbrasseries.

En somme, on compte aujourd'hui une cinquantaine de marques de bière sur le marché québécois dont une trentaine appartiennent soit à Molson-O'Keefe, soit à Labatt. Ces deux grandes brasseries canadiennes sont suivies, mais de loin, par les grandes brasseries américaines qui, depuis quelques années, ont un accès beaucoup plus facile au marché canadien (l'inverse est aussi vrai pour les brasseries canadiennes sur le marché américain): Anheuser-Busch, Miller, Stroh et Heileman sont les principales brasseries américaines. Cet accès est en même temps limité par le fait que les grandes brasseries américaines ont conclu des ententes avec Molson-O'Keefe ou encore Labatt pour brasser et vendre leurs produits vedettes sous licence. La même situation a cours pour les marques canadiennes sur le marché américain.

Les microbrasseries québécoises qui ont vu le jour dans la foulée de la Massawippi sont maintenant nombreuses. Les plus importantes et plus connues sont Unibroue, située à Chambly (la Fin du Monde, la Maudite et la Blanche de Chambly), les Brasseurs du Nord, à Blainville (la Boréale), la brasserie Brasal à Ville LaSalle (la Brasal légère et spéciale, la Hopps brau et la Bock), la brasserie GMT à Laval (la Belle Gueule, la Tremblay et la Canon), la brasserie McAuslan de Montréal (la St-Ambroise et la Griffon), la brasserie Beauce-Broue, de Saint-Odilon (La Beauceronne, La Débâcle et la Jarret noir), et la brasserie Portneuvoise qui, à l'heure actuelle, a interrompu ses activités, mais fait actuellement l'objet d'études de la part d'un groupe de gens d'affaires qui songent à sa relance. Notons que la brasserie Massawippi – pour ceux qui la chercheraient dans cette liste – a été rachetée par Unibroue au début des années 90.

À ces nombreux producteurs, il convient d'ajouter certains pubs locaux qui ont le droit de fabriquer et de vendre leur marque privée à Montréal. C'est le cas du Cheval Blanc, de la Cervoise, du Crocodile et du Sergent Recruteur. Dans la région de Sherbrooke-Lennoxville, on trouve Le Lion d'Or et à Québec, l'Innox.

De plus, ces dernières années, les grands distributeurs alimentaires qui revendent une partie importante de la bière au Québec s'intéressent de plus près à ce secteur. Ainsi, depuis quelques mois, la chaîne Metro-Richelieu vend la Norois, brassée par la microbrasserie ontarienne Lakeport, et les chaînes Provigo et IGA s'apprêteraient à en faire autant. Toutefois, ces lancements sont très mal vus de la part des grandes brasseries qui y voient un conflit d'intérêts et une forme de concurrence déloyale puisque ces bières sont moins chères que les leurs. Pourtant, déjà, ces grandes brasseries avaient leur marque «bon marché»: la Wildcat chez Labatt et la Carling chez Molson-O'Keefe.

Finalement, on trouve sur le marché, depuis quelques années, différents procédés de fabrication de bière offerts au consommateur individuel qui peut donc, comme pour le vin, fabriquer sa propre bière à la maison.

La situation actuelle sur le marché de la bière

L'arrivée des microbrasseries sur le marché québécois a créé passablement de remous même si, cinq ou six ans plus tard, leur part de marché globale n'atteint toujours pas 3 %.

La pression concurrentielle des microbrasseries faisait dire à M. Yvon Millette, président de l'Association des brasseurs du Québec, que tant qu'une microbrasserie individuelle n'obtiendra pas 1 % du marché de la bière à elle seule, les grandes brasseries ne réagiront pas. Toutefois, le jour où l'une d'entre elles dépassera ce seuil, elle subira la charge des grandes brasseries.

Pourtant, on observe, depuis le début des années 90, plusieurs tentatives de la part des grandes brasseries visant à entraver la conduite des affaires des microbrasseries. Ainsi en novembre 1993, quatre microbrasseries concluaient une entente de distribution conjointe avec la firme Nor-Fruits de Chicoutimi. Au moment où elles déposaient leur demande de permis de distribution de bières, Molson-O'Keefe déposait une requête d'audience auprès de la Régie des permis d'alcool, ce qui eut comme conséquence de bloquer les activités de Nor-Fruits. Or, on était en décembre et, par conséquent, aucune des marques des microbrasseries concernées n'a pu trouver son chemin jusqu'aux tablettes des épiceries pour la période des fêtes, ce qui, au Québec, représente un manque à gagner important.

En même temps, les actions de certaines microbrasseries deviennent plus vigoureuses. Ainsi, le Groupe Unibroue de Chambly envisage de faire de sa brasserie un relais touristique dans la région de Chambly, avec centre d'information, d'interprétation et de dégustation de la bière. Elle prévoit même construire une marina pour attirer les plaisanciers qui utilisent le canal Chambly. De plus, Unibroue a réussi à faire une percée en France en 1993 avec des ventes prévues de 20 000 à 30 000 caisses de 24 bières de Blanche de Chambly et de la Maudite. Ce faisant, Unibroue affirmait qu'il était plus facile de vendre de la bière québécoise en France et aux États-Unis (on trouve la Blanche de Chambly, la

Maudite et la Fin du Monde en Nouvelle-Angleterre et en Floride) que dans les autres provinces canadiennes. Il faut mentionner qu'Unibroue profite indirectement de la publicité que lui assure un de ses actionnaires importants, le chanteur Robert Charlebois.

De son côté, la brasserie McAuslan de Montréal tentait de développer le marché ontarien en concluant une entente avec le réseau de distribution de la Régie des alcools de l'Ontario.

Toujours à l'automne 1993, Brasal effectuait une percée dans le nord-est des États-Unis grâce à une entente qui lui assurait un débouché pour 10 000 hL (hectolitres) par année. Ainsi, Brasal était assurée de fonctionner à son plein rendement de production, qui est de 20 000 hL par année.

Les microbrasseries organisent également leurs moyens de pression auprès des gouvernements afin d'améliorer leur position concurrentielle et financière. En avril 1994, elles réclamaient – mais sans succès – du gouvernement du Québec des avantages fiscaux et des exemptions de taxes semblables à ceux dont disposent les microbrasseries en Ontario, en Colombie-Britannique et un peu partout dans le monde (États-Unis, Allemagne, Belgique). Ainsi, des mesures comparables en Ontario, de 1981 à 1991, permettaient aux microbrasseries ontariennes de multiplier par 100 leur production de sorte qu'elles détiennent aujourd'hui 10 % du marché ontarien de la bière. Ces exemptions permettraient aux microbrasseries québécoises, de l'avis de M. Jagerman de la brasserie Brasal, de diminuer les prix, d'augmenter les exportations et donc de créer de nouveaux emplois et de contribuer à l'amélioration de la situation économique.

Par ailleurs, la microbrasserie ontarienne Lakeport réussissait, après de nombreuses tentatives bloquées par l'action des grandes brasseries canadiennes, à obtenir un permis de distribution de bières au Québec. Pourtant, l'inverse est à peu près impossible puisque le réseau de distribution ontarien (Brewers Retail) appartient à 93 % aux deux grandes brasseries canadiennes. Pour avoir accès à ce réseau, il faut consentir à verser 22 000 $ en droits d'entrée pour chaque marque distribuée auxquels s'ajoutent des frais de 400 $ par point de vente (magasin) pour couvrir les frais annuels de manutention.

La Portneuvoise

La Portneuvoise fut la deuxième microbrasserie à apparaître sur le marché québécois, après Massawippi. Située dans le comté de Portneuf au nord-ouest de la ville de Québec, elle commercialisa la bière du même nom de 1988 à 1990, avant de fermer ses portes en raison de difficultés financières et techniques.

Le groupe de gens d'affaires qui s'intéressent à la relance de cette brasserie fait appel à vos services, en tant qu'expert en marketing, pour élaborer une stratégie de marketing pour la «nouvelle» microbrasserie. En tenant compte des informations fournies dans le texte, préparez un plan de marketing qui inclut les décisions du mix marketing (les «4 P») et formulez des recommandations précises et justifiées.

Annexes

Tableau 1   Institutions pouvant distribuer de la bière et représentant un point de vente pour une brasserie québécoise, grande ou micro (1993)

Catégorie	
Bar	10 979
Brasseries	182
Boîtes de nuit	817
Épiceries (supermarchés et dépanneurs)	10 609
Parc Olympique, Terre des Hommes	153
Restaurants	9 287
Tavernes	251
Total	**32 278 points de vente**

Source: Régie des permis d'alcool du Québec, *Rapport annuel 1992-1993.*

Tableau 2   Tableau comparatif des grandes brasseries et des microbrasseries (1994)

	Chiffre d'affaires en dollars (1994)	Capacité de prod. (en hectolitres)	Prod. réelle (en hectolitres)	Pénétration de marché	Part de marché (1994)
Molson-O'Keefe	750 M	n.d	5,2 M	n.d.	53,45
Labatt	3 M	35 000	2,5 M	n.d.	42,05
Unibroue	8,5 M	25 000	30 000	n.d.	n.d.
Brasseurs du Nord*	5,5 M	20 000	20 000	1200 épiceries et 250 bars	n.d.
Brasal*	3,0 M	18 000	10 000 (bientôt 20 000)	4000 épiceries	n.d.
McAuslan	4,5 M	18 000	14 000	n.d.	n.d.
GMT	n.d.	4 000	17 500	2000 épiceries et 600 bars	n.d.
Beauce-Broue	1,0 M (prévision)	n.d.	n.d.	n.d.	n.d.

* Indique les chiffres de l'année 1993.

Tableau 3   Prix de la bière selon divers points de vente

1. **Dépanneur Provisoir**

Marque	Unité	4 bout.	6 bout.	12 bout.	24 bout.
Molson, Labatt	1,48 $	---	6,99 $	12,29 $	20,99 $
Unibroue					
Fin du Monde	2,00 $	---	12,00 $	---	---
Maudite	1,85 $	---	11,00 $	---	---
Blanche de Chambly	1,70 $	---	10,00 $	---	---
Brasseurs du Nord					
Boréale blonde	1,60 $	---	8,93 $	---	---
Boréale rousse	1,60 $	---	8,93 $	---	---

2. **Supermarché Provigo**

Marque	Unité	4 bout.	6 bout.	12 bout.	24 bout.
Molson, Labatt	1,19 $	---	6,63 $	10,89 $	20,75 $
Unibroue					
La Fin du Monde	1,89 $	---	11,35 $	---	---
La Maudite	1,89$	---	11,35 $	---	---
Blanche de Chambly	1,79$	---	9,85 $	---	---
Brasseurs du Nord					
Boréale blonde	1,50 $	---	6,99 $	---	---
Boréale rousse	1,50 $	---	6,99 $	---	---
Boréale noire	1,50 $	---	6,99 $	---	---
Boréale forte	1,50 $	---	7,79 $	---	---
GMT					
Belle Gueule	1,50 $	---	8,25 $	---	---
Tremblay	1,50 $	---	7,15 $	---	---

Selon Mme Tina Lauzon de Beauce-Broue, le prix d'une Beauceronne ou d'une Jarret noir vendue dans un supermarché est de 1,50 $ l'unité et de 9,95 $ pour une caisse de 8.

3. Magasin Le Végétarien

Marque	Unité	4 bout.	6 bout.	12 bout.	24 bout.
Molson, Labatt	---	---	---	---	---
Unibroue					
La Fin du Monde	1,99 $	---	10,99 $	---	---
La Maudite	1,79 $	---	9,99 $	---	---
Blanche de Chambly	1,59 $	---	8,99 $	---	---
Brasseurs du Nord					
Boréale blonde	1,29 $	---	7,49 $	---	---
Boréale rousse	1,29 $	---	7,49 $	---	---
Boréale noire	1,29 $	---	7,49 $	---	---
Boréale forte	1,29 $	---	7,49 $	---	---
GMT					
Belle Gueule	1,39 $	---	7,99 $	---	---
Tremblay	1,19 $	---	6,99 $	---	---
Brasal					
Brasal légère	1,59 $	---	8,99 $	---	---
Brasal spéciale	1,69 $	6,59 $	---	---	---
Hopps brau	1,59$	---	8,99 $	---	---
Brasal Bock	2,09 $	7,99 $	---	---	---
McAuslan					
Griffon extra blonde	1,29 $	---	7,49 $	---	---
Griffon brune	1,29 $	---	7,49 $	---	---
St-Ambroise rousse	1,29 $	---	7,49 $	---	---
St-Ambroise noire	1,29 $	---	7,49 $	---	---

Note: La Fin du Monde, la Boréale forte et la Brasal Bock sont des bières à forte teneur en alcool (de 7,1 % à 9,0 %). Le prix de la bière dans les restaurants: de 2,75 $ à 5,00 $. Le prix de la bière dans les bars: de 3,25 $ à 4,50 $. Le prix de la bière à la SAQ: de 1,75 $ à 5,00 $.

Cas rédigé par **Richard VÉZINA**, professeur à l'Université de Sherbrooke, et **Richard DORAIS**, chargé de cours à l'Université de Sherbrooke.

N O T E S

1. En planification en marketing, on entend généralement par l'expression «court terme» moins d'un an, par «moyen terme», entre un an et trois ans, et par «long terme», dans plus de trois ans.

2. THUILLIER, Pierre. *De l'étude de marché au plan de marketing*, Les Éditions d'Organisation, p. 25.

3. JENSEN, K. B. «Field Test of a Strategic Market Planning Model for Privately Held Small/Medium-Sized Firms», *dans Journal of Small Business and Entrepreneurship*, vol. 5, n° 2, p. 49.

4. RIES, Al et TROUT, Jack. *Le Marketing guerrier*, McGraw-Hill, Paris, 1988.

5. DOWNING, George. *Basic Marketing a Strategic System Approach*, Columbus, Ohio, Charles E. Merrill Publishing Company, 1971, chap. 4.

6. COUTURE, Gaétan. *Marketing: une approche intégrée*, Gaëtan Morin éditeur, Chicoutimi, 1978, p. 188.

7. de MARICOURT, Renaud. «Comment construire votre plan de marketing», *dans Direction et Gestion*, n° 6, 1984.

8. KOTLER, Philip et TURNER, Ronald. *Marketing management*, 6e édition canadienne, Scarborough, Ontario, Prentice-Hall, 1989, p. 435.

9. ANSOFF, Igor et STEWART, J.M. «Votre recherche et développement a-t-elle un bon profil?», *Harvard l'expansion*.

10. COUTURE, Gaétan. *Marketing: une approche intégrée*, Gaëtan Morin éditeur, 1978.

11. THUILLIER, Pierre. *De l'étude de marché au plan de marketing*, Les Éditions d'organisation, 1987.

12. DUSSART, Christian. *Stratégie de marketing*, Gaëtan Morin éditeur, Chicoutimi, 1986.

13. Charte du cheminement des activités nécessaires à l'accomplissement d'une tâche (*Program Evaluation & Review Techniques*).

Annexe 12.1   Exemple de plan de marketing

Plan de marketing

RÉDIGÉ PAR

Lyne Boivin

Micheline Cossette

René Dionne

Julie Matte

N.B. Nous remercions Lucie Therrien, directrice de la SIDAC Centre-ville Trois-Rivières, pour sa collaboration ainsi que les quatre personnes qui ont contribué à la rédaction de ce plan de marketing.

Description de l'organisme

La SIDAC Centre-ville Trois-Rivières est une organisation sans but lucratif regroupant des gens d'affaires (commerçants et professionnels) offrant des biens et services dans ce district commercial. Ce regroupement permet de disposer des ressources (humaines, financières et matérielles) nécessaires pour assurer la vitalité économique du centre-ville.

Le bon fonctionnement des activités de la SIDAC est assuré par la directrice, Mme Lucie Therrien, et supporté par un conseil d'administration représentant les 578 membres sur le territoire.

Formée en vue de contrer l'effet d'attirance de la population envers les centres commerciaux, la SIDAC s'organise. Son mandat se traduit par le développement des activités économiques du centre-ville par la publicité et la promotion auprès d'investisseurs, tout cela en vue de la revitalisation du centre-ville de Trois-Rivières.

Mission

- Offrir des biens et des services dans un district commercial et regrouper des commerçants et des professionnels.
- Promouvoir les affaires du centre-ville.
- Mettre à la disposition des membres une gamme de services leur permettant de faire des économies.
- Attirer les consommateurs au centre-ville.
- Développer chez les membres un sentiment d'appartenance face au regroupement.

Synthèse de l'analyse de la situation	
Forces	**Faiblesses**
– Le contexte géographique et routier de l'agglomération de Trois-Rivières. – Le rôle prédominant de Trois-Rivières dans les domaines du commerce et de l'administration gouvernementale. – La présence d'importantes industries manufacturières. – Le caractère historique du Vieux Trois-Rivières. – Les nombreux investissements pour la revitalisation du centre-ville. – La présence de nombreux parcs et restaurants. – La forte représentation des services professionnels et gouvernementaux au centre-ville. – Le pouvoir d'attraction du port de Trois-Rivières.	– La diminution de 0,7 % de la population de Trois-Rivières. – Le fait que 32 % des revenus familiaux soient inférieurs à 20 000 $. – Le taux de 18 % d'espaces vacants au centre-ville. – Le centre-ville ne dispose que de trois magasins à grande surface. – La circulation au centre-ville. – Les espaces de stationnement. – L'absence d'une chaîne d'alimentation. – Le peu d'animation publique en soirée.

Opportunités	Menaces
– L'arrivée de 300 employés de Hydro-Québec au centre-ville. – La construction d'un stationnement étagé de 400 places au centre-ville. – La construction d'un hôtel de 160 chambres et l'aménagement d'un centre de congrès au centre-ville. – La revitalisation et le développement d'un centre d'alimentation majeur à la Place du Marché. – Le niveau élevé des revenus à Trois-Rivières-Ouest. – La croissance de la population à Trois-Rivières-Ouest. – Le pôle d'attraction régionale du Centre commercial Les Rivières.	– Le déplacement graduel de la construction résidentielle vers les périphéries. – La poussée récente des mini-centres commerciaux de quartier. – L'agrandissement possible du Centre commercial Les Rivières. – Le surplus d'espaces commerciaux au centre-ville. – L'engorgement croissant de la circulation au centre-ville.

Objectifs et stratégie globale
Objectifs organisationnels

- Accroître la part de marché des commerçants du centre-ville de 3 % à l'intérieur d'une période de un an.
- Accroître le taux de fréquentation chez les professionnels du centre-ville.

Objectifs marketing

- Réduire de 5 % le taux de locaux vacants qui se situe actuellement à 18 %, et ce d'ici à un an.
- Accroître de 3 % la part de marché des commerçants du centre-ville à l'intérieur d'une période de un an.
- Augmenter le pouvoir d'attraction du centre-ville d'ici à un an.
- Atteindre (selon un scénario réaliste) un taux de 20 % de fréquentation et d'engagement de la part des membres de la SIDAC. Un scénario plus optimiste pourrait se traduire par un taux de participation de 40 %.

Stratégie globale
Stratégie de croissance intensive (différenciée).

■ Objectifs, stratégies et tactiques de communication

Objectifs particuliers

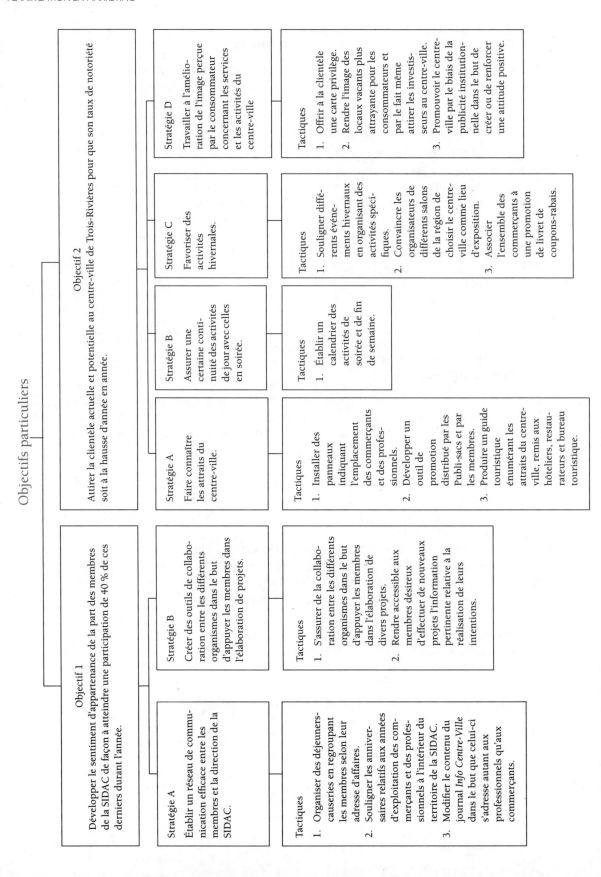

Objectif 1

Développer le sentiment d'appartenance de la part des membres de la SIDAC de façon à atteindre une participation de 40 % de ces derniers durant l'année.

Stratégie A

Établir un réseau de communication efficace entre les membres et la direction de la SIDAC.

Tactiques

1. Organiser des déjeuners-causeries en regroupant les membres selon leur adresse d'affaires.
2. Souligner les anniversaires relatifs aux années d'exploitation des commerçants et des professionnels à l'intérieur du territoire de la SIDAC.
3. Modifier le contenu du journal *Info Centre-Ville* dans le but que celui-ci s'adresse autant aux professionnels qu'aux commerçants.

Stratégie B

Créer des outils de collaboration entre les différents organismes dans le but d'appuyer les membres dans l'élaboration de projets.

Tactiques

1. S'assurer de la collaboration entre les différents organismes dans le but d'appuyer les membres dans l'élaboration de divers projets.
2. Rendre accessible aux membres désireux d'effectuer de nouveaux projets l'information pertinente relative à la réalisation de leurs intentions.

Objectif 2

Attirer la clientèle actuelle et potentielle au centre-ville de Trois-Rivières pour que son taux de notoriété soit à la hausse d'année en année.

Stratégie A

Faire connaître les attraits du centre-ville.

Tactiques

1. Installer des panneaux indiquant l'emplacement des commerçants et des professionnels.
2. Développer un outil de promotion distribué par les Publi-sacs et par les membres.
3. Produire un guide touristique énumérant les attraits du centre-ville, remis aux hôteliers, restaurateurs et bureau touristique.

Stratégie B

Assurer une certaine continuité des activités de jour avec celles en soirée.

Tactiques

1. Établir un calendrier des activités de soirée et de fin de semaine.

Stratégie C

Favoriser des activités hivernales.

Tactiques

1. Souligner différents événements hivernaux en organisant des activités spécifiques.
2. Convaincre les organisateurs de différents salons de la région de choisir le centre-ville comme lieu d'exposition.
3. Associer l'ensemble des commerçants à une promotion de livret de coupons-rabais.

Stratégie D

Travailler à l'amélioration de l'image perçue par le consommateur concernant les services et les activités du centre-ville

Tactiques

1. Offrir à la clientèle une carte privilège.
2. Rendre l'image des locaux vacants plus attrayante pour les consommateurs et par le fait même attirer les investisseurs au centre-ville.
3. Promouvoir le centre-ville par le biais de la publicité institutionnelle dans le but de créer ou de renforcer une attitude positive.

Objectifs, stratégies et tactiques de produit

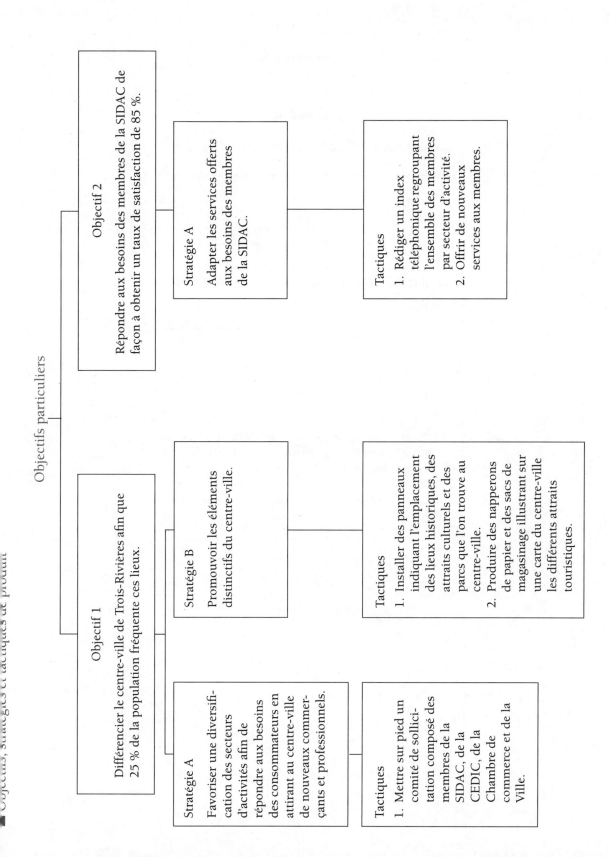

Objectifs particuliers

Objectif 1

Différencier le centre-ville de Trois-Rivières afin que 25 % de la population fréquente ces lieux.

Stratégie A

Favoriser une diversification des secteurs d'activités afin de répondre aux besoins des consommateurs en attirant au centre-ville de nouveaux commerçants et professionnels.

Tactiques
1. Mettre sur pied un comité de sollicitation composé des membres de la SIDAC, de la CEDIC, de la Chambre de commerce et de la Ville.

Stratégie B

Promouvoir les éléments distinctifs du centre-ville.

Tactiques
1. Installer des panneaux indiquant l'emplacement des lieux historiques, des attraits culturels et des parcs que l'on trouve au centre-ville.
2. Produire des napperons de papier et des sacs de magasinage illustrant sur une carte du centre-ville les différents attraits touristiques.

Objectif 2

Répondre aux besoins des membres de la SIDAC de façon à obtenir un taux de satisfaction de 85 %.

Stratégie A

Adapter les services offerts aux besoins des membres de la SIDAC.

Tactiques
1. Rédiger un index téléphonique regroupant l'ensemble des membres par secteur d'activité.
2. Offrir de nouveaux services aux membres.

■ Objectif, stratégie et tactiques de distribution

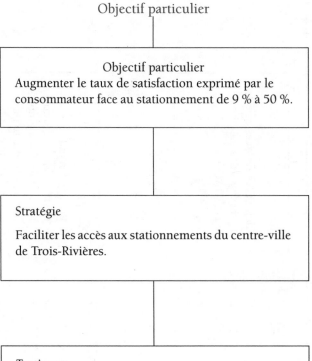

Objectif particulier

Objectif particulier
Augmenter le taux de satisfaction exprimé par le consommateur face au stationnement de 9 % à 50 %.

Stratégie

Faciliter les accès aux stationnements du centre-ville de Trois-Rivières.

Tactiques

1. Étude d'un concept de remboursement des billets de stationnement des clients du centre-ville par les membres de la SIDAC.
2. Sensibiliser les commerçants et les professionnels à garer leur véhicule à un endroit autre que devant leur place d'affaires.

■ Objectif, stratégie et tactique de prix

Objectif particulier

Objectif particulier
Maintenir les services offerts aux membres à des prix raisonnables (point mort) de façon que ces derniers puissent réaliser les avantages de faire partie de l'organisation.

Stratégie
Promouvoir et communiquer les avantages et les prix des services publics offerts aux membres pour atteindre une utilisation plus répandue des services à l'intérieur du territoire.

Tactique
1. Rédiger une liste des différents services et des prix que l'on publiera dans le journal *Info Centre-ville*.

Budget

SIDAC Centre-ville Trois-Rivières
État prévisionnel des dépenses marketing
pour l'exercice se terminant le 30 juin 1992

Budget marketing	120 500 $
Dépenses	
Déjeuner-causerie	1 200
Panneaux indicateurs (4)	3 300
Napperons	0
Fête de la Saint-Jean-Baptiste	4 000
Commandite d'amuseurs publics	1 000
Campagne publicitaire (rentrée)	15 000
Outil promotionnel	6 500
Document promotionnel	10 000
Carte privilège	10 000
Fête de l'Halloween	2 000
Journal des membres	5 000
Noël	15 000
Livret coupons-rabais	24 500
Activité hivernale	700
Fête de la St-Valentin	1 000
Salon de la nutrition	5 000
Index téléphonique	300
Fête de Pâques	3 000
Fête des Mères	3 000
Salon plein air	5 000
Festival des Trois-Rivières	5 000

■ Échéancier

Mois	Type d'activité	Mois	Type d'activité
Juin	– Déjeuner-causerie – Début des croquis panneaux indica-teurs – Impression de napperons – Souligner fête de la St-Jean-Baptiste – Rencontre comité mixte – Brochures touristiques hôtels centre-ville	Novembre	– Déjeuner-causerie – Conférence de presse (comité mixte) – Modification du journal – Décorations de Noël – Début campagne publicitaire – Parade du Père Noël
Juillet	– Déjeuner-causerie – Rencontre comité mixte – Distribution des napperons – Recrutement d'amuseurs publics – Promotion du concept publicité coopérative	Décembre	– Déjeuner-causerie – Lancement du nouveau journal – Impression du livret coupons-rabais – Préparation mini-campagne de promotion coupons-rabais
Août	– Déjeuner-causerie – Installation des panneaux indicateurs – Ébauches de la carte privilège (sollici-tation) – Préparation de la campagne publici-taire (septembre) – Début des activités de rédaction – comité mixte – Préparation maquette outil promo-tionnel	Janvier	– Déjeuner-causerie – Début d'une campagne publicitaire – Distribution des livrets coupons-rabais – Activité hivernale spéciale
Septembre	– Déjeuner-causerie – Lancement de la campagne publici-taire – Distribution de l'outil promotionnel – Vente-trottoir des marchands – Finaliser production carte privilège – Continuité des activités du comité mixte – Étude d'un concept de rembour-sement stationnement	Février Mars	– Déjeuner-causerie – Souligner fête de la St-Valentin – Exposition vitrines locaux vacants – Déjeuner-causerie – Tenue du salon de la nutrition – Rédaction index téléphonique – Préparation du plan marketing
Octobre	– Déjeuner-causerie – Fin de rédaction et impression du document – Publicité de rappel et mise en marché carte privilège – Sollicitation des membres livret coupons-rabais – Rencontre avec dirigeants	Avril Mai	– Déjeuner-causerie – Sollicitation des membres (téléco-pieur) – Souligner la fête de Pâques – Déjeuner-causerie – Poursuivre promotion fête des Mères – Tenue du salon plein air

Contrôle

Le but du contrôle est de s'assurer que l'on atteigne les différents objectifs. Un plan de contrôle se compose fondamentalement de quatre étapes: établissement des objectifs, mesure de performance, diagnostic des écarts et correctif. Nous désirons vous signaler qu'il est indispensable d'effectuer le contrôle des activités de marketing.

Point de contrôle

- Analyse de la part de marché à la fin de la mise en application du plan marketing.
- Enquête d'attitude de la clientèle à la fin de la mise en application du plan marketing.
- Contrôle de la participation des membres à l'ensemble des activités de la SIDAC.
- Évaluation distinctive du taux de participation des professionnels et des commerçants.
- Contrôle du taux de locaux vacants à chaque trimestre.

Cinquième partie

Les domaines distincts d'application du marketing

Dans cette partie, nous traiterons des principaux domaines dans lesquels le marketing diffère quelque peu de par son application. Ces domaines sont le marketing en contexte international, le marketing dans les services, le marketing des organismes sans but lucratif et le marketing industriel. Il s'agit en fait de faire prendre conscience au lecteur que le marketing est utile dans plusieurs domaines, même si chacun requiert une application différente. La théorie vue dans les 12 premiers chapitres de ce volume est toujours appropriée. Cependant, le gestionnaire doit y apporter quelques petites modifications lors de l'application afin de s'ajuster au contexte du domaine en particulier. Nous croyons qu'il est d'autant plus important, à l'aube des années 2000, de reconnaître ces différences alors qu'il est de plus en plus question de globalisation des marchés, de développement de l'économie dans le secteur des services et de l'approche client dans le secteur gouvernemental.

13

LE MARKETING INTERNATIONAL

OBJECTIFS D'APPRENTISSAGE

Après la lecture du chapitre, vous devriez être en mesure de:
- comprendre l'importance du marketing international en ce qui a trait à l'économie et aux entreprises canadiennes;
- faire une analyse de l'impact qu'a l'environnement global sur l'entreprise en situation de marketing international;
- définir les variables contrôlables du marketing en contexte international;
- dresser la liste des principaux modes de pénétration des marchés internationaux.

«Tiliverkad i Kanada», «Hecho en Canada» «Sdzjelano Vœ Kanadzie», «In Kanada Hergestellt», «Made in Canada», «Fabriqué au Canada». Tout comme les Canadiens achètent des produits fabriqués à l'extérieur de leur pays, des Suédois, des Espagnols, des Russes, des Allemands, des Américains et des Français, entre autres, achètent des produits fabriqués au Canada. Pensons, par exemple, aux produits récréatifs de Bombardier ltée[1] qui sont vendus dans plusieurs pays ou encore aux casse-tête Wrebbit, également vendus dans plusieurs pays.

LE CANADA ET LE COMMERCE INTERNATIONAL

Pour beaucoup d'entreprises, les marchés extérieurs représentent un moyen de survie (*voir encadré 13.1*). Certaines entreprises sont dotées d'installations de production qui, pour être rentables, exigent une percée sur les marchés extérieurs. La spécialisation d'autres entreprises est telle que l'ensemble des ventes en sol canadien ne pourrait pas leur assurer la prospérité. Les entreprises du secteur de l'industrie nucléaire en sont un exemple. Les marchés internationaux s'avèrent donc des lieux de prédilection pour les entreprises qui cherchent à utiliser toute leur capacité de production.

Il ne faut pas s'étonner que plusieurs pays cherchent de plus en plus à s'approprier une part de ce gâteau. Dans le tableau 13.1, on constate que la part du Canada a connu une croissance pour atteindre 4,5 % du total des exportations effectuées par les principaux pays exportateurs en 1985, puis une décroissance pour revenir au niveau de 3,3 % en 1992. Il ne faut pas en déduire que le montant total des exportations en valeur absolue ($) n'a pas augmenté (*voir tableau 13.2*), mais plutôt que la participation du Canada en ce qui a trait aux exportations mondiales est de moins en moins importante.

Tableau 13.1 Parts (%) dans le commerce mondial des marchandises des principaux pays exportateurs

Année	États-Unis	France	République Fédérale Allemande	Italie	Pays-Bas	Royaume-Uni	Japon	Belgique Luxembourg	Canada	URSS
1982	11,5	5,2	9,6	4,0	3,6	5,3	7,5	2,8	3,9	4,7
1983	10,8	5,0	9,3	4,0	3,6	5,0	8,1	2,9	4,0	5,0
1984	11,4	4,9	8,9	3,8	3,4	4,9	8,9	2,6	4,4	4,8
1985	10,7	5,1	9,6	4,1	3,6	5,3	9,1	2,8	4,5	4,5
1986	10,3	5,9	11,5	4,6	3,8	5,0	9,9	3,2	4,2	4,6
1987	10,2	6,0	11,8	4,7	3,7	5,3	9,3	3,4	3,9	4,3
1988	11,1	5,8	11,2	4,5	3,6	5,1	9,2	3,2	4,0	3,9
1989	11,8	5,8	11,0	4,6	3,5	4,9	8,9	3,2	3,9	3,5
1990	11,3	6,2	12,1[a]	4,9	3,8	5,3	8,3	3,4	3,8	3,0
1991	12,0	6,2	11,5[a]	4,8	3,8	5,3	9,0	3,4	3,6	1,4[b]
1992	12,0	6,3	11,5[a]	4,8	3,8	5,1	9,1	3,3	3,6	1,0[c]

[a] Allemagne unifiée, c'est-à-dire valeur combinée des échanges de l'ancienne RFA et de l'ancienne RDA.
[b] Ex-URSS.
[c] Fédération de Russie.

Source: GATT. «Le Commerce International 91-92», vol. 1; 91-92; 90-91; 89-90; 88-89; 87-88; 86-87; 85-86; 84-85; 83-84; 82-83.

Tableau 13.2   Volume des exportations canadiennes
(en millions de dollars canadiens)

1982	81 464
1983	88 426
1984	109 543
1985	116 178
1986	116 477
1987	121 414
1988	134 187
1989	133 760
1990	140 989
1991	138 079
1992	153 756
1993	176 757

Source: STATISTIQUE CANADA. *Sommaire du commerce extérieur,* décembre 1983 à 1993.

En ce qui a trait aux produits finis et semi-finis, tels les automobiles et d'autres produits connexes, on enregistre une croissance spectaculaire, comme on peut le constater à partir du tableau 13.3. Cependant, pour les produits comme le gaz naturel, le blé et la farine de blé, on note une certaine stagnation des exportations.

■ Encadré 13.1   Importance de l'exportation pour la croissance de l'économie et des entreprises

Exporter pour survivre

Jacques Benoît

■ Pourquoi exporter?...

«Les compagnies qui vont bien sont celles qui exportent. Il y a presque une corrélation parfaite», répondait à cela récemment le premier vice-président, Entreprises, de la Banque canadienne impériale de commerce (CIBC), M. Robert Panet-Raymond.

Et pour beaucoup, c'est là leur planche de salut, et donc ce qui assure à la fois leur survie et leur rentabilité, ajoutait-il en substance dans une interview à *La Presse* à l'occasion d'un colloque organisé par l'institution, et destiné aux PME québécoises désireuses d'exporter leurs produits ou leurs services.

«C'est étonnant et encourageant de voir à quel point des compagnies du Grand Montréal ont trouvé des créneaux, ou des produits sophistiqués», notait-il.

Des exemples éloquents, choisis... bien sûr, parmi les entreprises qui sont des clients de la CIBC: Teknor Microsystèmes, de Sainte-Thérèse, qui fabrique des micro-ordinateurs à usage médical, industriel, etc. (par exemple dans des voitures de luxe ou des canots-automobiles de course dont il assure les réglages); ou encore ce fabricant de la rive Sud, *Handy Chemical*, leader mondial dans un type de plastique servant au renforcement du béton.

Ou bien encore, tout bêtement, John Lewis International, d'Anjou, qui s'est hissé au rang de premier producteur mondial «de bâtonnets de bois pour la café et les *popsicles*».

La recette étant, bien sûr, de fabriquer un produit – aussi simple qu'il puisse être –, de très haute qualité, à un coût de revient qui permettra de le vendre à prix imbattable.

La haute technologie

Mais pour l'instant, expliquait de son côté M. Claude Lavoie, directeur des opérations et délégué commercial du Centre de commerce international (ministère fédéral de l'Industrie, des Sciences et de la Technologie), bien peu de PME sont actives sur les marchés étrangers.

«Il y a peut-être 10 p. cent des compagnies de 20 employés et moins qui exportent», disait-il.

Pourtant, même si le gros des exportations (environ 90 p. cent) est le fait des firmes de 500 employés et plus, en volume et en valeur, c'est surtout du côté des produits de haute technologie – un domaine où les PME sont très présentes – qu'il y a croissance des exportations.

«Le volume est dans les matières premières, mais la plus forte croissance est dans la haute technologie», dit-il.

Haute technologie qu'on associe d'habitude à des produits de domaines hautement spécialisés (ordinateurs, matériel de défense, équipement médical, etc.), mais qui a un sens beaucoup plus large que cela, estime pour sa part l'économiste Edward Heese, aussi de la CIBC.

Ainsi, dit-il, une usine textile fabriquant des vêtements devient «une usine de haute technologie» à partir du moment où elle s'est dotée d'équipements de fabrication de pointe, tels que la conception et la fabrication assistées par ordinateur (CAO et FAO).

«Elle devient ainsi compétitive sur le marché mondial, dit-il – marché qui est devenu l'aune à laquelle on mesure désormais l'efficacité des entreprises, ajoute-t-il en substance.

«D'habitude, on n'inclut pas ce type d'entreprises dans la haute technologie, mais c'est une erreur.»

Asie ou Mexique?...

Sans qu'il soit unique, il existe à l'heure actuelle «un courant» fréquent parmi les entreprises, signale le vice-président de la banque. «On importe d'Asie – des chips, des tissus, etc. – des produits semi-finis, on les transforme ici, et on les exporte ensuite aux États-Unis.»

D'où, à cause des bas prix demandés par les fournisseurs asiatiques, une réduction des coûts de revient, enchaîne M. Heese. «Mais un des effets de l'ALENA sera que les fournisseurs seront mexicains, plutôt que d'Asie.»

Et déjà, ajoute-t-il, la chose est commencée, au grand dam des fournisseurs d'Asie.

Comment en arriver à exporter?

Essentiellement, les PME doivent se poser deux questions, explique M. Robert Panet-Raymond. «Le projet a-t-il du sens? Et le client va-t-il pouvoir payer? À la banque, on leur dit de contacter leur directeur de compte. Chaque client a un répondant, un personnage comme moi, en chair et en os. C'est son guichet unique à la banque. Les grandes institutions ont maintenant plein d'entités spécialisées. Évaluez, leur dit-on, votre projet avec votre directeur qui donnera au client le premier son de cloche. Si le projet a du sens, il va le mettre en relation avec le réseau gouvernemental, ou avec nos gens du service du financement extérieur.»

Ce qui, peut-on ajouter, est de toute évidence possible avec tous les grands établissements financiers.

Problème fréquent: les visées diamétralement opposées des vendeurs et de dirigeants tels que le comptable.

Tiraillement

«Le problème, c'est toujours le tiraillement entre le vendeur qui veut vendre, quelle que soit la cote de crédit de l'acheteur», dit M. Claude Savoie.

Directeur principal (financement du commerce extérieur, à la CIBC), M. Michel Villeneuve raconte à ce propos la mésaventure vécue par une PME – qu'il ne nomme pas –, laquelle, après deux voyages en Côte d'Ivoire et des dépenses de «15-20 000 dollars», y décrocha un contrat pour elle fort intéressant.

Pour s'apercevoir finalement qu'il n'y avait pas dans ce pays une seule banque en mesure de garantir, par lettre de crédit, le crédit de l'acheteur. «Il a perdu ses sous.»

Lettre de crédit toujours essentielle, et d'une institution reconnue – ce dont peuvent s'assurer les grandes institutions financières d'ici – car il ne sert à rien d'obtenir «des commandes de milliers de chaises et d'engager des frais, si on n'est pas assuré que le client est capable de payer», dit M. Panet-Raymond.

Quant à l'aide gouvernementale disponible, à la fois à Québec et à Ottawa, elle est multiforme. M. Panet-Raymond: «Ça ne paie pas tout, c'est pas une *free ride*, mais il y a beaucoup d'aide disponible. Il y a des gens pour assister les PME qui veulent exporter à toutes les étapes.»

Enfin, rappelons que tous les organismes concernés (gouvernementaux, mais aussi la Chambre de commerce du Montréal métropolitain) se sont associés pour créer un guichet unique à ce propos, guichet très attendu, qui ouvrira ses portes dès janvier 1994 et qui aura ses bureaux à la Place Ville-Marie, à Montréal.

Source: La Presse, 30 octobre 1993, p. C1.

L'IMPORTANCE DU MARKETING INTERNATIONAL

Pour le Canada, tout comme pour bon nombre de pays, les activités d'importation et d'exportation sur les marchés internationaux représentent une réalité économique importante.

Tableau 13.3   Principales marchandises exportées par le Canada

	1982	1983	1984	1985	1986	1987	1988	1989	1990	1991	1992	1993
						(MILLIARDS DE DOLLARS)						
Blé et farine de blé	4,3	4,7	4,7	3,8	2,8	3,3	4,4	2,6	3,3	3,8	4,78	2,8
Pétrole brut	2,7	3,5	4,4	5,9	3,8	4,9	4,1	4,5	5,5	6,0	6,7	6,9
Gaz naturel	4,8	4,0	3,9	3,9	2,5	2,5	2,9	3,0	2,9	3,5	4,4	5,8
Papier journal	4,0	4,0	4,8	5,4	5,7	6,0	7,3	6,5	6,4	6,5	6,3	6,6
Pâte à papier	3,2	3,0	3,9	3,4	4,0	5,4	6,4	6,9	6,1	4,9	5,0	4,6
Bois de charpente	2,8	4,0	4,3	4,6	5,0	5,8	5,4	5,5	5,3	5,1	6,5	9,4
Fer et acier	2,0	1,7	2,2	2,4	2,4	2,7	2,4	2,7	2,5	2,7	2,9	3,4
Produits à base d'aluminium	1,5	1,8	1,9	1,9	2,3	2,8	3,5	3,3	3,0	2,9	3,1	3,6
Produits à base de cuivre et nickel	1,6	1,2	1,4	1,3	1,2	1,5	1,7	2,9	2,3	2,3	2,2	2,0
Charbon	1,3	1,3	1,8	2,0	1,8	1,7	1,9	2,1	2,2	2,1	1,7	1,9
Dérivés du pétrole et du charbon	2,5	2,8	3,2	3,3	2,0	2,2	2,3	2,4	3,3	3,4	3,0	3,8
Produits chimiques et engrais	4,0	4,4	5,3	5,4	5,5	6,1	7,7	7,2	7,7	7,5	8,1	9,0
Automobiles et autres produits connexes[1]	17,0	21,5	29,3	33,2	34,0	32,1	35,4	34,7	34,3	34,5	37,8	47,4
Matériel de télécommunication et équipement relié[1]	1,4	1,6	2,5	2,7	2,5	2,5	2,7	3,2	4,5	4,7	5,0	5,2
Équipement pour aviation[1]	1,7	1,5	1,8	2,0	2,3	2,5	2,6	3,2	4,0	4,4	3,7	4,0
Total incluant autres marchandises[a]	81,8	88,5	109,5	116,2	116,5	121,4	134,2	134,8	141,0	138,4	153,7	176,7

NOTES: a) Les réexportations sont exclues.

b) Les chiffres sont arrondis, le total pourra ne pas correspondre à la somme des éléments.

[1] Statistique Canada, *Sommaire du Commerce International du Canada* (65-001), 1982-1993.

Source: The Economist Intelligence Unit. *Quarterly Economic Review of Canada*, Country Record, n° 3, 1983, 1984, 1985, 1986, 1987, 1988; Country Profile, 1987-1988, 1988-1989.

Comme le tableau 13.4 permet de le constater, en 1989, au Canada, 21,5 % du produit intérieur brut (PIB) était accaparé par le marché international. Une étude plus approfondie de ces données met en évidence une nette diminution depuis 1984 où, à l'époque, près de 27 % du PIB était destiné à l'extérieur du pays. L'Italie, le

Tableau 13.4   L'importance du commerce international relativement au PIB: quelques pays

EXPORTATIONS DE MARCHANDISES EN FONCTION DU PIB (%)* (F.O.B.)								
Année	États-Unis	France	République Fédérale Allemande	Italie	Pays-Bas	Royaume-Uni	Japon	Canada
1982	7,0	17,1	26,6	21,3	48,3	20,6	13,0	23,5
1983	5,9	17,1	22,6	17,3	45,5	20,0	11,7	22,9
1984	6,7	17,9	26,2	20,8	49,7	20,7	14,7	26,8
1985	5,4	19,0	29,3	21,9	54,8	22,6	13,3	25,2
1986	5,5	17,1	27,2	16,1	45,4	23,8	15,9	25,0
1987	5,6	16,8	26,2	15,3	43,5	19,4	9,45	23,6
1988	6,7	18,2	26,9	15,5	45,1	17,6	9,3	23,0
1989	7,1	18,7	28,7	16,2	48,2	18,3	9,6	21,5

IMPORTATIONS DE MARCHANDISES EN FONCTION DU PIB (%)* (C.A.F.)								
Année	États-Unis	France	République Fédérale Allemande	Italie	Pays-Bas	Royaume-Uni	Japon	Canada
1982	8,0	21,4	23,4	24,9	45,6	21,1	12,4	18,9
1983	7,9	20,2	22,6	19,3	42,3	20,3	10,1	18,4
1984	9,9	19,9	23,3	23,9	47,0	23,1	11,8	22,8
1985	8,7	21,0	25,2	25,2	52,3	24,4	9,9	22,2
1986	9,4	17,7	21,3	16,5	42,8	28,1	9,6	23,5
1987	9,0	18,0	19,9	16,4	42,7	21,7	5,4	21,5
1988	9,2	17,6	20,8	16,7	43,5	23,0	6,6	22,0
1989	9,2	19,4	22,7	17,7	46,6	23,6	7,3	21,0

*Au prix et au taux de change courants.

Sources: OCDE France. *Études Économiques*, mars 1983, janvier 1984, juillet 1985, janvier 1986, janvier 1987, juillet 1987 et OCDE France. *Études Économiques* 1990/1991, 1991/1992; OCDE Canada, juillet 1988; OCDE Allemagne, juillet 1984, juillet 1988; OCDE Royaume-Uni, janvier 1985, juillet 1988; OCDE États-Unis, mai 1988; OCDE Japon, juillet 1988; OCDE Italie, juillet 1985; OCDE Pays-Bas, février 1985. Comptes nationaux, vol. 1, OCDE, édition 1989, 1960-1987 principaux agrégats. Collections de P'INSEE C (comptes et planification). *Rapport sur les comptes de Pa Nation 1987*, tome 2, Comptes et Indicateurs Économiques, INSEE. Banca d'Italia, *Economic Bulletin*, n° 6, février 1988. Country Profile 1988-1989 Netherlands, The Economist Intelligence Unit, London, United Kingdom.

Royaume-Uni et le Japon, tout comme le Canada, ont connu des diminutions plus ou moins importantes de leurs activités de commerce extérieur en fonction de leur PIB. En contrepartie, le ratio des importations a, lui aussi, connu une croissance, passant de 18,9 % à 21 % du PIB (en ce qui concerne le Canada).

Le commerce international est une affaire de relations entre pays. Dans plusieurs cas (*voir tableau 13.5*), il consiste en des échanges commerciaux visant une satisfaction réciproque des deux pays partenaires.

En 1993, les États-Unis accaparaient 80,6 % du total de nos exportations. Ces derniers étaient à l'origine de 67 % de nos importations totales. Il s'agit d'une relation commerciale capitale pour les deux parties. La proximité des deux pays (quelques heures de route) est un des facteurs les plus importants qui justifient ces pourcentages élevés. Les États-Unis représentent un marché composé de 260 millions d'habitants vivant dans un des pays les plus prospères du monde. Ces consommateurs potentiels composent donc un marché lucratif pour les entreprises qui développent un mode de pénétration international.

LES MODES DE PÉNÉTRATION DES MARCHÉS INTERNATIONAUX

Il existe différentes façons d'opérer sur le plan international. Elles se situent sur un continuum dont l'une des extrémités est l'exportation et l'autre, l'implantation à l'étranger. Les étapes intermédiaires sont le *licensing* et l'entreprise en copropriété (*joint venture*). Peu importe l'approche utilisée, ces décisions sont d'une importance capitale en raison des ressources requises et de l'engagement de l'entreprise et de ses dirigeants envers la globalisation des marchés. Voyons maintenant chacune des étapes du continuum.

L'exportation

L'exportation est habituellement le premier moyen retenu par la majorité des entreprises qui tentent d'agrandir leur marché. Elle consiste à pénétrer un marché avec une stratégie de marketing conçue à l'extérieur de ce dernier.

Il existe différents types d'entreprises exportatrices. Il y a d'abord l'entreprise qui exporte de façon irrégulière en réponse aux commandes qu'elle reçoit de l'étranger. Il y a ensuite l'entreprise qui exporte de façon irrégulière par le biais de commandes qu'elle tente d'obtenir à l'étranger. Ce type d'exportation est plus audacieux, puisque l'entreprise développe sa clientèle au lieu de l'attendre passivement. Finalement, il y a l'entreprise qui exporte de façon continuelle. L'exportation fait alors partie de ses activités courantes.

L'exportation est utilisée à plusieurs fins, soit qu'on veuille minimiser les risques d'affaires, soit que le niveau d'activités de l'entreprise ne nécessite pas un engagement plus approfondi.

Le *licensing*

On parle d'un accord de licence lorsqu'une entreprise (celle qui accorde la licence) permet à une autre (l'entreprise licenciée) d'utiliser un brevet, une marque de commerce ou un procédé de fabrication, en contrepartie duquel ou de laquelle elle tire un revenu sous forme de redevances. On rencontre fréquemment ce type d'entente dans la plupart des secteurs industriels.

L'avantage principal d'un accord de licence est la possibilité qu'il offre de pénétrer un nouveau marché sans avoir à investir d'importantes sommes d'argent. Toutefois, et c'est là un inconvénient majeur, le contrat a une durée limitée. Lorsque le contrat est échu, le licencié continue, la plupart du temps, d'exploiter le même domaine puisqu'il connaît la façon de fabriquer le produit et de le vendre. Les deux entreprises deviennent alors des concurrents.

Tableau 13.5 Les marchés d'exportation et d'importation du Canada

MARCHÉS D'EXPORTATION (%)					
Année	États-Unis	Japon	Royaume-Uni	Autre CEE	Autres
1982	68,1	5,6	3,3	5,8	14,8
1983	72,9	5,3	2,8	4,7	12,5
1984	75,6	5,1	2,2	4,1	11,1
1985	78,0	4,9	2,0	3,7	9,5
1986	77,5	5,1	2,2	4,5	9,0
1987	75,6	5,8	2,3	5,1	9,3
1988	73,0	6,5	2,6	5,3	12,6
1989	73,5	6,5	2,5	5,8	11,6
1990	74,5	5,8	2,4	5,8	11,5
1991	74,9	5,1	2,1	5,9	11,9
1992	77,0	4,8	1,9	5,2	11,0
1993	80,6	4,7	1,6	4,2	8,9

MARCHÉS D'IMPORTATION (%)					
Année	États-Unis	Japon	Royaume-Uni	Autre CEE	Autres
1982	70,3	5,2	2,8	5,6	13,1
1983	71,6	5,8	2,4	5,5	11,9
1984	71,5	6,0	2,4	6,2	11,5
1985	70,9	5,8	3,1	6,7	10,7
1986	68,7	6,7	3,3	8,0	10,7
1987	68,1	6,5	3,7	7,9	11,1
1988	65,6	7,0	3,5	8,6	15,1
1989	65,2	7,1	3,4	7,6	16,7
1990	64,6	7,0	3,6	7,9	16,9
1991	63,7	7,6	3,1	7,8	17,8
1992	65,2	7,3	2,8	7,0	17,8
1993	67,0	6,3	2,6	6,1	18,0

Source: adapté de STATISTIQUE CANADA. *Sommaire du Commerce Extérieur* (65001), décembre, 1985, 1986, 1987, 1988, 1989, 1990, 1991, 1992, 1993, calculs sur la base douanière.

L'entreprise en copropriété (*joint venture*)

Une entreprise conjointe voit le jour lorsque deux ou plusieurs fabricants décident de s'unir afin de créer une nouvelle compagnie au sein de laquelle chacun participe selon des ententes contractuelles.

L'avantage de cette formule est la répartition des risques avec une entreprise qui possède la compétence, la capacité de production et le marketing destinés au marché visé. Toutefois, cette forme d'entente n'est pas universellement accessible. Certains pays ne l'encouragent pas et vont même jusqu'à l'interdire légalement.

L'implantation à l'étranger

L'entreprise qui décide de pénétrer un marché peut également s'implanter à l'étranger. Il s'agit d'une décision relativement importante puisque, d'une part, des capitaux énormes sont en jeu et que, d'autre part, le processus est pratiquement irréversible. Cette décision peut être volontaire ou, jusqu'à un certain point, forcée.

L'implantation est volontaire pour l'entreprise qui y voit un moyen efficace de réduire des coûts (les frais de transport, par exemple). Cependant, si le gouvernement étranger recommande fortement à l'entreprise de s'implanter dans son pays si elle désire y exercer une activité économique, il s'agit d'une décision forcée. Le gouvernement du pays hôte offre souvent des subventions alléchantes ainsi que des conditions séduisantes à l'entreprise puisque ses citoyens y travailleront et que l'activité économique du pays s'accroîtra.

L'entreprise implantée dans cinq pays ou plus porte le qualificatif de «multinationale». Ce genre d'entreprise a été l'objet, depuis quelque temps, de critiques plutôt négatives. Les multinationales contrôlent une part importante de l'activité économique mondiale (*voir tableau 13.6*).

LA STRATÉGIE DE MARKETING INTERNATIONAL

Peu importe le mode de pénétration retenu, l'entreprise devra élaborer une stratégie de marketing international. Il n'existe aucune différence fondamentale pour l'entreprise entre le marketing international et le marketing national, si ce n'est qu'il s'adresse à un marché extérieur. La tâche qui attend l'entreprise sera la même, à savoir l'étude

Tableau 13.6 L'investissement manufacturier canadien à l'étranger par industrie et par pays (1991)

Industrie	États-Unis	Royaume-Uni	Reste du monde	Total
Boissons	10,1	14,7	26,1	14,3
Métaux non ferreux	23,2	38,9	32,6	27,4
Produits du bois et du papier	29,6	31,6	15,8	26,8
Fer et ses produits	7,8	8,6	12,7	9,0
Produits chimiques et ses produits connexes	21,9	1	7,7	15,9
Autres produits	7,3	5,1	5,2	6,5
Total (millions $ CAN)	26 596	5 561	9 235	41 383

Source: adapté de STATISTIQUE CANADA. *Bilan des investissements internationaux du Canada* (67-202), 1993.

du marché choisi et de ses environnements, ainsi que l'élaboration d'un mix marketing visant à satisfaire ce marché.

Lorsqu'elles élaborent leurs stratégies de marketing international, certaines entreprises marginalisent les différences entre les marchés et banalisent leurs stratégies. Dès lors, elles adoptent une approche plus globale et pratiquent ce qu'il est maintenant convenu d'appeler du «marketing global». À l'opposé, d'autres firmes exploitent les différences entre les marchés et pratiquent du marketing régional. Les deux approches sont valables. Le choix de l'une ou de l'autre dépendra de facteurs situationnels, par exemple les ressources de l'entreprise, les marchés auxquels l'entreprise s'adresse et la concurrence.

L'analyse du marché et de ses environnements

S'il est des dimensions importantes à connaître, ce sont les diverses facettes (environnements social et culturel, environnements politico-légal et économique) dites incontrôlables de l'environnement des marchés avec lesquels l'entreprise désire effectuer une activité internationale. Bon nombre des échecs qu'ont connus certaines entreprises, et même des multinationales rompues à ce genre de transactions à propos de la mise en marché, sont attribuables à la méconnaissance de l'environnement de ces marchés[2].

Examinons brièvement les principaux aspects incontrôlables de l'environnement de l'entreprise en situation de marketing international.

L'environnement social et culturel

L'analyse de l'environnement social et culturel porte sur différents aspects du style de vie des personnes qui font partie du marché visé. L'adaptation de la stratégie de marketing de l'entreprise aux différents traits culturels des autres pays représente la tâche la plus importante et la plus stimulante qui soit pour le responsable du marketing international[3]. Il est important pour le responsable du marketing de reconnaître les caractéristiques culturelles des pays avec lesquels il fait des affaires, de même que celles des pays qu'il considère comme des clients éventuels. Parfois, de simples détails représentent des différences énormes (*voir encadré 13.2*).

Il s'agit principalement de définir les différences en ce qui concerne la religion, la famille, l'éducation et les systèmes sociaux[4]. La religion, que ce soit le catholicisme, le protestantisme ou une autre, peut influencer les agissements d'une personne. Le musulman qui suit les préceptes de sa religion ne mangera pas de viande de porc. Une compagnie qui tenterait de vendre du bacon dans un pays musulman irait à l'encontre des mœurs de ses habitants.

Il en est de même pour la famille où, dans certains pays, le rôle de la mère est encore effacé derrière celui du père.

L'éducation constitue un élément important. Les Allemands et les Anglais ont un niveau de scolarité moyen comparable à celui des Canadiens. L'approche choisie en fonction des consommateurs de ces marchés sera différente de celle mise au point pour un pays d'Afrique, où le système d'éducation est moins développé.

Quant au système social, il se compose d'éléments comme les valeurs, l'importance du statut, les symboles, le prestige recherché, bref, les facteurs inhérents au rang d'une personne dans la société. Ces différents éléments exercent un impact sur le consommateur. Ils doivent faire l'objet d'une investigation de la part de toute compagnie, PME ou multinationale, qui désire œuvrer sur les marchés internationaux.

■ Encadré 13.2   L'influence de la culture sur la façon de faire des affaires

Un comportement fait l'objet d'une perception différente selon le pays où il apparaît. Les exemples suivants peuvent donner des problèmes à un responsable du marketing non averti.

Langage corporel

Se tenir les mains sur les hanches est perçu comme un geste de défi en Indonésie.

Participer à une conversation en ayant les mains dans les poches n'est pas bien vu en France, en Belgique, en Finlande et en Suède.

Hocher la tête de droite à gauche signifie «oui» en Bulgarie et au Sri Lanka.

Croiser les jambes de façon à montrer ses semelles est inacceptable dans les pays musulmans.

Contact physique

Tapoter la tête d'un enfant est un crime grave en Thaïlande et à Singapour, où la tête est perçue comme le foyer de l'âme.

En Orient, le fait de toucher une personne est considéré comme une invasion de sa vie privée alors qu'en Europe méridionale et dans les pays arabes, ce geste démontre de l'affection et de l'amitié.

Ponctualité

La ponctualité est une marque de respect au Danemark et en Chine.

Dans les pays latins, on peut surprendre son hôte ou son associé d'affaires si on est ponctuel. Il y a même des chances qu'il ne soit pas prêt!

À table

Laisser quelque chose dans son assiette est une impolitesse en Norvège, en Malaisie et à Singapour. Ne rien laisser dans son assiette est impoli en Égypte.

L'environnement politico-légal

L'étude de l'environnement politico-légal consiste en l'étude des lois, des règlements et des modalités qui limitent ou qui favorisent le marketing international. La particularité de cet environnement est qu'il est présent sur trois plans en ce qui concerne l'entreprise.

En premier lieu, l'entreprise doit connaître le rôle que peut jouer son propre gouvernement. Par exemple, le gouvernement du Canada est en mesure d'interdire la vente d'un réacteur nucléaire «Candu» par Énergie Atomique du Canada si le pays acheteur ne veut pas signer le traité de non-prolifération nucléaire.

Viennent ensuite les positions qu'adoptent les pays étrangers. Beaucoup de pays ont mis au point une série de règlements qui visent à empêcher les autres pays d'exporter chez eux ou qui les obligent à modifier leurs produits (ou d'autres variables du mix marketing).

Enfin, il existe des associations internationales dont les pays peuvent devenir membres. Ces associations établissent des règlements relatifs au commerce international. Les accords de l'Organisation mondiale du commerce (OMC, anciennement le GATT (General Agreement on Tariff and Trade)) accordent des réductions de douane aux pays membres.

L'environnement politico-légal a connu des changements considérables à la fin des années 80 et au début des années 90. Dans la veine de la «déréglementation» des activités commerciales, tant en Amérique du Nord qu'en Europe ou qu'en Asie, les gouvernements des différents pays se sont consultés et ont proposé l'adoption de différents accords de commerce international.

Il y a, bien sûr, l'Europe de 1992 qui a adopté la libéralisation totale de la circulation autant des biens physiques que des gens parmi les pays membres. Plus près de nous, il y a l'accord de libre-échange nord-américain (ALENA) Canada-États-Unis-

Mexique. Bien que l'explication des détails de cet accord déborde le cadre de ce chapitre, le lecteur trouvera une discussion de son implantation à l'encadré 13.3.

L'environnement économique

Quel est le stade de développement économique du pays cible? Il est sage de déterminer cet élément puisqu'il permet de connaître les besoins à satisfaire.

Il existe quatre grands types d'économie que nous analyserons brièvement[5]. Le premier, l'économie de subsistance, se caractérise par l'autosatisfaction par un pays de ses propres besoins grâce aux produits de la terre. Il est possible qu'un pays soit encore à ce stade. Mentionnons certains pays d'Afrique ou d'Amérique du Sud, à titre d'exemples.

En deuxième lieu, on reconnaît un pays dont l'économie est exportatrice de matières premières à sa forte structure industrielle dans le domaine de l'extraction, habituellement contrôlée par des firmes étrangères. Le Chili (cuivre) et le Mexique (pétrole) sont deux exemples.

Dans une économie en cours d'industrialisation, soit le troisième type d'économie, les industries de transformation commencent à jouer un rôle non négligeable dans l'activité économique. L'Inde et l'Égypte sont des exemples de ce type d'économie.

Le quatrième type, une économie industrialisée, se caractérise par une activité importante dans l'exportation de produits finis et de capitaux à investir. Le Japon, les États-Unis, l'Allemagne, le Canada, la France, l'Italie et la Grande-Bretagne sont des exemples de pays dits «industrialisés».

Le responsable du marketing doit analyser l'état de la balance commerciale, la situation de la balance des paiements et la position du taux de change du pays concerné. La balance commerciale est la différence entre les exportations et les importations d'un pays. La majorité des pays préfèrent avoir une balance commerciale excédentaire, à savoir plus d'exportations que d'importations. Le Canada maintient une balance commerciale favorable. Une balance commerciale est déficitaire lorsque les importations sont supérieures aux exportations.

La balance commerciale influe sur la balance des paiements, qui est la différence entre les entrées et les sorties de devises reliées à la vente ou à l'achat de marchandises ou de services. Depuis quelque temps, même avec une balance commerciale positive, la balance des paiements du Canada demeure négative. Cette situation provient de l'impact d'autres éléments, tels que le tourisme (extérieur) et les emprunts à l'étranger.

Le taux de change correspond à la différence de valeur entre deux unités monétaires différentes. Plus une monnaie est recherchée, plus sa valeur augmente. C'est la loi de l'offre et de la demande. Lors d'une transaction qui met en jeu deux unités monétaires distinctes, il faut débourser un montant supplémentaire pour obtenir la monnaie la plus recherchée; ce montant représente le taux de change. La valeur de la monnaie a également une incidence sur la balance commerciale et sur la balance des paiements d'un pays. Actuellement, la monnaie canadienne est une monnaie dévaluée. C'est un phénomène qu'on rencontre fréquemment dans plusieurs pays. La dévaluation de la monnaie consiste en une baisse de la valeur-or de l'unité monétaire. Par exemple, il en coûtait 1,43 $CAN pour avoir 1 $US (le 4 janvier 1995 à 10 h). Par conséquent, il est plus facile d'exporter nos produits lorsque notre monnaie est dévaluée, car l'acheteur donne, par exemple, 0,70 $US (le 4 janvier 1995 à 10 h) et il reçoit en contrepartie pour un dollar de matériel provenant d'une entreprise canadienne.

■ Encadré 13.3   Implantation de l'ALENA.

ALENA: implantation en douceur

Jacques Benoît

■ Mexicains et Canadiens signorent toujours: l'entrée en vigueur de lAccord de libre-échange nord-américain (ALENA), le 1er janvier, na pas provoqué de bouleversement, constate **Jean-Pierre Le Goff**, économiste et professeur à l'École des Hautes Études Commerciales, de Montréal.

On ne peut encore dégager d'effets de l'entente commerciale, en raison du faible transit de produits et services entre les deux nations.

L'implantation d'usines en sol mexicain, les mandats de sous-traitance ou l'importation de produits ne peuvent se réaliser qu'avec du temps et une meilleure connaissance de ce nouveau partenaire.

«Je pense que notre commerce international s'adaptera quand le Mexique fera des ajustements.» Les Mexicains sont davantage préoccupés par les répercussions du libre-échange avec les USA.

Les effets du pacte commercial sont plus grands entre ces deux pays, touchant, au surplus, l'exportation de main-d'œuvre vers les États-Unis.

L'évolution sera lente, mais le Mexique prend une option sérieuse pour se substituer à l'Asie comme terre d'importation de produits de consommation pour le Canada.

Valeur ajoutée

«Il y a un intérêt plus grand pour le Canada de faire affaire avec le Mexique que l'inverse, en raison de notre petit marché ici et du fait que notre niveau de vie repose en grande partie sur l'exportation», signale Alfredo Moreira, avocat au cabinet Gottlieb & Pearson, firme spécialisée dans les transferts internationaux de marchandises, de capitaux et de technologies.

D'origine latino-américaine, il croit que le Canada pourra s'imposer dans le domaine des services où la valeur ajoutée est élevée (entre autres, environnement, télécommunications et transport). Il relève que déjà quelques entreprises canadiennes ont fait des percées au Mexique.

Il fait ressortir cependant que le plus grand obstacle empêchant le Canada de tisser des liens étroits avec le Mexique est son image de second violon, derrière les États-Unis, dans la tête des gens d'affaires mexicains. Bien plus, le Canada n'est qu'un pays commerçant parmi une multitude d'autres avec lesquels les Mexicains peuvent accroître leurs liens.

«Le Mexique est en train de devenir une plaque tournante de l'Amérique latine économique. Il tisse actuellement un vaste réseau de libre-échange (avec le Chili, la Colombie et le Venezuela).

«Le Mexique est aussi en train de signer un accord de complémentarité avec les pays de l'Amérique centrale.»

Vif intérêt des autres pays

M. Moreira raconte que la signature de l'ALENA a créé un impact sans précédent dans les pays de l'Amérique latine.

«On se bouscule aux portes pour être au nombre des prochains pays qui pourront intégrer ce pacte. Je connais peu de pays qui n'ont pas manifesté un quelconque intérêt.»

M. Moreira admet que le bilan économique du Chili favorise sa candidature comme prochain pays à se joindre au traité. Cependant,

l'Argentine, le Venezuela et la Colombie ont clairement indiqué qu'ils voulaient être considérés parmi les prétendants.

L'avocat montréalais croit que c'est au *Sommet des Amériques*, qui aura lieu en décembre 1994 à Miami, que le président américain Bill Clinton pourrait faire une déclaration d'intention concernant le Chili. «Beaucoup de choses vont se décider là.»

Pour l'instant, deux groupes de travail tentent dédicter des nouvelles règles en matière de subventions et droits compensateurs et de droits anti-dumping.

Ils ont jusquau 31 décembre 1995 pour apporter des recommandations à la Commission trilatérale. Ces comités ont été formés le 2 décembre alors que les trois pays ratifiaient l'entente tripartite. Beaucoup d'entreprises canadiennes font présentement face à des enquêtes en droits compensateurs.

La détermination de règles précises permettrait de dénouer l'impasse dans les dossiers du bois d'œuvre, du magnésium, du porc vivant et de l'acier, notamment.

À court terme, les répercussions de l'*Uruguay Round* amèneront Américains et Canadiens à se réunir à la même table pour débattre des produits agricoles sous tarifs, spécialement les œufs, la volaille et les produits laitiers.

Le texte de l'ALENA prévoit, on le sait, que les tarifs douaniers seront éliminés sur une période de 10 ans ou moins exceptionnellement 15 ans dans certains cas qui visent plutôt les rapports Mexique-États-Unis.

Le texte de l'ALENA prévoit, on le sait, que les tarifs douaniers seront éliminés sur une période de 10 ans ou moins exceptionnellement 15 ans dans certains cas qui visent plutôt les rapports Mexique-États-Unis.

Chaque année, au 1er janvier, ces tarifs sont abaissés suivant une même proportion. Seul un consensus obtenu en vertu du processus de réduction accéléré des tarifs peut modifier cet échéancier épisodique.

Une première ronde pouvant mener à une telle modification est d'ailleurs entamée. Le mécanisme est fort complexe.

Une entreprise, un groupe d'entreprises ou tout un secteur industriel avaient jusquau 22 février pour déposer auprès du gouvernement fédéral une proposition du genre.

Les produits visés par ces demandes n'ont pas encore été précisés. Les trois pays établiront bientôt une liste consolidée des demandes qui auront été déposées.

Les gouvernements demanderont alors des commentaires additionnels aux proposeurs. La publication de ces intentions, si elles sont maintenues, devra ultérieurement figurer à la *Gazette du Canada*. Après quoi, une autre période de consultation sera entreprise. Les représentants des trois pays se réuniront ensuite de nouveau pour finaliser la liste des produits pouvant jouir plus rapidement d'une réduction tarifaire. L'étape suivante est l'arrêt d'un échéancier pour l'application de cette réduction accélérée.

Source: Les Affaires, 14 mai 1994, p. B6.

L'autre possibilité est la réévaluation de la monnaie. À ce moment-là, la valeur-or de l'unité monétaire est modifiée à la hausse. Il s'agit d'un phénomène plutôt rare, car il a pour effet de rendre plus difficiles les activités de marketing international.

Le mix marketing

Après l'étude du marché et de ses environnements, l'entreprise devra élaborer un mix marketing capable de satisfaire les besoins des consommateurs. Voyons ce deuxième élément de la stratégie de marketing.

La variable produit

Comme nous l'avons vu dans le chapitre 6, le produit est constitué de plusieurs éléments, tels que les caractéristiques physiques, les caractéristiques intangibles, le service après-vente et la garantie du produit.

Quatre situations peuvent survenir en ce qui concerne ces éléments.

1. Aucune modification n'est requise. Par exemple, un éditeur québécois exporte, tel quel, un roman en France.

2. Il faut apporter une modification mineure à l'un des éléments du produit. Ainsi, Coke a utilisé la marque de commerce «Un bon goût, un joyeux goût» pour les bouteilles et canettes vendues en Chine[6].

3. Il faut apporter un changement majeur au produit. Sans en changer l'utilité fondamentale, l'entreprise adapte le produit aux goûts des clients ou en fonction d'un aspect de l'environnement dit «incontrôlable» (*voir encadré 13.4*). Ainsi, un fabricant canadien de vêtements de sport qui désirait exporter ses produits au Royaume-Uni s'est vu, comme la loi le permet, exempté des frais de douane[7] parce qu'il n'a utilisé aucune fibre synthétique dans la fabrication de ses vêtements.

4. Il faut concevoir un produit spécialement destiné au marché extérieur visé. IPL (Industrie Plastique Limitée) fabrique, entre autres, des contenants à nourriture avec un design recherché. Cette entreprise a une ligne de produits spécialement destinée à l'exportation.

■ Encadré 13.4   Exemple d'adaptation d'un produit en fonction des besoins de consommateurs d'un pays

Les préservatifs trop étroits pour 20 % des Britanniques

Agence France-Presse

Londres

■ Près de 20 p. cent des Britanniques trouvent que les préservatifs de taille standard en vente dans le pays sont trop petits pour eux, selon une étude menée par un hôpital de Londres.

Près de 25 p. cent des personnes interrogées ont des problèmes au moment de mettre leur préservatif en raison de leur taille, et 19 p. cent affirment qu'ils sont trop serrés, indique l'enquête qui doit être publiée aujourd'hui par le *British Medical Journal*.

Selon les normes britanniques, le préservatif standard doit avoir une largeur comprise entre 48 et 52 mm, pour une longueur minimale de 160 mm. Les normes européennes sont moins strictes sur la largeur (entre 44 et 56 mm), mais plus exigeantes sur la longueur (170 mm).

Source: La Presse, 16 octobre 1993, p. A2.

La variable distribution

Rendre le produit accessible au bon endroit et au bon moment, voilà l'objectif de la distribution. Pour l'atteindre, le responsable du marketing doit prendre toute une série de décisions. En ce qui concerne le marketing international, le choix d'un canal de distribution, la sélection des intermédiaires et l'organisation de la distribution physique constituent des tâches à accomplir avec soin.

L'ampleur de ces tâches variera en fonction d'une première décision, soit le degré d'engagement de l'entreprise. Elle a le choix entre trois possibilités. La première est de tout contrôler elle-même, de la production à la consommation, ce qui signifie choisir le canal de distribution et s'y intégrer, établir des normes quant aux détaillants admissibles et s'occuper du transport des produits. La deuxième est de laisser à un

■ Encadré 13.5   Exemple d'un accord de distribution d'un produit

La SAQ associée à Marie-Brizard

■ La Société des alcools du Québec a conclu une association avec Marie Brizard Wines & Spirits USA. Cette association permettra, selon Claude Hill, vice-président production de la SAQ, de pénétrer le marché américain par la *grande porte*. Ainsi, l'un des vins les plus populaires et les plus vendus au Québec, *l'Harfang des Neiges*, est maintenant disponible en Floride.

Ce vin est produit par l'usine d'embouteillage de la SAQ. *L'Harfang des Neiges* est offert aux consommateurs sous deux formats différents, soit le 750 mL et 1,5 L avec bouchon de liège afin de répondre aux habitudes des consommateurs de cet État.

Ce vin sera également disponible dans l'important réseau de l'hôtellerie et de la restauration de la

Floride. Marie Brizard USA est très confiante de répéter aux États-Unis le succès rencontré au Québec avec cette marque. Toutefois, une version américaine a été développée pour ce marché et *l'Harfang des Neiges* sera commercialisé là-bas sous l'appellation *Snowy Owl*.

Source: La Presse, 15 mars 1994, p. L5.

agent local ou étranger le soin de s'occuper de la plus grande partie du travail. Enfin, en troisième lieu, l'entreprise peut opter pour une politique combinée, c'est-à-dire effectuer les tâches pour lesquelles elle possède une certaine compétence et laisser aux experts le soin d'administrer les autres, en vue d'une meilleure gestion (*voir encadré 13.5*).

Le choix de l'une ou de l'autre de ces possibilités dépend de la nécessité de la présence de l'entreprise ainsi que des coûts supplémentaires couverts par la participation de plusieurs entreprises au même dossier. Si l'entreprise effectue des transactions dans plus d'un pays étranger à la fois, elle peut opter pour l'une ou l'autre de ces possibilités en fonction du pays.

La variable prix

Une étude faite auprès de certains directeurs du marketing international a permis de constater que 45 % d'entre eux considèrent le prix comme la variable stratégique la plus importante[8].

Peu importe la base retenue par l'entreprise pour l'établissement de son prix de vente (le prix de vente du compétiteur, les coûts de production ou le prix que la demande est prête à payer)[9], l'entreprise devra réaliser, à plus ou moins court terme, un profit qui lui permettra de poursuivre ses activités.

Trois éléments de la variable prix retiennent l'attention face au marketing international. D'abord, le prix du produit devra être majoré afin de tenir compte des frais de douane, de transport et de tous les autres frais reliés à l'exportation (*voir figure 13.1*). De plus, l'administrateur devra prévoir l'impact de l'unité monétaire avec laquelle il effectuera sa transaction. Le jeu mondial de l'offre et de la demande pour une monnaie choisie influe sur sa valeur et permet d'abaisser ou d'augmenter le prix de vente au consommateur étranger. Enfin, si on réduit le prix de vente, il ne doit jamais devenir inférieur au prix qu'a fixé l'entreprise dans son pays d'origine. Si une entreprise se livre à cette politique, elle pourra faire l'objet d'une poursuite pour «dumping» par le gouvernement du pays étranger qui, ce faisant, visera à protéger ses propres entreprises.

En marketing international, la fixation du prix découle de l'analyse de plusieurs variables contrôlables et incontrôlables.

La variable communication marketing

En ce qui a trait à la communication marketing, variable stratégique sur laquelle beaucoup d'entreprises fondent leurs espoirs, le gestionnaire fait face à trois problèmes particuliers. Premièrement, il doit décider s'il conserve le même message publicitaire, peu importe le marché. La standardisation n'est souhaitable que si le marché est en mesure d'accepter et de comprendre le message véhiculé. À titre d'exemple, le producteur de la cigarette Marlboro a utilisé avec succès en Allemagne le message publicitaire devenu si populaire aux États-Unis: le fameux «cow-boy» empreint d'une virilité débordante[10]. Toutefois, si le message comporte un long texte, sa diffusion dans un pays où les habitants ne savent pratiquement ni lire ni écrire (le Nigeria, par exemple[11]) est fort compromise.

Le responsable du marketing devra ensuite choisir les médias qu'il entend utiliser. Il doit découvrir les habitudes médias du marché visé. Ainsi, au Canada, l'imprimé et la télévision représentent respectivement 63 % et 20 % des dépenses totales en publicité, alors qu'au Japon ils en recueillent 51 % et 43 %[12]. En tant que média publicitaire, la

■ Figure 13.1 Prix à l'exportation

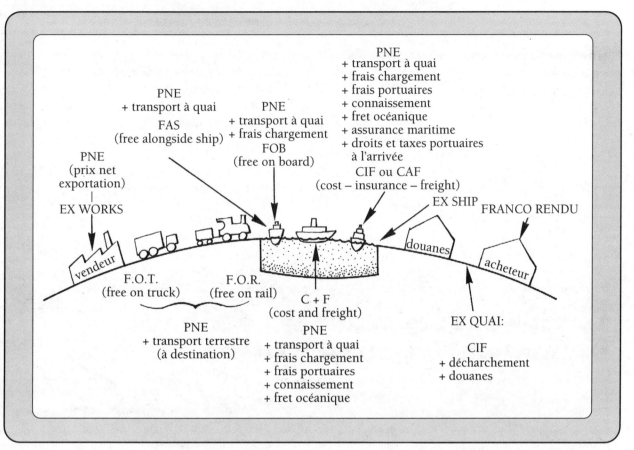

Source: LEROY, G. et coll. *La conquête des marchés extérieurs*, Les Éditions d'Organisation (Paris) et Agence d'Arc (Montréal), 1978, p. 65.

télévision semble aussi populaire que l'imprimé. Les Japonais détiennent le record d'écoute de la télévision: 7 heures 17 minutes par jour (70 % des appareils sont ouverts dès 8 h le matin), tandis que les Canadiens et les Américains regardent la télévision 6 heures 11 minutes par jour[13]. Les Français écoutent trois fois plus la radio que les Allemands de l'Ouest et ces derniers lisent deux fois plus les journaux que ne le font les Italiens[14]. Voilà quelques exemples d'habitudes médias à partir desquelles le responsable du marketing peut choisir de réviser sa stratégie média.

Enfin, le responsable du marketing devra probablement choisir une agence de publicité dans le pays d'exportation. Des critères comme la qualité des services, l'importance de l'entreprise, bref des critères comparables à ceux utilisés au niveau national devraient prévaloir. L'agence choisie peut être une succursale de l'agence nationale, si elle en possède une dans ce pays, ou tout simplement une agence du pays étranger.

En ce qui concerne les autres activités de communication marketing, le gestionnaire devra décider du contenu de la promotion des ventes, de la gestion du personnel, du télémarketing, des ventes, des relations publiques, de la publicité gratuite et des commandites. Tout comme pour la publicité, il lui faudra élaborer chacun de ces moyens en tenant compte des nouveaux environnements de l'entreprise.

L'aide gouvernementale au commerce extérieur

Les gouvernements du Canada et du Québec ont développé des programmes dont les objectifs sont de favoriser l'accroissement de l'activité internationale des entreprises établies au Canada et dans la province de Québec. Ces programmes sont élaborés dans le but de s'appliquer autant à la PME qu'à la grande entreprise. Les façons d'inciter les entreprises à s'engager sur le plan international varient d'un programme à l'autre. Les conditions d'admissibilité sont également différentes et particulières au programme choisi.

Les entreprises canadiennes peuvent profiter de l'aide des ambassades, des organismes et des entreprises privées du pays cible (*voir encadré 13.6*).

■ **Encadré 13.6**   Aide à l'exportation au Japon

L'Office japonais du commerce extérieur (JETRO) offre plusieurs programmes d'aide aux entreprises qui souhaitent exporter au Japon

Le Japon est le seul pays à faire la promotion des importations

■ Sensible aux critiques sur les difficultés de percer le marché japonais, l'Office japonais du commerce extérieur a multiplié les programmes d'aide à l'intention des aspirants exportateurs vers le Japon depuis la fin des années 1980.

Depuis mars, cet organisme paragouvernemental japonais, mieux connu sous son acronyme anglais JETRO, offre même gratuitement, sur une base temporaire, des bureaux très luxueux, situés au cœur de Tokyo, aux entreprises qui se qualifient pour ce programme.

Le *Business Support Center* (BSC) s'adresse aux entreprises étrangères ou aux associations commerciales qui auront démontré leur engagement à s'établir sur une base permanente comme exportateur sur le marché japonais. La disponibilité des locaux peut varier de deux semaines à deux mois.

Aux frais de l'empereur
Organisé à la façon d'un incubateur, le BSC offre tout l'équipement utile à la conduite des affaires: librairie, accès à une base de données variée sur l'économie japonaise et salles de réunion. Du personnel de bureau et des consultants ont aussi comme tâche de conseiller les exportateurs sur les façons les plus efficaces d'approcher le marché japonais.

Suzanne Montford, conseillère en gestion de projets au JETRO de Montréal, a expliqué aux AFFAIRES que le BSC pourra être très utile aux entreprises qui en sont encore à leurs premières démarches sur le marché japonais. Il sera beaucoup plus facile d'y travailler qu'à l'hôtel; il y sera plus aisé de faire le suivi de contacts établis, par exemple, au cours d'une foire commerciale, d'effectuer une étude

de marché ou de poursuivre une négociation.

Depuis 1989, le JETRO organise aussi quatre fois par année des séjours de 10 jours, toutes dépenses payées, au profit d'une entreprise référée par le ministère des Affaires internationales. Outre les coûts réduits, un tel voyage représente une occasion unique en raison des multiples rencontres qui seront planifiées selon les intérêts de l'entreprise invitée.

Chaque année, le JETRO convie des entreprises d'un peu partout dans le monde à participer à une foire commerciale dédiée aux produits étrangers d'un secteur en particulier. Les participants retenus obtiennent toute l'aide nécessaire avant, pendant et après le salon afin de tirer le maximum de leur déplacement.

Source: adapté de LAPIERRE, Vallier. *Les Affaires*, 16 octobre 1993, p. C16-C17.

RÉSUMÉ

Dans beaucoup de pays étrangers, il est possible de retracer la présence de produits d'origine canadienne. Ils proviennent d'entreprises qui pratiquent le marketing international. La présence d'entreprises canadiennes sur les marchés étrangers est une nécessité économique et industrielle. D'une part, il s'avère important pour un pays de pratiquer le commerce extérieur, élément qui exerce un impact considérable sur sa balance des paiements et sa balance commerciale. D'autre part, pour beaucoup d'entreprises, traiter avec les pays étrangers s'avère une obligation, que ce soit pour garantir leur survie ou pour maintenir leur rentabilité.

La présence des entreprises sur les marchés internationaux peut s'effectuer par le biais de l'exportation, du *licensing*, par la création d'une entreprise conjointe ou par l'implantation directe. Dans chaque cas, la façon de procéder sera la même qu'en situation de marketing national. En premier lieu, l'entreprise procédera à une analyse du marché qu'elle veut pénétrer et de ses environnements. Par la suite, elle devra déterminer le contenu des quatre variables du mix marketing qu'elle entend utiliser dans ce pays.

Enfin, il existe différents programmes d'incitation à l'exportation développés par les gouvernements canadien et québécois et par certains organismes ou entreprises privés.

QUESTIONS

1. Au Canada, les importations sont-elles plus élevées que les exportations? Justifiez votre réponse.

2. Pourquoi le marketing international est-il un phénomène important pour certains types d'entreprises? Nommez cinq types d'entreprises au Québec pour lesquels les activités d'exportation sont nécessaires.

3. Quels sont les différents modes de pénétration des marchés internationaux? Expliquez-les. Nommez pour chacun deux entreprises typiquement québécoises.

4. Que pensez-vous de l'ALENA (*voir encadré 13.3*)? Que pensent vos confrères de classe de cet accord?

5. Quels sont les différents aspects de l'environnement qu'une entreprise doit étudier avant de pénétrer un marché? Expliquez chacun d'eux.

6. Quels sont les problèmes généraux qu'une entreprise rencontre en ce qui a trait à la variable produit?

7. Pourquoi une entreprise ne peut-elle exporter telle quelle sa stratégie média nationale sur un autre marché?

8. De quels facteurs le responsable du marketing doit-il tenir compte lors de la fixation du prix d'un produit destiné à l'étranger?

9. À partir de l'encadré 13.5, expliquez pourquoi, selon vous, la SAQ a choisi le marché de la Floride pour entreprendre son expansion internationale?

10. Quels sont les trois degrés d'engagement qu'une entreprise peut adopter en ce qui a trait à la distribution sur le plan international?

EXERCICES PRATIQUES

13.1 PRÉSENTER LES TABLEAUX DU CHAPITRE À VOS AMIS

Imaginez que vos amis, qui n'étudient pas le marketing comme vous, vous demandent de leur parler de ce que vous venez d'apprendre cette semaine dans votre cours de marketing alors que vous les retrouvez en ce samedi après-midi devant un café. Vous êtes alors heureux de leur apprendre que vous venez d'étudier le marketing international. Devant leur air étonné et interrogateur, vous vous rendez compte qu'ils ne comprennent pas vraiment de quoi vous parlez.

Comment leur faire partager vos nouvelles connaissances? En particulier, comment leur faire découvrir tous ces chiffres et toutes ces tendances qui régissent le commerce international et qui vous ont tant passionné?

Afin d'intéresser vos amis et d'être le plus clair possible, vous décidez de vous mettre à l'ordinateur et de synthétiser certains tableaux de ce chapitre sous forme de courbes, d'histogrammes et de graphiques circulaires.

À partir du tableau 13.2, vous présentez **l'évolution du volume des exportations canadiennes** selon les années par un histogramme ayant en abscisse les années et en ordonnée, les volumes des exportations.

De plus, à partir du tableau 13.3, vous présentez **les exportations de marchandises extraites du bois** (le papier journal, la pâte à papier, le bois de charpente) du Canada selon les années dans un même histogramme avec en abscisse les années et en ordonnée, les volumes exportés.

À partir du tableau 13.4, vous comparez **les exportations et les importations du Canada** sur un graphique avec en abscisse les années et en ordonnée, les pourcentages du PIB correspondant aux volumes des exportations et des importations. Votre graphique permettra de comparer deux courbes.

Par ailleurs, vous démontrez à vos amis comment se divisent **les marchés d'exportation et d'importation du Canada**. Pour ce faire, vous représentez le volume des exportations en 1992 par un graphique circulaire qui se diviserait entre les différents marchés

présentés dans le tableau 13.5. Faites de même pour le volume des importations.

Enfin, à partir du tableau 13.6, vous représentez **les parts d'investissement consacrées par le Canada dans diverses industries manufacturières aux États-Unis** en 1991 sous forme d'un graphique circulaire explicite.

Nous vous conseillons de faire vos graphiques sur un tableur informatique, tel que Lotus ou Excel afin de vous familiariser avec ce type de logiciels.

13.2 LES FONTAINES DE M. TRUDEAU EN FRANCE?

À Montréal, M. Trudeau dirige une petite entreprise, Fontaine-Claire, qui fabrique des fontaines (ou «abreuvoirs») en acier inoxydable et les vend aux écoles, à la Ville de Montréal, etc.

M. Trudeau revient tout juste d'un voyage touristique à Paris. Le matin de son retour au bureau, ses collègues s'empressent de l'interroger sur son voyage et lui demandent de raconter ce qu'il y a vu. M. Trudeau vante alors les charmes bien connus de la capitale française. Il fait aussi part de son étonnement quant à l'absence de fontaines, en France, dans les lieux publics. Il raconte alors, avec humour, ses visites de musée qui lui paraissaient d'autant plus interminables qu'il était contraint de porter de lourdes bouteilles d'eau minérale pour toute la famille dans son sac à dos.

M. Trudeau raconte qu'il a d'abord trouvé cela pittoresque, car c'était différent de ce qui existe au Québec. Par la suite, il s'est surpris à penser qu'un besoin réel existe en France pour ce qui est des fontaines et qu'il pourrait bien en profiter pour y exporter ses propres produits.

M. Trudeau n'a encore jamais exporté ses produits et s'est toujours contenté du marché québécois et, en particulier, du marché montréalais. Il s'adresse alors à vous, étudiant en marketing, qui faites un stage dans son entreprise cet été et qui lui avez souvent démontré votre intérêt pour le marketing international. Il vous demande de réfléchir à la question et de lui bâtir un plan décrivant point par point ce dont il doit tenir compte pour préparer son projet d'exportation. Il vous demande de lui présenter les différentes options qui s'offrent à lui.

MISE EN SITUATION

KUI MO BA – McDONALD'S*

Les quelque 4 300 000 Chinois établis à Hong Kong sont convaincus que la nourriture cantonaise est la meilleure du monde. Cela n'a cependant pas empêché le restaurant à service rapide «Le poulet frit à la Kentucky» (PFK) de tenter une pénétration du marché au début des années 70. Toutefois, les consommateurs de Hong Kong continuèrent à préférer le *kai pei* (bâtonnet à l'ail et au soja) et le *kai yick* (aile de poulet), deux mets populaires vendus à moitié prix par rapport aux produits du PFK. En 1975, cette entreprise quittait le marché de Hong Kong.

À la même époque, McDonald's entreprit une étude de marché dont les résultats indiquèrent que les habitants de Hong Kong étaient trop occupés pour prendre de longs repas et que, de plus en plus, beaucoup d'entre eux apportaient leur lunch. La moitié de ces gens étaient âgés de moins de 30 ans, gagnaient un bon revenu et étaient ouverts aux influences culturelles occidentales. De plus, l'étude révéla que le service offert dans les restaurants à prix modiques cantonais manquait de courtoisie envers la clientèle.

Au début de 1975, McDonald's prépara une campagne de promotion. On a inclus dans les émissions de télévision de Hong Kong, regardées par 3,3 millions de téléspectateurs pendant les périodes de forte écoute, les premières annonces publicitaires de McDonald's conçues par l'agence Glenn Graphic Publicité. Ces annonces présentaient le produit avec un message simple et direct: «McDonald's, le goût américain par excellence.» Cette publicité visait à informer les auditeurs sur ce qu'était McDonald's et quels produits il offrait, en plus de l'associer au bon goût américain. Puisque peu de gens de la colonie parlaient anglais, Glenn Graphic donna un nom chinois au produit. *Kui mo ba*, le nom retenu, veut dire «nourriture pour les héros» et signifie autant «champion boxeur», «boxeur kung fu» que «héros invisible». La publicité insistait également sur l'atmosphère agréable, le service efficace et bienveillant des jeunes employés et montrait une photo d'un Big Mac.

Les affiches et les napperons de table représentaient un amalgame du conservatisme chinois et de l'avant-gardisme américain, puisqu'une famille chinoise bien mise ainsi que des personnages jouissant d'une très forte crédibilité parmi les membres de la communauté y figuraient. De plus, Ronald McDonald's était vu distribuant des Big Mac et des sourires…

En 1976, McDonald's possédait cinq établissements à Hong Kong et chacun d'eux vendait 3,5 millions de hamburgers, de portions de frites et de lait frappé par année. Des centaines d'imitateurs apparurent sur le marché par la suite.

1. Quelles sont les variables incontrôlables qui ont favorisé le succès de McDonald's à Hong Kong?
2. Quelles sont les variables qui pourraient entraîner un échec dans l'avenir?
3. Quelles autres activités de marketing recommanderiez-vous à McDonald's pour l'avenir afin de consolider sa position sur le marché?

---

* *Source:* traduit de SCHEWE, Charles D. et SMITH, Reuben M. *Marketing: Concepts and Applications*, Toronto, McGraw-Hill Ryerson, p. 625.

Cas
LE QUÉBEC À LA CARTE SUR L'INTERNET

Historique et concurrence

La maison d'édition «Les cent pas» publie des guides de voyage sur le Québec depuis cinq ans. À ses débuts, l'entreprise produisait un seul guide bilingue regroupant l'ensemble du Québec. Sa popularité poussa Mᵐᵉ Alexandra Gracis, présidente-éditrice, à lancer une gamme complète de guides.

On trouve maintenant trois lignes de guides: les grandes régions touristiques (les Laurentides, la vallée de la Matapédia, l'Estrie, etc.), les villes (Montréal, Québec, Sherbrooke, etc.) et les thématiques («Les Festivals du Québec», «Le Québec gourmand», un guide de restaurants, «Visiter le Québec et ses tables champêtres», etc.). La maison «Les cent pas» publie maintenant près d'une trentaine de guides en français et près d'une dizaine en anglais.

L'avantage distinctif des guides, qui en assure la popularité auprès des touristes, est la section de bons-rabais que l'on trouve à la toute fin de l'ouvrage. En plus de cette section, il y a aussi la section «Quoi faire gratuitement à...». Cette section rapporte toutes les activités gratuites auxquelles un touriste peut avoir accès dans une région ou une ville donnée.

La concurrence provient principalement des guides publiés par les associations touristiques et les ministères du Tourisme tant fédéral que provincial. Il ne faut pas oublier également les grandes maisons d'édition qui publient des guides tel *Le Guide Michelin du Canada*.

Les marchés actuels

Les guides des Éditions «Les cent pas» sont présentement distribués à la grandeur du Québec et dans l'est du Canada. On les trouve en librairie, dans les boutiques d'établissements touristiques (hôtels, auberges, musées, aéroports, etc.) et dans de nombreux kiosques touristiques. La France constitue un troisième marché pour lequel la maison d'édition utilise le réseau d'un distributeur qui rejoint différentes librairies françaises.

Mᵐᵉ Gracis est cependant fort déçue des résultats des ventes et en attribue les faibles performances au manque de dynamisme de son distributeur. Elle aurait bien aimé en prendre un autre, mais un contrat d'exclusivité la lie à ce dernier pour les quatre prochaines années. Puisque l'on trouve des guides français sur le Québec en territoire canadien, Mᵐᵉ Gracis aimerait bien attaquer plus férocement ses concurrents sur leur territoire: la France.

Vers de nouveaux marchés?

Pour les Éditions «Les cent pas», le marché américain est encore vierge. Avec près de 10 guides publiés en anglais, les prévisions des ventes pour un marché de 270 millions d'habitants font rêver Mᵐᵉ Gracis. Les guides font fureur chez les touristes américains en sol québécois, et elle aimerait que ces derniers puissent les trouver dans leurs librairies et agences de voyages. Elle aimerait aussi étendre sa distribution vers l'Ouest canadien. Les résultats plus que satisfaisants des ventes du guide dans l'est du Canada laissent présager de bonnes ventes.

Mᵐᵉ Gracis étudie depuis plusieurs mois la possibilité de pénétrer le marché américain. Plusieurs options s'offrent à elle. La première est d'exporter son produit elle-même ou à l'aide d'un distributeur. Cependant, son expérience auprès du marché français ne l'a pas convaincue que cette solution est la plus valable. Il faut trouver un distributeur fiable qui a déjà un réseau bien établi, et cette fois-ci, elle évitera de s'engager dans un contrat à long terme. L'entreprise pourrait également faire du *licensing*, c'est-à-dire vendre ses droits d'auteur à un éditeur américain. Elle pourrait soit vendre ses droits pour une somme fixe ou recevoir des redevances par livre vendu.

Dans le même ordre d'idées, elle pourrait créer une alliance stratégique avec une autre entreprise (*joint venture*) pour vendre son produit à l'étranger. Finalement, comme elle en a toujours rêvé, elle pourrait ouvrir son propre bureau de vente à New York et offrir ses différents guides au marché américain.

Un des employés de la maison d'édition, Carl Gagnon, qui s'occupe de la prise des commandes et de l'expédition des marchandises, se pointe soudainement au bureau de Mme Gracis avec une cassette vidéo. Il lui explique qu'il a obtenu cette cassette vidéo contenant des émissions de télévision britanniques par le réseau Internet. Mme Gracis, intriguée, l'écoute attentivement. Il a commencé par faire une recherche dans le *World Wide Web* pour trouver un site où l'on parle de son émission de science-fiction favorite: *Cosmos 1999*. Il a, par la suite, trouvé le site d'un collectionneur de films de science-fiction. Le collectionneur, grâce à un catalogue informatique, affiche une liste des émissions offertes avec les prix et un numéro de téléphone. Carl n'a eu qu'à téléphoner et à passer une commande. Trois semaines plus tard, il a reçu par la poste sa cassette vidéo de la Grande-Bretagne.

Mme Gracis lui demande comment il a payé sa commande. Carl lui fait part du fait qu'il paye à l'aide de sa carte de crédit. Le commerçant peut donc vérifier immédiatement le crédit de l'acheteur et, sur approbation de la maison de crédit, lui expédier son achat.

Carl poursuit en lui vantant les mérites de la distribution de produits et de renseignements sur L'Internet. Il affirme qu'il y a plus de 40 millions d'usagers mondialement. On peut rejoindre des «internautes» au Japon, en Australie et même en Chine. L'Internet permet de vendre et d'acheter à travers le monde sans quitter le confort de sa maison.

«Les cent pas» sur Internet!

Mme Gracis est fort impressionnée par ce qu'elle apprend de Carl. Profitant de l'occasion, ce dernier signale à Mme Gracis que sa compagne a fondé une petite entreprise de consultation en informatique spécialisée en Internet. Elle pourrait lui monter un catalogue informatique avec photos, textes et même avec une section multimédia incluant du son et des images vidéo. Grâce à L'Internet, elle pourrait couvrir l'ensemble du marché mondial avec un seul ordinateur.

Mme Gracis est à la fois impressionnée et sceptique. Est-ce que L'Internet est la solution à son problème de distribution et de pénétration des marchés mondiaux? L'entreprise est-elle prête à faire face à une demande mondiale? Mme Gracis visait à développer le marché américain, car elle a déjà un produit écrit en anglais. Qu'arriverait-il si un Japonais veut un guide? Devrait-elle le traduire?

1. De quelle variable du mix marketing international fait partie L'Internet?
2. Quel serait l'effet sur la stratégie de marketing de vendre les guides sur L'Internet?

NOTES

1. Le Groupe Bombardier-MLW, Feuillet de présentation, 1976, p. 2.

2. MAYER, Charles S. «The Lessons of Multinational Marketing Research», *dans Business Horizons*, décembre 1978, p. 7-13.

3. CATEORA, Philip R. et HESS, John N. *International Marketing*, Homewood, Ill., Richard D. Irwin, 1979, p. 11.

4. FAYERWEATHER, John. *International Marketing*, 2e édition, Englewood Cliffs, Prentice-Hall, 1970, p. 24.

5. KOTLER, Philip et DUBOIS, Bernard. *Marketing management*, 5e édition, Paris, Publi-union, 1986, p. 387-388.

6. *La Presse*, 24 janvier 1979.

7. ROAT, Franklin R. *Strategic Planning for Export Marketing*, International Textbook Company, Scranton, Pennsylvania, 1966, p. 43.

8. BAKER, James C. et RYANS, John K. «Some Aspects of International Pricing: A Neglected Area of Management Policy», *dans Management Decisions*, été 1973, p. 177-182.

9. WALSH, L. S. *International Marketing*, Estover, Great Britain, N & E Handbooks, 1978, p. 97.

10. SCHEWE, Charles D. et coll. *Marketing Concepts and Applications*, Toronto, McGraw-Hill Ryerson, 1983, p. 596.

11. ROSENBERG, Larry J. *Marketing*, Englewood Cliffs, Prentice-Hall, 1977, p. 632.

12. CATEORA, Philip R. et HESS, John N. *Op. cit.*, p. 434.

13. BECKMAN, M. Dale et coll. *Le marketing*, Montréal, HRW, 1984, p. 442.

14. ROSENBERG, Larry J. *Op. cit.*

14

LE MARKETING DES SERVICES, DES ORGANISMES SANS BUT LUCRATIF ET DES PRODUITS INDUSTRIELS

OBJECTIFS D'APPRENTISSAGE

Après la lecture du chapitre, vous devriez être en mesure de:
- distinguer les biens des services;
- reconnaître l'importance des services dans notre économie;
- faire l'analyse des principales caractéristiques des services;
- définir les organismes sans but lucratif;
- citer les principales caractéristiques d'un programme de marketing appliqué aux organismes sans but lucratif;
- définir le marché des produits industriels;
- reconnaître les principales caractéristiques de la mise en marché des produits industriels.

Dans les 12 premiers chapitres, nous avons traité du marketing en fonction des produits, des actions orientées vers le consommateur final et des stratégies de marketing élaborées par des entreprises en quête de profits. Dans le présent chapitre, nous allons discuter de trois domaines d'application particuliers du marketing: le marketing des services, le marketing des organismes sans but lucratif et le marketing des produits industriels.

Les entreprises de services, qui représentent une part importante du produit national brut (PNB) des pays industrialisés, doivent adopter, depuis quelques décennies, une philosophie marketing afin de tenir tête à la concurrence. Voici, à titre d'exemples, quelques entreprises de services: un centre bancaire, une agence de publicité, une firme d'experts-comptables, un cinéma de quartier, un salon de coiffure. Face à l'augmentation de la concurrence, ces entreprises doivent s'ajuster de plus en plus aux besoins des utilisateurs pour survivre.

Les organismes sans but lucratif sont ceux qui n'ont pas pour objectif principal de réaliser un profit, mais qui ont une vocation sociale consistant à œuvrer pour le bien-être, la sécurité ou la survie d'un groupe de la société. Cette catégorie d'entreprises compte, entre autres, les maisons d'éducation, les organismes religieux, les sociétés créées pour la recherche médicale et les organismes de la santé tels que la Croix-Rouge et les fondations d'hôpitaux. Ces organismes utilisent le marketing afin de se faire connaître des donateurs (dans le but d'amasser des fonds) ainsi que des bénéficiaires.

Le marketing industriel désigne les applications particulières du marketing aux entreprises qui vendent leurs produits et leurs services à d'autres entreprises. Il se définit en fonction de clientèles visées et non de produits vendus. Là encore, le marketing intervient dans l'organisation des échanges entre les partenaires.

Ces trois applications du marketing comportent certaines caractéristiques précises en raison de leur caractère particulier comparativement au marketing des produits de grande consommation. Dans ce chapitre, nous nous efforcerons de faire ressortir les caractéristiques utiles au gestionnaire qui doit appliquer le marketing aux entreprises de services, aux organismes sans but lucratif et, finalement, aux produits industriels.

LE MARKETING DES SERVICES

Le marketing représente un défi de taille pour les gestionnaires des entreprises de services. Le marketing traditionnel se préoccupe de vendre des produits tangibles. Cependant, à l'approche des années 2000, il devient de plus en plus évident qu'une entreprise de services devra adopter une orientation marketing si elle veut survivre. Les entreprises de services doivent recourir au marketing principalement pour deux

■ Encadré 14.1   Exemple de croissance du marché dans le secteur des services

Nouvelle téléphonie sans fil: 5 milliards de $ d'ici 10 ans

■ La nouvelle génération de téléphonie cellulaire, baptisée *Service de communication personnelle* (SCP), créera 100 000 emplois d'ici 10 ans. Déjà, une vingtaine de groupes s'y intéressent au Canada. Cette nouvelle technologie, dont la capacité est quatre fois supérieure à la téléphonie cellulaire actuelle, nécessite des investissements importants.

Source: *Les Affaires*, 12 août 1995, p. 1.

raisons: premièrement, le fort potentiel de croissance du marché des services offre des opportunités d'affaires considérables (*voir encadrés 14.1 et 14.2*); deuxièmement, l'augmentation rapide de la concurrence force les entreprises à miser sur le marketing pour demeurer compétitives.

Au cours des années 90, le secteur des services a connu une croissance rapide dans les pays industrialisés. Les spécialistes estiment qu'aux États-Unis près des deux tiers du produit national brut proviennent du secteur des services. En France, on estime que près de la moitié de la main-d'œuvre travaille dans le secteur des services. Au Canada, en 1994, le secteur des services représentait 73 % des emplois et 66 % du produit intérieur brut[1].

Cette croissance du secteur des services est attribuable en partie à l'augmentation du revenu disponible. Lorsque le revenu du consommateur augmente, ce dernier accepte de payer pour des services qu'il effectuait lui-même auparavant et qu'il ne désire plus faire, tels que l'entretien ménager, la couture, les travaux de peinture, etc. Une autre explication de cette croissance est l'accroissement du temps disponible découlant de la semaine de travail de plus en plus courte, ce qui crée une augmentation de la demande pour les services récréatifs (voyage, centre sportif, théâtre et autres).

Finalement, les nouveaux produits créés grâce à une technologie de pointe obligent les consommateurs et les entreprises à avoir davantage recours à des services d'entretien spécialisés. À titre d'exemple, les nouvelles techniques utilisées dans le secteur de l'automobile occasionnent de véritables casse-tête aux mécaniciens amateurs.

Une définition des services

Il n'est pas facile de donner une définition des services du fait qu'il est difficile d'établir une distinction entre certains types de services et certains types de produits. Les offres commerciales sont souvent des combinaisons de produits et de services. On peut classer les offres sur un continuum allant du tangible à l'intangible (*voir figure 14.1*), comme le suggèrent Rathmell[2], Shostack[3] et Chase[4]. Chase a fait le partage entre les produits et les services sur la base du critère d'importance relative au contact direct avec le client. Il suggère que, plus le contact est élevé, plus il s'agit d'un service et à l'opposé que, plus le contact est faible, plus on a affaire à un produit. Comme on peut le constater, il n'est pas facile d'établir la limite entre un produit et un service.

L'American Marketing Association définit le service comme suit: «Une activité, un avantage ou une forme de satisfaction vendus en tant que tels ou fournis en même temps qu'un bien[5].» Nous proposons la définition suivante: «Un service est une activité intangible dont le résultat attendu est la satisfaction du consommateur et où il n'y a pas nécessairement transfert des droits de propriété d'un produit tangible.» Les définitions précédentes comprennent entre autres les soins médicaux, les soins personnels, les loisirs, les ateliers de réparation (non les pièces de rechange), le crédit, la livraison, l'entretien, les assurances, la communication, l'hébergement, la restauration et les services de professionnels comme les experts-comptables, les avocats, etc.

Les caractéristiques des services

Les services présentent certaines caractéristiques qui les distinguent des produits, lesquelles ont des conséquences importantes sur le marketing. Zeithaml et ses collaborateurs[6] ont fait une recension intéressante des documents ayant traité du sujet au cours des 10 dernières années. Selon leur étude, les services semblent présenter quatre caractéristiques particulières; ce sont l'intangibilité des services, la participation de l'acheteur à la production des services, l'hétérogénéité des services et la nature périssable des services.

L'intangibilité des services

L'intangibilité des services apparaît comme la différence fondamentale entre un produit et un service. Comme le rapportent Berry[7] et Bateson[8], le concept d'intangibilité se vérifie par l'immatérialité comme telle, c'est-à-dire que le service ne peut être vu, entendu, senti, goûté ni touché.

L'intangibilité a pour conséquence que le consommateur éprouve une certaine difficulté à se représenter le service mentalement. Le caractère intangible des services rend plus ardue la communication marketing qui les concerne. Il est souvent difficile de trouver des moyens de représenter un service dans une exposition commerciale, de même qu'il est à peu près impossible de procéder à la distribution d'échantillons comme moyen de promotion des services. Le plus souvent, la dernière option du gestionnaire est l'utilisation de la force de vente. Cependant, plusieurs gestionnaires, dans le but de contourner cette difficulté, utilisent dans leur publicité les aspects tangibles des services tels que le lieu physique, le personnel de contact et le matériel servant à la production du service (*voir encadré 14.3*). Le caractère intangible des services représente également une difficulté pour le consommateur, qui est souvent incapable d'en évaluer la qualité avant la consommation. Dans ce cas, afin de diminuer le risque, le consommateur base sa décision d'achat sur la réputation du prestateur de service, d'où l'importance de l'image dans les services.

La participation de l'acheteur à la production des services

L'acheteur de services joue souvent un rôle important dans la production et la mise en marché des services. Comme le mentionnent Eiglier et Langeard[9], la présence de l'acheteur est indispensable; sans lui le service ne peut exister. Il ne peut y avoir de coupe de cheveux si le client n'est pas présent, de même que si une chambre d'hôtel n'est pas occupée durant une nuit, ou si un avion part avec des sièges libres, il n'y a pas de services rendus, mais seulement des capacités disponibles. C'est pourquoi on parle de simultanéité entre le moment de production et le moment de consommation d'un service.

Contrairement aux biens qui sont produits, vendus et consommés, les services sont d'abord vendus, puis produits et consommés simultanément. Cette notion de simultanéité se rattache à la participation du consommateur à la production du

■ Figure 14.1   Classification des produits et des services selon un continuum

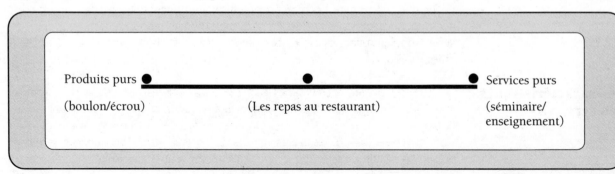

■ Encadré 14.2   Une image vaut mille mots

Tourisme d'aventure: un domaine prometteur, dont le Québec ne profite pas pleinement

Alain Duhamel

■ De tous les secteurs de l'industrie touristique canadienne, c'est le tourisme d'aventure qui croît le plus rapidement.

Le Québec vient au quatrième rang des provinces canadiennes dans ce domaine, après l'Alberta, la Colombie-Britannique et l'Ontario.

Selon une étude de la Commission canadienne du tourisme, les recettes du tourisme d'aventure se sont élevées à 165,1 M$ en 1993, en hausse de 12,9 % sur l'année précédente.

Il s'agit d'un taux de croissance nettement supérieur à celui du produit intérieur brut (2,6 %) et à celui de l'industrie touristique canadienne dans son ensemble (5,1 %) pour cette année-là.

«C'est un secteur en forte progression», a affirmé Roger Laplante, analyste principal à la Commission canadienne du tourisme. La croissance, selon les indications provenant des exploitants, se poursuit d'année en année, sous l'effet combiné du développement de l'offre et de la faiblesse du dollar canadien.

L'étude a permis, pour la première fois, de dresser le portrait économique du tourisme d'aventure à partir des réponses fournies par 535 exploitants, qui représentent 80 % des exploitants canadiens recensés.

Par tourisme d'aventure, on entend une activité de plein air, dans un lieu inusité, exotique, éloigné ou sauvage, pouvant requérir des moyens de transport inhabituels et exigeant un certain effort physique.

On trouve dans cette catégorie de tourisme, par exemple, les excursions en nature, les randonnées équestres, les descentes de rivières, l'escalade et les rallyes en motoneige.

Seulement 16 % des entreprises fonctionnent toute l'année; la grande majorité des entreprises (76 %) sont ouvertes l'été, contre 14 % en hiver, 35 % en automne et 36 % au printemps.

La saison d'hiver

Les entreprises ouvertes en hiver sont peut-être moins nombreuses, mais leur rentabilité demeure parmi les plus intéressantes de toute l'industrie.

En effet, le bénéfice brut moyen annuel par entreprise s'est élevé à 67 654 $ pour les exploitants du sport de la motoneige et à 994 250 $ pour les entreprises offrant un ensemble d'activités dites douces (raquettes, toboggan) et dures (héliski).

Les marges bénéficiaires brutes moyennes vont de 4,2 % dans le ski de randonnée à 24,8 % dans les traîneaux à chiens.

Dans le tourisme d'aventure en hiver, le Canada compte 98 entreprises; le Québec a le plus grand nombre d'entreprises, 38, dont 27 dans la motoneige, suivi de la Colombie-Britannique (20 entreprises).

Dans le tourisme d'aventure terrestre, où il y a 199 entreprises au Canada, dont 50 en Alberta, les marges bénéficiaires brutes moyennes vont de 6,9 % (ou 11 523 $ par entreprise, par année) dans les randonnées équestres à 30,1 % (45 650 $ par entreprise, par année) dans les randonnées à bicyclette.

En aventure nautique, le Canada compte 199 exploitants, dont 96 se spécialisent dans le canotage.

Le bénéfice brut moyen par entreprise varie entre 24 681 $ par année (avec une marge brute de 11,1 %) dans la descente de rapides à 43 417 $ dans le canotage (avec une marge brute de 19,4 %). Dans l'ensemble canadien, le tourisme d'aventure a rapporté à ses exploitants en 1993 un bénéfice brut de 30,3 M$, en hausse de 18,8 % sur l'année précédente. La marge brute était de 18,3 %.

Les exploitants de montgolfières se démarquent de l'industrie en général, puisqu'ils obtiennent des marges négatives de 11,7 %; il y a 12 entreprises spécialisées dans le vol en montgolfière; huit se trouvent en Ontario.

Alberta en tête

La province de l'Alberta, en troisième place pour le nombre d'entreprises (74), se hisse au premier rang dans la colonne des revenus et du bénéfice: 46 M$ de revenus ont dégagé, en 1993, un bénéfice brut de 10,2 M$, en hausse de 15,2 % sur 1992.

La Colombie-Britannique (revenus de 35,4 M$, bénéfice de 4 M$) prend la seconde place, devant l'Ontario (revenus de 24 M$, bénéfice de 3,3 M$) et le Québec (revenus de 19,2 M$, bénéfice de 3,4 M$).

Le tourisme d'aventure a procuré 3 238 emplois directs et 2 622 emplois indirects.

La clientèle des exploitants, 1 126 826 touristes, provenait du Canada dans une proportion de 57 %.

Au Québec, la clientèle provenant de pays étrangers compte pour 48,3 % de l'achalandage et supplante la clientèle québécoise (44,8 %) et des autres provinces (6,9 %).

Seule l'Ontario reçoit moins de visiteurs des autres provinces (4,6 %) en proportion que le Québec.

La clientèle étrangère domine le marché en Alberta (62 %), au Manitoba (54,3 %) et en Nouvelle-Écosse (53,5 %). Celle-ci provient surtout des États-Unis, du Royaume-Uni, de l'Allemagne, de la France et du Japon.

Les grands espaces sauvages et la qualité des lieux accessibles, la diversité des expériences et des activités proposées font du Canada une destination d'aventure attrayante qui doit, cependant, concurrencer d'autres pays où le tourisme d'aventure prend de l'expansion, notamment aux États-Unis, en Afrique, en Australie, en Nouvelle-Zélande et au Costa Rica.

«À partir de ces données, nous pouvons maintenant élaborer une stratégie nationale, a affirmé Roger Laplante. C'est un secteur qui a beaucoup évolué ces récentes années.»

L'industrie du tourisme d'aventure, qui tire profit ces années-ci de la faiblesse du dollar canadien par rapport à des devises comme le dollar américain, le yen, le mark et le franc, fait face au défi de consolider ses marchés internationaux par de bonnes campagnes de promotion et de publicité, car le Canada demeure une destination éloignée et coûteuse.

En général, il est plus coûteux de prendre l'avion pour une destination au Canada que pour une île tropicale.

Impact économique du tourisme d'aventure au Canada (par province, en 1993)

	Recettes (000 $)	Emplois directs	Emplois totaux	Revenus d'emploi (000 $)
Terre-Neuve	5 036	148	278	8 556
Î.-P.-É.	376	10	40	639
Nouvelle-Écosse	9 858	239	430	16 750
Nouveau-Brunswick	3 519	94	165	6 053
Québec	19 261	337	640	32 956
Ontario	24 026	511	935	39 556
Manitoba	8 471	154	277	15 197
Saskatchewan	3 262	107	198	5 590
Alberta	46 093	644	1 217	90 379
Colombie-Britan.[1]	45 220	934	1 700	78 005
Canada	165 123	3 238	5 860	293 681
1 Comprend le Yukon et les Territoires du Nord-Ouest.				
Sources: Statistique Canada et Tourisme Canada			Tableau: Les Affaires	

Source: Les Affaires, 5 août 1995, p. 4

service qu'il achète par les intrants qu'il fournit au prestateur de services. Le client participe à la production d'un service lorsqu'il va à la cafétéria, choisit, prend et apporte les plats convoités à sa table après les avoir payés. Il participe encore lorsque, après le repas, il débarrasse la table et va porter son plateau. Que fait-on lorsqu'on utilise un guichet automatique, si ce n'est de participer à un service de transaction

■ Encadré 14.3   On utilise les aspects tangibles du service dans la communication

Au Québec, la motoneige domine largement dans le tourisme d'aventure

Alain Duhamel

■ En tourisme d'aventure, le produit québécois se concentre surtout dans une saison, l'hiver, et dans une activité principale, les randonnées en motoneige.

«Nous sommes reconnus partout dans le monde comme l'endroit où on peut faire de la motoneige, a affirmé Normand Besner, directeur général de la Fédération de la motoneige du Québec (90 000 membres). Nous n'avons pas énormément de montagnes pour le ski, mais des sentiers de motoneige, on en a! C'est un élément majeur du produit touristique.»

L'hiver dernier, les exploitants en location de motoneige ont réalisé 40 000 jours-location à raison de 125 $ à 150 $ en moyenne (comprenant l'habit de neige) par véhicule-jour. Le Québec compte 31 000 kilomètres de pistes et quelque 148 000 immatriculations.

Tourisme Canada, dans son étude sur le tourisme d'aventure, a recensé 52 entreprises canadiennes exploitant la motoneige; 27 sont québécoises. Dans les aventures d'hiver, le Québec, avec 38,7 % des exploitants, est en tête des provinces, devant la Colombie-Britannique (20 exploitants) et l'Ontario (neuf).

La seconde activité en importance durant la saison d'hiver est encore une spécialité québécoise: les excursions en traîneaux à chiens. Des 19 entreprises canadiennes, neuf se trouvent au Québec, contre cinq au Yukon et trois dans les Territoires du Nord-Ouest.

Perspectives régionales

Grâce à l'offre de randonnées en motoneige ou en traîneaux à chiens, l'hiver québécois se transforme en un produit touristique attrayant et original qui, dans certaines régions, donne un second souffle à l'économie locale.

«Nous n'avons plus de basse saison», a affirmé Jean-Pierre Bardou, président et directeur général de Canadaventure, entreprise de Kildare spécialisée dans les activités de chasse et de pêche.

Depuis quelques années, les excursions en motoneige attirent une clientèle européenne dans les régions de l'Abitibi-Témiscamingue, de l'Outaouais et des Laurentides.

Le tourisme d'aventure représente un chiffre d'affaires de l'ordre de 3 M$ par année dans cette entreprise, qui emploie 50 personnes en haute saison. Dans une région comme la Côte-Nord, le tourisme d'aventure en hiver devient une priorité de développement économique.

«Nous avons six semaines d'hiver de plus, a indiqué Véronique Gilain, directrice de la Corporation de développement économique et touristique région Baie-Comeau. S'il y a un endroit où la neige est blanche, c'est bien chez nous. Cela nous permettrait de transformer ce qui est perçu comme un inconvénient en un avantage.»

La Municipalité régionale de comté de la Manicouagan investira 540 000 $ dans la transformation de l'arboriduc de la QUNO en un passage aérien au-dessus de la rivière Manicouagan et fera la jonction avec le réseau québécois des pistes de motoneige. L'hiver prochain, Baie-Comeau reçoit le jamboree provincial des motoneigistes.

Pendant plusieurs années, le produit touristique nord-côtier s'est limité, outre les activités de chasse et de pêche, en la visite des barrages hydroélectriques de la Manicouagan et en des excursions-découvertes dans les îles de Mingan.

Diversification du produit

Dans les autres domaines d'activité en tourisme d'aventure, le Québec, selon l'étude de Tourisme Canada, apparaît sous-développé par comparaison avec d'autres provinces et pourrait donc, en diversifiant son produit, augmenter l'offre et accroître ses retombées.

Ainsi, en observation de la faune, deux seules entreprises québécoises sur les 82 entreprises canadiennes répertoriées en 1993 proposent toutes deux l'observation des baleines. Cette activité a pris beaucoup d'ampleur ces dernières années à Baie Sainte-Catherine et à Tadoussac et se poursuit au-delà de la saison estivale.

En aventure terrestre, six exploitants québécois (sur 199 entreprises canadiennes) proposent des escalades rocheuses ou de glaciers, des randonnées pédestres ou équestres.

En aventure nautique, une douzaine d'entreprises québécoises, sur 199 entreprises canadiennes, se spécialisent dans le canotage et la descente des rivières.

«Notre activité attire de plus en plus les familles. C'est nouveau et c'est de plus en plus en demande», a déclaré Eric Austin, de Nouveau Monde, qui, l'an dernier, a fait descendre 17 000 personnes dans des canots sur les rivières Rouge, Batiscan et Jacques-Cartier.

Cet été, Nouveau Monde s'attend à une croissance de 15 % du nombre des participants. Cette entreprise, située à Calumet, emploie jusqu'à 100 personnes en haute saison et réalise un chiffre d'affaires de 2 M$.

«Nous proposons une expérience, une aventure, mais pas nécessai-rement une activité sauvage. Les Européens sont un peu plus aventu-riers que les Canadiens; ils veulent vivre une expérience de nature. Pour eux, le Canada, c'est le pays des coureurs des bois», a indiqué Eric Austin.

Dépaysement

«Le tourisme d'aventure, a dit Jean-Pierre Bardou, c'est tout, sauf des sensations fortes. Ce sont des gens qui viennent avant tout chercher du dépaysement.»

Les exploitants établis s'inquiè-tent de la prolifération de nouvelles entreprises qui, voulant profiter de la vague d'intérêt pour ce genre d'activité, se préoccupent moins de la qualité du produit et de la sécurité.

N'étant ni des pourvoiries, ni des agences de voyages proprement dites, les producteurs d'aventure au Québec n'ont pas un encadrement juridique spécifique.

Au ministère du Tourisme du Québec, cet aspect du dévelop-pement du produit fait l'objet d'études qui pourraient bien mener à la reconnaissance d'un statut légal pour les exploitants.

Source: Les Affaires, 5 août 1995, p. 5.

bancaire? Du point de vue du marketing, la participation de l'acheteur à la production d'un service se traduit par deux choses. La première est que le gestionnaire doit organiser et gérer cette participation de la clientèle à la production du service. La seconde est que cette participation à la production d'un service vient restreindre le choix des circuits de distribution, qui doivent nécessairement être courts.

L'hétérogénéité des services

Les services sont rarement homogènes, parce qu'il existe une composante humaine importante dans le processus de fabrication et de livraison des services. Cette composante entraîne une grande variabilité sur le plan de l'uniformité des services rendus. D'une part, puisque les attentes sont différentes pour chaque consommateur, le résultat final peut varier d'un consommateur à l'autre, d'une journée à l'autre et d'un producteur à l'autre. D'autre part, puisque le service est produit en fonction des besoins et des attentes du consommateur et qu'il présente un caractère plutôt «intangible», selon Brown et Fern[10], il est normal qu'il existe une certaine hétérogé-néité dans la production du service lui-même. Le coiffeur ne fait pas toujours une coupe de cheveux de la même façon, de même qu'un avocat ne prépare pas toujours sa plaidoirie sur la même argumentation. Les attentes des consommateurs, associées à la variabilité dans la production du service, amènent les gens de marketing à consi-dérer la notion de qualité et de satisfaction dans les services.

La nature périssable des services

Le caractère périssable des services vient de ce que les services eux-mêmes ne sont pas entreposables, c'est-à-dire qu'on ne peut les conserver pour un usage ultérieur. Par exemple, les places vacantes sur un vol d'avion ne sont pas cessibles au vol suivant;

de même, la capacité de transmission du réseau de Bell Canada non utilisée dans une journée ne peut s'emmagasiner pour pallier un surplus d'achalandage dans les jours qui suivent. L'entreprise de services doit donc soutenir des capacités inutilisées pendant les périodes creuses afin d'être encore là pour répondre à la demande en période de pointe. Les bureaux de services professionnels, les compagnies de transport et les entreprises d'hébergement connaissent bien ce problème. Les responsables de ces entreprises tentent d'uniformiser la demande dans le but de remplir les périodes mortes et, si possible, de déplacer le surplus de demandes des périodes de pointe vers les périodes moins achalandées. En vue d'atteindre cet objectif, le gestionnaire peut soit créer de nouvelles utilisations de ses services auprès de nouveaux segments de marché, soit accorder des prix très avantageux pendant les périodes creuses. La compagnie Bell Canada donne un bon exemple d'efforts pour déplacer la clientèle en accordant des réductions de ses tarifs pour les appels téléphoniques effectués après 18 h et un tarif encore moindre après 23 h, ainsi que le samedi et le dimanche. Les responsables avaient remarqué que leurs réseaux téléphoniques étaient fortement sous-utilisés le soir et les fins de semaine alors qu'ils ne suffisaient pas à la demande à certaines heures de la journée.

Les services et le comportement du consommateur

Dans le chapitre 5, nous avons étudié le comportement du consommateur. Les comportements du consommateur de produits et ceux du consommateur de services ont plusieurs points en commun. Toutefois, ils présentent quelques différences importantes.

Selon Flipo[11], plusieurs études ont démontré clairement que le consommateur de services se renseigne davantage que le consommateur de produits et, de plus, que la communication de bouche à oreille semble être le moyen privilégié d'informations. Comme le mentionne Flipo, ces résultats incitent à penser que le consommateur estime courir un risque plus important lors d'un achat de services que d'un achat de produits. Dans le but de réduire ce risque, il se livre à un certain nombre d'actions. Dans sa recherche, Zeithaml[12] pose des hypothèses au sujet de ces actions; selon elle:

- le consommateur de services recherche plus d'informations de bouche à oreille avant de prendre sa décision d'achat;
- le consommateur s'engage davantage dans une recherche d'informations postachat pour les services que pour les produits;
- le consommateur utilise le prix et les éléments physiques de l'entreprise comme indices majeurs de la qualité des services;
- l'ensemble évoqué des consommateurs est plus restreint dans le cas des services que pour celui des produits;
- pour plusieurs services, l'ensemble évoqué des consommateurs inclut «le faire soi-même»;
- le consommateur adopte plus lentement les nouveaux services que les nouveaux produits;
- le changement de prestateur est moins fréquent avec les services qu'avec les produits;
- le consommateur attribue certaines de ses insatisfactions à sa propre incapacité de participer à la production du service.

En outre, le consommateur juge le service d'une façon globale, ce qui est probablement attribuable au caractère intangible du service. Par conséquent, dès qu'il considère qu'un élément du service laisse à désirer, par exemple s'il fait face à l'incompétence d'un employé, à l'antipathie du personnel de contact ou encore à la défectuosité d'un guichet automatique, le consommateur éprouve un sentiment d'insatisfaction. Ce sentiment d'insatisfaction ne s'adresse pas qu'à l'élément fautif du service, mais à tout le service de façon globale.

La gestion du marketing des services

Discutons à présent de certains problèmes particuliers à la gestion des entreprises de services. Nous aborderons les sujets suivants: la participation de la clientèle, le personnel de contact, la gestion de l'offre de service, le prix des services et la communication dans le service.

La participation du client

Lors de la prestation du service, certains clients sont heureux de participer, d'autres moins. En effet, chaque personne ne ressent pas les choses de la même manière. Le gestionnaire du marketing, s'il désire gérer cette participation, doit comprendre les motifs qui poussent certains consommateurs à participer et non les autres. Selon Eiglier et Langeard[13], les résultats d'une étude américaine révèlent que 62 % des gestionnaires interrogés sont prêts à participer afin de vivre des déplacements en avion plus satisfaisants. Cette même étude dévoile que 24 % des personnes interrogées sont d'accord pour participer lorsqu'elles passent à la station-service alors que 28 % le sont dans le cas de la néorestauration.

Toujours selon ces auteurs, deux profils de consommateurs acceptent volontiers de participer à la production des services: les «managers actifs» et les consommateurs «libre-service».

Eiglier et Langeard définissent le «manager actif» comme une personne de moins de 40 ans, de formation universitaire, ayant de l'intérêt pour les nouvelles technologies et préoccupée par la gestion de son temps. Le consommateur «libre-service» correspond plutôt à une personne qui s'intéresse à la distribution de masse, à la néorestauration et au transport en commun. L'un comme l'autre aiment avoir la maîtrise de la situation et chacun est soumis à des contraintes de temps. Il semble que les personnes heureuses de participer le font surtout pour une question de temps et non pour une question d'argent. À l'inverse, les consommateurs qui se font prier perçoivent leur participation comme un effort physique grand ou encore comme un effort intellectuel intense.

Le gestionnaire, s'il veut tirer profit de la situation, doit d'abord reconnaître les personnes qui sont heureuses de participer, étudier leurs réactions et tenter de modifier l'offre globale de manière à faciliter le processus. Ensuite, il s'intéressera aux clients moins coopératifs et devra leur démontrer que l'effort demandé est minime. De plus, si le gestionnaire désire obtenir la participation de la clientèle, il doit mettre à sa disposition les éléments nécessaires à son éducation: panneaux de signalisation, mode d'utilisation, personnel de contact prêt à répondre aux questions et à informer.

Le personnel de contact

On appelle «personnel de contact» les employés d'une entreprise de services dont le travail les amène à être en contact direct avec la clientèle; citons à titre d'exemples le personnel du centre bancaire, le commis des postes, le personnel à la réception d'un hôtel, l'agent de bord. L'entreprise de services doit prendre des décisions à propos de son personnel de contact pour définir le nombre d'employés, leurs tâches et leurs profils. De plus, elle doit définir le comportement que le personnel adoptera face aux clients (*voir encadré 14.4*). D'un point de vue marketing, le personnel de contact occupe une position cruciale; comme l'écrivent Eiglier et Langeard[14], il personnifie l'entreprise aux yeux du client. Le personnel de contact joue un rôle primordial dans l'image de l'entreprise de services.

■ **Encadré 14.4** L'importance du rôle joué par le personnel de AXA

Allez-y,
nous nous engageons

Les chiffres sont toujours une preuve de la réussite de l'entreprise. Et nous sommes fiers, en tant qu'assureur, d'être le 4ème gestionnaire d'actifs mondial. Mais au delà de ce chiffre, ce sont les personnes qui comptent.

Partout dans les 16 pays et sur les 3 continents où nous sommes présents, les hommes et les femmes d'AXA partagent les mêmes valeurs, la même vision de leur métier. Une vision qui les pousse à mieux écouter leurs clients, à faire preuve de plus d'imagination dans les solutions qu'ils peuvent apporter.

Nous pouvons résumer cet engagement en un mot. Confiance. Nous savons que la confiance est le fondement de notre métier. Qu'elle se construit. Qu'elle se mérite. Et qu'on peut la perdre très vite quand on ne donne pas au client le service qu'il attend.

Vous pouvez donc être sûr que nous ne parlons pas à la légère quand nous disons : "Allez-y. Nous nous engageons."

Le Groupe AXA est présent en : Allemagne, Belgique, Canada, Espagne, Etats-Unis, France, Hong Kong, Italie, Japon, Luxembourg, Malaisie, Mexique, Pays-Bas, Portugal, Royaume-Uni, Singapour.

ASSURANCES ET PLACEMENTS

Source: campagne publicitaire 1995. Groupe AXA.

Le personnel de contact a un rôle opérationnel puisqu'il participe à la production des services; il joue également un rôle relationnel, car il accomplit ses tâches en présence du client, avec son aide et pour lui. Le personnel de contact doit servir le client et défendre les intérêts de l'entreprise. La défense des intérêts de l'entreprise comprend la surveillance des intérêts financiers et le respect des normes et des procédures élaborées par l'entreprise. Le personnel de contact doit traiter tous les clients sur un pied d'égalité de manière à ne pas faire de privilégiés et que personne ne se sente délaissé. Les services rendus doivent donner l'impression d'une qualité équivalente pour tous.

Dans le but d'assurer la réussite de son entreprise de services, le gestionnaire doit donc définir le style du personnel de contact, préciser ses rôles, ses responsabilités et trouver des moyens de valoriser ces employés. La réussite des tâches décrites précédemment a des conséquences directes sur le marketing. En effet, si le système mis en place est bon, les clients obtiendront satisfaction, contribueront à la communication bouche à oreille positive et demeureront fidèles à l'entreprise.

L'offre de service

L'entreprise de services offre habituellement un ensemble de services élémentaires, soit un service de base et des services périphériques. Le service de base est le service principal que l'entreprise offre sur le marché. C'est la raison primordiale qui amène le consommateur à l'entreprise de services; de plus, l'entreprise ne peut supprimer ce service sans cesser son activité ou changer de vocation. À titre d'exemple, le consommateur va à l'hôtel pour y passer une nuit, il va dans un restaurant pour consommer un repas, il va à la banque pour effectuer une transaction financière, il s'adresse à Air Canada pour voyager de Montréal à Vancouver. Il est à noter que le service de base est fortement lié à la mission de l'entreprise (logement, repas, transaction financière et transport). Il définit le domaine d'activité de l'entreprise (*voir encadré 14.5*).

Les services périphériques se définissent comme des services de moindre importance qu'offre l'entreprise de services. Ils sont reliés au service de base et y facilitent l'accès, ou encore y ajoutent de la valeur. À titre d'exemple, le stationnement, la réception, le service de réservation, la piscine et le restaurant d'un hôtel sont des services périphériques. Il est important de noter que certains services périphériques sont nécessaires alors que d'autres le sont moins. C'est souvent l'existence d'un service périphérique particulier qui explique pourquoi un consommateur a préféré un établissement à ses concurrents.

D'après Eiglier et Langeard[15], il faut également tenir compte de ce qu'ils appellent les «services de base dérivés». Un bel exemple de ces services est le restaurant d'un hôtel. Pour le client qui passe la nuit à l'hôtel, le restaurant de l'établissement représente un service périphérique; par contre, pour ceux qui viennent à l'hôtel uniquement pour y prendre un repas, il devient un service de base dérivé. Il se trouve toujours quelques clients pour choisir un périphérique comme service de base. Cependant, le gestionnaire doit décider s'il veut encourager ce comportement. C'est là une occasion d'augmenter la clientèle potentielle, mais l'entreprise doit dès lors satisfaire simultanément à la demande de deux segments de marché. Comme deux segments peuvent avoir des comportements et des attentes qui diffèrent, on court le risque de ne satisfaire ni l'un ni l'autre.

Les décisions liées à la gestion de l'offre de service que doivent prendre les gestionnaires sont cruciales. Ils doivent décider du nombre et du type de services de

■ Encadré 14.5   Grâce au réseau, il est plus facile de voyager avec Canadien

Source: *Les Affaires*, 1er juillet 1995, p. 4.

base et de services périphériques à offrir. Certains services sont nécessaires tandis que d'autres ne font qu'augmenter la qualité de l'offre. Les gestionnaires doivent considérer les besoins et le comportement des consommateurs visés dans leur prise de décisions. Il importe d'analyser l'offre de service comme un tout, car la modification d'un élément aura un impact sur le service global. La consistance et la cohésion de l'offre globale sont importantes. L'effet des interactions entre les services offerts doit être synergique, avec comme objectif la satisfaction des consommateurs. Les gestionnaires doivent retenir que, plus le nombre de services offerts est grand, plus le risque de ne pas atteindre un niveau satisfaisant pour chacun d'eux l'est aussi. Chacun des services offerts influe sur la qualité du service global. La notion de qualité de l'offre est importante, car elle touche la perception du client et est très fortement liée à la satisfaction qu'il en retire.

■ **Encadré 14.6**   Publicité ayant pour objectif de communiquer une image favorable des courtiers d'assurances

Source: Association des courtiers d'assurances de la province de Québec.

Le prix des services

La politique de prix des services dépend de la demande, de la concurrence et des coûts. La périssabilité des services est une contrainte importante qui force souvent le gestionnaire à utiliser les concepts de la demande et l'analyse marginale lors de la fixation du prix. Par exemple, Bell Canada offre des tarifs spéciaux pendant les heures creuses, soit le soir et la fin de semaine. Les compagnies aériennes accordent des réductions pendant les périodes mortes. Certains restaurants ont des prix spéciaux le midi ou encore vendent des passeports ou des cartes de membre afin d'augmenter l'achalandage ou de fidéliser la clientèle. Finalement, puisque la qualité des services est difficile à évaluer, l'image du service peut jouer un rôle dans la fixation du prix.

La communication dans les services

Puisque les services sont intangibles, le consommateur ne peut les évaluer qu'en fonction du bouche à oreille, de la réputation du prestateur de services ou d'impressions personnelles. L'intangibilité du service est une contrainte en communication, car il est impossible de montrer le service dans la publicité comme on le fait avec un produit. Il est également impossible de distribuer des échantillons. La publicité peut cependant fournir des informations sur les avantages liés à l'utilisation du service, sur son prix, sa disponibilité et le nom du prestateur de services (*voir encadré 14.6*). Elle permet également d'informer les consommateurs à propos d'un nouveau service. Comme l'utilisation de la publicité est soumise à certaines contraintes dans le secteur des services, le personnel de vente joue un rôle extrêmement important dans l'effort de communication de l'entreprise de services.

LE MARKETING DES ORGANISMES SANS BUT LUCRATIF

Dans la présente section, nous allons traiter du marketing appliqué aux organisations qui n'ont pas pour objectif principal de vendre des produits ou des services en vue de faire des profits, mais qui ont une vocation sociale (*voir encadré 14.7*). Ces organismes sont généralement nommés «organismes sans but lucratif» et comprennent, à titre d'exemple, les fondations, les hôpitaux, les musées, les universités, les associations, la Croix-Rouge, les organismes religieux et bien d'autres encore.

Il est toujours difficile d'établir une définition pour les différents OSBL, et il n'y a pas de consensus véritable sur une définition précise de ce qu'est un OSBL. Lalonde[16] définit les OSBL comme un regroupement de personnes se donnant des structures et une mission sociale, laquelle consiste à satisfaire un ou plusieurs besoins non comblés par les entreprises ou par les institutions en place. Les personnes qui en font partie ne recherchent pas le profit, mais visent l'autofinancement de leur organisme. Ainsi, les gains financiers servent d'une part à financer les diverses activités de l'organisation et sont d'autre part réinvestis sous forme de donations, de services et d'activités à des gens dits «bénéficiaires».

Si, comme certains le croient, le marketing n'était qu'un service de ventes qui permet aux entreprises d'accroître leur profit, on serait en mesure de se poser des questions sur ce que le marketing peut faire pour un OSBL. Toutefois, comme nous avons voulu le démontrer tout au long de ce volume, le marketing a pour objet d'aider les entreprises à gérer efficacement l'échange entre les producteurs de biens et de services et les consommateurs de ces mêmes biens et services. Dans le but de remplir sa mission, le marketing fournit aux organisations, d'une part, des méthodes d'études des besoins du public et, d'autre part, des moyens d'action en vue d'influencer les attitudes et le comportement du public. Or, comme les entreprises à but lucratif, les OSBL ont intérêt, pour atteindre leurs objectifs, à connaître les besoins du public et à essayer d'influencer les attitudes et le comportement du public cible.

Le marketing, comme nous l'avons vu, consiste à développer une stratégie globale de fonctionnement de l'organisation à partir de l'agencement des «quatre P». Bien qu'il soit fort possible que l'utilisation des concepts de marketing soit plus restreinte dans les petits OSBL en raison de leur budget limité et de leurs besoins primaires, il n'en demeure pas moins que le marketing peut être utile. Rappelons-le, un OSBL a pour objectif de satisfaire les besoins humains. Il fonctionne sur la base de l'échange volontaire; dans ce contexte, la démarche marketing ne peut qu'être orientée vers la personne et répondre à ses attentes. Ainsi, selon Boisvert et Pettigrew[17], la démarche marketing d'un OSBL consiste à analyser la

Encadré 14.7 Les CLSC sont un exemple d'organisme sans but lucratif

ource: Fédération des CLSC du Québec.

situation, la planification des activités, leur implantation et le contrôle des activités choisies pour réaliser l'échange volontaire des valeurs avec les marchés cibles, dans le but d'atteindre les objectifs organisationnels et par le fait même de remplir la mission de l'OSBL.

Bon nombre d'OSBL prennent des décisions sans jamais les fonder sur une étude des besoins du consommateur. En effet, plusieurs services sportifs québécois offrent des activités sportives sans savoir si la population est en mesure d'y participer. À titre d'exemple, rappelons le service des loisirs d'une municipalité qui avait offert des cours avancés de natation sans s'être d'abord assuré qu'un certain nombre de personnes avaient le degré de compétences nécessaire pour s'inscrire. Résultat: une seule personne s'est inscrite, et on a dû annuler le cours faute d'inscriptions. Citons le cas d'un service des loisirs qui a loué un gymnase dans le but de rendre le badminton plus accessible à la population. Les heures d'ouverture du gymnase étaient le dimanche matin de 6 h à 10 h. Ce service des loisirs a fait l'erreur de ne pas tenir compte des besoins et des désirs de la population, à qui les heures d'ouverture choisies ne convenaient pas. Pourtant, une simple recherche en marketing aurait permis d'éviter ces erreurs.

Une autre erreur fréquente que font les OSBL est de croire qu'on va compenser les faiblesses de la stratégie de produit par la promotion. Plusieurs programmes d'études rencontrent des difficultés de recrutement tout simplement parce qu'ils ne répondent pas aux besoins du marché du travail. Combien de clubs de hockey mineur tentent par tous les moyens promotionnels d'attirer des spectateurs alors que c'est le spectacle offert qui pose un problème.

Les stratégies de distribution sont nécessaires aux OSBL. L'Université du Québec l'a compris et a créé plusieurs constituantes situées près des populations étudiantes afin de rendre ses cours plus accessibles. Cependant, plusieurs organismes de récupération sans but lucratif ne l'ont toujours pas compris; qui sait où se trouve le centre de récupération du verre le plus près de chez lui? Probablement assez loin pour qu'on en ignore l'existence. Comme nous l'avons vu dans le chapitre 8, la distribution a pour rôle d'acheminer le produit et le service vers le marché cible et d'en favoriser l'accessibilité.

La communication marketing demeure une variable très exploitée par les OSBL. La participation aux activités mises sur pied par des OSBL dépend souvent de l'efficacité de la communication. À ce titre, soulignons le Noël du Pauvre, la levée de fonds pour la recherche contre le cancer, les soupers-bénéfice de partis politiques. Ces exemples soulignent l'importance de la communication dans les OSBL.

Finalement, le prix a aussi son importance dans les stratégies d'un OSBL. Les responsables doivent faire en sorte de maximiser le rendement. L'enjeu n'est évidemment pas de réaliser un profit, mais plutôt d'offrir le plus d'activités pour les mêmes efforts et débours.

LE MARKETING DES PRODUITS INDUSTRIELS

Dans la présente section, nous traitons de l'application du marketing à la conquête des marchés industriels. Les marchés industriels se composent de tous les utilisateurs industriels (*voir encadré 14.8*). Les utilisateurs industriels sont ceux qui achètent des biens et des services (matières premières, produits semi-ouvrés) dans le but de les incorporer à d'autres biens et services ou encore de les utiliser dans le cadre normal de leurs activités (équipement, machinerie, fournitures de bureau et autres). La distinction entre marché industriel et marché de la consommation ne repose pas sur le type de biens et de services vendus, mais plutôt sur l'usage qu'en fera l'acheteur.

Le marché industriel est beaucoup plus vaste qu'on pourrait le croire. On estime qu'il représente 50 % de tous les produits fabriqués. Le tableau 14.1 expose certains chiffres révélateurs sur la situation de l'industrie manufacturière au Québec.

Toutefois, en dépit de l'importance des marchés industriels, très peu de documentation spécialisée traite du sujet. Le marketing industriel comporte, par rapport au marketing des biens de consommation de masse, certaines caractéristiques propres qui proviennent de la nature particulière des clients auxquels il s'adresse. Ces particularités se manifestent premièrement sur le plan des méthodes utilisées lors d'études de marché, deuxièmement sur le plan du processus d'achat et, finalement, en ce qui concerne l'utilisation des composantes du mix marketing.

L'étude des marchés

L'étude des marchés industriels se caractérise par quelques particularités, dont voici les principales:

■ Encadré 14.8 Communication qui a pour cible les marchés industriels

Source: Hydro-Québec.

- une plus grande utilisation des sources secondaires comparativement au marché de la consommation. Les sources de données secondaires sont plus abondantes et plus fiables dans le domaine industriel, en particulier les sources de données statistiques. Quant aux échantillons étudiés en milieu industriel, ils sont assez différents de ceux qu'on trouve dans le grand public;

- une population étudiée mieux connue. La population industrielle est généralement plus restreinte, mieux connue et plus hétérogène. Il arrive même parfois, étant donné le nombre restreint d'entreprises, qu'on étudie toute la population. Dans certains cas, trois ou quatre entreprises représentent parfois plus de 80 % du marché étudié;

- quelques distinctions en ce qui concerne l'utilisation des techniques d'entrevues. Les techniques d'entrevues employées lors d'enquêtes industrielles diffèrent souvent des études réalisées auprès du consommateur final. Le fait est qu'il est fréquent, en milieu industriel, que plusieurs personnes interviennent dans le processus d'achat; dans ces cas, il faudra interviewer plusieurs personnes dans la même entreprise. À l'inverse, on peut éprouver de la difficulté à trouver la bonne personne. Une autre distinction se situe dans le

Tableau 14.1   L'industrie manufacturière au Québec. Tableau comparatif de 1982 à 1992

Année	Nombre d'entreprises	Nombre d'employés	Traitements et salaires (000 $)	Valeur ajoutée (000 $)
1982	10 309	346 548	6 436 081	18 803 735
1983	10 332	346 832	6 852 949	20 628 467
1984	10 650	355 584	7 379 825	23 641 769
1985	10 653	367 676	7 942 842	24 669 902
1992	11 129	316 794	9 296 200	30 518 600

Source: STATISTIQUE CANADA. *Industries manufacturières du Canada: niveaux national et provincial*, cat. n° 31-203, 1992.

fait que l'intervieweur, afin de se rapprocher des personnes intéressées et d'obtenir des informations complètes, riches et fiables, remplace l'interrogatoire rigide par une conversation lors de son entretien. Il se base alors sur un guide d'entretien, qui lui rappelle les thèmes à aborder et les informations à recueillir.

Le comportement d'achat

Le comportement d'achat des entreprises se distingue généralement de celui des particuliers par deux aspects importants qui influent sur le choix des stratégies marketing. Premièrement, le processus d'achat est généralement plus long et plus complexe. Deuxièmement, les personnes engagées dans le processus attachent généralement plus d'importance aux considérations rationnelles que les particuliers.

Dans les entreprises, le processus d'achat de biens et de services comporte plusieurs phases distinctes. Le modèle Buygrid de Robinson et Faris[18] divise le processus d'achat en six phases:

- l'anticipation ou la reconnaissance d'un problème;
- la détermination des caractéristiques et des quantités du produit à acquérir;
- la recherche et l'évaluation des sources potentielles;
- le recueil et l'analyse des propositions;
- l'évaluation des propositions et le choix des fournisseurs;
- le choix d'un processus de commande et l'évaluation des performances.

Riche de ces informations, le gestionnaire trouvera avantage à être à l'origine de la perception d'un besoin chez son client ou de participer à la détermination des caractéristiques du produit à acquérir plutôt que de se contenter d'intervenir au stade du recueil et de l'analyse des propositions des fournisseurs.

Le processus d'achat industriel est généralement plus complexe que l'achat personnel parce que le nombre de personnes qui participent à la prise de décisions est plus grand. L'ensemble des personnes qui participent formellement ou informellement au processus d'achat composent ce qu'on appelle le «centre d'achat». Webster et Wind[19] ont établi des rôles types au sein du centre d'achat:

- les utilisateurs, soit les personnes qui recevront et utiliseront les biens. Ils sont souvent à l'origine du processus d'achat et sont également les mieux placés pour évaluer la performance des biens acquis;
- les prescripteurs, qui définissent la nature des biens qu'il faudra acheter;
- les conseillers, qui influent sur la décision d'achat en suggérant des critères de sélection ou en communiquant des informations qui peuvent influer sur le choix;
- les acheteurs, qui ont la tâche de définir les conditions d'achat et de sélectionner les fournisseurs;
- les décideurs, qui ont le pouvoir d'engager l'entreprise auprès d'un fournisseur;
- les filtres, qui contrôlent les communications entre les membres du centre d'achat et l'environnement.

Un fournisseur potentiel se doit de reconnaître le rôle de chaque membre du centre d'achat de manière à diriger et à ajuster ses efforts de communication et à les diriger vers l'intervenant approprié.

Une dernière distinction importante à faire entre le comportement d'achat d'une entreprise et celui des consommateurs est le poids relatif des facteurs rationnels par rapport aux facteurs affectifs.

Les membres du centre d'achat sont soumis à de nombreuses influences lors du processus de décision d'achat. Certaines études révèlent que les influences les plus importantes sont d'ordre rationnel. Leurs auteurs pensent que les membres du centre d'achat se comportent comme des acheteurs rationnels poursuivant des objectifs économiques, c'est-à-dire qu'ils recherchent les meilleurs prix d'achat, les plus bas coûts d'exploitation possibles, la fiabilité et le service après-vente. D'un autre côté, certaines études ont également démontré que les acheteurs industriels n'étaient pas insensibles aux facteurs à caractère affectif, tels que le prestige, la facilité, la routine, les relations humaines. Néanmoins, du fait que les décisions d'achat industriel sont le résultat d'un consensus entre les divers participants et que chacun doit pouvoir justifier ses propres préférences, les membres du centre d'achat accordent généralement plus de poids aux facteurs rationnels.

Même si les composantes du mix marketing utilisées en marketing industriel et en marketing des biens de consommation sont les mêmes, leur importance relative est souvent sensiblement différente. De manière générale, on peut dire que les produits, le prix et la force de vente sont relativement plus importants en marketing industriel qu'en contexte de biens de consommation et qu'ils absorbent la majeure partie des budgets du marketing.

La politique de produit joue un rôle essentiel en marketing industriel compte tenu de l'importance qu'accordent les acheteurs aux caractéristiques techniques et au rendement des produits. Les entreprises du secteur industriel doivent avoir des politiques de recherche et de développement afin de maximiser leurs chances d'offrir des produits adaptés aux besoins du marché. Il doit également exister une bonne communication entre le service de la recherche et du développement et le service du marketing. Souvent, les services annexés au produit offert, comme l'installation, l'entraînement et l'entretien-réparation, jouent un rôle important dans la décision d'achat.

Le prix a souvent un fort impact lors de la décision d'achat des produits industriels. La fixation des prix en secteur industriel suit des méthodes analogues à celles vues dans le chapitre 9. Cependant, le niveau des prix par rapport aux concurrents joue un rôle déterminant. En règle générale, l'acheteur industriel compare non seulement le prix d'achat, mais l'ensemble des coûts prévus (coûts d'utilisation, de consommation d'énergie et d'entretien). Une particularité de la politique des prix en contexte industriel concerne les soumissions. Une entreprise soumissionnaire s'efforce d'établir un prix suffisamment bas pour avoir de bonnes chances de l'emporter. Toutefois, son prix doit lui permettre de réaliser des profits.

La vente directe est une technique grandement utilisée dans les marchés industriels, ce qui se traduit par des réseaux de distribution très courts. On préfère cette approche compte tenu du nombre restreint de clients et de l'importance d'une transaction, qui met parfois en jeu des millions de dollars. Par conséquent, l'entreprise industrielle doit accorder beaucoup d'importance à la gestion de sa force de vente. De plus, en contexte industriel, les vendeurs auront la tâche d'analyser les besoins des clients et de recueillir des renseignements sur la concurrence en plus de faire de la vente.

RÉSUMÉ

Dans ce chapitre, nous avons vu trois applications particulières du marketing, soit le marketing des services, le marketing des organismes sans but lucratif et le marketing des produits industriels. Au cours des années 90, le secteur des services a connu une croissance essentiellement en raison de trois facteurs: l'augmentation du revenu, l'augmentation du temps disponible et la complexité technique des nouveaux produits, qui force le consommateur à recourir à des services d'entretien spécialisés. Le service se définit comme une activité intangible dont le résultat attendu est la satisfaction du consommateur. Le service possède quatre attributs particuliers: l'intangibilité, la participation de l'acheteur à sa production, son hétérogénéité et sa nature périssable. Il est préférable, en gestion du marketing des services, de tenir compte de la participation de la clientèle, du personnel de contact et de la gestion de l'offre de service.

Même s'ils n'ont pas comme objectif premier la réalisation de profit, les OSBL peuvent appliquer avec avantage les concepts de marketing. La démarche marketing pour un OSBL comporte quatre étapes: l'analyse de la situation, la planification des activités, leur implantation et leur contrôle. Finalement, rappelons les principales erreurs de marketing que commettent les OSBL, c'est-à-dire prendre des décisions sans connaître les besoins, penser que la promotion va compenser les faiblesses des produits et ne pas accorder assez d'importance à la stratégie de distribution.

Les particularités du marketing industriel se manifestent dans les méthodes utilisées lors de l'étude de marché, dans le processus d'achat qui est plus long, plus complexe et plus rationnel et finalement dans la composition même du mix marketing. Les variables du mix marketing prédominantes en marketing industriel sont le produit, le prix et la force de vente.

QUESTIONS

1. Nommez les quatre principales caractéristiques des services et expliquez l'influence de chacune sur les variables du marketing.

2. En quoi le comportement du consommateur de services est-il différent de celui du consommateur de produits?

3. Quels sont les problèmes particuliers à la gestion du marketing des services? Expliquez-les.

4. En vous référant à l'encadré 14.4, cernez l'objectif de la publicité présentée ainsi que le lien entre cet objectif et les principales caractéristiques des services.

5. Qu'est-ce qu'un organisme sans but lucratif et en quoi le marketing peut-il lui être utile?

6. Faites le parallèle entre la démarche marketing d'un OSBL et la démarche marketing d'une entreprise orientée vers le profit.

7. La communication marketing est-elle utile aux OSBL? Si oui, pourquoi? Donnez au moins cinq exemples.

8. Quelles sont les distinctions entre le marché industriel et le marché de la consommation de masse?

9. Quels sont les particularités de l'application du marketing aux marchés industriels?

10. Faites le parallèle entre les étapes du processus d'achat des consommateurs et les étapes du processus d'achat industriel. De plus, nommez les principaux rôles qu'on trouve au sein d'un centre d'achat.

EXERCICES PRATIQUES

14.1 *ÉLABORATION D'UNE PUBLICITÉ*

Élaborez une publicité pour votre institution d'enseignement qui a pour objectif d'augmenter le nombre de demandes d'admission. Veuillez préciser l'objectif de la publicité, la cible visée, le ou les médias utilisés, les thèmes de communication ainsi que le contenu de la publicité.

14.2 *LE MARKETING AU HOCKEY*

Votre meilleur ami, un joueur de hockey, fréquente la même maison d'enseignement que vous. Il vient vous voir et vous demande ce que le marketing pourrait faire pour le club de hockey de l'école. Répondez-lui à l'aide d'exemples.

MISE EN SITUATION

La fondation de l'hôpital Beauséjour

L'hôpital Beauséjour est un établissement régional qui offre des soins généraux et dont l'origine remonte au début des années 70. Robert, directeur général de l'hôpital, fait une analyse de la situation. Cette analyse lui permet de comprendre les forces et les faiblesses de son établissement quant aux services offerts, à leur qualité et aux services qui ne peuvent malheureusement pas être rendus à la population à cause d'un manque d'espace, d'équipement ou de personnel.

Certains de ces services sont nécessaires à la population; l'hôpital, afin de remplir sa mission dans la région, ne peut se permettre de ne pas les dispenser, quelle qu'en soit la raison.

D'un autre côté, lors de l'analyse de la situation, Robert a pris connaissance des finances de l'hôpital et a très vite compris qu'il ne pouvait compter sur les budgets actuels de l'hôpital pour financer les nouveaux services requis. Il a également scruté à la loupe toutes les possibilités de subvention de la part des gouvernements pour se rendre compte qu'il ne peut assurer totalement le développement de son établissement de cette manière. Il lui reste donc à convaincre le conseil d'administration que la seule solution possible est de créer une fondation qui, au moyen de souscriptions, pourrait financer une partie du développement de l'hôpital Beauséjour. Robert présente son idée au conseil; celui-ci la trouve tout à fait géniale et donne son accord.

De plus, le conseil délègue à Robert la responsabilité de mener le projet à terme. Malgré toutes ses fonctions, notre directeur accepte cette nouvelle responsabilité à une condition: le conseil doit accepter de lui octroyer des fonds afin qu'il puisse s'adjoindre une personne qui travaillera uniquement pour la fondation. Le conseil accepte cette condition et vote le budget nécessaire. Vous êtes la personne que Robert a choisie pour l'assister.

Lors des premières rencontres avec Robert, il vous demande de préparer un plan de marketing pour la fondation de l'hôpital Beauséjour. Dans un premier temps, définissez les étapes à suivre dans ce plan de marketing. Dans un second temps, supposez que l'hôpital Beauséjour est situé dans votre région et bâtissez le plan de marketing pour la fondation.

Cas
L'HÔTEL MONREPOS

M. Tremblay construit actuellement dans une capitale régionale un complexe hôtelier qu'il a baptisé l'Hôtel MonRepos. Ce complexe comprend 85 chambres, 6 salles de réunion pouvant accueillir entre 10 et 450 personnes assises, un bar et une salle à manger. La salle à manger peut accueillir 225 personnes.

M. Tremblay, en s'appuyant sur les taux d'occupation de l'industrie, prévoit que la location des chambres lui permettra d'atteindre et même de dépasser légèrement le seuil de rentabilité. Évidemment, les salles de réunion lui permettront d'attirer des clients au complexe hôtelier, ce qui devrait l'aider à louer les chambres. Bien entendu, le complexe offrira entre autres un service de réservation, un service d'accueil, des stationnements, une piscine chauffée, un centre d'exercices, un service de navette avec l'aéroport ainsi que l'acceptation des principales cartes de crédit et d'autres services complémentaires.

Le plan de marketing pour la mise en marché du complexe hôtelier, à l'exception de la salle à manger, a reçu l'approbation de M. Tremblay. Il vise principalement la clientèle de congressistes et de gens d'affaires qui utilisent des salles de réunion. Toutefois, M. Tremblay s'interroge sur la pertinence d'utiliser la même stratégie de marketing pour la salle à manger. Il lui semble qu'il y a d'autres avenues intéressantes à explorer telles que les dîners d'affaires, les repas en tête à tête, les repas en famille et l'accueil des touristes qui viennent dans la région soit pour faire du ski l'hiver, jouer au golf l'été, visiter le zoo ou encore se divertir dans les glissades d'eau. Il faut dire que toutes ces activités se retrouvent dans un périmètre de moins de 12 kilomètres du complexe hôtelier. La chambre de commerce évalue le nombre de touristes qui viennent dans la région à 550 000 annuellement.

La région compte à part l'Hôtel MonRepos quatre autres complexes hôteliers. L'un d'eux est situé au bas des pentes de ski et se nomme le Château du Mont. Il jouit d'une réputation fort enviable auprès des skieurs et des touristes pour sa table, le confort de ses chambres et son site enchanteur. Deux des compétiteurs se trouvent dans la même ville que l'Hôtel MonRepos; l'un d'eux est à moins de deux kilomètres alors que l'autre est situé à l'autre extrémité de la ville. L'Hôtel de la Place, situé à proximité du complexe de M. Tremblay, compte 64 chambres, un bar avec spectacle et une salle à manger où on mange bien. Par contre, l'atmosphère est froide et le menu peu varié, même si les prix sont très abordables si on commande le menu du jour. Cet hôtel est fortement fréquenté par les gens de l'endroit.

L'hôtel situé à l'autre extrémité de la ville se spécialise dans les réceptions telles que mariages et autres. Il offre une trentaine de chambres et n'a pas de service alimentaire ordinaire autre que le petit déjeuner. Par contre, pour ce qui est des réceptions, sa réputation dépasse amplement la région immédiate. Finalement, le quatrième hôtel est un hôtel économique situé à l'extérieur de la ville à l'intersection de l'autoroute et de la route conduisant à l'aéroport régional. Il a comme principale clientèle les voyageurs de commerce. Cet hôtel compte une quarantaine de chambres et un bar, mais il n'offre aucun service alimentaire.

En ce qui concerne les restaurants, on trouve quatre concurrents dans la région outre les salles de restauration rapide et les casse-croûte. Le premier, situé au Château du Mont, offre une table d'hôte le midi pour environ 15 $ et une autre le soir pour environ 24 $, un menu gastronomique à 45 $, en plus d'un bon choix de menu à la carte. L'ambiance est agréable et le personnel, jeune et courtois. Il est ouvert tous les jours de 11 h à 23 h sauf le lundi. Il possède une bonne cave à vin. En plus des 125 places de sa salle à manger, il possède une terrasse qui donne une vue magnifique sur la montagne et sur le centre de ski. Il a la réputation d'être la meilleure table de toute la région. À certaines périodes de l'année, il faut s'y prendre plusieurs mois à l'avance pour obtenir une table.

Le deuxième restaurant est celui de l'Hôtel de la Place. Il offre une table d'hôte le midi à 9,95$; c'est le lieu de rendez-vous des gens d'affaires. Le soir et les fins de semaine, il offre des forfaits. L'ambiance est froide, et la salle peut contenir 125 personnes. Le dimanche on y offre un brunch au prix de 12,95 $. Récemment, le chef cuisinier a commencé à se spécialiser dans la cuisine régionale.

Le troisième restaurant se nomme La Grande Marmite. Son ouverture remonte à une vingtaine

d'années; depuis, il a toujours eu la réputation d'offrir les dernières nouveautés en matière de nouvelle cuisine. Il vise les gens d'affaires le midi et la population locale en soirée. L'ambiance y est très chaleureuse, et le personnel est jeune. Le midi, il offre un choix de quatre tables d'hôte variant de 12,95 $ à 18,95 $. De plus, on y trouve un excellent choix de pâtisseries maison. La Grande Marmite est réputé pour la qualité de sa nourriture, de son service et pour les excellents choix de sa cave à vin.

Le dernier restaurant, Le Cuisto, se spécialise dans les grillades et les fruits de mer. Il est reconnu pour l'excellence de ses steaks. L'ambiance y est agréable et le service, exceptionnel. En moyenne, un repas y coûte 25 $ par personne sans les spiritueux.

Selon une étude récente de l'Association des restaurateurs, il y aurait présentement trop de restaurants au Québec. Au cours des 10 dernières années, leur nombre a augmenté de 32 % alors que leur chiffre d'affaires moyen est de 294 000 $, en baisse de plus de 20 %. La même étude révèle que notre capitale régionale se situe au deuxième rang après la ville de Montréal pour le nombre de restaurants par millier d'habitants.

Notre capitale régionale compte 49 500 habitants et un bassin de population de 250 000 habitants. C'est une population principalement composée d'ouvriers, soit 48,9 % de la population active. Elle compte également un fort pourcentage d'administrateurs et de personnel de bureau, soit 27 %, en raison de son statut de capitale régionale. En 1995, 26 % des ménages avaient un revenu supérieur à 60 000 $.

1. Quels sont les divers types de services offerts par le complexe hôtelier? Nommez:
   a) le service de base,
   b) les services périphériques,
   c) les services de base dérivés.
2. Comment chacun des services précédents contribue-t-il à l'offre totale de services faite par le complexe hôtelier de M. Tremblay?
3. Devrait-on envisager un programme de marketing particulier pour la salle à manger? Justifiez votre réponse.
4. Attirez l'attention de M. Tremblay sur les éléments qu'il devrait considérer dans le choix de sa stratégie de mise en marché de la salle à manger.

NOTES

1. CROSS, Philip. *L'observateur économique canadien*, Statistique Canada, janvier 1988, p. 29-30.

2. RATHMELL, John. «What is Meant by Service?», *dans Journal of Marketing*, octobre 1966, p. 32-36.

3. SHOSTACK, Lynn. «Breaking Free from Product Marketing», *dans Journal of Marketing*, avril 1977, p. 77.

4. CHASE, Richard. «When does the customer fit in a service operation?», *dans Harvard Business Review*, nov.-déc. 1978.

5. Committee on Definition, *Marketing Definition*, Chicago, American Marketing Association, 1963, p. 21.

6. ZEITHAML, Valérie, PARASURAMAN, A. et BERRY, Leonard. «Problems and Strategic in Services Marketing», *dans Journal of Marketing*, printemps 1985, vol. 49, p. 33-46.

7. BERRY, Leonard. «Services Marketing is Different», *dans* LOVELOCK, C. *Services Marketing*, Englewood Cliffs, N. J., Prentice-Hall Inc., 1984, p. 29-36.

8. BATESON, John. «Why we Need Services Marketing», *dans Conceptual and Theoretical Developments in Marketing*, Proceedings AMA, 1979, p. 131-141.

9. EIGLIER, Pierre et LANGEARD, Éric. *Servuction, le marketing des services*, Paris, McGraw-Hill, 1987, p. 16.

10. BROWN, James et FERN, Edward. «Goods vs Services Marketing: a Divergent Perspective», *dans Marketing of Services*, Proceedings Series AMA, 1981, p. 205-207.

11. FLIPO, Jean-Paul. *Le management des entreprises de services*, Paris, Les Éditions d'Organisation, 1984, p. 61.

12. ZEITHAML, Valérie. «How Consumer Evaluation Processes Differ Between Goods and Services», *dans Marketing of Services*, Proceedings Series AMA, 1981, p. 186-190.

13. EIGLIER, Pierre et LANGEARD, Éric. *Op. cit.*, p. 42.

14. *Ibid.*

15. *Ibid.*

16. LALONDE, Claude. *Guide de gestion pour les organisations sans but lucratif*, Chicoutimi, Centre d'études et d'interventions administratives Sagamic, 1987, p. 3.

17. BOISVERT, Jacques M. et PETTIGREW, Denis. «Le marketing du loisir: une approche à développer dans nos municipalités», *dans Revue Commerce*, janvier 1980, p. 26-42.

18. ROBINSON, P. J. et FARIS, C.W. *Industrial buying and creative marketing*, Boston, Allyn and Bacon, 1967.

19. WEBSTER, F. E. et WIND, Y. «A general model of organizational buying behavior», *dans Journal of Marketing*, 1972, vol. 36, p. 12-19.

GLOSSAIRE[1]

Abandon de produit Suppression d'un article parmi l'ensemble des produits fabriqués par une entreprise.

Achat spontané Achat fait sous l'influence d'une certaine ambiance et de divers stimuli et dont la décision n'est pas préméditée.

Acheteur Personne qui achète. Agent chargé d'effectuer les achats pour le compte d'un employeur.

Agent Personne ou entreprise agissant à commission pour le compte d'une entreprise dont on vend les produits sans prendre titre de propriété des marchandises.

Agent de vente Mandataire chargé des intérêts commerciaux d'un fabricant ou d'un intermédiaire suivant certaines conditions.

Analyse du marché Méthode de recherche destinée à mesurer l'étendue d'un marché et à en déterminer les caractéristiques.

Analyse du seuil de rentabilité Méthode qui permet de calculer le seuil de rentabilité.

Annonce Forme publicitaire qui a pour but de communiquer de l'information sur un service, un produit, une entreprise, etc., afin de provoquer une réaction favorable à l'endroit de ces derniers.

Argumentation Mise en œuvre rationnelle des arguments relatifs à la vente.

Assortiment Ensemble des articles présentés et vendus dans un magasin de détail.

Attitude Mode de réaction affective à l'égard d'un produit, d'un service, d'une marque.

Attribut de produit Perception par le consommateur des caractéristiques d'un produit.

Axe publicitaire Élément ou ensemble d'éléments qui constituent le dénominateur commun du message publicitaire.

Bénéfice brut Excédent du chiffre des ventes sur le coût des marchandises vendues.

Bénéfice (net) Produit des ventes d'une entreprise au cours d'un exercice donné.

Besoin Exigence née de la nature humaine ou de la vie sociale.

Bien Chose matérielle offerte et susceptible de satisfaire un besoin.

Bouche à oreille Témoignage ou opinion spontanée véhiculée par des personnes qui influencent les décisions d'achat de leurs proches.

Calendrier publicitaire Sélection des médias et des supports qui indique la nature et le calendrier des actions publicitaires à l'intérieur de la stratégie-média.

Campagne de publicité Ensemble de moyens publicitaires mis en œuvre dans un but bien précis et pendant une certaine période.

Canal Moyen de diffusion d'un message auprès du public.

Canal de distribution Éléments du système de distribution utilisés par un fabricant pour acheminer ses produits vers le consommateur.

Cannibalisation du marché Volume de vente d'un produit acquis au détriment des ventes d'un produit du même fabricant dans le même marché.

Centre commercial Agglomération d'établissements commerciaux qui offrent une gamme variée de produits ou de services destinés à satisfaire, dans les limites du centre, les besoins d'achat du consommateur.

Centre d'achat Groupe de personnes qui participent au processus de décision d'achat de l'entreprise.

Classe (sociale) Stratification de la société fondée sur le revenu, l'éducation, le lieu de résidence des gens, etc.

Client Personne physique ou morale qui achète des biens ou des services d'un fournisseur.

Cohérence de la gamme des produits Homogénéité des différents produits commercialisés par une entreprise quant à leur utilisation finale et à leurs impératifs de production et de commercialisation.

Commandite* Un des moyens de communication marketing qui désigne le soutien financier, en équipements, en produits et/ou en personnel que fournit une entreprise à un événement culturel, sportif ou humanitaire dont l'objectif est d'associer directement le nom de l'entreprise ou d'un de ses produits/services à cet événement dans l'esprit des consommateurs.

---

1. Les termes de ce glossaire sont extraits du *Vocabulaire de la commercialisation* de l'Office de la langue française, Gouvernement du Québec. Cependant, la définition des termes suivis d'un astérisque provient des auteurs.

Communication de masse Propagation simultanée d'un message à un grand nombre de récepteurs (consommateurs), au moyen de médias.

Communication marketing* Ensemble des moyens de communication à caractère commercial ayant comme objectif d'informer le consommateur et de stimuler les ventes de l'entreprise.

Comportement du consommateur Processus de décision et d'action en vue d'acquérir et d'utiliser des biens et des services.

Concurrence Situation économique résultant de l'interaction des entreprises rivalisant sur un marché donné à l'achat ou à la vente de marchandises identiques ou substituables.

Concurrence monopolistique Marché où une concurrence limitée existe du fait qu'un certain nombre de fabricants offrent des biens de même nature, mais avec une différenciation créant un certain monopole pour chacun des fabricants.

Conditionnement Ensemble d'opérations assurant la protection d'un produit et facilitant sa vente.

Consommateur Personne qui, au moment de l'utilisation d'un produit, détruit (consomme) ce dernier pour satisfaire son besoin.

Consommateur final Consommateur qui utilise un bien en l'éliminant non pas pour la réalisation d'une production mais pour sa survie, son bien-être.

Contrôle Comparaison des résultats des activités d'une entreprise avec ses objectifs et redressement des écarts constatés.

Courbe de l'offre Graphique illustrant les quantités offertes à des prix différents.

Courbe de la demande Graphique illustrant le rapport demande/prix.

Courtier Mandataire ayant le statut de commerçant agissant pour le compte d'un ou de plusieurs mandants soit à la vente, soit à l'achat et qui se limite à mettre en contact les parties moyennant rémunération.

Coût fixe Frais dont le montant demeure relativement stable à un palier donné d'activité, sans égard au volume de production ou d'exploitation auquel ils s'appliquent.

Coût variable Coût variant en fonction des quantités produites.

Croissance Phase du cycle de vie d'un produit pendant laquelle celui-ci est accepté par un nombre de plus en plus grand de consommateurs.

Cycle de vie de la famille Étapes franchies par une famille depuis sa formation jusqu'à sa dissolution.

Cycle de vie du produit Cheminement d'un produit, de son introduction à son déclin.

Déclin Phase du cycle de vie d'un produit pendant laquelle le volume des ventes diminue considérablement.

Demande Quantité d'un bien ou d'un service qu'un agent économique peut acquérir dans un marché donné.

Démarquage Réduction du prix initialement marqué en vue de favoriser l'écoulement rapide d'un produit.

Démonstration Étape du processus de vente où le vendeur invite le client potentiel à participer à sa présentation du produit en lui permettant d'utiliser ou d'expérimenter ce dernier.

Détaillant Commerçant vendant directement au consommateur.

Diagnostic Jugement porté sur une situation ou un état, une fois dégagés ses traits essentiels.

Différenciation du produit Activité de commercialisation qui a pour but de conférer à un produit existant une caractéristique particulière.

Discrimination de prix Fixation de prix différents pour un même produit selon les occasions offertes par le marché, le temps, le lieu, la position et la nature des acheteurs, etc.

Dissonance cognitive Inquiétude naissant au moment où le consommateur s'interroge sur la valeur réelle de son achat.

Distributeur automatique Appareil qui distribue des objets de petit format en échange de pièces de monnaie glissées dans une fente.

Distribution Ensemble des opérations nécessaires pour assurer l'acheminement et l'écoulement d'un produit depuis sa fabrication jusqu'à son acquisition par le consommateur final.

Distribution exclusive Forme poussée de distribution selon laquelle un fabricant concède à un grossiste ou à un détaillant des droits exclusifs de vente dans un secteur commercial.

Distribution intensive Stratégie qui consiste, pour un fabricant, à couvrir le plus de points de vente possible dans un marché donné.

Distribution sélective Appel à un petit nombre de détaillants pour vendre le produit ou la gamme de produits d'une entreprise.

Donnée primaire Donnée non publiée et recueillie pour la première fois au moyen d'une enquête ou d'une expérience.

Donnée secondaire Donnée qu'on peut trouver dans des publications spécialisées.

Échantillon (1) Spécimen d'un produit remis gratuitement pour stimuler la demande des consommateurs.

Échantillon (2) Fraction représentative d'une population, choisie en vue d'un sondage.

Échantillon aléatoire Tirage au sort donnant à chaque répondant d'un sondage une chance égale (ou du moins une chance connue) de faire partie de l'échantillon.

Élasticité de l'offre Modification de l'offre provoquée par un changement dans le coût d'un des facteurs de production.

Élasticité de la demande Réaction de la demande provoquée par une variation de l'une ou l'autre des ressources commerciales.

Enquête Recherche méthodique menée au moyen de questionnaires, d'observations, etc.

Entreposage Action d'entreposer, de mettre en entrepôt.

Entrepôt Établissement où des produits sont entreposés avant d'être livrés.

Entrepôt de distribution Endroit où l'on rassemble et redistribue des produits.

Entrepôt public Entreprise offrant des services d'entreposage moyennant un tarif de location et de livraison.

Étiquette Morceau de papier ou de carton fixé à un objet pour en indiquer la nature, le contenu, le prix, la provenance, etc.

Étude de marché Recherche, collecte et analyse de toutes les informations qualitatives et quantitatives concernant le marché d'un bien ou d'un service.

Exposition commerciale Exposition périodique où les fabricants d'une industrie particulière étalent leurs produits devant les acheteurs de gros et de détail.

Fidélité à la marque Régularité d'achat d'une marque.

Foire Exposition périodique où les fabricants étalent leurs produits devant les acheteurs en gros ou au détail.

Fonction de la demande Ventes escomptées par période pour différents prix demandés.

Force de vente Équipe de vendeurs au service d'une entreprise et rémunérés par un salaire ou une commission.

Franchisage Contrat par lequel une entreprise concède à une ou plusieurs entreprises indépendantes, en contrepartie d'une redevance, le droit d'utiliser sa raison sociale et sa marque pour vendre des produits ou rendre des services.

Franchise Licence d'ordre commercial accordée par une entreprise (franchiseur) à une autre entreprise (franchisé) pour l'exploitation d'une marque originale, de méthodes ou de techniques particulières grâce à l'assistance technique et commerciale du franchiseur.

Franchisé Bénéficiaire d'une franchise.

Franchiseur Entreprise qui concède une franchise à une autre entreprise.

Gamme des produits Ensemble des produits commercialisés par une entreprise.

Grand magasin Entreprise commerciale de vente au détail disposant d'une surface importante facilement accessible au public et offrant dans un ensemble de rayons la quasi-totalité des biens de consommation de même que certains services.

Grossiste Commerçant qui achète et revend des produits à des détaillants ou à d'autres négociants, industriels, institutions ou entreprises.

Groupe de discussion* Méthode de recherche d'information qui prend la forme d'une discussion ouverte et à laquelle participent habituellement de 8 à 12 personnes. Elle est utilisée principalement pour connaître et comprendre les besoins, les motivations et les préoccupations d'un groupe de consommateurs, et tester de nouveaux produits.

Groupe de référence Groupe auquel une personne s'identifie sans y appartenir et qui sert de modèle à son comportement.

Guerre de prix Concurrence menée à partir de modifications de prix importantes et imprévues.

Habitudes d'achat Tracé répété d'un comportement adopté par un consommateur au moment d'acheter des biens et des services.

Image Représentation d'ordre intellectuel ou affectif fondée sur une juxtaposition plus ou moins équilibrée d'impressions, de connaissances et de préjugés.

Image de l'entreprise Perception globale d'une entreprise par les différents publics avec lesquels celle-ci est en relation.

Innovation Transformation d'une idée ou d'une invention en produit ou service pouvant être commercialisé et perçu comme étant nouveau par un utilisateur éventuel.

Intermédiaire Entreprise indépendante qui fait partie d'un réseau commercial assurant la liaison entre producteurs et consommateurs.

Inventaire* Relevé des stocks à une date donnée.

Leader d'opinion   Celui ou celle qui, par son rayonnement, son prestige, son image, constitue un modèle que l'on suit et auquel on veut s'identifier.

Ligne de produits   Groupe de produits apparentés, soit parce qu'ils satisfont un certain type de besoins, ou qu'ils sont utilisés ensemble, ou qu'ils sont vendus aux mêmes groupes de clients, ou qu'ils sont mis sur le marché par les mêmes types de magasins ou enfin qu'ils tombent dans une certaine échelle de prix.

Magasin de rabais   Magasin de détail dont les prix sont généralement inférieurs à ceux de ses concurrents.

Magasin spécialisé   Commerce concurrençant de plus grands magasins en offrant un assortiment complet d'articles de même spécialité, tels vêtements, chaussures, articles de sport, articles de quincaillerie, etc.

Majoration   Augmentation du prix initialement marqué d'un produit.

Manque à gagner   Somme qu'aurait pu rapporter un capital déjà investi s'il avait été investi ailleurs.

Manutention   Déplacement de produits, de matières ou de matériel d'un endroit à un autre.

Marchandise   Chose mobilière pouvant faire l'objet d'un commerce, d'un marché.

Marché   Ensemble des personnes ou des organisations qui achètent ou sont susceptibles d'acheter un produit.

Marché cible   Segment d'un marché global qu'une entreprise se propose d'exploiter.

Marché de consommation   Marché des produits et des services achetés ou loués par des consommateurs pour utilisation personnelle.

Marché potentiel   Ensemble des consommateurs, des utilisateurs et des acheteurs ayant l'intention et le pouvoir de se procurer un bien ou un service.

Marge   Différence entre un prix de vente et un coût, pour une unité vendue.

Marge bénéficiaire   Pourcentage du profit réalisé par rapport au prix de vente.

Marketing industriel*   Applications particulières du marketing aux entreprises qui vendent leurs produits/services à d'autres entreprises.

Marquage   Opération consistant à indiquer sur un article ses caractéristiques: prix, format, poids, qualité, mode d'emploi, provenance, etc.

Marque   Nom, désignation, dénomination ou tout autre signe servant à distinguer et à identifier les produits d'une entreprise.

Marque de distributeur   Marque adoptée par un distributeur (grossiste ou détaillant) pour certains produits qu'il vend et doit faire fabriquer.

Marque de fabricant   Marque offerte par le fabricant.

Marque de famille   Marque de commerce utilisée pour plusieurs produits fabriqués par une même entreprise.

Marque déposée   Marque ayant fait l'objet d'un dépôt légal pour s'assurer le bénéfice des protections juridiques attachées à cette formalité.

Maturité   Phase du cycle de vie du produit pendant laquelle le volume des ventes continue à augmenter mais à un rythme décroissant.

Média   Ensemble des moyens de communication par lesquels une même information atteint au même moment un très grand nombre de gens, dispersés ou non, réduits au même dénominateur «la masse».

Message   Élément(s) d'information communiqué(s) par un organisme à divers publics principalement aux fins de publicité ou de vente.

Mobile   Ce qui porte, incite à agir.

Monopole   Marché dans lequel il existe un seul vendeur pour une multitude d'acheteurs.

Motivation   Action des forces conscientes ou inconscientes déterminant le comportement d'un individu.

Nom commercial   Nom sous lequel une entreprise ou un produit est connu.

Nouveau produit   Bien ou service constituant une nouveauté soit dans la gamme actuellement produite par une entreprise, soit dans la gamme des produits offerts pour un marché donné.

Obsolescence planifiée   Politique de fabrication qui consiste à établir la longévité commerciale d'un produit.

Offre   Quantité de biens ou de services mis sur le marché afin d'être vendus.

Oligopole   Situation d'un marché dans lequel un nombre restreint d'entreprises offrent un bien ou un service à un grand nombre d'acheteurs.

Organisme sans but lucratif* (OSBL)   Entreprise dont l'objectif principal n'est pas de générer des profits.

Part du marché   Fraction, exprimée en pourcentage des ventes, que représente le chiffre d'affaires d'une entreprise dans le secteur industriel auquel elle appartient.

Perception   Fonction par laquelle l'esprit se représente les objets ou les idées.

Personnel de contact*   Employés d'une entreprise de services dont le travail requiert d'être en contact direct avec le client.

Plan de marketing Définition des objectifs de marketing à partir d'une analyse du marché et de ses environnements, cela en vue de formuler la stratégie de marketing de l'entreprise.

Planification Définition des objectifs d'une entreprise à la suite de l'analyse de son environnement interne et externe en vue de formuler sa stratégie de développement.

Planification stratégique Processus d'établissement du plan d'action d'une entreprise qui repose sur l'évaluation de ses moyens actuels ou futurs en fonction des objectifs à atteindre afin de contrôler les résultats.

Point mort Point où une entreprise ne fait ni profit ni perte à un prix donné pour une quantité donnée.

Positionnement Définition de la position qu'occupe un produit donné par rapport aux marques et aux produits concurrents.

Prestataire* Terme utilisé pour désigner l'entreprise qui fabrique le service.

Prévision des ventes Mesure du volume des ventes possibles d'un bien ou d'un service dans un secteur donné et pour une période et des conditions déterminées.

Prime Objet donné ou remise consentie à un acheteur dans le but de stimuler les ventes.

Prix Valeur, exprimée en monnaie, d'un bien ou d'un service.

Prix d'écrémage Prix de vente d'un nouveau produit sur le marché à un prix élevé.

Prix de pénétration Prix de vente d'un nouveau produit lancé sur le marché à un bas prix.

Prix de revient complet (méthode du) Méthode selon laquelle on inclut les frais fixes de fabrication dans le coût d'un produit en plus du coût des matières, du coût de la main-d'œuvre directe et des frais généraux variables de fabrication.

Produit Objet ou service destiné à la vente.

Produit d'appel* Produit vendu au prix coûtant ou inférieur à celui-ci, ou encore avec une marge bénéficiaire plus faible que normalement, afin d'attirer la clientèle dans un magasin.

Produit de substitution Produit concurrent visant à satisfaire un même besoin.

Produit global Produit considéré dans sa totalité avec tous les services ou accessoires qui l'accompagnent.

Profondeur de la gamme des produits Nombre moyen d'articles offerts par une entreprise dans chaque ligne et chaque gamme de produits.

Promotion des ventes Recherche, étude, mise au point et mise en application d'idées pouvant concourir à la coordination, à l'amélioration et au développement des ventes.

Promotion sur le lieu de vente Promotion que l'on fait à l'intérieur d'un magasin et destinée à faire acheter un produit par le consommateur.

Pronostic Conjecture sur ce qui doit arriver, sur l'issue d'une affaire, etc.

Publicité Utilisation des techniques et moyens de communication pour la transmission de messages en vue de provoquer chez les récepteurs des réactions conformes aux objectifs de l'organisme émetteur.

Publicité à l'échelon national Type de publicité diffusée à un auditoire qui correspond à une unité géographique nationale.

Publicité d'entreprise Publicité axée plutôt sur l'entreprise en tant qu'organisation (structures, capacité de production, approvisionnements, procédés de fabrication, matériel, personnel, méthodes de vente, etc.) que sur le produit, les objectifs commerciaux n'étant visés qu'indirectement.

Publicité locale Publicité à diffusion concentrée, par opposition à celle diffusée par des supports de grande couverture territoriale.

Publicité rédactionnelle Publicité non payée présentée par les différents médias sous la forme d'une information ou d'une nouvelle.

Pulsion État d'excitation qui oriente l'organisme vers un objet grâce auquel la tension sera réduite.

Quota de ventes Objectif de vente assigné à un vendeur ou à un organisme de vente pour une période déterminée.

Recherche en marketing Méthode objective pour recueillir, classer et analyser les renseignements relatifs aux problèmes de mise en marché des produits et des services.

Recherche et développement Ensemble des techniques et des méthodes permettant à une entreprise de découvrir de nouveaux produits ou de nouveaux marchés, d'améliorer ceux qui existent déjà, etc.

Relations publiques Communications et relations d'une entreprise avec ses différents publics dans le but de promouvoir son image.

Rendement du capital investi Rendement exprimé le plus souvent par le rapport entre le produit tiré d'un investissement et le capital investi.

Réponse Réaction identifiable d'un individu provoquée par un stimulus.

Revendeur Intermédiaire qui revend dans un circuit de distribution donné.

Rotation des stocks Nombre de fois qu'un stock est renouvelé au cours d'une période déterminée.

Saturation Phase du cycle de vie d'un produit au cours de laquelle la plus forte proportion des ventes de ce produit est constituée par des ventes de remplacement.

Segment de marché Fraction du marché global pour laquelle une entreprise élabore une stratégie commerciale adaptée aux caractéristiques de ce groupe.

Segmentation du marché Découpage, par une entreprise, du marché potentiel total en un certain nombre de sous-ensembles aussi homogènes que possible afin de permettre une meilleure adaptation de sa politique commerciale.

Services Activités qui représentent une valeur économique sans correspondre à la production d'un bien matériel.

Service à la clientèle* Section d'un magasin où l'on s'occupe des échanges, des mises de côté, de l'emballage des cadeaux, du crédit; bref, où l'on dispense tout service qui n'est pas directement lié à la vente de produits.

Service après-vente Service dont le rôle est de garder le contact avec l'acheteur (qu'il soit consommateur ou utilisateur industriel) après la vente proprement dite afin de lui assurer un service complet et de l'inciter à un nouvel achat.

Service de base* Service principal qu'une entreprise de services offre à sa clientèle.

Service périphérique* Service de moindre importance que le service de base offert par l'entreprise de services.

Stock Quantité de marchandises qu'une entreprise a en main à une date déterminée.

Stockage Action de mettre en stock afin de pouvoir satisfaire la demande.

Stratégie Ensemble des moyens choisis pour atteindre les objectifs d'une entreprise.

Stratégie d'aspiration* Stratégie consistant à inciter les consommateurs, à l'aide d'annonces publicitaires ou d'autres activités promotionnelles, à demander certains produits qui ne sont pas offerts par quelques détaillants les obligeant ainsi à commander les articles en question.

Stratégie de pression Stratégie qui consiste à pousser un produit dans le réseau de distribution en stimulant sa vente auprès des intermédiaires au moyen d'efforts promotionnels plus directs et plus personnels.

Style de vie Mode habituel de comportement qui caractérise les personnes.

Support Tout élément matériel qui transmet des informations ou des messages publicitaires. Ne pas confondre avec «média», qui désigne une famille de supports de même nature. La presse est un média, tel journal est un support.

Support publicitaire Moyen matériel (affiches, journaux, etc.) par lequel une publicité est présentée ou un message diffusé.

Système d'information marketing* Ensemble de méthodes (de machines et de personnes) conçu afin de fournir l'information nécessaire à la prise de décision marketing.

Tactique Art d'utiliser les moyens dont on dispose pour en tirer le meilleur parti.

Taux de rendement du capital investi Rendement exprimé le plus souvent par le rapport entre le produit tiré d'un investissement et le capital investi.

Télémarketing* Activités de sollicitation de nouveaux clients et de vente de produits et de services par téléphone.

Test de marché Méthode consistant à mettre un produit en vente dans une ou plusieurs régions afin d'analyser ses perspectives de succès et de déterminer les meilleurs moyens de le faire pénétrer sur un marché déterminé.

Thème publicitaire Idée centrale de la campagne à partir de laquelle on formulera le message.

Transit Passage, transport de marchandises (indépendamment de leur situation douanière).

Transporteur* Dans le domaine du transport, voiture, camion, navire, avion, hélicoptère, train.

Transporteurs à forfait* Entreprises qui se chargent de transporter à forfait les biens d'un ou de plusieurs expéditeurs. Elles n'ont pas d'horaire normal et, par opposition aux transporteurs publics, leurs tarifs varient en général en fonction de chaque situation.

Transporteur public Entreprise de transport normal à horaire et tarif connus du public.

Utilisateur Personne ou organisme qui utilise un bien ou un service et jouit de ses avantages.

Vente personnelle Type de vente caractérisée par une rencontre face à face entre un vendeur et un acheteur dans le but de négocier une transaction déterminée.

INDEX DES NOMS

INDEX DES SUJETS